VERÖFFENTLICHUNGEN DES
HWWA-INSTITUT FÜR WIRTSCHAFTSFORSCHUNG-HAMBURG

HAMBURGER JAHRBUCH

FÜR WIRTSCHAFTS-

UND GESELLSCHAFTSPOLITIK

Begründet von Heinz-Dietrich Ortlieb

Herausgegeben von

ERHARD KANTZENBACH

BRUNO MOLITOR und OTTO G. MAYER

39. Jahr

1994

J. C. B. MOHR (PAUL SIEBECK) TÜBINGEN

Redaktion:
Dr. Otto G. Mayer
Renate Rathje

Vorwort

Das Hamburger Jahrbuch für Wirtschafts- und Gesellschaftspolitik erscheint seit 1956. Sein Begründer, Heinz-Dietrich Ortlieb, verfolgte mit der Herausgabe des Jahrbuchs die Absicht, ehemalige Studenten der Wirtschafts- und Sozialwissenschaften auch nach Abschluß ihres Studiums mit „wissenschaftlichem Material" zu versorgen, das ihnen während ihrer Berufstätigkeit Orientierung und Anregung zu bieten vermag. Im Laufe der Zeit ist das Jahrbuch immer mehr in die Aufgabe hineingewachsen, eine Brücke zwischen der Wissenschaft einerseits und der politischen und wirtschaftlichen Praxis andererseits zu schlagen: aus den wechselseitigen Informationen konnten beide Bereiche Nutzen ziehen.

Nach wie vor wenden sich die Beiträge an einen breiten Leserkreis. Sie greifen vor allem aktuelle wirtschafts- und sozialpolitische Probleme auf, und das in einer Form, die auch jenem verständlich ist, der nicht ständig die wissenschaftliche Entwicklung verfolgen kann. Mit den Beiträgen sollen die Leser an die kontroversen Fragen unserer Zeit herangeführt und mit verschiedenen Lösungsvorschlägen vertraut gemacht werden. Das dürfte nicht zuletzt auch für Studenten hilfreich sein, die in ihrem Studium den hinreichenden Praxisbezug vermissen.

Die Herausgeber

Inhalt

1. Der langsame Abschied vom Interventionsstaat:
   Von der zentralen Steuerung zur strategischen Wirtschaftspolitik 9
   PROF. DR. HEIKO KÖRNER, Technische Hochschule Darmstadt

2. Makroökonomische Politik für das vereinigte Deutschland.................. 31
   PROF. DR. MICHAEL CARLBERG, Universität der Bundeswehr Hamburg

3. Zur Makroökonomik der Staatsverschuldung 43
   PROF. DR. WOLFGANG MAENNIG, Universität Hamburg und
   E. A. P. Europäische Wirtschaftsschule Berlin, und
   PROF. DR. WOLFGANG CEZANNE, Technische Universität Berlin

4. Die deutsche Finanzverfassung nach der Finanzausgleichsreform –
   Eine ökonomische Analyse des ab 1995 geltenden Rechts 83
   PROF. DR. HEINZ GROSSEKETTLER, Universität Münster

5. Ökonomische Aspekte der internationalen Migration 117
   PROF. DR. WOLFGANG FRANZ, Universität Konstanz

6. Historische und aktuelle Notwendigkeiten einer sozialen Wohnungspolitik .. 145
   PROF. DR. JÜRGEN ZERCHE und DIPL.-VW. WERNER SCHÖNIG,
   Universität Köln

7. Innovationen unter verschiedenen Umweltregimen 167
   DIPL.-VW. CHRISTOPH KREIENBAUM und
   DIPL.-VW. CORA WACKER-THEODORAKOPOULOS, HWWA-Institut

8. Zur Standortwahl von NIMBY-Gütern 189
   DIPL.-VW. ALBERT HART und
   PROF. DR. WERNER W. POMMEREHNE, Universität Saarbrücken

9. Allokative Begründung des Road Pricing................................ 213
   DIPL.-VW. ULRIKE E. BERGER und
   PROF. DR. JÖRN KRUSE, Universität Hohenheim

10. Instrumente zur Sicherung der Meinungsvielfalt im Fernsehen.............. 233
    PROF. DR. HORST-MANFRED SCHELLHAASS, Technische Universität Berlin

11. Zur Wettbewerbspolitik und zum Wettbewerbsrecht der
    Europäischen Union.. 255
    PROF. DR. CLAUS DIETER EHLERMANN, Kommission der Europäischen
    Gemeinschaften, Generaldirektion IV – Wettbewerb, Brüssel

12. Zur Harmonisierung der nationalen Rechtsordnungen
    in einem Gemeinsamen Markt... 281
    DR. FRANK DAUMANN, Universität Bayreuth

13. EG-Binnenmarkt und Währungsintegration................................ 307
    PROF. DR. PAUL J. J. WELFENS, Universität Münster

14. Zur Position der Reformstaaten im Wettbewerb um internationales Kapital .. 339
    PROF. DR. DIETER DUWENDAG, Hochschule für Verwaltungswissenschaften,
    Speyer

15. Kapitalmärkte in Entwicklungsländern 355
    DR. BERNHARD FISCHER, HWWA-Institut

16. Die Grundgedanken der Strategischen Handelspolitik....................... 375
    PROF. DR. KARLHANS SAUERNHEIMER, Universität München

    Anschriften der Autoren... 395

Der langsame Abschied vom Interventionsstaat: Von der zentralen Steuerung zur strategischen Wirtschaftspolitik

von

HEIKO KÖRNER

In seiner St. Galler Antrittsvorlesung beschäftigte sich *Gebhard Kirchgässner* mit den Ursachen der Tatsache, daß das Vertrauen in die Möglichkeit des Staates, Stabilität und Wachstum zu sichern und optimale Marktergebnisse zu gewährleisten, in der ökonomischen Wissenschaft und in der wirtschaftlichen Praxis weitgehend erloschen ist: „Insofern hat sich M. Friedman gegen P. A. Samuelson ‚durchgesetzt‘."[1] *Kirchgässner* führt diese Lage auf zwei Problemkomplexe zurück, die im Zusammenhang mit der Frage nach der Leistungsfähigkeit der Wirtschaftspolitik immer wieder kontrovers diskutiert worden sind: Zum einen geht es um die Feststellung, inwieweit sich aus der Wirtschaftstheorie praktisch verwendbare Aussagen über die Möglichkeit von Wirtschaftspolitik und deren im Hinblick auf den gewünschten Effekt optimale Ausgestaltung ableiten lassen. Zum anderen geht es um die Art und Weise, in der wirtschaftspolitische Empfehlungen durch geeignete Beratung in die politische Praxis umgesetzt werden können.

Nach jahrelanger, allgemeiner Rede vom Ende der Wirtschaftspolitik bietet diese Antrittsvorlesung wieder Trost: Denn hier wird dargelegt, daß sich sowohl die Wirtschaftstheorie als auch die wirtschaftspolitische Beratung – wenn sie vorsichtig und bedacht angewandt werden – der wirtschaftspolitischen Praxis nach wie vor als nützlich erweisen können. Der Wirtschaftspolitiker nimmt diese Botschaft natürlich gern zur Kenntnis. Allein – angesichts fortwährender und anschwellender Behauptung des Politikversagens und jahrelanger tatsächlicher Mißerfolge auf allen wichtigen wirtschaftspolitischen Problemfeldern in Deutschland[2] – der Glaube will sich nicht recht einstellen. Die weiteren Ausführungen sind deshalb zunächst der Überprüfung der Argumentation gewidmet, die *Kirchgässner* im Rahmen seiner Vorlesung gegeben hat. Danach wird die Frage gestellt, ob hier al-

---

[1] *Gebhard Kirchgässner:* Vom Nutzen der Wirtschaftstheorie für die Wirtschaftspolitik. In: Konjunkturpolitik, 39. Jahrg. (1993), S. 201 ff.

[2] Vgl. Sachverständigenrat zur Begutachtung der gesamtwirtschaftlichen Entwicklung: Jahresgutachten 1993/94. Stuttgart 1994, S. 63 ff., S. 193 ff.; vgl. auch DIW-Wochenbericht, Nr. 1 – 2/1994, S. 7 ff.

le Faktoren angesprochen worden sind, oder ob noch andere Ursachen für die Mißerfolge der Wirtschaftspolitik verantwortlich sind, vor allem im Bereich der institutionellen Träger der Politik: Kann es sein, daß die mangelnde Wirksamkeit der Wirtschaftspolitik auf die Tatsache zurückzuführen ist, daß sich die Rolle des Staates verändert hat? Die Diskussion dieser Frage geht zunächst von einem Rückblick auf die bislang herrschende Konzeption und Interpretation des Interventionsstaates entsprechend der (nach *Samuelson* sog.) neoklassischen Synthese aus, und greift dann neue Ansichten über Wesen und Funktionsweise des Staates im Rahmen der strategischen Industrie-, Struktur- und Außenwirtschaftspolitik auf, die die These von der Veränderung der Staatskonzeption in der heutigen Wirtschaft und Gesellschaft erhärten können.

I.

Die eingangs gestellte Frage nach der Möglichkeit, die Wirtschaftspolitik angemessen theoretisch zu fundieren, wird heute wieder weitaus zuversichtlicher beantwortet als noch vor zehn Jahren. Damals herrschte allgemeiner Zweifel, und viele Beobachter gingen davon aus, daß sich der Abstand zwischen Wirtschaftstheorie und Wirtschaftspolitik eher ins Unüberbrückbare vergrößert habe.[3] Diese Position war natürlich einerseits eine Folge der offensichtlichen Unfähigkeit der wirtschaftspolitischen Instanzen, mit den Folgen der Ölkrisen der siebziger und frühen achtziger Jahre fertig zu werden. Sie ergab sich aber auch – viel tiefer angelegt – aus der „monetaristischen Gegenrevolution" hinsichtlich des bis in die siebziger Jahre hinein vorherrschenden Keynesianismus in Theorie und Politik. Dieser hatte sich in seiner trivialen, auf Kreislaufmechanik und IS/LM-Kurvenschema reduzierten Form im allgemeinen Bewußtsein als Patentrezept für alle ökonomischen Lebenslagen festgesetzt. Einfache wirtschaftspolitische Rezepturen, etwa die Interpretation des banalen Phillipskurvenzusammenhangs als „menue of choice" zwischen Beschäftigung, Löhnen und Preisen, beherrschten das Feld,[4] erwiesen sich aber als ungeeignet zur Bekämpfung der damals allgemein grassierenden Stagflation.

Inzwischen ist gerade in Auseinandersetzung und als Antwort auf das Wirtschaftspolitik-Unmöglichkeitstheorem, das im Rahmen der sog. Neuen Klassischen Makroökonomik entwickelt wurde, nachgewiesen worden, daß unter bestimmten Bedingungen theoretisch fundierte Wirtschaftspolitik doch sehr wohl

---

[3] Vgl. als einschlägige Belege z. B. *Horst Siebert* (Hrsg.): Perspektiven der deutschen Wirtschaftspolitik. Stuttgart, Berlin 1983 und *Manfred Timmermann* (Hrsg.): Nationalökonomie morgen. Stuttgart, Berlin 1981.

[4] Unter den Stimmen, die schon damals für einen vorsichtigen, differenzierten Gebrauch des keynesianischen Instrumentariums eintraten, finden sich z. B. *Karl Schiller:* Stetiges Wirtschaftswachstum als ökonomische und politische Aufgabe. In: *Ders.:* Der Ökonom und die Gesellschaft. Stuttgart 1964, S. 218 ff. und *Walter Heller:* Das Zeitalter der Ökonomen. Neue Dimensionen der Wirtschaftspolitik. Tübingen 1968, insbes. S. 71 ff.

möglich ist: Ansätze der sog. Neuen Keynesianischen Makroökonomik[5] haben die keynesianische Analyse insbesondere um die Modellierung von Arbeitsmärkten und Geldmärkten bereichert, ferner von Situationen unvollkommenen Wettbewerbs. Von zentraler Bedeutung war in diesem Zusammenhang auch die durch die Lehre der rationalen Erwartungen ausgelöste erneute Diskussion der Erwartungsproblematik im keynesianischen System sowie der Nachweis, daß die für den Keynesianismus konstitutive Annahme von Lohn- und Preisrigiditäten entscheidungstheoretisch fundiert werden kann. Die so formulierten Elemente einer neuen keynesianischen Theorie sind zwar längst noch nicht als Gesamtsystem interpretierbar, stützen jedoch den Eindruck, daß die Bemühungen zur Rekonstruktion des Keynes'schen Paradigmas wenigstens „teilweise erfolgreich" waren.[6] Auf diese Basis kann die Wirtschaftspolitik wieder bauen. Sofern es diagnostisch gelingt, nach der jeweiligen Rationierungssituation klar umrissene makroökonomische Regime zu fixieren, kann auf theoretisch abgesicherte Politikstrategien zurückgegriffen werden: Ist eine Restriktion auf der Nachfrageseite des Arbeitsmarktes gegeben, kann heute aus den Einsichten der Neuen Keynesianischen Makroökonomik ein angemessenes Instrumentarium abgeleitet werden. „Damit wird staatliches *demand management* als potentiell effektiv, effizient und *welfare*-verbessernd rehabilitiert."[7]

Schwerwiegende Probleme – das sollte nicht übersehen werden – ergeben sich aber trotz aller theoretischen Fortschritte bei der politischen Umsetzung wirtschaftspolitischer Empfehlungen. Das liegt nicht allein daran, daß sich die neue Theorie als wesentlich komplexer als ihre Vorgängermodelle darstellt. Es spielt auch die Tatsache eine Rolle, daß die im Hinblick auf Optimalitäts- und Stabilitätsziele zu bearbeitenden Aufgaben der Wirtschaftspolitik weitaus unübersichtlicher geworden sind. Das hängt zunächst mit der Veränderung der Rahmenbedingungen und Verhaltensweisen zusammen, mit denen es die Wirtschaftspolitik zu tun hat.[8] Zum einen haben sich die Güter-, Faktor- und Geldströme zwischen dem Inland und dem Ausland erheblich verstärkt, und das Aktivitätsgefüge

---

[5] Vgl. *Jürgen Kromphardt:* Die Zukunft der Globalsteuerung – Theoretische Perspektiven. In: *H. Körner, Chr. Uhlig* (Hrsg.): Die Zukunft der Globalsteuerung. Karl Schiller zum 75. Geburtstag gewidmet. Bern und Stuttgart 1986, S. 75 ff.; *Harald Gerfin:* Erwartungsbildung und Wirtschaftspolitik. In: *Jochem Langkau, Claus Köhler* (Hrsg.): Wirtschaftspolitik und wirtschaftliche Entwicklung. Festschrift für Walter Hesselbach. Bonn 1985, S. 3 ff.; *Hans-Jürgen Ramser:* Beschäftigung und Konjunktur. Berlin, Heidelberg, New York 1987, insbes. S. 8 ff., S. 246 ff., und *ders.:* Perspektiven einer Neuformulierung der makroökonomischen Theorie. In: *G. Bombach, H.-J. Ramser, M. Timmermann* (Hrsg.): Der Keynesianismus V – Makroökonomik nach Keynes. Berlin, Heidelberg, New York 1984, S. 3 ff., insbes. S. 75 ff.

[6] So *Wolfgang Franz:* Neuere makroökonomische Kontroversen. Diskussionsbeiträge SFB 178 „Internationalisierung der Wirtschaft", Serie II, Nr. 168, Universität Konstanz 1992, S. 20.

[7] *Hans-Jürgen Ramser:* Nicht-kompetitive Gütermärkte im makroökonomischen Modell. In: *Bernhard Gahlen, Helmut Hesse, Hans-Jürgen Ramser* (Hrsg.): Makroökonomik unvollkommener Märkte. Wirtschaftswissenschaftliches Seminar Ottobeuren, Bd. 22. Tübingen 1993, S. 3 ff., hier: S. 18.

[8] Vgl. hierzu den Überblick bei *Hans-Jürgen Krupp:* Perspektiven der wirtschaftlichen Entwicklung in der Bundesrepublik Deutschland. In: *H. Körner, Chr. Uhlig* (Hrsg.), a. a. O., S. 17 ff., insbes. S. 19 ff.

zwischen den nationalen Wirtschaftseinheiten und ausländischen Akteuren ist in einem Maße ausgeweitet und intensiviert worden, das noch vor zwanzig Jahren als utopisch erschienen wäre. Die Berücksichtigung auch nur der wesentlichen Interdependenzen mit internationalen Märkten ist für den Wirtschaftspolitiker fast unmöglich geworden. Deshalb ist die Lücke zwischen staatlichem Gestaltungswillen und national nicht manipulierbaren Faktoren heute so offensichtlich wie nie zuvor.

Zum anderen sind aber auch die binnenwirtschaftlichen Verhältnisse komplexer geworden: Der rasche Strukturwandel hin zur Hochtechnologie- und Dienstleistungswirtschaft impliziert veränderte Marktstrukturen und -formen, Wettbewerbsstrategien und Verhaltensweisen. Generell ist die Informiertheit der Privaten gewachsen, und die von wirtschaftspolitischen Aktionen Betroffenen sind keineswegs mehr – wie früher unterstellt wurde – zum Mengenanpassungsverhalten gezwungen, sondern Optionsfixierer geworden. So wird Wirtschaftspolitik heute zum strategischen Spiel mit oft ungewissem Ausgang: Der Wirtschaftspolitiker muß von den „Kommandohöhen" der durch zentrale Prozeßsteuerung „gelenkten Marktwirtschaft"[9] herabsteigen und sich am „Spieltisch" partieller Konkurrenzprozesse versuchen. Vor diesem Hintergrund werden die Diagnose, die Wirkungsprognose und die Instrumentenwahl zu immer schwierigeren Aufgaben,[10] und die Bestimmung einer optimalen Kombination der einzelnen Politikzweige – Geld-, Finanz- und Einkommenspolitik – zur erstrebenswerten „Wirtschaftspolitik aus einem Guß" wird fast zur Unmöglichkeit. Einfache Rezepte, die dem Bürger einleuchten, gibt es unter solchen Bedingungen nicht mehr: Die Wirtschaftspolitik hat Seminarcharakter angenommen und erweist sich deshalb für die politischen Praktiker und Interessenten außerhalb der Hochschulen als wenig attraktiv.

Daß die Bevölkerung heute dem Staat und seiner Politik immer weniger zutraut, ergibt sich genau aus dieser Situation. Sie schlägt sich in der Vorstellung nieder, daß sich der Staat einerseits in einer „Machbarkeitslücke" verfangen hat,[11] andererseits aber unter dem Druck der Interessenten auch zur Selbstüberforderung neigt:[12] Die postulierte Regelungsbedürftigkeit immer neuer Problemfelder impli-

---

[9] Vgl. diese Kennzeichnung einer durch Marktinterventionen, Steuerung des gesamtwirtschaftlichen Ablaufs und die nachträgliche Korrektur von Marktergebnissen in ihrer Leistungsfähigkeit verbesserten Marktwirtschaft bereits bei *Walter A. Jöhr, Hans W. Singer:* Die Nationalökonomie im Dienste der Wirtschaftspolitik. Göttingen 1957, S. 138 ff.; entspr. auch *Theodor Pütz:* Grundlagen der theoretischen Wirtschaftspolitik. 3. Aufl., Stuttgart 1975, S. 26 f.

[10] Vgl. z. B. *Bernhard Gahlen:* Arbeitslosigkeit und Inflation als Problem der wirtschaftspolitischen Beratung. In: *Kazimierz Laski, Egon Matzner, Ewald Nowotny* (Hrsg.): Beiträge zur Diskussion und Kritik der neoklassischen Ökonomie. Festschrift für Kurt W. Rothschild und Josef Steindl. Berlin, Heidelberg, New York 1979, S. 145 ff., sowie *Hans-Jürgen Krupp:* Bisherige Ergebnisse alternativer geld- und finanzpolitischer Strategieansätze in der Bundesrepublik Deutschland. In: *Jochem Langkau, Claus Köhler* (Hrsg.), a. a. O., S. 93 ff.

[11] So z. B. *Bruno Fritsch:* Die Überforderung des Staates. In: *Peter Bohley, Georg Tolkemitt* (Hrsg.): Wirtschaftswissenschaft als Grundlage staatlichen Handelns. Heinz Haller zum 65. Geburtstag. Tübingen 1979, S. 503 ff.

[12] Vgl. in diesem Sinne schon *Hellmuth Stefan Seidenfus:* Institutionelle Regelungen in der modernen Marktwirtschaft. In: *Dieter Duwendag, Horst Siebert* (Hrsg.): Politik und Markt. Wirtschaftspolitische Probleme der 80er Jahre, Stuttgart 1980, S. 135 ff.

ziert tendenziell eine „Entgrenzung der Staatsaufgaben",[13] während doch die einzusetzenden Ressourcen durchaus begrenzt bleiben.

Weil auf solche Weise Glaubwürdigkeit und Reputation des Staates als Träger sachadäquat und wertorientiert konzipierter Wirtschafts- und Gesellschaftspolitik verloren gegangen sind, ist auch – wie es oft diagnostiziert wird[14] – die wirtschaftspolitische Beratung als wesentliche Grundlage einer Politik in Frage gestellt, die auf lange Sicht gemeinwohlbezogene Strategien als Lösung für Allokations-, Stabilitäts- und Wachstumsprobleme anbietet und die Kooperation der Bürger mobilisieren kann.

II.

Viele der dargestellten Defizite im Leistungsvermögen von Staat und Wirtschaftspolitik lassen sich nach Meinung einiger Kritiker durch funktionale Reformen des Politiksystems, durch die Erneuerung des ordnungspolitischen Konsenses oder durch ein größeres Engagement aller Akteure im politischen Prozeß beseitigen. Diesbezügliche Vorschläge gehen nun zweifellos davon aus, daß sich der Staat und die von ihm getragene Politik in alter Form und früher bewährter Leistungsfähigkeit wieder herstellen lassen. Ist aber die Hoffnung auf die heilende Kraft systemimmanenter Reformen realistisch? Voraussetzung wäre, daß der für die bisherige Wirtschaftspolitik konstitutive Interventionsstaat der neoklassischen Synthese, der marktwirtschaftliche Allokation durch zentral konzipierte Maßnahmen der Kreislauf- und Verteilungspolitik ergänzt,[15] weiterhin existiert. Vieles spricht jedoch dafür, daß ein grundlegender Wandel eingetreten ist, der deutlich wird, wenn man heutige Konzeptionen von der Rolle des Staates als Träger der Wirtschaftspolitik mit der bislang vorherrschenden Konzeption des Interventionsstaates vergleicht.

Die Grundlagen der herkömmlichen Konzeption des Interventionsstaates wurden in der zweiten Hälfte des letzten Jahrhunderts durch Autoren der „Historischen Schule", vor allem durch *Gustav Schmoller* und *Adolph Wagner*, formuliert.[16] In der Interpretation *Max Weber*s ist hier vom „rationalen Staat" als einem anstaltsmäßigen Herrschaftsverband mit dem „Monopol legitimer Gewaltsamkeit" die Rede, der zur Durchsetzung seiner Zwecke alle sachlichen Betriebsmittel in der Hand seiner Leiter konzentriert.[17] Interessant erscheint dabei Webers Anmerkung, daß die historische Entwicklung des „rationalen Staates" eine Parallele in der Ent-

---

[13] So *Hans Herbert von Arnim:* Staat ohne Diener. München 1993, S. 253 ff.

[14] Vgl. z. B. *Peter Nunnenkamp:* Worüber die Wirtschaft klagt und wofür sie selbst verantwortlich ist: Unfähige Politik, unternehmerische Prinzipienlosigkeit und der Standort Bundesrepublik. In: Zeitschrift für Wirtschaftspolitik, 42. Jahrg. (1993), S. 273 ff.

[15] Vgl. die klassische Formulierung bei *Karl Schiller:* Wirtschaftspolitik. In: Handwörterbuch der Sozialwissenschaften, Bd. 12, Stuttgart, Tübingen, Göttingen 1962, S. 210 ff., abgedr. in: *Ders.:* Der Ökonom und die Gesellschaft, a. a. O.; S. 63 ff.

[16] Vgl. *Karl Häuser:* Das Ende der Historischen Schule und die Ambiguität der deutschen Nationalökonomie in den zwanziger Jahren. In: *Knut Wolfgang Nörr, Bertram Schefold, Friedrich Tenbruck* (Hrsg.): Geisteswissenschaften zwischen Kaiserreich und Republik. Stuttgart 1994, S. 47 ff.

[17] Vgl. *Max Weber:* Wirtschaft und Gesellschaft. 5., rev. Aufl. – Studienausgabe, 9. – 13. Tausend. Tübingen 1976, S. 815 ff., insbes. S. 824 ff.

stehung der rational organisierten kapitalistischen Großunternehmung findet, ja
daß zunehmende Bürokratisierung im Zeitablauf das gemeinsame Schicksal beider Formen gesellschaftlicher Großorganisation ist. Dabei ist nach Weber sogar
die Entstehung dieses bürokratischen Staates ohne die Entwicklung des Kapitalismus nicht denkbar. Denn dieser bedingt erst die wachsende wirtschaftspolitische
Verantwortlichkeit, insbesondere im Finanzwesen und in der Wohlfahrtspolitik,
die zu den wesentlichen Merkmalen des modernen Staatswesens zählt.

Der Staat wird also in der der Anwendung der keynesianischen Lehren unmittelbar vorausgehenden Zeit als ein einheitlicher, bürokratischer, nach rational „gesatztem" Recht arbeitender Großbetrieb gesehen, der nicht Gewinn, sondern die
allgemeine Wohlfahrt maximiert. Dabei bleiben seine Aktivitäten zunächst auf die
Erfüllung sozialstaatlicher Aufgaben und die Bereitstellung öffentlicher Güter beschränkt.[18] Weitergehende Aufgaben stabilitätspolitischer Natur wachsen ihm erst
in den letzten Jahren der Ersten Republik zu, als nach *Brünings* Sturz die durch
mehrere Personen und Gruppen aus der politischen Praxis bereits konzipierten
Programme einer staatlich finanzierten Beschäftigungspolitik als politische und
konjunkturelle Notwendigkeit akzeptiert worden waren.[19]

Eine wirtschaftsgestaltende Tätigkeit des Staates, die über die traditionellen
bloßen Schutz- und Hilfsmaßnahmen und Marktordnungen der Sozial- und Branchenschutzpolitik hinausgeht, war in der Schlußphase der „Republik von Weimar"
– Ende der zwanziger, Anfang der dreißiger Jahre – wohl allgemein bejaht worden. Das war aber zumindest bei den demokratisch orientierten Autoren der Zeit
nicht mit totalitären Vorstellungen verbunden, nach denen der Staat das gesamte
Wirtschaftsgeschehen planerisch konzipieren und lenken dürfe: Die konkrete Ausformung der gemeinwohlorientierten Wirtschaftspolitik des Staates war in jedem
Falle dem Kräftespiel einer pluralistischen, in Räte und Verbände gegliederten
Gesellschaft zu überlassen.[20] Wesentliche Grundlage dieser Konzeption eines demokratisch legitimierten, auf Gerechtigkeit und soziale Sicherheit orientierten, auf
wirtschaftliche Gestaltung verpflichteten Staates[21] ist allerdings die vom Historismus inspirierte Ansicht, daß der Staat auf einer im Prinzip vom Marktgeschehen
abgehobenen Wirtschaftsführung beruht: Über die zentralstaatliche Finanzpolitik
ist er mit den Wirtschaftsprozessen des Privatsektors verbunden, ohne aber –
wegen der Möglichkeit der Steuer- und Schuldenfinanzierung – von marktgenerierten Einkünften abhängig zu sein. Der Staat ist demnach zwar Teil der in unterschiedliche Interessengruppen gegliederten Gesellschaft, geht aus ihr hervor und
wandelt sich mit ihr. Wegen der Ordnungsbedürftigkeit dieser widersprüchlich

---

[18] Zur für die damalige Lehrmeinung maßgebenden Darstellung des Sozialstaats bei
Schmoller vgl. *Jürgen G. Backhaus:* Wirtschaftsverfassung und ordnungspolitische Grundvorstellungen im nationalökonomischen Denken der zwanziger Jahre. In: *Knut Wolfgang
Nörr et al.* (Hrsg.), a. a. O., S. 403 ff., insbes. S. 411.

[19] Vgl. *A. Korsch:* Der Stand der beschäftigungspolitischen Diskussion zur Zeit der Weltwirtschaftskrise in Deutschland. In: *G. Bombach et al.* (Hrsg.): Der Keynesianismus I. Berlin, Heidelberg, New York 1976, S. 9 ff., insbes. S. 30 ff.

[20] Vgl. *Knut Wolfgang Nörr:* Auf dem Wege zur Kategorie der Wirtschaftsverfassung: Wirtschaftliche Ordnungsvorstellungen im juristischen Denken vor und nach dem Ersten Weltkrieg. In: *Knut Wolfgang Nörr et al.* (Hrsg.), a. a. O., S. 423 ff., insbes. S 435 f., S, 440.

[21] So unter Verweis auf Art. 151 der Weimarer Reichsverfassung *Knut Wolfgang Nörr,*
a. a. O., S. 435 ff., insbes. S. 440.

konstituierten Gesellschaft kommt ihm aber eine zentrale Rolle als Träger der Politik zu, die in der Gestalt des Staatsapparates institutioniert ist. Und die hierdurch geforderte Verpflichtung auf Ausgleich und Gerechtigkeit verleiht dem Staat schließlich einen objektiven Sinnzusammenhang, der von den Bürgern als handlungsorientierendes Leitbild akzeptiert werden kann.[22]

Nach allem, was bekannt ist, wäre *Keynes* übrigens mit einer solchen Sicht der Dinge grundsätzlich einverstanden gewesen.[23] Die wirtschaftliche Aktivität des Staates war – soweit wir wissen – bei ihm als Mittel der Ausbreitung der Vorteile des „zivilisierten Lebens" auf alle Bürger zu verstehen. Und die Stabilisierung der Beschäftigung mittels öffentlicher Beeinflussung der Investitionsnachfrage erschien ihm stets als adäquates Mittel der Schaffung „gleicher Zufriedenheit für alle". Daß hierbei – ganz im Sinne des später konzipierten keynesianischen Politiksystems – „drakonische Maßnahmen" und selektive Eingriffe in Markt und Struktur ausgeschlossen sein sollten, galt *Keynes* als selbstverständlich. In seiner Reaktion auf *Hayeks* Polemik[24] betonte er ausdrücklich, daß die von ihm empfohlene Politik der Stabilisierung der Investitionsnachfrage durch öffentliche Aktivitäten nur in den Händen freiheitlich orientierter, guter und gerechter Regierungen liegen dürfe, solle die Grenze zur „politischen Knechtschaft", auf die *Hayek* hingewiesen hatte, nicht überschritten werden. Der dabei von *Keynes* selbst benutzte Ausdruck „Planung" darf aber nicht irritieren: Im Sprachgebrauch der Zeit wurden hierunter alle stabilitätsorientierten Eingriffe des Staates in den Wirtschaftskreislauf subsumiert, die im Rahmen einer grundsätzlich liberalen Wirtschafts- und Gesellschaftsordnung die marktwirtschaftliche Allokation ergänzen.[25]

Solche Grundvorstellungen waren es auch, die nach der Niederwerfung des nationalsozialistischen Regimes in Deutschland die Wiederaufbau- und Reformdebatte im westlichen Teil des Landes prägten: Von einer Synthese zwischen Wirtschaftsfreiheit der Individuen und planmäßiger Lenkung der gesamtwirtschaftlichen Prozesse und Proportionen gingen die meisten Beobachter aus – wenn auch mit unterschiedlichen Gewichtungen beider Komponenten.[26] Allen jedoch schien ein „starker Staat" für die Erfüllung der ihm zugedachten Aufgaben in Wirtschaft und Gesellschaft als unabdingbar, da er im Zweifelsfall „Wohlstand für alle" und Gerechtigkeit auch gegen den Widerstand partieller Interessenten durchzusetzen in der Lage sein sollte.

---

[22] Vgl. *Martin Draht:* Der Staat in der Industriegesellschaft (1966). In: *Ernst-Wolfgang Böckenförde* (Hrsg.): Staat und Gesellschaft. Darmstadt 1976, S. 290 ff., insbes. S. 299 ff.; vgl. auch *Hermann Heller:* Staat. In: *Alfred Vierkandt* (Hrsg.): Handwörterbuch der Soziologie. Stuttgart 1931, S. 608 ff., insbes. S. 616.

[23] Vgl. *Alan Peacock:* Keynes und die Rolle des Staates. In: Zeitschrift für Wirtschaftspolitik, 42. Jahrg. (1993), S. 47 ff.

[24] Vgl. *Gregory B. Christainsen:* What Keynes really said to Hayek about Planning. In: Challenge, Vol. 36 (1993), S. 50 ff.

[25] Vgl. z. B. *James E. Meade:* Planung und Preismechanismus. Die liberal-soziale Lösung. Bern, Tübingen 1951; entspr. auch *Gunnar Myrdal:* Jenseits des Wohlfahrtsstaates. Wirtschaftsplanung in den Wohlfahrtsstaaten und ihre internationalen Folgen. Stuttgart 1961.

[26] Vgl. die zusammenfassende Darstellung bei *Peter Bucher* (Hrsg.): Nachkriegsdeutschland. Quellen zum Politischen Denken der Deutschen, Bd. 10, Darmstadt 1990, S. 1 ff., insbes. S. 3 ff., S. 18 f.

Leibholz hat in diesem Zusammenhang davon gesprochen, daß das moderne, als Parteiendemokratie interpretierte Politiksystem so sehr durch wirtschaftliche Faktoren bestimmt sei, daß die Entwicklung des Staates als allgemein intervenierender „Wirtschaftsstaat" folgerichtige Konsequenz sei.[27] Dieser Ansicht entspricht es auch, daß die traditionellen bürgerlichen (im Grundgesetz für die Bundesrepublik Deutschland verankerten) Grundrechte durch sozialstaatliche Prinzipien ergänzt worden sind: So wird der „moderne Wirtschaftsstaat" mehr und mehr zum „sozialen Leistungs- und Wohlfahrtsstaat", der für die gesamte „öffentliche Daseinsfürsorge" verantwortlich ist.

Die finanzwissenschaftlichen Autoren dieser Zeit stellten dar, daß sich auch die Haushaltsstruktur des so charakterisierten „Interventionsstaates" *(Neumark)* in typischer Weise verändert hat:[28] Transfer- und Investitionsausgaben überflügeln die klassischen Funktionsausgaben. Entsprechend treten die herkömmlichen Staatsziele hinter dem Streben nach Wirtschaftswachstum, gleichmäßiger Verteilung und sozialer Sicherheit zurück. *Musgrave* hat dies mit seiner Unterteilung des Budgets in die Allokationsabteilung, die Distributionsabteilung und die Stabilisationsabteilung und der theoretischen Formulierung der Grundlagen der (bezogen auf Schwankungen des Volkseinkommens) „kompensatorischen Finanzpolitik" sanktioniert und propagiert.[29]

Ein starker, funktionsfähiger Zentralstaat wurde auch von grundsätzlich liberal orientierten Autoren gefordert, weil nur eine solche Instanz die marktwirtschaftliche Ordnung institutionieren und ihre Einhaltung garantieren könne. So forderte *Eucken* in seinen „staatspolitischen Grundsätzen" ausdrücklich, daß der Staat fähig sein müsse, wirtschaftliche Machtgruppen aufzulösen, ihre Funktionen zu beschränken, und die Gestaltung der Ordnungsformen der Wirtschaft maßgeblich zu beeinflussen:[30] Ohne die „ordnende Potenz des Staates" kann nach seiner und seiner Nachfolger Ansicht[31] eine funktionierende Wirtschaftsordnung nicht aufgebaut werden. Und diese Potenz erscheint auch notwendig, um die immer prekäre Balance zwischen individueller Freiheit und den aus der Industriegesellschaft entspringenden Sachzwängen zu halten. Allgemein ging man damals davon aus, daß klare ordnungspolitische Kompetenzzuweisungen als Grundlage einer solchen Balance unverzichtbar seien.

III.

Der heutige Betrachter stellt das Aufkommen ganz anderer Vorstellungen von der Rolle des Staates in der Wirtschaftspolitik fest: Während neuere Auflagen eingeführter Lehrbücher noch die seit den sechziger Jahren konventionelle Darstellung

---

[27] Vgl. *Gerhard Leibholz:* Der Strukturwandel der modernen Demokratie. In: *Ders.:* Strukturprobleme der modernen Demokratie. Karlsruhe 1958, S. 78 ff., insbes. S. 87.
[28] Vgl. *Fritz Neumark:* Grundsätze und Arten der Haushaltsführung und Finanzbedarfsdeckung. In: *Ders.:* Wirtschafts- und Finanzprobleme des Interventionsstaates. Tübingen 1961, S. 123 ff., insbes. S. 139 ff.
[29] Vgl. *Richard A. Musgrave:* Finanztheorie. Tübingen 1966, insbes. vgl. S. 5 ff., S. 353 ff.
[30] Vgl. *Walter Eucken:* Grundsätze der Wirtschaftspolitik. 2. Aufl., rde-Ausg. Hamburg 1959, S. 187 ff.
[31] Vgl. z. B. *Heinz Lampert:* Die Soziale Marktwirtschaft in der Bundesrepublik Deutschland. In: Aus Politik und Zeitgeschichte, B 17/88, S. 3 ff., insbes. S. 6

des Staates als einem wichtigen Träger der Wirtschaftspolitik samt Besprechung der gesetzlichen Grundlagen enthalten,[32] verzichten neu konzipierte Lehrbücher auf eine ausdrückliche Darstellung des Staates, der Ziele seines Handelns, seiner Organisation und ihrer Leistungsfähigkeit. Als Problemfelder wirtschaftspolitischen Handelns werden (neben institutionellen und entscheidungstheoretischen Fragen) überwiegend partielle Probleme der Allokations- und der Verteilungspolitik, der (regionalen) Industriepolitik und der Außenwirtschaftspolitik diskutiert.[33] Fragen der gesamtwirtschaftlichen Stabilität sind hingegen an den Rand der Betrachtung gerückt: Die „Figur (Interventions-)Staat" ist am Ende des 20. Jahrhunderts schon „recht schmächtig" geworden.[34] Was heute interessiert, ist die Rolle, die staatliche Institutionen als Teilnehmer an den partiellen Politikprozessen selbst spielen. Der Staat wird überwiegend erst als moderierender Verhandlungspartner der Gruppen und Verbände und als Koalitionspartner in den strategischen Spielen der großen Wirtschaftseinheiten interessant.

Ein Beispiel für die so veränderte Rolle des Staates zeigt sich, wenn die Diskussion um neuere Ansätze der regionalen Struktur- bzw. Industriepolitik verfolgt wird. Die bisherige, konventionelle Sicht der regionalen Strukturpolitik ging von der Voraussetzung aus, daß Bund und Länder als hierzu legitimierte Gebietskörperschaften durch eine bewußte Beeinflussung von räumlichen Wirtschaftsaktivitäten und durch die Berücksichtigung regionaler Besonderheiten zur besseren Durchsetzung der gesamtwirtschaftlichen Wohlfahrtszielsetzung beitragen. Dementsprechend erschienen die regionalpolitischen Ziele abgeleitet aus dem bekannten gesamtwirtschaftlichen Zielkatalog nach § 1 Stabilitätsgesetz. Dabei wurden als Ansatzpunkt dieser Politik insbesondere der Faktor Kapital und dessen Beeinflussung durch Mittel vornehmlich der Finanzpolitik angesehen.[35] Ausgehend von allgemeinen Zweifeln an der Wirksamkeit dieses Politikansatzes, die durch Fehlschläge bei den Versuchen, altindustrialisierte Regionen (in Nordrhein-Westfalen und im Saarland) zu revitalisieren, ausgelöst wurden, wird heute der Einsatz von stärker qualitativ orientierten, flexibilitätsbezogenen Aktionsparametern empfohlen:[36] Hierzu gehören etwa technisches Wissen und Innovationsbereitschaft ebenso wie die Qualität von Arbeit, Kapital und Faktoren, die für die Bildung eines mobilitätsfördernden, wirtschaftsfreundlichen Klimas maßgebend sind. Solche Empfehlungen gründen zunächst auf der Tatsache, daß besonders die altindustrialisierten, urbanen Regionen, um die es heute regionalpolitisch geht, komplexe gesellschaftliche Gebilde geworden sind, die auf mehreren politischen Ebenen vielfältig strukturiert sind. Das erklärt, warum es zunehmend schwer fällt, das sog. „Mehrebenenproblem" der Regionalpolitik[37] zu lösen: Die Vielfalt, die Inkonsi-

---

[32] Vgl. z. B. *Ulrich Teichmann:* Wirtschaftspolitik, 4. Aufl., München 1993.

[33] So typisch bei *Bernhard Külp, Norbert Berthold:* Grundlagen der Wirtschaftspolitik. München 1992.

[34] In Anlehnung an *Carl Böhret:* Zur Handlungsfähigkeit des funktionalen Staates der spätpluralistischen Industriegesellschaft. In: *Beate Kohler-Koch* (Hrsg.): Staat und Demokratie in Europa. Opladen 1992, S. 116 ff., insbes. S. 117.

[35] Vgl. *Friedrich Buttler, Knut Gerlach, Peter Liepmann:* Grundlagen der Regionalökonomie. Reinbek bei Hamburg 1977, S. 114 ff.

[36] Vgl. *Rüdiger Hamm, Helmut Wienert:* Strukturelle Anpassung altindustrieller Regionen im internationalen Vergleich. Berlin 1990, S. 284 ff.

[37] *Roland Sturm:* Die Industriepolitik der Bundesländer und die Europäische Integration. Baden-Baden 1991, insbes. S. 130 ff.

stenz und die mangelnde Koordination der einzelnen Fördermaßnahmen machen
die Regionalpolitik sowohl für die Träger der Politik als auch für mögliche Bene-
fizienten undurchschaubar und deshalb letztlich ineffektiv. Außerdem bedingt die
Komplexheit der regionalen gesellschaftlichen Verhältnisse auch ganz unterschiedliche partielle Zielfunktionen bei den involvierten politischen und gesellschaftlichen Gruppen, die nicht mehr ohne weiteres unter das allgemeine gesellschaftliche Wohl subsumiert werden können. Aus diesem Grunde wird die Regionalpolitik in vielen Fällen von einflußreichen Gruppen, die ihre Interessen nicht
gewahrt sehen, blockiert. Regionen können nicht mehr, wie bislang die Regel, als
geographisch oder politisch abgegrenzte, homogene Problemfelder einer einheit-
lich konzipierten staatlichen Politik angesehen werden. Sie stellen sich heute als
ein hoch differenziertes System wirtschaftlicher und gesellschaftlicher Beziehungen dar, das je nach seiner Ausprägung spezifischer Politikansätze bedarf.
Regionalpolitische Aktivitäten, die in klassischer Weise von zentraler Instanz aus
mit den herkömmlichen Instrumenten – besonders durch Subventionierung der
Sachkapitalbildung – intervenieren, sind also ohne Bezug zur gegebenen komplexen Regionalstruktur und deshalb zum Scheitern verurteilt. Erforderlich erscheint
eine „Regionalisierung der Regionalpolitik"[38] durch Dezentralisierung der Politik,
durch die Förderung der lokalen Selbstorganisationsfähigkeit, sowie die Mobilisierung der eigenen Innovationspotentiale der Interessenten. Eine heutigen Anforderungen angemessene regionale Industriepolitik sollte deshalb in erster Linie eine
„Vernetzung des Handelns" aller potentiell Betroffenen und Interessierten, aller
relevanten Gruppen und Institutionen bewirken.
Für die Rolle des Staates in der regionalen Industriepolitik bedeutet dies zweierlei:
Erstens muß das staatliche Handeln von der traditionell zentralistisch-hierarchi-
schen Position und der ihr entsprechenden Ableitung von Förderinstrumenten aus
den zentralen Budgets (des Bundes und der Länder) abgehen zugunsten einer ganzheitlichen, in die vorhandenen Systeme integrierten Politik, die Querschnittsfunk-
tionen wahrnimmt. Zweitens kann es sich hierbei nicht nur um die technische
Koordination von wirtschaftspolitischen Instrumenten auf verschiedenen organi-
satorischen Ebenen handeln, sondern um die Bündelung der partiellen Interessen
und Aktivitäten auf gemeinsam definierte Handlungsziele: In den Regionen sollen
auf diese Weise „strukturpolitische Diskurse" zustande kommen, in denen regionale Entwicklungskonzepte kooperativ erarbeitet werden.[39] Der Staat hat in diesem
Prozeß überwiegend organisatorische und koordinierende Aufgaben: Er stellt mit
seinen lokalen Infrastrukturen die institutionelle Plattform für die Aktivitäten der
Teilnehmer am Diskurs und setzt die „Regeln des Spiels"; er vermittelt Informationen über mögliche Ziele und verfügbare Aktionsparameter bzw. Finanzie-

---

[38] Vgl. *Hans-Jürgen Ewers, Andreas Brenck:* Innovationsorientierte Regionalpolitik. Zwischenfazit eines Forschungsprogramms. In: *Herwig Birg, Hans Joachim Schalk* (Hrsg.):
Regionale und sektorale Strukturpolitik. Rainer Thoss zum 60. Geburtstag. Münster 1992,
S. 309 ff.; vgl. ferner auch *Heinz Kruse:* Die moderne Industriegesellschaft – Eine Herausforderung an staatliches Handeln. In: *Werner Fricke* (Hrsg.): Jahrbuch Arbeit und Technik
1992. Bonn 1992, S. 3 ff.
[39] Beispiele aus Nordrhein-Westfalen zitieren *Rolf G. Heinze, Helmut Voelzkow:* Verbesserung von Standortqualitäten durch regionalisierte Strukturpolitik? In: *Paul Klemmer, Klaus
Schubert* (Hrsg.): Politische Maßnahmen zur Verbesserung von Standortqualitäten. Berlin
1992, S. 123 ff.

rungsspielräume und moderiert bei Konflikten. Damit ist er „primus inter pares" geworden, der nicht mehr von zentraler Position steuert, sondern versucht, über Informations- und Einbindungsstrategien die Betroffenen zu Kooperation und innovatorischem Handeln zu überreden.[40]
Die so definierte neue Rolle des Staates in der regionalen Industriepolitik entspricht ziemlich genau dem von der Politologie entwickelten „Arena-Modell" des Staates, nach dem komplexe politische Entscheidungen durch dezentrale Diskurse zwischen den Akteuren herbeigeführt werden.[41] Die Initiierung und Moderation von gesellschaftlichen Diskussions- und Verhandlungsprozessen treten auch hier an die Stelle der bislang als Normalfall angesehenen hierarchischen Intervention. So kommt das zustande, was der Staat angesichts der diagnostizierten komplexen Problemlage mit den traditionellen Mitteln nicht mehr leisten kann: Die Organisation der gemeinwohlorientierten Politik auf der Basis gemeinsamer Interessen der beteiligten Gruppen und Institutionen.[42]
Ein anderes Beispiel für das Auftreten einer neuen Staatskonzeption in der gegenwärtigen Theorie läßt sich in einer in letzter Zeit häufig diskutierten Variante der Außenwirtschaftstheorie und -politik, der „strategischen Industrie- und Handelspolitik"[43] finden: So wie im Rahmen der nationalen Regionalpolitik der Staat nur noch als privilegierter Teilnehmer am Dialog der Interessentengruppen teilnimmt, indem er sich als institutionelle „Arena" für Verhandlungen anbietet, tritt der Staat auch im Rahmen dieser neuen außenwirtschaftlichen Theoreme nur noch als ein – wenn auch mit besonderen Eigenschaften ausgestatteter – Teilnehmer am internationalen Wettbewerb der Industrien und ihrer Standorte auf.
Diese Interpretation spiegelt ein ganz anderes Staatsverständnis wider als das der bislang herrschenden neoklassischen Außenhandelstheorie und -politik: Nach traditioneller Ansicht sind die Ziele und Instrumente der Außenwirtschaftspolitik in ähnlicher Weise wie bei der Regionalpolitik abgeleitet worden. Der Staat besaß nach dieser Sicht hier wie dort das Gewaltmonopol als einzig legitimer Träger der Politik und Wahrer der gesamtwirtschaftlichen Wohlfahrt. Selbst die mit der Evolution der internationalen Handelsordnung seit den sechziger Jahren eingetretene Verschiebung im instrumentalen Bereich – Abwendung vom „klassischen" Protektionismus mittels tarifärer Instrumente, Hinwendung zum „neuen" Protektio-

---

[40] Vgl. *Klaus Schubert:* Politische Maßnahmen zur Verbesserung von Standortqualitäten: Eine Problemskizze. In: *Paul Klemmer, Klaus Schubert* (Hrsg.), a. a. O., S. 13 ff.
[41] Vgl. *Fritz Scharpf:* Die Handlungsfähigkeit des Staates am Ende des zwanzigsten Jahrhunderts. In: *Beate Kohler-Koch* (Hrsg.), a. a. O., S. 93 ff.
[42] Entsprechende Vorstellungen lassen sich auch für die Inszenierung gesamtwirtschaftlicher Technologiepolitiken durch die Betroffenen selbst formulieren. Beispiele aus den USA diskutiert *Paul M. Romer:* Implementing a National Technology Strategy with Self-Organizing Industry Investment Boards. In: Brookings Papers on Economic Activity, 2, 1993, S. 345 ff.
[43] Vgl. *Gene M. Grossman, J. David Richardson:* Strategic Trade Policy: A Survey of Issues and early Analysis. Princeton University – Special Papers in International Economics, No. 15. Princeton, N. J. 1985; ferner auch *Oliver Landmann, Michael P. Pflüger:* Handelspolitik bei unvollkommener Konkurrenz – Einsichten aus der „neuen" Außenhandelstheorie. In: WISU – Wirtschafts- und sozialwissenschaftliches Studium, 20. Jahrg. (1992), S. 494 ff.

nismus mittels nichttarifärer Instrumente[44] – hat diese Grundkonzeption nicht tangiert. Auch im „neuen" Protektionismus trat der Staat als zentrale Instanz auf, welche wirtschaftliche Optionen einer großen Zahl von privatwirtschaftlichen Akteuren fixiert, die aufgrund ihrer schwächeren Position bei unterstellter polypolistischer Konkurrenz zur Anpassung ihres Handelns gezwungen sind. Adressaten der Politik sind hier stets Branchen mit vielen Marktteilnehmern, nicht etwa kleine Gruppen von Unternehmen oder einzelne Anbieter spezifischer Güter.

Mit der Zunahme des sog. Intraindustriehandels in der Weltwirtschaft, bei dem (in den Augen der Konsumenten oder der industriellen Abnehmer) im Nutzen oder in den technischen Eigenschaften hoch differenzierte Industriegüter an vielen Standorten produziert und zwischen ihnen ausgetauscht werden,[45] konnte auch die Tatsache nicht mehr vernachlässigt werden, daß solche Produktionen in der Regel statische und dynamische Skalenerträge implizieren. Damit war dann die Einsicht verbunden, daß sich in solchen Fällen auch Marktformen und Verhaltensweisen der Adressaten der Außenwirtschaftspolitik ändern: Der Regelfall im Außenhandel mit Industriegütern wird der unvollkommene Wettbewerb, und es wird zum Problem, wie die Außenwirtschaftspolitik in die Anreizstrukturen und das Marktverhalten der so charakterisierten, international operierenden Oligopolisten eingreifen kann. Will die Außenwirtschaftspolitik eines Landes in einer solchen Umgebung das Interesse der (oder besser: des) Produzenten am nationalen Standort (und damit auch die nationale Wohlfahrt) fördern, so muß sie versuchen, die strategische Lage der heimischen Unternehmung im oligopolistischen Wettbewerb so zu beeinflussen, daß ihr Erträge bzw. Renten vermehrt zufallen. Ziel ist in diesem Kontext also die Umlenkung zumindest der oligopolistischen Marktlagengewinne zugunsten des „eigenen" Anbieters.[46]

Spieltheoretische Überlegungen haben nämlich gezeigt, daß die Unternehmungen solche Ziele oft nicht aus eigener Kraft erreichen können, weil es ihnen schwer fällt, ihren Mitwettbewerbern gegenüber eine Selbstbindung aufzubauen und auch plausibel zu machen. Denn der „heimische" Oligopolist kann sich z. B. theoretisch durch die Ankündigung einer Produktionsausweitung, die effektiv wird, noch bevor sich die übrigen Marktteilnehmer anpassen können, strategische Vorteile auf dem umkämpften Markt verschaffen. Da diese Strategie aber durch die herrschenden Marktgegebenheiten in keiner Weise gedeckt ist, liegt es nahe, daß die übrigen Wettbewerber den Plan einer Angebotsausweitung als „bluff" interpretieren. Das ändert sich allerdings, wenn die Regierung sich verpflichtet, die Angebotsausweitung durch eine Subventionierung des inländischen Absatzes oder durch Exportbeihilfen abzusichern. Durch diese Verhaltensbindung erst wird die Strategie des „heimischen" Oligopolisten glaubhaft, und die Wettbewerber werden hier-

---

[44] Vgl. *Heiko Körner:* Der neue Protektionismus und die Dritte Welt. In: *Udo Ernst Simonis* (Hrsg.): Ordnungspolitische Fragen zum Nord-Süd-Konflikt, Schr. d. V. f. SocP., NF. Bd. 129. Berlin 1983, S. 187 ff.

[45] Vgl. *Masaru Yoshitomi:* New Trends of Oligopolistic Competition in the Globalisation of High-Tech Industries: Interactions among Trade, Investment and Government – In: OECD: Strategic Industries in a Global Economy: Policy Issues for the 1990s. Paris 1991, S. 15 ff.

[46] Zusammenfassend *Paul R. Krugman:* Rethinking International Trade. Cambridge, Mass., London 1990, insbes. S. 226 ff; ferner auch *Georg Bletschacher, Henning Klodt:* Strategische Handels- und Industriepolitik. Tübingen 1992, S. 9 ff.

auf mit Anpassungen ihrer eigenen Strategie reagieren. Denn einer Regierung traut man zu, sich einfacher (auf Kosten der heimischen Steuerzahler) und mit guten (volkswirtschaftlichen) Gründen über die gegebene Marktlage hinwegsetzen zu können. Aufgrund dieser „Schlüsselasymmetrie zwischen Unternehmungen und Regierungen"[47] werden letztere als Partner besonderer Art und Güte in das strategische Spiel der in internationalen Oligopolen operierenden Unternehmen hineingezogen.

Nach wie vor gilt als Regelfall eine Situation, in der die mit einer heimischen marktbeherrschenden Industrie koalierende Regierung dieser Vorteile auf Kosten der ausländischen Wettbewerber zu verschaffen sucht. In bestimmten Lagen, in denen der Ausgang des strategischen Spiels besonders deswegen offen ist, weil die Gegenseite Vergeltungsreaktionen androht, oder weil die beteiligten Unternehmungen selbst grenzüberschreitende strategische Allianzen eingehen, muß sich aber auch die Aktivität der Regierung auf das internationale Spielfeld erstrecken.[48] Sie kann dann entweder versuchen, mit den übrigen international agierenden Unternehmungen in direkte Beziehungen zu treten, oder aber diese über ein Zusammenspiel mit den anderen relevanten Regierungen zu beeinflussen: Typisch für solche Fälle sind die weit verbreiteten sog. freiwilligen Selbstbeschränkungsabkommen, die Exporteure und Importeure zum Schutze bedrohter Absatzmärkte in den Industrieländern zumindest mit Billigung, oft aber auf Drängen und unter Verabredung der beteiligten Regierungen getroffen haben.[49] Verglichen mit den konventionellen Modellen der internationalen Kooperation von Regierungen[50] begründen diese hier spezifische internationale Interdependenzen, ohne jedoch formal zu solchen Souveränitätsverlusten legitimiert zu sein. Dieses Verhalten ist als Internationalisierung des in der Innenpolitik bereits eingeführten kooperativen Politikstils zu interpretieren: Im Rahmen so begründeter „internationaler Regime"[51] werden spezifische Konflikte um Märkte, um Technologien und Arbeitsplätze in hierauf maßgeschneiderten Verhandlungssystemen abgearbeitet. Insoweit fügt sich die strategische Industrie- und Handelspolitik des Staates als Sonderfall in die neueren allgemeinen Ansätze der Politologie zur Erklärung internationaler Kooperation jenseits der klassischen völkerrechtlichen Vertragssysteme ein.

IV.

Der Entwicklung hoch komplexer wirtschaftlicher und gesellschaftlicher Strukturen und Funktionszusammenhänge in den fortentwickelten, international verflochtenen Industriegesellschaften muß die Wirtschaftspolitik zweifellos folgen,

---

[47] So *Gene M. Grossman, J. David Richardson,* a. a. O., S. 11.
[48] Vgl. *Luc Soete:* National Support Policies for Strategic Industries. The International Implications. In: OECD, a. a. O., S. 51 ff., insbes. S. 57 ff.
[49] Vgl. *Michael Kostecki:* Export Restraint Arrangements and Trade Liberalization. In: The World Economy, Vol. 10 (1987) 4, S. 425 ff.
[50] Vgl. *Helmut Wagner:* Einführung in die Weltwirtschaftspolitik. München, Wien 1991, S. 97 ff.
[51] Vgl. *Beate Kohler-Koch:* Zur Empirie und Theorie internationaler Regime. In: *Dies.* (Hrsg.): Regime in den internationalen Beziehungen. Baden-Baden 1989, S. 17 ff.; ferner auch *Harald Müller:* Die Chance der Kooperation. Darmstadt 1993.

soll sie noch wirksam argumentieren können. Die Ablösung des Modells zentraler, hierarchischer Steuerung durch ein Modell dezentraler, über gesellschaftliche Dialoge, Verhandlungen und strategische Partnerschaften organisierter Aktivitäten einzelner, auf spezifischen Sachebenen agierender Trägerinstitutionen erscheint deshalb als unvermeidliche Konsequenz des Wandels von Wirtschaft und Gesellschaft der Industrieländer. Und doch sind im Hinblick auf die Funktionsbedingungen dieser neuen Modelle wesentliche Fragestellungen noch unzureichend geklärt. Es handelt sich dabei um das Informationsproblem, das Entscheidungsproblem, das Kontrollproblem, und schließlich auch um das Distributionsproblem. Während die ersten drei Probleme eher Fragen der pragmatischen Wirtschaftspolitikanalyse betreffen, werden beim Distributionsproblem auch normative Fragen der Wirtschaftspolitik angesprochen, deren Beantwortung für die Diskussion der Rolle des Staates als Politikträger im heutigen Kontext wesentlich sein dürfte.

Zunächst ist es offensichtlich, daß der Informationsbedarf der Politikträger, die komplexe Zusammenhänge im wirtschaftspolitisch gewünschten Sinne beeinflussen sollen, mit der zunehmenden Anzahl der Problemfelder und der Länge der Zeiträume, in denen die Politik agiert, in früher ungeahntem Maße angestiegen ist. Dies betrifft nicht nur – wie leicht einzusehen ist – die Lageanalyse und die hierauf beruhende Darstellung der zu bewältigenden Soll-Ist-Differenz auf der Ebene der spezifischen Zielnormen. Das Problem stellt sich ebenso bei der Wirkungsanalyse möglicher Instrumente: In den offenen Volkswirtschaften der Gegenwart ist es schon schwer genug, exakte Wirkungsprognosen hinsichtlich der klassischen Aktionsparameter der kreislaufbezogenen Wirtschaftspolitik zu treffen, weil die Reaktionen der betroffenen Länder und international operierenden Akteure nicht mehr eindeutig prognostiziert werden können.[52] Noch schwieriger wird die Wirkungsprognose aber dort, wo auf der Ebene der Industriepolitik staatliche Organe mit einer größeren Anzahl von Verhandlungs- oder Spielpartnern kooperieren müssen. In solcher Lage ist es selbst für ein aufgrund seines Wissenspotentials und seiner Selbstbindungsmöglichkeit als „privilegierter" Spieler auftretendes Staatsorgan von der Natur der Sache her schlecht möglich, die Reaktionsweise der privaten Partner und die dabei eingesetzten Aktionsparameter exakt vorauszuschätzen. Und es ist zudem auch nicht sicher, ob nicht während ständiger Verhandlungsrunden und wiederholter Spielsituationen zwischen denselben Partnern die Verhaltensweisen der Beteiligten und die Spielregeln „ins Schwimmen kommen".[53] Präzise wegen solcher Bedenken äußern etwa einige der wichtigsten Proponenten der „Strategischen Handelstheorie" Vorbehalte gegen ihre unkritische Umsetzung in Politikstrategien: Aufgrund der schlechten Prognostizierbarkeit der Wirkungen sei Freihandel als „Faustregel" der Weltwirtschaftspolitik immer noch besser.[54] Diese Warnung sollte logischerweise dann auch für die strategische Industriepolitik gelten.

---

[52] Vgl. *Richard Blackhurst:* The Twilight of Domestic Economic Policies. In: The World Economy, Vol. 4 (1981), S. 357 ff.; einen allg. Überblick gibt *Rüdiger Dornbusch:* Open Economy Macroeconomies. New York 1980.

[53] Vgl. *Ignatius J. Horstmann, James-R. Markusen:* Endogenous Market Structures in International Trade. In: Journal of International Economics, Vol. 32 (1992), S. 109 ff.

[54] Vgl. *Elhanan Helpman, Paul R. Krugman:* Trade Policy and Market Structure. Cambridge, Mass., London 1989, S. 8 f., S. 184 ff.

Tatsächlich können „systemische Risiken" strategischer Politikansätze[55] auf allen Ebenen durch die bestehenden Unsicherheiten über Rahmenbedingungen, Aktionsparameter und Strategien der Beteiligten verstärkt werden. Der Versuch, Kooperation z. B. dadurch herzustellen, daß ein zunächst gegebenes Spiel der Privaten durch Hinzutreten einer staatlichen Institution so erweitert wird, daß die Kosten der Spieler auf die nationale oder internationale Umwelt überwälzt werden, kann zu Gegenreaktionen der Betroffenen führen, die letzten Endes per Saldo mehr Wohlfahrt vernichten, als ohne solche Exzesse entstanden wäre.

Diese Überlegungen führen zum Kontrollproblem. Dabei sei zunächst festgestellt, daß der Einfluß von Interessengruppen auf Legislative und Exekutive zumindest durch Informationen über Interessenlagen und Sachfragen zum normalen Procedere jeder demokratischen Wirtschaftspolitik gehört.[56] Es gibt in jeder Demokratie aber formelle oder informelle Regeln in Form von Geschäftsordnungen, die eine entsprechende Kontrolle erlauben. Die Dezentralisierung der Wirtschaftspolitik, derzufolge staatliche Organe sowohl auf der regionalen als auch auf der globalen Ebene mit Verbänden und marktbeherrschenden Unternehmen zusammenarbeiten, wirft demgegenüber neue Probleme auf. Denn einerseits können die jeweiligen Interessensphären nicht mehr klar auseinandergehalten werden: Je spezifischer (man könnte auch sagen: Je marktnäher) die zu lösenden Sachfragen sind, desto stärker wirkt der Filter der vom Markt diktierten Erfordernisse auf beiden Seiten.[57] So ist die Gefahr groß, daß Problemlösungen vorgezogen werden, die im Zweifel allen oder einzelnen Beteiligten spezifische, partielle Zugewinne „auf Kosten" Dritter ermöglichen. Zum anderen kann es zur ungeregelten Einflußnahme von Unternehmungen auf die betreffenden Staatsorgane kommen, weil letztere durch die ersteren mit der Androhung nicht konformen Verhaltens erpreßt werden können. Das strategische Spiel verläuft in solchen Fällen umgekehrt: Unternehmungen treffen strategische Entscheidungen, die ihrerseits die staatliche Institution binden. Will diese nicht an Glaubwürdigkeit verlieren, so muß sie schon um des Erfolgs willen mit dem strategisch überlegenen Partner kooperieren.[58] Schließlich kann es dazu kommen, daß im „Gestrüpp wechselseitiger Abhängigkeiten" niemand mehr das erreichen kann, was ursprünglich intendiert war. Und deshalb „kann auch niemand mehr mit guten Gründen zur Verantwortung gezogen werden."[59]

Im Rechtsstaat muß aber jegliches Verwaltungshandeln nicht nur – wie dies die Theorie der Wirtschaftspolitik fordert – auf die technische Effektivität überprüfbar sein, sondern auch auf Regel- und Gesetzeskonformität. Gesetze enthalten nun stets allgemeine Regelungen zur Sache, doch kaum Vorschriften, die das Verhalten eines Staatsorgans in spezifischen Fällen normieren. Da die strategische Politik aber in typischer Weise auf der Ebene der spezifischen Fälle argumentiert, kann sie die gesetzliche Kontrolle unterlaufen. Staatsorgane und die mit ihnen kooperierenden Unternehmungen agieren insofern oft in einer rechtlichen „Grauzone"

---

[55] Vgl. *Luc Soete*, a. a. O., S. 62 f.
[56] Allg. vgl. *Bruno S. Frey:* Theorie demokratischer Wirtschaftspolitik. München 1981, insbes. S. 180 ff.
[57] Vgl. *Roland Sturm*, a. a. O., S. 131.
[58] Vgl. *Georg Bletschacher, Henning Klodt*, a. a. O., S. 52.
[59] So *Carl Böhret*, a. a. O., S. 120.

zwischen Privatrecht und Verwaltungsrecht, zwischen Wettbewerbs-, Sozial- und Außenwirtschaftsrecht und sind – da kein Recht wirklich zuständig ist – nicht richterlich nachprüfbar. Diese Gefahr tritt verstärkt bei der strategischen Industrie- und Handelspolitik auf, wenn sie sich z. B. des Mittels der sog. freiwilligen Exportbeschränkungen bedienen:[60] Internationale Regeln gibt es nicht, oder sie sind nicht einschlägig. Nationale Gesetze sind hingegen nicht anwendbar, so daß sich solche Eingriffe in die Wettbewerbs- und Welthandelsfreiheit im rechtsfreien Raum unkontrolliert ausbreiten können.

Unter pragmatischen Gesichtspunkten erscheinen viele der genannten Problemkomplexe genausogut lösbar wie diejenigen, die von den Kritikern des herkömmlichen Interventionsstaates benannt worden sind. Die Informations- und Entscheidungsprobleme können etwa dadurch bewältigt werden, daß die bislang noch nach alten Hierarchievorstellungen gestalteten institutionellen Strukturen den auf den jeweiligen Politikfeldern herrschenden Gegebenheiten entsprechend systematisch dezentralisiert werden, so daß Information und Sachkompetenz auch dort verfügbar sind, wo sie der Sachlage nach erforderlich sind.[61] Wesentliche Beiträge zur Verbesserung der Entscheidungen der solcherart enthierarchisierten Träger spezifischer Wirtschaftspolitiken muß zudem eine Reform der Anreizstruktur leisten:[62] Die Randbedingungen kooperativen Handelns sind stets so zu gestalten, daß der entstehende Nutzen auf möglichst viele und die unumgänglichen Kosten nur auf die wesentlichen Nutznießer politischer Aktionen entfallen. Hierzu – wie auch zur Bewältigung des Kontrollproblems – verhilft eine neu formulierte Ordnungspolitik, die – einem Vorschlag *Gäfgen*s folgend[63] – nicht nur die allgemeinen Rahmenbedingungen des Wirtschaftsablaufes sichert, sondern durch gezielte institutionelle Gestaltung bestimmte, gesamtwirtschaftlich erwünschte Verhaltensweisen und deren Interaktion für genau zu definierende potentielle Politiksituationen normiert. Damit ließe sich die oft befürchtete Regellosigkeit der heute vorherrschenden strategischen Politikansätze mildern, und die Gefahr anarchischer, die Gesamtwohlfahrt mindernder Prozesse mindestens durch vergrößerte Transparenz und Verläßlichkeit verringern.

Aus einer solchen ordnungspolitischen Regelbindung ergeben sich schließlich auch Ansätze zur Bewältigung des Distributionsproblems. Dieses resultiert aus der Spannung zwischen normativer Anforderung an den in der Industriegesellschaft agierenden Staat und der tatsächlichen Praxis der strategischen Wirtschaftspolitik: Einerseits kann der gruppendemokratisch organisierte Staat nicht ohne eine allgemeine Gemeinwohl- und Gerechtigkeitsorientierung als ethische Legitimation

---

[60] Vgl. *Sylvia Ostry:* Beyond the Border: The New International Policy Arena. In: *Erhard Kantzenbach, Hans-Eckart Scharrer, Leonard Waverman* (Eds.): Competition Policy in an Interdependent World Economy. Baden-Baden 1993, S. 261 ff.
[61] Vgl. *Bruno Fritsch,* a. a. O., S. 509 ff.
[62] Entsprechende Ansatzpunkte und Optionen diskutiert grundsätzlich *Jean Tirole:* The Internal Organization of Government. In: Oxford Economic Papers, Vol. 46 (1994), S. 1 ff.
[63] Vgl. grundsätzlich: *Gérard Gäfgen:* Steuerungswirkungen von Institutionen. In: *J.-M. Graf von der Schulenburg, Hans Werner Sinn* (Hrsg.): Theorie der Wirtschaftspolitik. Festschrift zum fünfundsiebzigsten Geburtstag von Hans Möller. Tübingen 1990, S. 162 ff., insbes. S. 176 ff.

gedacht werden.[64] Andererseits führt – wie gezeigt – das Interagieren der Staatsinstitutionen mit Verbänden, Interessengruppen und großen Unternehmungen zu offensichtlich einseitiger Verteilung von Wohlfahrtsgewinnen und -verlusten. Im Ergebnis werden solche Prozesse durch die Bürger als Gerechtigkeitslücke wahrgenommen, die sich auszuweiten droht, je mehr der Staat in spezifische Politikfelder lokalen, regionalen und industriellen Interesses involviert wird, und je weniger allgemein akzeptierte Verteilungsmaßstäbe als Beurteilungskriterium verfügbar sind.

Diese Gerechtigkeitslücke dürfte der wesentliche Grund für die diagnostizierte Staats- und Politikverdrossenheit sein: Alle Erfahrungen deuten darauf hin, daß weder die Theorie noch die Kunst der politischen Beratung Abhilfe schaffen können, wenn nur noch das Eigeninteresse der Akteure dominiert. Demgegenüber ist aber daran festzuhalten, daß gerade ein auf wesentliche Kernbereiche wirtschaftspolitischer Intervention zurückgenommener, im Rahmen institutioneller Verhaltensregeln agierender Staat durchaus die Möglichkeit solidarischen Lastenausgleichs besitzt. Das Wohlfahrtspotential von Verhandlungslösungen auf dezentraler Ebene kann sogar um so besser genutzt werden, je eindeutiger die staatlichen Institutionen auf ihrer Bindung an das Gemeinwohl und an politisch gesetzte Verteilungsmaßstäbe beharren.[65] Der erhoffte Beitrag zur Wiederherstellung der Reputation und der Glaubwürdigkeit des Staates in der Wirtschafts- und Gesellschaftspolitik läßt sich wahrscheinlich gerade durch eine solche gemeinwohlorientierte Selbstbindung der Staatsinstitutionen leisten.

Es kann also nicht mehr um einen „Rückbau" des heute auf dezentralen Ebenen durch Verhandlungen und Spiele argumentierenden Staates in Richtung hierarchischer Interventionsstaat gehen. Dieser ist zweifellos durch den Lauf der Zeit überholt, und seine Restauration wäre anachronistisch. Jedoch spricht kein Argument dagegen, daß die für den Zusammenhalt der Industriegesellschaft wesentlichen Motive der Gemeinwohlorientierung und des sozialen Ausgleichs nicht auch in neuer institutioneller Form „aufgehoben" werden könnten. Sollte dies durch eine neuformulierte Ordnungs- und Verteilungspolitik wirksam werden, dürfte es den Wirtschaftspolitikern und ihren ökonomischen Ratgebern nicht schwer fallen, das Vertrauen der Bürger wieder zu gewinnen.

---

[64] Vgl. *Otfried Höffe:* Politische Gerechtigkeit. Frankfurt/Main 1989, insbes. S. 456 ff. und *Ernst Tugendhat:* Vorlesungen über Ethik. Frankfurt/Main 1993, insbes. S. 336 ff.
[65] Vgl. *Karl Otto Hondrich, Claudia Koch-Arzberger:* Solidarität in der modernen Gesellschaft. Frankfurt/Main 1992, S. 27 f.; ferner auch *Fritz Scharpf,* a. a. O., S. 105 f.

Literatur

von Armin, Hans Herbert: Staat ohne Diener. München 1993.

Backhaus, G. Jürgen: Wirtschaftsverfassung und ordnungspolitische Grundvorstellungen im nationalökonomischen Denken der zwanziger Jahre. In: _Knut Wolfgang Nörr, Bertram Schefold, Friedrich Tenbruck_ (Hrsg.): Geisteswissenschaften zwischen Kaiserreich und Republik. Stuttgart 1994, S. 403 ff.

Blackhurst, Richard: The Twilight of Domestic Economic Policies. In: The World Economy, Vol. 4 (1981), S. 357 ff.

Bletschacher, Georg, Klodt, Henning: Strategische Handels- und Industriepolitik. Tübingen 1992.

Böhret, Carl: Zur Handlungsfähigkeit des funktionalen Staates der spätpluralistischen Industriegesellschaft. In: _Beate Kohler-Koch_ (Hrsg.): Staat und Demokratie in Europa. Opladen 1992.

Bucher, Peter (Hrsg.): Nachkriegsdeutschland. Quellen zum Politischen Denken der Deutschen, Bd. 10, Darmstadt 1990.

Buttler, Friedrich, Gerlach, Knut, Liepmann, Peter: Grundlagen der Regionalökonomie. Reinbek bei Hamburg 1977.

Christainsen, Gregory B.: What Keynes really said to Hayek about Planning. In: Challenge, Vol. 36 (1993), S. 50 ff.

Dornbusch, Rüdiger: Open Economy Macroeconomics. New York 1980.

Draht, Martin: Der Staat in der Industriegesellschaft (1966). In: _Ernst-Wolfgang Böckenförde_ (Hrsg.): Staat und Gesellschaft. Darmstadt 1976, S. 290 ff.

DIW-Wochenbericht, Nr. 1-2/1994.

Eucken, Walter: Grundsätze der Wirtschaftspolitik. 2. Aufl., rde-Ausg. Hamburg 1959.

Ewers, Hans-Jürgen; Brenck, Andreas: Innovationsorientierte Regionalpolitik. Zwischenfazit eines Forschungsprogramms. In: _Herwig Birg, Hans Joachim Schalk_ (Hrsg.): Regionale und sektorale Strukturpolitik. Rainer Thoss zum 60. Geburtstag. Münster 1992, S. 309 ff.

Franz, Wolfgang: Neuere makroökonomische Kontroversen. Diskussionsbeiträge SFB 178 „Internationalisierung der Wirtschaft“, Serie II, Nr. 268, Universität Konstanz 1992.

Frey, Bruno S.: Theorie demokratischer Wirtschaftspolitik. München l981.

Fritsch, Bruno: Die Überforderung des Staates. In: _Peter Bohley, Georg Tolkemitt_ (Hrsg.): Wirtschaftswissenschaft als Grundlage staatlichen Handelns. Heinz Haller zum 65. Geburtstag. Tübingen 1979, S. 503 ff.

Gäfgen, Gérard: Steuerungswirkungen von Institutionen. In: _J.-M. Graf von der Schulenburg, Hans-Werner Sinn_ (Hrsg.): Theorie der Wirtschaftspolitik. Festschrift zum 75. Geburtstag von Hans Möller. Tübingen 1990, S. 162 ff.

Gahlen, Bernhard: Arbeitslosigkeit und Inflation als Problem der wirtschaftspolitischen Beratung. In: _Kazimierz Laski, Egon Matzner, Ewald Nowotny_ (Hrsg.): Beiträge zur Diskussion und Kritik der neoklassischen Ökonomie. Festschrift für Kurt W. Rothschild und Josef Steindl. Berlin, Heidelberg, New York 1979, S. 145 ff.

Gerfin, Harald: Erwartungsbildung und Wirtschaftspolitik. In: _Jochem Langkau, Claus Köhler_ (Hrsg.): Wirtschaftspolitik und wirtschaftliche Entwicklung. Festschrift für Walter Hesselbach. Bonn 1985, S. 3 ff.

Grossman, Gene M., Richardson, J. David: Strategic Trade Policy: A Survey of Issues and early Analysis. Princeton University – Special Papers in International Economics, No. 15. Princeton, N. J. 1985.

Hamm, Rüdiger, Wienert, Helmut: Strukturelle Anpassung altindustrieller Regionen im internationalen Vergleich. Berlin 1990.

Häuser, Karl: Das Ende der Historischen Schule und die Ambiguität der deutschen Nationalökonomie in den zwanziger Jahren. In: _Knut Wolfgang Nörr, Bertram Schefold,_

Friedrich Tenbruck (Hrsg.): Geisteswissenschaften zwischen Kaiserreich und Republik. Stuttgart 1994, S. 47 ff.

Heinze, Rolf G., Voelzkow, Helmut: Verbesserung von Standortqualitäten durch regionalisierte Strukturpolitik? In: *Paul Klemmer, Klaus Schubert* (Hrsg.): Politische Maßnahmen zur Verbesserung von Standortqualitäten. Berlin 1992, S.123 ff.

Heller, Hermann: Staat. In: *Alfred Vierkandt* (Hrsg.): Handwörterbuch der Soziologie. Stuttgart 1931, S. 608 ff.

Heller, Walter: Das Zeitalter des Ökonomen. Neue Dimensionen der Wirtschaftspolitik. Tübingen 1968.

Helpman, Elhanan, Krugman, Paul R.: Trade policy and Market Structure. Cambridge, Mass., London 1989.

Höffe, Otfried: Politische Gerechtigkeit. Frankfurt / Main 1989.

Hondrich, Karl Otto, Koch-Arzberger, Claudia: Solidarität in der modernen Gesellschaft. Frankfurt/Main 1992.

Horstmann, Ignatius J., Markusen, James-R.: Endogenous Market Structures in International Trade. In: Journal of International Economics, Vol. 32 (1992), S.109 ff.

Jöhr, Walter A., Singer, Hans W.: Die Nationalökonomie im Dienste der Wirtschaftspolitik. Göttingen 1957.

Kirchgässner, Gebhard: Vom Nutzen der Wirtschaftstheorie für die Wirtschaftspolitik. In: Konjunkturpolitik , 39. Jahrg. (1993), S. 201 ff.

Kohler-Koch, Beate: Zur Empirie und Theorie internationaler Regime. In: *Dies.* (Hrsg.): Regime in den internationalen Beziehungen. Baden-Baden 1989, S. 17 ff.

Korsch, A.: Der Stand der beschäftigungspolitischen Diskussion zur Zeit der Weltwirtschaftskrise in Deutschland. In: *G. Bombach et al.* (Hrsg.): Der Keynesianismus I. Berlin, Heidelberg, New York 1976, S. 9 ff.

Körner, Heiko: Der neue Protektionismus und die Dritte Welt. In: *Udo Ernst Simonis* (Hrsg.): Ordnungspolitische Fragen zum Nord-Süd-Konflikt, Schr. d. V. f. SocP., NF: Bd. 129 Berlin 1983, S. 187 ff.

Kostecki, Michael: Export Restraint Arrangements and Trade Liberalization. In: The World Economy, Vol. 10 (1987) 4, S. 425 ff.

Kromphardt, Jürgen: Die Zukunft der Globalsteuerung – Theoretische Perpektiven. In: *H. Körner, Chr. Uhlig* (Hrsg.): Die Zukunft der Globalsteuerung. Karl Schiller zum 75. Geburtstag gewidmet. Bern und Stuttgart 1986, S. 75 ff.

Krugman, Paul R.: Rethinking International Trade. Cambridge, Mass., London 1990.

Krupp, Hans-Jürgen: Bisherige Ergebnisse alternativer geld- und finanzpolitischer Strategieansätze in der Bundesrepublik Deutschland. In: *Jochem Langkau, Claus Köhler* (Hrsg.): Wirtschaftspolitik und wirtschaftliche Entwicklung. Festschrift für Walter Hesselbach. Bonn 1985, S. 93 ff.

Krupp, Hans-Jürgen: Perspektiven der wirtschaftlichen Entwicklung in der Bundesrepublik Deutschland. In: *H. Körner, Chr. Uhlig* (Hrsg.): Die Zukunft der Globalsteuerung. Karl Schiller zum 75. Geburtstag gewidmet. Bern und Stuttgart 1986, S. 17 ff.

Kruse, Heinz: Die moderne Industriegesellschaft – Eine Herausforderung an staatliches Handeln. In: *Werner Fricke* (Hrsg.): Jahrbuch Arbeit und Technik 1992. Bonn 1992, S. 3 ff.

Külp, Bernhard, Berthold, Norbert: Grundlagen der Wirtschaftspolitik. München 1992.

Lampert, Heinz: Die Soziale Marktwirtschaft in der Bundesrepublik Deutschland. In: Aus Politik und Zeitgeschichte, B 17/88, S. 3 ff.

Landmann, Oliver, Pflüger, Michael: Handelspolitik bei unvollkommener Konkurrenz – Einsichten aus der „neuen" Außenhandelstheorie. In: WISU – Wirtschafts- und sozialwissenschaftliches Studium, 20. Jahrg. (1992), S. 494 ff.

Leibholz, Gerhard: Der Strukturwandel der modernen Demokratie. In: *Ders.*: Strukturprobleme der modernen Demokratie. Karlsruhe 1958. S. 78 ff.

Meade, James E.: Planung und Preismechanismus. Die liberal-soziale Lösung. Bern, Tübingen 1951.

Müller, Harald: Die Chance der Kooperation. Darmstadt 1993.

Musgrave, Richard, A.: Finanztheorie. Tübingen 1966 S. 5 ff.

Myrdal, Gunnar: Jenseits des Wohlfahrtsstaates. Stuttgart 1961.

Neumark, Fritz: Grundsätze und Arten der Haushaltsführung und Finanzbedarfsdeckung. In: *Ders.*: Wirtschafts- und Finanzprobleme des Interventionsstaates. Tübingen 1961, S. 123 ff.

Nörr, Knut Wolfgang: Auf dem Wege zur Kategorie der Wirtschaftsverfassung: Wirtschaftliche Ordnungsvorstellungen im juristischen Denken vor und nach dem Ersten Weltkrieg. In: *Knut Wolfgang Nörr, Bertram Schefold, Friedrich Tenbruck* (Hrsg.): Geisteswissenschaften zwischen Kaiserreich und Republik. Stuttgart 1994, S. 435 ff.

Nunnenkamp, Peter: Worüber die Wirtschaft klagt und wofür sie selbst verantwortlich ist: Unfähige Politik, unternehmerische Prinzipienlosigkeit und der Standort Bundesrepublik. In: Zeitschrift für Wirtschaftspolitik, 42. Jahrg. (1993), S. 273 ff.

Ostry, Sylvia: Beyond the Border: The New International Policy Arena. In: *Erhard Kantzenbach, Hans-Eckhart Scharrer, Leonard Waverman* (Eds.): Competition Policy in an Interdependent World Economy. Baden-Baden 1993, S. 261 ff.

Peacock, Alan: Keynes und die Rolle des Staates. In: Zeitschrift für Wirtschaftspolitik, 42. Jahrg. (1993), S. 47 ff.

Pütz, Theodor: Grundlagen der theoretischen Wirtschaftspolitik. 3., neubearb. u. erw. Aufl., Stuttgart 1975.

Ramser, Hans-Jürgen: Perspektiven einer Neuformulierung der makroökonomischen Theorie. In: *G. Bombach, H.-J Ramser, M. Timmmermann* (Hrsg.) Der Keynesianismus V – Makroökonomik nach Keynes. Berlin, Heidelberg, New York 1984, S. 3 ff.

Ramser, Hans-Jürgen: Beschäftigung und Konjunktur. Berlin, Heidelberg, New York 1987.

Ramser, Hans-Jürgen: Nicht-kompetitive Gütermärkte im makroökonomischen Modell. In: *Bernhard Gahlen, Helmut Hesse, Hans-Jürgen Ramser* (Hrsg.): Makroökonomik unvollkommener Märkte. Wirtschaftswissenschaftliches Seminar Ottobeuren, Bd. 22. Tübingen 1993, S. 3 ff.

Romer, Paul M.: Implementing a National Technology Strategy with Self-Organizing Industry Investment Boards. In: Brookings Papers on Economic Activity, 2, 1993, S. 345 ff.

Sachverständigenrat zur Begutachtung der gesamtwirtschaftlichen Entwicklung: Jahresgutachten 1993/94. Stuttgart 1994.

Scharpf, Fritz: Die Handlungsfähigkeit des Staates am Ende des zwanzigsten Jahrhunderts. In: *Beate Kohler-Koch* (Hrsg.): Staat und Demokratie in Europa. Opladen 1992, S. 93 ff.

Schiller, Karl: Wirtschaftspolitik. In: Handwörterbuch der Sozialwissenschaften, Bd. 12, Stuttgart, Tübingen, Göttingen 1962, S. 210 ff.

Schiller, Karl: Stetiges Wirtschaftswachstum als ökonomische und politische Aufgabe. In: *Ders.*: Der Ökonom und die Gesellschaft. Stuttgart 1964, S. 218 ff.

Schubert, Klaus: Politische Maßnahmen zur Verbesserung von Standortqualitäten: Eine Problemskizze. In: *Paul Klemmer, Klaus Schubert* (Hrsg.): Politische Maßnahmen zur Verbesserung von Standortqualitäten. Berlin 1992 S. 13 ff.

Seidenfus, Helmuth Stefan: Institutionelle Regelungen in der modernen Marktwirtschaft. In: *Dieter Duwendag, Horst Siebert* (Hrsg.): Politik und Markt. Wirtschaftspolitische Probleme der 80er Jahre, Stuttgart 1980, S. 135 ff.

Siebert, Horst (Hrsg.): Perspektiven der Wirtschaftspolitik. Stuttgart, Berlin 1983.

Soete, Luc: National Support Policies for Strategic Industries. The International Implications. In: OECD: Strategic Industries in a Global Economy: Policy Issues for the 1990s. Paris 1991, S. 51 ff.

Sturm, Roland: Die Industriepolitik der Bundesländer und die Europäische Integration. Baden-Baden 1991.

Timmermann, Manfred (Hrsg.): Nationalökonomie morgen. Stuttgart, Berlin 1981.

Tirole, Jean: The Internal Organization of Government. In: Oxford Economic Papers, Vol. 46 (1994), S. 1 ff.

Tugendhat, Ernst: Vorlesungen über Ethik. Frankfurt/Main 1993.

Wagner, Helmut: Einführung in die Weltwirtschaftspolitik. München, Wien 1991.

Weber, Max: Wirtschaft und Gesellschaft. 5., rev. Aufl. – Studienausgabe, 9. – 13. Tausend. Tübingen 1976.

Yoshitomi Masaru: New Trends of Oligopolistic Competition in the Globalisation of High-Tech Industries: Interactions among Trade, Investment and Government. In: OECD: Strategic Industries in a Global Economy: Policy Issues for the 1990s. Paris 1991, S.15 ff.

Summary

A Farewell to Keynesian Interventionist Government

This essay starts from the commonly held opinion that the economic and social policies of democratic governments are without any efficiency and ability to do justice to the people's aspirations. Some authors hold the opinion that these deficiencies can be remedied by reforming the existing governmental structure. In contrast to this view, the author contends that the governmental structure as it was typically presupposed by Keynes and Keynesians has faded away: no longer are hierarchical governmental structures capable of dealing with the increasingly complex social and economic structures. Instead new institutional solutions have been found where the state acts as an intermediary between social interest groups or as a player in oligopolistic markets. In many respects these decentralized forms of political activity seem to be non-transparent to the public. Therefore, new rules of governmental action, especially regarding distributional problems, must be implemented to weaken the distrust of the public.

Makroökonomische Politik
für das vereinigte Deutschland

von

MICHAEL CARLBERG

1. Die Herausforderung

Es ist inzwischen deutlich geworden: Die deutsche Vereinigung ist ein „Megaschock". Sie bildet eine der größten Herausforderungen in der Geschichte der Bundesrepublik. Mehr als fünf Millionen Arbeitsplätze sind bisher verlorengegangen, die Arbeitslosigkeit verlagert sich zunehmend von Ostdeutschland nach Westdeutschland. Die Absorption dieses Schocks wird sich weit in das nächste Jahrhundert hinein erstrecken, die damit verbundenen Probleme werden noch mehr in den Vordergrund rücken. In den ersten Jahren nach der Vereinigung sind schwerwiegende Fehler gemacht worden. Ein Kurswechsel ist dringend geboten. Der vorliegende Aufsatz soll aus theoretischer Sicht einen Beitrag zur aktuellen Diskussion leisten. Es beginnt mit der Aufgabe, vor der die Bundesrepublik heute steht. Als nächstes wird eine Bilanz der theoretischen Untersuchungen gezogen, im Hinblick auf Lohnpolitik, Geldpolitik, Wechselkurspolitik und Fiskalpolitik. Als Lösung empfiehlt sich schließlich ein neuer, ein größerer Solidarpakt.

Die Vereinigung hat sich als schwerer Schlag für die ostdeutsche Wirtschaft herausgestellt. Die industrielle Produktion ist von 1990 bis 1992 um 70 Prozent gefallen, die Zahl der Erwerbstätigen ist von 10 Millionen auf 6 Millionen zurückgegangen. Die alte Industrie ist nicht wettbewerbsfähig, schlimmer noch, sie kann nicht saniert werden. Erforderlich ist der Aufbau einer neuen Industrie, und zwar durch den Markt und nicht durch den Staat. Diese dramatische Entwicklung beruht im wesentlichen auf drei Ursachen. Erstens, die ostdeutsche Wirtschaft wurde schlagartig dem Weltmarkt ausgesetzt. Zweitens, die Löhne wurden im Verhältnis eins zu eins umgestellt. Und drittens, die alten Absatzmärkte sind weggebrochen. Diese Ursachen sollen jetzt etwas genauer beleuchtet werden.

Erstens, die ostdeutsche Industrie muß plötzlich mit der internationalen Konkurrenz mithalten. Das heißt, von heute auf morgen herrschen neue Produktpreise und neue Faktorpreise. Der Preis für Erdöl ist zum Beispiel bedrohlich gestiegen. Die alte Preisstruktur erweist sich als falsch, ebenso wie die alte Arbeitsteilung (im Rat für gegenseitige Wirtschaftshilfe). Die neue Preisstruktur hat die internationale Wettbewerbsfähigkeit der ostdeutschen Industrie schwer beschädigt. Die neue Preisstruktur hat damit den alten Kapitalstock weitgehend entwertet. Das dürfte wohl der entscheidende Grund für den Zusammenbruch der ostdeutschen Industrie sein.

Zweitens, hinzu kommt die Umstellung der Löhne im Verhältnis eins zu eins. Wer vor der Vereinigung 1000 Ostmark verdiente, der erhält nach der Vereinigung 1000 Westmark. Das hat die Konkurrenzfähigkeit weiter verschlechtert. Hinzu kommt natürlich auch die schrittweise Angleichung an die Westlöhne, die sich daran anschließt.

Und drittens, die alten Absatzmärkte sind eingebrochen. Wer kaufte vor der Vereinigung die ostdeutschen Industriegüter? Die mitteleuropäischen und osteuropäischen Länder im Rat für gegenseitige Wirtschaftshilfe, Ostdeutschland selbst und nicht zuletzt der Westen. Die mittel- und osteuropäischen Länder müssen ihre Käufe nach der Vereinigung in DM bezahlen, und die DM ist sehr teuer. Darüber hinaus befinden sich diese Länder in einer schwerwiegenden Transformationskrise. Außerdem steht es ihnen frei, auf dem Weltmarkt einzukaufen, wo sie wollen. Ostdeutschland befindet sich gleichermaßen in einer Transformationskrise, die ostdeutschen Unternehmen kaufen ebenfalls auf dem Weltmarkt ein. Auch der Westen muß seine Käufe in DM bezahlen. Erschwerend wirkt noch, daß die Lieferungen in den Westen nicht mehr subventioniert werden. All dies hat den Kollaps der ostdeutschen Industrie noch beschleunigt.

Nun zum Verhältnis von Industrie und Dienstleistungen. Die Wirtschaft setzt sich grundsätzlich aus zwei Sektoren zusammen, aus der Industrie und aus den Dienstleistungen. Die Industrie produziert in erster Linie für den Export, während die Dienstleistungen in erster Linie den lokalen Markt versorgen. Angenommen, der Export geht zurück. Die Unternehmen schränken daraufhin die inländische Produktion ein, mit der Folge, daß das inländische Einkommen fällt. Deshalb verringert sich schließlich die Nachfrage nach lokalen Gütern. Mit anderen Worten, sinkt die Nachfrage nach Industriegütern, dann sinkt auch die Nachfrage nach Dienstleistungen. Und umgekehrt, erholt sich die Industrie, so erholen sich auch die Dienstleistungen.

Kann eine Wirtschaft ohne Export leben? Der Export dient in gewisser Weise dazu, den Import zu finanzieren. Das bedeutet: ohne Export kein Import! Kann eine Wirtschaft ohne industrielle Produktion existieren? Unter diesen Umständen ist kein Konsum von Industriegütern möglich, weder von inländischen noch von ausländischen! Die Aufgabe besteht also darin, die Industrie zu stärken und damit die Dienstleistungen. Genauer gesagt, notwendig ist der Aufbau einer neuen Industrie. Auf den ersten Blick sieht es so aus, als wenn im Falle von Ostdeutschland die Dienstleistungen weniger betroffen sind. Das liegt indes daran, daß die ostdeutschen Dienstleistungen am westdeutschen Tropf hängen, im Wege von Staatskäufen, Transfers usw. Soviel zum Verhältnis von Industrie und Dienstleistungen.

Von fundamentaler Bedeutung ist die Tatsache, daß die Investoren weltweit mobil sind. Daran knüpfen sich zwei Fragen. Einmal, wieviel wird insgesamt investiert? Und zum anderen, in welchem Land wird investiert? Ausschlaggebend für den ersten Punkt sind die globale Güternachfrage sowie der Weltmarktzins. Beim zweiten Punkt geht es um die internationale Standortwahl. Von welchem Land aus wird der Weltmarkt beliefert? Entscheidend dafür ist die Wettbewerbsfähigkeit eines Standorts. Dahinter verbirgt sich: Zu welchen Kosten wird produziert, wie hoch ist der Lohnsatz, wie groß ist die Produktivität? Eine Schlüsselrolle spielt dabei das Verhältnis von Lohnsatz zu Produktivität, die sogenannten Lohnstückkosten.

Was bestimmt die Produktivität eines Standorts? Unter anderem die Ausbildung der Arbeitskräfte, ihre Erfahrung, ihre Motivation, der Zustand der Infrastruktur, die öffentliche Verwaltung, die Eigentumsrechte, nicht zuletzt das Management, das allerdings prinzipiell mobil ist. Damit sind auch die Schwächen der ostdeutschen Industrie angesprochen: Die Ausbildung ist unzureichend, es fehlt an Erfahrung mit westlicher Technologie, die Infrastruktur weist erhebliche Lücken auf, die öffentliche Verwaltung ist im Umbruch, die Eigentumsrechte sind ungeklärt, das Management ist im Begriff die Marktwirtschaft zu proben.

Wie stellt sich der empirische Befund in Ostdeutschland dar? Zunächst zur alten Industrie. Die Produktivität lag 1990 bei 30% des westdeutschen Niveaus. Das wiederum rechtfertigt einen Lohnsatz von gleichfalls 30% des westdeutschen Niveaus. Dieser Niedriglohn ist aber sozial nicht verträglich, deshalb kann die alte Industrie nicht saniert werden. Nun zur neuen Industrie, die neue Produkte mit neuen Verfahren erzeugt. Angenommen, die Produktivität der neuen Industrie erreicht aus den genannten Gründen 70% des westdeutschen Niveaus. Dann erlaubt das einen Lohnsatz von 70% des westdeutschen Niveaus. In dem Takt, in dem die ostdeutsche Produktivität wächst, kann der ostdeutsche Lohnsatz angehoben werden. Langfristig wird die westdeutsche Produktivität von der ostdeutschen eingeholt, entsprechend gleicht sich der ostdeutsche Lohnsatz an den westdeutschen an.

In der ostdeutschen Industrie geht es strenggenommen nicht um das Wachstum von Unternehmen, sondern um die Neugründung von Unternehmen, was viel schwieriger ist. Geboten ist der Aufbau einer neuen Industrie, fast einer neuen Volkswirtschaft. Es handelt sich dabei um ein komplexes Input-Output-System von Unternehmen, um ein Netzwerk von Kunden und Lieferanten. Der Aufbau soll nicht durch den Staat erfolgen, das wäre nur eine Fortsetzung der Planwirtschaft, sondern durch private Investoren. Dazu eine alte ökonomische Weisheit: „Die Mühlen des Marktes mahlen langsam, aber gründlich".

Die zu tätigenden Investitionen sind mit erheblichen Risiken behaftet: Wie wird sich die globale Güternachfrage entwickeln? Wie schnell werden die lokalen Lohnsätze erhöht, in Ostdeutschland, in Westdeutschland, im Ausland? Und mit welchem Tempo wird die lokale Produktivität zunehmen? Es handelt sich um einen interdependenten Prozeß. Unternehmen A investiert in Ostdeutschland, wenn Unternehmen B investiert. Und Unternehmen B investiert, wenn Unternehmen A investiert. Es handelt sich um einen labilen Prozeß. Optimismus steckt an, Pessimismus auch. Konsequenz: Die Investoren tasten sich in kleinen Schritten voran.

Zusammenfassung: Wo lohnt es sich zu investieren? Anders ausgedrückt, in welchem Land kann am kostengünstigsten für den Weltmarkt produziert werden? In Westdeutschland, in Frankreich oder in den Vereinigten Staaten? In Griechenland, Ungarn oder Korea? Warum sollten die Investoren ausgerechnet nach Ostdeutschland gehen? Der springende Punkt sind die Lohnkosten, das Verhältnis von Lohnsatz zu Produktivität! Die ostdeutsche Industrie muß einen Teil der Weltnachfrage gewinnen. Genauer gesagt, sie muß die Weltnachfrage umlenken, weg von ausländischen Gütern (eventuell auch weg von westdeutschen Gütern), hin zu ostdeutschen Gütern. Die ostdeutsche Industrie muß besser sein als die Konkurrenz. Sie muß wettbewerbsfähig werden in Preis und Qualität, was Lohnsatz und Produktivität angeht.

Angenommen, der Preis muß 10% unter dem westdeutschen Niveau liegen, um auf dem Weltmarkt Fuß fassen zu können, dann rechtfertigt das einen Lohnsatz von 90% des westdeutschen Niveaus. Bezieht man weiter den Rückstand in der ost-

deutschen Produktivität von 70 : 100 ein, so erlaubt das einen Lohnsatz von 63%
des westdeutschen Niveaus. In dem Umfang, in dem der Absatz sich entwickelt,
können Preis und Lohnsatz steigen. Und in dem Maße, in dem die Produktivität
wächst, kann der Lohnsatz weiter angehoben werden.

2. Theoretische Untersuchungen

2.1 Lohnpolitik, Geldpolitik, Wechselkurspolitik

Den analytischen Rahmen bildet das IS-LM-Modell einer offenen Wirtschaft, erweitert um die Dynamik von Nominallohn, privaten Investitionen, Budget und
Leistungsbilanz. Als Mikrofundierung dient das Modell überlappender Generationen. Es erweist sich dabei als sinnvoll, eine ganze Reihe von Szenarien zu betrachten. Zu unterscheiden ist zwischen dem System flexibler Wechselkurse, dem
System fester Wechselkurse sowie dem System gemischter Wechselkurse. Der
Nominallohn kann flexibel, fest oder langsam sein. Darüber hinaus gibt es drei Ab-
teilungen der Stabilisierungspolitik: die Geldpolitik, die Fiskalpolitik und die
Wechselkurspolitik. Auch die Politik ist entweder fest (exogen), flexibel oder
langsam (endogen) (vgl. *Carlberg,* 1994).
Zum Beispiel lautet die Definition der festen Geldpolitik: Die Zentralbank reagiert
überhaupt nicht auf Schocks. Im Gegensatz dazu lautet die Definition der flexiblen
Geldpolitik: Als Antwort auf einen Schock wird die Geldmenge von der Zentralbank kontinuierlich so angepaßt, daß stets Vollbeschäftigung herrscht. Die langsame Geldpolitik liegt zwischen den beiden theoretischen Grenzfällen: Die Ände-
rungsrate der Geldmenge ist eine zunehmende Funktion der Arbeitslosenrate. Die
flexible Fiskalpolitik wird folgendermaßen abgegrenzt: Als Antwort auf einen
Schock paßt der Staat seine Käufe von Gütern und Dienstleistungen kontinuierlich
so an, daß der Arbeitsmarkt jederzeit geräumt wird. Und mit flexibler Wechselkurspolitik ist gemeint: Als Reaktion auf einen Schock wird der Wechselkurs vom
Staat kontinuierlich so geändert, daß keine Arbeitslosigkeit auftritt. Entweder werden Budgetdefizite zugelassen, oder es wird ein kontinuierlicher Ausgleich des
Budgets postuliert. Unter letzterem ist zu verstehen: Als Antwort auf einen Schock
paßt der Staat seine Käufe von Gütern und Dienstleistungen kontinuierlich so an,
daß das Budget immer ausgeglichen ist.
Mit Blick auf die Zukunft läßt sich die deutsche Vereinigung am besten als Arbeitsangebotsschock deuten: Das Arbeitsangebot in der Bundesrepublik steigt autonom. Überspitzt formuliert nimmt die Zahl der Arbeitskräfte um 10 Millionen
zu. Eine ähnliche Interpretation der Ereignisse findet sich bei *G. Sinn, H. W. Sinn*
(1992), *Wyplosz* (1991) und *Siebert* (1992). Die Vereinigung wirkt nicht primär
wie ein Nachfrageschock oder ein Lohnschock. Der Unterschied liegt in erster
Linie darin, daß die zusätzlichen Arbeitskräfte keine (rentablen) Arbeitsplätze mitbringen. Bekanntlich stehen Nachfrageschocks sowie Kostenschocks im Vordergrund der makroökonomischen Literatur. Arbeitsangebotsschocks spielen bisher
nur eine untergeordnete Rolle.
Als erstes wird ein Regime flexibler Wechselkurse unterstellt. Den Anfang macht
hier die flexible Lohnpolitik. Als Ergebnis erhält man: In einer Wirtschaft ohne
kontinuierlichen Budgetausgleich ist das langfristige Gleichgewicht instabil. In einer Wirtschaft mit kontinuierlichem Budgetausgleich ist das langfristige Gleichgewicht hingegen stabil. Kontinuierlicher Budgetausgleich heißt hier konkret:

Vermehrt sich das Arbeitsangebot, dann tritt ein Budgetüberschuß auf. Um dem entgegenzuwirken, erhöht der Staat seine Käufe. Es gibt also kein Problem. Betrachtet man eine flexible Geldpolitik anstelle der flexiblen Lohnpolitik, so bekommt man prinzipiell das gleiche Resultat.

Als zweites wird ein Regime fester Wechselkurse postuliert. Den Anfang macht wieder die flexible Lohnpolitik. In einer Wirtschaft ohne kontinuierlichen Budgetausgleich ist das langfristige Gleichgewicht instabil. In einer Wirtschaft mit kontinuierlichem Budgetausgleich gilt indes eine Bedingung für die langfristige Stabilität. Kontinuierlicher Budgetausgleich bedeutet noch einmal: Nimmt das Arbeitsangebot zu, dann gerät das Budget in den schwarzen Bereich. Um das zu kompensieren, kauft der Staat mehr Güter. Es gibt keine Schwierigkeiten. Die Geldpolitik stellt sich allerdings als unwirksam heraus. Und im Falle der flexiblen Wechselkurspolitik kann man die gleichen Schlußfolgerungen ziehen wie bei flexibler Lohnpolitik.

Resümee: In einem Regime flexibler Wechselkurse sind Lohnpolitik und Geldpolitik wirksam. In einem Regime fester Wechselkurse sind abweichend davon Lohnpolitik und Wechselkurspolitik wirksam. Für die Bundesrepublik heißt das: Die Lohnpolitik wirkt gegenüber Frankreich und den Vereinigten Staaten, die Geldpolitik wirkt gegenüber den Vereinigten Staaten, und die Wechselkurspolitik wirkt gegenüber Frankreich.

Weiter zu den langfristigen Effekten der Stabilisierungspolitik. Als erstes wird von einem flexiblen Wechselkurs ausgegangen. Zwei Strategien stehen zur Verfügung, um einen Arbeitsangebotsschock zu überwinden. Entweder wird der Nominallohn gesenkt, bei gegebener Geldmenge. Oder die Geldmenge wird ausgeweitet, bei fixem Nominallohn. Im übrigen wird die Prämisse gesetzt, daß das Budget stets ausgeglichen ist.

Den Anfang macht die zurückhaltende Lohnpolitik. Es beginnt damit, daß die Zahl der Arbeitskräfte um 30% steigt. Als Antwort darauf wird der Nominallohn auf die Dauer um 30% reduziert, bei konstanter Geldmenge. Außerdem erhöht der Staat seine Käufe um 30%, bei gegebenem Steuersatz. Wie sehen die langfristigen Implikationen dieser Strategie aus? Kapitalstock, Arbeitsnachfrage und Produktion werden um 30% angehoben. Der Preis fällt um 30%, so daß der Reallohn invariant ist. Der nominale Wechselkurs bewegt sich nicht, während der reale Wechselkurs um 30% steigt.

An die zurückhaltende Lohnpolitik schließt sich nun die expansive Geldpolitik an. Es beginnt wieder damit, daß das Arbeitsangebot um 30% zunimmt. Als Reaktion darauf expandiert die Geldmenge um 30%, bei gleichförmigem Nominallohn. Gleichzeitig verstärkt der Staat seine Käufe um 30%, bei uniformem Steuersatz. Wohin führt der dadurch ausgelöste Anpassungsprozeß? Kapitalstock, Beschäftigung und Produktion werden um 30% ausgeweitet. Güterpreis und Reallohn bleiben davon unberührt. Der nominale Wechselkurs geht um 30% nach oben, ebenso wie der reale Wechselkurs.

Die Abwertung um 30% ist natürlich stilisiert. Strenggenommen gilt das nur unter der Voraussetzung, daß die Elastizität des Exports in bezug auf den realen Wechselkurs eins beträgt. Die beiden Strategien sind real äquivalent, zum Beispiel im Hinblick auf die Produktion, den Reallohn und den realen Wechselkurs. Die zurückhaltende Lohnpolitik zieht eine Deflation nach sich, während die expansive Geldpolitik eine Inflation durch Abwertung mit sich bringt. Die expansive Geldpolitik ruft zunächst eine Abwertung der Inlandswährung hervor. Infolgedessen springt der Preis der ausländischen Güter, ausgedrückt in Inlandswährung, nach oben. Entsprechend steigt auch der Preisindex des Konsums.

Als Lösung bietet sich eine Kombination von expansiver Geldpolitik und zurückhaltender Lohnpolitik an. In dem numerischen Beispiel gilt: Eine Expansion der Geldmenge um 20% verursacht eine nominale Abwertung um 20%. Bei einer Importquote von 33% wird der Preisindex um 6,7% erhöht. Eine Reduktion des Nominallohns um 10% senkt andererseits den Preisindex um 6,7%. Als Ergebnis erhält man eine reale Abwertung um 30%, verbunden mit einem konstanten Preisindex.

Die Annahme eines flexiblen Wechselkurses wird jetzt durch die Annahme eines festen Wechselkurses ersetzt. Auch in diesem Rahmen existieren zwei Strategien zur Absorption eines Arbeitsangebotsschocks. Entweder wird der Nominallohn gekürzt, bei gegebenem Wechselkurs. Oder die Inlandswährung wird abgewertet, bei fixem Nominallohn.

Den Anfang macht wieder die zurückhaltende Lohnpolitik. Es beginnt damit, daß sich die Zahl der Arbeitskräfte um 30% vermehrt. Um diese Störung aufzufangen, wird der Nominallohn um 30% beschnitten, bei unverändertem Wechselkurs. Und der Staat hebt seine Käufe um 30% an, bei invariantem Steuersatz. Welche Gestalt haben die langfristigen Effekte dieser Politik? Kapitalstock, Arbeitsnachfrage und Produktion werden um 30% aufgebaut. Der Preis geht um 30% zurück, so daß der Reallohn nicht angetastet wird. Der reale Wechselkurs wird um 30% heraufgesetzt, während die Geldmenge stagniert.

Soviel zur zurückhaltenden Lohnpolitik, nun zur Abwertung. Es beginnt wieder mit einer Zunahme des Arbeitsangebots um 30%. Um die Arbeitslosigkeit zu bekämpfen, wird die Inlandswährung um 30% abgewertet, bei gleichförmigem Nominallohn. Und der Staat kauft 30% mehr Güter und Dienstleistungen, bei uniformem Steuersatz. Weiter zu den Konsequenzen dieser Politik. Die Produktion wird um 30% hochgefahren. Die Politik hat weder einen Einfluß auf den Preis noch auf den Reallohn. Der reale Wechselkurs steigt um 30%, ebenso wie die Geldmenge.

Die genannten Strategien sind real äquivalent, zum Beispiel was Produktion, Reallohn und realen Wechselkurs betrifft. Die zurückhaltende Lohnpolitik führt zur Deflation, während die Abwertung eine Inflation erzeugt. Als Ausweg empfiehlt sich ein policy mix von Abwertung und zurückhaltender Lohnpolitik. In dem numerischen Beispiel gilt: Eine nominale Abwertung um 20% erhöht den Preisindex um 6,7%. Und eine Reduktion des Nominallohns um 10% verringert den Preisindex um 6,7%. In der Summe bekommt man eine reale Abwertung um 30% sowie einen stabilen Preisindex.

Fazit: Die beste Strategie in einem System gemischter Wechselkurse besteht aus einer Verbindung von Geldpolitik, Wechselkurspolitik und Lohnpolitik. Gemeint ist dabei jeweils eine flexible Politik mit kontinuierlichem Budgetausgleich. Darüber hinaus bietet sich temporär eine Zurückhaltung in der Lohnpolitik an. Und das aus verschiedenen Gründen: Als Starthilfe, um die Anpassung zu beschleunigen, als Schutz vor der Inflation, um den Teilraum Ostdeutschland gezielt zu unterstützen, gegen strukturelle Verwerfungen.

2.2 Fiskalpolitik

Bei flexiblem Wechselkurs ist die Fiskalpolitik unwirksam. Bei festem Wechselkurs und flexibler Fiskalpolitik ist das langfristige Gleichgewicht instabil. Der Staat antwortet auf eine Zunahme des Arbeitsangebots mit einer Erhöhung seiner Käufe. Das Budget schreibt rote Zahlen, langfristig explodieren die Staatsschulden. Bei festem Wechselkurs und flexibler Fiskalpolitik mit kontinuierlichem Budgetausgleich gilt eine Bedingung für die langfristige Stabilität. Kritisch ist anzumerken, daß in diesem Fall sowohl die Staatskäufe als auch der Steuersatz endogen sind. Hinzu kommt, daß diese Politik hohe Auslandsschulden im Gefolge hat. Nicht zuletzt ist dieser Ansatz potentiell instabil. So gesehen ist von der flexiblen Fiskalpolitik mit kontinuierlichem Budgetausgleich eher abzuraten.

Als Lösung bietet sich an, auf die Geldpolitik, die Wechselkurspolitik und die Lohnpolitik zu setzen, von der Fiskalpolitik jedoch Abstand zu nehmen. Dabei ist zu bedenken, daß der Staat in Ostdeutschland vor einer großen Herausforderung steht. Er muß die Infrastruktur verbessern, die privaten Investitionen fördern, öffentliche Konsumgüter bereitstellen und Transfers leisten. Diese Maßnahmen sind in erster Linie auf die Allokation und die Distribution ausgerichtet, nicht jedoch auf die Stabilisierung. Die Stabilisierung bleibt Aufgabe der Lohnpolitik, der Geldpolitik und der Wechselkurspolitik.

In diesem Zusammenhang kann eingewendet werden, daß auch die allokativ und distributiv motivierte Fiskalpolitik Budgetdefizite, Staatsschulden und crowding out mit sich bringt. Diesem Einwand kann durch einen interregionalen oder intertemporalen Budgetausgleich Rechnung getragen werden. Unter einem interregionalen Budgetausgleich versteht man, daß die Anhebung der Staatskäufe in der einen Region durch eine Senkung der Staatskäufe in der anderen Region kompensiert wird. Und ein intertemporaler Budgetausgleich läuft auf eine intertemporale Lastverteilung hinaus. Allerdings wirken beide Formen des Budgetausgleichs kontraktiv, entweder in der anderen Region oder in der Zukunft. Durch den geschickten Einsatz von Lohnpolitik, Geldpolitik und Wechselkurspolitik können diese unerwünschten Nebenwirkungen aufgefangen werden.

Eine nicht unwichtige Rolle spielt an dieser Stelle, daß viele Aktivitäten des Staates transitorischer Natur sind. Exemplarisch sei der Ausbau der Infrastruktur in Ostdeutschland genannt. Die öffentlichen Investitionen werden zunächst hochgefahren, um den öffentlichen Kapitalstock zu erweitern. Sobald der öffentliche Kapitalstock das gewünschte Niveau erreicht hat, werden die öffentlichen Investitionen wieder zurückgenommen. Was die Förderung privater Investitionen und die Transfers (besonders das Arbeitslosengeld) angeht, so sieht das Zeitmuster ähnlich aus. Die Förderung privater Investitionen ist bestenfalls als Starthilfe geeignet, und das Arbeitslosengeld wird nur solange gezahlt, bis die Arbeitslosigkeit (hoffentlich) überwunden ist.

Diese Dinge sollen jetzt genauer untersucht werden, den Anfang macht der interregionale Budgetausgleich. Es beginnt damit, daß in Ostdeutschland die Staatsausgaben gesteigert werden. Das vergrößert dort die Produktion, die Arbeitslosigkeit schwächt sich ab. Um das Budget auszugleichen, werden in Westdeutschland die Staatsausgaben um den gleichen Betrag reduziert. Das verkleinert hier die Produktion, die Arbeitslosigkeit verstärkt sich. Als Ergebnis erhält man: Die Fiskalpolitik mit interregionalem Budgetausgleich zieht eine interregionale Umverteilung der Arbeitslosigkeit nach sich.

Gegensteuern ist gleichwohl möglich, zum Beispiel durch eine expansive Geld-politik. Die Zunahme der Staatsausgaben in Ostdeutschland führt zu einer Rechtsverschiebung der IS-Kurve, während die Abnahme der Staatsausgaben in Westdeutschland eine Linksverschiebung der IS-Kurve verursacht. Die expan-sive Geldpolitik beschneidet den nationalen Zins dergestalt, daß in Westdeutsch-land der Beschäftigungsstand aufrechterhalten wird (stilisiert, es handelt sich augenscheinlich nicht um eine kleine offene Wirtschaft mit perfekter Kapital-mobilität).

Soviel zum interregionalen Budgetausgleich, nun zum intertemporalen Budget-ausgleich. Das Ziel besteht darin, die Finanzierungslast adäquat über die Zeit zu verteilen. Die öffentlichen Investitionen werden zunächst ausgeweitet und dann wieder eingeschränkt. Das öffentliche Kapital, das dadurch aufgestockt wird, kommt nicht nur der gegenwärtigen, sondern auch der zukünftigen Generation zu-gute. Analog ist es ein Gebot der Fairneß, daß die Steuerlast, die damit verbunden ist, von beiden Generationen getragen wird. Bescheidener ausgedrückt dient der intertemporale Budgetausgleich dazu, den Steuerstrom zu glätten.

In der ersten Phase tritt ein Budgetdefizit auf, gefolgt von einem Budgetüberschuß in der zweiten Phase. In der ersten Phase nimmt der Staat Kredite auf, die er in der zweiten Phase zurückzahlt. In der ersten Phase wird die Produktion angekurbelt, in der zweiten Phase dagegen gedrosselt. Es ist zu betonen, daß die Produktion in der zweiten Phase unter dem ursprünglichen Niveau liegt, strenggenommen um den Betrag, um den sie in der ersten Phase das ursprüngliche Niveau überschrei-tet. In der ersten Phase wird die Arbeitslosigkeit gemildert, in der zweiten Phase jedoch verschärft. Als Resultat bekommt man: Die Fiskalpolitik mit intertempo-ralem Budgetausgleich bringt eine intertemporale Umverteilung der Arbeitslosig-keit mit sich.

Die unerwünschten Nebenwirkungen können zum Beispiel durch eine geeignete Geldpolitik kontrolliert werden. Die Ausgangslage ist gegeben durch den IS-LM-Schnittpunkt, die Wirtschaft leidet unter Arbeitslosigkeit. Daran schließen sich drei Phasen an. In der ersten Phase erhöht der Staat seine Käufe. Außerdem hebt er die Steuern an, allerdings nur um den halben Betrag. Um den zweiten Schritt zur Vollbeschäftigung zu tun, läßt die Zentralbank die Geldmenge expandieren. In der zweiten Phase nimmt der Staat die Erhöhung seiner Käufe zurück, während die Steuern auf dem angehobenen Niveau verbleiben. Die Zentralbank lehnt sich ge-gen den Wind, sie lockert die Geldpolitik erneut. In der dritten Phase ändern sich die Staatskäufe nicht. Die Steuern werden auf das ursprüngliche Niveau abgesenkt. Und die Zentralbank zieht die Zügel der Geldpolitik leicht an.

In der konkreten Situation der Bundesrepublik ist ein anspruchsvolleres policy mix vonnöten. Es setzt sich zusammen aus einer zurückhaltenden Lohnpolitik, einer expansiven Geldpolitik, einer Abwertung sowie einer Fiskalpolitik mit interregio-nalem und intertemporalem Budgetausgleich. Darüber hinaus wird der Kapazitäts-effekt der Investitionen einbezogen. Die ostdeutschen Staatsausgaben werden zu-erst steil hochgezogen. In dem Takt, in dem sich die Wirtschaft dem Ziel nähert, werden die ostdeutschen Staatsausgaben vorsichtig wieder heruntergeholt. Mit dem Aufschwung der ostdeutschen Wirtschaft fließen auch die ostdeutschen Steuereinnahmen reichlicher.

Das ostdeutsche Budgetdefizit springt schlagartig nach oben und wird dann lang-sam konsolidiert. Um das nationale Budget zumindest partiell auszugleichen, wer-den die Staatsausgaben in Westdeutschland transitorisch gekürzt. Genauer gesagt, die Staatsausgaben werden zunächst drastisch eingeschränkt und dann allmählich wieder ausgeweitet. Statt dessen oder ergänzend könnte der Staat die Steuern in Westdeutschland temporär heraufsetzen.

Die ostdeutsche Produktion verbessert sich graduell, zum Teil aufgrund der Staatseingriffe, zum Teil aufgrund der Marktkräfte, die sich immer mehr entfalten. Die mit dem interregionalen Budgetausgleich eigentlich verbundene Rezession in Westdeutschland kann durch geeignete Maßnahmen verhindert werden. Die westdeutschen Steuern können stark erhöht werden, um dann langsam zu sinken. Die Anhebung der Steuern kann auch gleichmäßig über die Zeit verteilt werden. Und die Steuerlast kann nicht zuletzt zeitlich gestreckt werden. Entsprechende Überlegungen können auch auf der Ebene der Staatskäufe angestellt werden.

3. Konzertierte Aktion

Die deutsche Vereinigung stellt eine große Herausforderung für die Bundesrepublik dar. Erforderlich ist ein Neuaufbau der ostdeutschen Wirtschaft. Das verlangt erhebliche Opfer von allen gesellschaftlichen Gruppen. Notwendig ist ein neuer Solidarpakt, eine umfassende, langfristig angelegte Strategie, ein Konsens aller gesellschaftlichen Gruppen. Geboten ist eine konzertierte Aktion von Gewerkschaften, Unternehmen, Zentralbank und Staat. Dazu gehört im einzelnen:
– eine zurückhaltende Lohnpolitik
– eine expansive Geldpolitik
– eine Abwertung
– die Verbesserung der Infrastruktur
– die Kontrolle des Budgetdefizits.
Diese Maßnahmen bedingen und ergänzen einander.

Als erstes zur Lohnpolitik. Es empfiehlt sich eine zurückhaltende Lohnpolitik, in erster Linie in Ostdeutschland, aber auch in Westdeutschland, und nicht zuletzt in der Europäischen Gemeinschaft. Zunächst zu Ostdeutschland. Erforderlich ist wie gesagt der Aufbau einer neuen Industrie. Die ostdeutsche Industrie muß einen Teil der Weltnachfrage gewinnen. Deutlicher ausgedrückt, sie muß die Weltnachfrage umlenken, weg von ausländischen Gütern (eventuell auch weg von westdeutschen Gütern), und hin zu ostdeutschen Gütern. In einem Wort, die ostdeutsche Industrie muß besser sein als die Konkurrenz. Dabei hat sie ein schweres Handicap, die ostdeutsche Produktivität liegt um einiges unter dem westdeutschen Niveau. Die Ursachen dafür sind eine schwache Infrastruktur, eine unzureichende Ausbildung, mangelnde Erfahrungen mit westlicher Technologie und Marktwirtschaft sowie ungeklärte Eigentumsverhältnisse.

Vor diesem Hintergrund bietet sich eine zurückhaltende Lohnpolitik an. Gemeint ist damit natürlich eine Lohnpolitik, die sich an der Produktivität orientiert, und nicht eine Lohnsenkung. Diese Politik stärkt die Wettbewerbsfähigkeit des ostdeutschen Standorts. Sie zieht Investoren an und schafft neue Arbeitsplätze. Sie fördert den Export, so daß Produktion und Beschäftigung zunehmen. In dem Maße, in dem sich die Industrie entfaltet, wird es auch mit den Dienstleistungen aufwärts gehen. Wenn die Infrastruktur erweitert wird, wenn die Ausbildung verbessert wird, wenn die Arbeitskräfte Erfahrungen sammeln, dann wächst mit Sicherheit die Produktivität. Das wiederum erlaubt, den Lohnsatz anzuheben. Auf die Dauer wird sich die ostdeutsche Produktivität an die westdeutsche annähern. Das rechtfertigt langfristig eine Angleichung des ostdeutschen Lohnsatzes.

Daneben empfiehlt sich eine zurückhaltende Lohnpolitik in Westdeutschland. Wenn die ostdeutsche Wettbewerbsfähigkeit steigt, so fällt die westdeutsche Wettbewerbsfähigkeit relativ zurück, mit der Folge, daß in Westdeutschland die Arbeitslosigkeit zunimmt. Das Ziel ist dagegen, die Arbeitslosigkeit in Westdeutschland zu verringern. Deshalb bietet sich in Westdeutschland ebenfalls eine zurückhaltende Lohnpolitik an. Diese Politik dämpft außerdem die Inflation und schafft damit Spielraum für eine Lockerung der Geldpolitik und eine Abwertung. Nicht zuletzt ist eine zurückhaltende Lohnpolitik auf der Ebene der Europäischen Gemeinschaft vonnöten, andernfalls drohen negative externe Effekte. Diese Politik reduziert sowohl Arbeitslosigkeit als auch Inflation in der EG.

Soviel zur Lohnpolitik, nun zur Geldpolitik. Geboten ist eine expansive Geldpolitik, in Deutschland, aber auch im Ausland. Den Anfang macht die expansive Geldpolitik in Deutschland. Diese Politik führt zu einer Abwertung gegenüber den Vereinigten Staaten und Japan. Die Deutsche Mark gibt nach, während Dollar und Yen anziehen. Diese Politik wirkt national und nicht regional, anders als die Lohnpolitik. Das heißt, sie erhöht die Nachfrage nach westdeutschen Gütern ebenso wie die Nachfrage nach ostdeutschen Gütern. Sobald Westdeutschland an die Vollbeschäftigungsgrenze stößt oder an die Kapazitätsgrenze, verlagert sich die Nachfrage von westdeutschen zu ostdeutschen Gütern. Das bedeutet, westdeutsche Unternehmen errichten Betriebe in Ostdeutschland. Gleichzeitig wandern Arbeitskräfte von Ostdeutschland nach Westdeutschland. Allerdings ist hier Vorsicht am Platze. Die Abwertung erhöht auch den Importpreis. Und sowie Westdeutschland an die genannten Grenzen stößt, steigt der Preis der westdeutschen Güter. Um dem entgegenzutreten, ist eine zurückhaltende Lohnpolitik notwendig.

Ergänzend bietet sich eine expansive Geldpolitik im Ausland an. Diese Politik senkt den Zins, regt die Investitionen an und damit die Produktion. In der Europäischen Gemeinschaft spielt die DM sozusagen die Rolle der Leitwährung. Eine expansive Geldpolitik in Deutschland zieht unter diesen Umständen eine expansive Geldpolitik in den anderen Ländern der EG nach sich. Im System flexibler Wechselkurse kommt noch folgender Aspekt hinzu. Eine expansive Geldpolitik in Deutschland erzeugt eine Aufwertung im Ausland, was dort die Arbeitslosigkeit verstärkt. Von daher ist auch eine expansive Geldpolitik im Ausland erforderlich.

Der dritte Punkt betrifft eine Abwertung. Genauer gesagt empfiehlt sich eine Abwertung der DM im Europäischen Währungssystem. Die DM wird billiger, während französischer Franc und holländischer Gulden teurer werden. Diese Aktion wirkt national und nicht regional. Sie belebt die Nachfrage nach westdeutschen und ostdeutschen Gütern. Sobald in Westdeutschland Vollbeschäftigung herrscht, wechselt die Nachfrage von westdeutschen zu ostdeutschen Gütern. Behutsamkeit ist geboten, weil die Abwertung den Importpreis anhebt. Und weil an der Vollbeschäftigungsgrenze der Preis der westdeutschen Güter nach oben geht. Diese unerwünschten Nebenwirkungen können indes durch eine zurückhaltende Lohnpolitik aufgefangen werden.

Der vierte Punkt gilt der Fiskalpolitik. Erforderlich ist in diesem Zusammenhang eine Verbesserung der Infrastruktur und eine Kontrolle des Budgetdefizits. Es beginnt mit der Ausgabenseite in Ostdeutschland. Die öffentlichen Investitionen senken die privaten Kosten und den Preis, was Export und Produktion unterstützt. In begrenztem Umfang kommt eventuell auch eine Förderung privater Investitionen infrage. Des weiteren ist es Aufgabe des Staates, den Übergang von der Planwirtschaft zur Marktwirtschaft sozial abzufedern, zum Beispiel durch Gewährung von Arbeitslosengeld. Finanziert werden alle diese Maßnahmen im wesentlichen durch öffentliche Transfers von Westdeutschland nach Ostdeutschland.

Welche makroökonomischen Konsequenzen haben nun diese zusätzlichen Staatsausgaben? Kurzfristig steigt wie erwähnt die Produktion. Durch die damit verbundene Aufwertung wird jedoch der Export zurückgedrängt. Mittelfristig trägt das Budgetdefizit zur Akkumulation von Staatsschulden bei. Und das Leistungsbilanzdefizit trägt entsprechend zur Akkumulation von Auslandsschulden bei. Das treibt den Zins nach oben, hemmt die private Kapitalbildung und beschneidet die Produktion von der Angebotsseite her. Dieses crowding out erstreckt sich zunächst auf das Ausland, greift dann aber immer mehr auf das Inland über.

Um das zu verhindern, muß das Budgetdefizit unter Kontrolle gebracht werden. *Siebert* (1992) macht dazu folgenden Vorschlag: Die zusätzlichen Staatsausgaben in Ostdeutschland sollen auf drei Wegen finanziert werden, das erste Drittel durch Senkung der Staatsausgaben in Westdeutschland, das zweite Drittel durch Erhöhung der Steuern in Gesamtdeutschland, und das letzte Drittel durch öffentliche Kreditaufnahme. Diese Politik wirkt unter dem Strich expansiv in Ostdeutschland und kontraktiv in Westdeutschland. Flankierend bietet sich an dieser Stelle eine zurückhaltende Lohnpolitik in Westdeutschland an.

Das ist die konzertierte Aktion, die aus makroökonomischer Sicht als geboten erscheint. Es handelt sich dabei um ein Paket, zusammengeschnürt aus einer zurückhaltenden Lohnpolitik, einer expansiven Geldpolitik, einer Abwertung, der Verbesserung der Infrastruktur und der Kontrolle des Budgetdefizits. Wie sieht im Vergleich dazu die Realität aus? Die ersten Jahre nach der Vereinigung sind gekennzeichnet durch hohe Lohnforderungen, eine kontraktive Geldpolitik und eine Aufwertung. Außerdem droht das Budgetdefizit außer Kontrolle zu geraten. Das ist im großen und ganzen das Gegenteil dessen, was wünschenswert wäre.

Wie kann diese Diskrepanz erklärt werden? Die Zentralbank betreibt eine Politik des knappen Geldes für mehr Preisstabilität, gegen die hohen Lohnforderungen und gegen die großen Budgetdefizite. Und warum wuchern die Staatsschulden? Ausgangspunkt ist die Tatsache, daß die Kosten der deutschen Einheit exorbitant sind. Die Steuern sind bisher nicht adäquat erhöht worden, vor allem aus politökonomischen Motiven. Anders ausgedrückt, die Kosten der deutschen Einheit sind bisher im wesentlichen durch Kreditaufnahme des Staates finanziert worden, sei es bei den Privaten oder im Ausland. Das bedeutet, die Lasten der deutschen Einheit sind in die Zukunft verschoben worden, oder in das Ausland. Diese Strategie ist zwar kurzfristig möglich, langfristig aber auf keinen Fall durchzuhalten.

Literatur

Carlberg, M.: Makroökonomische Szenarien für das vereinigte Deutschland, Heidelberg 1994
Carlberg, M.: Open Economy Dynamics, Heidelberg 1993
Gahlen, B., Hesse, H., Ramser, J. (Hg.): Von der Plan- zur Marktwirtschaft, Tübingen 1992
Ghaussy, A. G., Schäfer, W. (Eds.): The Economics of German Unification, London 1993
Hoffmann, L.: Warten auf den Aufschwung – eine ostdeutsche Bilanz, Regensburg 1993
Kantzenbach, E.: Thesen zur deutschen Wirtschaftspolitik, in: Wirtschaftsdienst 72, 1992, 239 – 246
Siebert, H.: Das Wagnis der Einheit, Stuttgart 1992
Siebert, H.: Die zweifache Integration: Deutschland und Europa, Tübingen 1993
Sinn, G., Sinn, H. W.: Kaltstart, Tübingen 1992
Welfens, P. J. J.: Economic Aspects of German Unification, Berlin 1992
Wyplosz, C.: On the Real Exchange Rate Effects of German Unification, in: Weltwirtschaftliches Archiv 127, 1991, 1 – 17

Summary

Macroeconomic Policy for Unified Germany

Unification presents Germany with a major challenge. What is needed is a complete reconstruction of the east German economy. This in turn calls for significant sacrifices from all social groups. A new pact of solidarity is necessary, a comprehensive, long-term strategy, a consensus of all social groups. Concerted action by trade unions, business, the central bank and the government is imperative. This includes: wage restraint, monetary accommodation, devaluation , the rebuilding of infrastructure, the control of budget deficits. These measures form part and parcel of the new social contract.

Zur Makroökonomik der Staatsverschuldung

von

WOLFGANG CEZANNE
und
WOLFGANG MAENNIG

1. Einleitung

Im Gefolge der deutschen Vereinigung sind die Staatsdefizite auf ein Maß gestiegen, das weite Kreise zur Sorge veranlaßt. Zwar ist ein Konsolidierungsprogramm konzipiert und eingeleitet worden, jedoch hat sich die Lage der Staatsfinanzen, teilweise bedingt durch die ungünstige konjunkturelle Lage, kaum gebessert.[1] Eine deutliche Entspannung bei der deutschen Staatsverschuldung kann zur Zeit noch nicht abgesehen werden. Dies schränkt den Spielraum zukünftiger wirtschaftspolitischer Aktivitäten erheblich ein. Teilweise wird gar befürchtet, daß die Bundesrepublik 1997 bzw. 1999 nicht die im Maastrichter Vertrag zur Europäischen Union formulierten Konvergenzkriterien für die Aufnahme in die Europäische Währungsunion wird erfüllen können.[2]

Vor diesem Hintergrund müssen Stand und Entwicklung der deutschen Staatsverschuldung analysiert werden. Dabei werden in Abschnitt 2 zunächst die alternativen Meßgrößen der Staatsverschuldung skizziert, um die Entwicklung richtig einordnen zu können. In Abschnitt 3 werden die alternativen Finanzierungsformen der Staatsdefizite dargestellt. Anhand der Unterscheidung zwischen in- und ausländischer Finanzierung einerseits und Geldmengen- und Kapitalmarktfinanzierung andererseits wird verdeutlicht, daß die Wirkungen der Staatsverschuldung von ihrer konkreten Finanzierungsform abhängen. Auf diese Wirkungen wird dann in Abschnitt 4 detailliert eingegangen. Dabei werden insbesondere die Bedingungen für eine langfristige Solvenz des Staates sowie die Wirkungen der Staatsdefizite und Staatsverschuldung auf Inflation, Lastenverteilung und reale wirtschaftliche Aktivität in kurz- und langfristiger Sicht im Vordergrund stehen. Abschnitt 5 faßt die Ergebnisse zusammen.

---

[1] Vgl. DIW-Wochenbericht 45/93, S. 651 – 661 sowie *Kitterer* (1993).

[2] Die entsprechenden, im Protokoll zum Vertrag über die Europäische Union festgelegten Konvergenzkriterien lauten: „3% für das Verhältnis zwischen dem geplanten oder tatsächlichen Defizit und dem Bruttoinlandsprodukt zu Marktpreisen" und „60% für das Verhältnis zwischen öffentlichem Schuldenstand und dem Bruttoinlandsprodukt zu Marktpreisen" (Rat der Europäischen Gemeinschaften, 1992, S. 183).

2. Maß und Ausmaß der Staatsverschuldung

Aus *Abb. 1* wird deutlich, daß die nominale *Verschuldung* des bundesdeutschen Staates[3] seit 1950[4] kontinuierlich ansteigt und Ende 1993 ca 1.600 Mrd. betrug. Das Wachstum ist ungebrochen; für Ende 1994 wird, allerdings unter Einschluß der Post- und Treuhandverbindlichkeiten, ein Schuldenstand von rd. 2.000 Mrd. DM erwartet.[5]

Abb. 1:   *Staatsverschuldung in Deutschland in Mrd. DM*

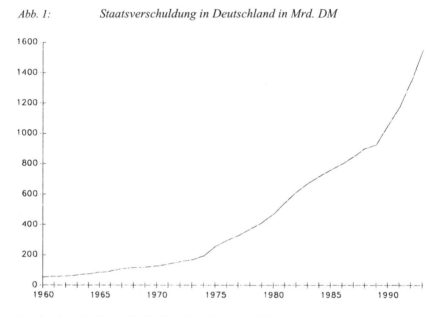

Quelle: Deutsche Bundesbank, Monatsberichte, versch. Jgg.

Das Staatsdefizit (der Finanzierungssaldo) gibt die im jährlichen Staatsbudget auftretende Differenz zwischen Einnahmen und Ausgaben an. Die Angaben über die Höhe des Staatsdefizits klaffen aufgrund unterschiedlicher Abgrenzungen teilweise erheblich auseinander. Für einen internationalen Vergleich eignet sich das Staatsdefizit in der Abgrenzung der VGR, definiert als die Änderung des Geldvermögens (netto) des Sektors Staat einschließlich der Sozialversicherungsträger, eventueller Nebenhaushalte und der Bundesbank. Das Geldvermögen (netto) ist definiert als die Differenz zwischen Forderungen abzüglich Verbindlichkeiten.

---

[3] Unter „Staatsverschuldung" wird in Deutschland üblicherweise die Verschuldung von Bund, Ländern und Gemeinden verstanden. Öffentliche Unternehmen, Sozialversicherungsträger und der öffentliche Finanzsektor (Bundesbank) werden – im Gegensatz zu anderen Ländern – meist nicht mit eingeschlossen.

[4] Für einen Überblick über die Staatsverschuldung im Deutschland vor dem zweiten Weltkrieg vgl. *Albers* (1976), *Haller* (1976), *Hansmeyer* und *Caesar* (1976) sowie *Neumark* (1976). Für eine detaillierte Analyse der Zeit nach 1950 vgl. *Dreißig* (1976).

[5] Vgl. Monatsbericht Februar 1994 der Deutschen Bundesbank.

Unter der Voraussetzung konstanter Forderungen entspricht somit dieses Staatsdefizit der Änderung der Verbindlichkeiten des Staates, d. h. der Änderung der Staatsverschuldung. Zu beachten ist, daß das Staatsdefizit Deutschlands in dieser VGR-Abgrenzung in der Regel die Defizite der Treuhandanstalt und der Bahn und Post noch nicht enthält. Zudem ist dieser Finanzierungssaldo in der VGR-Abgrenzung von dem Finanzierungssaldo in der Abgrenzung der Finanzstatistik zu unterscheiden, der exklusive der Sozialversicherungsträger und inklusive geldvermögensneutraler Ausgaben ermittelt wird und in der Regel sehr viel höher ausfällt.

Abb. 2:   *Staatsdefizit (VGR) in Deutschland in Mrd. DM*

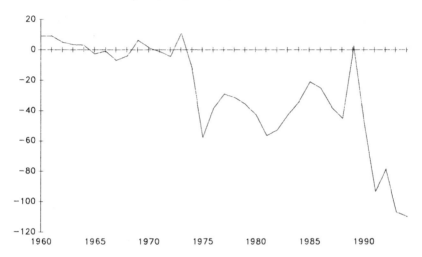

Quellen: Jahresgutachten des Sachverständigenrates, versch. Jgg., Gemeinschaftsdiagnose, versch. Jgg.

Aus der Darstellung der Entwicklung des Finanzierungssaldos gemäß VGR-Abgrenzung in *Abb. 2* wird deutlich, daß das Budget bis Mitte der sechziger Jahre mittelfristig ausgeglichen war und etwaige Defizite durch darauffolgende Überschüsse ausgeglichen werden konnten. Das Defizit stieg sodann in der Rezession 1975 auf 58 Mrd. DM und blieb in den Folgejahren trotz zwischenzeitlicher Konjunkturerholung hoch. Beginnend 1983 wurde eine Konsolidierungspolitik verfolgt, in deren Folge das Staatsdefizit bis auf 25 Mrd. DM in 1986 zurückging. Nach einem kurzen Wiederanstieg der Defizite 1987/88 gelang 1989 erstmals wieder ein etwa ausgeglichenes Staatsbudget. Im Gefolge der deutschen Vereinigung stieg das Staatsdefizit auf die Rekordhöhe von über 100 Mrd. DM an und weist damit eine wieder steigende Tendenz auf.[6]

---

[6] Vgl. hierzu ausführlicher Deutsche Bundesbank (1991), *Boss* (1990) sowie *Hansmeyer* und *Willeke* (1993).

Aus ökonomischer Sicht von größerer Bedeutung als diese absoluten Kennziffern ist das Verhältnis dieser Größen zu der dahinter stehenden Wirtschaftskraft der gesamten Volkswirtschaft. Der Verlauf der bundesdeutschen *Schuldenquote* (Bruttostaatsschuld dividiert durch das Bruttosozialprodukt) ist in *Abbildung 3* dargestellt. Die Verschuldungsquote ist zwischen 1974 und 1983 von 19,6% auf 40,1% angestiegen. Während der Konsolidierungsphase zwischen 1983 und 1990 wurde die Verschuldungsquote leicht reduziert auf 39,6% in 1990. Bis Ende 1992 stieg die Verschuldungsquote durch die deutsche Einigung auf 43,2% an und soll nach den Prognosen der OECD und der Bundesbank weiter auf knapp 50% Ende 1994 und 60% Ende 1995 ansteigen, was einem Nachkriegsrekordstand entspräche.[7]

Abb. 3:   *Internationaler Vergleich der Schuldenquoten in % vom BIP*

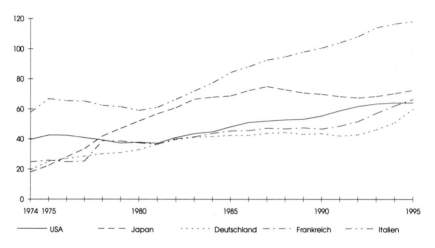

Quelle: OECD, Economic Outlook, versch. Jahrgänge

Im internationalen und historischen Vergleich ist die deutsche Verschuldungsquote allerdings nicht allzu hoch. So hatte z. B. Großbritannien nach dem 2. Weltkrieg eine Verschuldungsquote von ca. 230%,[8] die danach kontinuierlich zurückgeführt wurde und 1992 nur noch ca. 41% betrug. Abb. 3 zeigt, daß die Bundesrepublik z. Zt. noch zu den weniger verschuldeten Ländern gehört. Italien (aber auch die nicht abgebildeten Irland und Belgien) weisen Verschuldungsquoten über 100% bis 135% auf.[9]

---

[7] Vgl. OECD Economic Outlook, December 1993, sowie Deutsche Bundesbank, Monatsbericht Februar 1994.

[8] Der deutsche Staat hat sich durch die Währungsreform 1948 weitgehend seiner Schulden entledigt, vgl. *Abelshauser* (1983).

[9] Die geringste Verschuldungsquote weist Australien mit 29% auf, vgl. OECD Economic Outlook, June 1993, Tab. 46. Zur Darstellung langer historischer Zeitreihen für die wichtigsten Industrieländer vgl. OECD Economic Outlook, 37, Juni 1985, S. 7.

Abb. 4: *Internationaler Vergleich der Defizitquoten*

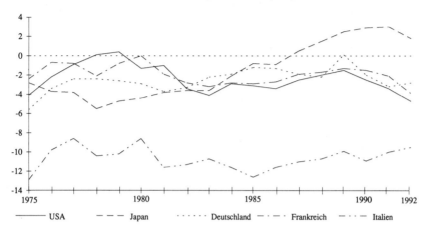

Quelle: OECD, Economic Outlook, June 1993

In der *Abb. 4* ist ein internationaler Vergleich der *Defizitquoten* (jährlicher staatlicher Finanzierungssaldo/Bruttosozialprodukt) dargestellt. Man erkennt, daß die Defizitquote Deutschlands zwar insgesamt wiederum international eher vorteilhaft liegt, jedoch in letzter Zeit einen deutlich nach unten gerichteten Trend aufweist. Insbesondere in den Rezessionsjahren 1967, 1975 und 1981 ist die Defizitquote über den allgemeinen Trend hinausgehend negativ.[10]
Die *Zinsausgaben* des Staates sind durch die ansteigende Staatsverschuldung von 2,2 Mrd. DM in 1960 auf 101,5 Mrd. DM in 1992 angestiegen. Die entsprechende *Zinsquote* liegt in den 60er Jahren deutlich unter 1% und betrug 3,4% in 1992. Quasi als Komplement hierzu ist die *primäre Defizitquote* zu verstehen, welche dem Anteil des konventionellen Defizites abzüglich der Nettozinszahlungen entspricht. Sie ist deshalb von Bedeutung, weil – wie weiter unten zu zeigen sein wird – der Staat dann solvent ist, wenn die bestehende Staatsschuld durch zukünftige Primärüberschüsse bedient werden kann. Diese Primärquote lag für Deutschland bis 1990 im positiven Bereich, wird jedoch nach den in der *Tabelle 1* dargestellten Prognosen der OECD in den Jahren 1993 und 1994 mit – 1,3% bzw. – 1,0 % negativ. Der internationale Vergleich relativiert die deutsche Situation erneut. Die USA weisen eine Primärdefizitquote von – 2,5%, Großbritannien gar von – 4,8% auf.[11]

---

[10] Der konjunkturelle Einfluß kann beispielsweise durch das *konjunkturneutrale Defizit* des Sachverständigenrates (Differenz zwischen dem tatsächlichen Staatsdefizit und dem konjunkturellen Impuls) isoliert werden. Zur Kritik am Konzept des Sachverständigenrates vgl. jedoch *Albers* (1979). Analog zur Defizitquote werden teilweise auch die Primär- und Zinsquote in einen struktur- und zyklusabhängigen Teil zerlegt.
[11] Italien und Irland stehen (gezwungenermaßen) mit einem Primärüberschuß von 1,4% bzw. 3,5% deutlich besser da.

Tab. 1:   *Internationaler Vergleich der Primärüberschüsse in % vom BIP*

Land	1984	1985	1986	1987	1988	1989	1990	1991	1992	1993	1994
USA	– 0,9	– 1,0	– 1,4	– 0,5	– 0,1	0,5	– 0,4	– 1,1	– 2,5	– 1,7	– 0,8
Japan	– 0,3	0,9	0,7	1,7	2,5	3,4	3,5	3,3	2,0	0,4	0,1
Deutschland	0,4	1,1	1,0	0,5	0,2	2,3	0,0	– 1,0	– 0,1	– 1,3	– 1,0
Frankreich	– 0,9	– 0,8	– 0,6	0,3	0,5	0,9	0,9	0,5	– 1,0	– 2,4	– 2,4
Italien	– 4,1	– 5,2	– 3,8	– 3,6	– 3,1	– 1,5	– 1,9	– 0,5	1,4	2,0	3,3
Großbritannien	– 0,6	0,5	0,8	1,7	3,7	3,3	1,1	– 0,9	– 4,8	– 5,7	– 4,3
Belgien	– 0,5	0,8	1,1	2,3	2,8	3,1	4,1	2,9	3,1	3,1	3,5

Quelle: OECD, Ecomic Outlook, June 1993

Zwar sieht die mittelfristige Finanzplanung einen Konsolidierungskurs vor und projektiert für die Jahre 1994 bis 1997 jährliche Nettokreditaufnahmen von ca. 68, 67, 48 und 38 Mrd. DM, jedoch stehen diese Projektionen beispielsweise unter der Annahme eines relativ günstigen durchschnittlichen Wirtschaftswachstums von 2 Prozent in den Jahren 1992 bis 1997.[12] Das hohe Ausmaß der Neuverschuldung kann somit noch nicht als vorübergehend angesehen werden. Dies gilt insbesondere deshalb, da in Deutschland die Definition des Sektors „Staat" zunehmend problematisch ist. So enthalten z. B. die Angaben über das Staatsdefizit gemäß der VGR-Abgrenzung die Haushalte von Bahn, Post und Treuhandanstalt (bzw. deren Defizite) nicht. Seit der deutschen Wiedervereinigung ist das Ausmaß der „Neben- und Sonderhaushalte" durch die Förderbanken des Bundes,[13] den Fonds Deutsche Einheit, den Kreditabwicklungsfonds, die Treuhandanstalt bzw. den demnächst wirksam werdenden Erblastentilgungsfonds und Entschädigungsfonds in neue Dimensionen gewachsen und der Überblick über die öffentlichen Finanzen entsprechend erschwert worden.[14] So wird z. B. für 1993 in der VGR-Abgrenzung ein Staatsdefizit von 107 Mrd. DM ausgewiesen (Gemeinschaftsdiagnose Oktober 1993), während für das gleiche Jahr in der Finanzstatistik unter Einschluß von Bahn, Post und Treuhandanstalt ein Staatsdefizit von 220 Mrd. DM ausgewiesen wird (SVR, JG 93/94, Tab. 39).

Zum anderen ist die zunehmende Bedeutung des Haushaltes der Europäischen Union zu beachten. Zwar ist eine Kreditfinanzierung hier nicht vorgesehen, jedoch gibt es Präzedenzfälle gemeinschaftlicher Kreditfinanzierungen wie das Neue Gemeinschaftsinstrument (NGI), die Gemeinschaftsanleihe zur Zahlungsbilanzfinanzierung und die Anleihebegebungen der Montanunion (EGKS).[15]

Die Verschuldungs- und Defizitindikatoren werden in ihrer Aussagekraft auch aus anderen Gründen problematisiert und entsprechend erweitert. Bei gesetzlichen Versorgungsansprüchen sollten die Sozialversicherungsträger, insbesondere die Rentenversicherungsträger, einbezogen werden, wobei im Sinne einer langfristigen Stabilitätsbetrachtung das Staatsdefizit nicht auf der Grundlage der laufenden, sondern des Gegenwartwertes der neu eingegangenen Zahlungsverpflichtungen berechnet werden sollte (*Bohn*, 1992). Dies ist insbesondere bei einer Tendenz zur Überalterung der Bevölkerung zu beachten. Andererseits könnten den oben dargestellten Bruttoverbindlichkeiten des Staates seine Forderungen bzw. (renditeträchtigen) Aktiva gegenübergestellt werden. Im Fall von erdölreichen Ländern wie Norwegen ist es offensichtlich, daß sich dann die Sicht der Staatsverschuldung dramatisch ändert. Aber auch für die Bundesrepublik Deutschland stellt sich die

---

[12] Vgl. Bundesministerium der Finanzen (1993), S. 94 und 113.

[13] Hierzu gehören die Kreditanstalt für Wiederaufbau, die Deutsche Ausgleichsbank sowie bis zum 1. Oktober 1992 die Berliner Industriebank, deren Geschäft auf die beiden anderen Förderbanken übertragen wurde.

[14] Vgl. Deutsche Bundesbank (1993). Ferner sind die Altschulden des DDR-Wohnungssektors i. H. v. 43 Mrd. DM Ende 1991 zu berücksichtigen.

[15] Vgl. *Scharrer* (1993). Von aktueller Bedeutung wird die Frage der Defizitfinanzierung der EU vor dem Hintergrund des Beschlusses der Konferenz des Europäischen Rates, in die europäischen Infrastruktur- und Kommunikationsnetze für jährlich ca. 20 Mrd. ECU zu investieren, wobei die Finanzierung von jährlich 8 Mrd. DM noch aussteht. Zu den Finanzen Europas im Detail vgl. *Strasser* (1991). Andererseits wird die Europäische Währungsunion u. U. die nationalen Freiheitsgrade bei der Wahl der Staatsverschuldung reduzieren, vgl. *Illing* (1992).

Situation dann günstiger dar.[16] Problematisch bei einer solchen Nettobetrachtung ist jedoch, daß viele der Aktiva des Staates nicht ohne weiteres liquidierbar sind, und somit zum Beispiel in Hinblick auf die Frage nach der Solvenz des Staates die Bruttoverschuldungsquote relevanter erscheinen mag. Ferner ergibt sich das Problem der Abgrenzung der „Aktiva"; in einer weiten Sicht wären die Staatsausgaben für Bildung, Forschung und Entwicklung kein „Staatsverbrauch", sondern eine aktivierbare Investition.[17]

Wenngleich es damit schwierig erscheint, die staatliche Finanzsituation eindeutig und ohne Rücksicht auf die jeweilige wirtschaftspolitische Fragestellung abzubilden, bleibt doch festzuhalten, daß offensichtlich in fast allen Industrieländern[18] und in der letzten Zeit wieder verstärkt auch in Deutschland eine dauerhafte Defizitsituation vorliegt, deren relative und absolute Bedeutung langfristig zumindest nicht sinkt.[19]

---

[16] Während die Bruttoverschuldungsquote Norwegens 1992 ca. 43% betrug, beläuft sich seine Nettoverschuldungsquote auf − 17,2%. Die Bundesdeutsche Nettoverschuldungsquote beläuft sich auf ca. 24%, vgl. OECD (1993), Tab. 45 und 46.

[17] Vgl. ausführlicher zum Problem der Messung des Staatsdefizites beispielsweise *Buiter* (1983), *Blejer* und *Chu* (1988), *Kotlikoff* (1988) sowie *Tanzi, Blejer* und *Teijeiro* (1988), *Grewe* (1990), *Blejer* und *Cheasty* (1991), *Eisner* (1992) und *Vickrey* (1992).

[18] Zur Schilderung der Lage in ausgewählten Entwicklungsländern vgl. *Easterly* und *Schmidt-Hebbel* (1991).

[19] Die Ursachen hierfür liegen in einer trendmäßig steigenden Staatstätigkeit einerseits und einem zwar ebenfalls trendmäßig, aber weniger stark steigenden Steueraufkommen. Die steigende Staatstätigkeit erklärt sich zum Teil damit, daß bei zunehmender Industrialisierung und damit steigender Komplexität der gesellschaftlichen und ökonomischen Aktivität, aber auch durch die Urbanisierung und Zunahme der Bevölkerungsdichte, ein überproportional wachsender Regulierungs- und Sozialbedarf entsteht (*Wagner,* 1883 sowie *Musgrave,* 1969). Zu diesen erhöhten Anforderungen an die Finanzpolitik gehört auch die mit der keynesianischen Revolution erhobene Forderung, der Staat habe über eine antizyklische Budgetpolitik die Konjunkturschwankungen zu dämpfen. Ein trendmäßiges Wachstum ergibt sich auch über die in Krisen und volkswirtschaftlichen Sonderzuständen starken Ausgabensteigerungen, die nach Beendigung der außergewöhnlichen Situation aber nicht auf das zuvor übliche Maß zurückgeführt werden (*Peacock* und *Wiseman,* 1961), über Bürokraten bzw. Bürokratien, welche das eigene Budget maximieren (*Niskanen,* 1968), durch die Tätigkeit von Interessengruppen, deren zumindestens teilweise befriedigte Regulierungsnachfrage Kosten verursacht und gleichzeitig das Wirtschaftswachstum hemmt (*Olson,* 1982), durch Stimmentausch-Koalitionen der Parteien (*Tullock,* 1959) bzw. die gegenüber Einparteienregierungen durchschnittlich größere Defizitneigung von Koalitionsregierungen (*Roubini* und *Sachs,* 1988), sowie einen den Entscheidungsprozeß letztlich bestimmenden Median-Wähler (*Downs,* 1957), der über ein sich tendenziell und relativ zur allgemeinen Entwicklung verringerndes Einkommensniveau verfügt (*Mueller,* 1989). Schließlich ist bei stark abdiskontierenden Wählern der Anreiz für die Entscheidungsträger zu beachten, einen politischen Konjunkturzyklus zu induzieren (*Nordhaus,* 1975, *Tufte,* 1978, sowie für die jüngere Vergangenheit in Deutschland *Lang,* 1992) und Konsolidierungsprogramme – wenn überhaupt – allenfalls nach den Wahlen einzuleiten. Bei häufig wechselnden Regierungen mag ebenfalls ein Bias für expansive Finanzpolitik entstehen, weil die Wahrscheinlichkeit steigt, daß nicht die momentan verantwortliche Regierungspartei, sondern die zukünftig regierende, rivalisierende Partei die langfristig negativen Folgen zu tragen hat (*Alesina* und *Tabellini,* 1990). Für einen Überblick vgl. *Gemmel* (1993).

Zur Analyse des Einflusses einzelner makroökonomischer Variablen wie Inflation, Wechselkurs und Produktion auf das Budgetdefizit vgl. *Easterly* und *Schmidt-Hebbel* (1991).

3. Finanzierung von Staatsdefiziten

Die makroökonomischen Konsequenzen von Budgetdefiziten hängen von der Art der Finanzierung ab. Dabei ist zum einen zu trennen, ob die Defizite direkt oder indirekt über das Ausland, oder ausschließlich vom Inland finanziert werden. Zum anderen ist für den inländisch finanzierten Teil der Defizite von Bedeutung, in welchem Umfang der Bankensektor involviert wird und die Defizite somit monetarisiert werden. Beide Finanzierungsarten werden im folgenden dargestellt.

3.1 Staatsdefizite und Auslandsverschuldung

Der Finanzierungssaldo des Sektors Staat FS_t^{ST} entspricht der Änderung seines Geldvermögens bzw. des Saldos seiner Forderungen und Verbindlichkeiten. Es gilt:

$$(1) - FS_t^{St} = \dot{V}_t = -\Theta_t + i_t V_t - f\dot{M}_t$$

$$(2) \quad \Theta_t = P_t (T_t - X_t^{St} - I_t^{St})$$

In Gleichung (1) sind V der Bestand an Staatsschulden, von denen vereinfachend angenommen werden soll, daß sie mit einem konstanten Nominalwert und mit einem variablen nominalen Zinssatz i ausgestattet sind. Θ ist der Primärsaldo, also das Staatsdefizit ohne Zinszahlungen und ohne Seignorage.[20] Die Seignorage ist ein (konstanter) Teil f der Änderung der Zentralbankgeldmenge M (mit $0 \leq f \leq 1$).[21] T sind die Steuern,[22] X bzw. I die Ausgaben für Investitionen und Konsum, P symbolisiert das allgemeine Preisniveau. St steht für den Sektor Staat, $_t$ steht für den Periodenindex. Ein Punkt über einer Variablen symbolisiert die Veränderung über die Zeit.

Die Summe der Finanzierungssalden des Staates FS_t^{ST}, der Haushalte FS_t^{HH}, der Unternehmen FS_t^U und des Auslandes FS_t^A ergibt ex definitione stets Null. Der Finanzierungsüberschuß des Auslandes, der dem inländischen Leistungsbilanzdefizit LBdef entspricht, gleicht deshalb der Differenz zwischen dem staatlichen Finanzierungsdefizit V (der Zunahme der Staatsverschuldung V) und den Finanzierungsüberschüssen der Haushalte und Unternehmen:

$$(3) \quad FS^A = LBdef = \dot{V} - (FS^U + FS^{HH})$$

---

[20] Unberücksichtigt bleiben die Erlöse aus Privatisierungen staatlicher Güter. Diese waren in den achtziger Jahren in einigen europäischen Ländern wie Frankreich und Großbritannien durchaus bedeutungsvoll (OECD, 1991). Für die Bundesrepublik waren sie bis vor kurzem von nur untergeordneter Rolle (OECD, 1990). Seit kurzem ist ihre Bedeutung im Zusammenhang mit der deutschen Vereinigung größer geworden, wenngleich kaum ein positiver Finanzierungsbeitrag resultiert: Die Treuhand erzielte per Saldo negative Erlöse aus den Privatisierungen, auch die mit der Reorganisation von Bahn und Post verbundenen Teilprivatisierungen stellen zumindest kurzfristig eher eine Belastung dar. Es wird hier ferner vereinfachend angenommen, daß der Sektor Staat keine Einnahmen aus Gewinnen staatlicher Unternehmen erzielt. Für eine Analyse unter Berücksichtigung von Privatisierungserlösen und staatlichen Gewinnen vgl. *Buiter* (1993).

[21] Zur Klärung des Begriffs der Seignorage vgl. Abschnitt 4.2.1.

[22] Zu einer Analyse unter expliziter Berücksichtigung der Zinsbesteuerung vgl. *Schlesinger, Weber* und *Ziebarth* (1993), S. 278 – 281.

Da die Finanzierungssalden der einzelnen Sektoren der jeweiligen Differenz zwischen Ersparnis S und Investition I entsprechen, kann (3) auch umgeschrieben werden zu:

(4) $LBdef = (I_P - S_P) + (I_{ST} - S_{ST})$

wobei der Index P die Aggregation der Unternehmen und Haushalte zum Privatsektor symbolisiert. Aus (3) und (4), einer Darstellungsmöglichkeit von *Alexander's* (1952) Absorptionsansatz, wird klar, daß steigende Budgetdefizite tendenziell in Richtung Leistungsbilanzpassivierung und somit zur Verringerung der inländischen Nettogläubigerposition bzw. zur Vergrößerung der inländischen Nettoschuldnerposition führen.[23] M. a. W.: Das Ausland finanziert c. p. das inländische Budgetdefizit. Dieses ist zwar nicht per se negativ zu bewerten;[24] Leistungsbilanzsalden sind vielmehr erwünscht, um eine optimale internationale und intertemporale Allokation des Kapitals sicherzustellen. Allerdings kann die verschlechterte Nettoauslandsposition eine Last für zukünftige Generationen implizieren.

Die dargestellten Zusammenhänge zwischen Budgetdefiziten und Leistungsbilanz haben eine saldenmechanische ex-post-Natur. Die inhaltliche Erklärung[25] kann darin gesehen werden, daß nach (4) durch das Ansteigen des inländischen Budgetdefizits die inländische Ersparnis fällt und somit das Zinsniveau steigt. In der Folge kommt es zu erhöhten Kapitalimporten und einer Aufwertung der inländischen Währung, was – zusammen mit der durch die Budgetdefizite ausgelösten direkten Nachfrageerhöhung – schließlich das steigende Leistungsbilanzdefizit induziert.[26] Bei genauer Betrachtung dieser Wirkungskette wird deutlich, daß unter ex-ante-Gesichtspunkten ein linearer Zusammenhang zwischen dem Budgetdefizit und dem Leistungsbilanzsaldo nicht unbedingt gelten muß.[27] Als besonders wichtige Gegenargumente sind zu beachten:

– Die privaten Wirtschaftssubjekte können auf einen erhöhten negativen staatlichen Finanzierungssaldo (einer verringerten staatlichen Ersparnis), insbesondere wenn keine expansiven (keynesianischen) Produktions- und Einkommenseffekte ausgelöst werden, mit einer Erhöhung der privaten Ersparnis reagieren, um damit den langfristig erhöhten Steuerverpflichtungen nachkommen zu können. Nach dem Ricardo-Äquivalenztheorem entspricht der Barwert der Erhöhung der privaten Ersparnis dem Barwert der Verringerung der staatlichen. Dauerhafte Er-

---

[23] Damit wird deutlich, daß die Defizitfinanzierung spill-over Effekte auf die ausländischen Volkswirtschaften haben kann. Hierzu, und zur ggf. daraus folgenden Notwendigkeit einer internationalen Koordinierung der Finanzpolitik vgl. *Maennig* (1992).

[24] Vgl. *Lehment* (1980), *Frenkel, Goldstein* und *Masson* (1989), sowie *Sinn* (1989).

[25] Vgl. ausführlicher z. B. *Liebermann* (1991).

[26] Weitere, gleichgerichtete Wirkungszusammenhänge ergeben sich beispielsweise über die inflationäre Wirkung der Budgetdefizite, vgl. ausführlich *Doch* (1991).

[27] Vgl. beispielsweise *Sauernheimer* (1983), *Schröder* (1985), *Dewald* (1990), *Enders* (1990), *Feldstein* (1992 und 1993), die Beiträge im Sammelband von *Rock* (1991), *Doch* (1991) sowie *Ohr* (1991).

höhungen[28] der Staatsdefizite haben dann keinen Einfluß auf die Höhe der gesamtwirtschaftlichen inländischen Ersparnis und des Leistungsbilanzsaldos.[29] Auch das Zins- und private Investitionsniveau bleiben unverändert. Auf das Ricardo-Theorem und seine Grenzen wird in Abschnitt 4.2 eingegangen.

– Führen die erhöhten Staatsdefizite hingegen aufgrund einer Verletzung der Ricardo-Äquivalenz zu steigenden Zinsen im Inland,[30] so können hierdurch die privaten Investitionen verringert bzw. die Ersparnisse der Haushalte erhöht werden. Bei flexiblen Wechselkursen sowie unelastischer Geldnachfrage und/oder -angebot ist der Zinsanstieg hinreichend hoch für ein totales Crowding-out; die Leistungsbilanz verschlechtert sich dann bei steigenden Budgetdefiziten nicht. Ein solch enger Zusammenhang zwischen gesamtwirtschaftlicher Ersparnis und Investition ist empirisch gut gesichert – ein kurzfristig starker Zusammenhang zwischen Budgetdefiziten und Leistungsbilanzdefiziten kann somit langfristig eine erhebliche Minderung erfahren (*Feldstein* und *Horioka,* 1980, *Krugman,* 1987 und *Feldstein,* 1992).

– Sofern die etwaigen positiven Zinsdifferenzen für das Inland durch ein mangelndes Vertrauen in die inländische Wirtschaft bzw. durch einen Abwertungsverdacht für die inländische Währung (beispielsweise aufgrund der langfristig erhöhten Zins- und Tilgungszahlungen) begleitet wird, muß es nicht zur Aufwertung der inländischen Währung kommen. Der Fall der USA Anfang bis Mitte der achtziger Jahre ist somit nicht unbedingt repräsentativ. Budgetdefizite können – trotz Zinssteigerungen – zur Abwertung führen.[31]

– Selbst wenn sich jedoch eine Aufwertung ergibt, so kann es nach der Amoroso-Robinson-Bedingung aufgrund unelastischer Import- und Exportnachfrage zur Leistungsbilanzaktivierung (J-Kurven-Effekt[32]) kommen.

Wenngleich solche Anpassungsmechanismen vor allem langfristig wirksam werden können, so ist doch festzustellen, daß sie zumindest kurz- bis mittelfristig nicht hinreichend groß ausfallen, um die negativen Wirkungen steigender Budgetdefi-

---

[28] Temporäre Erhöhungen der staatlichen Finanzierungsdefizite reduzieren das permanente Einkommen in einem geringeren Umfang. Die privaten Wirtschaftssubjekte werden deshalb nur mit einer geringeren Erhöhung der Ersparnis reagieren. In der Folge sinkt die gesamtwirtschaftliche Ersparnis in der betreffenden Periode und es kommt zu Leistungsbilanzdefiziten. Zu einem einführenden Überblick über die unterschiedlichen Wirkungen temporärer und dauerhafter staatlicher Finanzierungssalden vgl. *Sachs* und *Larrain* (1993). Hier wird auch verdeutlicht, daß bei temporären Finanzierungssalden zwischen den Fällen eines kleinen und großen Landes mit und ohne Kapitalverkehrskontrollen zu unterscheiden ist.

[29] Vgl. *Frenkel* und *Razin* (1987b) und *Barro* (1991).

[30] Bei kleinen offenen Ländern entfällt der Zinseffekt, was tendenziell den Zusammenhang zwischen Budget- und Leistungsbilanzdefiziten verstärkt. Die empirische Wirkung der Budgetdefizite auf die Zinsen sind vielmals untersucht worden. Vgl. zur Ablehnung eines solchen Zusammenhanges z. B. *Plosser* (1982) (für kurzfristige Verbindlichkeiten), *Hoelscher* (1983), *Evans* (1985), (1987a und b) und (1991). Zur Bejahung hingegen z. B. *Plosser* (1982), *Barth* und *Russek* (1985), *deLeuw* und *Holloday* (1985), *Feldstein* (1986), *Hoelscher* (1986), *Zahid* (1988) und *Allen* (1991).

[31] Für eine ausführliche Diskussion möglicher (asymmetrischer) Wechselkurswirkungen von Budgetdefiziten vgl. *Blanchard* und *Dornbusch* (1984), *Lehment* (1985b), *Schröder* (1985) sowie *Cansier* (1988).

[32] Die grundlegende Arbeit hierzu findet sich bei *MaGee* (1973); für neuere empirische Bestätigungen vgl. beispielsweise *Lawrence* (1990).

zite auf die Leistungsbilanz zu kompensieren. Die Passivierungen der Leistungsbilanzen in den USA, Italien und Frankreich Ende der siebziger/ Anfang der achtziger Jahre sind im engen Zusammenhang mit ihren steigenden Budgetdefiziten zu
sehen.[33]

Tab. 2:   *Finanzierungsrechnung*
(Mrd. DM; Sektor Unternehmen einschl. Banken,
Versicherungen usw.; 1990 früheres Bundesgebiet)

Jahr		70	75	79	82	83	84	85	87	88	89	90
Erspar-	H	55	96	98	117	101	111	113	132	142	147	182
nis	U	39	24	55	16	48	45	41	85	112	111	116
	St	29	−23	4	−19	−13	− 5	9	− 4	−11	42	−10
	A	− 5	−12	9	−10	−12	−22	−41	−80	−87	−104	−78
	Σ	118	85	166	104	124	129	122	133	156	196	210
Inves-	H	–	–	–	–	–	–	–	–	–	–	–
titionen	U	90	51	127	70	94	100	92	99	122	159	170
netto	St	28	34	39	−34	−30	29	30	34	34	37	40
	A	–	–	–	–	–	–	–	–	–	–	–
	Σ	118	85	166	104	124	129	122	133	156	196	210
Finan-	H	55	96	98	117	101	111	113	132	142	147	182
zierungs-	U	−51	−27	−72	−54	−46	−55	−51	−14	−10	−48	−54
saldo	St	1	−57	−35	−53	−43	−34	−21	−38	−45	5	−50
	A	− 5	−12	9	−10	−12	−22	−41	−80	−87	−104	−78
	Σ	0	0	0	0	0	0	0	0	0	0	0

Quelle: SVR, JG.

Auch für die Bundesrepublik ergibt sich der erwartete Zusammenhang. Eine Analyse der Finanzierungsrechnung über längere Zeiträume (vgl. Tabelle 2) zeigt, daß
in Deutschland (wie übrigens auch in anderen Industrienationen) praktisch ausschließlich die privaten Haushalte regelmäßig Geldvermögensüberschüsse bilden,
die von den anderen Sektoren durch deren Defizite beansprucht werden. So bilde-
ten die privaten Haushalte beispielsweise im Jahre 1990 durch Ersparnis einen
Finanzierungsüberschuß von 182 Mrd. DM. Von diesem Überschuß absorbierte
der Unternehmenssektor 54 Mrd. DM, der Staat 50 Mrd. DM und das Ausland
78 Mrd. DM. Im Gefolge der hohen Staatsdefizite seit 1990 (und der gleichzeitig
verringerten Bildung von Finanzierungsüberschüssen der Privaten) hat sich die
Leistungsbilanz 1991 und 1992 mit ca. 33 bzw. 39 Mrd. DM defizitär entwickelt,
was für die Bundesrepublik vor 1991 untypisch war.

---

[33] Umgekehrt hängen die in der gleichen Zeit steigenden japanischen Leistungsbilanzüber-
schüsse auch eng mit der verbesserten japanischen Budgetposition zusammen, vgl. zu einer
ausführlichen Untersuchung *Sachs* (1981) und (1988) sowie für die USA *Abell* (1990) und
Friedman (1992).

3.2 Geldmengen- und Kapitalmarktfinanzierung

Aus der in (3) und (4) dargestellten Finanzierungsrechnung werden die Kreditverflechtungen zwischen den Sektoren und der Einfluß des Bankensektors nicht deutlich. Die Rolle des Bankensystems bei der Staatsdefizitfinanzierung wird deutlich, indem der dem Staatsdefizit entsprechende Nettoforderungszugang bei den anderen Sektoren aufgeteilt wird in die Änderung der Nettoforderungsposition des Bankensystems gegen den Staat einerseits und der Nichtbanken gegen den Staat andererseits. Es gilt:

$$(5) \quad -FS_t^{St} = \Delta NF_{Ba\text{-}St} + \Delta NF_{NB\text{-}St}$$

In Gleichung (5) steht NF für Nettoforderungsposition, Ba für Bankensystem und NB für Nichtbanken. Dem Staat stehen hiernach zwei Finanzierungsalternativen zur Verfügung: zum einen die Finanzierung über das Bankensystem *("Geldmengenfinanzierung")*, zum anderen die Staatsschuldtitelfinanzierung *("Kapitalmarktfinanzierung")*. Eine Geldmengenfinanzierung kann erfolgen über die Gewährung von Direktkrediten der Zentralbank an den Staat ("Kassenkredite"), über Offenmarktkäufe von Staatsschuldtiteln durch die Zentralbank oder Kreditgewährung an den Staat seitens der Geschäftsbanken.

Die Konsequenzen dieser Finanzierungsart werden aus der Analyse der konsolidierten Bilanz des Bankensystems deutlich. Durch ein bankenfinanziertes Staatsdefizit steigt die Nettoforderungsposition des Bankensystems gegen den Staat an. Bei Konstanz der Positionen der sonstigen Aktiva (Nettoforderungsposition des Bankensystems gegen das Ausland sowie Bruttokredite gegen inländische private Nichtbanken) und der längerfristigen Passiva[34] muß die Geldmenge entsprechend zunehmen.

Tab. 3:   *Staatsdefizitfinanzierung (Mrd. DM)*

Jahr	Budget-saldo	Finanzierung Banken	Finanzierung Nichtbanken	Anteil Banken
1975	− 57,6	49,0	8,6	85,1%
1981	− 56,6	39,5	17,1	69,8%
1982	− 52,5	33,9	18,6	64,6%
1985	− 21,1	3,4	17,7	16,1%
1986	− 23,5	− 1,7	25,2	7,2%
1993	− 107,0	53,4	53,6	49,9%

Quellen: Deutsche Bundesbank, Monatsberichte; Gemeinschaftsdiagnose Oktober 1993; eig. Berechnungen.

Aus Tabelle 3, welche die entsprechenden Werte für einige typische Jahre angibt, wird deutlich, daß die Banken in den siebziger Jahren bis Anfang der achtziger Jahre mit 60 bis 85% erhebliche Anteile der Staatsschuldverschreibungen aufnahmen. Dieses Verhalten hat sich in den letzten Jahren wesentlich geändert; die Ban-

---

[34] Von den sonstigen Aktiva und Passiva wird zur Vereinfachung abgesehen.

ken haben ihre Nettoforderungsposition gegen den Staat in einzelnen Jahren wie 1986 sogar absolut zurückgeführt.[35] Dennoch hielt der Bankensektor in den letzten fünfzehn Jahren durchschnittlich 70% der Staatschulden (*Andel,* 1990, S. 372).

4. Wirkungen der Staatsverschuldung

Im folgenden sollen zunächst die kurzfristigen und anschließend die langfristigen Effekte der Staatsverschuldung beschrieben werden. Bei den kurzfristigen Wirkungen steht die Frage im Vordergrund, ob Staatsdefizite einen positiven Beitrag zur Konjunkturstabilisierung leisten können. Unter langfristigen Gesichtspunkten dominieren die inflationären und allokativen Wirkungen der Defizite. Dabei ist aus dem vorangegangenen Abschnitt bereits ansatzweise deutlich geworden, daß die Wirkungen der Staatsverschuldung von der gewählten Finanzierungsart abhängen können. Eine Finanzierung über das Bankensystem kann zum Geldmengenwachstum und somit im besonderen Maße zur Inflation führen. Eine Finanzierung über den Kapitalmarkt kann u. U. die private Kapitalnachfrage und somit Investition, Konsum und Wachstum verringern. Bei beiden Finanzierungsformen ist zu beachten, daß die Finanzierung im Ausland mit Leistungsbilanzdefiziten und Wechselkurseffekten einhergehen kann.

Zusätzlich ist zu beachten, daß sie – so wie die Wirkungen anderer Maßnahmen – je nach dem zugrundeliegenden Modell erheblich variieren können (*Blinder* und *Solow,* 1974) und keine „modellfreien" Aussagen existieren. Von wesentlicher Bedeutung sind weiterhin die Ursachen der Staatsverschuldung und die Wahl der Ausgangs- bzw. Referenzsituation der Wirtschaftspolitik. So sind Defizite aufgrund steigender Staatsausgaben bei konstanten Steuereinnahmen aufgrund der Nachfrageeffekte anders zu bewerten als Defizite aufgrund einer sinkenden Steuerbelastung bei konstanten Ausgaben.[36] Um im folgenden die Effekte der Staatsdefizite von denen einer möglicherweise per se expansiven Erhöhung der Staatsausgaben zu trennen, soll vom zweiten Fall ausgegangen werden.

Schließlich sind die Wirkungen stark vom Ausmaß der Staatsdefizite abhängig. Im allgemeinen werden die (Grenz-)nutzen mit zunehmendem Ausmaß der Staatsverschuldung sinken, während die (Grenz-)kosten steigen. Daraus folgt die Möglichkeit einer „optimalen" Staatsverschuldung (*Huber,* 1990), die ungleich Null ist. Im folgenden wird nicht der Versuch unternommen, diese optimale Staatsverschuldung für Deutschland direkt zu bestimmen; vielmehr werden die grundsätzlich möglichen Kosten und Nutzen aufgezeigt. Besonders deutlich werden die steigenden Grenzkosten bei einer „exzessiven" Ausdehnung, bei welcher die Stabilität grundsätzlich in Frage gestellt ist; die volkswirtschaftlichen Effekte sind dann kaum noch getrennt von denen einer vollständigen Unglaubwürdigkeit der Wirtschaftspolitik zu analysieren. Aus diesem Grund werden bei den langfristigen Wirkungen zunächst die Stabilitäts- und Solvenzbedingungen der Staatsdefizite, bzw. anders ausgedrückt die Angemessenheit der Befürchtungen um einen

---

[35] In Rezessionszeiten mit hohen Staatsdefiziten (1975, 1981/82, 1993) ist der Anteil des durch das Bankensystem finanzierten Staatsdefizits relativ hoch, wahrscheinlich als Ausgleich für die wegen der schlechten Konjunktur schwachen privaten Kreditnachfrage.

[36] Auch sind beispielsweise die Schulden (des ERP-Sondervermögens), die weitgehend der gewerblichen Wirtschaft in den neuen Ländern zugutekommen, grundsätzlich anders zu bewerten als Schulden zur Finanzierung konsumptiver Zwecke, vgl. *Müller* (1993, S. 122).

„Staatsbankrott" analysiert (Abschnitt 4.2.1), bevor die erwähnten inflationären und allokativen Wirkungen analysiert werden.

4.1 Kurzfristige Wirkungen: Konjunkturstabilisierung durch Budgetdefizite?

Was die kurzfristigen Effekte anbelangt, so ist das Hauptargument für Staatsdefizite das der Konjunkturstabilisierung. Der Staat soll durch die Fiskalpolitik in der Rezession Defizite eingehen, dadurch die Nachfrage stützen, und dadurch anregend auf Produktion und Beschäftigung wirken (vgl. beispielsweise *Startz,* 1989). Der Nachfrageeffekt von defizitfinanzierten Staatsausgaben ist ausweislich der einschlägigen Multiplikatoren größer als derjenige von steuerfinanzierten Staatsausgaben.[37]

Die Gegenargumente beziehen sich neben der weitgehenden Vernachlässigung der Preiseffekte in der keynesianischen Analyse zum einen auf die Schwierigkeit, die Störungen richtig zu identifizieren sowie auf die, von *Friedman* (1961) zunächst auf die Geldpolitik bezogenen, langen und variablen Wirkungsverzögerungen wirtschaftspolitischer Maßnahmen.[38]

Die Unsicherheit bzgl. der Wirkungen bzw. Multiplikatoren bedeutet zunächst keinesfalls einen grundsätzlichen Verzicht auf diskretionäre Wirtschaftspolitik, sondern optimalerweise nur einen weniger „aktiven" Einsatz (*Brainard,* 1967). Eine radikale Neubewertung steht jedoch an, wenn die Wirtschaftssubjekte auf signifikante Änderungen in der Wirtschaftspolitik mit ebenso deutlichen Verhaltensänderungen reagieren, so daß empirisch gewonnene Multiplikatoren, die auf einem durchschnittlichen Verhalten in der Vergangenheit basieren, schlichtweg falsch und irreführend sind. Bei rationalen Erwartungen ist Wirtschaftspolitik dann nur kurzfristig und in dem Umfang wirksam, wie die Politikänderungen unerwartet sind (*Lucas,* 1976). Diese, für die Wirtschaftspolitik allgemeingültige Erkenntnis[39] findet ihre budgetdefizitspezifische Entsprechung im bereits erwähnten, weiter unten im Detail zu diskutierenden Ricardo-Äquivalenztheorem: Danach werden die Privaten die Einkommenserhöhung der Steuersenkung in Erwartung künftiger, wegen der Staatsverschuldung notwendiger Steuererhöhungen zusätzlich sparen.[40] Im Zweifelsfall steigt die gesamtwirtschaftliche Nachfrage durch die Defizite nicht.

---

[37] Mögliche positive Angebotseffekte der Steuersenkungen spielen in der kurzfristigen Diskussion kaum eine Rolle. Auf sie wird in der langfristigen Analyse einzugehen sein.

[38] Die erhebliche Unsicherheit bzgl. der Höhe und Verzögerung der Wirkungen der Staatstätigkeit wird tendenziell aus einem internationalen Vergleich der simulierten Wirkungen in zwölf führenden Weltmodellen deutlich, wenngleich strenggenommen dort nicht die hier unterstellte Defiziterhöhung via Steuerverringerung simuliert wird, sondern die dauerhafte Ausgabenerhöhung der OECD-Staaten (außer den USA): Nach sechs Jahren variieren die simulierten Wirkungen zwischen + 0,2% und über + 4% Abweichung im Bruttosozialprodukt dieser Länder gegenüber dem Referenzpfad ohne Änderung der Wirtschaftspolitik. Die Wirkungen auf das Budgetdefizit variieren zwischen ca. 10 und über 140 Mrd. $ Zuwachs gegenüber dem Referenzpfad, vgl. *Bryant* (1988), Vol. II, S. 109.

[39] Zur Kritik an *Lucas* vgl. beispielsweise *Blanchard* (1984), *Frydman* und *Rappoport* (1984) sowie die dort angegebene Literatur.

[40] Beim Ricardo-Theorem wird vor allem mit der Verdrängung der privaten Konsumnachfrage argumentiert. Aufgrund von Zinssteigerungen kann es jedoch auch zur kurzfristigen Verdrängung privater Investitionen kommen; vgl. Abschnitt 4.2.3.

Die theoretischen Pro- und Contra-Argumente in Hinblick auf die Stabilisierungs-
wirkungen konnten bisher nicht abschließend empirisch überprüft werden
(*Gandenberger,* 1988). Von Bedeutung ist jedoch, daß diese kurzfristigen Effekte
ein eher zweitrangiger Aspekt der Staatsverschuldung sind; bedeutsamer sind die
langfristigen Probleme.

4.2 Langfristige Wirkungen von Staatsdefiziten

4.2.1 Solvenz- und Stabilitätsarithmetik der Staatsverschuldung

Die Entwicklung der bundesdeutschen Staatsverschuldung wurde in Abschnitt 2
dargestellt. Nach den Berechnungen der OECD wird Ende 1994 mit 49,6% eine
Rekord-Verschuldungsquote für die deutsche Nachkriegszeit gelten. Vor diesem
Hintergrund tauchen in der Öffentlichkeit immer wieder Vermutungen und Fragen
zur Möglichkeit einer „Verschuldungskrise" (sprich: Zahlungsunfähigkeit) der
Bundesrepublik auf.

Im folgenden wird gezeigt werden, daß die ökonomische Obergrenze der Staatsverschuldung durch den langfristig zur Finanzierung der Zinszahlungen benötigten Primärüberschuß definiert wird. Selbstverständlich existieren hier maximale
Volumina, welche selbst „the most ruthless and efficient government can squeeze
out of its tax payers and out of the beneficiaries from its spending programs"
(*Buiter,* 1993, S. 10). Tatsächlich sind diese Grenzen jedoch zumindest in denjenigen Ländern, in denen die Bevölkerung nicht an der Hungersgrenze steht,
regelmäßig nicht erreicht. Insofern stellt eine etwaige staatliche Erklärung der
Zahlungsunfähigkeit meist nicht das Ergebnis einer technisch-ökonomischen Unmöglichkeit der Schuldenbedienung, sondern eher Ausfluß eines psychologisch
ungünstigen Wirtschaftsumfeldes oder politischer Erwägungen dar.

Was die psychologischen Grenzen betrifft, so sind diese spätestens dann erreicht,
wenn die oben geschilderten Sorgen zur Zahlungsfähigkeit rationaler- oder irra-
tionalerweise derart Überhand nehmen, daß es dem Staat nicht mehr möglich ist,
sich auf dem Kapitalmarkt zu verschulden.[41] Noch eher können die politischen
Grenzen erreicht werden, welche dadurch definiert sind, daß eine weitere Verschuldung die Chancen der Wiederwahl der Entscheidungsträger hinreichend mindert.[42] Eine staatliche Bankrotterklärung ist somit meist eher das Ergebnis einer
mangelnden politischen Willenskraft zur Erzielung eines hinreichenden Primärüberschusses als eine ökonomische Notwendigkeit.

Wenn im folgenden die Situation der Bundesrepublik darauf überprüft wird, ob die
Grenzen der Staatsverschuldung überschritten werden, so bezieht sich diese Analyse auf die wesentlich weiteren techno-ökonomischen Grenzen. De facto kann es
sehr viel früher zur „Bankrotterklärung" des Staates kommen, als diese Grenzen
es anzeigen.

Die Nominalwerte der Staatsdefizite in (1) sind bei steigendem allgemeinen Preisniveau und/oder realem Wachstum nur schwer zu interpretieren. Deshalb sind die
Größen ins Verhältnis zum nominalen Sozialprodukt, also dem Produkt aus dem

---

[41] Zu den psychologischen Grenzen vgl. *Hickel* (1981), *Krupp* (1981), *Markmann* (1981),
Pfeiffer (1981), *Price* (1982) sowie *Hirai* (1988). Zu den hier nicht weiter behandelten rechtlichen Grenzen der Staatsverschuldung vgl. *Donner* (1987) sowie *Bach* (1993).
[42] Vgl. ausführlicher zur politischen Ökonomie der Staatsdefizite *Weizsäcker* (1992).

realen Sozialprodukt Y und dem allgemeinen Preisniveau P, zu setzen. Klein-buchstaben bezeichnen den jeweiligen Großbuchstaben im Verhältnis zum So-zialprodukt, also $v = V/PY$, $\theta = \Theta/PY$, $\tau = T/Y$, $\iota = I^{St}/Y$, $\chi = X^{St}/Y$. Außerdem ist σ der Finanzierungsbeitrag über die Seignorage, also $\sigma = f \dot{M}/ (Y P)$, die laufende Inflationsrate $\pi = \dot{P}/P$, die reale Wachstumsrate des Sozialproduktes $\gamma = \dot{Y}/Y$, und der reale Zinssatz $r = i - \pi$. Unter der Annahme, daß Sozialprodukt-wachstum und Zinssatz konstant sind,[43] können die Budgetidentitäten dann umge-schrieben werden zu

(6) $\dot{v} = -\theta + (r - \gamma)v - \sigma$

(7) $\theta = \tau - \chi - \iota$

Auf Periodenindizes wird hier und im folgenden weitgehend verzichtet. Aus der Differentialgleichung (6) folgt:

(8) $v_t = \bar{v} + (v_0 - \bar{v}) e^{-(\gamma - r)t}$ mit

(9) $\bar{v} = \dfrac{-\tau + \chi + \iota - \sigma}{\gamma - r}$

Gemäß der Bedingungen (6) und (8) hängt die Entwicklung der Verschuldungs-quote von dem Verhältnis zwischen Realzins, realer Wachstumsrate und primärer Defizitquote zzgl. Seignorage ab. Ist die reale Wachstumsrate größer als der Real-zins, dann ist die Entwicklung auf jeden Fall stabil. In diesem Fall konvergiert v_t stets, und zwar unabhängig von der anfänglichen Verschuldungsquote v_0 gegen $\bar{v}$. Auf diesem konstanten Niveau der Verschuldungsquote ist der Staat damit in der Lage, dauerhaft nicht nur etwaige negative Primärsalden, sondern auch die Zins-zahlungen zu finanzieren. Eine explosive Entwicklung der Staatsverschuldung kann sich nicht ergeben; eine techno-ökonomische Zahlungsunfähigkeit des Staa-tes ist langfristig ausgeschlossen.

Obwohl weltweit und auch in der Bundesrepublik bis Anfang der siebziger Jahre immer wieder derartig günstige Wachstums- und Finanzierungskonstellationen herrschten, kann dieser Zustand nicht als normal bzw. als langfristige Gleich-gewichtssituation angesehen werden. Die ökonomische Grundsituation der Knappheit wäre ansonsten nicht nur für den Staat, sondern auch für den typischen Investor bzw. Kreditnehmer in gewisser Weise beseitigt. Abb. 5 veranschaulicht, daß der Realzins (gemessen als Differenz zwischen dem Nominalzins und der lau-fenden Inflationsrate) zwar in der Periode 1956 bis 1973 regelmäßig unter der rea-len Wachstumsrate lag (die durchschnittliche reale Umlaufrendite belief sich auf 4,07%, das reale Wachstum auf 6,52%), seitdem jedoch die Situation völlig ge-wandelt ist. In der Zeit von 1974 bis 1992 lag das durchschnittliche Wachstum bei 2,45%, die reale Umlaufrendite bei 4,19%.

Für diesen – heute offensichtlich „normalen" – Fall $r > \gamma$ muß nach (8) und (9) für eine nicht ständig steigende Verschuldungsquote gelten:

(10) $v_0 (r - \gamma) \leq \tau - \chi - \iota + \sigma$

Aus (9) und (10) wird deutlich, daß die Anfangsverschuldung zu jedem Zeitpunkt kleiner gleich der gleichgewichtigen Verschuldung sein muß, um eine explosive

---

[43] Eine Analyse ohne diese Annahme wird formal aufwendiger; vgl. beispielsweise *Blanchard* (1990) und *Blanchard, Chouraqui, Hagemann* und *Sartor* (1990).

Abb. 5:   Reales Wachstum und reales Zinsniveau in Deutschland

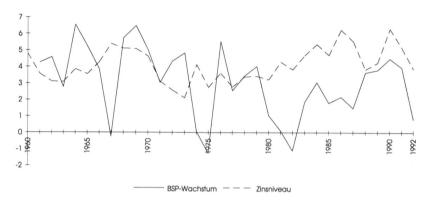

Anmerkungen: – Wachstumsrate des BSP in Preisen von 1985
              – reales Zinsniveau definiert als Public Authority Bond Yield minus Infla-
                tionsrate aus dem Consumer Price Index
Quelle: IMF International Financial Statistics, versch. Jahrgänge

Entwicklung der Staatsverschuldung zu vermeiden. Aus (10) wird auch klar, daß
– wenn die mit der Differenz zwischen Zinssatz und Wachstumsrate gewichtete
Verschuldung (linke Seite der Ungleichung) kleiner ist als der Primärüberschuß
zzgl. Seignorage (rechte Seite) – die Verschuldungsquote dauerhaft sinken kann.
Sind die Ausdrücke auf den beiden Seiten von (10) gleich groß, so ist die Verschuldungsquote konstant.[44] In jedem Fall muß eine anfängliche Verschuldungsquote $v_0 > 0$ durch einen zukünftig durchschnittlich positiven Primärsaldo zzgl.
Seignorage ausgeglichen werden. Liegt ein dauerhaftes primäres Defizit inklusive
Seignorage vor, dann ist die Entwicklung auf jeden Fall instabil. Allgemein gilt, je
höher der Realzins, je niedriger die Wachstumsrate und je größer (absolut) die
primäre Defizitquote ist, desto eher ergibt sich eine instabile Entwicklung. Oder
m. a. W.: Die notwendige Höhe des positiven Primärsaldo zuzüglich Seignorage
steigt mit der anfänglichen Höhe der Verschuldung und der Differenz zwischen
Zins- und Wachstumsrate an.
Ist die (Un-)Gleichung (10) nicht erfüllt, so ist zur Aufrechterhaltung einer langfristig stabilen Verschuldungssituation eine fiskalische Korrektur C (eine dauerhafte Veränderung des Primärsaldos zzgl. Seignorage) erforderlich in Höhe von:

(11) $C = v_0 (r - \gamma) - \tau_0 + \chi_0 + \iota_0 - \sigma_0, C \geq 0.$

Zur Überprüfung der langfristigen Stabilität der bundesdeutschen Verschuldungsentwicklung müssen Annahmen über die zukünftige Entwicklung der durchschnittlichen Höhe der abgeleiteten Einflußfaktoren getroffen werden. Was das
reale Wachstum des Bruttosozialproduktes betrifft, so wäre ein Wachstum von
durchschnittlich 3% jährlich schon aus arbeitsmarktpolitischen Erwägungen her-

---

[44] Ansonsten sinkt die Verschuldungsquote permanent und wandelt sich zu einer staatlichen
Nettoforderungsposition. Dieser Fall soll hier nicht weiter untersucht werden.

aus wünschenswert. Allerdings erscheint dieser Wert vor dem Hintergrund der genannten geringen Wachstumsrate für 1974 – 1992, die auch durch die durchschnittliche Wachstumsrate von knapp 2,8 % in den aus heutiger Sicht sehr günstigen Jahren 1983 bis 1992 kaum revidiert wird, eher optimistisch. Deshalb soll in einem ersten Szenario von einem zukünftigem durchschnittlichen Wachstum in Höhe von 2,5% ausgegangen werden. In einem zweiten, eher pessimistischen Szenario soll entsprechend dem tendenziellen Fall der Wachstumsraten (*Maddison,* 1982) von künftig nur 1,5% Wachstum ausgegangen werden, um die Analyse der aktuellen Verschuldungsentwicklung möglichst breit abzusichern.

Was die realen Zinsen betrifft, so spricht für weiter steigende Realzinsen der große Kapitalbedarf in den heutigen und zukünftigen Wachstumsregionen im ostasiatischen Raum, in Osteuropa und in Ostdeutschland. Andererseits ist die durchschnittliche reale Umlaufrendite im Deutschland der Nachkriegszeit mit über 4% international recht hoch. Die Suche nach einem Gleichgewichtsrealzins bzw. „natürlichen Zins" ist wenig erfolgreich geblieben; die deutlichste Orientierung gibt die auf *Wicksell* aufbauende neoklassische Zinstheorie mit ihrer Aussage, daß der Gleichgewichtszins der Wachstumsrate des Sozialproduktes entsprechen muß.[45] Bei den heutigen, hohen Kapitalmobilität ist die relevante Wachstumsrate des Sozialproduktes jedoch nicht mehr die des jeweiligen Landes, sondern eher die Wachstumsrate des Weltsozialproduktes.[46] Die Abschätzung des zukünftigen gleichgewichtigen realen Wachstums des realen Weltsozialproduktes kann nicht Gegenstand dieser Arbeit sein; der Einfachheit halber soll im folgenden alternativ von 3 bzw. 4% Realzins[47] ausgegangen werden.

Die Messung der Seignorage ist nicht unproblematisch (vgl. Abschnitt 4.2.2). Zur Kalkulation der Stabilitätsbedingungen soll sie mit den ausgeschütteten Bundesbankgewinnen gleichgesetzt werden. Der daraus resultierende Finanzierungsbeitrag zu den Staatsausgaben belief sich in den Jahren 1983 – 1992 auf jeweils durchschnittlich gut 10 Mrd. DM oder rund 0,5% des BSP.

Ausgehend von einer Verschuldungsquote von 49,6% Ende 1994 ergibt sich im pessimistischen Szenario (1,5% Wachstum, 4% Realzins) somit ein langfristig erforderlicher durchschnittlicher Primärüberschuß von 0,74%. Eine dauerhafte Aufrechterhaltung des aktuellen konjunkturbereinigten (strukturellen) bundesdeutschen Primärsaldos von 0% würde somit zu einer explosiven Verschuldungssituation führen. Allerdings erscheint die langfristig erforderliche Korrektur mit + 0,74% des BSP möglich.

Unter der optimistischen Annahme von 2,5% Wachstum, 3% Realzinsen und einer Seignorage von 0,5% beläuft sich der langfristig erforderliche durchschnittliche Primärüberschuß auf – 0,25%. In diesem Fall ist keine konsolidierende Anpassung

---

[45] Vgl. beispielsweise *Conard* (1963) und *Lutz* (1967). Der aktuelle Marktzins, der um den natürlichen Zins herum schwankt, ergibt sich aus dem Zusammenspiel des Angebotes an Ersparnissen und der Investitionsnachfrage, vgl. für eine entsprechende Simulation auf weltwirtschaftlichem Niveau *Bruno* und *Sachs* (1985), insb. S. 79 ff.

[46] Unterschiede in nationalen Zinssätzen sind bei erwarteten Wechselkursänderungen, Transaktionskosten, Risikoprämien und unterschiedlichen nationalen Besteuerungen möglich (*Gaab,* 1983); jedoch zeigt sich empirisch ein relativ enger internationaler Zinszusammenhang, vgl. beispielsweise *Frenkel* und *Mussa* (1985), sowie die dortigen Literaturhinweise.

[47] Strenggenommen ist der Zinssatz nach Steuern relevant. Bei einer effizienten Zinsbesteuerung verringert sich somit die Zins-Wachstumsdifferenz, wodurch die Grenzen der Staatsverschuldung weiter nach außen verschoben werden.

notwendig – im Gegenteil, die Seignorage genügt, um die künftigen wachstumsbereinigten Zinszahlungen zu leisten. Die bundesdeutsche Finanzpolitik könnte in diesem Fall expansiver werden und – ausgehend von einem momentanen strukturellen Primärsaldo von 0% – das Budgetdeftizit um weitere 0,25% dauerhaft erhöhen.

Damit ergibt sich auch eine andere Interpretationsmöglichkeit der gegebenen Konstellation: Ausgehend vom aktuellen konjunkturbereinigten Primärsaldo zzgl. Seignorage ist keine Anpassung notwendig, solange der zukünftige durchschnittliche reale Zinssatz maximal 1,01% über der zukünftigen Wachstumsrate des BSP liegt.

Wenn abschließend davon ausgegangen werden soll, daß die oben berechnete, im pessimistischen Szenario notwendige konsolidierende Anpassung zunächst nicht erreicht werden kann, so stellt sich die Frage, wie hoch die Verschuldungsquote werden muß, damit eine dann allfällige Anpassung im Primärüberschuß unwahrscheinlich erscheint. Auch wenn der dauerhaft zu erzielende maximale Primärüberschuß nur schwer exakt berechnet werden kann,[48] so dürfte der seit 1984 einmalig erzielte bundesdeutsche Rekord-Primärüberschuß von 1,1% des BSP im Jahre 1985 ein guter Anhaltspunkt sein. Unter der Annahme eines dauerhaften Primärüberschusses in dieser Höhe ergibt sich im pessimistischen Szenario eine maximal zulässige Verschuldungsquote von 64%, im optimistischen Szenario von 320%.[49]

Während die letztgenannte Verschuldungsquote deutlich über dem liegt, was für Deutschland auf absehbare Zeit „erreichbar" bleibt, ist die maximal zulässige Verschuldung im pessimistischen Szenario je nach Interpretation der „Staatsverschuldung" (Abschnitt 2) bereits erreicht bzw. in unmittelbarer Nähe. Sofern also das pessimistische Szenario für die langfristig relevante Entwicklungsperspektive angesehen wird, ist eine erhebliche Konsolidierung, die über die bisherigen Anstrengungen hinausgehen müßte, dringend erforderlich. Allerdings ist zu betonen, daß dieses pessimistische Szenario auch eine Reihe anderer, negativer Konsequenzen, beispielsweise im Bereich der Beschäftigung, haben würde.

Die zukünftige Realität wird mit hoher Wahrscheinlichkeit zwischen diesen beiden Szenarien liegen. Somit kann hier festgestellt werden, daß eine technisch-ökonomische Zahlungsunfähigkeit der Bundesrepublik für die absehbare Zukunft unwahrscheinlich ist, wenngleich betont werden muß, daß aus anderen, weiter unten zu behandelnden Erwägungen heraus (Vermeidung von Inflation und crowding-out) u. U. eine Konsolidierung erforderlich sein mag.

4.2.2 Geldmengenfinanzierung und Inflation

Bezüglich der Inflationswirkungen der Budgetdefizite ist zunächst zu bemerken, daß der in der Öffentlichkeit am häufigsten vermutete positive Zusammenhang aufgrund des Anreizes des Staates, seine reale Verschuldung durch eine (über Geldmengenexpansion ausgelöste) Inflation zu verringern, nur in dem Umfang

---

[48] Die Primärüberschüsse der OECD-Länder in den Jahren 1984 – 1994 lagen zwischen – 11,2% für Schweden in 1993 und + 8,8% für das erdölreiche Norwegen in 1985, vgl. OECD (1993), Tab. 48.

[49] Bei einem Primärsaldo einschließlich Seignorage von 0,5% sinken diese stabilen Quoten auf 40% bzw 200%.

gelten kann, wie die Kapitalmärkte nicht in der Lage sind, die Inflation richtig zu antizipieren bzw. in den nominalen Zinssätzen zu eskomptieren. Ansonsten bleibt der Realzins konstant[50] und somit, wie in Abschnitt 4.2.1 gezeigt wurde, die Entwicklung der Verschuldung von der Inflation unberührt, sofern es dem Staat nicht gelingt, seine Seignorage durch die Inflation zu erhöhen.[51, 52]

Die Seignorage wird unterschiedlich interpretiert und gemessen. Zunächst wurde darunter ausschließlich der Prägegewinn, also die Differenz zwischen dem Nennwert und den Herstellungskosten des Geldes, verstanden. Da die Geldproduktion heutzutage vernachlässigbar geringe Kosten verursacht, entspricht die Seignorage der in Umlauf gebrachten zusätzlichen (Zentralbank-)Geldmenge. Die reale Seignorage entspricht somit dem (Zentralbank-)Geldmengenwachstum multipliziert mit der realen (Zentralbank-)Geldmenge. Diese Definition und die häufig synonym verwendete „Inflationssteuer"[53] verwenden als zentrale Größe die Kostenbelastung des privaten Sektors aus der Geldhaltung. Nach dieser Definition belief sich die bundesdeutsche Seignorage (gemessen durch das Wachstum der Zentralbankgeldmenge dividiert durch das BSP in den Jahren 1963 bis 1990) für Deutschland auf durchschnittlich 0,75%, vgl. Abb. 6.[54]

Für die bundesdeutschen Verhältnisse sind diese Konzepte zwar nur mittelbar geeignet, den monetären Beitrag zur Finanzierung des Staatsdefizites darzustellen, weil die Bundesbank autonom über die (Zentralbank-)Geldmenge entscheidet und

---

[50] Bei unendlich lebenden Wirtschaftssubjekten und konstanter Zeitpräferenz sind die Realzinsen unabhängig von der Inflation, vgl. für ein entsprechendes Modell *Sidrauski* (1967). Die Inflation kann jedoch die Grenzproduktivität des Kapitals und somit das Realzinsniveau langfristig verringern. Für einen entsprechenden empirischen Befund vgl. *Carmichael* und *Stebbing* (1983), sowie – teilweise im Widerspruch hierzu – die Beiträge in *Tanzi* (1984).

[51] Wenngleich ein wesentliches Argument zum staatlichen Anreiz, über eine Geldmengenfinanzierung eine Inflation herbeizuführen, an Zugkraft verliert, ergibt sich langfristig u. U. für den Staat ein Zwang hierzu: Selbst wenn er zunächst eine Kapitalmarktfinanzierung wählt und somit kurzfristig inflationäre Wirkungen kaum zu befürchten sind, da kein expansiver Effekt auf die monetären Aggregate ausgeht, kann dies langfristig anders aussehen: Sofern das Primärdefizit nicht abgebaut wird und der reale Zinssatz höher ist als die reale Wachstum, wächst – wie oben gezeigt – die Verschuldungsquote an. An einem Zeitpunkt, zu welchem dem Staat die Schuldenbedienung nicht mehr zugetraut wird, entfällt die Möglichkeit der Finanzierung über den Kapitalmarkt, so daß ausschließlich die Geldmengenfinanzierung als Ausweg verbleibt. Die inflationären Wirkungen der Staatsverschuldung können somit in diesem Fall bei der Kapitalmarktfinanzierung allenfalls hinausgezögert werden. Vgl. *Sargent* und *Wallace* (1981) sowie in der Diskussion hierzu beispielsweise *McCallum* (1984).

[52] Ein anderer Inflationseffekt, der mit Budgetdefiziten in Verbindung gebracht wird, entfällt ebenfalls. Es kommt zu keinen direkten Preisniveauerhöhungen auf dem Gütermarkt, weil in dieser Analyse die Staatsnachfrage konstant bleibt und lediglich die Steuern gesenkt werden.

[53] Diese entspricht der Kaufkraftumverteilung von der Gesamtheit der Kassenhalter auf die Geldproduzenten und somit der Inflationsrate multipliziert mit der realen Geldmenge, vgl. *Friedman* (1953). Seignorage und Inflationssteuer entsprechen sich jedoch nur dann, wenn die reale Geldmenge konstant ist, vgl. beispielsweise *Sachs* und *Larrain* (1993), S. 339 – 344.

[54] Internationale Vergleiche zeigen, daß die Seignorage in den Industrieländern, nicht aber in einigen Entwicklungs- und Schwellenländern, regelmäßig von nur untergeordneter Rolle ist, und daß die Bundesrepublik in relativ geringem Umfang darauf zurückgreift; vgl. beispielsweise *Fischer* (1982).

Abb. 6:   *Zentralbankgeldmengenwachstum*
       und ausgeschüttete Bundesbankgewinne in % vom BSP

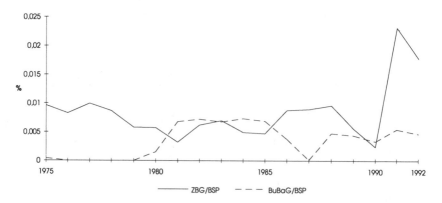

Quellen: Zentralbankgeldmenge (saisonbereinigt) aus: Monatsbericht der Deutschen Bundesbank, stat. Teil, Dez. 1993; Bundesbankgewinne (BuBaG) aus: Geschäftsbericht der Deutschen Bundesbank (des jew. Jahres), Teil B; BSP (zu jew. Preisen) aus: Statistisches Bundesamt, Statistisches Jahrbuch 1993 für die Bundesrepublik Deutschland, Wiesbaden 1993, S. 680

eine Erhöhung nicht unmittelbar zu Staatseinnahmen führt.[55, 56] Da jedoch der Barwert der laufenden und zukünftigen Notenbankgewinne bei marktgerechter Verzinsung der Zentralbankaktiva der Höhe des geschaffenen Zentralbankgeldes entspricht, kann die Seignorage mit der Änderung der Zentralbankgeldmenge M langfristig gleichgesetzt werden. Möglichen Abweichungen hiervon wird durch den Faktor f Rechnung getragen.[57]

Der grundsätzliche Zusammenhang mit der Inflation kann durch alternative Darstellungen der relativen realen Seignorage σ verdeutlicht werden (*Friedman*, 1953 und *Buiter*, 1993):

$$(12) \quad \sigma = f\,\dot{M}/(PY)$$
$$= f\mu m,$$

wobei m den Kassenhaltungskoeffizienten mit m = M/PY und μ das monetäre Wachstum mit μ = Ṁ/M darstellt.

---

[55] Vgl. ausführlich *Klein* und *Neumann* (1990), die den Unterschied zwischen der Kostenbelastung des privaten Sektors und der Erlössituation der Bundesregierung mit den Administrationskosten der Bundesbank, den mit der Diskont- und Kassenkreditpolitik implizierten Transfers an den Banken- und Staatssektor, der Bundesbank-Thesaurierungspolitik insbesondere bis Ende der siebziger Jahre, erklären.

[56] Anders sieht dies bei der Münzemission aus, die jedoch nach dem Münzgesetz ebenfalls in Abstimmung mit der Bundesbank zu erfolgen hat. Die daraus resultierenden Münzgewinne stehen dem Bund unmittelbar zu. Da die Münzgewinne gering sind (sie betrugen 0,73 Mrd. DM im Jahre 1992), wird dieses im folgenden vernachlässigt.

[57] Vgl. hierzu *Schlesinger, Weber* und *Ziebarth* (1993), S. 58 – 67.

Somit wird im Zusammenhang mit der Budgetgleichung (1) deutlich, daß ein tendenzieller Anreiz bestehen kann, die Staatsausgaben durch Seignorage, d. h. über eine Erhöhung der (Zentralbank-)Geldmenge und somit letztlich über eine Inflation zu finanzieren.

Was das Ausmaß des über die Budgetdefizite ausgelösten Geldmengenwachstums und der Inflation betrifft, so ergibt sich aus den Gleichungen (6), (7) und (12) für das monetäre Wachstum

$$(13) \quad \mu = U/f\left(-\tau + \chi + \iota + (r - \gamma)\dot{v} - v\right),$$

wobei $U = 1/m = (YP)/M$ die Umschlagshäufigkeit des Geldes ist. Sofern im langfristigen Gleichgewicht (steady state) die Inflationsrate der Differenz zwischen dem monetären Wachstum und der realen BSP-Wachstumsrate entspricht, folgt bei konstanter Verschuldungsrate für die langfristige Inflationsrate:

$$(14) \quad \bar{\pi} = \bar{U}/f\left(-\bar{\tau} + \bar{\chi} + \bar{\iota} + (\bar{r} - \bar{\gamma})\bar{v}\right) - \bar{\gamma},$$

wobei der Querbalken über einer Variablen den entsprechenden langfristigen Gleichgewichtswert darstellt. Gleichung (14) verdeutlicht, daß die langfristige Inflationsrate von ähnlichen Determinanten beeinflußt wird wie die Verschuldungsentwicklung in (6) und (7): entscheidend ist die Höhe des Primärsaldos und die mit der Differenz zwischen dem Realzins und dem Realwachstum bewertete Verschuldung. Abgesehen davon, daß die Inflationsrate „positiv" von der Umlaufsgeschwindigkeit des Geldes beeinflußt wird, ist festzuhalten, daß die Inflation zusätzlich und „negativ" in einem Umfang die reale Wachstumsrate beeinflußt, der über den Wachstumseinfluß auf die Verschuldung hinausgeht.

Was die empirische Bedeutung der Budgetdefizite zur Erklärung der bundesdeutschen Inflation angeht, so sei zunächst nochmals auf die Abb. 6 hingewiesen, die verdeutlicht, daß sowohl die ausgeschütteten Bundesbankgewinne als auch die Erhöhung der Zentralbankgeldmenge mit regelmäßig weniger als 1% des Bruttosozialproduktes relativ gering ausfallen, wenngleich die Bundesbankausschüttungen in bezug auf das Budgetdefizit von durchaus größerer Relevanz sind.

Die Ursachen für den letztlich geringen Einfluß der Budgetdefizite auf die Inflation in Deutschland kann sowohl über das Angebotsverhalten zur Geldmengenfinanzierung seitens des Bankensystems als auch über die Nachfrage nach Geldmengenfinanzierung seitens des Staates erklärt werden:
– Eine direkte Einflußnahme der Regierung auf die Zentralbank ist in der Bundesrepublik durch das Grundgesetz und das Bundesbankgesetz (BBankG) ausgeschlossen; allerdings muß betont werden, daß diese gesetzliche Autonomie gerade Ausfluß der negativen Erfahrungen mit der deutschen Hyperinflation ist, die sich zum großen Teil über den gerade geschilderten Zusammenhang zwischen Budgetdefiziten und Inflation erklären läßt.[58]

---

[58] Bei der in der Weimarer Republik geltenden Gesetzgebung war ein direkter Verkauf der Staatsschuldtitel an die Reichsbank möglich. Die nur begrenzte Kreditwürdigkeit des damaligen deutschen Staates auf den Kapitalmärkten drängte ihn, sein Recht auszuüben und somit die Zentralbankgeldmenge zu erhöhen. Ein sterilisierender Effekt durch Reserveverluste entfiel aufgrund mangelnder Verfügbarkeit weitgehend. Das Verlaufsmuster der deutschen Hyperinflation entspricht weitgehend dem anderer Staaten auch in jüngerer Zeit, vgl. beispielsweise *Sargent* (1982).

Was das Angebotsverhalten des Bankensektors betrifft, so waren Direktkredite bis zum 1. 1. 1994 nach § 20 des Bundesbankgesetzes (BBankG) nur in begrenztem Umfang und für kurze Frist zulässig.[59] Auf diese begrenzte Direktkreditgewährung wurden von der Bundesbank angekaufte Schatzwechsel angerechnet. Ferner darf die Bundesbank von staatlichen Stellen emittierte Schuldverschreibungen nicht direkt von öffentlichen Schuldnern erwerben; und der Erwerb am offenen Markt ist nach § 21 BBankG ausdrücklich nur zur Regelung des Geldmarktes zulässig. Ein Erwerb solcher Papiere mit dem direkten oder indirekten Ziel einer Finanzierung des Staatsdefizites wäre somit gesetzeswidrig. Schließlich ist festzuhalten, daß die oben genannte dritte Möglichkeit der Geldmengenfinanzierung via Kreditgewährung der Geschäftsbanken an den Staat nur unter Mitwirkung der Bundesbank möglich ist, da für den Bargeldabfluß und die Mindestreserve Zentralbankgeld benötigt wird.

– Abgesehen von diesen institutionellen Begrenzungen wird die Nachfrage nach Geldmengenfinanzierung seitens des Staates dadurch begrenzt, daß ein erhöhtes monetäres Wachstum μ via erhöhte Inflation zur Verringerung der realen Geldnachfrage m führt.[60] Es kann somit ein typischer Laffer-Kurven-Zusammenhang entstehen: bei hohen Inflationsraten wird die (negative) Elastizität der Geldnachfrage bzgl. der Inflation absolut größer als eins, so daß weitere Inflationserhöhungen die Erlöse aus der Seignorage reduzieren.[61] Somit steht der Staat vor einem Optimierungsproblem, an dessen Ende i. d. R. eine begrenzte Inflationsrate steht. Entscheidend für die „budgetoptimale" Inflationsrate bzw. Seignorage ist somit das Geldnachfrageverhalten der Wirtschaftssubjekte. Um zu den für die Berechnung der budgetoptimalen Inflationsrate notwendigen Daten zu gelangen, wurde die reale Geldnachfrage für die Periode 1974/III bis 1990/II in der Form eines Fehlerkorrekturmodells

(15) $\Delta\ln(M/P) = \beta_0 + \beta_1\ln(M/P)_{-1} + \beta_2\ln Y_{-1} + \beta_3 E\pi_{-1} + \beta_4 i_{-1} + \varepsilon$

geschätzt, wobei M die Zentralbankgeldmenge in der Abgrenzung der Deutschen Bundesbank, i der Geldmarktzins (money market rate) ist und $E\pi_{-1}$ die in der Vorperiode erwartete Inflationsrate für die laufende Periode symbolisiert. Alle Variablen – mit Ausnahme des Geldmarktzinses aus den International Financial Statistics des IWF – sind saisonbereinigte Quartalsdaten der Deutschen Bundesbank. Die nicht beobachtbaren Inflationserwartungen wurden durch die laufenden Inflationsraten, gemessen als relative Änderung des BSP-Deflators P, ersetzt. Um das bei rationalen Erwartungen daraus resultierende Problem der Fehler in den Variablen zu lösen, wurde eine Instrumentschätzung vorgenommen, wobei als Instrumente eine Konstante, der Zeittrend, die jeweils um eine Periode verzögerten Werte des BSP, des Geldmarktzinses, des Diskontsatzes der Deutschen Bundes-

---

[59] Die äußersten Grenzen, bis zu der die Bundesbank Kredite gewähren darf, betrugen bis zum 31. 12. 1993 6 Mrd. DM für den Bund, 2,6 Mrd. DM für die Länder; für die Sondervermögen des Bundes (Bahn, Post, etc.) sind die Plafonds noch geringer. Vgl. hierzu und im folgenden Deutsche Bundesbank (1989), S. 21. Seit Inkrafttreten der Zweiten Stufe der Europäischen Währungsunion sind solche Kredite nicht mehr zulässig.

[60] Ein erhöhtes monetäres Wachstum μ kann als erhöhter Inflationssteuersatz, eine verringerte Geldnachfrage m als schrumpfende Steuerbasis interpretiert werden, vgl. *Buiter* (1993), S. 16 f.

[61] Für eine empirische Querschnittsuntersuchung dieses Lafferkurvenzusammenhanges vgl. *Easterly* und *Schmidt* (1991).

bank sowie der um ein und zwei Perioden verzögerten Inflationsrate verwendet wurden. Die Restriktion $\beta_1 = -\beta_2$ wurde auf dem 5%-Irrtumsniveau nicht verworfen. Die erneute Schätzung unter dieser Restriktion ergab

$$(16) \quad \Delta\ln(M/P) = -0{,}0023 - 0{,}036(\ln(M/P)\text{-}\ln y)_{-1} - 1{,}0594\pi_{-1} - 0{,}0015i_{-1}$$
$$ \quad (-{,}15) \quad (-1{,}73)* \qquad\qquad (-3{,}28)** \qquad (-4{,}42)**$$

Freiheitsgrade 60
$R^2 = 0{,}66, \qquad R_{adj.}^2 = 0{,}64$
SEE $= 0{,}0056,$ DW $= 1{,}51$

Bis auf die Konstante sind alle Regressoren auf dem 5%-(*) bzw. 1%-(**)Irrtumsniveau signifikant von Null verschieden; die Vorzeichen entsprechen den theoretischen Erwartungen.

Da im langfristigen Gleichgewicht das Wachstum der realen Geldmenge dem Wachstum des realen BSP entspricht ($\Delta\ln(M/P) = \gamma$) und die erwartete Inflationsrate der tatsächlichen gleicht, kann – unter Beachtung, daß $i = r + \pi$ – die langfristig gleichgewichtige Geldnachfrage berechnet werden mit:

$$(17) \quad \frac{M}{PY} = e^{(\beta_1^{-1}(\gamma - \beta_0 - \beta_4 r - \pi(\beta_3 + \beta_4)))}$$

Da zudem im langfristigen Gleichgewicht das Geldmengewachstum der Summe aus realem BSP-Wachstum und Inflationsrate entspricht ($\mu = \pi + \gamma$), kann (12) umgeformt werden zu

$$(18) \quad \sigma = (\pi + \gamma)M/(PY)$$

Durch Einsetzen von (17) in (18) und Bildung der partiellen Ableitung der Seignorage bezüglich der Inflationsrate erhält man:

$$(19) \quad \pi_{max} = \frac{\beta_1}{\beta_3 + \beta_4} - \gamma$$

Unter der Annahme des 2,5% (1,5%)igen jährlichen Wachstums des optimistischen (pessimistischen) Szenarios ergibt sich somit eine die relative Seignorage langfristig maximierende gleichgewichtige Inflationsrate von 10,1% (11,1%). Wenngleich diese Inflationshöhe von der aktuellen (und von den privaten Wirtschaftssubjekten präferierten) Inflationsrate deutlich nach oben abweicht, ist der Anlaß zur Sorge dennoch begrenzt. Selbst wenn diese hohe Inflationsrate vom Staat erreicht werden könnte, so würde dies seine gleichgewichtige Seignorage im optimistischen (pessimistischen) Szenario mit 3% (4%) Realzinsen nur auf 0,59% (0,6%) erhöhen. Ausgehend von den o. g. aktuellen Größenordnungen von ca. 0,5% wäre der Grenznutzen eines staatlichen Inflationsdranges wohl geringer als die Grenzkosten in Form von Reputations- und Stimmenverlusten. Die Ursache der nur geringen Grenznutzen in Form erhöhter Finanzierungsbeiträge zum Staatsbudget wird aus der Berechnung der in diesem Fall langfristig gleichgewichtigen Kassenhaltung nochmals deutlich. Diese beträgt nach (17) in beiden Szenarien nur noch 4,7%, was eine erhebliche Reduktion der realen Geldnachfrage gegenüber der augenblicklichen, oben geschilderten Situation darstellen würde.

Vor diesen beiden Hintergründen der institutionellen Bindung der Bundesbank und der deutlich inflationsreagiblen Geldnachfrage der Wirtschaftssubjekte ist die inflationäre Gefahr der Staatsdefizite in der Bundesrepublik nur begrenzt.[62,63]

Eine derart geringe (schleichende), offensichtlich auch weitgehend defizitresistente Inflation wie in der Bundesrepublik führt i. d. R. auch nur zu begrenzten temporären und dauerhaften realen Nutzen und Kosten, die zudem umstritten sind.[64] Im folgenden sind jedoch andere, nicht inflationsinduzierte reale Defizitwirkungen zu diskutieren.

4.2.3 Kapitalmarktfinanzierung, Umverteilung und Wachstum

Bei den Effekten der Kapitalmarktfinanzierung der Staatsverschuldung stehen neben der Frage nach der Verteilung der Lasten (teilweise in enger Beziehung hierzu) die Wirkungen auf die Investitionstätigkeit und des Wachstums im Vordergrund.

---

[62] Für einen Überblick zu empirischen Arbeiten zum Zusammenhang zwischen Budgetdefiziten und monetärem Wachstum bzw. zwischen Budgetdefiziten und Inflation für andere Länder vgl. *Hamburger* und *Zwick* (1981), sowie *Miller* (1983).

[63] Diese Aussage wird in ihrer Gültigkeit auch nicht wesentlich eingeschränkt durch die hier vorgenommene analytische Beschränkung auf den Fall der Defizitentstehung via Steuerreduktion. In einem weitangelegten Versuch simulierten 12 führende ökonometrische Modelle die Wirkungen einer dauerhaften Erhöhung der Staatsausgaben in den OECD-Ländern außer den USA um 1 Prozent. Im japanischen EPA-Modell steigt das deutsche Preisniveau nach sechs Jahren um 3,9% über die Referenzlinie ohne neue wirtschaftspolitische Maßnahmen. In den anderen Modellen beträgt der Anstieg minus 6,9% (!) bis plus 2,4%, vgl. *Bryant* et al (1988).

[64] Vgl. *Okun* (1975), *Streissler* u. a. (1976), *Wagner* (1983) sowie zusammenfassend *Cassel* (1992). Sie hängen insbesondere vom Umfang und der Variabilität der Inflation sowie vom Umfang der Antizipation durch die Wirtschaftssubjekte und institutionellen Gegebenheiten wie z. B. der Zulässigkeit von Index- oder Revisionsklauseln in langfristigen Verträgen ab.
Die bei der Diskussion im Vordergrund stehenden möglichen Nutzen einer schleichenden Inflation in Form positiver Beschäftigungseffekte sind (nur) dann dauerhaft möglich, wenn die Inflation systematisch nicht vollständig in der Lohndynamik erfaßt wird. Vgl. hierzu *Friedman* (1968) und *Phelps* (1972) sowie für eine zumindest teilweise Bestätigung z. B. *Frisch* (1977), S. 20 ff. Bei schleichenden Inflationsraten kann ferner positiv vermerkt werden, daß bei allgemeiner Starrheit der Nominallöhne und Preise nach unten der Strukturwandel nur über mehr (Einzel-)Preissteigerungen bewältigt werden kann, als mit Preisniveaustabilität vereinbar ist.
Andererseits führt die Furcht auch vor relativ geringen Inflationsverlusten zu einer unproduktiven Sachkapitalstrukturänderung in Richtung langlebiger, vermeintlich inflationsgeschützter Gebrauchsgüter, während Anlageformen wie Finanzaktiva bzw. Produktivvermögen vernachlässigt werden (*Cassel*, 1992). Durch den langfristigen Rückgang des produktiven Kapitalstocks sinken die Arbeitsproduktivität und die künftigen realen Wachstumsraten. Als negative Folgen der Inflation sind ferner die Wohlfahrtskosten der verringerten Realkassenhaltung (*Friedman*, 1953, *Dornbusch* und *Frenkel*, 1973) sowie die Umverteilungseffekte zu beachten, die selbst bei vollständiger Antizipation der Inflation nicht vermieden werden können, vgl. *Bach* und *Ando* (1957), *Bach* und *Stevenson* (1974), *Cassel* und *Thieme* (1976), *Fricke* (1981) und *Gruber* (1981). Von diesen Umverteilungswirkungen profitiert regelmäßig der Staatssektor: Neben der bereits oben erwähnten Inflationssteuer, die bei konstanter realer Geldhaltung der Seignorage entspricht, kommt es inflationsbedingt zu geänderten realen Steuerbemessungsgrundlagen und Transferleistungen, vgl. *Feldstein* (1976 und 1980) sowie *Feldstein* und *Summers* (1978). Dem steht allerdings entgegen, daß es aufgrund der regelmäßigen Verzögerungen bei der Steuererhebung zu einer realen Steuerentlastung kommt, vgl. *Olivera* (1967) und *Tanzi* (1976).

Wenn als Referenzsituation zur Analyse der Defizitwirkungen eine Situation von vollständig steuerfinanzierten Staatsausgaben stehen soll, so ist zunächst zu erwähnen, daß bei verzerrenden Steuern auch die Steuerfinanzierung (unerwünschte) Nebenwirkungen auf Wachstum und Beschäftigung haben kann. Etwaige negative Effekte der Defizitfinanzierung sind also zunächst gegen die negativen Effekte bzw. Kosten der Steuerfinanzierung abzuwägen, wobei allerdings die Kosten der Steuerfinanzierung durch die Defizitfinanzierung letztlich nur auf zukünftige Perioden verschoben werden. Eine solche Lastverschiebung kann indes sinnvoll sein, um die von der Steuerfinanzierung ausgehenden negativen Verzerrungswirkungen auf das Arbeitsangebot[65] sowie Investition und Ersparnis („deadweight losses") intertemporal gleichmäßig zu verteilen und somit zu minimieren. Eine derartige Politik des tax-smoothing[66] hat somit das zentrale Ziel, das Budget nicht in jeder Periode, sondern intertemporal auszugleichen. In Perioden mit außergewöhnlichen Ausgabenbelastungen wie z. Z. in der Bundesrepublik Deutschland sind somit Budgetdefizite – bei angemessener Verwendung (vgl. *Siebert,* 1991, *Müller,* 1993, und *Rürup,* 1993) – in einem anderen Licht zu sehen als in Zeiten einer nur durchschnittlichen Ausgabenbelastung.

Eine solche intertemporale Lastenverteilung wird oftmals vor dem Hintergrund gerechtfertigt, daß ein erheblicher Teil der Staatsausgaben investiv verwendet wird und somit Nutzen für zukünftige Generationen verspricht (beispielsweise *Gandenberger,* 1981). Abgesehen davon, daß die Neuverschuldung in Deutschland und anderen Industrienationen regelmäßig höher ist als die Investition,[67] und daß eine hinreichend eindeutige intergenerationelle Zuordnung der volkswirtschaftlichen Kosten und Nutzen kaum möglich ist, wird bei diesem Argument allerdings meist nicht beachtet, daß die gegenwärtig in Deutschland lebende Generation von den vorausgegangenen Generationen entsprechende (öffentliche) Güter bereitgestellt bekommen hat, ohne mit entsprechend hohen Schulden belastet worden zu sein, und daß auch die zukünftigen Generationen investiv tätig werden, ohne die Nutzungen hieraus in vollem Umfang zu ziehen. Insofern erscheint es überdenkenswert, ob es nicht angemessener ist, daß jede Generation die von ihr verantworteten Investitionen und sonstigen Ausgaben über Steuern finanzieren sollte.

An dieser Stelle erscheint es sinnvoll, die „Last" bzw. „Lastverteilung" der Staatsdefizite zu spezifizieren. Die o. g. Staatsverschuldung von rd. 1.600 Mrd. DM entspricht einer Pro-Kopf-Verschuldung von rd. 20.000 DM. Dieser Pro-Kopf-Verschuldung stehen jedoch Staatspapiere im Besitz der Bundesbürger gegenüber; die Deutschen schulden sich ihre Staatsverschuldung somit weitgehend selbst. Den langfristig aufzubringenden Steuern zur Finanzierung der Zinsen und etwaiger Tilgungen stehen entsprechende Zins- und Tilgungseinnahmen der Bundesbürger gegenüber. Die Last der Staatsverschuldung scheint somit ungefähr ihrem Vermögenswert zu entsprechen, so daß der finanzielle Nettoeffekt für die Volkswirtschaft nahe bei Null anzusiedeln ist.

---

[65] Zur Diskussion vgl. *Atkinson* und *Stiglitz* (1980) sowie zur empirischen Messung der deadweight losses in den USA *Hausman* (1985) bzw. für Schweden *Blomquist* (1983).

[66] Vgl. *Barro* (1979), *Kydland* und *Prescott* (1980), *Lucas* und *Stockey* (1983) sowie zur Weiterentwicklung *Razin* und *Svensson* (1983), *Kingston* (1984), *Barro* (1986), *Kimborough* (1986), *Sahaskul* (1986), *Aschauer* (1988) und *Huber* (1990).

[67] Vgl. jedoch die Anmerkungen zur Problematik des Investitionsbegriffes in Abschnitt 2.

Diesem Gedanken der „lastenfreien" Staatsverschuldung von *Lerner* (1948) sind mehrere Argumente entgegenzuhalten.[68] Erstens sind die heutigen und künftigen Steuerzahler nicht zwingend mit den Zins- und Tilgungsempfängern identisch. Die daraus folgenden Verteilungsprobleme stellen eine distributive und politische Last dar. Zweitens werden ca. 19% der deutschen Staatsverschuldung vom Ausland gehalten; die entsprechenden Zinszahlungen stellen eine Nettobelastung der Volkswirtschaft dar.[69] In diesem Zusammenhang ist auf Abschnitt 3.1 hinzuweisen, wonach die Verschlechterung der volkswirtschaftlichen Nettoposition c. p. dem Staatsdefizit entspricht und somit größer ausfallen kann als die direkte Staatsverschuldung im Ausland. Insofern ist auch die Last der Staatsverschuldung höher, als aus der unmittelbaren ausländischen Staatsverschuldung bzw. deren Zinsbedienung ersichtlich. Drittens, und dies ist die wohl wichtigste und am meisten diskutierte Last der Staatsverschuldung, besteht die Möglichkeit, daß die – via Zinserhöhung[70] – verringerte Investitionstätigkeit mittel- und langfristig zu einem verringerten Kapitalstock und Produktionspotential führt. Nach dieser, teilweise als neoklassisch bezeichneten Sicht, lösen defizitfinanzierte Staatsausgaben Zinssteigerungen aus,[71] die zur verringerten Investition führen.[72] Wird versucht, den Crowding-Out-Effekt[73] durch eine expansive Geldpolitik abzumildern, dann entspricht dies methodisch dem Fall eines geldmengenfinanzierten Staatsdefizits, und es kommen die im vorherigen Abschnitt erläuterten Argumente zum Zuge. Zur Verschärfung des Crowding-Out kann es bei flexiblen Preisen kommen: Selbst wenn Geldangebot und/oder -nachfrage nicht vollkommen unelastisch sind, führt die Erhöhung der güterwirtschaftlichen Nachfrage bei unelastischen Güterangeboten nicht zur Erhöhung des Outputs, sondern ausschließlich zur Erhöhung des Preisniveaus.[74]

---

[68] Vgl. zur ausführlichen Schilderung der finanztheoretischen Debatte *Vaughn* und *Wagner* (1992).

[69] Vgl. zur detaillierten Analyse der Realeinkommenseffekte einer staatlichen Auslandsverschuldung *Dieckheuer* (1982).

[70] Zur Empirie der Zinswirkungen von Staatsdefiziten vgl. beispielsweise *Cebula, R. J.* (1988), *Mankin* (1983), *Tanzi* (1985) sowie *Zahid* (1988).

[71] Bei einem kleinen offenen Land und festen Wechselkursen kann es aufgrund des gegebenen Zinsniveaus nicht zu diesem Zusammenhang kommen, vgl. *Mundell* (1962) sowie *Fleming* (1962) sowie *Frenkel* und *Razin* (1987a).

[72] Im (neo-)klassischen Modell ist die Zinssteigerung die Folge der gestiegenen Kreditnachfrage des Staates am Kapitalmarkt. Im keynesianischen IS-LM-Modell geht durch die Zinssteigerung am Geldmarkt der negativ vom Zins abhängige Teil der Geldnachfrage (z. B. die Spekulationskasse) zurück, wodurch Raum geschaffen wird für die gestiegene Transaktionskasse (Transaktions-Crowding-out).

[73] Crowding-out wird meist ausschließlich in bezug auf die Investitionstätigkeit diskutiert. Freilich können auch andere wirtschaftliche Aktivitäten wie eine (zinsabhängige) Konsumnachfrage durch die Staatsverschuldung verdrängt werden, vgl. beispielsweise *Andreoni* (1993). Für eine offene Volkswirtschaft müssen zusätzlich, wie in Abschnitt 3 gezeigt, Verdrängungseffekte in bezug auf die inländischen (Netto-)exporte, aber auch auf die ausländische Investitions- und Konsumnachfrage beachtet werden.

[74] Vgl. ausführlicher, insbesondere zu den Stabilitätsbedingungen *Siebke, Knoll* und *Schmidberger* (1981). In einer offenen Volkswirtschaft ist ein unelastisches Angebot jedoch unwahrscheinlich. Sofern die Importgüter zum Teil aus Konsumgütern bestehen, führt der Preisanstieg der inländischen Güter bei konstanten Preisen der ausländischen Güter nicht zu einer entsprechenden Lohnerhöhung. In der Folge fällt der (Produkt-)Reallohn, und Produktion und Beschäftigung steigen.

Dieser „neoklassischen" Position stehen andere Denkschulen entgegen, die entweder derartige Crowding-Out-Wirkungen verneinen und vielmehr ein Crowding-In, also eine Erhöhung der privaten Investition und des Produktionspotentials, für möglich halten oder aber jegliche reale Wirkungen der Staatsdefizite verneinen:

– Nach der teilweise als „post- oder neokeynesianisch" bezeichneten Schule kommt es insbesondere dann nicht zum Crowding-Out, wenn das Staatsdefizit dazu dient, „es einer sinnvollen Verwendung zuzuführen, da das Kapital anderenfalls ungenutzt bliebe".[75] In einer weitergehenden Sicht liegt eine solche Situation nicht nur kurzfristig zyklisch vor. Vielmehr ist für moderne Industriestaaten eine säkuläre Stagnation typisch, so daß ein dauerhaftes Vollbeschäftigungsgleichgewicht nur zu erreichen ist, wenn der Staat die (positive und wachsende) Lücke zwischen privater Ersparnis und Investition dauerhaft durch kreditfinanzierte Ausgaben schließt (*Piel* und *Simmert, 1981*).

In einer portfolioorientierten Sicht erhöht sich durch die Realisierung eines Staatsdefizits das Geldvermögen der Privaten.[76] Von diesem Geldvermögenszuwachs gehen expansive Effekte auf die Güter- und Geldnachfrage und – bei unvollkommenen Kapitalmärkten – auf die Nachfrage nach Unternehmensbeteiligungen aus. Deren Zins – die Kapitalkosten der investierenden Unternehmen – kann hierdurch per saldo sinken, es kommt zum Crowding-In.[77]

In einer angebotsorientierten Sicht führen Steuerverringerungen dazu, daß die Opportunitätskosten der Freizeit und somit das Arbeits- und gesamtwirtschaftliche Angebot steigen. Das inländische Preisniveau fällt, was tendenziell zur Aktivierung der Leistungsbilanz und Aufwertung der inländischen Währung führt. Diese Angebotseffekte der Steuerverringerung kompensieren tendenziell die in der kurzfristigen Analyse beschriebenen Effekte auf den Wechselkurs und das Preisniveau; ein etwaiger positiver Nachfrageeffekt auf das Einkommen wird durch den Angebotseffekt erhöht (*Schröder, 1985*). Weiterhin sind positive Angebotseffekte durch die Bereitstellung von Infrastrukturinvestititionen möglich, wenngleich hier die Defizitfinanzierung, und nicht die Staatsausgaben an sich im Vordergrund der Analyse stehen sollen. Was letzteres betrifft, so ergeben sich einige Indizien, die – zumindest in weiten Bereichen der bisherigen Erfahrung und bei richtiger Ausgestaltung – durchaus positive Beziehungen zwischen der Höhe der Staatsausgaben sowie Produktivität und Wachstum vermuten lassen.[78]

---

[75] *Krupp* (1981), S. 78; ähnlich auch *Glastetter* u. a. (1983). Zur völligen Vermeidung eines Crowding-Outs ist allerdings entweder eine vollkommen zinsunelastische Investititionsnachfrage und/oder ein vollkommen elastisches Geld- und Kapitalangebot notwendig.

[76] Vgl. *Ott* und *Ott* (1965), *Christ* (1968), *Blinder* und *Solow* (1973), *Tobin* und *Buiter* (1976).

[77] Ein Crowding-In ist dann wahrscheinlich, wenn Geld und Staatsschuldtitel enge Substitute sind, vgl. *Tobin* (1961) und *Friedman* (1978) sowie zur empirischen Überprüfung *Frankel* (1983) und *Friedman* (1985).

[78] Vgl. *Aschauer* (1989) und *Barro* (1989), zitiert nach *Sachs* und *Larrain* (1993), S. 209. Grund hierfür kann beispielsweise sein, daß eine gelungene Ordnungspolitik und staatliche Infrastrukturbereitstellung die Grenzkosten der Produktion verringern kann.

– Die Ricardianische Position hält hingegen die Staatsdefizite für neutral, d. h. ohne jeden Einfluß auf die Entwicklung der Volkswirtschaft:[79] Hiernach werden die aus Staatsdefiziten resultierenden Staatsschuldtitel von den Privaten im Gegensatz zum obigen Portfoliomodell nicht als Netto-Vermögenszugang angesehen. Bei gegebenen Staatsausgaben hat eine Änderung im Zeitpfad der Steuern – verringerte Steuern in der Gegenwart, erhöhte Steuern in der Zukunft – bei privaten Haushalten mit rationalen Erwartungen und zeitlich unbeschränktem Horizont keinen Einfluß auf ihr permanentes Einkommen: dem Zugang an Bruttovermögen in Form von Staatsschuldtiteln steht eine Zunahme der zukünftigen Steuerzahlungen gegenüber. Unter Berücksichtigung des Zinseszinseffektes bleibt der Barwert der laufenden und zukünftigen Steuerzahlungen und somit das permanente Einkommen und das Netto-Vermögen konstant; eine Steuerfinanzierung und eine Defizitfinanzierung von Staatsausgaben sind hinsichtlich ihrer Wirkungen äquivalent (*Ricardo*, 1817 und *Barro*, 1974).

Drei Konsequenzen dieser Hypothese sind besonders bedeutsam. Erstens ist durch die Defizitfinanzierung keine Lastenverschiebung der Finanzierung der Staatsausgaben in die Zukunft möglich. Der abdiskontierte Wert der künftigen Steuerzahlungen ist eine gegenwärtige Last, die der gegenwärtigen Steuererhöhung entspricht, die vorzunehmen wäre, wenn alternativ zur Defizitfinanzierung die Steuerfinanzierung gewählt werden würde. Zweitens bewirken bei Geltung des Äquivalenztheorems dauerhaft erhöhte Defizite gegenüber der Steuerfinanzierung keine konjunkturstimulierende Nachfrageexpansion, da der Konsum der privaten Haushalte – bei gegebenen Staatsausgaben – unabhängig vom dauerhaften Staatsdefizit ist. Ein steigendes dauerhaftes Staatsdefizit erhöht lediglich die Erparnis, und zwar im gleichen Umfang. Drittens hat bei Geltung des Äquivalenztheorems wegen Wegfall der Vermögenseffekte die Defizitfinanzierung weder Crowding-Out- noch Crowding-In-Effekte, sondern übt auf die Finanzierungsbedingungen für Investitionen überhaupt keinen Einfluß aus.

Empirische Untersuchungen zeigen tendenziell, daß die Crowding-Out-Effekte bis Mitte der siebziger Jahre kaum eine Rolle spielten (z. B. OECD, 1985), während sie seitdem von signifikanter und wachsender Bedeutung sind. Die empirische Relevanz des Ricardo-Theorems ist im allgemeinen entsprechend schwach. Die Substitution der Besteuerung durch Kreditaufnahme führt bei den Privaten nicht zu einer im gleichen Maße steigenden Ersparnis.[80]

---

[79] Ebenfalls in Richtung einer möglichen Neutralität der Staatsverschuldung argumentiert die „Fontänentheorie", wonach der vom Staat in Anspruch genommene Kredit dem Kapitalmarkt nicht endgültig entzogen wird, sondern zumindest teilweise aufgrund der höheren „potentiell anlagebereiten Mittel" (*Stützel* und *Krug*, 1981, S. 51) bei anderen Wirtschaftssubjekten das Angebot von neuem speisen.

[80] Ursachen hierfür können insbesondere durch das Defizit geminderte Liquiditätsbegrenzungen der Haushalte (*Tobin* und *Buiter*, 1979 sowie *Hubbard* und *Judd*, 1986) bzw. unvollkommene (Kapital-)Märkte (*Buiter*, 1993), die Unsicherheit in der Erwartungsbildung bzgl. der Einkommen (*Feldstein*, 1982), die Anreizwirkungen von Steuerkürzungen und Steuerstrukturänderungen (*Abel*, 1986 sowie *Auerbach* und *Kotlikoff*, 1987), unterschiedliche (und evtl. begrenzte) Zeithorizonte der Staates und der Privaten (*Poterba* und *Summers*, 1987) sowie eine unvollkommene Information der Öffentlichkeit (*Gruen*, 1991) sein. Zur Empirie und zusammenfassenden Darstellung der Theorie vgl. beispielsweise *Dieckheuer* (1980), *Grassl* (1984), *Caesar* (1985), *Lehment* (1985a), *Meyer-Cording* (1986), *Bernheim* (1987), *Bernheim* und *Bagwell* (1988), *Leidermann* und *Blejer* (1988), *Bernheim* (1989), *Hof* (1990), *Lapan* und *Endres* (1990), *Wildasin* (1990) sowie *Seater* (1993).

5. Zusammenfassung

Die Staatsverschuldung kann mit Hilfe verschiedener Indikatoren beschrieben werden, die im Falle der Bundesrepublik Deutschland jedoch alle anzeigen, daß das Problem in jüngster Zeit von tendenziell wachsender Aktualität ist. Die Verschuldungsquote wird Ende 1995 ca. 60% des BSP mit steigender Tendenz betragen; die Defizitquote wird deutlich über 3% liegen. Damit erfüllt die Bundesrepublik zwei zentrale Konvergenzkriterien des Vertrages von Maastricht nicht mehr. Die deutsche Staatsverschuldung engt somit den nationalen und internationalen wirtschaftspolitischen Spielraum bereits deutlich ein.

Den Staatsdefiziten steht in der Finanzierungsrechnung in erster Linie die Ersparnis der privaten Haushalte gegenüber; seit der deutschen Vereinigung reicht diese jedoch nicht mehr aus, so daß ein Teil des Staatsdefizites via Leistungsbilanzdefizite vom Ausland finanziert werden muß. Neben dieser Unterteilung in in- und ausländische Finanzierung ist zu beachten, daß das Staatsdefizit über das Bankensystem oder in Form der Kapitalmarktfinanzierung über die Nichtbanken finanziert werden kann.

Die Wirkungen der Staatsdefizite hängen z. T. wesentlich von dem gewählten Finanzierungsmix ab. Ob über Staatsdefizite systematisch ein kurzfristig stabilisierender Effekt auf den Konjunkturverlauf ausgeübt werden kann, bleibt umstritten, ist jedoch angesichts der langfristigen Folgen der Staatsverschuldung von nur relativierter Bedeutung. In langfristiger Sicht ist bei der Bankenfinanzierung das Problem der Inflation zumindest theoretisch von großer Bedeutung, da sie c. p. zur Erhöhung der Geldmenge führen kann. Allerdings zeigt die empirische und institutionelle Analyse, daß diese Gefahr in Deutschland de facto nur recht gering ist. Bei der Kapitalmarktfinanzierung sind insbesondere die Wirkungen auf die privaten Investitionen bzw. die langfristigen Wachstumseffekte bedeutsam. Wenngleich auch hier die theoretische und empirische Evidenz nicht eindeutig ist, so ergibt sich zumindest tendenziell, daß in den letzten Dekaden die negativen Wirkungen auf den Kapitalstock und das Wachstum überwiegen.

Diese eher gedämpft pessimistische Beurteilung steht allerdings unter dem Vorbehalt einer nicht-explosiven Entwicklung der Staatsverschuldung. Die theoretische Analyse verdeutlichte, daß unter der heute für Deutschland dauerhaft gegebenen Rahmenbedingung eines Zinssatzes, der oberhalb der Wachstumsrate des Bruttosozialproduktes liegt, für eine nicht-explosive Staatsverschuldung die laufende, mit der Differenz zwischen Zins und Wachstum gewichtete Verschuldungsquote durch zukünftig durchschnittlich positive Primärsalden zzgl. Seignorage ausgeglichen werden muß. Durch die Berechnung verschiedener Wachstums- und Zinsszenarien wurde deutlich, daß bei der Beantwortung der Frage, ob die augenblickliche Verschuldungssituation Deutschlands bereits zu einer explosiven Entwicklung führen kann, ein weiter Unsicherheitsbereich eingeräumt werden muß. Immerhin wurde deutlich, daß sich unter nicht gänzlich unwahrscheinlichen zukünftigen Entwicklungen eine instabile Entwicklung ergibt. Sofern es hierzu kommt, greift die gedämpft pessimistische Sicht nicht mehr. In diesem Fall sind dramatisch negative Wirkungen in allen oben aufgezeigten Bereichen zu erwarten, und zwar auch in Bereichen (wie der Inflation), wo aufgrund der bisherigen Erfahrung kaum negative Wirkungen festgestellt werden konnten. Insofern besteht ein erheblicher Anpassungsbedarf in der deutschen Finanzpolitik.

74   *Wolfgang Cezanne und Wolfgang Maennig*

Literatur

Abel, A. (1986), The Failure of Ricardian Equivalence Under Progressive Wealth Taxation, National Bureau of Economic Research, Working Paper No. 1983

Abell, J. D. (1990a), Twin Deficits during the 1980s: An Empirical Investigation, in: Journal of Macroeconomics, 12, S. 81 – 96

Abell, J. D. (1990b), The Role of the Budget Deficit during the Rise in the Dollar Exchange Rate from 1979 – 1985, in: Southern Economic Journal, 11, S. 66 – 74

Abelshauser, W. (1983), Wirtschaftsgeschichte der Bundesrepubublik Deutschland, 1945 – 1980, Frankfurt a. M.

Albers, W. (1976), Finanzpolitik in der Depression und in der Vollbeschäftigung, in: Deutsche Bundesbank (Hg.), S. 331 – 365

Albers, W. (1979), Ursachen, Wirkungen und Begrenzungsmöglichkeiten einer wachsenden Staatsquote – Die Lage in der Bundesrepubublik Deutschland, in: *H. Rühle, H.-J. Veen* (Hg.), Wachsende Staatshaushalte, Stuttgart, S. 19 – 50

Alesina, A., G. Tabellini (1990), A Positive Theory of Fiscal Deficits and Government Debt, in: Review of Economic Studies, 57, S. 403 – 414

Alexander, S. S. (1952), Effects of a Devaluation on a Trade Balance, in: IMF Staff Papers, 2, S. 263 – 278

Allen, St. D. (1991), Government Borrowing and Tax-Adjusted Real and Nominal Interest Rates, in: Applied Economics, 23, S. 31 – 39

Andel, N. (1990), Finanzwissenschaft, Tübingen

Andreoni, J. (1993), An Experimental Test of the Public-Goods Crowding-Out Hypothesis, in: American Economic Review, 83, S. 1317 – 1327

Aschauer, D. (1988), The Equilibrium Approach to Fiscal Policy, in: Journal of Money, Credit and Banking, 20, S. 41 – 62

Aschauer, D. (1989), Is Public Expenditure Productive?, in: Journal of Monetary Economics, 23, S. 177 – 200

Atkinson, A., J. Stiglitz (1980), Lectures on Public Economics, New York

Auerbach, A., L. Kotlikoff (1987), Dynamic Fiscal Policy, Cambridge

Bach, G., A. Ando (1957), The Redistributional Effects of Inflation, in: Review of Economics and Statistics, 39, S. 33 – 47

Bach, G., J. Stephenson (1974), Inflation and the Redistribution of Wealth, in: Review of Economics and Statistics, 56, S. 1 – 13

Bach, St. (1993), Institutionelle Beschränkungen der Staatsverschuldung, in: Konjunkturpolitik, 39, S. 1 – 27

Barro, R. J. (1974), Are Government Bonds Net Wealth?, in: Journal of Political Economy, 82, S. 1095 – 1117

Barro, R. J. (1979), On the Determination of Public Debt, in: Journal of Political Economy, 87, S. 946 – 971

Barro, R. J. (1986), U.S. Deficits Since World War I, in: Scandinavian Journal of Economics, 88, S. 195 – 222

Barro, R. J. (1989), Economic Growth in a Cross Section of Countries, unpublished manuscript, Havard University

Barro, R. J. (1990), Macroeconomics. 3. Aufl. New York. Übers. v. *H.-J. Ahrns:* Makroökonomie. 3. Aufl. München 1992. S. 397 – 434.

Barro, R. J. (1991), The Ricardian Model of Budget Deficits, in: *J. M. Rock* (Ed.), S. 133 – 148

Barth, J. R., F. S. Russek (1985), Federal Borrowing and Short-Term Interest rates: A Comment, in: Southern Economic Journal, 52, S. 554 – 559

Beck, St. E. (1993), The Ricardian Equivalence Proposition: Evidence From Foreign Exchange Markets, in: Journal of International Money and Finance, 12, S. 154 – 159

Bernheim, B. D. (1987), Ricardian Equivalence: An Evaluation of Theory and Evidence, NBER Macroeconomics Annual, Vol 2.

Bernheim, B. D. (1989), A Neoclassical Perspective on Budget Deficits, in: Journal of Economic Perspectives, 3, S. 55 – 72

Bernheim, B. D., K. Bagwell (1988), Is Everything Neutral?, in: Journal of Political Economy, 96, S. 308 – 338

Blanchard, O. J. (1984), The Lucas Critique and the Volcker Deflation, in: American Economic Review, 74, S. 211 – 215

Blanchard, O. J. (1990), Suggestions for a New Set of Fiscal Indicators, OECD Department of Economics and Statistics Working Papers No. 79

Blanchard, O. J., J.-P. Chouraqui, R. P. Hagemann, N. Sartor (1990), The Sustainability of Fiscal Policy: New Answers to Old Questions, OECD Economic Studies No. 15, S. 7 – 36

Blanchard, O. J., R. Dornbusch (1984), U.S. Deficits, the Dollar, and Europe, in: Banca Nazionale del Lavoro Quarterly Review, S. 89 – 113

Blankart, C. B. (1991), Öffentliche Finanzen in der Demokratie. Eine Einführung in die Finanzwissenschaft, München, S. 287 – 302.

Blejer, M. I., A. Cheasty (1991), The Measurement of Fiscal Deficits: Analytical and Methodological Issues, in: Journal of Economic Literature, 29, S. 1644 – 1678

Blejer, M. I., K. Chu (Eds.) (1988), Measurement of Fiscal Impact: Methodological Issues, IMF Occasional Papers 59, Washington D. C.

Blinder, A. S., R. M. Solow (1973), Does Fiscal Policy Matter?, in: Journal of Public Economics, 2, S. 319 – 337

Blinder, A. S., R. M. Solow (1974), The Economics of Public Finance, Washington

Blomquist, S. (1983), The Effect of Income Taxation on the Labor Supply of Married Men in Sweden, in: Journal of Public Economics, 22, S. 169 – 197

Bohn, H. (1992), Budget Deficits and Government Accounting, Carnegie-Rochester Conference Series on Public Policy, 37, S. 1 – 83

Bombach, G. (1989), Von den nationalen zur internationalen Verschuldungsproblematik, in: *G. Bombach, B. Gahlen, A. E. Ott* (Hg), Die nationale und die internationale Schuldenproblematik, Tübingen, S. 3 – 39

Boss, A. (1990), Budgetdefizite und Finanzpolitik in der Bundesrepublik Deutschland, in: Die Weltwirtschaft, 2, S. 58 – 70

Brainard, W. (1967), Uncertainty and the Effectiveness of Policy, in: American Economic Review, 57, 411 – 433

Brunner, K., A. H. Meltzer (1981), The Costs and Consequences of Inflation, Amsterdam

Bruno, M., J. Sachs (1985), Economics of Worldwide Stagflation, Oxford

Bryant, R. C. et al. (eds.) (1988), Empirical Macroeconomics for Interdependent Economies, Vol. I und II, Washington D. C.

Buiter, W. (1983), Measurement of the Public Sector Deficit and Its Implication for Policy Evaluation and Design, in: International Monetary Fund Staff Papers, 30, S. 306 – 349

Buiter, W. (1985), A Guide to Public Sector Debt and Deficits, in: Economic Policy, 1, S. 14 – 69

Buiter (1990), (Ed.), Principles of Budgetary and Financial Policy, New York etc.

Buiter, W. (1993), Public Debt in the USA. How Much, How Bad, and Who Pays?, National Bureau of Economic Research Working Paper No. 4362

Buiter, W., K. M. Kletzer (1992), Who´s Afraid of the Public Debt?, in: American Economic Review, Papers and Proceedings, 82, S. 290 – 294

Buiter, W., J. Tobin (1979), Debt Neutrality: A Brief review of Theory and Evidence, in: *G. von Fuerstenberg* (Ed.), Social Security versus Private Saving, Cambridge

Bundesministerium der Finanzen (1993), Der Finanzplan des Bundes 1993 bis 1997, Bonn

Burdekin, R. C. K., F. K. Langdana (1992), Budget Deficits and Economic Performance, London etc.

Caesar, R. (1985), Crowding-Out in der BRD. Eine Bestandsaufnahme, in: Kredit und Kapital, 18, S. 235 – 250.

Caesar, R. (1989), Öffentliche Verschuldung in Deutschland seit der Weltwirtschaftskrise. Wandlungen in Politik und Theorie. In: *D. Petzina* (Hg.): Probleme der Finanzgeschichte des 19. und 20. Jahrhunderts. Schriften des Vereins für Socialpolitik. N.F. Bd. 188. Berlin, S. 9 – 55.

Cansier, D. (1988), Die amerikanischen Budgetdefizite und der Dollarkurs, in: Kredit und Kapital, 21, S. 363 – 382

Carmichael, J., P. W. Stebbing (1983), *Fischer's* Paradox and the Theory of Interest, in: American Economic Review, 73, S. 619 – 630

Cassel, D. (1992), Inflation, in: Vahlens Kompendium der Wirtschaftstheorie und Wirtschaftspolitik, 5. Auflage, München

Cassel, D., H. J. Thieme (1976), Verteilungswirkungen von Preis- und Kassenhaltungsinflationen, in: *Cassel, D., H. J. Thieme* (Hg.), Einkommensverteilung im Systemvergleich, Stuttgart

Cebula, R. J. (1988), Federal Government Budget Deficits and Interest Rates: A Brief Empirical Note, in: Southern Economic Journal, 55, S. 206 – 210

Conard, J. W. (1963), An Introduction to the Theory of Interest, Berkley etc.

deLeeuw, F., T. Holloway (1985), The Measurement and Significance of Cyclically Adjusted Federal Budget Deficit, in: Journal of Money, Credit and Banking, 17, S. 232 – 242

Deutsche Bundesbank (1976) (Hg.), Währung und Wirtschaft in Deutschland 1876 – 1975, Frankfurt a. M.

Deutsche Bundesbank (1989), Die Deutsche Bundesbank, Aufgaben und Instrumente, Sonderdrucke der Deutschen Bundesbank Nr. 7, 5. Auflage

Deutsche Bundesbank (1991), Entwicklung der Staatsverschuldung seit Mitte der achtziger Jahre, Monatsbericht August 1991, S. 32 – 42

Deutsche Bundesbank (1993), Die Bedeutung von Nebenhaushalten im Zuge der deutschen Vereinigung, Monatsbericht Mai 1993, S. 43 – 57

Dewald, W. G. (1990), The Twin Deficit Illusion, in: Cato Journal, 9, S. 689 – 707

Dieckheuer, G. (1980), Der Crowding-Out-Effekt – Zum gegenwärtigen Stand von Theorie und Empirie, in: DIW Vierteljahresberichte, H. 2, S. 126 – 147

Dieckheuer, G. (1982), Realeinkommenseffekte einer Substitution von staatlicher Inlands- durch staatliche Auslandsverschuldung, in: Finanzarchiv, N. F. 40, S. 418 – 444

Dieckheuer, G. (1983), Staatliche Budgetdefizite, Wachstum des Produktionspotentials und Inflationsrate, in: Zeitschrift für die gesamte Staatswissenschaft, S. 80 – 99

Doch, K. (1991), Budgetdefizite und Leistungsbilanz: eine theoretische Analyse, Wiesbaden

Donner, H. (1987), Verfassungsgrenzen der Staatsverschuldung, in: Zeitschrift für Parlamentsfragen 18, S. 436 – 451

Dornbusch, R., S. Fischer (1987), Macroeconomics, 4. Aufl. New York, S. 581 – 657.

Dornbusch, R., J. A. Frenkel (1973), Inflation and Growth, Alternativ Approaches, in: Journal of Money, Credit and Banking, 5, S. 141 – 156

Downs, A. (1957), An Economic Theory of Democracy. New York

Dreißig, W. (1976), Zur Entwicklung der öffentlichen Finanzwirtschaft seit dem Jahre 1950, in: Deutsche Bundesbank (Hg.), S. 691 – 744

Duwendag, D. (1992), Budgetpolitik, Kapitalmärkte und Kapitalakkumulation. Implikationen für die Europäische Wirtschafts- und Währungsunion, in: *C. Köhler, R. Pohl* (Hg.), Währungspolitische Probleme im integrierten Europa, Berlin, S. 63 – 94

Easterly, W. R., K. Schmidt-Hebbel (1991), The Macroeconomics of Public Sector Deficits: A Synthesis, World Bank Policy, Research, and External Affairs Working Paper, 775, Washington D. C.

Ehrlicher, W. (Hg.) (1981), Geldpolitik und Staatsverschuldung, Schriften des Vereins für Socialpolitik, N. F., Bd. III, Berlin

Eisner, R. (1992), Deficits: Which, How Much, And So What, in: American Economic Review, 82, S. 295 – 298

Eltis, W. A. (1993), Classical Economics, Public Expenditure, and Growth, Aldershot etc.

Enders, W. A., B.-S. Lee (1990), Current Account and Budget Deficits – Twin or Distant Cousins?, in: Review of Economics and Statistics, 72, S. 373 – 381

Evans, P. (1985), Do Large Deficits Produce High Interest Rates?, in: American Economic Review, 75, S. 68 – 87

Evans, P. (1987a), Interest Rates and Expected Future Budget Deficits in the United States, in: Journal of Political Economy, 95, S. 34 – 58

Evans, P. (1987b), Do Budget Deficits Raise Nominal Interest Rates?, in: Journal of Monetary Economics, 20, S. 281 – 300

Evans, P. D. (1991), Is Ricardian Equivalence a Good Approximation?, in: Economic Inquiry, 29, S. 626 – 644

Fisher, S., F. Modigliani (1978), Towards an understanding of the real effects and costs of inflation, in: Weltwirtschaftliches Archiv, 114, S. 810 – 833

Feldstein, M. (1976), Inflation, Income Taxes, and the Rate of Interest: A Theoretical Analysis, in: American Economic Review, 66, S. 809 – 820

Feldstein, M. (1980), Inflation, Tax Rules, and the Stock Market, in: Journal of Monetary Economics, 6, S. 309 – 331

Feldstein, M. (1982), Government Deficits and Aggregate Demand, in: Journal of Monetary Economics, 8, S. 1 – 20

Feldstein, M. (1986), Budget Deficits, Tax Rules and Real Interest Rates, National Bureau of Economic Research Working Paper No. 1970

Feldstein, M. (1992), The Budget and Trade Deficit Aren´t Really Twins, in: Challenge, 35, S. 60 – 63

Feldstein, M. (1993), Government Spending and Budget Deficits in the 1980s: A Personal View, National Bureau of Economic Research Working Paper No. 4324

Feldstein, M., Ch. Horioka (1980), Domestic Saving and International Investment, in: Economic Journal, 90, S. 314 – 329

Feldstein, M., L. Summers (1978), Inflation, Tax Rules, and the Long-Term Interest rate, in: Brookings Papers on Economic Activity, 1, S. 61 – 109

Fischer, St. (1982), Seignorage and the Case for a National Money, in: Journal of Political Economy, 90, S. 295 – 313

Flemmig, J. (1991), Die Bedeutung des US-Budgetdefizites für die Ökonomien der USA und der Bundesrepublik Deutschland: eine Theoretische Analyse im Rahmen der neuen Keynesianischen Makroökonomik, in: Monetäre Konfliktfelder der Weltwirtschaft, Schriften des Vereins für Socialpolitik, N. F., Bd. 210, S. 85 – 98

Fleming, J. M. (1962), Domestic Financial Policies und Fixed and Floating Exchange Rates, International Monetary Fund Staff Papers, 9, S. 369 – 380

Frankel, J. (1983), Tests of Portfolio Crowding Out and Related Issues in Public Finance, National Bureau of Economic Research Working Paper No. 1205

Frenkel, J. A., M. Goldstein, P. R. Masson (1989), International Dimension of Monetary Policy: Coordination Versus Autonomy, unpublished manuscript, International Monetary Fund

Frenkel, J. A., M. L. Mussa (1985), Asset Markets, Exchange Rates, and the Balance of Payments: the Reformulation of Doctrine, in: *R. W. Jones und P.B. Kenen,* Handbooks of International Economics, Vol. II, S. 679 – 747

Frenkel, J. A., A. Razin (1987a), The Mundell-Fleming Model: A Quarter Century Later, National Bureau of Economic Research Working Paper No. 2321

Frenkel, J. A., A. Razin (1987b), Fiscal Policies and the World Economy, Cambridge, Mass.

Fricke, D. (1981), Verteilungswirkungen der Inflation, Baden-Baden

Friedman,. B. M. (1984), Crowding Out or Crowding in? Evidence on Debt-Equity Substitutionability, National Bureau of Economic Research Working Paper No. 1565

Friedman, B. M. (1992), Learning from the Reagan Deficits, in: American Economic Review, Papers and Proceedings, 82, S. 299 – 303

Friedman, M. (1953), Discussion of the Inflationary Gap, in: *M. Friedman* (ed.), Essays in Positive Economics, Chicago

Friedman, M. (1961), The Lag in the Effect of Monetary Policy, in: Journal of Political Economy, 69, S. 235 – 260

Friedman, M. (1968), The Role of Monetary Policy, in: American Economic Review, 58, S. 1 – 17

Frydman, R., P. Rappoport (1987), Is the Distinction Between Anticipated and Unanticipated Money Growth Relevant in Explaining Aggregate Output?, in: American Economic Review, 77, S. 693 – 703

Gaab, W. (1983), Devisenmärkte und Wechselkurse, Berlin etc.

Gandenberger, O. (1981), Theorie der öffentlichen Verschuldung, in: *F. Neumark, N. Andel* und *H. Haller* (Hg.), Handbuch der Finanzwissenschaft, 3. Aufl. Bd. 3, Tübingen, S. 3 – 49

Gandenberger, O. (1988), Was kann die Staatsverschuldung in der Zukunft leisten?, in: *H. Zimmermann* (Hg.), S. 173 – 183

Gandenberger, O. (1990), Verfassungsgrenzen der Staatsverschuldung: eine Auseinandersetzung mit dem Urteil des Bundesverfassungsgerichts vom 18. April 1989, in: Finanzarchiv, N. F., 48, S. 278 – 351

Gemmel, N. (Ed.) (1993), The Growth of the Public Sektor – Theories and International Evidence

Glastetter, W., R. Paulert, U. Spörel (1983), Die wirtschaftliche Entwicklung in der Bundesrepublik Deutschland 1950 – 1980, Frankfurt a. M.

Grassl, W. (1984), Die Theorie der Staatsschuldneutralität, Berlin

Grewe, O. (1990), Probleme der Abgrenzung unterschiedlicher staatlicher Defizitarten, Pfaffenweiler

Groeßl-Gschwendtner, I. (1990), Wirkungen staatlicher Budgetdefizite auf Wirtschaftswachstum, Inflation und Beschäftigung bei flexiblen Wechselkursen, Tübingen

Grossekettler, H. (1990), Die Staatsverschuldung aus der Sicht *Lorenz von Steins,* in: Studien zur Entwicklung der ökonomischen Theorie, 9, S. 19 – 55

Gruber, U. (1981), Zur Analyse von Verteilungswirkungen von Inflationen, in: *W. J. Mückl, A. E. Ott* (Hg.) (1981), Wirtschaftstheorie und Wirtschaftspolitik. Gedenkschrift für Erich Preiser, Passau, S. 81 – 97

Gruen, D. W. (1991), What People know and What Economists Think They Know: Surveys on Ricardian Equivalence, in: Australian Economic Papers, 30, S. 1 – 9

Hahn, H. J. (Hg.) (1993), Geldwertstabilität und Staatsschulden, Baden-Baden

Hamburger, M. J., B. Zwick (1981), Deficits, Money and Inflation, in: Journal of Monetary Economics, 7, S. 141 – 150

Hansmeyer, K.-H. (1976), Kriegswirtschaft und Inflation, in: Deutsche Bundesbank (Hg.), S. 367 – 429

Hansmeyer, K.-H., C. Willeke (1993), Die Finanzpolitik der Bundesrepublik Deutschland von 1987 bis 1990, in: Finanzarchiv, 50, S. 217 – 256

Haug, A. A. (1990), Ricardian Equivalence, Rational Expectations, and The Permanent Income Hypothesis, in: Journal of Money, Credit and Banking, 22, S. 305 – 326

Hausman, J. (1985), Taxes and labor supply, in: *A. Auerbach* und *M. Feldstein* (Eds.), Handbook of public economics, New York, Chapter 4

Heinemann, F. (1993), Sustainability of National Debt in Europe, in: Intereconomics, 28, S. 61 – 68

Hickel, R. (1981), Zum Ideologiegehalt der Staatsverschuldungsdebatte, in: *D. B. Simmert, K.-D. Wagner* (Hg.), S. 137 – 171

Hirai, G. (1988), Finanzpsychologische Aspekte der Staatsfinanzen, in: *H. Zimmermann* (Hg.), S. 111 – 119

Hoelscher, G. P. (1983), Federal Borrowing and Short Term Interest Rates, in: Southern Economic Journal, 50, S. 319 – 333

Hoelscher, G. P. (1986), New Evidence on Deficits and Interest Rates, in: Journal of Money, Credit, and Banking, S. 1 – 17

Hof, F. X. (1990), Staatsverschuldung als Quelle der Nicht-Neutralität: ein Beitrag zum Ricardianischen Äquivalenztheorem, in: Kredit und Kapital, 23, S. 533 – 550

Hubbard, G., K. Judd (1986), Liquidity Constraints, Fiscal Policy and Consumption, in: Brookings Papers on Economic Activity, 1, S. 1 – 59

Huber, B. (1990), Theorie der optimalen Staatsverschuldung, in: Finanzarchiv, N. F., 48, S. 434 – 450

Illing, G. (1992), Staatsverschuldung in einer Europäischen Währungsunion, Münchener wirtschaftswissenschaftliche Beiträge, Volkswirtschaftliche Fakultät der Ludwig-Maximilians-Universität, 92,12

Jäger, A., Chr. Keuschnigg (1991), The Burden of Public Debt in Open Economics, in: Finanzarchiv, N. F., 49, S. 181 – 201

Jarchow, H.-J. (1993), Fiskalpolitik in einer Währungsunion, in: Finanzarchiv, 50, S. 187 – 202

Ketterer, K.-H. (1984), Monetäre Aspekte der Staatsverschuldung, Berlin.

Kimborough, K. (1986), Foreign Aid and Optimal Fiscal Policy, in: Canadian Journal Economics, 19, S. 35 – 61

Kitterer, W. (1993), Staatsverschuldung und Haushaltskonsolidierung – Folgen für den Standort Deutschland, in: Wirtschaftsdienst, 73, S. 633 – 638

Klein, M., M. J. M. Neumann (1990), Seignorage: What is it and Who Gets It?, in: Weltwirtschaftliches Archiv, 126, S. 205 – 221

Kotlikoff, L. J. (1988), The Deficit is Not a Well Defined Measure of Fiscal Policy, in: Science, 241, S. 791 – 795

Kotlikoff, L. J., A. Razin, R. W. Rosenthal (1990), A Strategic Altruism Model in Which Ricardian Equivalence Does Not Hold, in: Economic Journal, 100, S. 1261 – 1268

Krugman, P. (1987), Adjustment in the World Economy, National Bureau of Economic Research Working Paper No. 2424

Krupp, H.-J. (1981), Staatsverschuldung – Mittel oder Hemmschuh der zukünftigen Wachstums- und Beschäftigungspolitik, in: *D. B. Simmert, K.-D. Wagner* (Hg.), S. 71 – 88

Kydland, F., E. Prescott (1980), A Competetive Theory of Fluctuations and the Feasibility of Desirability of Stabilization Policy, in: *S. Fischer* (Ed.), Rational Expectations and Economic Policy, Chicago, S. 169 – 198

Lang, G., P. Welzel (1992), Budgetdefizite, Wahlzyklcn und Geldpolitik: empirische Ergebnisse für die Bundesrepublik Deutschland 1962 – 1989, in: Jahrbücher für Nationalökonomie und Statistik, 210, S. 72 – 85

Lapan, H. E., W. Endres (1990), Endogenous Fertility, Ricardian Equivalence, and Debt Management Policy, in: Journal of Public Economics, 41, S. 227 – 248

Lawrence, R. Z. (1990), U.S. Current Account Adjustment: An Appraisal, in: Brookings Papers on Economic Activity, No. 2, S. 343 – 392

Lehment, H. (1980), Internationale Aspekte der Staatsverschuldung, in: Beihefte der Konjunkturpolitik, Heft 27, S. 255 – 268

Lehment, H. (1985a), Crowding-out in der Bundesrepublik. Wechselkurseffekte, Zinseffekte und empirischer Befund, in: Aussenwirtschaft, 40, S. 53 – 70.

Lehment, H. (1985b), Zur Wechselkurswirkung bundesdeutscher und U. S. amerikanischer Budgetdefizite: Gibt es eine Asymmetrie?, in: *W. Filc, C. Köhler* (Hg.), Stabilisierung des Währungssystems, Berlin, S. 1 – 15

Leidermann, L., M. Blejer (1988), Modelling and Testing Ricardian Equivalence: A Survey, in: IMF Staff Papers, 36, S. 743 – 770

Lerner, A. P. (1948), Income, Employment, and Public Policy, New York

Liebermann, M. (1991), The Twin Deficits: The Simple Analytics, in: Journal of Education, 21, S. 388 – 394

Lucas, R. (1976), Econometric Policy Evaluation: A Critic, in: Carnegie Rochester Conference Series on Public Policy, 1, S. 19 – 46

Lucas, R., N. Stockey (1983), Optimal Fiscal and Monetary Policies in an Economy Without Capital, in: Journal of Monetary Economics, 12, S. 55 – 93

Lutz, F. A. (1967), Zinstheorie, 2. Aufl., Tübingen

Maennig, W. (1992), Internationale Transmission und Koordinierung der Wirtschaftspolitik, Berlin

Makin, J. (1983), Real Interest Rate, Money Surprises, Anticipated Inflation and Fiscal Deficits, in: Review of Economics and Statistics, 65, S. 374 – 384

Markmann, H. (1981), Staaatsverschuldung, Staatsaufgaben und Steuergerechtigkeit aus der Sicht des DGB, in: *G. Triesch* (Hg.), Staatsfinanzen und Wirtschaft, Köln, S. 87 – 110

Maddison, A. (1982), Phases of Capitalist Development, Oxford und New York

MaGee, St. (1973), Currency Contracts, Pas-Through and Devaluation, in: Brookings Papers on Economic Activity, No. 1

McCallum, B. (1984), Are Bond Financed Deficits Inflationary?, in: Journal of Political Economy, 92, S. 123 – 135

Meyer-Cording, C. (1986), Die Auswirkungen kreditfinanzierter Staatsausgaben auf das Volkseinkommen, Frankfurt

Miller, P. J. (1983), Higher Deficit Policies Lead to Higher Inflation, in: Quaterly Review of Federal Reserve Bank of Minneapolis, 7, S. 8 – 19

Miller, P. J., W. Roberds (1992), How Little We Know About Deficit Policy Effects, in: Quarterly Review of Federal Reserve Bank of Minneapolis, 16, S. 2 – 11

Mückl, W. J. (1981), Ein Beitrag zur Theorie der Staatsverschuldung, in: Finanzarchiv, N. F., Bd. 39, S. 255 – 278

Mückl, W. J. (1985), Langfristige Grenzen der öffentlichen Kreditaufnahme, in: Jahrbücher für Nationalökonomie und Statistik, 200, S. 565 – 581

Mueller, D. C. (1989), Public Choice II. Cambridge

Müller, L. (1993), Probleme der Staatsverschuldung vor dem Hintergrund der deutschen Vereinigung, in: Wirtschaftsdienst, 37, S. 121 – 130

Mundell, R. A. (1962), The Appropriate Use of Monetary and Fiscal Policy Under Fixed Exchange Rates, in: International Monetary Fund Staff Papers, 9, S. 70 – 79

Mundell, R. A. (1991), Debt and Deficits in Alternative Macroeconomic Models, in: Rivista di politica economica, Ser. 3,80, S. 5 – 129

Musgrave, R. A. (1969), Fiscal Systems, New Haven und London

Neumark, F. (1976), Die Finanzpolitik in der Zeit vor dem I. Weltkrieg, in: Deutsche Bundesbank (Hg.), S. 57 – 111

Niskanen, W. A. (1968), Non-Market Decision Making: the Peculiar Economics of Bureaucracy, in: American Economic Review, 58, S. 293 – 305

Nordhaus, W. (1975), The Political Business Cycle, in: Review of Economic Studies, 42, S. 169 – 190

OECD (1982), Government Debt Management. Objectives and Techniques, Paris

OECD (1990), Wirtschaftsberichte – Deutschland, Paris

OECD (1991), Economic Surveys – United Kingdom, Paris

OECD (1993), Economic Outlook, Paris

Ohr, R. (1991), Finanzpolitik, Leistungsbilanzdefizit und realer Wechselkurs, in: Monetäre Konfliktfelder der Weltwirtschaft, Schriften des Vereins für Socialpolitik, N. F. Bd. 210, S. 99 – 112

Okun, A. M. (1975), Inflation: Its Mechanics and Welfare Costs, in: Brookings Papers on Economic Activity, S. 351 – 390

Olson, M. (1982), The Rise and Decline of Nations: Economic Growth, Stagflation and Social Rigidities, New Haven

Peacock, A. T. J. Wiseman (1979), Approaches to the Analysis of Government Expenditure Growth, Public Finance Quarterly, 7, S. 3 – 23

Persson, T., L. Svensson (1989), Why a Stubborn Conservative Would Run a Deficit: Policy With Time-Inconsistent Preferences, in: Quarterly Journal of Economics, 104, S. 325 – 346

Pfeiffer, A. (1981), Staatsverschuldung aus der Sicht der Arbeitnehmer, in: *D. B. Simmert, K.-D. Wagner* (Hg.), S. 232 – 243

Phelps, E. S. (1972), Inflation Policy and Unemployment Theory. The Cost Benefit Approach to Monetary Planning, London

Piel, M., D. B. Simmert (1981), Staatsverschuldung – Schicksalsfrage der Nation, Köln

Plosser, Ch. I. (1982), Government Financing Decisions and Asset Returns, in: Journal of Monetary Economics, 9, S. 325 – 352

Poterba, J. M., L. H. Summers (1987), Finite Lifetimes and the Effects of Budget Deficits on National Saving, in: Journal of Monetary Economics, 20, S. 369 – 391

Price, R. W. R. (1982), Public Expenditure, in: *C. D. Cohen* (Ed.), Agenda for Britain 2: Macropolicy, Oxford, S. 74 – 94

Rat der Europäischen Gemeinschaften (1992), Vertrag über die Europäische Union, Luxemburg

Razin, A. L., E. O. Svensson (1983), The Current Account and the Optimal Government Debt, in: Journal of International Money and Finance, 2, S. 215 – 224

Ricardo, D. (1817), On the Principles of Political Economy and Taxation, London

Richter, W. F. (1992), Staatsverschuldung, in: Staatswissenschaften und Staatspraxis, Baden-Baden, S. 171 – 185

Richter, W. F., W. Wiegard (1993), Zwanzig Jahre „Neue Finanzwissenschaft", in: Zeitschrift für Wirtschafts- und Sozialwissenschaft, 113, S. 169 – 224 und 337 – 400

Rock, J. M. (Ed.) (1991), Debt and the Twin Deficits Debate, New York

Roubini, N., J. Sachs, (1989), Political and Economic Determinants of Budget Deficits in the Industrial Democracies, in: European Economic Review, 33, S. 903 – 938

Rürup, B. (1993), Kredit versus Steuerfinanzierung staatlicher Infrastrukturinvestitionen in den neuen Bundesländern, in: Finanzierung und Organisation der Infrastruktur in den neuen Bundesländern, Baden-Baden, S. 37 – 53

Sachs, J. (1981), The Current Account and Macroeconomic Adjustment in the 1970s, in: Brookings Papers on Economic Activity, 1, S. 201 – 282

Sachs, J. (1988), Global Adjustments to a Shrinking U.S.Trade Deficit, in: Brookings Papers on Economic Activity, 1, S. 639 – 674

Sachs, J., F. Larrain (1993), Macroeconomics in the Global Economy, New York etc.

Sahaskul, C. (1986), The U.S. Evidence on Optimal Taxation Over Time, in: Journal of Monetary Economics, 18, S. 251 – 275

Sargent, Th. (1982), The End of Big Inflations, in: R. Hall (ed.), Inflation: Causes and Effects, Chicago

Sargent, Th., N. Wallace (1981), Some Unpleasant Monetarist Arithmetic, in: Federal Reserve Bank of Minneapolis Quarterly Review, 5, S. 23 – 46

Sauernheimer, K. (1983), Die außenwirtschaftlichen Implikationen des New Cambridge Approach, in: Konjunkturpolitik, 29, S. 348 – 366

Scharrer, H.-E. (1993), Das EU-Budget – ein Nebenhaushalt?, in: Wirtschaftsdienst, 73, S. 612

Schlesinger, H., M. Weber, G. Ziebarth (1993), Staatsverschuldung – ohne Ende? Zur Rationalität und Problematik des öffentlichen Kredites, Darmstadt

Schröder, J. (1985), Government Deficits and Current Account, in: Aussenwirtschaft, I/II, S. 103 – 115

Seater, J. J. (1993), Ricardian Equivalence, in: Journal of Economic Literature, 31, S. 142 – 190

Sidrauski, M. (1967), Rational Choice and Patterns of Growth in a Monetary Economy, in: American Economic Review, 57, S. 534 – 560

Siebert, H. (1989), The Half and the Full Debt Cycle, in: Weltwirtschaftliches Archiv, 125, S. 217 – 229

Siebert, H. (1991), German Unification: the Economics of Transition, in: Economic Policy, 6, S. 287 – 340

Siebke, J., D. Knoll, W.-D. Schmidberger (1981), Theoretische Grundlagen des Crowding-Out-Effektes, in: *W. Ehrlicher* (Hg), S. 227 – 261

Simmert, D. B., K.-D. Wagner (Hg.), Staatsverschuldung kontrovers, Köln

Sinn, H.-W. (1983), Pro und Contra Crowding-Out. Zur Stichhaltigkeit dreier populärer Argumente, in: Kredit und Kapital, 4, S. 490 – 511

Sinn, St. (1989), Economic Models of Policy-Making in Interdependent Economies: An Alternative View on Competition Among Policies, Kiel Working Papers No. 390

Startz, R. (1989), Monopolistic Competition as a Foundation for Keynesian Macroeconomic Models, in: Quarterly Journal of Economics, 104, S. 737 – 752

Strasser, D. (1991), Die Finanzen Europas, Luxemburg

Streissler, E., u. a. (1976), Zur Relativierung des Zieles der Geldwertstabilität, Göttingen

Stützel, W., W. Krug (1981), Drei Bemerkungen zur Frage nach den Grenzen der öffentlichen Verschuldung, in: *D. B. Simmert, K.-D. Wagner* (Hg.), S. 43 – 57

Sturm, R. (1993), Staatsverschuldung – Ursachen, Wirkungen und Grenzen staatlicher Verschuldungspolitik, Opladen

Tanzi, V. (1977), Inflation, Lags in Collection, and the Real Value of Tax Revenue, in: International Monetary Fund Staff Papers, 24, S. 154 – 167

Tanzi, V. (Ed.) (1984), Taxation, Inflation, and Interest Rates. International Monetary Fund, Washington D. C.

Tanzi, V. (1985), Fiscal Deficits and Interest Rates in the United States: An Empirical Analysis, 1960 – 1984, in: IMF Staff Papers, 32, S. 551 – 576

Tanzi, V., M. Blejer und *M. Teijeiro* (1988), Inflation and the Measurement of Fiscal Deficits, IMF Staff Papers, 34, S. 334 – 352

Tobin, J., W. H. Buiter (1976), Long-Run Effects of Fiscal and Monetary Policy on Aggregate Demand, in: *J. Stein* (Ed.), Monetarism, Amsterdam, S. 273 – 309

Tullock, G. (1959), Some Problems of Majority Voting, in: Journal of Political Economy, 67, S. 571 – 579

Tufte, E. (1978), Political Control of the Economy, Princeton

Vaughn, K. I., R. E. Wagner (1992), Public Debt Controversies: An Essay in Reconciliation, in: Kyklos, 45, S. 37 – 49

Vickrey, W. S. (1992), Meaningfully Defining Deficits and Debt, in: American Economic Review, 82, S. 305 – 310

Wagner, A. (1883), Finanzwissenschaft, 2. Aufl., Leipzig

Wagner, H. (1983), Inflation und Wirtschaftswachstum. Zum Einfluß der Inflation auf die Akkumulationsrate, Berlin

Weizsäcker, R. K. v. (1992), Staatsverschuldung und Demokratie, in: Kyklos, 45, S. 51 – 67

Wellisch, D. (1991), Intertemporale und internationale Aspekte staatlicher Budgetdefizite, Tübingen

Woodford, M. (1990), Public Debt as Private Liquidity, in: American Economic Review, 80, S. 382 – 388

Zahid, K. (1988), Government Budget Deficits and Interest Rates: The Evidence Since 1971, Using Alternative Deficit Measures, in: Southern Economic Journal, 54. S. 725 – 731

Zimmermann, H. (1988) (Hg.), Die Zukunft der Staatsverschuldung, Stuttgart

Summary

On the Macroeconomics of Public Debt

The Federal Republic of Germany's public debt is specified with the aid of various indicators. All of these show that the problem has recently tended to be increasingly relevant. The analysis also makes clear that future trends which cannot be regarded as unlikely will mean an unstable development. There is therefore a considerable need for adjustment by German fiscal policy.

Die deutsche Finanzverfassung nach der Finanzausgleichsreform

Eine ökonomische Analyse des ab 1995 geltenden Rechts

von

HEINZ GROSSEKETTLER

1. Einführung und Überblick

Unter der Wirtschafts- und Finanzverfassung marktwirtschaftlich organisierter Volkswirtschaften versteht man i. w. S. die Gesamtheit aller Institutionen, welche die laufenden Allokations-, Distributions- und Stabilisierungsprozesse strukturieren, indem sie Kompetenzen zuordnen, Informationskanäle bahnen und Anreize vermitteln. Der Finanzverfassung i. w. S. kommt hierbei eine doppelte Grundfunktion zu:

– Sie hat die eben genannten Prozesse im staatswirtschaftlichen Teil der Volkswirtschaft zu strukturieren (innere Funktion der Lenkungsorganisation für den Bereich der Zwangsverbände), und

– sie hat die Kompetenzverteilung zwischen dem Staat und der Privatrechtsgesellschaft vorzunehmen, also Grenzen der Staatstätigkeit aufzuzeigen und dafür zu sorgen, daß für den Fall von Datenänderungen Schnittstellenüberschreitungen wie z. B. Privatisierungs- und Deregulierungsprozesse programmiert sind (äußere Funktion der Abgrenzung von Verwaltungs- und Marktprozessen).

Die wichtigsten gesetzlichen Grundlagen dieser Finanzverfassung i. w. S. bilden in Deutschland die Kompetenzverteilungsvorschriften des Grundgesetzes für die Aufgabenverteilung (Art. 70 – 91b GG), für die Ausgaben- und Einnahmenverteilung, die Kreditaufnahme und das Haushaltswesen (Art. 104a – 115 GG und die entsprechenden Länderbestimmungen als Finanzverfassung i. e. S.) sowie das einfachgesetzliche Haushalts-, Finanz- und Finanzausgleichsrecht.[1]

Die vorstehenden Rechtsquellen können und sollen im folgenden natürlich nicht im einzelnen analysiert werden. Statt dessen soll mit Blick auf die Funktionsweise der Volkswirtschaft insgesamt untersucht werden, welche Einzelfunktionen sowie Verrichtungsgrundsätze aus den Basisfunktionen der Finanzverfassung für einen Bundesstaat wie Deutschland folgen (Gliederungspunkt [GP] 2), was somit den notwendigen Inhalt der Finanzverfassung ausmacht (GP 3), welche groben Funktionsdefekte in der bisherigen deutschen Finanzverfassung angelegt waren

---

[1] Wird nichts anderes gesagt, ist mit dem Wort „Finanzverfassung" im folgenden stets die Finanzverfassung i. w. S. gemeint.

(GP 4.1) und welche Veränderungen im Hinblick auf diese Defekte durch die Reform des Bund-Länder-Finanzausgleichs – d. h. mit dem Finanzausgleichsgesetz 1995 (FAG 95) – erreicht werden (GP 4.2).[2] Dabei wird sich zeigen, daß die mit dem FAG 95 erreichten Änderungen in ihren Auswirkungen zwar quantitativ bedeutsam sind, daß sie den grundlegenden Charakter der Finanzverfassung (und deren Mängel) aber nicht geändert haben. Die neue Verfassung ist so gesehen bis auf diejenigen Änderungen, die sich im Zuge der Wiedervereinigung als absolut notwendig erwiesen, weitgehend die alte. In der Zusammenfassung (GP 5) wird deshalb auch auf Verbesserungserfordernisse verwiesen, die nach wie vor gegeben sind und besonders vordringlich erscheinen.

2. Aufgaben und Grundsätze
für die Finanzverfassung von Bundesstaaten

„Ökonomisch gesehen soll der Staat in einer marktwirtschaftlich organisierten Volkswirtschaft die Gesamtheit aller Aufgaben verrichten, die – wie etwa die Bereitstellung vieler Kollektivgüter – nicht durch Verträge unter Privaten erledigt werden können, sondern den Einsatz von Zwangsverbänden und der typischen Mittel eines Machtmonopols erfordern." – So oder ähnlich wird die Rolle des Staates in einer Marktwirtschaft oft gekennzeichnet. Eine solche Charakterisierung ist im Prinzip auch richtig und mag auf den ersten Blick gut verständlich erscheinen; sie enthält jedoch implizit Definitionen und Wertungen, die im folgenden von grundlegender Bedeutung sein werden und deshalb näher erläutert werden müssen. Diese Erläuterung hat gleichzeitig die Aufgabe, grob vorzuklären, welche grundlegenden Regelungsbedarfe Finanzverfassungen befriedigen müssen, und den Gebrauch von Fachwörtern zu konkretisieren, die auch unter Ökonomen unterschiedlich verwendet werden.

(1) Zunächst ist von einer *marktwirtschaftlich organisierten Volkswirtschaft* die Rede. Hierin versteckt sich eine Wertung: Man kann sich zwar reine Staatswirtschaften (Zentralverwaltungswirtschaften) vorstellen, aber keine völlig staatsfreien Marktwirtschaften, jedenfalls keine, die sich über den Status rudimentärer Tauschwirtschaften emporentwickelt haben. Dies bedeutet, daß eine moderne Marktwirtschaft immer eine gemischte Wirtschaft ist, die einen staatswirtschaftlichen und einen i. e. S. marktwirtschaftlichen Teil umfaßt. Wenn gleichwohl von einer „marktwirtschaftlich" organisierten Wirtschaft gesprochen wird, so soll damit eine liberale Vorrangregel im Sinne des *Subsidiaritätsprinzips* zum Ausdruck gebracht werden: „Marktwirtschaftlich organisiert" ist eine Volkswirtschaft in diesem Sinn nur, wenn es eine – geschriebene oder ungeschriebene – Verfassungsregel gibt, die Zuständigkeitsvermutungen für Entscheidungen vorrangig im Bereich der Privatrechtsgesellschaft ansiedelt, d. h. die von den Bürgern im Prinzip keine, vom Staat jedoch eine gute Begründung fordert, wenn eine Tätigkeit aufgenommen werden soll. Nach der unter Juristen herrschenden Lehre gibt es eine solche Zuständigkeitsvermutung in der deutschen Finanzverfassung nicht. Man könnte allenfalls aus dem für das gesamte öffentliche Recht geltenden Übermaßverbot folgern, daß der Staat keine Aufgaben an sich ziehen darf, die Private

---

[2] Die Übergangsregelungen bis zum Inkrafttreten des FAG 95 werden wegen der Kürze der verbleibenden Geltungszeit nicht betrachtet.

ebensogut erledigen können. Es gibt somit – rechtlich gesehen – nur eine verhältnismäßig schwache Abwehr gegen eine Ausdehnung der Staatswirtschaft. Dieser Mangel, auf den noch weiter einzugehen sein wird, dürfte auf der Vorstellung beruhen, daß der Staat der Gesellschaft von einem „Souverän" – zunächst dem von Gott beauftragten Fürsten, später dann dem Volk – übergeordnet worden ist. Deshalb könne er als Herrscher Entscheidungskompetenzen nach Zweckmäßigkeitsüberlegungen delegieren, wobei das Über-Unterordnungs-Verhältnis allerdings durch die Grundrechte der Bürger relativiert werde. Eine solche Vorstellung deckt sich mit der staatlichen Entwicklungsgeschichte Europas; in einer Gesellschaft, die – wie die amerikanische – aus einer Siedlergesellschaft entstanden ist, erscheint der generelle Vorrang von Privatinitiativen dagegen in einem viel stärkeren Ausmaß selbstverständlich.

(2) Auch das Wort *Zwangsverband* bedarf einer Erläuterung. Als *Verbände* betrachtet man gemeinhin Vereinigungen von Personen, die sich zur Artikulation und Durchsetzung gemeinsamer Interessen zusammengefunden haben und deren Zusammenschluß in der Regel auf Dauer angelegt und körperschaftlich verfaßt ist, d. h. die im Innenverhältnis demokratisch organisiert und im Außenverhältnis rechtsfähig sind. In finanzwissenschaftlicher Hinsicht ist es zweckmäßig, die Verbände nach der Art ihres Zustandekommens in freiwillige und Zwangsverbände zu unterteilen. Erstere werden als (freie) Vereine bezeichnet und umfassen (a) Individuen, die als „unechte" Beschaffungsverbände einen gleich zu erläuternden gedanklichen Extremtyp bilden, (b) Vereine i. e. S., die ohne ein integriertes Erwerbsunternehmen auskommen, und (c) Vereine mit einem integrierten Unternehmen (= Genossenschaften). Die Zwangsverbände können dagegen in (a) Zwangsvereine, (b) Zwangsgenossenschaften und (c) Gebietskörperschaften untergliedert werden. Mitglied in den Zwangsverbänden ist man kraft Geburt, Wohnsitz oder Gesetz, wobei letzteres die Zwangsmitgliedschaft an die Lage von Grundstücken (Liegenschaftsgenossenschaften), an den Beruf oder an die wirtschaftliche Betätigung zu knüpfen pflegt (Kammern). Zwangsvereine und -genossenschaften sind Verbände mit vorgegebenen Zwecken, Gebietskörperschaften können ihre Zwecke (in Grenzen) erweitern.

Die vorstehend geschilderten Verbandsarten kann man nach zwei Eigenschaften in aufsteigender bzw. absteigender Reihenfolge ordnen und dadurch klären, was ein „Vorgehen nach dem Subsidiaritätsprinzip" bedeutet, auf das noch einzugehen ist: Schaut man sich die Finanzierungsmöglichkeiten an, welche die Verbände im Rahmen der Beschaffungstätigkeit von Gütern einsetzen können, ergibt sich eine Ordnung nach dem sogenannten *Extensionsniveau der Finanzierungskompetenz*,[3] d. h. nach den Finanzierungsmöglichkeiten, die dem jeweiligen Verband in sachlicher und räumlicher Hinsicht offenstehen. Man kann dies auch so ausdrücken, daß die „unechten" Verbände (d. h. die Einzelpersonen) in ihrer Rolle als Beschaffungsverband von sich selbst in der Zweitrolle als Mitglied bei Konsumentscheidungen implizit Preise in Höhe der Opportunitätskosten erheben. Echte Vereine haben demgegenüber schon mehr Möglichkeiten: Sie können freiwillige Gebühren, Beiträge und Mischtarife fordern. Zwangsverbände können sich darüber hinaus auf Zwangsgebühren und -beiträge stützen. Und Gebietskörper-

---

[3] Die folgende Darstellung ist stark komprimiert. Ausführlicher hierzu *Grossekettler* (1991).

schaften schließlich stehen des weiteren Sonderabgaben, Zwecksteuern und Steuern i. e. S. zur Verfügung, deren Aufkommen i. d. R. auch von der Weite des Verbandsgebiets und damit der Einwohnerzahl sowie der Verteilung der Besteuerungskompetenzen bestimmt wird. Die Finanzierungskompetenz einer Gemeinde hat deshalb in sachlicher und räumlicher Hinsicht ein niedrigeres Extensionsniveau als die eines Landes oder des Bundes.

Dem Extensionsniveau gerade entgegengesetzt verläuft die Rangfolge der Einflußmöglichkeiten eines typischen Verbandsmitglieds: Wer sich das Nutzungsrecht an einer Autobahn mit sehr vielen anderen teilen muß, ist viel weniger Herr der Sache als der Eigentümer einer Privatstraße; die Eigentumsrechte eines repräsentativen Verbandsmitglieds werden mit steigendem Extensionsniveau also typischerweise stärker verwässert. Diese klare Rangfolgeaussage kann allerdings dadurch getrübt werden, daß es auch Verbände aus Verbänden gibt (z. B. Vereine von Vereinen, Vereine von Gemeinden und Zwangsverbände von Gemeinden [Zweckverbände]), daß Verbände Eigentümer von Unternehmen, Stiftungen und Anstalten sein können und daß die Finanzierungskompetenzen ebenso wie der Verwässerungsgrad der Eigentumsrechte auch von weiteren Variablen beeinflußt werden.

(3) Mit dem Begriff *„Kollektivgut"* können ebenfalls differenzierende Definitionen und Wertungen verbunden werden: Betrachtet man die Skala der denkbaren Extensionsniveaus, ergibt sich die Frage, wie man die Bereitstellungskompetenz für bestimmte Arten von Gütern (also die Kompetenz, den Bedarf in qualitativer und quantitativer Hinsicht festzulegen und die verbandsinterne Umlage der Finanzierungslast regeln zu dürfen) jeweils bestimmten Arten von Verbänden zuordnen sollte. In dieser Hinsicht ist es zweckmäßig, nach dem Rivalitätsgrad ρ und dem Grad der privatrechtlichen Exkludierbarkeit ϵ zwischen den folgenden Extremtypen von Gütern zu unterscheiden: Individualgütern ($\rho = 1/\epsilon = 1$), Klubkollektivgütern ($\rho = 0/\epsilon = 1$), Quasikollektivgütern ($\rho = 1/\epsilon = 0$) und Protokollektivgütern ($\rho = 0/\epsilon = 0$). Das ist deshalb sinnvoll, weil der Rivalitätsgrad darüber entscheidet, ob eine reine Beitragsfinanzierung ($\rho = 0$) oder eine reine Gebührenfinanzierung ($\rho = 1$) angemessen ist, und weil der Exkludierbarkeitsgrad aufzeigt, ob eine privatrechtliche Finanzierung ($\epsilon = 1$) möglich oder eine öffentlich-rechtliche Zwangsfinanzierung ($\epsilon = 0$) nötig ist.[4] Eine Tennisanlage kann und sollte deshalb von einem Verein, ein Deich dagegen von einer Zwangsgenossenschaft (Deichverband) bereitgestellt werden, und Zwangsverbände sollten nur bei $\epsilon < 1$ zulässig sein und bestimmte Finanzierungsregeln beachten müssen. Obwohl das Fehlen solcher Vorschriften häufig dazu führt, daß Kollektivgüter unter- oder übernutzt werden oder daß ein – im Sinne des Subsidiaritätsprinzips – unnötig „hoher" Bereitstellungsverband gewählt wird, gibt es im deutschen Recht keine entsprechenden Vorschriften.

Zur Klarstellung muß weiterhin angeführt werden, daß der Begriff „Kollektivgüter" Errichtungsgüter wie etwa einen Deich oder viele sonstige Teile der materiellen Infrastruktur, aber auch Schutzgüter wie die Ozonschicht der Erde und

---

[4] Spezifiziert man ρ und ϵ nicht nur als 0-1-Variablen, sondern gibt man auch an, wie Zwischenwerte abgeschätzt werden können, kann man die obige Aussage weiter differenzieren und z. B. sagen, wann Mischtarife angemessen sind. Hierauf braucht an dieser Stelle aber nicht weiter eingegangen zu werden. Vgl. hierzu *Grossekettler* (1991).

Güter wie das Human- und das Institutionenkapital umfaßt. Bei Errichtungsgütern kann das Fehlen privatrechtlicher Ausschlußmöglichkeiten dazu führen, daß ein entsprechender Bedarf nicht artikuliert wird, bei Schutzgütern haben Exklusionsprobleme dagegen typischerweise eine Übernutzung zur Folge. Bei Produktions- oder Konsumprozessen aller Art ist es darüber hinaus denkbar, daß als Kuppelprodukte externe Effekte auftreten oder daß die Konsum- bzw. Produktionsentscheidungen durch Kurzfristinteressen verzerrt werden, deren zu starke Berücksichtigung später bedauert wird (Problematik der meritorischen bzw. demeritorischen Güter).

(4) Der eingangs dieses Gliederungspunktes aufgeführte Satz könnte schließlich auch noch zu der Annahme verführen, daß der Staat als Summe aller Zwangsverbände aus ökonomischer Sicht lediglich eine Maschine zur Generierung von wirtschaftlichen Vorteilen für die gerade lebende Generation sei. In der Tat liegt die Gefahr nahe, daß er so betrachtet wird und daß die lebende Generation ihr Stimmrecht in einer entsprechenden Weise nutzt. Gleichwohl schließt das Drängen der Ökonomen auf eine zweckmäßige Wirtschafts- und Finanzverfassung aber weder aus, daß es Bereiche gibt, die man nicht dem im Wirtschaftsleben üblichen Vorteilskalkül unterwerfen sollte, noch daß der Staat als „ewig" betrachtet und auch mit der Aufgabe betraut wird, Lebensgrundlagen und politische Entscheidungsspielräume für spätere Generationen zu bewahren. Die Frage ist lediglich, wie man dies institutionell möglichst gut sicherstellen kann.

Die Klärung der Begriffe und Werturteile, die mit dem Satz verbunden sind, der Staat solle in einer Marktwirtschaft die Gesamtheit der Aufgaben wahrnehmen, zu deren Erledigung Zwangsverbände erforderlich sind, gestattet es, Staatsaufgaben und Grundsätze für ihre Verrichtung abzuleiten. Hiervon ausgehend kann dann im nächsten Gliederungspunkt geklärt werden, welche Art von Regelungen eine „ideale" Finanzverfassung enthalten müßte und welche an sich korrigierbaren Mängel die deutsche Finanzverfassung im Vergleich zu einem solchen Referenzsystem aufweist.

Die *Aufgaben,* welche die öffentlichen Zwangsverbände erfüllen sollen, lassen sich nach dem bisher Gesagten aufzählen und sind im Prinzip ja auch literaturbekannt. *Generell* gilt, daß Zwangsverbände zur Bereitstellung von Proto- und Quasikollektivgütern (einschließlich des Rechtsrahmens), zur Internalisierung regelungsbedürftiger externer Effekte, zur Vorbeugung gegen schwerwiegende Entscheidungsfehldispositionen und zur Milderung der Folgen von fühlbaren Informationsasymmetrien erforderlich sind. Ohne einen zweckmäßigen Einsatz der Mittel von Zwangsverbänden würden – wie noch näher zu erläutern ist – wichtige Allokations-, Distributions- und Stabilisierungsaufgaben nämlich nicht hinreichend erledigt.

(1) Im *Allokationsbereich* geht es um eine Lenkung des Faktoreinsatzes, welche den Nutzen maximiert bzw. die Kosten minimiert. Hier käme es aufgrund von privatrechtlichen Exklusionsproblemen ohne den Einsatz der Mittel öffentlicher Zwangsverbände vor allem dazu, daß ein zu geringer Bedarf an Proto- und Quasikollektivgütern im Bereich der Errichtungsgüter der *materiellen Infrastruktur* geäußert würde (z. B. für Be- und Entwässerungseinrichtungen, wie sie heute von Wasserverbänden bereitgestellt werden). Außerdem würden Schutzgüter wie etwa Wildbestände oder – international – die Ozonschicht ohne eine Benutzungsordnung übernutzt und würde externen Effekten wie den positiven Klimaregulierungsleistungen von Wäldern oder den negativen Kuppelprodukten des Autofah-

rens keine Rechnung getragen. Im Bereich der *Ausbildungsinfrastruktur* müßte man mit typischen Neigungen zu Fehldispositionen rechnen (die Schulpflicht ist eine Frucht solcher Erfahrungen) und mit den Folgen von Informationsasymmetrien auf den (kaum entwickelten) Märkten für Ausbildungskredite. Und im Bereich der *institutionellen Infrastruktur* würde sich das Fehlen eines Rahmens für Marktprozesse bemerkbar machen, der die Transaktionskosten für erwünschte Prozesse (z. B. das Durchsetzen guter Qualitäten) senkt, die Transaktionskosten für unerwünschte Prozesse dagegen erhöht (z. B. für technisch nicht gerechtfertigte Konzentrationsprozesse). Die institutionelle Infrastruktur soll nämlich wie ein Katalysator wirken, der die Ablaufgeschwindigkeiten funktioneller Prozesse beschleunigt und diejenigen dysfunktioneller Prozesse verzögert.

(2) Im *Distributionsbereich* geht es – sieht man von den Transaktionskosten ab – nicht um den Einsatz von Produktionsfaktoren, sondern um die Umverteilung von Kaufkraft. Hier würde es ohne den Einsatz der Mittel von Zwangsverbänden hauptsächlich dazu kommen, daß chronische Neigungen zu Fehldispositionen sowie Informationsasymmetrien das Entstehen und Funktionieren von prinzipiell erwünschten Versicherungsmärkten be- oder gar verhindern. Eine rein private Alters- und Erwerbsunfähigkeitsvorsorge würde z. B. an Mängeln leiden, die durch einen Versicherungszwang gemildert werden können (Gesetz der Minderschätzung zukünftiger Bedürfnisse, Neigung zur Selektion schlechter Risiken), und die Arbeitslosenversicherung oder eine Pflegeversicherung bilden vergleichbare Beispiele.[5] Auch die Sozialhilfe und damit die Letzt-Garantie für das soziale Existenzminimum und ein menschenwürdiges Dasein kann als Ersatz für das Fehlen eines nicht funktionsfähigen Versicherungsmarktes aufgefaßt werden. Darüber hinausgehende Umverteilungsmaßnahmen, die mit den Idealen der Leistungsgerechtigkeit (Entlohnung entsprechend der Leistung für andere), Aufwandsgerechtigkeit (Entlohnung entsprechend dem nach objektiven Kriterien geschätzten Arbeitsleid) und Bedürfnisgerechtigkeit (Entlohnung entsprechend außergewöhnlichen persönlichen Belastungen) begründet werden, sind dagegen nur schwer mit dem Verweis auf das Fehlen bzw. Fehlfunktionieren entsprechender Versicherungsmärkte begründbar. Hier geht es nämlich nicht vorrangig um eine möglichst effiziente Handhabung von Risiken, gegen die sich jeder einzelne im Prinzip im eigenen, wohlverstandenen Interesse versichern sollte, sondern um das Streben, in einer „gerechten" Gesellschaft zu leben, die sich statistisch dadurch auszeichnet, daß die Einkommens- und Vermögensverteilung nach unten beschränkt und insgesamt nicht allzu schief ist. Wie noch gezeigt werden wird, ist die Unterscheidung zwischen einer Umverteilung aufgrund von fehlenden oder fehlfunktionierenden Versicherungsmärkten und einer Umverteilung aufgrund von Gerechtigkeitsvorstellungen bezüglich der Einkommens- und Vermögensverteilung für die Wahl zweckmäßiger Finanzierungsformen von Bedeutung.

(3) Auch im *Stabilisierungsbereich* geht es – wiederum von Transaktionskosten abgesehen – nicht um den Einsatz von Produktionsfaktoren, sondern um die Milderung von Schwankungen im Auslastungsgrad des Produktionspotentials mit

---

[5] Die Mängeltendenzen können hier nur angedeutet werden. Ansonsten sei auf die Literatur verwiesen, etwa auf den Sammelband von *Rolf, Spahn* und *Wagner* (1988). Das aktuelle Beispiel der Pflegeversicherung ist vom *Wissenschaftlichen Beirat beim BMF* (1990) ausführlich diskutiert worden.

Mitteln der Angebotspolitik (klassische Störungen) bzw. mit Hilfe von Kaufkraft-verschiebungen entlang der Zeitachse (keynesianische Störungen).

Bisher wurde über die *Bereitstellung* von Maßnahmen gesprochen, d. h. bei Kollektivgütern über Entscheidungen über die qualitative und quantitative Dimensionierung des Bedarfs und die Art seiner Finanzierung und bei sonstigen Maßnahmen über die Artikulation eines entsprechenden Planungs-, Durch-führungs- und Überwachungsbedarfs. Dies bedeutet nicht, daß der Staat auch als *Hersteller* tätig werden, d. h. Leistungen erbringen muß, die er auch von erwerbs-orientierten Unternehmen kaufen könnte. Damit erhebt sich die Frage, wann bzw. inwieweit der Staat sich auf die Rolle einer Beschaffungsagentur beschränken kann und wann er darüber hinaus als Selbstversorger tätig werden muß. Die Frage läßt sich so beantworten, daß ein Kreis von *Hoheitsaufgaben* (im ökonomischen, nicht unbedingt auch rechtlichen Sinne) angegeben wird, der geborene Selbstver-sorgungsaufgaben der öffentlichen Verwaltung umfaßt, und daß darüber hinaus ein Verfahren zur Entscheidung der Frage vorgegeben wird, unter welchen Um-ständen der Kreis der Selbstversorgungsaufgaben erweitert werden darf.

Der Kreis der Hoheitsaufgaben im eben genannten Sinne wird durch die Stich-worte „Regelorientierung" und „Gefährdungskosten" markiert. Das Abarbeiten einer Aufgabe nach einem vorgegebenen Algorithmus, der dafür sorgt, daß be-stimmte Regeln für die Vorgehensweise im einzelnen und für Entscheidungs-spielräume eingehalten werden, ist typisch für die Verwaltungstätigkeit. Es unter-scheidet diese von einer ergebnisorientierten unternehmerischen Tätigkeit, die kreativer und auf die Beachtung des ökonomischen Prinzips gerichtet ist. Eine Regelorientierung wird vor allem durch Hierarchisierung und Arbeitsverträge er-zeugt, die sich durch Bewährungsaufstieg aufgrund von erwiesener Loyalität aus-zeichnen, kurz also durch Verhältnisse, wie sie für Arbeitsverträge von Beamten typisch sind. Hinzu treten formalisierte Arbeitsanweisungen und Klagerechte der Bürger bei Formverletzungen. Unternehmerisches Handeln verlangt demgegen-über weitere Entscheidungsspielräume bei der Wahl der Mittel sowie Ergebnis-verantwortung und Ergebnisbeteiligung. Das Ideal einer regelorientierten Zusam-menarbeit zweier Partner ist gegenseitige Verläßlichkeit der Leistungserbringung auch bei Abwesenheit oder Undurchführbarkeit laufender Kontrollen, das Ideal der Ergebnisorientierung ist die Kostengünstigkeit der Erzeugung eines vorgege-benen Werkes.

Aus der Sicht der Bürger gibt es nun Bereiche, in denen ein Zwangsverband mehr Wert auf die verläßliche Regeleinhaltung bei der Leistungserbringung legen soll-te als auf die Kostengünstigkeit, und zwar deshalb, weil die Kostengünstigkeit nur vordergründiger Natur wäre und nicht berücksichtigte, daß es bestimmte, schwer kalkulierbare Wagnisse gibt. Das, was man als Versicherungsprämien zur Beherr-schung dieser Wagnisse zahlen müßte und beim Nichtabschluß entsprechender Versicherungen als Risiken in Kauf nimmt, sind die Gefährdungskosten: Wirbt ein Staat ein Söldnerheer an, das unternehmerisch geführt wird und bestimmte Lei-stungen günstiger zu erbringen verspricht als in das öffentliche Recht eingebun-dene und der Bevölkerung durch natürliche Loyalität eng verbundene eigene Streitkräfte, so nehmen die Bürger das Wagnis in Kauf, daß ein Staat im Staate ent-steht, der sich zu einer mafiosen Ausbeuterorganisation entwickeln könnte. Ähn-liches gilt für ein System von Steuerpächtern (statt einer Steuerverwaltung) oder privater statt öffentlicher Polizeikräfte. Gefährdungskosten sind also Wagnis-kosten für Transaktionen, die mit der Herstellung von Staatsleistungen verknüpft

und aus der Sicht der Bürger mit besonderen Gefahren für Leben, Freiheit, Menschenwürde und Eigentum gekoppelt sind. Tätigkeiten dieser Art sind zudem im allgemeinen wiederkehrender Natur, erfordern spezifische Kenntnisse und können nicht durch Wettbewerb kontrolliert werden. Deshalb sollte ein Zwangsverband, der zunächst nur ein Bereitstellungsverband ist, im Falle des Auftretens hoher Gefährdungskosten mit einem potentiellen Anbieter entsprechender Dienstleistungen fusionieren und interne Kontrollmöglichkeiten an die Stelle des fehlenden Wettbewerbs setzen. Auf diese Weise ergibt sich als Kern der staatlichen Selbstversorgungstätigkeiten eine Hoheitsverwaltung im ökonomischen Sinn. Von ihr ausgehend kann dann auf der Basis normaler Transaktions- und Produktionskostenüberlegungen entschieden werden, welche weiteren Leistungen in den Kreis der Selbstversorgungsaufgaben einzuordnen sind. Diese Überlegungen unterscheiden sich nicht prinzipiell von den Kaufen-oder-Selbermachen-Überlegungen, wie sie in Unternehmen bei Entscheidungen über die Produktionstiefe angestellt werden. Nachdem nunmehr die Aufgaben näher geklärt worden sind, deren Verrichtung von der Finanzverfassung ermöglicht und gefördert werden sollte, sollen *Ordnungs- und Finanzierungsregeln* besprochen werden, welche in einem marktwirtschaftlich organisierten, demokratischen und sozialen Bundesstaat aus ökonomischer Sicht ganz allgemein gelten und deshalb auch bei der Formulierung der Finanzverfassung berücksichtigt werden sollten.[6]
Das erste dieser Prinzipien, das *Kongruenzprinzip,* gilt für alle Kollektivgüterverbände und will den Autonomieverzicht (im Sinne eines Verzichts auf Selbstbestimmung bei der Bedarfsfestlegung, auf Selbstverwaltung bei der Finanzierungsgestaltung und auf Selbstverantwortung bei der Haftung für die finanziellen Folgen der eigenen Entscheidungen) mildern, der stets mit einer gemeinsamen Nutzung von Kollektivgütern verbunden ist. Es besteht aus drei Teilprinzipien, die jeweils die Deckung zweier Personenkreise fordern:
– der Kreise der Nutzer und Zahler (Prinzip der fiskalischen Äquivalenz),
– der Kreise der Entscheidungsunterworfenen und Kontrollberechtigten (Demokratieprinzip) und
– der Kreise der grundsätzlich Kontrollberechtigten (also aller Mitglieder) und derjenigen, die tatsächlich kontrollieren (Prinzip der Immediatkontrolle).
Wird von diesen Teilprinzipien abgewichen, sollten dafür überzeugende Gründe angeführt werden können (z. B. zu hohe Transaktionskosten einer Direktkontrolle durch alle Mitglieder).
Während das Kongruenzprinzip eine Organisationsregel für Kollektivgüterverbände darstellt, ist die nun zu besprechende *ZMT-Regel* ein Zuordnungsprinzip, das bei der Zuweisung von Zielen zu Mitteln und Trägern immer dann beachtet werden sollte, wenn mehrere Ziele zu realisieren sind, die sich nicht völlig harmonisch zueinander verhalten. Die Buchstaben in der Abkürzung „ZMT" kann man als Kürzel für „Ziele", „Mittel" und „Träger" lesen, aber auch als Kürzel für „Zuordnung" gemäß „Mundell bzw. Musgrave" und „Tinbergen". Diese drei Autoren haben nämlich gezeigt, wie man die Regel in bestimmten Entscheidungs-

---

[6] Im folgenden werden nur diejenigen Prinzipien betrachtet, die für die Finanzverfassung innerhalb einer bereits etablierten Marktwirtschaft von Bedeutung sind. Auf Prinzipien, die beim Einführen der Marktwirtschaft beachtet werden müssen, wird nicht eingegangen. Hierzu und zu weiteren Prinzipien vgl. *Grossekettler* (1991a: 108 – 118).

bereichen anwenden kann;[7] sie sind dabei allerdings von statischen Wohlfahrts-überlegungen ausgegangen und haben die Trägerproblematik weitgehend ausge-klammert, während der Verfasser eine dynamische Interpretation auf der Basis kybernetischer Vorstellungen bevorzugt.

Unabhängig von der Begründung im einzelnen strebt die ZMT-Regel danach, Dosierungs-, Kompetenz- und Loyalitätskonflikte zu vermeiden und Informa-tionskosten zu senken. Die Regel verlangt,

– daß jedem Ziel wenigstens ein nicht auch zur Realisierung konfligierender Ziele eingesetztes Mittel zugeordnet wird, denn anderenfalls können Dosierungskon-flikte entstehen (ein bestimmter Zinssatz kann z. B. dem Vollbeschäftigungsziel dienen, gleichzeitig aber das Erreichen des außenwirtschaftlichen Gleichgewichts verhindern, weil hierzu ein anderer Zinssatz erforderlich gewesen wäre);

– daß jeder Ziel-Mittel-Kombination ein und nur ein Träger zugeordnet wird, denn anderenfalls könnten Kompetenzkonflikte entstehen (sind zwei Träger ge-meinsam für ein Ziel verantwortlich, schieben sie sich oft gegenseitig die Verant-wortung für Fehler zu; ist der Einsatz ein und desselben Mittels auf verschiedene Träger verteilt, kann es zu Abstimmungsproblemen und Trittbrettfahrerhaltungen kommen, wie sie unten für den Einsatz der Staatsverschuldung zu stabilitätspoli-tischen Zwecken diskutiert werden);

– daß ein und demselben Träger nur solche Ziel-Mittel-Kombinationen übertra-gen werden, die miteinander kompatibel sind – d. h. die nicht zu Loyalitätskon-flikten führen –;

– daß für jede Ziel-Mittel-Kombination möglichst derjenige Träger ausgesucht wird, der über das höchste Informationsniveau verfügt und daß die Träger ihre Instrumente normalerweise unabhängig voneinander zur Realisation ihrer jeweili-gen Ziele einsetzen und Nebeneffekte des Instrumenteneinsatzes anderer Träger in der gleichen Weise wie exogene Störungen ausregulieren.

Die letzte Teilforderung wird allerdings nur in der dynamischen Variante der Regel erhoben, wie sie der Verfasser vertritt; sie wendet sich gegen eine zentrale Simultanplanung nach einem synoptischen Ideal und plädiert statt dessen für separate Teilregelungen zur Realisierung der verschiedenen wirtschafts- und finanzpolitischen Ziele über teilautonome Träger. Diesen sollen klare Ziele und eindeutige Kompetenzen zugewiesen werden. Sie sind nur zum Teil autonom, weil sie ihre Ziele und Mittel nicht frei wählen dürfen, sondern den Funktionen zu dienen haben, die im übergeordneten System „Volkswirtschaft" erfüllt werden müssen. Das Ergebnis einer solchen Separatregelung durch teilautonome Träger besteht – kybernetisch ausgedrückt – darin, daß das Gesamtsystem Multistabilität erreicht, d. h. daß es sich auch unvorhergesehenen Störungen angemessen an-passen kann.

---

[7] *Mundell* (1962) hat die gleich zu schildernde Grundidee, daß verschiedene Ziele mit Hil-fe des kombinierten Einsatzes unterschiedlicher Instrumente erreicht werden müssen, auf die Forderung nach Realisation von Zahlungsbilanz- *und* Vollbeschäftigungsgleichwicht angewandt: Ersteres soll mit Hilfe der Geldpolitik (Zinssteuerung), letzteres mit Hilfe der Fiskalpolitik (Defizitsteuerung) erreicht werden. *Musgrave* (1959) hat eine Trennung von Allokations-, Distributions- und Stabilisierungsmaßnahmen gefordert. *Tinbergen* (1972) hat gezeigt, daß im Rahmen einer sogenannten Fixzielpolitik zur Realisierung politisch vorge-gebener Zielwerte (also etwa zur Realisierung der im Jahreswirtschaftsbericht genannten Zielwerte des Stabilitäts- und Wachstumsgesetzes) wenigstens soviele Mittel wie Ziele vor-handen sein müssen.

Neben dem Kongruenzprinzip und der ZMT-Regel sind für die Finanzverfassung aus ökonomischer Sicht auch das Subsidiaritätsprinzip, das Legitimationspostulat und das Beherrschbarkeitsprinzip sowie bestimmte – oben bereits angedeutete – Finanzierungsregeln von Bedeutung.

Die Befolgung des *Subsidiaritätsprinzips* wird in der Literatur zum einen bei der Träger-, zum anderen bei der Mittelwahl postuliert. In bezug auf die *Trägerwahl* fordert das Subsidiaritätsprinzip (welches bekanntlich der katholischen Soziallehre entstammt und dort nur auf die Trägerwahl zugeschnitten ist), daß die jeweils „kleinste" Gemeinschaft mit einer Aufgabe betraut wird, die zu deren Erledigung noch fähig ist. In bezug auf die Finanzverfassung bedeutet dies, daß bei der Auswahl von Aufgabenträgern „von unten nach oben" vorgegangen und ein Verband mit einem niedrigeren Extensionsniveau einem mit einem höheren im Zweifel vorgezogen werden soll. Mit anderen Worten: Die Höhe des Extensionsniveaus muß unter der Nebenbedingung der Eignung eines Verbandes als Maßnahmenträger erforderlich sein. Die Forderung nach „Eignung" stellt somit eine Untergrenze für die Wahl des Extensionsniveaus dar, und das in der Erforderlichkeitsforderung zum Ausdruck kommende Subsidiaritätsprinzip bildet eine Obergrenze.

In bezug auf die *Mittelwahl* fordert das Subsidiaritätsprinzip, daß von zwei geeigneten Mitteln jeweils das weniger schädliche gewählt wird, d. h. dasjenige, das weniger stark in die Freiheits- oder Eigentumsrechte eingreift und/oder weniger starke Störungen bei Markt-, Kreislauf- oder Verwaltungsprozessen hervorruft.

In bezug auf die Mittelwahl deckt sich das Subsidiaritätsprinzip mit einer Teilforderung des *Legitimationspostulats*. Dieses ähnelt sehr stark dem für das gesamte öffentliche Recht geltenden Übermaßverbot und verlangt, daß vor der Einführung einer wirtschaftspolitischen Maßnahme oder Regelung geprüft wird, ob diese einem legitimen (nicht bloß legalen) Ziel dienen soll und ob sie in bezug auf die Mittelwahl den Forderungen der Eignung, Erforderlichkeit und Verhältnismäßigkeit genügt. Regelungen in konkreten Finanzverfassungen dürften – jedenfalls in Realdemokratien – normalerweise wohl legitimen Zielen dienen (was in Diktaturen nicht sichergestellt ist); wie noch zu zeigen sein wird, können vor allem in bezug auf die Erforderlichkeit und Verhältnismäßigkeit der Wahl von Finanzierungsmitteln aber Zweifel bestehen.

Das *Beherrschbarkeitsprinzip* verlangt zu bedenken, daß politisch-administrative Systeme erfahrungsgemäß (und erfahrungswissenschaftlich erklärbar) Expansionstendenzen unterliegen und daß der Staat so zum Leviathan zu werden droht. Wie eingangs bereits ausgeführt, muß eine Finanzverfassung deshalb auch Grenzen der Staatstätigkeit aufzeigen. Weil diese nun aber zum Teil von technischen Bedingungen (wie etwa den verfügbaren Exklusionstechniken) abhängen, muß für den Fall von Datenänderungen z. B. programmiert sein, daß es zu einer Kompetenzverlagerung zwischen Staat und Privatrechtsgesellschaft kommt. Da das Expansionsstreben des Staates häufig dafür sorgt, daß notwendige Verstaatlichungs- und Regulierungsmaßnahmen über kurz oder lang tatsächlich ergriffen werden, muß vor allem dafür gesorgt werden, daß mögliche Privatisierungs- und Deregulierungsmaßnahmen ebenfalls durchgeführt werden.

Finanzierungsregeln wurden oben bereits angesprochen. Sie verlangen z. B., daß Kollektivgüter – je nach ihrem Charakter – über Gebühren oder Beiträge oder gemischte Tarife finanziert werden, daß der Einsatz von Steuern, die – vor allem bei der Kollektivgüterfinanzierung – mit einer Zusatzlast verbunden wären, auf die Finanzierung von gerechtigkeitsorientierten Umverteilungsmaßnahmen beschränkt wird und daß der Staatsverschuldung enge Grenzen gezogen werden.[8]

3. Notwendiger Inhalt der Finanzverfassung

Nach der Erläuterung der Staatsaufgaben in einer Marktwirtschaft und der Prinzipien, die in einer Finanzverfassung zur Programmierung einer guten Aufgabenverrichtung beachtet werden sollten, kann nun genauer geklärt werden, was der Inhalt einer Finanzverfassung für einen Staat wie Deutschland sein sollte. Hieraus läßt sich dann ableiten, welche Regelungsdefizite ggf. bestehen.

Bei der Darstellung des notwendigen Inhalts der Finanzverfassung wird in drei Schritten vorgegangen:

– Zunächst wird geklärt, welche Art von Vorschriften die Finanzverfassung enthalten müßte, wenn die Welt statisch wäre und wenn Deutschland darüber hinaus aus relativ gleichmäßig entwickelten Teilregionen bestünde und Staatsaufgaben gleichzeitig effizient finanziert würden. Eine statische Welt hätte zur Folge, daß man keine Datenänderungen berücksichtigen müßte, die für das Auftauchen neuer oder das Wegfallen alter Aufgaben sorgen oder eine Verlagerung von Aufgabenkompetenzen zwischen der Privatrechtsgesellschaft und dem Staat oder zwischen verschiedenen Zwangsverbänden erforderlich werden lassen. Eine relativ gleichmäßige Entwicklung der Teilregionen würde in Verbindung mit einer effizienten Aufgabenfinanzierung dagegen dafür sorgen, daß man auf große Teile des Finanzausgleichs verzichten könnte.

– Anschließend werden die Konsequenzen erläutert, die sich ergeben, wenn man die unrealistische Prämisse einer statischen Welt aufgibt.

– Schließlich wird auch die Unterstellung aufgegeben, daß die Teilregionen gleichmäßig entwickelt sind und die Staatstätigkeit effizient finanziert wird. In der Realität ist letzteres vor allem deshalb nicht der Fall, weil der moderne Staat zum einen ein Steuerstaat ist, obwohl mit der (politisch allerdings sehr bequemen) Steuerfinanzierung eine Reihe von vermeidbaren Zusatzlasten verbunden ist. Zum anderen sind auch die Verschuldungskompetenzen des Bundes und der Länder nicht nach rein ökonomischen Überlegungen zugeschnitten und verteilt. Deshalb wird im dritten Schritt untersucht, welche Konsequenzen sich ergeben, wenn man die politisch gesetzten Nebenbedingungen einführt, daß der Staat sich hauptsächlich über Steuern zu finanzieren habe und daß alle Gebietskörperschaften über bestimmte Verschuldungskompetenzen verfügen können sollen.

Nicht betrachtet wird bei der Darstellung des notwendigen Inhalts der Finanzverfassung, daß manche Finanzausgleichsprobleme durch eine Umgliederung des Bundesgebietes gelöst werden könnten. Als Grund hierfür läßt sich vor allem anführen, daß es zwar gewichtige ökonomische Gründe gibt, die für einen „Fiskal-

---

[8] Ausführlicher hierzu *Grossekettler* (1994). Steuern weisen verschiedene Arten von Zusatzlasten auf, vor allem die, daß sie als definitionsgemäß nicht zweckgebundene Finanzierungsmittel die Haltung der Bürger fördern, vom Staat bei Kollektivgütern stets die Sättigungsmenge statt diejenige Menge zu verlangen, welche sich aus den Grenzkosten und der summierten Grenzzahlungsbereitschaft des Kollektivs ergibt.

föderalismus" sprechen, daß die wichtigsten Gründe für eine bundesstaatliche Struktur jedoch eher außerökonomischer Natur sind:
– In politischer Hinsicht gilt, daß die Aufteilung der Staatsmacht auf verschiedene Gebietskörperschaften, die in Bundesstaaten zur Machtteilung zwischen Exekutive, Legislative und Judikative hinzutritt, gerade in der parlamentarischen Demokratie mit ihrer teilweisen Aufhebung der Grenze zwischen Legislative und Exekutive ein weiteres notwendiges Mittel der Machtteilung ist und daß darüber hinaus die Rekrutierung von Politikern und die innere Vielfalt der Parteien gefördert wird.
– In demokratietheoretischer Hinsicht kann auf mehr Mitwirkungs- und Identifikationsmöglichkeiten für die Bürger verwiesen werden.
– Und in historischer Hinsicht ist zu betonen, daß der Föderalismus die Möglichkeit bietet zu berücksichtigen, daß Bundesstaaten oft aus Staatenbünden entstanden sind, deren Mitglieder ethnische oder deren Gebiete topographische Besonderheiten aufweisen, die fortwirken.
Hinzu kommt, daß Gebietsumgliederungen weniger Probleme lösen können, als es auf den ersten Blick scheint, daß sie natürlich auch nicht allzu häufig vorgenommen werden können und daß sie keine spezifischen Bestandteile der Finanzverfassung sein könnten, sondern in der allgemeinen Staatsverfassung geregelt werden müßten.
Wie eben beschrieben soll zunächst dargestellt werden, was in einer marktwirtschaftlichen Finanzverfassung in einer statischen Welt geordnet werden müßte. Die Antwort lautet:[9]
(1) Für den *Allokationsbereich* müßte es Vorschriften geben, welche die Verteilung von Bereitstellungskompetenzen zwischen Privatrechtsgesellschaft und Staat einerseits und die Kompetenzverteilung zwischen verschiedenen Arten von Zwangsverbänden im staatswirtschaftlichen Bereich andererseits regeln. Da es sehr viele einzelne Bereitstellungsaufgaben gibt und da Transaktionskostenüberlegungen eine Rechtsformenbeschränkung nahelegen, resultieren hieraus folgende Teilaufgaben:
– eine Festlegung von Rechtsformen für Bereitstellungsverbände im privaten und staatlichen Bereich,
– eine Regelung, welche die staatliche Bereitstellung von Gütern im Sinne des Beherrschbarkeitsprinzips davon abhängig macht, daß Exklusionsprobleme, externe Effekte oder Tendenzen zu chronischen Fehlentscheidungen im privaten Bereich so ausgeprägt sind, daß staatliches Handeln erforderlich wird, gleichzeitig aber auch in Grenzen gehalten werden kann, und
– eine generelle Regel dafür, wie die Kompetenzen im staatlichen Bereich verteilt werden sollen. Hierbei hätte folgendes zu gelten:
– Bereitstellungskompetenzen für *Kollektivgüter* sollten nach dem Kongruenzprinzip demjenigen Verbandstyp zugeteilt werden, dessen Finanzierungskompetenz bei einem Vorgehen „von unten nach oben" (d. h. nach dem Subsidiaritäts-

---

[9] Einen ähnlichen Ansatz wie den folgenden, der allerdings speziell auf die Schweiz bezogen ist, findet man in *Frey* (1977). *Frey* stützt sich allerdings stärker auf die Theorie des Fiskalföderalismus, als es im folgenden geschieht. Auf die Unterschiede im einzelnen kann im Rahmen dieses Aufsatzes nicht eingegangen werden.

prinzip) erstmals geeignet erscheint, alle Hauptnutzer des Gutes in zweckmäßiger Weise zur Finanzierung heranzuziehen. Sieht man von neueren Gebührenerhebungstechniken ab, bedeutet dies z. B., daß Gemeindestraßen durch Gemeinden als Bereitstellungsverbände für die Gemeindeinfrastruktur bereitgestellt werden sollten, während es für Land- bzw. Bundesstraßen vermutlich zweckmäßig wäre, Spezial-Zwangsverbände (Landes- bzw. Bundesverkehrsmittelverband) zu gründen, welche die jeweilige Verkehrsinfrastruktur über Zwangsbeiträge und Gebühren finanzieren. Der Eignungsgrundsatz würde dabei dafür sorgen, daß die Kompetenzen nicht „zu weit unten" angesiedelt werden, der Erforderlichkeitsgrundsatz würde eine Ansiedlung „zu weit oben" verhindern, und der Verhältnismäßigkeitsgrundsatz würde dafür sorgen, daß potentielle Kostenersparnisse aus der Bildung größerer bzw. gemischter Verwaltungen beachtet würden (Economies of scale und Economies of scope bei Verwaltungstätigkeiten).

– Regelungskompetenzen für *externe Effekte* sollten jeweils dann einer Gebietskörperschaft – bzw. der nächst höheren Gebietskörperschaft – übertragen werden, wenn es auf der Ebene, auf der diese Effekte auftreten (also z. B. der Individualebene oder – bei verbandsexternen Effekten – etwa der intrakommunalen Ebene) nicht zu Verhandlungslösungen kommt.

– Kompetenzen zur *Behebung chronischer Entscheidungsverzerrungen* müßten – soweit hier überhaupt finanzpolitische Mittel eingesetzt werden sollen – wohl dem Bund übertragen werden, weil es dabei vor allem um die Korrektur verzerrter Marktgleichgewichte geht und räumliche Beschränkungen kaum vorstellbar erscheinen (soll z. B. die Einführung neuartiger Sicherheitssysteme für Autos zum Zwecke der Eingewöhnung prämiert werden, so müßte das sicher bundesweit geschehen).

(2) Für den *Distributionsbereich* müßten die Kompetenzen generell beim Bund liegen. Im Hinblick auf die Behebung von Funktionsdefekten auf Versicherungsmärkten gilt dies, weil solche Defekte natürlich bundesweit behoben werden müßten. Im Hinblick auf darüber hinausgehende Gerechtigkeitskorrekturen wäre dies erforderlich, weil sich sonst – wie in der Föderalismustheorie dargestellt – Anreize zu dysfunktionellen Wanderungen ergeben würden. Damit es nicht zu einem Mißbrauch der Redistributionsgewalt kommt, müßten Funktionsdefekte aber nachgewiesenermaßen über ein erhebliches Gewicht verfügen, wenn der Staat eingreifen soll, und sollten Gerechtigkeitskorrekturen zwei Geboten unterliegen: dem Gebot der Systemhaftigkeit und dem Gebot der Verwendung von immer wieder neu zu beschließenden Finanzhilfen, nicht jedoch von Steuersubventionen.

(3) *Stabilisierungspolitische Kompetenzen* müßten beim Bund angesiedelt werden, weil kleinere Gebietskörperschaften aufgrund ihrer hohen marginalen Importquoten (und somit niedriger Ausgabenmultiplikatoren) teilweise Anreize zu einem konjunkturpolitischen Trittbrettfahrerverhalten hätten und weil nur der Bund die Abstimmung mit der Geldpolitik und im internationalen Rahmen herbeiführen kann. Die stabilitätspolitische Konzeption sollte angesichts denkbarer Fortschritte beim Verständnis und der Verstetigung von Konjunkturschwankungen weitgehend offen bleiben; die bisherigen Erfahrungen rechtfertigen allerdings für den Normalfall eine Verstetigungskonzeption nach dem Leitbild der potentialorientierten Ausgabenpolitik.

Im Rahmen der Stabilisierungspolitik spielt das Instrument „Staatsverschuldung" eine Rolle. Bei der Kompetenzverteilung hierfür ist zu beachten, daß legale Verschuldungsanlässe auch für Körperschaften „unterhalb" des Bundes denkbar sind.

Hieraus können sich Probleme ergeben. Auf deren Lösungsmöglichkeiten soll aber erst im Rahmen der Diskussion der Finanzverfassung eingegangen werden, die bereits bestimmten politischen Vorgaben genügt.

Die Finanzverfassung sollte auch *Finanzierungsregeln* enthalten. Diese müßten für den Allokationsbereich verlangen, daß Quasi- und Protokollektivgüter (einschließlich des Vorhaltens der notwendigen Kernverwaltungen im Bereich der Hoheits- und der Justizverwaltung) grundsätzlich über Zwangsbeiträge und Gebühren finanziert werden und daß bezüglich der Regelung externer Effekte und der Korrektur von Fehlentscheidungstendenzen marktwirtschaftlichen Lösungen (z. B. Zertifikatslösungen) im Zweifel der Vorrang zu geben ist. Steuern als Finanzierungsmittel wären im Prinzip nur im Rahmen eines Steuer-Transfer-Systems zur Herbeiführung von distributiven Gerechtigkeitszielen erforderlich, und die Staatsverschuldung könnte auf stabilitätspolitische Zwecke und bestimmte Sonderzwecke (wie gegenwärtig z. B. einen raschen Ausbau der Infrastruktur im Rahmen der Wiedervereinigung) beschränkt bleiben.[10]

Die Kaufen-oder-Selbermachen-Frage der staatlichen *Herstelltätigkeit* müßte ebenfalls in der Finanzverfassung geregelt werden. Hier kämen Vorschriften in Frage, wie man sie heute schon in manchen Gemeindeordnungen findet und wie sie demnächst allgemein eingeführt werden sollen: Die staatliche Herstelltätigkeit sollte nur zulässig sein, wenn nachgewiesen werden kann, daß mit ihrer Hilfe Kostenersparnisse erzielt werden können (Ersparnisse, die im allgemeinen Transaktionskostenersparnisse sein werden); die Angemessenheit des Nachweises solcher Ersparnisse sollte Gegenstand von Klagerechten potentieller Konkurrenten und von Verbraucherverbänden sein.

Geht man von der Prämisse einer statischen Welt ab, ergeben sich zusätzliche Regelungsbedarfe. Sie folgen daraus, daß Datenveränderungen Kompetenzverlagerungen im Allokationsbereich zur Folge haben können, daß sich auch Änderungen bei den Funktionsdefekten auf Versicherungsmärkten ergeben können, die im Distributionsbereich eine Rolle spielen, daß u. U. Verwaltungs- und/oder Produktionspotential im staatlichen Bereich abgebaut werden muß und daß starke Strukturänderungen distributions- und stabilitätspolitische „Abfederungsmaßnahmen" erforderlich machen können. Infolgedessen benötigte man Einrichtungen, welche die bisherigen Kompetenzstrukturen überprüfen und ggf. dafür sorgen,

– daß Bereitstellungskompetenzen in den privaten Bereich verlagert werden, wenn technischer Fortschritt bei den Exklusionsmöglichkeiten dafür sorgt, daß – wie heute etwa im Bereich der Verkehrsinfrastruktur – aus Quasikollektivgütern (z. B. durch die Einführung elektronischer Überwachungssysteme) Klubkollektivgüter werden,

– daß Privatisierungs- und Deregulierungsmaßnahmen ergriffen werden, wenn technische Änderungen dies möglich erscheinen lassen,

– daß Verwaltungspotential auf geordnete Weise und ohne das Entstehen vermeidbarer Konsolidierungsmängel abgebaut werden kann, was rein technisch am

---

[10] Näher wird auf die Finanzierungsregeln wie gesagt in *Grossekettler* (1991 und 1994) eingegangen.

besten über eine *Kürzungsordnung* erreicht werden könnte, die das Haushaltsrecht ergänzt,[11]
– daß in einer *Subventionsordnung* angegeben wird, unter welchen Umständen und wie Branchenstrukturkrisen „abgefedert" werden können,
– daß andererseits Probleme wie die des Umweltschutzes oder die Langfristprobleme der Alters- und Krankheitssicherungssysteme aber auch dann politisch aufgegriffen werden müssen, wenn wahltaktische Überlegungen dem entgegenstehen.
Solche Institutionen müßten vermutlich unabhängige Gremien umfassen, denen Berichtspflichten und Untersuchungsrechte zugeordnet werden.[12] Sie müßten sich auf ein öffentliches Rechnungswesen stützen können, das wesentlich informativer als das heutige ist und neben Einnahmen-Ausgaben-Rechnungen vor allem auch Kosten- und Leistungs-Rechnungen sowie Vermögensrechnungen und Lagebeurteilungen umfaßt, in denen Belastungen zukünftiger Generationen sichtbar gemacht werden.[13] Es wäre außerdem zu überlegen, ob es nicht Klagerechte für „Beauftragte der Zukunft" oder Vertreter anderer „schweigender Mehrheiten" geben sollte. Solche Klagerechte könnten die Aktionshemmnisse beseitigen, die das Aufgreifen der Probleme schlecht organisierbarer Gruppen verhindern und für den politischen Prozeß typisch und von der Ökonomischen Theorie der Politik erklärbar sind. Zu denken ist etwa an die Blindheit der Politiker gegenüber Langfristproblemen und Konsumenteninteressen.
Hebt man schließlich auch die Unterstellung auf, daß das Bundesgebiet relativ gleichmäßig entwickelt sei, und geht man gleichzeitig davon aus, daß ein Verbundsteuersystem wie das deutsche ebenso als politisches Datum zu betrachten sei wie die Tatsache, daß alle Gebietskörperschaften über Verschuldungsmöglichkeiten verfügen, ergibt sich ein Katalog zusätzlicher Regelungsbedarfe. Er umfaßt das Problemfeld *„Bund-Länder-Finanzausgleich"* und ist in *Übersicht 1* dargestellt. Dabei wird unterstellt, daß eine zu unterschiedliche finanzielle Leistungsfähigkeit der Länder unerwünscht ist, weil sie die Gleichheit der Startchancen sowie die Funktionsfähigkeit des Wettbewerbs der Länder untereinander beeinträchtigt. Deswegen (und aus weiteren Gründen) wird im Grundgesetz ja auch eine Abhilfe gefordert. Weiterhin ist unterstellt, daß diese Abhilfe weder über eine Korrektur der persönlichen Einkommensverteilung noch über Transfers erfolgen soll, die an objektiven Bedarfskriterien für Gebietskörperschaften anknüpfen, sondern daß die Unterstützungszahlungen als Bemessungsgrundlage das Finanzkraftniveau pro Kopf haben sollen, welches den Ländern im Durchschnitt zur Verfügung steht. Dies entspricht dem traditionellen Ansatz im Finanzausgleich und soll an dieser Stelle nicht problematisiert werden, da es offensichtlich nicht eindeutig unsachgemäß ist.

---

[11] Der *Wissenschaftliche Beirat beim BMF* (1994) hat dargelegt, welche Kriterien im Rahmen von Konsolidierungsstrategien angewandt werden sollten; der Verfasser hat eine Technik zur Berücksichtigung solcher Kriterien vorgeschlagen (zuletzt *Grossekettler,* 1994a), die von *Schwarzner* (1991) aufgegriffen, ausgebaut und mit anderen Techniken verglichen worden ist.
[12] Zu entsprechenden Vorschlägen vgl. *Leschke* (1993) und – speziell für den Bereich der Besteuerung – *Franke* (1993: 421 – 430), jeweils mit weiteren Nachweisen.
[13] Zu entsprechenden Vorschlägen vgl. *Lüder/Kampmann* (1993) und *v. Zwehl* (1993), jeweils mit weiteren Nachweisen.

Übersicht 1

Aufgaben, die im Rahmen eines Regelwerks für den Bund-Länder-Finanzausgleich gelöst werden müssen

---

(1) Es muß definiert werden, welche Einnahmen als finanzausgleichsrelevant betrachtet werden sollen. Insbesondere ist in funktionsgerechter Weise zu spezifizieren, wie Gemeindesteuern und steuerähnliche Abgaben zu behandeln sind.

(2) Es muß festgelegt werden, unter welchen Umständen Änderungen bei den Ertragskompetenzen vorgenommen werden sollen, wann in der Bundesrepublik also z.B. die Revisionsklausel zur Umsatzsteuerverteilung oder ein funktionell vergleichbares Revisionsverfahren in Kraft treten soll.

(3) Es muß eine Formel spezifiziert werden, nach der die Finanzkraft horizontal unter den Ländern umverteilt werden soll, und zwar so, daß eine Verringerung der Finanzkraftstreuung eintritt und eine Mindestfinanzkraft im Vergleich zu einem (fiktiven) Durchschnittsland garantiert wird.

(4) Es muß dafür gesorgt werden, daß der öffentliche Gesamthaushalt trotz der haushaltsrechtlichen Selbständigkeit von Bund und Ländern konjunkturgerecht gestaltet werden kann. Hierfür kommen z.B. Stabilitätstransfers in Form von Bundeszuschüssen bzw. Beiträge von Ländern und Gemeinden oder ein funktionell gleichwertiges Verfahren der trendorientierten Steueraufteilung in Frage.

(5) Es muß im Zusammenhang mit der Umverteilungsformel gemäß (3) oder in Gestalt eines eigenen Instruments eine Regelung der spezifischen Stadtstaatenproblematik gefunden werden. Diese resultiert daraus, daß in Stadtstaaten die Pendlerproblematik ein besonders starkes Gewicht hat und daß es — anders als in den Flächenstaaten — keinen kommunalen Finanzausgleich gibt, welcher der Stadt-Umland-Problematik von Großstädten gerecht wird.

(6) Es müssen Regeln für die Behandlung landesexterner Effekte definiert werden.

(7) Und schließlich müssen Verfahrensgrundsätze zur Bewältigung von Finanzkrisen formuliert werden; diese sollten auch bei der Lösung der Fragen angewendet werden können, die sich bei der Integration der jungen Bundesländer stellen.

Quelle: Mit kleineren Änderungen übernommen aus: *Grossekettler* (1993: 98).

Die in Übersicht 1 genannten Punkte sind vor allem im einschlägigen Gutachten des *Wissenschaftlichen Beirats beim BMF* (1992) bis auf eine Ausnahme ausführlich diskutiert worden und sollen daher nicht weiter analysiert werden. Die Ausnahme bildet das Problem Nr. 4, die Sicherstellung einer konjunkturgerechten Verschuldung trotz haushaltsrechtlicher Selbständigkeit der Gebietskörperschaften.

Dieses Problem hat vor allem deshalb an Relevanz gewonnen, weil der Vertrag von Maastricht Kriterien für die Nettoneuverschuldung sowie den Schuldenstand vorsieht, die der Bund zu garantieren hat.[14] Eine Koordination der Verschuldungspolitik teilautonomer Gebietskörperschaften läßt sich im Prinzip auf zwei grundverschiedenen Wegen erreichen:

– dadurch, daß die Gebietskörperschaften gegeneinander auf dem Weltkapitalmarkt um Kapital zu günstigen Konditionen konkurrieren (marktwirtschaftliche Ex-post-Koordination im Rahmen eines ungebundenen Verschuldungs-Trennsystems) und

– dadurch, daß die Beteiligten Koordinierungsverträge abschließen (planwirtschaftliche Ex-ante-Koordination im Rahmen eines gebundenen Trennsystems oder eines Verbundsystems der Verschuldung).

Ein ungebundenes Verschuldungs-Trennsystem schlösse eine gegenseitige Hilfe bei Finanzkrisen aus und entspräche weder dem Vertrag von Maastricht noch den verbundwirtschaftlichen Vorstellungen, wie sie die bisherige Finanzverfassung (i. e. S.) des Grundgesetzes prägen. Es wird daher im folgenden als „politisch ausgeschlossen" betrachtet.

Für eine geplante Ex-ante-Koordination der Verschuldung von Bund und Ländern kommen im Prinzip vier Formen von Koordinierungsverträgen in Betracht. Sie unterscheiden sich durch die Dauer der Bindung und dadurch, ob dem Bund oder einer Bund-Länder-Koalition Weisungsrechte gegenüber der Ländergesamtheit eingeräumt werden oder nicht. Wie *Übersicht 2* zeigt, kann man diese Vertragstypen in einen Raum der Koordinationsmethoden einordnen, der durch die Variablen „Zentralisationsgrad α von Weisungsrechten" und „Bindungsgrad β in bezug auf die Vertragslaufzeit" aufgespannt wird. Die in der Übersicht aufgeführten Operationalisierungsvorschriften sind so gewählt, daß α und β jeweils nur Werte im 0-1-Intervall annehmen können. Sie sollen nicht weiter diskutiert werden, denn die graphische Darstellung macht die Unterschiede zwischen den Vertragstypen im Hinblick auf die folgenden Erörterungen hinreichend deutlich;[15] statt dessen werden nur die charakteristischen Eigenschaften der Vertragstypen besprochen.

Konzertierungsverträge zeichnen sich dadurch aus, daß auf die Beteiligten keinerlei Zwang ausgeübt werden kann und daß diese sich allenfalls bis zum Ende der gerade laufenden Mittelfristigen Finanzplanung binden. Solche Verträge führen nur dann zu einer effektiven Koordination, wenn die Beteiligten ein (in der Erfahrungswelt äußerst selten realisiertes) sehr hohes Ausmaß an Selbstdisziplin und Einigungswillen einbringen. Die bisherige Finanzverfassung sieht eine (wenn

---

[14] Vgl. Art. 104c des EG-Vertrages 1992 in Verbindung mit dem Protokoll über das Verfahren bei einem übermäßigen Defizit. Das hieraus entstehende Koordinationsproblem hat einer Diskussion zur erneuten Aktualität verholfen, die bereits nach der Finanzreform von 1969 geführt worden ist. Als Beispiel für die damalige Diskussion seien *Voigtländer* (1970) und *Oberhauser* (1975) genannt, als Beispiel für die neuere Diskussion *Lang* (1992).

[15] Man kann die Operationalisierungsvorschriften verwenden, um konkrete Vertragstypen in den Koordinationsraum einzuordnen und damit den Charakter der Verträge zu verdeutlichen. Dabei kann es vorkommen, daß in den Verträgen unterschiedliche Teilregelungen getroffen werden, daß die Verträge sich also gleichsam aus verschiedenen (in sich dann homogenen) Elementarverträgen zusammensetzen. In solchen Fällen erfordert die Einordnung des Gesamtvertrages eine Gewichtung der Elementarverträge.

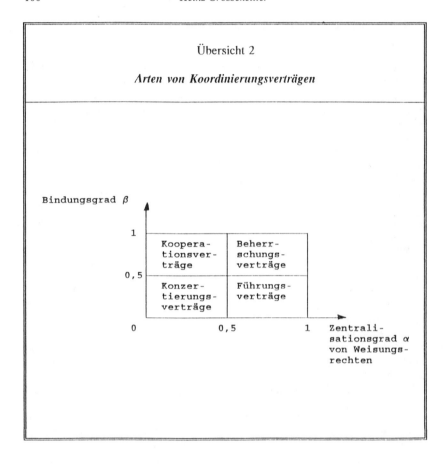

Übersicht 2

Arten von Koordinierungsverträgen

auch nicht extreme) Form der Konzertierung in Art. 109 GG und im Stabilitäts-
und Wachstumsgesetz (§ 3: Konzertierte Aktion, § 18: Konjunkturrat) sowie im
Haushaltsgrundsätzegesetz vor (§ 51: Finanzplanungsrat).[16] Daß diese Form der
Koordination nicht funktioniert hat, beruht auf Willens- und Fähigkeitsmängeln.
Die *Willensmängel* resultieren daraus, daß eine Begrenzung des gesamtwirt-
schaftlichen Defizits aus der Sicht der Beteiligten ein Kollektivgut ist, von dessen
Nutzen niemand ausgeschlossen werden kann. Deshalb ergeben sich Anreize zu
einem Trittbrettfahrerverhalten, die insbesondere für kleinere Länder groß sind.
Da der Bund aufgrund seiner Größe und außenpolitischen Verantwortung sowie
Reputation noch das größte Interesse an der Einhaltung der Maastricht-Kriterien
haben wird, droht außerdem das bekannte Phänomen der Ausbeutung von Großen
(hier des Bundes) durch Kleine (die Länder). Man wird deshalb auch die Prognose wagen dürfen, daß die Länder für eine Beibehaltung der bisherigen Regelung

---

[16] Vgl. hierzu *Stern/Münch/Hansmeyer* (1972), passim, insbesondere S. 318 – 326.

plädieren werden, weil sie hoffen, daß der Bund die Konsequenzen in der Verschuldungspolitik ziehen werde, die sie selbst nicht ziehen wollen, daß er also gleichsam für sie mit spart. Neben den Willensmängeln ergeben sich aber auch *Fähigkeitsmängel,* die vor allem daraus resultieren, daß die Konjunkturschwankungen im Bundesgebiet nicht völlig synchron verlaufen und daß es schwierig ist, Schlüsselgrößen zu finden, welche insbesondere den Gemeinden und verschuldungsberechtigten Teilen der mittelbaren Verwaltung als Orientierungshilfe dienen können.

Führungsverträge räumen dem Bund kurzfristige Weisungsrechte bei der Gestaltung der Verschuldungspolitik der Gebietskörperschaften ein und machen ihn auf diese Weise gleichsam zum „Geschäftsführer" der Verschuldungspolitik. Anklänge hieran finden sich z. B. in Art. 109 Abs. 4 GG (Kreditlimitierung, Konjunkturausgleichsrücklage).[17] Da die Mehrheit des Bundesrates verhindern kann, daß der Bund seiner Führungsrolle gerecht wird, liegt jedoch keine Führung im eigentlichen Sinne vor; gleichwohl ist in diesem Zusammenhang die Frage gestellt worden, ob sich Art. 109 nicht als eine „verfassungswidrige Verfassungsnorm" erweisen könnte, weil ein Verstoß gegen ein föderales Bund-Länder-Verhältnis (Art. 79 Abs. 3 GG) und gegen das Selbstverwaltungsrecht der Gemeinden (Art. 28 Abs. 2 GG) vorliege.[18] Auch wenn dies verneint wird, zeigt die Diskussion doch, daß ein Abgehen von Konzertierungsverträgen und eine Hinwendung zu effektiveren Koordinationsformen letztlich wohl immer einer verfassungsrechtlichen Absicherung bedarf und rasch auf hohe Schranken stoßen kann.

Kooperationsverträge würden im Prinzip besonders gut zum (inzwischen allerdings als fragwürdig empfundenen) Leitbild des Kooperativen Föderalismus passen. Mit ihrer Hilfe könnte eine mittelfristige Planung der Staatsverschuldung nach Niveau und Schuldnerstruktur verbindlich zwischen Bund und Ländern ausgehandelt werden. Ökonomisch gesehen hätte dies den Vorteil, gut zur Konzeption einer potentialorientierten Ausgabenpolitik zu passen. Nachteilig wären die Starrheit, die Kooperationsverträgen wegen der Schwierigkeit der Willensbildung typischerweise anhaftet, die Präjudizierung der Parlamente durch die Verwaltungen, die sich bei Planungsprozessen erfahrungsgemäß ergibt, und die Tatsache, daß die bei den Konzertierungsverträgen geschilderten Willens- und Fähigkeitsmängel vermutlich auch den Abschluß effektiver Kooperationsverträge verhindern würden.

Beherrschungsverträge würden im Extremfall dazu führen, daß der Bund die Verschuldungspolitik allein bestimmt und den Ländern (einschließlich Gemeinden) über Schlüsselgrößen entsprechende Vorgaben macht. Ein solches Vorgehen würde gut zur Konzeption der potentialorientierten Ausgabenpolitik passen und hätte gleichzeitig den Vorteil, daß der Gesamtstaat vergleichsweise flexibel reagieren kann und daß die politische Verantwortung eindeutig geklärt ist. Flexibilität wäre in solch einem Fall trotz der Langfristbindung möglich, weil die Planvorgaben so abgefaßt werden könnten, daß zwischen Festvorgaben und Eventualvorgaben unterschieden wird, welche kurzfristig vom Bund geändert werden können. Ein entscheidender Einwand gegen solch eine Verschuldungspolitik wäre verfassungs-

---

[17] Vgl. hierzu *Stern, Münch, Hansmeyer* (1972: S. 97 – 116).
[18] Vgl. ebenda, S. 113 f.

rechtlicher Art: Würde die Präjudizierung der Parlamente und hier vor allem der Länderparlamente durch die Bundesministerien bei solch einer Art von Vorschrift nicht so stark, daß man von einem Verstoß gegen den Bundesstaatscharakter sprechen muß, der ja unabänderlich ist (Art. 79 Abs. 3 GG)?

Die Frage müßte vermutlich bejaht werden, wenn man dem Bund das „Kommando" über die *gesamte* öffentliche Verschuldung übertragen würde. Das ist von der Sache her aber nicht erforderlich. Dies wird deutlich, wenn man zwischen einer Verschuldung zu Zwecken der Konjunkturstabilisierung (kurz: *konjunkturelle Verschuldung*) und einer Verschuldung zu Zwecken des Ausgleichs von Liquiditätsschwankungen (Kassenverstärkungskredite) und zur Streckung der Haushaltsbelastung aus großen Investitionsvorhaben unterscheidet (kurz: *nicht-konjunkturelle Verschuldung*). Eine nicht-konjunkturelle Verschuldung dieser Art könnte auf im Sinne der Maastricht-Kriterien „ungefährliche" Werte begrenzt werden. Im Prinzip sind weitere Schuldenanlässe denkbar (z. B. zur Herstellung eines intergenerativen Belastungsausgleichs). Da es hierfür aber bessere Instrumente als die Staatsverschuldung gibt, sollte davon kein Gebrauch gemacht werden. Dies würde am besten im Rahmen einer *Verschuldungsordnung* geregelt, in der angegeben wird, welche Verschuldungsanlässe zulässig sein sollen und wie die Verschuldung in solchen Fällen zu gestalten ist.

Vor der Verfassungsreform von 1969 war die nicht-konjunkturelle Verschuldung (damals im Rahmen des sogenannten außerordentlichen Haushalts) Bund und Ländern gestattet, die konjunkturelle Verschuldung dagegen weder dem Bund noch den Ländern. Dies zeigt, daß es verfassungsmäßig zulässig sein müßte, im Wege der Änderung der (nicht zum „Ewigkeitskatalog" des Grundgesetzes gehörenden) Finanzverfassung i. e. S. dafür zu sorgen, daß die nicht-konjunkturelle Verschuldung weiterhin Bund und Ländern gestattet wird, daß die konjunkturelle Verschuldung aber nur dem Bund zugestanden wird. Praktisch ließe sich das bewerkstelligen, indem man die Länder und Gemeinden bei der Verteilung der Verbundsteuern auf der Basis gleitender 5-Jahres-Prognosen des Arbeitskreises Steuerschätzungen so stellt, daß ihnen jeweils die Anteile am Gesamtsteueraufkommen zufließen, die ihnen bei Abwesenheit von Konjunkturschwankungen zugeflossen wären, also die jeweiligen Trendwerte des Aufkommens. Dies wäre gleichbedeutend damit, daß der Bund die Ertragsschwankungen *aller* Steuergläubiger auffangen muß, daß ihm damit aber auch ein besonders gutes Mittel für eine potentialorientierte Ausgabenpolitik zur Verstetigung der Konjunktur zur Verfügung steht. Bei einer solchen Politik wird das Steuerrecht – sieht man von einer eventuell eingeplanten „Normalverschuldung" ab – bekanntlich so gestaltet, daß das Gesamtsteueraufkommen bei Normalauslastung des Produktionspotentials dem Anteil am Produktionspotential entspricht, den der Staat für seine Zwecke in Anspruch nehmen will, und daß sich Überschüsse und Defizite über den Zyklus hinweg infolgedessen weitgehend ausgleichen. Fehler bei der Trendberechnung, die sich in solch einem System als nachteilig für eine Ebene der Gebietskörperschaften erweisen, könnten ex post durch Verrechnung ausgeglichen werden. Die Vorteile einer solchen *teilautonomen Defizitpolitik im Rahmen eines gebundenen Verschuldungs-Trennsystems* liegen auf der Hand: Unerwünschte Formen der Staatsverschuldung werden weitgehend unterbunden, die langfristige Tragfähigkeit der Verschuldung im Sinne der Kriterien von Maastricht könnte garantiert werden, Flexibilität wäre ebenfalls vorhanden, und die Verantwortungsstruktur wäre eindeutig geregelt.

4. Tatsächlicher Inhalt und Reform der Finanzverfassung

4.1 Inhalt und Regelungsdefizite der bisherigen Finanzverfassung

Nachdem nunmehr geklärt worden ist, welche Arten von Regelungen eine Finanzverfassung für einen Bundesstaat wie Deutschland unter den oben geschilderten Nebenbedingungen umfassen müßte, kann systematisch gezeigt werden, welche Regelungsdefizite bestehen. Ein solches Vorgehen wird einerseits dadurch erschwert, daß es zwar gute Darstellungen der Finanzverfassung i. e. S. und vieler ihrer Probleme gibt, kaum aber funktionsorientierte ökonomische Analysen der Finanzverfassung i. w. S.[19] Auf der anderen Seite können die Symptome der Regelungsdefizite der Finanzverfassung aber deutlich beobachtet werden, und zwar als *pathologische Entwicklungen der öffentlichen Finanzwirtschaft*. Solche Entwicklungen können also gleichsam Aufgreifkriterien zur Diskussion der Frage sein, ob sie Ausfluß von Regelungsdefiziten in der Finanzverfassung sind, d. h. ob es Stellen in dieser Verfassung gibt, die aus ihrer *falsch angelegten Funktionslogik* heraus pathologische Entwicklungen begünstigen.[20]

Die folgenden Ausführungen sind wie die in Gliederungspunkt 3 nach den Bereitstellungsaufgaben des Staates im Allokations-, Distributions- und Stabilisierungsbereich gegliedert und wenden sich dann den Finanzierungsregeln, der Herstellungstätigkeit und dem Finanzausgleich zu. Letzterer wird allerdings erst im Gliederungspunkt 4.2 behandelt, weil die „neue" Finanzverfassung nur in bezug auf ihn zu einer Verbesserung führt. Die nun zu besprechenden Regelungsdefizite bleiben dagegen auch in der neuen Verfassung bestehen.

Zunächst also zu den *Bereitstellungsproblemen im Allokationsbereich*. Hier wurde gefordert, daß es einen hinreichenden Bestand an Rechtsformen für Bereitstellungsverbände geben müsse. Das ist der Fall, denn die Rechtsformen der unmittelbaren und mittelbaren öffentlichen Verwaltung gestatten es, Ein- und Mehrzweckverbände mit hinreichend differenzierten Finanzierungskompetenzen zu bilden. *Nicht* hinreichend geregelt sind dagegen die Voraussetzungen, unter denen der Staat Bereitstellungskompetenzen an sich ziehen darf. Dies läuft auf eine Nichtbeachtung des Beherrschbarkeitsprinzips hinaus und ist *symptomatisch* z. B. daran zu erkennen, daß der Staat eine große Zahl von (meist als prestigeträchtig betrachteten) Kultur- und Sportgütern bereitstellt und aus allgemeinen Steuern subventioniert, die ihrem Charakter nach an sich privat bereitgestellt werden könnten, weil es Klubkollektivgüter sind.

---

[19] Die bekannten Lehrbücher der Finanzwissenschaft enthalten im allgemeinen ein Kapitel über die Finanzverfassung i. e. S. oder doch wenigstens über den Finanzausgleich und natürlich auch Ausführungen über das Haushalts- und Finanzrecht. Besonders umfassend in dieser Hinsicht ist das Lehrbuch von *Arnold/Geske* (1988). Eine systematische Herausarbeitung finanzverfassungsrechtlicher Regelungsdefizite findet man jedoch nicht. Ansätze in dieser Hinsicht bieten lediglich *Biehl* (1983), *Ehrlicher* (1980), *Henke/Schuppert* (1993), *Littmann* (1983, 1991 und 1993), *Peffekoven* (1980) und der Sammelband *„Probleme des Finanzausgleichs"* (1993).
Im juristischen Schrifttum verhält es sich ähnlich, obwohl ökonomischen Überlegungen im allgemeinen Rechnung getragen wird. Zu nennen sind hier vor allem: *Fischer-Menshausen* (1980), *F. Kirchhof* (1993), *P. Kirchhof* (1990), *Klein* (1993), *Selmer* (1993), *Stern* (1980) und *Vogel* (1990).
[20] Zu einer solchen Sicht pathologischer Entwicklungen vgl. *Henke/Schuppert* (1993: 18 f.), die sich hierbei auf einen Grundansatz von *Fritz W. Scharpf* beziehen.

Die Bereitstellung von *Proto- und Quasikollektivgütern* folgt darüber hinaus
i. d. R. *nicht* dem Kongruenzprinzip. Wäre dies der Fall, würden mehr Güter von
teilautonomen Zwangsgenossenschaften wie z. B. Deich- oder Wasserverbänden
bereitgestellt und über Gebühren und Zwangsbeiträge finanziert. Die Ursache der
Abweichung vom Kongruenzprinzip liegt darin, daß die Finanzverfassung i. e. S.
den Staat zum Steuerstaat gemacht und das Steuersystem als Verbundsystem ausgestaltet hat. Da Steuern ex definitione nicht zweckgebunden sind, fließen sie – je
nach Bemessungsgrundlage und Ertragshoheit – in verschiedene, untereinander
aber über Transferzahlungen und Verbünde gekoppelte Staatskassen, und über die
Struktur der Ausgabenseite der Budgets wird getrennt von der Einnahmenseite beschlossen. Die Aufgabenverteilung wird im Grundgesetz deshalb völlig losgelöst
von der Einnahmenverteilung vorgenommen: Sie folgt dem staatsrechtlichen
Grundsatz der Kompetenzaufteilung in Gesetzgebungs- und Verwaltungskompe-
tenzen und ordnet dem Bund ein Schwergewicht bei den Gesetzgebungskompe-
tenzen zu, den Ländern dagegen ein Schwergewicht bei den Verwaltungskompe-
tenzen. Vergleicht man den Staat einmal mit einem Unternehmen, wird auf diese
Weise eine an innerbetrieblichen Funktionen statt an Geschäftsfeldern (Bereitstellungsaufgaben) orientierte Organisation erreicht, was eine bürgerfreundliche Ausrichtung an den „Wünschen der Kunden" behindert. Dem Bund wird bei dieser
Kompetenzverteilung die ausschließliche (Art. 71, 73 GG), konkurrierende (Art.
72, 74, 74a GG), Rahmen- (Art. 75 GG) und Grundsatzgesetzgebung (Art. 109
GG) sowie die Gesetzgebung über alle wichtigen Steuern zugeteilt (Art. 105 GG),
den Ländern die Verwaltungskompetenz (Generalklausel des Art. 30 GG), soweit
nicht in den Art. 83 bis 90 GG etwas anderes bestimmt oder eine konkretisierende
Kompetenzbeschränkung vorgenommen worden ist (Auftragsverwaltung, bun-
deseigene Verwaltung). Will der Bund Verwaltungsvorschriften für die Aus-
führung seiner Gesetze im Bereich der eigenständigen Verwaltung der Länder erlassen, braucht er dazu die Zustimmung des Bundesrates (Art. 84 Abs. 2); diese
Vorschrift erlaubt es den Ländern, in Vorverhandlungen zwischen Bundes- und
Länderministerien eigene Gestaltungsvorstellungen durchzusetzen und hat darüber hinaus das Entstehen informeller Koordinationsgruppen („Konferenzen")
mannigfaltiger Art gefördert. Auf der anderen Seite ist das Gewicht des Bundes im
Bereich der Verwaltung dadurch gestärkt worden, daß Gemeinschaftsaufgaben
(Art. 91a und 91b GG) sowie Einflußmöglichkeiten über Finanzhilfen gemäß Art.
104a Abs. 4 GG geschaffen wurden und daß verfassungsgerichtlich eine ungeschriebene Verwaltungszuständigkeit für Aufgaben wie etwa die Auslandsbezie-
hungen anerkannt wird, die wegen ihrer überregionalen Bedeutung nur durch den
Bund erfüllt werden können.
Obwohl durch diese Regelungen letztlich eine Grobteilung der Aufgaben danach
erreicht wird, ob sie bundes-, landes- oder gemeindeweite Auswirkungen haben,
kommt es insgesamt doch zu einer *Diffusion der Finanzierungsverantwortung*
über alle Staatsebenen und zum Problem der *Politikverflechtung*. Spitz ausgedrückt könnte man auch von einer Aushebelung des Prinzips der politischen Haftung durch Wegorganisation klarer Verantwortungsstrukturen sprechen. Dem entgegenzuwirken ist an sich Aufgabe des *Konnexitätsprinzips* (Art. 104a Abs. 1
GG). Nach diesem Lastverteilungsgrundsatz hat jede Staatsebene die Ausgaben zu
tragen, die sich aus der Wahrnehmung ihrer Aufgaben ergeben. Bei der Interpretation des Prinzips kann man auf die Veranlassungs- und die Ausführungskompetenz abstellen. Tut man ersteres (was einer Mindermeinung im juristischen Schrift-

tum entspricht, ökonomischen Überlegungen aber entgegenkommt), kann man als Begründung anführen, daß sich Bundespolitiker z. B. nicht mehr so leicht tun würden, Bereitstellungsentscheidungen (etwa für Kindergartenplätze) zu fällen, wenn sie für die finanziellen Folgen geradestehen müßten. Interpretiert man das Konnexitätsprinzip dagegen so, daß es auf die Ausführungskompetenz ankommt (was juristische Mehrheitsmeinung ist), kann man zur Begründung anführen, daß eine Verwaltung, die auf Veranlassung einer anderen Gebietskörperschaft tätig wird, ausgabefreudig sein wird, wenn ihr alle Zweckausgaben erstattet werden müssen. Beide Hinweise entsprechen der Lebenserfahrung; das Dilemma ist aber letztlich nur Ausdruck der Tatsache, daß eine Finanzierung über ex definitione nicht zweckgebundene Steuern *immer* den Zusammenhang zwischen einer Leistung und ihren Kosten zerschlägt und damit der Maxime der fiskalischen Äquivalenz widerspricht, deren Befolgung eine rationale Kosten-Nutzen-Abwägung garantieren würde. Noch dazu wird auch das Konnexitätsprinzip (in welcher Interpretation auch immer) nicht durchgehend beachtet. Die (teilweise auch den Distributionsbereich betreffenden) Stichworte beziehen sich auf die Art. 91a, 91b, 104a und 120 GG und lauten: Gemeinschaftsaufgaben, Bundesauftragsverwaltung, Geldleistungsgesetze, Finanzhilfen, Kriegsfolgelasten und Zuschüsse zu den Lasten der Sozialversicherung. *Symptomatisch* für die Verantwortungsdiffusion und die Politikverflechtung sind Entwicklungen entsprechend dem Wagnerschen Gesetz (Steigen der Staatsquote) und dem Popitzschen Gesetz (Steigen der Zentralstaatsquote), wobei letzteres allerdings nicht im Sinne einer Ausgabenzentralisation interpretiert werden darf, sondern im Sinne einer steigenden Mitverantwortung und Gestaltungsmacht des Bundes gedeutet werden muß. Würde der Bürger spüren, was Leistungen tatsächlich kosten, würde er weniger verlangen; wären wenigstens die Lasten eindeutig identifizierbar, für die eine Gebietskörperschaft die Verantwortung trägt, wären die Politiker mit ihren Angeboten sicher auch weniger freigiebig.

Die *Internalisierung externer Effekte und die Beseitigung chronischer Entscheidungsverzerrungen* ist nicht grundsätzlich geregelt, sondern wird von Fall zu Fall in unsystematischer Weise aufgegriffen. Da verschiedene Instrumente zur Verfügung stehen, für die unterschiedliche Verbände zuständig sind, kann es hierbei zu Verstößen gegen die ZMT-Regel und *Kompetenz- und Dosierungskonflikten* kommen, etwa beim Einsatz von Lenkungssteuern des Bundes, die durch Ge- und Verbote der Länder gleichsam ausgehebelt werden können (*F. Kirchhof,* 1993: 98 f.). Eine solche Konkurrenz findet man z. B. im Wasserrecht (*P. Kirchhof,* 1994). Außerdem steht zu befürchten, daß zukünftige Umweltabgaben sich im Zeitablauf zu reinen Finanzierungsinstrumenten mit Lenkungswirkungen entwickeln, die möglicherweise dysfunktional sind.[21]

Im Hinblick auf die *Entwicklungsdynamik* fehlen schließlich Vorschriften, die Privatisierungs- und Deregulierungswiderstände überwinden und Konsolidierungsschäden vermeiden (Stichwort: Kürzungsordnung) und die – auch hier wird der Distributionsbereich berührt – einen Fehleinsatz von Subventionen bei Branchenstrukturkrisen verhindern (Stichworte: Subventionsordnung, Umstrukturierungsordnung). Auf der anderen Seite fehlt es aber auch an einem Aufgreifgebot

---

[21] Charakteristisch ist die schleichende Erosion der Lenkungswirkungen der Abwasserabgabe (*Hansmeyer/ Gawel,* 1993).

für politisch unbequeme Probleme. *Symptome* dieser Regelungsdefizite sind das Sinken der Quote der öffentlichen Investitionen (Konsolidierungsschäden) und die typische Mißachtung von Konsumenteninteressen (lange Zeit auch von Umweltschutzinteressen) .

Im *Distributionsbereich,* der ja schon mehrfach angesprochen wurde, ist ein vergleichbarer Konstruktionsfehler zu beobachten: Der absehbare Kollaps der Alters- und Gesundheitssicherungssysteme ab etwa dem Jahr 2020 wird politisch anscheinend bewußt verdrängt, ja mit der Einführung einer umlagefinanzierten Pflegeversicherung sogar noch beschleunigt. Zum Teil liegen solche Verdrängungsprozesse auch daran, daß das öffentliche Rechnungswesen Langfristfolgen (hier solche der Bevölkerungsentwicklung, im Allokationsbereich aber auch die Folgen unterlassener Ersatzinvestitionen) nicht aufzeigt und keine Auskunft über die Lastverteilung zwischen den Generationen gibt.

Die notwendigen Versicherungen sind im Distributionsbereich geschaffen worden. Grundsätzlich wird man aber sagen können, daß es eine Tendenz gibt, mehr zu tun, als zur Bekämpfung marktwirtschaftlicher Funktionsdefekte erforderlich ist, und daß ein Zwang zur systemgerechten Regelung fehlt. *Symptome* der Regelungsdefizite sind die Entwicklung der Abgabenquote und der Lohnnebenkosten. Hiervon gehen Zusatzlasten aus, die sich in Form klassischer Arbeitslosigkeit und in der Verlagerung von Tätigkeiten ins Ausland und in die Schattenwirtschaft bemerkbar machen.

Der *Stabilisierungsbereich* ist von der deutschen Finanzverfassung i. w. S. im Grunde nach keynesianischen Vorstellungen geordnet worden und zeichnet sich durch eine politische Tendenz zu einer asymmetrischen (verschuldungsfreudigen) Konjunkturpolitik und durch die Nichtberücksichtigung von Erkennungs-, Entscheidungs-, Ausführungs- und Wirkungsverzögerungen aus. Es fehlt außerdem an einer Verschuldungsordnung und an einer effektiven Regelung der oben geschilderten Koordinationsproblematik in bezug auf die Verschuldungskriterien von Maastricht. *Symptome* dieser Konstruktionsfehler sind das prozyklische Verschuldungsverhalten der Gemeinden, die Ineffektivität der Koordinationsbemühungen im Konjunktur- und Finanzplanungsrat und die Entwicklung der Nettoneuverschuldungs- und der Zinslastquote des öffentlichen Gesamthaushalts.

Finanzierungsregeln werden von den öffentlichen Haushalten vor allem wegen der überwiegenden Steuerfinanzierung kaum beachtet. Aber selbst im Bereich der Gebühren- und Beitragsfinanzierung wird ihnen vielfach nicht Rechnung getragen, weil in den Gebührenordnungen eine ökonomisch nicht gerechtfertigte Sicht der Juristen vorherrscht: Gebühren werden nicht als Grenzkostenpreise (z. B. zur Rationierung bei Überfüllung) und Beiträge nicht als Optionspreise eingesetzt, sondern in Abhängigkeit von der Zurechenbarkeit von Vorteilen auf einzelne oder ein Kollektiv. Auf diese Weise wird man in Zukunft für die Benutzung halbleerer Autobahnen, die als Neubaustrecken privat vorfinanziert wurden (also über eine versteckte Verschuldung), vielleicht eine Gebühr zahlen müssen, für die Benutzung überfüllter Altautobahnen dagegen keine. Gegenüber einem ökonomisch richtigen „Road pricing" entstehen auf diese Weise perverse Lenkungseffekte.

Eine Regelung der *staatlichen Herstelltätigkeiten* fehlt schließlich ebenfalls weitgehend. Wie bereits angedeutet, wird im politischen Bereich im Zuge der Standortsicherungsdiskussion jedoch verstärkt über (teilweise auch fragwürdige) Privatisierungs- und Deregulierungsmöglichkeiten nachgedacht. Klagerechte von potentiellen Konkurrenten und Verbraucherverbänden sind freilich noch nicht ins Spiel gebracht worden. *Symptome* der hier noch bestehenden Regelungsdefizite sind die Privatisierungswiderstände auf der Ebene der Länder und Gemeinden, auf Ebenen also, auf denen die Verfilzung zwischen Politik und öffentlicher Wirtschaft besonders intensiv ist.[22]

4.2 Lösungsbeitrag der Finanzausgleichsreform

Daß eine Finanzverfassung Bestimmungen über einen Finanzausgleich – genauer eigentlich einen Finanzkraftausgleich – zwischen den Gebietskörperschaften enthält, ist nicht selbstverständlich, sondern Folge der Hauptfinanzierung der Staatsaufgaben über ein Verbundsteuersystem einerseits und des Wunsches nach einer gewissen Einheitlichkeit der Lebensverhältnisse andererseits (Art. 72 Abs. 2 GG und Art. 106 Abs. 3 GG). Dem Finanzausgleich kommt in einem solchen System die Aufgabe zu, Spannungen zwischen Aufgaben und davon abhängigen Ausgaben sowie Einnahmen der Gebietskörperschaften zu mildern. Es gibt zum einen den Bund-Länder-Finanzausgleich und in den Flächenländern auch noch einen Kommunalen Finanzausgleich, jeweils mit einer vertikalen und einer horizontalen Komponente. Reformiert worden ist lediglich der Bund-Länder-Finanzausgleich. Die folgenden Ausführungen beschränken sich deshalb auf ihn.[23]

Wie noch näher erläutert wird, soll der Finanzausgleich die Finanzkraft grundsätzlich so unter den Ländern umverteilen, daß – jedenfalls im Prinzip – das Zweite Gossensche Gesetz realisiert wird, d. h. daß eine zusätzliche Ausgaben-DM sowohl beim Bund als auch bei den Ländern als auch bei den Gemeinden und auch bei den Steuerpflichtigen den gleichen Zusatznutzen stiftet. Während das Umverteilungsvolumen vor der Wiedervereinigung vergleichsweise gering war, wird vor allem den jungen Bundesländern ab 1995 ein jährliches Transfervolumen von etwa 56 Mrd. DM zufließen (*Bundesministerium der Finanzen*, 1993: 38). Die Einzelaufgaben, die sich im Rahmen des Finanzausgleichs für eine anreizkompatible Regelung ergeben, sind in Übersicht 1 bereits dargestellt worden, und die dort aufgeführte Aufgabe 4 (Koordination der Stabilisierungs- und Defizitpolitik) wurde bereits besprochen. Sie wird im FAG 95 aber nicht gelöst. Alle anderen Aufgaben sind ausführlich im einschlägigen Gutachten des *Wissenschaftlichen Beirats beim BMF* (1992) behandelt worden. Sie werden in diesem Aufsatz deshalb in einem gemeinsamen Gliederungspunkt zusammengefaßt und nicht mehr grundsätzlich, sondern nur noch im Hinblick auf die Lösungen diskutiert, die im FAG 95 gefunden worden sind.[24] Die Besprechung der Finanzausgleichsaufgaben folgt dem Katalog in Übersicht 1.

---

[22] Diese Verfilzung ist nicht dokumentiert (ein Mangel des öffentlichen Rechnungswesens), kann aber gleichsam als „gerichtsbekannt" bezeichnet werden. Eine einschlägige Studie ist *Scheuch/Scheuch* (1992: insbes. 72 – 108).

[23] Der Kommunale Finanzausgleich ist eine Länderangelegenheit. Die Regelungen weichen zum Teil erheblich voneinander ab (insbesondere in den neuen Bundesländern). Zu einer Behandlung von Grundsatzfragen und Verweisen auf die Spezialliteratur vgl. *Grossekettler* (1987).

[24] FAG 95 i. d. F. der Bekanntmachung durch Art. 33 des Gesetzes vom 23. Juni 1993 (BGBl. I, S. 944, 977).

Aufgabe 1 (Abgrenzung der finanzausgleichsrelevanten Einnahmen). – Grundsätzlich sollen in den Länderfinanzausgleich alle Einnahmen einbezogen werden, die *finanzielle Dispositionskraft* vermitteln und damit die finanzielle *Leistungsfähigkeit* der Länder determinieren. Entgelteinnahmen sind nicht einzubeziehen, weil ihnen eine Gegenleistung entspricht, für die sie faktisch (nicht haushaltsrechtlich) zweckgebunden sind; deshalb vermitteln sie keine Dispositionskraft. Verbrauch- und Aufwandsteuern von lediglich lokaler Bedeutung können zur Einsparung von Transaktionskosten ausgelassen werden.

Das FAG 95 verstößt gegen diesen Grundsatz in mehrfacher Weise:

(1) Nach § 7 Abs. 1 letzter Satz werden die Umsatzsteuereinnahmen der Länder um die in § 1 Abs. 3 genannten Beträge zur vorübergehenden Stützung finanzschwacher Länder korrigiert. Der Ort dieser Korrektur ist unsystematisch, und die Fixierung von Festbeträgen führt dazu, daß der Wert des Ausgleichs von der Sozialproduktsentwicklung und der Inflationsrate abhängt. Eine Berücksichtigung im Rahmen der Umverteilungsformel und der Garantie eines Höchstabstandes der Pro-Kopf-Einnahmen finanzschwacher Länder von den Durchschnittseinnahmen pro Kopf hätten dem Leistungsfähigkeitsprinzip besser entsprochen.

(2) Nach § 7 Abs. 3 werden im System des Finanzkraftausgleichs unsystematisch erscheinende Hafenlasten für Bremen, Bremerhaven, Hamburg, Rostock und Emden anerkannt. Die bisherige Seehafenregelung wird also auf Rostock ausgedehnt. Rechtlich dürfte das zulässig sein; ökonomisch ist zweifelhaft, ob Seehäfen per Saldo überhaupt eine „Last" darstellen, denn mit ihnen sind ja auch Einnahmen und Erwerbsstätten verbunden. Darüber hinaus fragt sich, warum eine spezielle Art von landesexternen Effekten anerkannt wird, während andere – etwa Flug- oder Binnenhafenlasten – keine Rolle spielen.

(3) Nach den §§ 8 und 9 werden die Gemeindesteuern in normierter und kompliziert korrigierter Weise nur zur Hälfte berücksichtigt. Das ist ein Relikt aus dem 1955 geschlossenen Kompromiß zum Länderfinanzausgleich, eine Art Stimmenkaufregelung, die durch sehr weit hergeholte, wirtschaftlich aber nicht haltbare Äquivalenzüberlegungen kaschiert wird.[25] Diese Regelung begünstigt die finanzstarken Länder in erheblichem Umfang; sie dürfte auch rechtlich auf Dauer nicht haltbar sein und stellt somit einen Ansatzpunkt für neue Verfassungsgerichtsverfahren dar. Ökonomisch gesehen ist es eine interne Aufgabe der Länder, die Aufgaben- und Einnahmenverteilung zwischen der Länderverwaltung i. e. S. und den Kommunen zu regeln. Weshalb unterschiedliche landesinterne Regelungen den Länderfinanzausgleich beeinflussen sollen, ist nicht ersichtlich.

(4) Auch die nunmehr auf Berlin ausgedehnte Stadtstaatenregelung (§ 9 Abs. 2), nach der die Bewohner der Stadtstaaten mit dem Faktor 1,35 gewichtet werden, ist ökonomisch unbefriedigend. Sie belastet z. B. die Einwohner Süddeutschlands mit Ausgleichsaufgaben, die lediglich den norddeutschen Raum bzw. Berlin und Brandenburg betreffen. Denkbare Alternativlösungen sind allerdings auch nicht völlig überzeugend.[26]

Aufgabe 2 (Revisionsverfahren). – Diese Aufgabe bedarf zunächst einer Erläuterung. Sie baut auf einer oben bereits angesprochenen Forderung des Grundgesetzes auf, die in der Sprache der Ökonomie als Forderung nach Realisation des *Zwei-*

---

[25] Vgl. hierzu im einzelnen *Färber* (1992: 110 – 115).
[26] Vgl. hierzu *Wissenschaftlicher Beirat beim BMF* (1992: 69 – 74).

ten Gossenschen Gesetzes bezeichnet werden kann: Die letzte verfügbare DM Finanzkraft soll in den jeweiligen Händen der einzelnen Ebenen der Gebietskörperschaften und eines repräsentativen Staatsbürgers den gleichen Nutzenzuwachs stiften. Das Grundgesetz drückt dies so aus, daß die Staatsebenen über gleichmäßige Deckungsansprüche und der Bürger über einen Schutz vor Überbelastung verfügen sollten. Das ist natürlich eine vage Formel, und es bedarf eines Verfahrens zur jeweils situationsgerechten Konkretisierung dieser Ansprüche. Das Grundgesetz ging ursprünglich davon aus, daß die Staatsverschuldung – wie es bis zur Haushaltsreform Ende der 60er Jahre ja auch der Fall war – ein außerordentlicher Tatbestand sei und daß man aus der in der Finanzplanung absehbaren Entwicklung der Deckungsquoten Umverteilungsansprüche zwischen den Staatsebenen ableiten könne. Diesen Umverteilungsansprüchen sollte mit Hilfe der Umsatzsteuerverteilung zwischen Bund und Ländern Rechnung getragen werden: Von unterschiedlichen Steuer-Deckungsquoten der Ausgaben angezeigte Unterschiede in den Spannungen zwischen Aufgaben und Einnahmen und daraus resultierende Umverteilungsansprüche sollten im Rahmen des sogenannten Deckungsquotenverfahrens zu einer Neuverteilung der Ertragsquoten zwischen Bund und Ländern führen. Da dies auf der Basis eines zustimmungsbedürftigen Bundesgesetzes geschehen sollte (und soll), kann die jeweils gerade begünstigte Seite das Verfahren stets blockieren. Wenn es überhaupt zu Umverteilungsmaßnahmen kommt, so geschieht dies deshalb im Wege von sachlich nicht gerechtfertigten Befrachtungen, die ohne jegliche Beteiligung der Öffentlichkeit im Vermittlungsausschuß ausgehandelt werden.

Das im Grundgesetz vorgesehene Deckungsquotenverfahren wurde im FKP-Kompromiß beibehalten, obwohl es einen Anreiz zur Erhöhung der Staatsverschuldung beinhaltet und an sich sachgemäße Änderungen wie gesagt über ein Veto der jeweils begünstigten Seite blockiert. Weil ein zweckmäßiges Änderungsverfahren fehlt, müssen Änderungen auch in Zukunft – wie es im Bund-Länder-Finanzausgleich leider Tradition ist (*Renzsch,* 1991) – in „Elefantenrunden" außerhalb der zuständigen Organe vorbereitet werden. Um den hiermit verbundenen Fehlentwicklungen vorzubeugen, hat der *Wissenschaftliche Beirat beim BMF* (1992: 64) ein Schlichtungsverfahren vorgeschlagen, und in der Rechtswissenschaft ist dieser Gedanke ebenfalls aufgegriffen worden. Es ist zu hoffen, daß das Bundesverfassungsgericht dies unterstützen und die Politiker irgendwann in der Zukunft von einer Einigung in von Verfassungs wegen nicht vorgesehenen Gremien abbringen wird, weil auf diese Weise der Fachverstand der Beamten ausgeschaltet und Kabinett und Parlament faktisch umgangen werden – Sachverhalte, die ja auch beim FKP-Kompromiß dazu geführt haben, daß von den „Generalisten" nicht bemerkte Regelungslücken in nahezu geheimen Bund-Länder-Nachverhandlungen auf der Arbeitsebene nachgebessert werden mußten.

Aufgabe 3 (Umverteilungsformel). – Die Umverteilungsformel für den horizontalen Finanzausgleich zwischen den Ländern sollte einfach und transparent sein, die Finanzkraftrangfolge der Länder bewahren, die Einnahmen pro Kopf zur Pflege der Steuerquellen nicht völlig nivellieren, eine Mindestfinanzkraft pro Kopf im Vergleich zum Länderdurchschnitt garantieren und zu keiner Vermischung von Horizontal- und Vertikalausgleich führen.

Hier bringt das FAG 95 Verbesserungen mit sich, weil der Unterschied zwischen der Finanzkraftmeßzahl eines Landes und der Ausgleichsmeßzahl (d. h. dem, was den bundesdurchschnittlichen Pro-Kopf-Einnahmen entspricht) nach den §§ 6 und

10 in etwas sachgemäßerer Form als vorher eingeebnet wird: Der Empfängertarif (Ausgleichszuweisungen) gleicht die bis zu 92% der Ausgleichsmeßzahl fehlenden Einnahmen zu 100%, die danach noch fehlenden zu 37,5% aus und garantiert damit wie bisher 95% der Ausgleichsmeßzahl; der Zahlertarif (Ausgleichsbeiträge) wird in einen teilweise direkt, teilweise indirekt progressiven Tarif verwandelt, der keine „tote Zone" mehr enthält und dessen maximaler Abschöpfungssatz 80% beträgt. Dieser Tarif mildert Fehlanreize zu einer unterschiedlich konsequenten Anwendung des Steuerrechts. Ökonomisch unverständlich bleibt, daß man auf einem Stufentarif verharrt, für dessen Stufung es letztlich keine Begründung gibt, obwohl man – wie der Beirat beim BMF und andere vorgeschlagen haben – einen Formeltarif hätte wählen können, dessen Progressionsgrad und Mindestauffüllniveau sich mit Hilfe zweier Parameter politisch hätten bestimmen und ändern lassen. Auf der Basis eines sehr einfachen Computerprogramms hätte man diesen Tarif ohne Verletzung seiner internen Konsistenz in einem Verhandlungsprozeß an die politischen Vorstellungen anpassen können. Der jetzt gewählte Stufentarif muß demgegenüber zur Sicherung einer Mindestfinanzkraft in den Absätzen 3 und 4 des § 10 FAG 95 in einer Weise modifiziert werden, die sprachlich kaum noch zu begreifen ist – schon gar nicht von einem normalen Bürger. Politisch wird es aber vielleicht sogar als vorteilhaft angesehen, daß das Verfahren intransparent ist und die Möglichkeit bietet, Stufungen nach Gesichtspunkten vorzunehmen, die nichts mit einer prinzipiengesteuerten Umverteilung zu tun haben.

Noch schwerer wiegt jedoch, daß der horizontale Finanzausgleich in § 11 FAG 95 mit dem vertikalen Finanzausgleich vermischt wird. Das ist ein Verstoß gegen die ZMT-Regel und führt dazu, daß eine Annäherung an ein horizontales Gleichgewicht das vertikale stört und umgekehrt. Das horizontale Gleichgewicht soll an sich nur der Milderung der Streuung der Pro-Kopf-Finanzkraft zwischen den Ländern und der Garantie einer relativen Mindestfinanzkraft pro Kopf dienen; das vertikale Gleichgewicht soll dagegen das Spannungsverhältnis zwischen Aufgaben und Einnahmen vergleichbar machen, welches sowohl beim Bund als auch bei den Ländern insgesamt (d. h. bei einem fiktiven Durchschnittsland) besteht. Die Vermischung erfolgt durch die Verwendung von Bundesergänzungszuweisungen unterschiedlicher Art, nämlich (*Übersicht 3*)[27]

(1) durch *Fehlbetrags-Bundesergänzungszuweisungen,* welche das Ausgleichsniveau pro Kopf für die leistungsschwachen Länder auf 99,5 % des Länderdurchschnitts anheben,

(2) durch *Sonderbedarfs-Bundesergänzungszuweisungen,* welche den kleineren Ländern inflationsgefährdete Fixbeträge zum Ausgleich angeblich höherer Kosten der politischen Führung zuweisen, die ökonomisch nicht gerechtfertigt werden können und der Höhe nach nicht nachvollziehbar sind,

(3) durch bis zum Jahr 2004 *befristete Sonderbedarfs-Bundesergänzungszuweisungen* an die Ost-Länder (einschließlich Gesamt-Berlin), die mit teilungsbedingten Sonderlasten und einer unterproportionalen Finanzkraft der Kommunen begründet werden, und

(4) durch bis zum Jahr 2004 *befristete Übergangs-Bundesergänzungszuweisungen,* die mit nicht definierten überproportionalen Belastungen in Bremen, Niedersachsen, Rheinland-Pfalz, Schleswig-Holstein und dem Saarland begründet wer-

---

[27] Auf die Sonderergänzungszuweisungen für Bremen und das Saarland wird noch eingegangen.

Übersicht 3

Die Neuordnung ab 1995 im Überblick

Bund		
Maßnahme	Betrag in DM/Jahr	Empfänger
Investitionsförderungsgesetz "Aufbau Ost"	6,6 Mrd von 1995 - 2004	neue Länder
Sonderbedarfs-Bundesergän- zungszuweisungen	14 Mrd von 1995 - 2004	
Fehlbetrags-Bundesergän- zungszuweisungen	ca. 5 - 6 Mrd	finanzschwache alte und neue Länder
Sonderbedarfs-Bundesergän- zungszuweisungen (Kosten "politische Führung")	ca. 1,5 Mrd	
Übergangs-Bundesergänzungs- zuweisungen	ca. 1,4 Mrd (1995), anschl. degressiv bis 2004	finanzschwache alte Län- der
Sonder-Bundesergänzungs- zuweisungen	3,4 Mrd 1994 - 1998	Bremen und Saarland
Anhebung der Länderanteile an der Umsatzsteuer von 37% auf 44%		alte und neue Länder

Darüber hinaus beteiligen sich die alten Länder — durch die Abtretung aus ihrem Länderanteil an der Umsatzsteuer zugunsten des Bundes — am Schuldendienst des zum Aufbau der neuen Länder für den Zeitraum 1990 bis 1994 errichteten Fonds "Deutsche Einheit". 95 Mrd DM dieses Fonds mit einem Gesamtvolumen in Höhe von 160,7 Mrd DM werden über Kapitalmarktkredite finanziert.

Quelle: Bundesministerium der Finanzen (1993: 42).

den und wegen des Fehlens einer nachvollziehbaren Begründung auch rechtlich bedenklich sein dürften, weil man nicht weiß, ob der Gleichbehandlungsgrundsatz beachtet wird.

Insgesamt kann man also eine bemerkenswerte Vermehrung der Klassen von Ergänzungszuweisungen relativ unbestimmten Charakters feststellen, von Zuweisungen, die den Finanzausgleich intransparent machen, deren Kaufkraft von der Inflationsrate abhängt und die vermutlich letztlich dazu führen werden, daß der Bund den Ländern gegenüber auf Dauer über neue Verhandlungsgegenstände zum Stimmenkauf verfügt. Die Alternative hätte in einer zusätzlichen Erhöhung des Länderanteils am Steueraufkommen, einer formelgestützten horizontalen Umverteilung unter den Ländern, einem sauberen Revisionsverfahren und einer systematischen Hilfe für die jungen Länder nach dem Finanzkrisenkonzept bestanden.

Aufgaben 5 und 6 (Stadtstaatenproblematik/landesexterne Effekte). – Bezüglich der Behandlung der Stadtstaatenproblematik und landesexterner Effekte bringt das FAG 95 keine Änderungen gegenüber dem bisherigen Zustand. Dies ist zwar unbefriedigend (z. B. weil Internalisierungstransfers an sich zweckgebunden sein müßten, es heute aber nicht sind); diese Mängel sind jedoch nicht sehr gravierend und die denkbaren Alternativlösungen gleichzeitig nicht sehr viel überzeugender als die heutigen.[28]

Aufgabe 7 (Überwindung von Finanzkrisen). – Das Bundesverfassungsgericht hat in seinem Urteil vom 27. 5. 1992 (BVerfGE 86, 148) den Grundsatz der Bund-Länder-Solidarität für den Fall von Finanzkrisen – oder in der Sprache der Staatspraxis: Haushaltsnotlagen unterschiedlicher Natur – präzisiert. In § 11a des FAG bis 1994 und in § 11 Abs. 6 des FAG 95 sind die notwendigen Konsequenzen im Hinblick auf die Krisenländer Bremen und Saarland gezogen worden: Es werden *Sonder-Bundesergänzungszuweisungen* zur Haushaltssanierung gewährt, die für diesen Zweck gebunden sind und deren Verwendung überwacht wird. Hierzu hat der Bund mit den Krisenländern am 14.07.1993 einen Verwaltungsvertrag geschlossen, der einen Sanierungsplan und eine Eigenbeteiligung der Länder in Form einer Konsolidierungsrichtlinie vorsieht. Dies entspricht den Vorgaben des Bundesverfassungsgerichts und weitgehend auch den Empfehlungen des *Wissenschaftlichen Beirats beim BMF* (1992: 89 – 91). Daß der Bund bisher alleine geholfen hat, sollte allerdings nicht als Präjudiz dafür gewertet werden, daß ausschließlich er zur Hilfe verpflichtet ist; im Falle größerer Krisen – ein Extrembeispiel ist die jetzige Krise in den jungen Bundesländern – verpflichtet das bündische Prinzip vielmehr auch die Länder zu gegenseitiger Hilfe. Das ergibt sich schon daraus, daß es anderenfalls zu einer Störung des angestrebten Vertikalgleichgewichts zwischen der Erfüllung von Bundes- und Länderaufgaben käme.

Insgesamt hat sich somit gezeigt, daß die neuen Regelungen einigen wichtigen Änderungsanforderungen nachgekommen sind und daß sie insbesondere Handlungsblockaden beseitigt haben, die in den jungen Bundesländern aufgrund der ungewissen finanziellen Zukunft bestanden. Die in Gliederungspunkt 4.1 aufgezeigten Regelungsdefizite der Finanzverfassung wurden jedoch nicht beseitigt, und es wurde auch nicht allen Forderungen Rechnung getragen, die an die Reform des Finanzausgleichs gestellt werden mußten. Deshalb kann man davon ausgehen, daß es zu weiteren Änderungen der Finanzverfassung kommen wird, und zwar spätestens dann, wenn die pathologischen Effekte, die von den Regelungsdefiziten programmiert werden, ein unerträgliches Ausmaß angenommen haben. Bei der

---

[28] Vgl. hierzu *Wissenschaftlicher Beirat beim BMF* (1992: 71 – 74).

Staatsverschuldung dürfte das bald der Fall sein, und bei den Möglichkeiten, die Alters- und Gesundheitssicherungssysteme funktionsfähig zu halten, dürfte der Punkt, der gerade eben noch eine rettende Kursänderung gestattet, in wenigen Jahren überschritten werden.

5. Zusammenfassung und Ausblick

Die Finanzverfassung i. w. S. von Marktwirtschaften hat die Kompetenzen für Allokations-, Distributions- und Stabilisierungsentscheidungen im öffentlichen Sektor zu ordnen, die Grundlagen für das Erheben entsprechender Einnahmen zu legen, Spannungen zwischen Aufgaben und Einnahmen auszugleichen, Grenzen der Staatstätigkeit zu markieren und Schnittstellenüberschreitungen für den Fall zu programmieren, daß Datenänderungen Kompetenzverlagerungen im staatlichen oder zwischen dem staatlichen und dem privaten Bereich erforderlich werden lassen. Dabei ist zwischen Bereitstellungsaufgaben wie vor allem der Nachfrageorganisation bei Kollektivgütern und Herstellungsaufgaben zu unterscheiden, die sich dem Staat als Unternehmer im Rahmen seiner wirtschaftlichen Betätigung stellen. Innerhalb dieses Aufgabenkomplexes regelt die Finanzverfassung i. e. S. vor allem die primäre und sekundäre Verteilung der Steuereinnahmen zwischen den Gebietskörperschaften.

Im Rahmen des Aufsatzes wurde geprüft, inwieweit das ab 1995 in Deutschland geltende Finanzverfassungsrecht diesen Aufgaben gerecht wird und inwieweit die Reform des Bund-Länder-Finanzausgleichs als funktionell angesehen werden kann. Es zeigte sich, daß es nach wie vor viele Aufgaben gibt, die von der deutschen Finanzverfassung nicht gelöst werden. Symptome solcher Regelungsdefekte sind pathologische Entwicklungen der öffentlichen Finanzwirtschaft, Entwicklungen, wie sie vom Wagnerschen Gesetz, vom (qualitativ zu interpretierenden) Popitzschen Gesetz, von der Subventions- und Verschuldungsproblematik, von Politikblockaden und von der Verdrängung politisch unbequemer Langfristprobleme angezeigt werden. Tagespolitisch aktuell wird sehr schnell das Problem werden, daß der Bund nach dem Vertrag von Maastricht zwar zur Garantie bestimmter Verschuldungsgrenzwerte verpflichtet ist, daß ihm hierzu jedoch die erforderlichen Kompetenzen und Instrumente fehlen. Langfristig sehr viel bedeutender dürfte allerdings sein, daß die Stabilisierung der Alters- und Gesundheitssicherungssysteme immer wieder in die Zukunft verschoben, ja zu einem politischen Tabu-Thema gemacht wird. Es ist naiv, solche Tendenzen der „Unfähigkeit" bestimmter Politiker zuzuschreiben. Im Rahmen der gegebenen Finanzverfassung würden pathologische Entwicklungen dieser Art vielmehr personenunabhängig zu beobachten sein. Deshalb muß man dafür werben, Rechtsänderungen herbeizuführen. Daß diese mit einem Machtverlust für die Politiker verbunden wären, macht die Regelungsproblematik nicht einfacher; gleichwohl zeigen die Entwicklung des Haushaltsrechts in den letzten 150 Jahren und Ansätze zu einer ökonomisch-funktionellen Interpretation des Grundgesetzes, daß Hoffnungen auf diesem Gebiet nicht vergeblich sein müssen und daß auch vom Bundesverfassungsgericht entsprechende Initiativen erwartet werden können.

Literatur

Arnold, Volker, und *Otto-Erich Geske* (Hrsg./1988): Öffentliche Finanzwirtschaft, München.

Biehl, Dieter (1983): [Die Entwicklung des Finanzausgleichs in ausgewählten Bundesstaaten:] a: Bundesrepublik Deutschland, in: *F. Neumark* unter Mitarbeit von *N. Andel* und *H. Haller* (Hrsg.), Handbuch der Finanzwissenschaft, 3., gänzl. neu bearb. Aufl., Bd. IV, Tübingen, S. 69 – 122.

Bundesministerium der Finanzen (Hrsg./1993): Die neue Finanzverteilung, Bonn.

Ehrlicher, Werner (1980): Finanzausgleich III: Der Finanzausgleich in der Bundesrepublik Deutschland, in: HdWW, Bd. 2, S. 662 – 689.

Färber, Gisela (1992): Länderfinanzausgleich und Gemeindefinanzen – Anmerkungen zu einigen häufig übersehenen Tatsachen, in: *K. Bohr* (Hrsg.), Föderalismus: Demokratische Struktur für Deutschland und Europa, München, S. 85 – 122.

Fischer-Menshausen, Herbert (1980): Finanzausgleich II: Grundzüge des Finanzausgleichsrechts, in: HdWW, Bd. 2, S. 637 – 662.

Franke, Siegfried F. (1993): Steuerpolitik in der Demokratie. Das Beispiel der Bundesrepublik Deutschland, Berlin.

Frey, René L. (1977): Zwischen Föderalismus und Zentralismus. Ein volkswirtschaftliches Konzept des schweizerischen Bundesstaates, Bern/Frankfurt.

Grossekettler, Heinz (1987): Die Bestimmung der Schlüsselmasse im kommunalen Finanzausgleich. Eine ordnungspolitische Analyse der Entstehung von Finanzausgleichsbedarfen und der Möglichkeiten ihrer Quantifizierung, in: Finanzarchiv, N.F., Bd. 45, S. 393 – 440.

Derselbe (1991): Die Versorgung mit Kollektivgütern als ordnungspolitisches Problem, in: ORDO, Bd. 42, S. 69 – 89.

Derselbe (1991a): Zur theoretischen Integration der Wettbewerbs- und Finanzpolitik in die Konzeption des ökonomischen Liberalismus, in: Jahrbuch für Neue Politische Ökonomie, 10. Bd., S. 103 – 144.

Derselbe (1993): Ökonomische Maßstäbe für den Bund-Länder-Finanzausgleich, in: Staatswissenschaften und Staatspraxis, 4. Jg., S. 91 – 109.

Derselbe (1994): Grundsätze marktwirtschaftlicher Finanzpolitik, in: *L. Hermann-Pillath/ Otto Schlecht/H. F. Wünsche* (Hrsg.), Marktwirtschaft als Aufgabe. Wirtschaft und Gesellschaft im Übergang vom Plan zum Markt. Grundtexte zur Sozialen Marktwirtschaft, Bd. 3, Bonn (im Druck).

Derselbe (1994a): Rationale Kürzungstechniken für die öffentliche Verwaltung, Arbeitspapier Nr. 34 des Wirtschaftswissenschaftlichen Instituts der Universität Zürich, Zürich.

Hansmeyer, Karl-Heinrich, und *Erik Gawel* (1993): Schleichende Erosion der Abwasserabgabe?, in: Wirtschaftsdienst, 73. Jg., S. 325 – 332.

Henke, Klaus-Dirk, und *Gunnar Folker Schuppert* (1992): Rechtliche und finanzwissenschaftliche Probleme der Neuordnung der Finanzbeziehung von Bund und Ländern im vereinten Deutschland, Baden-Baden.

Kirchhof, Ferdinand (1993): Grundsätze der Finanzverfassung des vereinten Deutschlands, 2. Bericht, in: Veröffentlichungen der Vereinigung der Deutschen Staatsrechtslehrer, Heft 52, Berlin/New York, S. 73 – 110.

Kirchhof, Paul (1990): Staatliche Einnahmen, in: *Josef Isensee* und *Paul Kirchhof* (Hrsg.), Handbuch des Staatsrechts der Bundesrepublik Deutschland, Bd. IV: Finanzverfassung – Bundesstaatliche Ordnung. Heidelberg, S. 87 – 233.

Derselbe (1994): Mit Steuern gegen Qualm und Gifte, in: FAZ Nr. 82 v. 9. 4. 1994, S. 11.

Klein, Franz (1993): Grundlagen des staatlichen Finanzrechts – Finanzverfassungsrecht, in: *derselbe* (Hrsg.), Lehrbuch des öffentlichen Finanzrechts, 2. Aufl., Neuwied und Darmstadt.

Lang, Eva (1992): Stabilitätspolitik im föderativen Staat, in: WiSt, 21. Jg., S. 9 – 13.

Leschke, Martin (1993): Ökonomische Verfassungstheorie und Demokratie. Das Forschungsprogramm der Constitutional Economics und seine Anwendung auf die Grundordnung der Bundesrepublik Deutschland, Berlin.

Littmann, Konrad (1983): [Die öffentliche Finanzwirtschaft einiger ausgewählter Länder:] 20. Bundesrepublik Deutschland, in: *F. Neumark* unter Mitarbeit von *N. Andel* und *H. Haller* (Hrsg.), Handbuch der Finanzwissenschaft, 3., gänzl. neu bearb. Aufl., Bd. IV, Tübingen, S. 1011 – 1064.

Derselbe (1991): Über einige Untiefen der Finanzverfassung, in: Staatswissenschaften und Staatspraxis, 2. Jg., S. 31 – 45.

Derselbe (1993): Probleme der Finanzverfassung im vereinten Deutschland, in: „Probleme des Finanzausgleichs" (s. u.), S. 53 – 62.

Lüder, Klaus, und *Brigitte Kampmann* (1993): Harmonisierung des öffentlichen Rechnungswesens in der Europäischen Gemeinschaft, Speyer (Forschungsinstitut für öffentliche Verwaltung).

Mundell, Robert A. (1962): The Appropriate Use of Monetary and Fiscal Policy for Internal and External Stability, in: IMF Staff Papers, Bd. 9, S. 70 – 79.

Musgrave, Richard A. (1959): The Theory of Public Finance. A Study in Public Economy, New York/Toronto/London.

Oberhauser, Alois (1975): Stabilitätspolitik bei steigender Staatsquote, Göttingen.

Peffekoven, Rolf (1980): Finanzausgleich I: Wirtschaftstheoretische Grundlagen, in: HdWW, Bd. 2, S. 608 – 636.

„Probleme des Finanzausgleichs in nationaler und internationaler Sicht" (1993): Tagungsband zur Jahresversammlung der Arbeitsgemeinschaft deutscher wirtschaftswissenschaftlicher Forschungsinstitute, Heft 41 der Beihefte der Konjunkturpolitik der Zeitschrift für empirische Wirtschaftsforschung, Berlin.

Renzsch, Wolfgang (1991): Finanzverfassung und Finanzausgleich: Die Auseinandersetzungen um ihre rechtliche Gestaltung in der Bundesrepublik Deutschland zwischen Währungsreform und deutscher Vereinigung (1948 – 1990), Bonn.

Rolf, Gabriele, P. Bernd Spahn und *Gert Wagner* (Hrsg./1988): Sozialvertrag und Sicherung. Zur ökonomischen Theorie staatlicher Versicherungs- und Umverteilungssysteme, Frankfurt – New York.

Scheuch, Erwin K., und *Ute Scheuch* (1992): Cliquen, Klüngel und Karrieren. Über den Verfall der politischen Parteien – eine Studie, Reinbeck.

Schwarzner, Gerhard (1991): Öffentliche Haushalts- und Finanzplanung bei Finanzierungsengpässen. Ein Beitrag zur finanzwirtschaftlichen Ordnungspolitik, Berlin.

Selmer, Peter (1993): Grundsätze der Finanzverfassung des vereinten Deutschlands, 1. Bericht, in: Veröffentlichungen der Vereinigung der Deutschen Staatsrechtslehrer, Heft 52, Berlin/New York, S. 10 – 70.

Stern, Klaus (1980): Das Staatsrecht der Bundesrepublik Deutschland, Bd. II: Staatsorgane, Staatsfunktionen, Finanz- und Haushaltsverfassung, Notstandsverfassung, München.

Stern, Klaus, Paul Münch und *Karl-Heinrich Hansmeyer* (1972): Gesetz zur Förderung der Stabilität und des Wachstums der Wirtschaft. Kommentar, 2. Aufl., Stuttgart u. a. O.

Tinbergen, Jan (1972): Wirtschaftspolitik, 2. Aufl., Freiburg.

Vogel, Klaus (1990): Grundzüge des Finanzrechts des Grundgesetzes, in: *Josef Isensee* und *Paul Kirchhof* (Hrsg.), Handbuch des Staatsrechts der Bundesrepublik Deutschland, Bd. IV: Finanzverfassung – Bundesstaatliche Ordnung, Heidelberg, S. 3 – 86.

Voigtländer, Hubert (1970): Die Finanzzuweisungen an die Gemeinden und Gemeindeverbände in konjunkturpolitischer Sicht, in: Archiv für Kommunalwissenschaften, 9. Jg., S. 303 – 313.

Wissenschaftlicher Beirat beim BMF (1990): Stellungnahme zur Finanzierung von Pflegekosten vom 15. 12. 1990, Bonn.

Derselbe (1992): Gutachten zum Länderfinanzausgleich der Bundesrepublik Deutschland, Bonn (Schriftenreihe des BMF, Heft 47).

Derselbe (1994): Perspektiven staatlicher Ausgabenpolitik, Bonn (Schriftenreihe des BMF, Heft 51).

v. Zwehl, Wolfgang (1993): Entscheidungsorientierte Ansätze im kommunalen Rechnungswesen, in: *J. Bloech/U. Götze/B. Siehlke* (Hrsg.), Managementorientiertes Rechnungswesen. Konzepte und Analysen zur Entscheidungsvorbereitung, Wiesbaden, S. 139 – 148.

Summary

Germany's Public Financial System following the Reform of Fiscal Adjustment
An Economic Analysis of the German Fiscal Constitution

The fiscal constitution of a federal state has to fulfil three functions: (1) to draw a borderline between public finance and the private economy, (2) to structure the basic institutions for public allocation, distribution and stabilization processes, and (3) to shape intergovernmental fiscal relations. Failures of performance will lead to pathological development. The article analysis such failures in the German fiscal constitution and reaches the conclusion that many of them will remain even after the intergovernmental fiscal relations reform act which will come into force in 1995.

Ökonomische Aspekte
der internationalen Migration

von

WOLFGANG FRANZ

1. Einführung

Grenzüberschreitende Wanderungen sind ein aktuelles Thema mit einer langen Tradition, welche zumindest bis in die Bibel zurückverfolgt werden kann. Die Aktualität liegt auf der Hand, wenn man sich vergegenwärtigt, daß in den Jahren 1989 – 1993 allein etwa 1,5 Mio. Aussiedler aus Osteuropa nach Deutschland einwanderten. Mit ganz wenigen Ausnahmen war Westdeutschland Jahr für Jahr seit seinem Bestehen ein Einwanderungsland, d. h. die Zuwanderungen von Ausländern übertrafen deren Abwanderungen.

Ökonomische Aspekte nehmen in der Diskussion über die Vor- und Nachteile einer Einwanderung einen hohen Stellenwert ein. Daher verfolgt dieser Beitrag das Ziel, in einer Bestandsaufnahme verschiedene Gesichtspunkte von Wanderungen herauszuarbeiten und zu würdigen sowie insbesondere aufzuzeigen, warum ein Konsens über die Wirkungen der Migration so schwer herzustellen ist.

2. Empirische Bestandsaufnahme

Gegenstand dieses Abschnitts ist eine quantitativ orientierte Bestandsaufnahme der deutschen Erfahrungen mit Migrationsströmen sowie eine Abschätzung der für die unmittelbare Zukunft zu erwartenden Entwicklung. Dabei stützen sich die Erfahrungen im wesentlichen auf die Entwicklung der Gastarbeiterbeschäftigung, während die Gegenwart und absehbare Zukunft eher durch eine Ost-West-Wanderung gekennzeichnet sind.

In Abschnitt 2.1 werden die genannten Migrationsströme quantitativ dargestellt, während sich Abschnitt 2.2 mit den Strukturmerkmalen der Migranten beschäftigt.

2.1 Migrationsströme in Vergangenheit und Zukunft

Die Erfahrungen der Bundesrepublik Deutschland mit Migranten lassen sich am besten anhand der Zu- und Abwanderungen von Gastarbeitern verdeutlichen. Daher zeigen die beiden folgenden Schaubilder einerseits die zeitliche Entwicklung der Zu- und Abwanderungen von Ausländern (ohne Berücksichtigung ihres Erwerbsstatus') und andererseits die Bestandsentwicklung ausländischer Arbeitnehmer (genauer: ausländischer sozialversicherungspflichtiger Arbeitnehmer).

Zunächst ist aus *Abb. 1* ersichtlich, daß mit kurzen Unterbrechungen die Einwanderungsströme die Auswanderungen übertrafen, d. h. die Bundesrepublik

Deutschland ist zumindest seit 1960 ein Einwanderungsland. So betrachtet ist die mitunter vorgetragene Auffassung, Deutschland sei kein Einwanderungsland, mit den Daten nicht vereinbar. Sie kann daher nicht als Tatsachenbeschreibung, sondern nur als Forderung nach einer irgendwie zu begrenzenden Immigration verstanden werden. Mit der Stromgrößenbetrachtung korrespondiert in Abb. 2 die Bestandsentwicklung ausländischer Arbeitnehmer: Die Zahl dieser „Gastarbeiter" stieg von 330 Tsd. Personen im Jahr 1960 auf rund 2,3 Mio. Personen im Jahr 1973 und beläuft sich Ende 1992 auf rund 1,9 Mio. Personen. Anders ausgedrückt, ihr Anteil an den beschäftigten Arbeitnehmern erhöhte sich von 1,5% (1960) über 11,6% (1973) auf nunmehr 8 v. H. (1992).[1]

In beiden Abbildungen kommt auch zum Ausdruck, daß es sich nicht um eine stetige Entwicklung handelte, sondern daß sie durch ein konjunkturelles Muster gekennzeichnet ist. Die Einwanderungen in *Abb. 1* sacken deutlich in den Rezessionsjahren 1967, 1974/75 und 1983 ab, wobei auf den Einwanderungsstopp für Gastarbeiter aus Nicht-EG-Staaten ergänzend hinzuweisen ist. Ein ähnliches Muster schlägt sich – wenn auch in abgeschwächter Form – in den Bestandszahlen der *Abb. 2* nieder.

Wie einleitend bemerkt, verlagert sich das derzeitige und künftige Migrationsgeschehen eher auf die Ost-West-Wanderungen, so daß auch dafür die quantitativen Größenordnungen darzustellen sind. *Tabelle 1* zeigt zunächst die Netto-Einwanderungen nach Westdeutschland aus einigen Ländern Osteuropas im Zeitraum 1980/90, wobei zwischen Deutschen und Ausländern unterschieden wird.[2] Allein die Tatsache, daß – beide Nationalitätengruppen zusammengenommen – allein im Jahre 1990 rund 1,5 mal soviele Einwanderer aus Osteuropa netto zu verzeichnen sind wie im gesamten Fünfjahreszeitraum 1980/84, verdeutlicht die Dramatik der Entwicklung.

Zu einem beträchtlichen Teil ist diese Entwicklung auf die Immigration von Aussiedlern zurückzuführen, wie *Tabelle 2* belegt, in der zusätzlich auch (bis 30. 6. 1990) die Übersiedler aus der ehemaligen DDR enthalten sind.[3] Auch hier kommt der erhebliche Anstieg der Migrationsströme deutlich zum Ausdruck, der sich allerdings in den vergangenen beiden Jahren abgeschwächt hat. 1993 wurden rund 218 Tsd. Aussiedler registriert. Wie die Übersiedler so hatten auch die meisten Aussiedler – soweit sie eben als Deutsche anerkannt wurden[4] – unmittelbaren Zugang zum deutschen Arbeitsmarkt und Anspruch auf Integrationsbeihilfen.[5]

---

[1] Quelle: Amtliche Nachrichten der Bundesanstalt für Arbeit (ANBA), verschiedene Jahrgänge.

[2] Hinweis: Hier und in den folgenden Darstellungen wird auf die politischen Verhältnisse des jeweiligen Berichtszeitraumes Bezug genommen, d.h. es wird nicht jedesmal erwähnt, daß es die DDR, UdSSR oder Jugoslawien heute nicht mehr gibt.

[3] Die von der amtlichen Statistik verwendete Definition von „Aussiedlern" lautet: „Deutsche Staatsangehörige und deutsche Volkszugehörige, die nach Abschluß der allgemeinen Vertreibungsmaßnahmen ihre angestammte Heimat in den Staaten Ost- und Südosteuropas aufgegeben und ihren neuen Wohnsitz im Geltungsbereich des Grundgesetzes begründet haben". Quelle: Statistisches Jahrbuch 1992, S. 49.

[4] Die Ablehnungsquote belief sich in der Regel auf weniger als 10 Prozent; Quelle: *Hönekopp (*1991), S. 117.

[5] Diese Integrationsbeihilfen betreffen im wesentlichen drei Bereiche: die vorläufige Unterbringung und anschließende Versorgung mit einer Wohnung, die berufliche bzw. schulische Eingliederung einschließlich finanzieller Hilfen bei Arbeitslosigkeit sowie Maßnahmen zur sozialen Betreuung. Vgl. *Gassner* (1992), S. 257.

Abbildung 1: **Zu- und Abwanderungen von Ausländern**

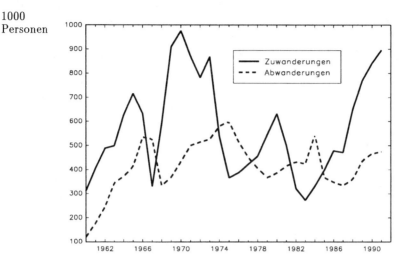

Quelle: Statistisches Bundesamt, Fachserie 1. Bevölkerung und Erwerbstätigkeit, Reihe 2.3: Wanderungen

Abbildung 2: **Sozialversicherungspflichtig beschäftigte Ausländer**

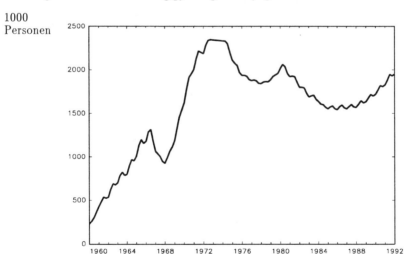

Quelle: Amtliche Nachrichten der Bundesanstalt für Arbeit (ANBA)

Tabelle 1: Einwanderungsüberschuß nach Deutschland aus Osteuropa
(1000 Personen)[a]

Herkunfts–	1980/84[c]		1985/88[c]		1989		1990		1991	
land	D	A	D	A	D	A	D	A	D	A
Polen	24	16	45	48	191	118	95	43	14	16
Rumänien	12	3	11	5	15	11	96	62	21	29
UDSSR	3	1	13	2	88	22	155	26	145	24
Osteuropa[b]	40	26	70	63	297	163	348	146	180	69

Hinweise:
a) D=Deutsche, A=Ausländer;
b) bis 1990 einschließlich Bulgarien, CSFR, Ungarn;
c) Jahresdurchschnitte.
Quellen: Hönekopp (1991), S. 127 f.; Statistisches Jahrbuch 1992, S. 90; eigene Berechnungen.

Asylsuchende stellen einen weiteren, quantitativ bedeutsamen Migrationsstrom dar, wie aus *Tabelle 3* ersichtlich ist. Im Vergleich zu 1990 oder 1991 hat sich ihre Zahl 1992 in etwa verdoppelt, wobei ein besonders steigender Anteil aus dem ehemaligen Jugoslawien zu verzeichnen ist. Für 1993 ergeben sich nach vorläufigen Schätzungen etwa 323 Tsd. Asylbewerber, also rund 26 Prozent weniger als 1992. Nur ein Bruchteil dieser Asylbewerber wird als politisch verfolgt anerkannt, die Quote liegt unter 5 v. H., jedoch verbleibt ein Großteil auch der nicht anerkannten Asylbewerber in Deutschland, sei es illegal, sei es aus humanitären Gründen in Befolgung der Genfer Konvention[6] oder sei es schließlich aufgrund von Einsprüchen bei Gericht gegen die Ablehnungsbescheide. Die Bundesregierung schätzte im Oktober 1992 die Bestandsgröße der Asylbewerber in der Bundesrepublik Deutschland auf 520 bis 550 Tsd. Personen und die der ausländischen Flüchtlinge auf 1,4 Mio. (mit oder ohne Rechtsstatus nach der Genfer Konvention), wobei diese Flüchtlinge rd. 8 v. H. der weltweit geschätzten Flüchtlinge sind.[7] Unabhängig davon, ob die Asylsuchenden anerkannt sind oder nicht, so haben sie beim gegenwärtigen Stand (April 1993) Zugang zum deutschen Arbeitsmarkt, wenn sie von einem Unternehmen angefordert werden und die Stelle nicht mit einem EG-Angehörigen besetzt werden kann.

Zusammengefaßt belegen die Zahlen die quantitative Bedeutung der Einwanderungen für Westdeutschland. Greift man die Jahre 1989 und 1990 heraus, so beliefen sich die Einwanderungsüberschüsse aus Osteuropa auf zusammengenommen knapp 1 Mio. Personen (Tabelle 1, letzte Zeile), die Wanderungen (brutto) von West- nach Ostdeutschland auf gut 700 Tsd. Personen (Tabelle 2, erste plus zweite Zeile)[8] und schließlich der Zustrom von Asylbewerbern auf gut 700 Tsd.

---

[6] Die Genfer Konvention besagt, daß „die Menschen ohne Unterschied die Menschenrechte und Grundfreiheit genießen sollen" und daß die Staaten den sozialen und humanitären Charakter des Flüchtlingsproblems anerkennen. Quelle: Präambel des Abkommens über die Rechtsstellung der Flüchtlinge (Genfer Flüchtlingskonvention) v. 28.7. 1951, Abs. 1 und 5.
[7] Quelle Deutscher Bundestag, Drucksache 12/3589 v. 30. 10. 1992, S. 8 und 13.
[8] Netto betrug dieser Migrationsstrom etwa 500 Tsd. Personen.

Tabelle 2: Einwanderungen (brutto) deutscher Aus- bzw. Übersiedler
(1000 Personen)

Herkunftsland	1985/88[a]	1989	1990	1991	1992
DDR	20	344	238	–	–
Ostdeutschland	–	–	157[c]	200	150
Osteuropa	91	377	397	222	231
–Polen	60	250	113	40	18
–UdSSR	16	98	148	147	196
–Rumänien	14	23	107	32	16
Summe[b]	111	721	792	422	381

Hinweise:
a) Jahresdurchschnitte;
b) Summe der ersten drei Zeilen;
c) einschl. einer geringen Anzahl von ausländischen Wohnungswechslern von Ost- nach Westdeutschland.
Quellen: Statistisches Jahrbuch 1992, S. 87, 91; S. 92; Institut der deutschen Wirtschaft, Zahlen zur wirtschaftlichen Entwicklung der Bundesrepublik Deutschland 1992, Tabelle 13; *Blaschke* et al. (1992); eigene Berechnungen.

Tabelle 3: Zuwanderungen von Asylsuchenden (1000 Personen)

Herkunftsland	1985/88[a]	1989	1990	1991[b]	1992[b]
Europa	38	73	102	167	311
–Jugoslawien	7	19	22	75	123
–Rumänien	2	3	35	41	104
–Türkei	10	20	22	24	28
Afrika	7	13	24	36	67
Asien	36	33	61	51	56
Summe	84	121	193	256	438

Hinweise:
a) Jahresdurchschnitte;
b) Deutschland in Grenzen v. 3. 10. 1990.
Quelle: Statistisches Jahrbuch 1993, S. 73; eigene Berechnungen

Personen. Insgesamt ergibt das eine Immigration von netto etwa 1,8 Mio. Menschen, d. h. von knapp 3 v. H. der westdeutschen Bevölkerung.

In welchen Größenordnungen wird die künftige Entwicklung prognostiziert? *Ochel* und *Vogler-Ludwig* (1993) bieten eine neuere Übersicht über diesbezügliche und – wie sie es nennen – „realistischere Prognosen". Im Hinblick auf die Ost-West-Migration, welche in eine Einwanderung nach Deutschland mündet, schätzt *B. Knabe* (1992), daß zwischen 1991 und 2000 etwa 2–3 Millionen Migranten von Osteuropa und der früheren UdSSR nach Deutschland emigrieren werden, wobei die Aussiedler mit etwa 2,7 Mio. Personen die Hauptkomponente darstellen. M. a. W., nach dieser Prognose hätten wir mit etwa 270.000 Aussiedlern p.a. zu rechnen. Hervorzuheben ist, daß es sich um eine eher konservative Schätzung handelt, da unterstellt wird, daß es in dem angegebenen Zeitraum weder größere Hungersnöte oder Umweltkatastrophen noch Bürgerkriege gibt, was im Fall von Jugoslawien bereits von der Realität überholt wurde.[9] Zu ähnlichen Ziffern – zumindest was die Zahl der zu erwartenden Aussiedler anbelangt – kommen auch *D. van de Kaa*[10] und *C. Schmidt* und *K. Zimmermann* (1992)[11] wohingegen *W. Klauder* (1992) und das Ifo-Institut[12] von einer jährlichen Zuwanderung von 340 Tsd. Aussiedlern und Ausländern in der Zeitperiode 1980 – 2000 ausgehen. Insgesamt schätzt die Bundesregierung, daß 3,5 Mio. Deutsche in Aussiedlungsgebieten leben.[13]

Nochmals sei aber der spekulative Charakter solcher Prognosen über Flüchtlingsbewegungen hervorgehoben (der auch in den genannten Studien betont wird). Dies wird allein an den „Umweltflüchtlingen" sichtbar, welche auf Grund von Natur- und Ökokatastrophen wandern. Nach Angaben des Deutschen Orientdienstes soll allein ein Fünftel der ehemaligen Sowjetunion atomar verseucht sein; darüber hinaus gebe es nahezu 300 weitere ökologische Krisenzonen (Großraum Moskau, Kola-Halbinsel, Aralsee etc.), so daß die Zahl der potentiellen Umweltflüchtlinge in der ehemaligen UdSSR auf 75 Millionen geschätzt wird.[14]

2.2 Strukturmerkmale der Migranten

Weder bilden die Migranten eine aus ökonomischer Sicht homogene Gruppe, noch stimmen ihre Profile mit denen der bereits ansässigen (deutschen) Bevölkerung überein. Aufgabe dieses Unterabschnitts ist es daher, die für eine ökonomische Analyse wichtigen Strukturunterschiede der genannten Gruppen herauszuarbeiten.

Um mit dem Erwerbsverhalten zu beginnen, so zeigt *Tabelle 4* nicht nur die Niveauunterschiede bei den Erwerbsquoten von Deutschen und Ausländern, sondern auch deren unterschiedliche zeitliche Verläufe.[15] Bei den männlichen Arbeitsanbietern hat sich das Erwerbsverhalten dem der Deutschen ziemlich angeglichen:

---

[9] Die Prognose von *Knabe* stammt aus dem Jahr 1991.

[10] Zitiert nach *Ochel* und *Vogler-Ludwig* (1993), S. 35.

[11] Dort Tabelle 3, S. 219.

[12] Vgl. *Koll, Ochel* und *Vogler-Ludwig* (1993), S. 8, Tabelle 1, Szenario I.

[13] Ebenda S. 7.

[14] Zitiert nach: Institut der Deutschen Wirtschaft, iwd – 12/1993, S. 6.

[15] Die Erwerbsquote mißt den Anteil der Erwerbspersonen (= Erwerbstätige plus Arbeitslose) an der Wohnbevölkerung der entsprechenden Gruppe.

Der Rückgang der Erwerbsquote zwischen 1970 und 1980 ist – wie bei den Deutschen in den siebziger Jahren – auf eine verlängerte Schul- und Berufsausbildung sowie eine Vorverlegung des Pensionierungszeitpunktes zurückzuführen. Hingegen zeigt sich bei den verheirateten ausländischen Frauen ein anderes Verlaufsmuster der Erwerbsquote als bei verheirateten deutschen Frauen, nämlich eine im Zeitablauf trendmäßige Abnahme. Anders formuliert: Zum Ende der achtziger Jahre nähern sich die Erwerbsquoten verheirateter Frauen beider Gruppen an, allerdings bei den Ausländerinnen von einem hohen Niveau, bei den Deutschen von einem niedrigen.

Tabelle 4: Erwerbsquoten von Deutschen und Ausländern im Alter zwischen
15 und 65 Jahren (v. H.)

Jahr	Deutsche			Ausländer		
	Männer	Frauen		Männer	Frauen	
		ledig	verheiratet		ledig	verheiratet
1960	91.7	85.2	34.1	–	–	–
1972	87.8	71.1	40.4	95.6	83.3	64.4
1980	83.8	60.7	45.4	90.6	61.3	54.9
1989	82.1	68.1	50.1	83.7	53.4	48.2

Quellen: Franz (1991), S. 23, Statistisches Bundesamt, Fachserie 1, Reihe 4.1.1, 1989, S. 125 f. und 1981, S. 99 f.

Eher als Randbemerkung in Form einer Warnung sind die Angaben in *Tabelle 5* zu interpretieren. Der Unterschied zur Tabelle 4 liegt darin, daß bei der Berechnung der Erwerbsquoten in Tabelle 4 die Erwerbspersonen auf die Wohnbevölkerung zwischen 15 – 65 Jahren bezogen werden, während in Tabelle 5 alle Altersjahrgänge der Wohnbevölkerung als Nennergröße dienen. Bereits die erste Spalte beider Tabellen zeigt, wie groß die Gefahr von Trugschlüssen ist: Während die Erwerbsquote der deutschen Männer in Tabelle 5 weitgehend Konstanz suggeriert, gibt die in Tabelle 4 das Erwerbsverhalten korrekt wieder. Der Unterschied resultiert natürlich daraus, daß sich der Anteil der unter 15- und über 65jährigen im Zeitablauf geändert hat.[16]

Tabelle 5:   *Erwerbsquoten von Deutschen und Ausländern*

Jahr	Deutsche		Ausländer	
	Männer	Frauen	Männer	Frauen
1970	58.0	29.3	80.4	54.7
1980	57.9	32.3	64.2	37.9
1990	60.7	39.3	62.0	38.1
1991	59.8	38.9	62.2	38.0

Quelle: Institut der Deutschen Wirtschaft, iwd Nr. 6 v. 11.2.93, S. 3 (nach Mikrozensuserhebungen des Statistischen Bundesamtes).

---

[16] Dieser Hinweis scheint nicht völlig überflüssig zu sein, weil Zahlenangaben wie die in Tabelle 5 von immerhin sehr renommierten Instituten publiziert werden.

Bei einer Querschnittsanalyse wie in den *Tabellen 6 und 7* entfällt dieser Vorbehalt. In diesen Tabellen wird für 1983 zunächst die Erfahrung dokumentiert, daß die Erwerbsquote auch innerhalb der Gruppe der Ausländer sehr unterschiedlich ist, wie beispielsweise die Spannweite zwischen Jugoslawen und Türken zeigt.

Tabelle 6:   *Erwerbsquoten nach Nationalität 1983[a]*

Nationalität	Männer	Frauen	
		insgesamt	verheiratet
Deutsche	59.1	34.5	41.7
Ausländer insg.	63.2	36.7	53.0
–Italiener	69.8	39.5	57.7
–Jugoslawen	71.0	51.0	70.9
–Türken	56.0	26.7	42.4

Hinweis: a) Anteil der Erwerbspersonen an der gesamten (!) Bevölkerungsgruppe.
Quelle: Thon (1987), S. 38.

Tabelle 7:   *Altersverteilung deutscher und ausländischer*
Erwerbstätiger 1983 (v. H.) a)

Nationalität	unter 25 Jahre	25–45 Jahre	45-55 Jahre	über 55 Jahre
Deutsche	23.2	45.4	21.5	9.9
Ausländer insg.	14.7	61.8	18.8	4.7
–Italiener	20.8	56.0	17.2	5.9
–Jugoslawen	4.8	70.0	20.8	4.3
–Türken	20.4	59.6	18.3	1.8

Hinweis: a) Anteil an allen Beschäftigten der jeweiligen Gruppe (=Zeilensumme), Abweichungen durch Rundungen.
Quelle: Dietz (1987), S. 93.

Tabelle 8: Qualifikation deutscher und ausländischer Arbeitnehmer 1984[a]

Nationalität	Berufsausbildung		Schulbildung[b]		
	abgeschlossen	nicht abgeschlossen	Haupt– und Realschule	Abitur	Hochschule[c]
Ausländer	30.0	53.6	79.1	1.3	3.2
Deutsche	72.6	22.3	87.8	2.0	5.1

Hinweise: a) Anteile an deutschen bzw. ausländischen Arbeitnehmern; auf Grund von Beschäftigten mit unbekannter Schul- und Berufsausbildung addieren sich die Zeilennummern nicht jeweils zu 100 Prozent;
b) jeweils höchster erreichter Schulabschluß;
c) einschl. Fachhochschule
Quelle: Dietz (1987), S. 95, Berechnungen des Autors.

Die Tabelle 7 reflektiert den gleichen Sachverhalt in bezug auf die Altersverteilung. Zwar ist die Gruppe der ausländischen Erwerbstätigen im Alter zwischen 25 und 45 Jahren im Vergleich zu der entsprechenden Gruppe der Deutschen deutlich überrepräsentiert, indessen liegt die Spannweite des Unterschieds immerhin zwischen 10 und 25 Prozentpunkten.

Zusammengenommen weisen diese wenigen Zahlenangaben bereits mit Nachdruck darauf hin, daß schon eine Abschätzung allein der mengenmäßigen Arbeitsangebotswirkungen von Migrationen nicht einfach ist. Zwar gehört im Vergleich zu den Deutschen ein weitaus höherer Anteil der Ausländer der Altersgruppe mit der in der Regel höchsten Erwerbsbeteiligung an, jedoch bestehen nicht vernachlässigbare Unterschiede zwischen den ausländischen Nationalitäten, und die Erwerbsbeteiligung ändert sich im Zeitablauf, wobei das entsprechende Verlaufsmuster nicht immer dem der deutschen erwerbsfähigen Bevölkerung entspricht.

Neben der Mengenkomponente ist auch die Qualifikationsstruktur des ausländischen Arbeitsangebots für die Arbeitsmarktwirkungen einer Migration von Bedeutung. Solche Angaben sind auf Grund einer z. T. schwierigen Vergleichbarkeit in- und ausländischer Schulabschlüsse vorsichtig zu interpretieren.[17] Während unter diesem Vorbehalt die Unterschiede in der Schulausbildung weniger stark ins Gewicht fallen – vgl. dazu *Tabelle 8* –, sind die Differenzen bei der Frage, ob eine abgeschlossene Berufsausbildung vorliegt, ganz erheblich.

Nur 30 v. H. aller ausländischen Arbeitnehmer, aber gut 70 v. H. aller deutschen, verfügten 1984 über einen Berufsabschluß. Indessen sind auch hier Tendenzen zu einer Angleichung an Deutsche erkennbar. Während 1992 die Zahl der deutschen Bewerber um einen Ausbildungsplatz um gut 5 v. H. abnahm (rd. 324 Tsd. Bewerber), suchten 6 v. H. mehr ausländische Jugendliche eine Ausbildungsstelle.[18] Zwischen 1987 und 1991 stieg der Anteil der ausländischen Auszubildenden an den 15- bis 18jährigen Ausländern von 27 auf 35 Prozent.[19]

Die Lohnstruktur ausländischer versus deutscher Erwerbstätiger reflektiert auch Unterschiede in der Berufsausbildung. Neben einer reinen Zeitpunktbetrachtung interessiert hier zusätzlich die Frage, ob sich Ausländer bei der Entlohnung allmählich an Deutsche annähern, etwa indem sie sich betriebsintern höher qualifizieren, um nur ein Beispiel zu nennen. Es ist offenkundig, daß für die Beantwortung beider Fragen möglichst exakt vergleichbare Gruppen von Ausländern und Deutschen gegenübergestellt werden müssen. Dies ist in der Regel nur mit Individualdaten zu bewerkstelligen. Das Sozio-ökonomische Panel bietet diese Möglichkeit. Eine neuere Studie stammt von *J. Pischke* (1992) und kommt zu dem Ergebnis, daß in der vergangenen Dekade die Verdienste der Gastarbeiter zwar um etwa 20 bis 25 Prozent unter denen deutscher Erwerbstätiger lagen, dies indessen nicht auf eine – im übrigen unzulässige – niedrigere Bezahlung für die gleiche Arbeitsleistung zurückzuführen ist, sondern darauf, daß der Anteil der Arbeiter im Vergleich zu den Angestellten bei den ausländischen Erwerbstätigen höher ist.[20]

---

[17] Insoweit täuschen also die Stellen hinter dem Komma eine nicht vorhandene Genauigkeit vor.

[18] Institut der Deutschen Wirtschaft, iwd 7 v. 18. 2. 1993, S. 7.

[19] ebenda.

[20] Vgl. auch *Schmidt* (1992 a, b) für neuere theoretische und ökonometrische Studien über Lohndifferentiale zwischen In- und Ausländern.

Die bisherigen Ausführungen zur Struktur der Ausländerbeschäftigung befaßten sich mit Bestandszahlen und brachten damit die Erfahrungen zum Ausdruck, welche die Bundesrepublik Deutschland auf Grund der bisherigen, u. U. länger zurückliegenden Einwanderungen sammeln konnte. Für die derzeitige und künftige Entwicklung ist zusätzlich von Interesse, welche Erkenntnisse bezüglich der jüngeren Aus- und Übersiedlerströme, Asylanten und Pendler aus Ostdeutschland vorliegen.

Tabelle 9 vergleicht Aus- und Übersiedler mit der Gesamtbevölkerung im Bundesgebiet. Im Vergleich zur Gesamtbevölkerung waren bei den Aussiedlern Männer, Jugendliche und 25- bis 45jährige sowie weibliche Erwerbspersonen überrepräsentiert. Zusammengenommen läßt dies auf ein höheres (ggf. zukünftig wirksam werdendes) Engagement auf dem Arbeitsmarkt schließen.

Tabelle 9:   *Aus- und Übersiedler nach ausgewählten*
                      Strukturmerkmalen[a]

Strukturmerkmal	Aus-siedler[b]	Über-siedler[c]	Gesamtbe-völkerung[d]
1. Geschlecht			
– Männer	50.2	50.0	47.9
– Frauen	49.8	50.0	52.1
2. Alter[e]			
– bis 20 Jahre	32.0	22.2	21.4
– 20–25 Jahre	9.2	10.2	8.6
– 25–45 Jahre	33.0	40.4	27.6
– 45–60 Jahre	10.7	14.7	21.0
– über 60 Jahre	6.8	12.5	21.4
3. Erwerbsbeteiligung[e]			
– Erwerbspersonen	52.1	64.4	48.2
– Männer	27.9	34.8	29.1
– Frauen	24.2	29.6	19.1
– Nichterwerbspersonen	39.9	35.6	51.8
– Hausfrauen	2.9	1.3	23.9[f]
– Rentner	7.0	14.2	21.8[f]
– Schüler und Studenten	16.7	13.7	4.0
– noch nicht schulpfl. Kinder	13.0	6.5	8.0

Hinweise:
a) für jede der drei Gruppen in v. H. der Grundgesamtheit;
b) 1989;
c) 1988;
d) 1987;
e) die Aussiedler enthalten nicht zuordenbare Personen, Prozentzahlen addieren sich daher nicht zu 100;
f) Doppelzählungen möglich.
Quellen: Blaschke (1990), S. 261; Statistisches Jahrbuch 1992; eigene Berechnungen.

Tabelle 10:   **Berufliche Strukturen des deutschen Arbeitsmarktes und der Zuwanderer 1990**[a)]

Berufsgruppe	Aus-siedler[b)]	Über-siedler[c)]	Beschäftigte insgesamt[d)]	Offene Stellen[e)]	Arbeits-lose[e)]
Land- und forstwirt-schaftliche Berufe	4.2	1.5	1.2	3.5	2.8
Industrie und Handwerk	46.6	40.6	35.8	43.1	37.6
darunter:					
– Schlosser/Mechaniker	13.3	9.8	8.3	9.3	5.5
– Elektriker	3.8	1.8	3.1	3.9	1.8
– Bauberufe	3.2	4.3	3.5	6.1	4.4
Technische Berufe	6.3	10.5	7.1	5.8	3.8
Dienstleistungsberufe	35.1	46.7	55.1	35.5	52.1
darunter:					
– Warenkaufleute	3.6	7.0	8.0	7.5	8.2
– Verkehrsberufe	5.0	5.5	7.3	3.3	3.4
– Organisation u.ä.	8.3	10.8	19.2	9.1	13.4
– Gesundheitsberufe	3.4	6.7	5.4	6.0	3.2

Hinweise.
a) Anteile in v. H.;
b) 1990 registrierte Aussiedler;
c) 1988 aufgenommene Übersiedler;
d) sozialversicherungspflichtige Beschäftigte Ende 1990;
e) Jahresdurchschnitt 1990
Quelle: Barabas et al. (1992), S. 141.

Hinweise auf die Arbeitsmarktwirkungen der Aus- und Übersiedler vermittelt auch *Tabelle 10*, in der die berufliche Struktur der Zuwanderergruppen der tatsäch-lichen und gewünschten Struktur auf dem westdeutschen Arbeitsmarkt gegen-übergestellt wird. Bei allen Vorbehalten gegenüber den Angaben – insbesondere im Hinblick auf die offenen Stellen als Indikator für den Arbeitskräftebedarf[21] – zeigen sich bei den Aus- und Übersiedlern vergleichsweise hohe Anteile bei den Fertigungsberufen sowie den technischen Berufen (insbesondere Schlosser und Mechaniker), denen auch ein vergleichsweise hoher Anteil an offenen Stellen – im Gegensatz zu den Arbeitslosen – entsprach. Etwas diffuser sieht das Bild bei den Dienstleistungsberufen aus: Im Vergleich zu der Beschäftigungsstruktur sind die Anteile insbesondere bei den Aussiedlern erheblich unterrepräsentiert. Dies läßt auf gute Beschäftigungschancen dieses Personenkreises schließen. Diese positive Einschätzung wird dadurch eingeschränkt, daß sich die Anteile der Dienstlei-stungsberufe bei den Aussiedlern und offenen Stellen decken und überproportio-nal viele Arbeitslose dieser Berufsgruppe angehören. Was die Aussiedler anbe-langt, so ist indessen auf die teilweise nicht ausreichenden Kenntnisse der deut-schen Sprache hinzuweisen. Dieses Problem dürfte sich dann verstärken, wenn Ausländer in ihren Wohnsitzländern ohne größere Hemmisse und Zeitverlust den Entschluß zur Ausreise in die Tat umsetzen können und sich somit nicht wie früher längere Zeit – wenn auch häufig unter Repressionen – darauf vorbereiten können (bzw. müssen).

---

[21] Vgl. dazu ausführlich *Franz* (1987, 1992).

Tabelle 11:   *Strukturmerkmale der Westpendler 1991[a]*

Strukturmerkmal	West–pendler	Beschäftigte insgesamt
Geschlecht:		
Männer	80	56
Frauen	20	44
Alter:		
17–30 Jahre	54	31
31–45 Jahre	33	38
46–65 Jahre	14	31
Qualifikation:		
Facharbeiter	55	51
Meister	7	7
Fachschulausbildung	14	18

Hinweis: a) Juli, in v. H. aller Westpendler bzw. Beschäftigten.
Quelle: Institut für Arbeitsmarkt- und Berufsforschung (Hrsg.), Zahlen-Fibel, Beiträge zur Arbeitsmarkt- und Berufsforschung 101, Ausgabe 1992, Nürnberg.

Angesichts ihrer quantitativen Bedeutung lohnt ein Blick auf die Struktur der Pendler zwischen Ost- und Westdeutschland. Im Jahresdurchschnitt 1992 pendelten 422 Tsd. Personen von Ost- nach Westdeutschland und gut 70 Tsd. Personen in umgekehrter Richtung.[22] *Tabelle 11* vergleicht einige Strukturmerkmale der Pendler von Ost- nach Westdeutschland. Überrepräsentiert sind vor allem jüngere Männer, die mobiler sind als erwerbstätige Frauen. Aus anderen Studien ist weiterhin bekannt, daß sich Westpendler durch überdurchschnittliche Schul- und Berufsabschlüsse auszeichnen.[23]

3. Ökonomische Analyse der Migrationsentscheidung

Die ökonomische Analyse der Migrationsentscheidung hat eine Fülle von Aspekten zu berücksichtigen. Sie verdeutlichen nicht nur die große und interdisziplinäre Spannweite des Themas, sondern lassen auch erkennen, in welchem Ausmaß die später zu diskutierenden Ansätze nur Einzelaspekte behandeln.
(i) Die Motive potentieller Migranten sind unterschiedlich. Sie reichen von ökonomisch motivierter Migration über den Wunsch nach einer Familienzusammenführung (im weiteren Sinne) bis hin zu politisch bedingten Wanderungsphänomenen. Für eine Migrationspolitik ist es erschwerend, daß sich die Migranten nicht säuberlich nach diesen Motiven unterscheiden lassen. So kann – um nur ein Beispiel zu nennen – der Migrationswunsch vieler Wolgadeutscher sowohl darauf beruhen, dauerhaft in der Gemeinschaft von Landsleuten zu leben, wie auch einen höheren Wohlstand zu erzielen.

---

[22] Die entsprechenden Vorausschätzungen für 1993 liegen etwas unter den genannten Werten. Quelle: Deutsches Institut für Wirtschaftsforschung (DIW), Vierteljährliche Volkswirtschaftliche Gesamtrechnung v. 10. 2. 1993.
[23] Vgl. *Scheremet* und *Schupp* (1991) und *Pischke, Staat* und *Vögele* (1993).

(ii) Die Migrationsentscheidung ist häufig nicht allein das Ergebnis individueller Überlegungen, sondern ist im Kontext familialer Entscheidungen zu sehen. Es mag sehr wohl sein, daß der Alleinverdiener in einer Familie aus ökonomischen Gründen eine Migration präferiert, daß aber für die übrigen Familienmitglieder die damit verbundenen Transaktionskosten als zu hoch eingestuft werden (z.B. Verlust der sozialen Umwelt, Schulprobleme u. ä.). Das erklärt, wieso häufig (zunächst) nur der Ehemann z.B. als Gastarbeiter wandert und die Familie ggf. später nachzieht bzw. der Ehemann wieder in das Heimatland zurückkehrt.

(iii) Daraus folgt bereits die wichtige Unterscheidung zwischen temporärer und permanenter Migration. Unabhängig von dem familialen Kontext kann sie jedoch auch durch unterschiedliche ökonomische Motive gegeben sein. Ziel des temporären Migranten ist häufig die Erreichung eines festen Sparziels in möglichst kurzer Zeitspanne, um sich beispielsweise danach eine Existenz im Heimatland aufzubauen („target saver"). Natürlich können sowohl die temporäre wie auch die permanente Migrationsentscheidung im Verlauf des Aufenthaltes im Gastland revidiert werden, d.h. aus der als temporär geplanten Migration kann eine permanente Migration werden und vice versa.

(iv) Damit ist bereits der besonders wichtige Aspekt der Unsicherheit angesprochen, unter der eine Migrationsentscheidung gefällt wird. Der Extremfall ist der einer „spekulativen Migration". Der Migrant muß in dem Zielland erst einen Arbeitsplatz suchen und ist über die Verhältnisse dort nur unvollständig informiert. Etwas mehr Sicherheit hat der „vertragliche Migrant". Er besitzt bereits vorher einen Arbeitsplatz – wie z.B. der Gastarbeiter (aus einem Nicht-EG-Land), welcher von der deutschen Arbeitsverwaltung auf Anforderung eines heimischen Unternehmens angeworben wurde. Der Informationsstand dieses „vertraglichen Migranten" über das Gastland kann sehr unterschiedlich sein – bis hin zu nahezu vollständiger Information bei erneuter Migration in dasselbe Land. Mithin hängt die Migrationsentscheidung bei unvollständiger Information von der Risikobereitschaft des Migranten ab.

(v) Eine ökonomisch motivierte Migrationsentscheidung hat in ihrer einfachsten Struktur abzuwägen zwischen den ökonomischen Bedingungen des Heimatlandes und denen des Gastlandes vermindert um die Transaktionskosten. Beispiele dafür sind erwartete Einkommensdifferentiale (also Lohndifferentiale gewichtet mit den Wahrscheinlichkeiten, einen Arbeitsplatz zu erhalten) und Mobilitätskosten einschl. von Differentialen in den Lebenshaltungskosten und solchen nicht-pekuniärer Art. Gerade die Transaktionskosten sind in ihrer Bedeutung bei der befürchteten Migrationswelle von Ost- nach Westdeutschland wohl unterschätzt worden. Im Lichte der vorangegangenen Überlegungen versteht sich von selbst, daß die genannten Determinanten der Migrationsentscheidung im Rahmen eines Mehrperiodenmodells („Lebenszyklusmodell") unter gebührender Berücksichtigung von Unsicherheit zu analysieren sind.

(vi) Eine besonders enge Verzahnung besteht zwischen den eben genannten Transaktionskosten und dem Wohnungsmarkt des Gastlandes. Mieten bzw. Hauspreise können bekanntlich nahezu prohibitiv hoch sein. Hinzu kommt für die ökonomische Analyse, daß eine wechselseitige Kausalität zwischen Migration und Wohnungsmarkt besteht, weil z.B. die Mietpreise nicht unabhängig von den Zuzügen sind und vice versa.

(vii) Eine gewünschte Migration kann an institutionellen Gegebenheiten des Heimat- und Gastlandes scheitern, seien diese nun gesetzlich verankert oder durch

faktisches Verhalten gegeben. Beispiele dafür liegen auf der Hand. Das Heimatland kann die Ausreise genehmigen oder nicht oder sie durch Schikanen fast aussichtslos machen; das Gastland kann volle Freizügigkeit (z.B. für EG-Angehöri-
ge) gewähren, den Zuzug plafondieren (Beispiel: Schweiz) oder generell stoppen
(Beispiel: Anwerbestopp in Deutschland 1973 für Gastarbeiter aus Nicht-EG Ländern bei beschränkter Erlaubnis der Familienzusammenführung); die Berufsausü-
bung kann im Gastland durch fehlende Anerkennung von Ausbildungsgängen, Di-
plomen etc. erschwert oder unmöglich gemacht werden, auch wenn gesetzlich
„Freizügigkeit" herrscht; die Bevölkerung verhält sich abweisend gegen Ausländer.

Es wurde einleitend bereits darauf hingewiesen, daß die einzelnen theoretischen
Modelle des Migrationsverhaltens nur Ausschnitte aus den eben vorgetragenen
Aspekten behandeln. Sie können – wiederum in aller Kürze – wie folgt dargestellt
werden[24], wobei auf Vorläufer hier nicht eingegangen wird.[25]

(a) Humankapitalansatz

Der potentielle Migrant basiert in diesem Modell seine Entscheidung auf einem
Vergleich alternativer erwarteter Nutzen- und Kostenströme (monetär und psy-
chisch) bei verschiedenen Wohnsitzen.[26] Er wählt den Ort mit dem höchsten erwarteten Nettonutzen. Erweiterungen des Humankapitalansatzes beziehen sich
insbesondere auf die Berücksichtigung der Risikotheorie. Trotzdem wird gegen
diesen Ansatz kritisch eingewandt, daß die Behandlung der Informationsbeschaffung und -verarbeitung viel zu oberflächlich sei, um tatsächliches Migrationsver-
halten erklären zu können.

(b) Suchtheorie

Hier wird die bekannte Theorie der Suche nach einem Arbeitsplatz auf das Mi-
grationsverhalten übertragen, wobei indessen beachtliche Modifikationen vorgenommen werden.[27] Zunächst wird eine Unterscheidung zwischen einer „speculati-
ve migration" und einer „contracted migration" vorgenommen [vgl. oben]. Im ersten Fall ist die Migration ein integraler Bestandteil des Suchprozesses, denn die
Migration erfolgt auf „gut Glück", d. h. in der Hoffnung auf einen akzeptablen
Wohn- und Arbeitsplatz. Bei der „contracted migration" ist dagegen die Migration das Ergebnis eines Suchprozesses, denn sie wird erst dann unternommen, wenn
die neue Existenz gesichert ist.

Eine wesentliche Modifikation der Suchtheorie erfolgt durch eine stärkere Berücksichtigung informationstheoretischer Aspekte im Rahmen einer sequentiellen Ent-
scheidungstheorie.[28] Im Mittelpunkt dieser Arbeiten – insbesondere im Rahmen
der sog. „Multi-Armed-Bandit"-Modelle (MABM) – steht der „Entscheidungs-

---

[24] Übersichten finden sich z.B. bei *Greenwood* (1985), *Molho* (1986), *Stark* (1991) und
Straubhaar (1988).
[25] Bereits *John Hicks* schreibt in seiner „Theory of Wages" (1932, S. 67): „... differences in
net economic advantage, chiefly differences in wages, are the main cause of migration."
[26] Ein Prototyp eines solchen Modells ist in *Sjaastad* (1962) enthalten.
[27] Vgl. *McCall* und *McCall* (1987) für eine neuere Version eines integrierten Migrations-
und Suchmodells.
[28] Stellvertretend für diese Modelle sei auf das Buch von *Berninghaus* und *Seifert-Vogt*
(1991) verwiesen.

baum" („decision tree"). Am Beispiel der „contracted migration" könnte dieser in seiner einfachsten Form folgende hierarchisch angeordnete Wahrscheinlichkeiten beinhalten: (i) die Wahrscheinlichkeit, während einer bestimmten Zeitperiode in einem gegebenen Gebiet aktiv zu suchen, (ii) die bedingte Wahrscheinlichkeit – konditional zur Suche – dann und dort etwas angeboten zu bekommen (einen Arbeitsplatz, eine Wohnung etc.), (iii) die bedingte Wahrscheinlichkeit – konditional in bezug auf dieses Angebot –, dieses Angebot zu akzeptieren und zu migrieren. Für den speziellen MABM-Typ sind in den letzten Jahren, ausgehend von Arbeiten des Statistikers *J. Gittins,* eine Reihe von Methoden entwickelt worden, das optimale Entscheidungsverhalten durch Berechnung von bestimmten Indizes (den sog. „Gittins-Indizes") nachzuzeichnen. Ein anderer Zweig dieser Literatur bedient sich der auf dem *Bellman*'schen Optimalitätsprinzip basierenden Methode der Rückwärtsprogrammierung. Schließlich wird zur Lösung des o. a. Entscheidungsproblems auch auf angewandte Methoden der Spieltheorie zurückgegriffen. Insbesondere im Rahmen von Familien-Migrations-Entscheidungen spielt die Ermittlung „teilspielperfekter Gleichgewichtspunkte" eine wichtige Rolle. Grob vereinfacht geht es darum, individuell optimale Entscheidungen der einzelnen Familienmitglieder so konsistent zu machen, daß eine gesamtoptimale Familienentscheidung zustandekommt.[29]

Natürlich erfolgen alle Entscheidungen unter Unsicherheit, da die Informationen i. d. R. unvollständig sind. Eine als permanent geplante Migration kann dann durch vorzeitige Remigration revidiert werden und vice versa.

(c) Gravitäts-Modelle

Dieser Modelltyp, dessen wichtigste Ausprägung in den sog. „spatial interaction models" in der Literatur zu finden ist, behandelt Bruttomigrationsströme in einem räumlichen Netzwerk.[30] Ihre Bestimmungsfaktoren sind dann „push- bzw. pull-Faktoren" der zur Rede stehenden Regionen (also z.B. Bedingungen auf den Arbeits- bzw. Wohnungsmärkten). Diese Determinanten werden – um die Migrationsströme zu erklären – mit der Entfernung der zur Auswahl stehenden Regionen multipliziert. Diese Modelle haben sich für die Erklärung einer internen Migration (z.B. Pendler- oder Einkaufsverhalten) als ziemlich leistungsfähig erwiesen. Sie sind am ehesten auf der aggregierten Ebene angewandt worden. Aus theoretischer Sicht sind sie deshalb unbefriedigend, weil der Entscheidungsprozeß einschließlich der informationstheoretischen Aspekte vernachlässigt wird. Das führt z. B. dazu, daß die häufig zu beobachtenden wechselseitigen Migrationsströme zwischen den Regionen A und B nicht erklärt werden können, sondern daß man sich mit der Analyse von Nettoströmen begnügt.

Nicht eingegangen wurde in dieser Übersicht auf Modelle, welche eine Verbindung zwischen Migration und Wohnungsmarkt und ihren Interdependenzen zum Gegenstand haben.

4. Wirkungen der Migration

Wanderungen würden weit weniger, wenn überhaupt, als ein Problem angesehen, wenn sie im Inland ausschließlich positive ökonomische Effekte mit sich brächten

---

[29] Vgl. dazu *Harsanyi* und *Selten* (1983).
[30] Für eine solche Vorgehensweise vgl. z.B. *Burridge* und *Gordon* (1981).

und es keinerlei Hindernisse im Hinblick auf eine reibungslose Integration der Einwanderer gäbe. Die Wirklichkeit ist nicht so. Daher versucht dieser Abschnitt, anhand einiger ökonomischer Wirkungen der Migration und einer Darstellung der Erfahrungen mit einer multikulturellen Gesellschaft Problemfelder einer Einwanderung zu identifizieren.

Vor übertriebenen Erwartungen an eine solche Analyse muß indessen gewarnt werden, denn es erscheint nahezu aussichtslos, generelle Aussagen über die Wohlfahrtseffekte der Migration zu machen. Wessen Wohlfahrt? Die des Einwanderungs- oder die des Auswanderungslandes oder die der „Weltwohlfahrt"? Hinzu kommt, daß es dann jeweils Gewinner und Verlierer aufgrund von Migrationsströmen gibt, deren Wohlfahrtsgewinne bzw. -verluste indessen nicht aggregiert werden können (Arrow-Theorem). Schließlich gilt es, kurz- und langfristige Wirkungen zu trennen, ggf. trägt erst die nächste Generation die Last einer Einwanderung bzw. zieht den Nutzen daraus. Vollends hoffnungslos wird die Beurteilung der Migration, wenn – berechtigterweise – Integrationsprobleme und damit politische Spannungen auf Grund einer Einwanderung einerseits, einer möglichen Erhaltung oder Stärkung des Weltfriedens auf Grund eben dieser Migration andererseits gegenübergestellt werden. So gesehen ist es keine schlechte Strategie, sich zunächst auf die Analyse der Wirkungen auf meßbare Variable zu konzentrieren, d. h. im vorliegenden Kontext auf die Effekte einer (verstärkten) Einwanderung auf die gesamtwirtschaftlichen Ziele (z. B. gemäß Stabilitäts- und Wachstumsgesetz) in Deutschland.

4.1 Wirkungen auf gesamtwirtschaftliche Zielgrößen

Wie bereits einleitend bemerkt, gibt es im Rahmen der reinen Außenhandelstheorie bei Faktormobilität eine Reihe von Ansätzen, welche die Wohlfahrtseffekte einer Migration analysieren.[31] Im Rahmen realwirtschaftlicher Theorien einer weltwirtschaftlichen Arbeitsteilung werden Aussagen über zu erwartende Wohlfahrtseffekte der internationalen Wanderungen von Arbeitskräften versucht, welche indessen sehr von den zugrunde liegenden Annahmen über die Fristigkeit der Migration und die Humankapitalausstattung der Migranten abhängen, um nur zwei Beispiele zu nennen. Hinzu kommen der meistens komparativ-statische Charakter dieser Modelle in einer Welt perfekter Voraussicht und vollständiger Konkurrenz sowie Vollbeschäftigung auf den Arbeitsmärkten. Insoweit ist es schwierig, wenn nicht aussichtslos, Schlußfolgerungen aus diesen Modellen zusammenfassend zu referieren. Als allgemein akzeptiertes Ergebnis kann immerhin zunächst festgehalten werden, daß ein Zustand, der durch Güter- *oder* Faktormobilität gekennzeichnet ist, dem einer geschlossenen Volkswirtschaft im Hinblick auf die Wohlfahrt aller Länder überlegen ist. Dies gilt indessen schon nicht mehr uneingeschränkt für den Fall, daß Güter *und* Faktoren mobil sind, weil die Wohlfahrtsgewinne der einzelnen Länder sich unterschiedlich entwickeln können. Das vermutlich wahrscheinlichere Resultat läuft darauf hinaus, daß sich die Wohlfahrtsposition der zurückgebliebenen Bevölkerung im Herkunftsland verschlechtert, wobei dort die Arbeitnehmer gewinnen können, die Kapitaleigner indessen verlieren werden, wenn eine Abwanderung von Arbeit die Grenzproduktivität des

---

[31] Vgl. dazu beispielsweise *Ethier* (1985) oder *Straubhaar* (1988).

Kapitals reduziert, die der Arbeit erhöht und die Kapitaleigner von den Arbeitnehmern für diesen Verlust nicht entschädigt werden.[32] Das umgekehrte Resultat gilt dann für die Wohlfahrtsposition in den Aufnahmeländern, wobei dann die Kapitaleigner zu den Gewinnern und die Arbeitnehmer eher zu den Verlierern rechnen. Hebt man die Annahme einer homogenen Arbeit auf, so hängt es von den Qualifikationsstandards der Migranten und der Produktionstechnik ab, wie sich Wohlfahrtsgewinne bzw. -verluste auf die qualifizierte bzw. nichtqualifizierte Arbeitnehmerschaft im Einwanderungsland verteilen. Die Produktionstechnik spielt dabei insoweit eine Rolle, als die Qualifikation der Migranten zu denen der heimischen Bevölkerung substitutiv oder komplementär sein kann.

Wenn es darum geht, makroökonomische Wirkungen der Migration zu erfassen, kann auf Erfahrungen mit der Beschäftigung von Gastarbeitern in Deutschland in den 60er und 70er Jahren zurückgegriffen werden.[33] Obwohl sich die so gewonnenen Erkenntnisse nicht genau auf die Wanderungsströme der 90er Jahre übertragen lassen, so liefern sie genügend Anhaltspunkte für die Abschätzung von Wirkungsrichtungen.

Die Analyse makroökonomischer Effekte der Gastarbeiterbeschäftigung bezieht sich auf die Variablen Wirtschaftswachstum, Arbeitslosigkeit, Inflation und außenwirtschaftliche Beziehungen. Die Schwierigkeit einer Evaluation diesbezüglicher Einflüsse liegt darin begründet, daß sie – technisch ausgedrückt – „regimespezifisch" sind, d. h. welcher Typ einer Ungleichgewichtssituation (Angebots- versus Nachfrageüberschuß) auf den Güter- und Faktormärkten vorliegt. Diese Überlegung soll anhand zweier Beispiele kurz verdeutlicht werden.

Nehmen wir rein hypothetisch an, der Ende 1973 erlassene Anwerbestopp für Gastarbeiter aus Nicht-EG-Ländern wäre nicht 1973, sondern fünf Jahre früher wirksam angeordnet worden. Mit diesem Kunstgriff können die Wirkungen der tatsächlichen Gastarbeiterbeschäftigung auf die angesprochenen Variablen ermittelt werden, denn diese stellen nichts anderes als die Differenz zwischen der tatsächlichen und der hypothetisch angenommenen Entwicklung dar.[34] Die Zeitperiode 1968 bis 1973, die dem Experiment zugrunde liegt, war in Deutschland durch eine Überschußnachfrage nach Arbeit gekennzeichnet: Die Arbeitslosenquote bewegte sich zwischen 1,5 und 0,7 Prozent, und diesen durchschnittlich 226 Tsd. Arbeitslosen standen durchschnittlich 633 Tsd. offene Stellen gegenüber, das sind knapp 3 v. H. aller beschäftigten Arbeitnehmer, wobei zu bedenken ist, daß die offenen Stellen nur einen Teil (etwa 30 – 40 v. H.) der tatsächlich zu besetzenden Arbeitsplätze reflektieren. Wenn in einer solchen Situation das Arbeitsangebot auf Grund des hypothetisch angenommenen, früheren Anwerbestopps weiter verknappt wird, führt die Konkurrenz um die Arbeitskräfte zu höheren Nominallohnsteigerungen. Unternehmen versuchen daraufhin die Kostenerhöhungen weiterzuwälzen, so daß ein Anstieg der Inflationsrate zu verzeichnen ist. Nach aller Erfahrung steigt trotzdem der Reallohn, was eine Beschäfti-

---

[32] Vgl. dazu *Lucas* (1981), S. 98 f. oder *Körner* (1990), S. 184 ff. Das Ergebnis ist durch Ausrechnen der Grenzproduktivität z.B. aus einer Cobb-Douglas-Produktionsfunktion unmittelbar nachvollziehbar (ausgenommen für den Fall steigender Skalenerträge).

[33] Eine frühere Übersicht findet sich bei *Franz* (1981) und *Rist* (1978).

[34] Technisch gesprochen ist das die negative Differenz zwischen Simulations- und Kontrollösung eines makroökonometrischen Modells. Eine quantitative Abschätzung der folgenden Überlegungen findet sich in *Franz* und *Smolny* (1990) und *Franz, Oser* und *Winker* (1993).

gungseinbuße zur Folge hat. Die Konsumausgaben gehen daraufhin ceteris paribus zurück[35] und damit auch die gesamtwirtschaftliche Nachfrage und in Folge
auch die Investitionen.[36] Zusammengenommen ergeben sich mithin nachteilige
Wirkungen des vorgezogenen Anwerbestopps oder – in Umkehrung der Fragestellung – vorteilhafte Effekte der tatsächlichen Höhe der Gastarbeiterbeschäftigung auf Wirtschaftswachstum, Arbeitslosigkeit und Inflation. Diese zuletzt vorgenommene, positive Einschätzung der Gastarbeiterbeschäftigung wird durch folgende Überlegung allerdings abgeschwächt. Der vergleichsweise leichte Rückgriff Deutschlands auf ausländische Arbeitsmärkte hat – wie oben ausgeführt –
einen stärkeren Reallohnanstieg verhindert. Dadurch wurden zwar Beschäfti-
gungsverluste vermieden, jedoch um den Preis, daß der Druck auf Unternehmen,
stärker zu rationalisieren, weniger bedeutsam war. In der Tat wurde das Nachhin-
ken z. B. der deutschen Automobilindustrie in den siebziger Jahren hinter der japanischen Technologie auf diesen weniger starken Druck zurückgeführt: Höhere
Lohnsteigerungen hätten beispielsweise den früheren Einsatz von Robotern und
damit einen schnelleren Anschluß an kostengünstigere Produktionsverfahren gefördert.

Sind mithin die Effekte der Ausländerbeschäftigung schon in der oben beschriebenen Überschußnachfragesituation auf dem Arbeitsmarkt nicht eindeutig, so wird
eine zusammenfassende Einschätzung zusätzlich dadurch erschwert, daß sich die
dargestellten Abläufe für eine Überschußangebotssituation auf dem Arbeitsmarkt
anders darstellen. Eine solche Situation liegt mit wechselnder Schärfe und unterschiedlichem Charakter der Arbeitslosigkeit seit Mitte der 70er Jahre in Westdeutschland vor. Angesichts der Rezession in Westdeutschland, deren Überwindung nach derzeitigen Prognosen wohl erst 1994 beginnt, und des Beschäfti-
gungseinbruchs in Ostdeutschland, bei dessen Bewältigung eher an einen Zehn-
jahreszeitraum zu denken ist, stellt die Überschußangebotssituation das für die
absehbare Zukunft realistischere Szenario auf dem Arbeitsmarkt dar. Wie sehen
die Wirkungen einer Migration nun aus? Um die Wirkungen künftiger Immigration auf den deutschen Arbeitsmarkt zu erfassen, ist zunächst die Höhe der Erwerbsbeteiligung zu quantifizieren. Während für die bisher aus der ehemaligen
DDR bzw. später aus den neuen Bundesländern übergesiedelten Personen eine Potentialerwerbsquote von etwa 70 v. H. angegeben wird, liegt diese bei den Aussiedlern eher bei etwa 50 v. H.[37] Dabei ist zu berücksichtigen, daß die Aussiedler
z. T. erst nach einer Frist dem Arbeitsmarkt zur Verfügung stehen (beispielsweise
nach Beendigung von Deutsch-Sprachlehrgängen).

Von einem nennenswerten Druck der Einwanderer auf die Nominallohnentwick-
lung kann kaum die Rede sein. Die Nominallöhne sind aus mehreren Gründen nach
unten weitgehend inflexibel,[38] und ein stärkerer Arbeitsangebotsdruck infolge der

---

[35] Das ceteris paribus geringere verfügbare Einkommen und die geringere Beschäftigung
führen gemäß der Lebenszyklushypothese des Konsums zu einem Rückgang des Konsums.

[36] Als theoretische Basis für dieses Argument kann beispielsweise das Akzeleratorprinzip
im Rahmen einer neoklassischen Investitionsfunktion des *Jorgenson*-Typs dienen.

[37] Die Potentialerwerbsquote mißt den Anteil aller für eine Erwerbstätigkeit zur Verfügung
stehenden Personen an allen Personen der jeweiligen Gruppe. Quelle: *Barabas* et al. (1992),
S. 138f.

[38] Zur Begründung wären aus theoretischer Sicht verschiedene Aspekte einer Effizienz-
lohntheorie und ein „Insider-Outsider"-Verhalten heranzuziehen; vgl. *Franz* (1991) für eine Übersicht über diese Ansätze.

Immigration führt, wenn überhaupt, am ehesten zu einer Reduktion der Lohndrift. Da ein nicht unbeachtlicher Teil der Arbeitslosigkeit auf Diskrepanzen zwischen Arbeitsangebot und -nachfrage z. B. in qualitativer und/oder regionaler Hinsicht zurückzuführen ist[39], kann diese strukturelle Komponente der Arbeitslosigkeit partiell durch Einwanderer reduziert werden. Dies wird indessen zu Lasten gebietsansässiger Arbeitsloser gehen, insoweit Unternehmen ansonsten versucht hätten, die freien Arbeitsplätze durch betriebsinterne Qualifizierungsmaßnahmen zu besetzen und sich dadurch Beschäftigungschancen für weniger qualifizierte (Langzeit-)Arbeitslose ergeben hätten. Wie in Abschnitt 2.2 ausgeführt, ist das Qualifikationsniveau der Einwanderer i. d. R. zwar höher als das der heimischen Arbeitslosen, indessen niedriger als das der bereits Beschäftigten, so daß sich von daher retardierende Wirkungen auf die Fortschrittsrate der Arbeitsproduktivität ergeben dürften.

Zusammengenommen spricht wenig dafür, daß die Immigration einen Beschäftigungsaufschwung induziert, sondern mehr dafür, daß sie zu einem beachtlichen Teil die Arbeitslosigkeit erhöht und verfestigt.[40] Nochmals sei aber bemerkt, daß die Schlußfolgerung für eine – allerdings als realistisch unterstellte – Arbeitsmarktsituation gezogen wurde, welche durch Arbeitslosigkeit auf Grund unterausgelasteter Sachkapazitäten und Mismatch auf dem Arbeitsmarkt gekennzeichnet ist. Das ist auch der Grund dafür, daß unsere Einschätzung pessimistischer ausfällt als die von *Barabas* et al. (1992) unter Verwendung des RWI-Konjunkturmodells, die sich auf die Periode 1988 – 91 und damit auf eine weitaus günstigere Konjukursituation in Westdeutschland bezieht.[41] Wenn mittel- und/oder langfristig von einer Arbeitsmarktsituation ausgegangen wird, die eher durch Normal- oder sogar Vollbeschäftigung gekennzeichnet ist, dann ergeben sich die eingangs beschriebenen, wesentlich günstigeren Wirkungen eines Wanderungszustroms auf die genannten makroökonomischen Variablen. Nur wenn die Nachfrage nach Gütern und Dienstleistungen nicht rationiert ist, mag der folgende Mechanismus annähernd wirken, der mitunter beschworen wird:[42] Dadurch, daß Ausländer einen Arbeitsplatz einnehmen, produzieren und Nachfrage entfalten, entsteht für die heimische Bevölkerung keine Gefahr, daß ihre Arbeitslosigkeit vergrößert wird. Ohne es beim Namen zu nennen, wird sich damit implizit auf das Say'sche Theorem in dem Sinne bezogen, daß sich jedes Angebot auch seine Nachfrage schaffe. Wie bekannt gilt das Theorem eben nur für eine Say'sche Situation.

Unterstellt man weiterhin, daß die Zuwanderer einmalige und laufende Transferzahlungen erhalten, die nicht kredit-, sondern steuerfinanziert werden, so könnten sich gesamtwirtschaftliche Nachfrageimpulse dann ergeben, wenn die Zuwanderer eine höhere Konsumquote aufwiesen als die Steuerzahler. Dies mag zutreffend

---

[39] Das ist die sog. „Mismatch"-Arbeitslosigkeit als operationales Konzept einer strukturellen Arbeitslosigkeit.

[40] Dieses Resümee wird in der Simulationsstudie von *Franz, Oser* und *Winker* (1993) quantifiziert. Zu ähnlichen Schlußfolgerungen kommt *Klös* (1992), S. 269.

[41] Dies konzedieren auch *Barabas* et al. (1992), S. 143, letzter Satz, vgl. auch *Gieseck* et al. (1993).

[42] Vgl. dazu das ansonsten informative Buch von *Simon* (1989).

sein,[43] insoweit sie möglichst schnell den vorherrschenden Lebensstandard erreichen wollen. Gegenzurechnen sind indessen die negativen Effekte der Steuererhöhungen auf das Arbeitsangebot der Gebietsansässigen.

Um zumindest eine grobe Vorstellung von den Wirkungen einer Zuwanderung auf
die gesamtwirtschaftliche Nachfrage zu erhalten, kann folgende Überschlagsrechnung aufgestellt werden. Nach den vorangegangenen Bemerkungen versteht es
sich hoffentlich von selbst, daß dies nur „back of the envelope"-Berechnungen
sind, die „educated guess estimates" liefern. Es ist aber leicht, die Berechnungen
durch eigene Annahmensetzungen zu variieren.

Unterstellt sei für die folgenden Jahre eine Zuwanderung von Aussiedlern von 250
Tsd. Personen p. a., von Ausländern 50 Tsd. Personen p. a. und von Asylbewerbern von 100 Tsd. Personen. Die Beschäftigungswahrscheinlichkeit betrage für die
ersten beiden Gruppen 50 v. H., für die letztgenannte 20 v. H. Verdrängungseffekte werden vernachlässigt. Dies ergibt 170 Tsd. zusätzliche Beschäftigte p. a.
Das durchschnittliche Nettoeinkommen je Beschäftigten belief sich 1992 in Westdeutschland auf etwa 35 Tsd. DM. Wenn die beschäftigten Zuwanderer 80 v. H.
davon verdienen, ergibt sich ein zusätzliches Nettoeinkommen (= Bruttoeinkom-
men minus direkte Steuern minus Arbeitnehmerbeiträge zur Sozialversicherung)
von 4,8 Mrd. DM. Läßt man diese Summe für die nächsten Jahre um jeweils 5 v.
H. steigen, unterstellt eine marginale Konsumneigung von 0,9 und einen Multiplikator von 2, so ergibt sich von Jahr 1 bis zum Jahr 5 dieser hypothetischen Rechnung eine zusätzliche gesamtwirtschaftliche Nachfrage der Privaten von 8,6, 9,0,
9,4, 9,9 und 10,4 Mrd. DM für jedes Jahr, d. h. kumuliert 8,6, 17,6, 27,0, 36,9 und
47,3 Mrd. DM.[44]

Angesichts einer gesamtwirtschaftlichen Nachfrage von rund 3,7 Billionen DM
für 1993 für Westdeutschland,[45] die nach 5 Jahren nach einer Steigerung von ebenfalls 5 v. H. p. a. rund 4,5 Billionen DM beträgt, wird deutlich, daß sich der kumulierte Nachfrageeffekt der Zuwanderung nach fünf Jahren in der Größenordnung von 1 v. H. der gesamten privaten Nachfrage nach in- und ausländischen Pro-
dukten bewegt. Es müßten schon sehr drastische Veränderungen der Annahmen
vorgenommen werden, um mehr als geringfügige Nachfrageeffekte der Zuwanderer zu ermitteln. Eher sind Abweichungen nach unten zu erwarten, wenn – wie
oben ausgeführt – die Beschäftigungschancen der Zuwanderer sinken und die
Transferzahlungen in Form von Arbeitslosenunterstützung oder Sozialhilfe steigen.

Im Gegensatz zur Gastarbeiterbeschäftigung sind nennenswerte Zahlungsbilanzeffekte einer Immigration aus Ost-Europa nicht zu erwarten. Viele Gastarbeiter
planten von vornherein einen nur temporären Aufenthalt in Deutschland und hatten ein Sparziel vor Augen, um sich in ihrem Heimatland eine Existenz aufzubau-
en. Zusammen mit Unterstützungszahlungen an Familienangehörige in den Hei-

---

[43] *Barabas* et al. (1992) S. 149 unterstellen ohne Umschweife gleich eine Konsumquote von
100 v. H. Untersuchungen von *Franz, Oser* und *Winker* (1993) kommen jedoch zu zurück-
haltenderen Ergebnissen. Danach war die Konsumquote der Gastarbeiter nur kurzfristig
höher als die der einheimischen Einkommensbezieher.

[44] Im einzelnen vollzieht sich die Rechnung wie folgt: 1. Jahr: $4,8 \cdot 0,9 \cdot 2 = 8,6$; 2. Jahr:
$(4,8 \cdot 1,05 \cdot 0,9 \cdot 2) + 8,6 = 17,6$; 3. Jahr: $(4,8 \cdot 1,05^2 \cdot 0,9 \cdot 2) + 17,6 = 27.0$ usw.

[45] In jeweiligen Preisen beliefen sich das Bruttosozialprodukt plus die Importe 1992 in
Westdeutschland auf $2,8 + 0,9$ Billionen DM.

matländern führte diese Kapitalakkumulation zu Überweisungen an die Heimatländer,[46] welche zahlungsbilanzwirksam waren (und sind) und u. a. einen Grund dafür darstellten, daß das Ziel „ausgeglichene Zahlungsbilanz" im Stabilitäts- und Wachstumsgesetz konkret die Erwirtschaftung von Exportüberschüssen heißt (ca. 2 v. H. des Sozialproduktes). Die Rimessen ausländischer Arbeitskräfte schwanken in den siebziger und achtziger Jahren zwischen 6,5 und 8 Mrd. DM und beliefen sich 1992 auf 7,1 Mrd. DM.[47] Angesichts der Tatsache, daß die weit überwiegende Anzahl der zu erwartenden Ost-West-Migranten an einen dauerhaften Aufenthalt im Zielland denkt und zusammen mit Familienangehörigen auswandert, dürften entsprechende Überweisungen dieser Migranten wesentlich geringer ausfallen.[48] Damit verbleiben in erster Linie Wirkungen auf die Importnachfrage. Diese sind für die absehbare Zukunft indessen quantitativ nicht von überragender Bedeutung, da – wie oben festgestellt – die Zunahme der gesamtwirtschaftlichen Nachfrage auf Grund der Immigration gering ausfallen dürfte.

4.2 Öffentliche Haushalte und Sozialversicherung

Die Diskussion über finanzwirtschaftliche Aspekte der Zuwanderungen ist deshalb unübersichtlich und schwierig, weil häufig verschiedene Aspekte miteinander vermischt werden, wie z. B. kurz- oder langfristige Betrachtungsweisen und/oder unterschiedliche Ebenen der Gebietskörperschaften.

Zu Beginn der Erörterungen soll eine überschlägige globale Gegenüberstellung von zusätzlichen Einnahmen und Ausgaben der Gebietskörperschaften (ohne Sozialversicherungen) versucht werden und zwar unabhängig davon, welche Ebene (Bund, Länder oder Gemeinden) betroffen ist. Nach Berechnungen des Rheinisch-Westfälischen Instituts für Wirtschaftsforschung (RWI) belaufen sich die Steuermehreinnahmen bei 100 Tsd. zusätzlichen, zu Durchschnittslöhnen beschäftigten Arbeitnehmern auf knapp 1 Mrd. DM (Einkommensteuern und Verbrauchsabgaben).[49] Da die Zuwanderer i. d. R. geringere Einkommen erzielen, ist diese Zahl selbst dann zu hoch gegriffen, wenn ihre höhere Konsumquote in Rechnung gestellt wird. Erst wenn Multiplikatoreffekte berücksichtigt werden, stellt diese Zahl eine untere Grenze für die Steuermehreinnahmen dar.[50] Gegenzurechnen sind die Aufwendungen des Staates für Sozialhilfe, Kinder- und Wohngeld sowie Arbeitslosenunterstützung, um nur die wichtigsten Posten zu nennen. Zwar sind Schätzungen über die globalen Ausgaben des Staates für diese Zwecke vorhanden, jedoch kann daraus nicht abgelesen werden, welche Zahl von Beziehern mit welcher Aufenthaltsdauer anspruchsberechtigt sind. Solche Angaben sind indessen erforderlich, weil die Anspruchsberechtigung mit dem rechtlichen Status der Migranten variiert (Aus- oder Übersiedler, Ausländer oder Asylbewerber) und von der Al-

---

[46] Vgl. dazu *Merkle* und *Zimmermann* (1992).

[47] Quelle: Monatsbericht der Deutschen Bundesbank, Februar 1993, S.87*, Tabelle X.4.

[48] So beliefen sich 1992 die gesamten privaten Unterstützungszahlungen, Renten und Pensionen an das Ausland auf 2,2 Mrd. DM. Quelle: ebenda.

[49] Vgl. *Barabas* et al. (1992), S. 144 f. M. a. W. pro Zuwanderer wird ein Steuermehrbetrag von 5 Tsd. DM p. a. angenommen, wenn die Erwerbsquote (bezogen auf alle Zuwanderer) 50 v. H. beträgt.

[50] Bei einem 80 v. H.-Verdienst der Einwanderer im Vergleich zum bestehenden Durchschnittseinkommen und einem Multiplikator in Höhe von 2 (vgl. Abschnitt 4.1) ergibt das einen Steuermehrbetrag je Einwanderer in Höhe von 8.000 DM p. a.

ters- und Familienstruktur sowie der Erwerbsbeteiligung abhängig ist. Bei dieser höchst unvollkommenen Datenlage sind bestenfalls Schätzungen von Größenordnungen möglich, wobei wir uns auf Aussiedler konzentrieren, weil sie – wie oben dargelegt – die Hauptkomponente der vermuteten Zuwanderung ausmachen.

Die Ausgaben für Aussiedler nach dem Arbeitsförderungsgesetz lassen sich nach einigen Komponenten für 1990 wie folgt beziffern. Das Eingliederungsgeld je Aussiedler beläuft sich auf 10.000 DM.[51] Weiterhin nahmen rd. 5 v. H. aller Aussiedler an Fortbildungs- und Umschulungsmaßnahmen teil,[52] deren durchschnittliche Kosten sich (einschl. Unterhaltsgeld) auf knapp 17 Tsd. DM p. a. belaufen,[53] so daß auf einen Aussiedler ein Betrag von rd. 840 DM entfällt.[54] Mindestens hinzuzurechnen sind noch je Aussiedler und Jahr 120 DM Wohngeld[55] und 340 DM Kindergeld.[56]

Natürlich ist diese Liste nicht vollständig, aber sie zeigt, daß kurzfristig unter Berücksichtigung des Eingliederungsgeldes ein Betrag erreicht wird, welcher die Summe von 8000 DM als Effekt der Steuermehreinnahmen (unter Berücksichtigung der Multiplikatorwirkungen) selbst dann übersteigt, wenn die erhöhten Beitragszahlungen an die BA in Rechnung gestellt werden. M. a. W. kurzfristig belastete ein Aussiedler die öffentlichen Kassen mehr, als er an Steuern einbrachte.[57]

---

[51] Amtliche Nachrichten der Bundesanstalt für Arbeit (ANBA), Jahreszahlen 1991, S. 303, Abschnitt 10: 3,97 Mrd. DM, dividiert durch 397 Tsd. zugewanderte Aus- und Übersiedler ergibt den Betrag. 1991 stieg dieser Betrag auf 14,7 Tsd. DM p. a. Dabei ist hervorzuheben, daß sich die Regelungen seit 1. 1. 1993 nicht unerheblich geändert haben. Während vor 1993 das sog. „Eingliederungsgeld" für 1992 in Höhe zwischen etwa 950 und 1.100 DM je Aussiedler und Monat für die Dauer eines Jahres gezahlt wurde, gibt es seit 1993 die sog. „Eingliederungshilfe". Sie umfaßt alle Leistungen nach dem AFG (außer den Kosten der Sprachausbildung), jedoch muß sich der Aussiedler einer Bedürftigkeitsprüfung unterziehen (wie bei einem Antrag auf Arbeitslosenhilfe), d. h. der Bezug der Eingliederungshilfe setzt Arbeitslosigkeit in Deutschland sowie 150 Tage mit Beschäftigung im Aussiedlungsgebiet voraus. Sie wird pauschaliert bemessen und beträgt durchschnittlich ca. 1.000 DM pro Monat, wird indessen i. d. R. nur rund 8 Monate lang gewährt. Da kann Arbeitslosengeld bzw. -hilfe beantragt werden; häufig kommt jedoch nur der Bezug von Sozialhilfe in Betracht, weil der Bezug von Eingliederungshilfen keinen Anspruch auf Arbeitslosengeld bzw. -hilfe begründet.

[52] Ebenda S. 198 f. (nur berufliche Fortbildung und Umschulung), Jahressumme: 35 Tds. Aussiedler. Die durchschnittliche Laufzeit beträgt knapp 2 Jahre (Quelle: ebenda, „voraussichtliche Dauer der Maßnahme"). In den Jahren 1989 und 1990 sind insgesamt 774 Tsd. Aussiedler zugewandert, so daß 35 Tsd. davon 5 v. H. betragen.

[53] Die Ausgaben der BA für diese Förderungsmaßnahmen beliefen sich 1992 auf 5,9 Mrd. DM (nur Westdeutschland), Quelle: ebenda S. 262, Abschnitte 5 a-c; die Teilnehmerzahl betrug 350 Tsd. (ebenfalls nur Westdeutschland, Quelle: ebenda S. 198 f., das ergibt einen durchschnittlichen Betrag je Teilnehmer von 16,8 Tsd. DM p. a.

[54] 5 v.H. von 16,8 Tsd. DM.

[55] Der durchschnittliche monatliche Wohngeldanspruch betrug 1990 156 DM. Quelle: Statistisches Jahrbuch 1992, S. 516. Rund 3 v. H. der westdeutschen Bevölkerung empfing Wohngeld (Quelle: ebenda). Rechnet man wegen der niedrigeren Einkommen der Aussiedler mit 200 DM Wohngeldanspruch und erhöht den Kreis der Anspruchsberechtigten auf 5 v. H. (also rund 10 v. H. aller Aussiedlerhaushalte), dann ergibt sich die obengenannte Summe.

[56] Das durchschnittliche Kindergeld belief sich 1990 in Westdeutschland auf 1132 DM p. a. je Kind. Unterstellt man (vgl. Tabelle 9), daß 30 v. H. der zugewanderten Aussiedler Kinder sind, für die dieser Anspruch geltend gemacht werden kann, ergibt dies einen Betrag von 340 DM je Aussiedler (einschl. Kinder).

[57] Erst ab 1993 dürfte sich auf Grund v. a. der Bedürftigkeitsprüfung bei der Beantragung der „Eingliederungshilfe" für das erste Jahr ein eher ausgeglichenes finanzwirtschaftliches Verhältnis ergeben.

Erst wenn mittelfristig das Eingliederungsgeld wegfällt, entsteht ein wohl beachtlicher positiver Saldo zwischen Steuermehreinnahmen und Lasten.[58]
Die eben skizzierte Überschlagsrechnung verdeckt, daß die einzelnen Gebietskör-
perschaften unterschiedlich je nach Rechtsstatus des Migranten belastet werden.
Dies wird besonders am Beispiel der Asylbewerber deutlich, für die 1992 Leistungen in Form von Sozialhilfe und Ausgaben für die Unterbringung in der
Größenordnung von 5 bis 7 Mrd. DM[59] vornehmlich von den Kommunen gezahlt
werden mußten. Insoweit stellt sich bei den Zuwanderungen der letzten Jahre die
Situation für den Bund weitaus günstiger dar als für die Gemeinden.
Zu berücksichtigen ist weiterhin, daß die Zuwanderer die staatliche Infrastruktur
in Anspruch nehmen. Wenn man für Kindergärten und Schulen aller Art derzeit
und in absehbarer Zukunft Vollauslastung unterstellt, dann kann zwar kurzfristig
eine Überlast durch eine Erhöhung der Betreuungsrelationen eintreten oder erhöht
werden, welche sich jedoch mittelfristig in Kapazitätserweiterungen niederschla-
gen wird. Diese Kosten sind den Einwanderungskosten hinzu- und den Steuermehreinnahmen gegenzurechnen. Sie entstehen implizit aber auch ohne die erwähnten Kapazitätserweiterungen. So wird geschätzt, daß die Schüler-Lehrer-
Relation an Grund-, Haupt- und Realschulen in Westdeutschland seit Beginn der
Zuwanderungswelle immigrationsbedingt um durchschnittlich 2 Schüler auf rund
19 Schüler je Lehrer und damit wieder auf das Niveau von Anfang der achtziger
Jahre gestiegen ist, weil sich die Anzahl der Schüler in diesem Bildungsbereich um
gut 500 Tsd. (das sind 10 v. H.) erhöht hat.[60] Damit geht möglicherweise ein Qua-
litätsverlust in der Schulausbildung einher. Partielle Entlastung könnte allenfalls
die von den Ministerpräsidenten am 27. 2. 1993 ins Auge gefaßte Abschaffung des
13. Schuljahres bringen. Analoges gilt für die Krankenhäuser, in denen im Rahmen der Reform des Gesundheitswesens die Verweildauer verkürzt werden soll.
Ein Teil der Zusatzkosten im Gesundheitssektor wird allerdings durch die Versi-
cherungsleistungen der Einwanderer – so sie beschäftigt sind – selbst aufgebracht.
Im öffentlichen Nahverkehrsbereich wird häufig über eine Unterauslastung ge-
klagt, so daß die Zusatzkosten einer Immigration weniger stark zu Buche schlagen
dürften, sieht man einmal von Stoßzeiten im Berufsverkehr in Ballungsgebieten
ab. Auch hier tragen die Einwanderer durch die Entrichtung von Fahrpreisen zwar
zur Finanzierung bei, jedoch ist zu berücksichtigen, daß gerade der öffentliche
Nahverkehr in hohem Maße subventioniert wird. Ein Teil der von den Immigranten geleisteten Steuerzahlungen muß mithin für diesen Zweck verwendet werden.
Damit verbleiben der Straßenverkehr und der Wohnungsmarkt. Hier tragen Zuwanderer zu höheren Zeitverlusten und Umweltbelastungen einerseits und zu allgemeinen Mietpreissteigerungen andererseits bei.[61]

---

[58] Zu ähnlichen Ergebnissen kommt – auf einer anderen Berechnungsweise – ein Gutachten des Instituts der deutschen Wirtschaft (1989), indem es feststellt, daß nach drei Jahren
die finanzielle Nettobelastung durch Aussiedler in Überschüsse beim Finanzierungssaldo
umschlägt (S. 115).

[59] *Gieseck* et al. (1993), S. 37.

[60] *Gieseck* et al. (1993), S. 38.

[61] Einen Versuch einer Quantifizierung einiger der genannten Effekte für den Freistaat Bayern haben unlängst *Koll, Ockel* und *Vogler-Ludwig* (1993) unternommen.

Ein zentraler Punkt der Diskussion über die finanzwirtschaftlichen Auswirkungen der Einwanderungen betrifft die Sozialversicherung und hier insbesondere die Rentenversicherung. Gerade bei der Rentenversicherung ist auch die eingangs erwähnte kurz- und langfristige Betrachtungsweise von Bedeutung.

Als Vorbemerkung muß zunächst auf die zu erwartende demographische Entwicklung der deutschen Bevölkerung hingewiesen werden. Ohne Zuwanderungen ist in Deutschland – wie auch in den meisten übrigen Industrieländern – mit einer erheblichen Bevölkerungsabnahme zu rechnen. Wenn die Berechnungen über längere Zeiträume auch mit einigen Unsicherheiten behaftet sind, so scheint folgendes Szenario zumindest von seinen Größenordnungen her nicht völlig unplausibel zu sein:[62] Unter der Annahme, daß sich einerseits die Lebenserwartung noch bis zum Jahr 2000 weiter leicht erhöht, andererseits die Geburtenziffern in Westdeutschland annähernd gleich bleiben und sich in Ostdeutschland bis zum Jahr 2000 dem westdeutschen Niveau anpassen, sinkt die Bevölkerungszahl in Deutschland von rd. 79 Mio. 1990 auf 75 Mio. im Jahr 2010 und auf 65 Mio. im Jahr 2030, wenn keine Zuwanderungen erfolgen. Niedrige Geburtenziffern bedeuten indessen, daß die Bevölkerung zusehends altert: Der Anteil der erwerbsfähigen Bevölkerung (15 – 65 Jahre) sinkt in dem genannten Zeitraum 1990 – 2030 von 69 auf 60 v. H. Analog steigt der Anteil der über 65jährigen von 15 auf 26 v. H. Ändert sich außerdem die Erwerbsbeteiligung nicht, dann beläuft sich der Rückgang der Erwerbspersonen auf 4 Mio. bis 2010 und auf 12 Mio. bis 2030. Allerdings sind gerade hier Gegenreaktionen und Anpassungen am ehesten zu erwarten, wenn man beispielsweise für Westdeutschland den trendmäßigen Anstieg der Erwerbsbeteiligung verheirateter Frauen *(vgl. Tabelle 4)* weiter fortschreibt. Berücksichtigt man außerdem die Wiederheraufsetzung der Altersgrenze auf 65 Jahre, so könnte es trotz einer Rückbildung der ostdeutschen Frauenerwerbsquote im Jahr 2010 rund 2 Mio. Erwerbspersonen mehr geben als bei einer unveränderten Erwerbsquote zu erwarten gewesen wäre.[63] Da die zuletzt genannten Annahmen nun auch nicht gerade völlig aus der Luft gegriffen sind, überrascht es ein wenig, wie schnell das erste Szenario – unveränderte Erwerbsbeteiligung – von vielen Autoren ohne Umschweife zur Grundlage ihrer Bewertungen gemacht wird.

Die Aussiedler-Zuwanderung wird zunächst zu einer Verjüngung der Altersstruktur der „Status-quo-Bevölkerung" führen, weil – wie in Abschnitt 2.2 dargelegt – Aussiedler im Durchschnitt jünger sind als Einheimische. Ihr Regenerationsverhalten (Netto-Reproduktionsrate) nähert sich erst allmählich dem niedrigeren Wert der deutschen Bevölkerung an. Nach Berechnungen von *Klauder* (1992) werden indessen auch hohe Zuwanderungen den Altersprozeß von Bevölkerung und Erwerbspersonen nicht verhindern, sondern nur zeitweilig abschwächen können. Selbst bei der unterstellten Zuwanderung von durchschnittlich jährlich 340 Tsd. Aussiedlern und Ausländern wird nach seinen Berechnungen der Anteil der unter 30jährigen Erwerbspersonen von derzeit etwa 32 v. H. schon bis 2000 auf 23 v. H.

---

[62] Vgl. *Klauder* (1992), S. 458 ff.
[63] Vgl. *Klauder* (1992), S. 461.

sinken; aber auch 2030 dürfte mit dieser Größenordnung zu rechnen sein.[64] Allerdings kommt das Institut der deutschen Wirtschaft (1989) zu etwas anderen Resultaten. Demnach erhöht sich der Jugendlichen-Anteil an der Bevölkerung im erwerbsfähigen Alter und erst 2035 ebbt der Verjüngungseffekt ab, ohne deutlich zu verschwinden.

Zusammengefaßt wird also der Zustrom von Aussiedlern zunächst Entlastungseffekte in der gesetzlichen Rentenversicherung mit sich bringen.[65] Vereinfacht ausgedrückt entsteht ein einmaliger Gewinn für die Rentenversicherung in dem Umfang, in dem Immigranten ohne eine Rentnergeneration nach Deutschland kommen. Diese Entlastungseffekte stellen aber keine durchgreifende Lösung der durch die Entwicklung der Altersstruktur und Erwerbsbeteiligung ausgelösten Probleme dieses Zweigs der Sozialversicherung dar und verschwinden auch im nächsten Jahrtausend weitgehend. Dafür macht sich dann der Alterungsprozeß der Aussiedlerbevölkerung bemerkbar, so daß in etwa 30 Jahren aussiedlerspezifische Defizite in der Rentenversicherung zu befürchten sind.[66] Dies gilt insbesondere bei einem zu erwartenden Rückgang der Geburtenziffern bei den Einwanderern, weil es sich dann bei der Rentenversorgung der Einwanderer nicht um ein Nullsummenspiel in Form eines Intra-Einwanderer-Generationsausgleichs handelt. Obwohl nicht ohne weiteres übertragbar, soll auch auf eine heutige Erfahrung mit der ersten Gastarbeiter-Generation aufmerksam gemacht werden. Viele dieser Ausländer arbeiteten als ungelernte Arbeiter, verdienten entsprechend wenig und zahlten niedrigere Rentenversicherungsbeiträge. Rechnet man zusätzlich die im Vergleich zu einheimischen Erwerbstätigen geringere Beitragszeit hinzu, so ist nicht erstaunlich, daß die durchschnittliche Rente für den einzelnen ausländischen Versicherten nach Angaben des Verbandes Deutscher Rentenversicherungsträger derzeit knapp über 500 DM liegt, also rund 600 DM weniger als im Vergleich zu einem deutschen Rentner.[67] Damit besteht die Gefahr, daß diese Menschen in zunehmendem Maße Anspruch auf Sozialhilfe haben.

Noch schwieriger sind die Auswirkungen des Aussiedler-Zustroms als der vermuteten Hauptkomponente der zukünftigen Einwanderungen auf die gesetzliche Krankenversicherung (GKV) zu beurteilen. Insoweit die Aussiedler versicherungspflichtiges Einkommen erzielen, tragen ihre Beiträge zu zusätzlichen Einnahmen der GKV bei. Einnahmeüberschüsse könnten auch auf Grund eines höheren Anteils jüngerer Aussiedler entstehen. Unbekannt ist jedoch, inwieweit Aussiedler eine nicht oder nur unzureichend angebotene medizinische Versorgung in den Emigrationsländern hier in Deutschland nachzuholen versuchen. Außerdem bedeuten höhere Fertilitätsraten auch höhere Belastungen für die GKV. Schließlich schlägt dann später der Altersstruktureffekt der Aussiedler wie bei der Rentenversicherung auch auf die GKV durch.

---

[64] *Klauder* (1992), S. 463.
[65] Nach Angaben von *U. Rehfeld* (1991, S. 491) hatten Ausländer 1989 einen Anteil von 7,8 v. H. am Beitragsvolumen von 164 Mrd. DM (Arbeitgeber- und Arbeitnehmeranteil), aber nur 1,9 v. H. am Rentenvolumen von 193 Mrd. DM.
[66] Bei den eher optimistischen Annahmen des Instituts der deutschen Wirtschaft (1989) etwa im Jahr 2020 (bei konstanten Beitragssätzen).
[67] Zitiert nach: Institut der Deutschen Wirtschaft, iwd – 12/1993, S. 8.

Literatur

Barabas, G., A. Gieseck, M. Heilemann u. *H. D. v. Löffelholz* (1992): Gesamtwirtschaftliche Effekte der Zuwanderung 1988 – 1991, RWI-Mitteilungen 43 (2), 133 – 154.

Berninghaus, S. und H. G. Seifert-Vogt (1991): International Migration under Incomplete Information, Berlin (Springer).

Blaschke, D. (1990): Aussiedler und Übersiedler auf dem bundesdeutschen Arbeitsmarkt, Wirtschaftsdienst 70 (5), 256 – 263.

Blaschke, D., F. Buttler, W. Karr, W. Klauder und *H. Leikep* (1992): Der Arbeitsmarkt in den neuen Ländern – Zwischenbilanz und Herausforderungen, Mitteilungen aus der Arbeitsmarkt- und Berufsforschung 25, 119 – 135.

Burridge, P. und *I. Gordon* (1981): Unemployment in the British Metropolitan Labour Areas, Oxford Economic Papers 33, 274 – 297.

Dietz, F. (1987): Entwicklung und Struktur der beschäftigten ausländischen Arbeitnehmer in der Bundesrepublik Deutschland, in: *E. Hönekopp* (Hrsg.), Aspekte der Ausländerbeschäftigung in der Bundesrepublik Deutschland, Beiträge zur Arbeitsmarkt- und Berufsforschung Vol. 114, Nürnberg (Institut für Arbeitsmarkt- und Berufsforschung), 67 – 143.

Ethier, W. J. (1985): International Trade and Labor Migration, American Economic Review 75, 16 – 28.

Franz, W. (1981): Employment Policy and Labor Supply of Foreign Workers in the Federal Republic of Germany: A Theoretical and Empirical Analysis, in: Zeitschrift für die gesamte Staatswissenschaft 137, 590 – 611.

Franz, W. (1987): Strukturelle und friktionelle Arbeitslosigkeit in der Bundesrepublik Deutschland: Eine theoretische und empirische Analyse der Beveridge-Kurve, in: *G. Bombach, B. Gahlen* u. *A. E. Ott* (Hrsg.): Arbeitsmärkte und Beschäftigung – Fakten, Analysen, Perspektiven, Tübingen (Mohr u. Siebeck), 301 – 323.

Franz, W. (1991): Arbeitsmarktökonomik, Berlin (Springer).

Franz, W. (1992): Structural Unemployment, Heidelberg (Physica).

Franz, W., U. Oser u. *P. Winker* (1993): Back to the Past and Forward to the Future. Migratory Movements of Guestworkers and Return Emigrants in a Disequilibrium Macroeconomic Model for Germany, Sonderforschungsbereich 178 Universität Konstanz, Diskussionspapier.

Franz, W. und *W. Smolny* (1990), Internationale Migration und wirtschaftliche Entwicklung: Eine theoretische und empirische Analyse mit Hilfe eines Mengenrationierungsmodells, in: *B. Felderer* (Hrsg.): Bevölkerung und Wirtschaft, Berlin, 195 – 209.

Gassner, H. (1992): Die Aussiedlerpolitik der Bundesregierung, Sozialer Fortschritt 41 (11), 256 – 258.

Gieseck, A., U. Heilmann und *H. D. von Löffelholz* (1993): Wirtschafts- und sozialpolitische Aspekte der Zuwanderung in die Bundesrepublik, in: Aus Politik und Zeitgeschichte B7/1993, 29 – 41.

Greenwood, M. (1985): Human Migration: Theory, Models, and Empirical Studies, in: Journal of Regional Science 25, 521 – 544.

Harsanyi, J. C. und *R. Selten* (1983): A Noncooperative Solution Concept with Cooperative Applications, Working Paper of IMW, Universität Bielefeld.

Hönekopp, E. (1991): Ost-West-Wanderungen: Ursachen und Entwicklungstendenzen – Bundesrepublik Deutschland und Österreich, in: Mitteilungen aus der Arbeitsmarkt- und Berufsforschung 24 (1), 115 – 133.

Institut der Deutschen Wirtschaft (Hrsg.) (1989): Gutachten: Die Integration deutscher Aussiedler – Perspektiven für die Bundesrepublik Deutschland, Köln.

Klauder, W. (1992): Deutschland im Jahr 2030: Modellrechnungen und Visionen, in: *K. J. Bade* (Hrsg.): Deutsche im Ausland – Fremde in Deutschland, München, 455 – 464.

Klös, H.-P. (1992): Integration der Einwanderer aus Ost-/Südosteuropa in den deutschen Arbeitsmarkt, in: Sozialer Fortschritt 41 (11), 261 – 270.

Knabe, B. (1992): Die künftigen Wanderungsbewegungen zwischen dem geeinten Deutschland und den osteuropäischen Ländern, Informationen zur Raumentwicklung Heft 9/10, 763 – 767.

Koll, R.,W. Ochel und *Vogler-Ludwig* (1993): Auswirkungen der internationalen Wanderungen auf Bevölkerung, Arbeitsmarkt und Infrastruktur, ifo-Schnelldienst 46 (6), 7 – 17.

Körner, H. (1990): Internationale Mobilität der Arbeit, Darmstadt.

Lucas, R. E. (1981): International Migration: Economic Causes, Consequences and Evaluation, in: *M. M. Kritz* et al. (Hrsg.), Global Trends in Migration, Staten Island N. Y., 84 – 109.

McCall, B. P. und *J. J. McCall* (1987): A Sequential Study of Migration and Job Search, in: Journal of Labor Economics 5, 452 – 476.

Merkle, L. und *K. F. Zimmermann* (1992): Savings and Remittances: Guestworkers in West Germany, in: *K. F. Zimmermann* (Hrsg.): Migration and Economic Development, Berlin, 55 – 76.

Molho, I. (1986): Theories of Migration: A Review, in: Scottish Journal of Political Economy 33, 396 – 419.

Ochel, W. und *K. Vogler-Ludwig* (1993): International Migration: A New Challenge for the Industrialized Countries, Tokyo Club Papers No. 6 Part 1, 7 – 47.

Pischke, J.-S. (1992): Assimilation and the Earnings of Guestworkers in Germany, Zentrum für Europäische Wirtschaftsforschung (ZEW), Diskussionspapier Nr. 17, Mannheim.

Pischke, J.-S., M. Staat und *S. Vögele* (1993): Let's go West! Do East Germans Commute for Wages, Jobs, or Skills? Manuskript, Mannheim.

Rehfeld, U (1991): Ausländische Arbeitnehmer und Rentner in der gesetzlichen Rentenversicherung, Deutsche Rentenversicherung (zitiert nach *Barabas* et al.).

Rist, R. C. (1978): Guestworkers in Germany. The Prospects for Pluralism, New York.

Scheremet, W. und *J. Schupp* (1991): Pendler und Migranten – Zur Arbeitskräftemobilität in Ostdeutschland, Deutsches Institut für Wirtschaftsforschung (DIW), Diskussionspapier Nr. 36, Berlin.

Schmidt, C. M. (1992a): The Earnings Dynamics of Immigrant Labor, Volkswirtschaftliche Fakultät, Universität München, Diskussions-Papier Nr. 92 – 28, München.

Schmidt, C. M. (1992b): Country-of-Origin Differences in the Earnings of German Immigrants, Volkswirtschaftliche Fakultät, Universität München, Diskussions-Papier Nr. 92 – 29, München.

Schmidt, C. M. und *K. F. Zimmermann* (1992): Migration Pressure in Germany: Past and Future, in: *K. F. Zimmermann* (Hrsg.), Migration and Economic Development, Berlin, 201 – 230.

Simon, J. L. (1989): The Economic Consequences of Immigration, Oxford.

Sjaastad, L. A. (1962): The Costs and Returns of Human Migration, in: Journal of Political Economy 70 (Supplement), 80 – 93.

Stark, O. (1991): The Migration of Labor, Cambridge (Basil Backwell).

Straubhaar, T. (1988): On the Economics of International Labor Migration, Bern.

Thon, M. (1987): Ausländer in der Bundesrepublik Deutschland, in: *E. Hönekopp* (Hrsg.), Aspekte der Ausländerbeschäftigung in der Bundesrepublik Deutschland, Beiträge zur Arbeitsmarkt- und Berufsforschung Vol. 114, Nürnberg (Institut für Arbeitsmarkt- und Berufsforschung), 9 – 49.

Summary

Economic Aspects of International Migration

This paper provides an overview of some economic aspects of international migration. As a prerequisite for an informed discussion a quantitative assessment of migration flows into Germany is presented. From this it is clear that Germany has in fact been an immigration country in most years during recent decades. Moreover, from an economic viewpoint migrants are anything but a homogeneous group and differ in several structural aspects from the native population. Economic theory offers a variety of motives for migration which are reviewed briefly. The economic impact of immigration on output, employment and governmental budgets is at the centre of many controversial debates. One reason for disagreement is that the economic impact is regime-specific, i.e. it depends on whether labour is in excess demand or supply, for example. In addition, short-term and long-run influences may differ substantially.

Historische und aktuelle Notwendigkeiten einer sozialen Wohnungspolitik.

Ein Beitrag zu mehr Zieladäquanz
anhand einer mikroökonomischen Funktionsanalyse des Wohngeldes

von

JÜRGEN ZERCHE und WERNER SCHÖNIG

1. Einleitung

Die „neue Wohnungsnot" der achtziger Jahre[1] rückte notgedrungen die Bedeutung der Wohnungspolitik in den Vordergrund sozialpolitischer Diskussionen.[2] Heute fehlen ca. 2,5 bis 3 Mio. Wohnungen, und ca. 1 Mio. Menschen sind obdachlos oder von Obdachlosigkeit bedroht.[3] Diejenigen, die eine Wohnung haben, sehen sich einem Mieten- und Kostenindex gegenüber, der seit Jahren über der Inflationsrate liegt. Der folgende Beitrag soll verdeutlichen, daß die Krise der Wohnungsversorgung keineswegs überraschend über die Bundesrepublik hereingebrochen ist. Sie ist vielmehr Folge der Entstaatlichungspolitik auf dem Wohnungsmarkt in Verbindung mit der zunehmend ungleichen Einkommens- und Vermögensverteilung.

Ein Blick auf die Geschichte der Wohnungspolitik zeigt, daß sich die Notwendigkeit staatlicher Wohnungspolitik aus den dramatischen Mißständen einer rein marktwirtschaftlichen Wohnungsversorgung ergab. Trotz der oben beschriebenen Probleme ist die Wohnungssituation breiter Schichten der Bevölkerung weitaus besser, als es die Wohnbedingungen in den Mietskasernen des Kaiserreiches und der Weimarer Republik waren. Die heutigen Mißstände verbergen sich gleichsam hinter der Fassade eines Wohnungsmarktes, der auch seine bürgerlichen Idyllen hat. Es ist daher Aufgabe der staatlichen Wohnungspolitik, den gesamten Wohnungsmarkt im Auge zu behalten, d. h. die Obdachlosen ebenso wie die Eigenhei-

---

[1] Sie wird definiert als steigende Gesamtnachfrage bei konstantem oder sogar sinkendem Realeinkommen unterer Schichten. In der Folge kommt es zu Verdrängungsprozessen und zu einem Angebotsrückgang bei preiswerten Beständen. Vgl. *Kaib, W.:* Neue Wohnungsnot, Ein Beitrag aus der lokalen Praxis, in: *Prigge, W., Kaib, W.* (Hrsg.): Sozialer Wohnungsbau im internationalen Vergleich, Frankfurt a. M. 1988, S. 57 ff.; vgl. *Heinz, W.:* Die Rolle der Kommunen bei der Versorgung unterer Einkommensschichten, in: *Norton, A., Novy, K.* (Hrsg.): Soziale Wohnungspolitik für die 90er Jahre, Probleme und Handlungsansätze aus britisch-deutscher Sicht, Basel/Boston/Berlin 1990, S. 199 und S. 205 ff.

[2] Vgl. als aktuelle Position der Bundesministerin für Raumordnung, Bauwesen und Städtebau *Schwaetzer, I.:* Mehr wirtschaftliche Effizienz und soziale Gerechtigkeit im Wohnungsbereich, in: Bundesregierung: Bulletin von 22. Nov. 1993, S. 1145 – 1148.

[3] Vgl. *Großmann, A.:* Herausforderungen an die Wohnungspolitik, in: *Neumann, L. F.* (Hrsg.): Wohnungsmarkt in der Krise?, Köln 1994, S. 208.

mer.[4] Folgerichtig sind heute Ziele, Instrumente und Träger der staatlichen Wohnungspolitik ausdifferenziert. Sie erfordern eine entsprechend differenzierte institutionelle Betrachtung und eine theoretische Wirkungsanalyse, wie sie im folgenden aufgezeigt werden soll.

2. Historische und aktuelle Notwendigkeiten sozialer Wohnungspolitik

Die Notwendigkeit einer sozialen Wohnungspolitik ergibt sich letztlich daraus, daß aufgrund der hohen Kosten des für die Lebenssicherung und die Lebensqualität entscheidenden Gutes Wohnung einerseits und der begrenzten Einkommen der überwiegenden Mehrheit der Bevölkerung andererseits ohne politische Eingriffe kein Wohnungsangebot bereitgestellt wird, das quantitativ und qualitativ den Versorgungszielen entspricht.[5] Eine Notwendigkeit zur staatlichen Intervention auf dem Wohnungsmarkt besteht immer nur in Hinblick auf Ziele, d. h. spezielle wohnungspolitische Versorgungskriterien.[6]

Umgekehrt kann man sich auch der Notwendigkeit einer Intervention verschließen, indem man es einfach unterläßt, entsprechende Mindeststandards (Wohnfläche, Wohnungsausstattung oder Mietbelastung) zu definieren. Vor allem aus diesem Grunde konnte die Wohnungsnot des letzten Jahrhunderts bis zu einer Setzung von Standards (z. B. im Bereich der Sozialhygiene) und ihrer Thematisierung als Teil der sozialen Frage weitgehend ungehindert grassieren.

Ausgelöst durch die Binnenwanderungen, das Entstehen der Industriearbeiterschaft und den mangelhaften Wohnungsbau („Mietskasernen") entstanden teilweise erbärmliche Wohnzustände in den Städten ab der Mitte des 19. Jahrhunderts. Das Wohnen war durch hohe Mieten erkauft, dabei oft ungesund und in sittlicher Beziehung unzureichend (Untervermietung eines Bettes an Schlafleute).[7] Soziale Deklassierung erzwang einen häufigen Wechsel der Wohnung. Die „Wohnkarriere" wurde zum Symbol der Entwurzelung des einzelnen.

Mit der weiteren Wirtschaftsentwicklung, dem nach wie vor völlig liberalisierten Wohnungsmarkt und dem Zurückbleiben des privaten Wohnungsbaus spürten immer weitere Kreise der Bevölkerung den Wohnraummangel und empfanden ihn als persönliche Bedrohung. Aus der ersten „Wohnungsnot" wurde die „Wohnungsfrage". Es wurde öffentlich diskutiert, ob die Mißstände „mit den Interessen der Volkswohlfahrt und den Grundsätzen sozialer Gerechtigkeit vereinbar und welche Maßnahmen etwa zu ihrer Abstellung zu ergreifen seien".[8]

Um 1900 lebte der durchschnittliche Arbeiterhaushalt in einer Einzimmerwohnung und zahlte 20 bis 30% seines Einkommens für die Miete.[9] In einem Raum

---

[4] Vgl. *Specht-Kittler, T.:* Obdachlosigkeit in der Bundesrepublik Deutschland, in: Aus Politik und Zeitgeschichte, 49/92, S. 35.

[5] Vgl. *Lampert, H.:* Lehrbuch der Sozialpolitik, 2. Aufl., Berlin u. a. 1991, S. 312.

[6] Vgl. *Leidner, R.M.:* Wohnungspolitik und Wohnungsmarktwirtschaft, Diss. Köln 1980, S. 181.

[7] Vgl. *Zimmermann, C.:* Von der Wohnungsfrage zur Wohnungspolitik, Die Reformbewegung in Deutschland 1845 – 1914, Kritische Studien zur Geschichtswissenschaft, Bd. 90, Göttingen 1991, S. 21.

[8] *Vossberg, W.:* Die deutsche Baugenossenschaftsbewegung, Diss. Halle 1905, S. 8.

[9] Vgl. hier und im folgenden: *Brander, S.:* Wohnungspolitik als Sozialpolitik, Berlin 1984, S. 125 f.

wohnten durchschnittlich 3 bis 4 Personen, wobei 25% der Haushalte Schlafleute aufnehmen mußten, um die Mietbelastung tragen zu können. Nicht nur die Wohnungen waren eng, die städtebauliche Verdichtung durch Mehrgeschosse mit Hinterhäusern ließ den Menschen wenig Lebensraum.

Stellvertretend für die Unterschichten wurden deren Bedürfnisse konstatiert und sogar die Möglichkeit der richtigen Bewertung gesunder Wohnverhältnisse durch die Arbeiter in Frage gestellt. In der Wohnungspolitik findet sich somit eines der frühen Beispiele einer Gutsmeritorisierung im Rahmen eines modernen Sozialpolitikverständnisses.[10] Das Eigeninteresse breiter und der oberen Bevölkerungsschichten an der Verbesserung der Wohnverhältnisse konkretisierte sich insbesondere unter dem Stichwort der Sozialhygiene.[11] Die ersten Ansätze einer modernen staatlichen Wohnungspolitik werden durch den Selbstschutzgedanken der oberen Schichten als ein Akt der „Gefahrenabwehr"[12] verständlich. Auf dieser Grundlage konnte die staatliche Förderung des Wohnungswesens einsetzen. Der zu schaffende Wohnraum sollte dauerhaft, billig und gesund sein und sich dadurch von den Wohnungen der Mietskasernen abheben.

Erste Ansätze eines weiter gefaßten Verständnisses staatlicher Wohnungspolitik kamen in Verbindung mit dem ersten Weltkrieg zur Geltung. Auf den Mietenstop von 1914 folgte erst 1921 eine expansiv wirkende Wohnungsbauförderung. So wurde erstmals der sozialpolitische Aufgabenbereich auf die Wohnungsversorgung ausgeweitet.[13] In den folgenden Jahrzehnten entwickelte sich, unterbrochen durch den zweiten Weltkrieg, eine massive Wohnungsbautätigkeit, die zu einer steten Verbesserung der durchschnittlichen Versorgungskennzahlen (Abbildung 1) führte.

Damit war die Wohnungspolitik nicht mehr mit einer Wohnungsnot breiter Schichten der Bevölkerung, sondern mit einer „neuen Wohnungsnot" auf hohem durchschnittlichen Versorgungsniveau konfrontiert.[14] An die Stelle der Wohnungsfrage als breite soziale Frage ist die Wohnungsfrage als Verteilungs- und Verdrängungsproblem getreten.

---

[10] „Dann aber besteht auch ein Mangel auf seiten der Arbeiter selbst: der Mangel an genügender Wertschätzung gesunder und nicht überfüllter Wohnungen, an Verständnis für die gesundheitlichen und sittlichen Gefahren schlechten Wohnens, wie er gewiß neben der Not mit eine Ursache der großen Zunahme des Schlafgängerwesens ist". *Fuchs, C. J., Lehr, J.:* Wohnungsfrage, in: *Elster, L., Weber, A.* (Hrsg.): Handwörterbuch der Staatswissenschaft, 2. Aufl., Jena 1929, S. 844.

[11] Vgl. *Berger-Timme, D.:* Die Boden- und Wohnungsreform in Deutschland 1873 – 1918, Zur Genese staatlicher Interventionen im Bereich von Wohnungs- und Siedlungswesen, Frankfurt a.M./Bern 1976, S. 155 ff.; vgl. *Schulz, F.:* Die „Wohnungsfrage" in der sozialmedizinischen Lehrgeschichte, Ein dogmengeschichtlicher Beitrag zum Zusammenhang von Wohnungs- und Gesundheitspolitik, in: *Engelhardt, W. W., Thiemeyer, T.* (Hrsg.): Gesellschaft, Wirtschaft, Wohnungswirtschaft, Festschrift für *Helmut Jenkis,* Berlin 1987, S. 149f.

[12] *Hämmerlein, H.:* Die verwaltete Wohnungspolitik, Reihe Politik und Verwaltung, Heft 6, Baden-Baden 1968, S. 19.

[13] Vgl. *Brander, S.:* Wohnungspolitik als Sozialpolitik, a. a. O., S. 155.

[14] Vgl. *Wedel, E.:* Wohnraumversorgung der Haushalte 1987, Ergebnis der Gebäude- und Wohnungszählung, in: Wista 8/1989, S. 493 ff.

Abbildung 1:   Wohnungsbestand und der Einwohner pro Wohnung
von 1871 bis 1987 im Deutschen Reich und in der Bundesrepublik

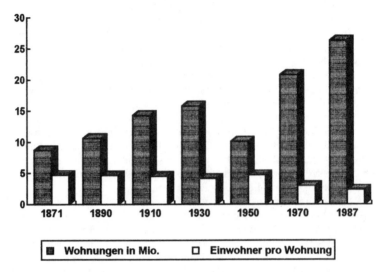

Quelle: Lampert, H.: Lehrbuch der Sozialpolitik, 2. Aufl., Berlin u. a. 1991, S. 316.

3. Ziele, Instrumente und Träger in der Bundesrepublik Deutschland

Die soziale Wohnungspolitik ist in ihren Zielen, Trägern und Instrumenten Gegenstand heftiger Debatten und zeitlichen Veränderungen ausgesetzt. Nach
Joachim Fischer-Dieskau ist Wohnungspolitik „die Gesamtheit hoheitlicher Maßnahmen, die sich auf die wohnliche Unterbringung der Bevölkerung beziehen; dieser Begriff umschließt also die Erhaltung, Bewirtschaftung und die richtige Verteilung des vorhandenen Wohnraums ebenso wie die Schaffung neuer Wohnungen
und die ganze Fülle der damit zusammenhängenden Aufgaben".[15] Diese Definition
hat zwar weite Verbreitung gefunden, jedoch vor allem deshalb, weil sie – für die
Diskussion symptomatisch – die strittigen Inhalte sozialer Wohnungspolitik[16]
offen läßt.

---

[15] *Fischer-Dieskau, J.:* Wohnungspolitik, in: Handwörterbuch des Städtebaus-, Wohnungs-
und Siedlungswesens, Bd. 3, 1959, Sp. 1750.
[16] Hier kann zwischen der Bodenpolitik, der Wohnungspolitik im weiteren Sinne (Sozialpolitik, Raumordnungspolitik, Konjunkturpolitik) und der Wohnungspolitik im engeren
Sinne (Wohnungsbaupolitik, Wohnungsbestandspolitik) unterschieden werden. Vgl. *Wölling, A.:* Zur Frage der Ziel- und Situationsadäquanz wohnungspolitischer Instrumente der
öffentlichen Hand in der Bundesrepublik Deutschland, Diss. München 1987, S. 6.

Die Sozialpolitiklehre untersucht die soziale Wohnungspolitik nach ihren Zielen, Instrumenten und Trägern.[17]

3.1 Ziele

Bereits bei den Zielen der sozialen Wohnungspolitik läßt sich ein Meinungsspektrum konstatieren, das fast jede denkbare Position innerhalb des weiten Interpretationsspielraums abdeckt. Die heutigen Zieldefinitionen reichen von der Verbesserung der Wohnungsversorgung über die Sicherstellung ihrer Angemessenheit oder ihrer Beeinflussung.[18]

In den verschiedenen Phasen der Wohnungspolitik wurden ihre Ziele von den Bundesregierungen immer neu formuliert.[19] Es lassen sich skizzenartig die folgenden Phasen der staatlichen Wohnungspolitik in der Bundesrepublik unterscheiden:[20]

– 1946 – 1950: Phase der kriegsbedingten Wohnungsbewirtschaftung mit Herauslösung des Wohnungssektors aus dem Markt.

– 1950 – 1956: Phase des ersten Wohnungsbaugesetzes von 1950, erster Förderungsweg, Bau von 1,8 Mio. Wohnungen bis 1956.

– 1956 – 1960: Überwindung der größten Wohnungsnot und in der Folge eine Ausdifferenzierung des Mitteleinsatzes.

– 1960 – 1970: „Gesetz zum Abbau der Wohnungszwangswirtschaft" mit einer Rückführung des sozialen Wohnungsbaus und schrittweiser Freigabe der Altbaumieten. Die folgenden Mietsteigerungen waren beabsichtigt, um erstens einen Anreiz zur Durchführung bisher unterlassener Instandsetzungsarbeiten zu schaffen und zweitens die Angleichung der Altbaumieten an die höheren Neubaumieten zu ermöglichen.[21] Einführung des Wohngeldes zur Kompensation[22] und als Hinwendung zur Subjektförderung.

– 1971 – 1982: Wohnungsbauprogramme mit dem Ziel der Konjunkturbelebung. Höchststand des Neubauvolumens 1973 mit 714.000 Wohnungen und gleichzeitig Einführung der Mieterschutzgesetze.

---

[17] Vgl. in ähnlicher Systematik *Lampert, H.:* Lehrbuch der Sozialpolitik, a. a. O., S. 323 – 326 sowie *Engelhardt, W. W.:* Öffentliche Bindung, Selbstbindung und Deregulierung in der staatlichen Wohnungspolitik und gemeinnützigen Wohnungswirtschaft, in: *Thiemeyer, T.:* Regulierung und Deregulierung im Bereich der Sozialpolitik, Berlin 1988, S. 161 – 171.

[18] Vgl. *Buchholz, L.:* Soziale Wohnungspolitik, Sozialstaat und Wohnungsversorgung in der Bundesrepublik Deutschland, Diss. Augsburg 1984, S. 23; *Behnken, R.:* Soziale Gerechtigkeit und Wohnungspolitik, Eine empirische Verteilungsanalyse für die Bundesrepublik Deutschland, Berlin 1982, S. 31; *Lampert, H.:* Lehrbuch der Sozialpolitik, a. a. O., S. 312.

[19] Vgl. ausführlich GEWOS Institut für Stadt-, Regional- und Wohnforschung GmbH: Wohnungspolitik nach dem zweiten Weltkrieg, Gutachten hrsg. vom Bundesministerium für Raumordnung, Bauwesen und Städtebau, Bonn 1990; vgl. *Kornemann, R.:* Die wohnungspolitischen Zielsetzungen in den Regierungserklärungen der Bundesregierungen, in: *Jenkis, H.:* Kompendium der Wohnungswirtschaft, München/Wien 1991, S. 78 – 97.

[20] Im folgenden in Anlehnung an *Müller-Heine, K.:* Entwicklungsphasen der Wohnungspolitik in der Bundesrepublik nach dem zweiten Weltkrieg, Krefeld 1984, S. 4 – 55.

[21] Vgl. *Brede, H., Kohaupt, B., Kujath, H.-J.:* Ökonomische und politische Determinanten der Wohnungsversorgung, Frankfurt a. M. 1975, S. 16.

[22] Die Einführung des Wohngeldes zeigte, daß sich das bislang eher allgemeine, quantitative Wohnungsproblem wieder in ein gruppenspezifisches zu verwandeln begann. Vgl. *Leidner, R. M.:* Wohnungspolitik und Wohnungsmarktwirtschaft, a. a. O., S. 37.

– seit 1982: Primat der Wohnungsmarktwirtschaft. Einführung der Staffelmiete, auf Effizienzüberlegungen beruhende Schwerpunktverlagerung auf die Subjekt-förderung mit Wohngeld und auf die Bildung selbstgenutzten Wohneigentums. Zunächst Rückführung des sozialen Wohnungsbaus. Ab 1988 dann erneut Aus-weitung, allerdings mit Betonung des dritten Förderungsweges. Aufhebung der Wohnungsgemeinnützigkeit im Steuerreformgesetz von 1990.

Die wohnungspolitischen Ziele haben erstens insofern ein exogenes, sozialökono-misch bestimmtes Element, indem die Wohnungspolitik auf wechselnde Wohn-ansprüche, Knappheiten und andere Politikfelder reagiert. Die Ziele der Woh-nungspolitik sind nur zum Teil eigenständig formuliert worden. Wohnungspolitik ist mit anderen Worten selten mehr als „eine Art Rest-Resultante vorrangiger Politikkonzepte gewesen, Abfallprodukt der jeweiligen Mehrheitsstrategie in den Bereichen Wirtschafts- und Finanzpolitik, der Arbeits- und Konjunkturpolitik, der Vermögens- und Sozialpolitik, der Raumordnungs- und der Baupolitik, der Ver-kehrs- und Rechtspolitik, jüngst gar der Deutschland- um nicht zu sagen: der Wahlpolitik".[23]

Zweitens flossen neben den sozialökonomisch geprägten Zielvorstellungen ord-nungspolitische und weltanschauliche Basiswertungen ein. Deutlich zeigt sich hier, daß die soziale Wohnungspolitik in der Marktwirtschaft nicht durch explizit formulierte Leitbilder und Ziele,[24] sondern durch den impliziten Einbezug von Leitbildern[25] geprägt ist. Als Leitbild kann gelten, daß das Privateigentum als „materielle Fundierung der Freiheit durch die Verringerung der sozialen Abhän-gigkeit und Unsicherheit"[26] insbesondere in der Wohnungsversorgung eine zen-trale Stellung einnimmt. Sie verbindet das Ziel der Sicherung einer „festen sozia-len Ordnung"[27] mit der Forderung nach Wohnsicherheit und dem Wunsch vieler Menschen nach Familie, Seßhaftigkeit und festen sozialen Bindungen.[28] Wohngeld und sozialer Wohnungsbau dienen nach diesem Leitbild nicht der Versorgung breiter Schichten der Bevölkerung, sondern der zielgruppenspezifischen Siche-

---

[23] *Kessler, U.:* Wohnungspolitik vor Ort, Wo sonst?, Die Kommunen müssen wohnungs-politischen Handlungsspielraum erkämpfen, in: *Ude, C.* (Hrsg.): Wege aus der Wohnungs-not, München 1990, S. 147 f.

[24] *Horst Sanmann* definiert Leitbilder als „Vorstellungen über die gewünschte Gesellschaft" und Ziele als deren „sachbereichsspezifische Konkretisierungen". *Sanmann, H.:* Leitbilder und Zielsysteme der praktischen Sozialpolitik als Problem der theoretischen Sozialpolitik, in: *Sanmann, H.* (Hrsg.): Leitbilder und Zielsysteme der Sozialpolitik, Schriften des Vereins für Socialpolitik N. F., Bd. 72, Berlin 1973, S. 62 und S. 65.

[25] Vgl. *Frerich, J.:* Sozialpolitik, Das Sozialleistungssystem der Bundesrepublik Deutsch-land, Darstellung, Probleme und Perspektiven der Sozialen Sicherung, München/Wien 1987, S. 19.

[26] *Mackscheidt, K., Deichmann, W.:* Zur Leistungsfähigkeit von Subventionen in der Woh-nungswirtschaft, Effizienzanalyse allokativer und distributiver Effekte staatlicher Transfers für die Wohnungswirtschaft, Schriften des Instituts für Wohnungsrecht und Wohnungs-wirtschaft an der Universität Köln, Bd. 50, Frankfurt a. M. 1982, S. 7.

[27] *Preusker, V. E.:* Die gesellschaftspolitischen Leitbilder der Wohnungspolitik, in: *Heuer, J. H. B.* (Hrsg.): Wohnungs- und Städtebau heute, Schriften für Sozialökologie, Bd. 2, Mannheim 1970, S. 35.

[28] Vgl. *Müller, H.-U.:* Familie und Wohnen, Wohnung und Wohnumfeld, in: *Bertram, H.* (Hrsg.): Die Familie in Westdeutschland, Stabilität und Wandel familialer Lebensformen, Opladen 1991, S. 335; vgl. *Heuer, J. H .B.:* Wohneigentum in einer mobilen Gesellschaft, in: Schriften für Sozialökologie, Bd. 40, Bochum/Mannheim 1988, S. 10 f.

rung von Minimalstandards.[29] Problematisch wird dies dann, wenn aufgrund des Mangels an Mietwohnungen der Selbsthilfeanreiz zum faktischen Selbsthilfezwang wird.[30]

Drittes Element wohnungspolitischer Zielfindung sind die Ziele, die sich endogen aus den Nebeneffekten vorhergegangener Maßnahmen ergeben.[31] Wohnungspolitische Ziele werden insofern stark von der praktischen Politik der vorangegangenen Periode präjudiziert. Mögliche Erklärungen dafür finden sich in der Fortschreibungspraxis des öffentlichen Budgets und im Einfluß der Interessensverbände.

3.2 Instrumente

Die Instrumente der sozialen Wohnungspolitik sind außerordentlich vielfältig. Dies erklärt sich aus den verschiedenen Einflüssen auf die Zielbildung, die letztlich ein Instrumentarium hervorgebracht haben, das immer weiter ausdifferenzierte, wobei die alten Instrumente zumindest rudimentär weitergeführt wurden. Systematisierungsversuche zum wohnungspolitischen Instrumentarium konnten bis heute kein konsensfähiges Schema hervorbringen. Unterschieden werden beispielsweise:

– Instrumente der direkten Förderung (Objektförderung für Bau und Modernisierung von Wohnungen durch Darlehen, Zuschüsse und Bausparförderung; Subjektförderung durch Wohngeld, Lastenzuschuß und besondere Hilfen) versus Instrumente der indirekten Förderung (Steuervergünstigungen, Kündigungsschutz, Mietpreisbegrenzung);[32]
– Instrumente der Neubaupolitik (sozialer Wohnungsbau, steuerbegünstigter Wohnungsbau, Rahmengesetze) versus Instrumente der Bestandspolitik (Modernisierungsförderung, Wohngeld, Mietrecht);[33]
– Instrumente der Wirtschaftspolitik, Familienpolitik und Eigentumspolitik;[34]
– Instrumente der Wohnraumrationierung (Mietenstop mit Rationierung) versus Instrumente der angebotsorientierten Wohnungspolitik (Subventionen direkt an Vermieter oder indirekt an Mieter, Bereitstellung von Baugrund, einfachen Genehmigungen und anderen Anreizen, Bau in staatlicher Trägerschaft) versus nachfrageorientierte Wohnungspolitik (Entlastung der Nachfrage durch Wohneigentumsförderung);[35]

---

[29] „Die Förderung des Wohnungsbaus soll überwiegend der Bildung von Einzeleigentum (Familienheimen und selbstgenutzten Eigenheimen) dienen. Zur Schaffung von Einzeleigentum sollen Sparwille und Bereitschaft zur Selbsthilfe angeregt werden". § 1 Abs. 2 Satz 4 und 5 II. WoBauG.

[30] Vgl. *Häußermann, H., Siebel, W.:* Unpolitische Wohnungspolitik, in: Leviathan, 9. Jg., 3/1981, S. 328.

[31] Vgl. *Häring, D.:* Zur Geschichte und Wirkung staatlicher Interventionen im Wohnungssektor, Gesellschaftliche und sozialpolitische Aspekte der Wohnungspolitik in Deutschland, Hamburg 1974, S. 167.

[32] Vgl. GEWOS: Wohnungspolitik nach dem zweiten Weltkrieg, a. a. O., S. 7 – 21.

[33] Vgl. *Lampert, H.:* Lehrbuch der Sozialpolitik, a. a. O., S. 243.

[34] Vgl. *Eekhoff, J.:* Leitlinien der zukünftigen Wohnungspolitik der Bundesregierung, in: *Thoss, R.* u. a. (Hrsg.): Rückzug des Staates aus der Wohnungspolitik?, Münster 1985, S. 6.

[35] Vgl. *Zerche, J., Gründger, F.:* Sozialpolitik, Einführung in die ökonomische Theorie der Sozialpolitik, Düsseldorf 1982, S. 82 f.

– Einkommensleistungen (Steuervergünstigungen, Wohnungsbauprämie, Zinssubventionen, sonstige Beihilfen) versus Sachleistungen (Nutzung von Sozialwohnungen, Wohngeld i. S. v. Barerstattung als zweckgebundene Geldleistung);[36]
– regelungsintensive Instrumente (Mietrecht, Bau- und Bodenrecht, ehemals auch WGG) versus finanzintensive Instrumente (sozialer Wohnungsbau, Wohngeld, Prämien und sonstige Finanzleistungen).[37]
Von diesen vorgestellten Abgrenzungsvorschlägen ist es allein die Unterscheidung von regelungs- gegenüber finanzintensiven Instrumenten, mit der jedes Instrument eindeutig anhand eines einzigen Merkmals (Transfer oder nicht Transfer) zugeordnet werden kann. Alle anderen Abgrenzungen, besonders die verbreiteten Vorschläge nach Bau- und Bestandspolitik oder Objekt- versus Subjektförderung leisten dies nicht, da z. B. ein Dachausbau neue Wohnfläche im Bestand schafft und die Objektförderung immer auch den Subjekten (den Eigentümern) zugute kommt.

3.3 Träger

Die Träger der staatlichen Wohnungspolitik können in drei Gruppen unterteilt werden.[37a] Erstens sind dies die Bundesregierung und die Landesregierungen, die Verordnungen und Förderrichtlinien festlegen. Während der ordnungspolitische Rahmen weitgehend von der Bundesregierung gesetzt wird, obliegen die Durchführungsverordnungen den Ländern.[38] Transfers werden teilweise (sozialer Wohnungsbau) in einer Mischfinanzierung von Bund und Ländern gewährt. Dadurch wird eine Verteilung der Lasten ermöglicht und gleichzeitig auch der Landespolitik erheblicher Spielraum zugewiesen. Denn die Länder können für die Bundesmittel (soweit sie nicht über einen Sonderfonds – KfW – abgewickelt werden) Förderprogramme auflegen oder die einzelnen Instrumente in ihrem Bundesland auch ignorieren, indem sie keine ergänzenden Mittel bereitstellen.[39]
Neben Bund und Ländern sind es vor allem die Gemeinden, die als Träger der Wohnungspolitik „vor Ort" in den letzten Jahren an Bedeutung gewannen. Auch

---

[36] Vgl. *Frerich, J.:* Sozialpolitik, a. a. O., S. 263 – 275 und 300 – 306; vgl. *Mackscheidt, K., Hackenbroich, I., Kamann, H. W.:* Verteilung öffentlicher Realtransfers auf Empfängergruppen in der Bundesrepublik Deutschland, Leistungsbereich „Wohnen", in: *Hanusch, H. u. a.:* Das Transfersystem in der Bundesrepublik Deutschland, Stuttgart u. a. 1982, S. 225f.

[37] Vgl. *Wölling, A.:* Ziel- und Situationsadäquanz ..., a. a. O., S. 60 ff.; vgl. *Behnken, R.:* Soziale Gerechtigkeit und Wohnungspolitik, a. a. O., S. 33.

[37a] Von besonderer Bedeutung sind zudem die Verbände der Wohnungswirtschaft und Wohnungspolitik, die neben ihren Funktionen im primären Mitgliederinteresse (Interessenvertretung, Kontaktvermittlung) und primären Interesse des politischen Systems (Themenselektion, Expertisen, Verteidigung von Kompromissen) gerade im Bereich der Umsetzung von Rechtsvorschriften wesentlich z. B. den Erfolg von Förderprogrammen beeinflussen können. Vgl. dazu als aktuelles Beispiel: *Schönig, W.:* Der Gesamtverband der Wohnungswirtschaft in den neuen Bundesländern; Ein Fallbeispiel zur Funktion intermediärer Akteure im Transformationsprozeß, in: Max-Planck-Gesellschaft, Arbeitspapiere der Arbeitsgruppe Transformationsprozesse in den neuen Bundesländern an der Humboldt-Universität zu Berlin, 94/1, Berlin 1994.

[38] Vgl. *Lampert, H.:* Lehrbuch der Sozialpolitik, a. a. O., S. 325 f.

[39] Bekanntestes Beispiel eines solchen Boykotts eines bundespolitischen Förderinstrumentes war die – vorübergehende – Weigerung Nordrhein-Westfalens, auch den sozialen Wohnungsbau im dritten Förderungsweg zu subventionieren.

die Gemeinden können sowohl regelungsintensive Instrumente (Flächennut-
zungsplan, Baupflicht, Deklaration von Sanierungsgebieten) als auch finanzintensive Instrumente (Zuteilung von Sozialwohnungen, Bauförderung) einsetzen. Zudem können sie direkt tätig werden oder indirekt, d. h. über ein kommunales Wohnungsunternehmen, die Wohnungsversorgung verbessern. In der wohnungspolitischen Literatur der achtziger Jahre rückte die kommunale Wohnungspolitik
zunehmend in den Mittelpunkt.[40] Sie wird heute – angesichts knapper Finanzen und
auslaufender Sozialbindungen – weitaus kritischer gesehen. Es zeigt sich, daß die
Kommunen überfordert sind, wenn sie mit der Wohnungspolitik zugleich Sozialpolitik (Versorgung von „Problemgruppen"),[41] Stadterneuerung und kommunale
Wirtschaftsförderung betreiben sollen.[42] Die Marktkräfte schlagen vor Ort negativ
durch, ohne daß die Kommunen entsprechend gestärkt worden wären.

Als dritte Gruppe der Träger der sozialen Wohnungspolitik sind die freigemeinnützigen Wohnungsunternehmen zu nennen. Sie werden von einigen Autoren als
Hilfsorgane der staatlichen Wohnungspolitik angesehen.[43] Von anderen Autoren
wird „ihre autonome Trägerposition"[44] betont. Die freigemeinnützigen Träger sind
auch nach Aufhebung des WGG als Träger der Wohnungspolitik anzusehen, sofern sie sich der Selbstbindung weiterhin verpflichtet fühlen. Die Wohnungsgemeinnützigkeit ist älter als das WGG und daher auch nicht an dessen institutionellen Rahmen gebunden. Allerdings fanden im WGG die Wohnungspolitik „von
oben" und die Wohnungspolitik „von unten" ihre gemeinsame Kodifizierung,[45]
deren Verbindlichkeit heute wieder der reinen Selbstbindung der Gesellschaften
und der Wohnungsgenossenschaften gewichen ist.

So ist festzustellen, daß nicht nur auf Laien die soziale Wohnungspolitik, die Vielfalt ihrer Ziele, Instrumente und Träger „eher einen komplizierten und wirren Eindruck"[46] macht. Die Zersplitterung in einzelne Maßnahmen erschwert eine breitere Diskussion in der Öffentlichkeit und läßt zudem die Meinungsbildung der Bürger und ihre Einzelinitiativen als „laienhafte Marginalien"[47] an komplizierten

---

[40] Vgl. *Konukiewitz, M.:* Die Kommunen in der Wohnungspolitik, Lückenbüßer oder strategische Reserve?, in: *Evers, A., Lange, H.-G., Wollmann, H.* (Hrsg.).: Kommunale Wohnungspolitik, Basel/Boston/Stuttgart 1983, S. 164 ff.
[41] Dieser Bereich ist vollständig an die Kommunen weitergereicht worden. Nach *Adalbert
Evers* ist schon allein der Begriff „Problemgruppe" eine „fundamentale Uminterpretation
des Sozialstaatsprinzips". Es orientiert sich weg von der gesamtgesellschaftlichen Verpflichtung und hin zur Not- und Sonderverwaltung bestimmter Gruppen. *Evers, A.:* Eine sozialpolitische Wende in der Wohnungspolitik, „Gezielte Hilfe für Problemgruppen" und was
dahintersteckt, in: *Evers, A., Selle, K.* (Hrsg.): Wohnungsnöte, Anregungen zu Initiativen an
Ort und Stelle, Frankfurt a. M. 1982, S. 30; vgl. *Heinz, W.:* Die Rolle der Kommunen ...,
a. a. O., S. 197 – 211.
[42] Vgl. *Naßmacher, H.:* Wirtschaftspolitik „von unten", Ansätze und Praxis der kommunalen Gewerbebestandspflege und Wirtschaftsförderung, Basel/Boston/Stuttgart 1987, S. 164;
vgl. *Reschl, R.:* Kommunaler Handlungsspielraum und sozialer Wohnungsbau, Ein Städtevergleich, Diss. Tübingen 1987, S. 246.
[43] Der Begriff „Hilfsorgan" ist dann in Abgrenzung zum Rechtsbegriff eines „Organs der
staatlichen Wohnungspolitik" zu verstehen. Vgl. *Lampert, H.:* Lehrbuch der Sozialpolitik,
a. a. O., S. 325.
[44] *Engelhardt, W. W.:* Öffentliche Bindung ..., a. a. O., S. 169.
[45] Vgl. ebenda, S. 145 f.
[46] *Behring, K., Goldrian, G.:* Evaluierung wohnungspolitischer Instrumente. Aktuelle Probleme des Wohnungsmarktes und Ansatzpunkte für wohnungspolitische Initiativen, Schriften des Ifo-Instituts für Wirtschaftsforschung, Nr. 129, Berlin/München 1991, S. 187.
[47] Vgl. *Häußermann, Siebel, W.:* Unpolitische Wohnungspolitik?, a. a. O., S. 316.

Finanzierungs- und Rechtsfragen scheitern. Die föderale Komponente der unterschiedlichen Rechtsvorschriften und Durchführungsverordnungen erschwert einen zieladäquaten Instrumenteneinsatz zusätzlich.

4. Funktionsanalyse des Wohngeldes

Angesichts der Zersplitterung des wohnungspolitischen Instrumentariums fragt es sich, welchen Beitrag die Sozialpolitiklehre zu einer höheren Konsistenz in der staatlichen Wohnungspolitik leisten kann. Ansatzpunkt und Legitimation einer ökonomischen Theorie der Sozialpolitik wurden bereits an anderer Stelle ausführlich dargestellt.[48] Ausgangspunkt der folgenden speziellen Überlegungen zur Wohnungspolitik ist die Frage, wie der Mietwohnungsmarkt funktioniert. Aus dieser Funktionsanalyse wird dann am Beispiel des Wohngeldes abgeleitet, warum bei diesem Instrument die Erwartungen und die realen Wirkungen auseinanderfallen und welche sozialpolitischen Implikationen daraus folgen.

In kaum einem anderen Politikbereich als der Wohnungspolitik sind ökonomische Theorie und politische Handlungsempfehlungen so eng verknüpft. Wer z. B. die Filtering-Theorie des Wohnungsmarktes[49] für zutreffend hält, hat ebenso konkrete wohnungspolitische Instrumente an der Hand, wie derjenige, der eine der Segmentierungstheorien vertritt.[50] Beiden Theorien über die Funktion des Wohnungsmarktes liegt insofern schon die Präferenz für ein spezielles Instrumentarium zugrunde. Gerade im Wohnungsmarkt zeigt sich anschaulich, wie sehr ökonomisches Denken von persönlicher Erfahrung präjudiziert wird.[51]

4.1 Mikroökonomische Analyse der Mietpreisbildung auf dem Wohnungsmarkt

Auf dem Mietwohnungsmarkt haben beide Marktparteien Grund, sich individuell in besonderer Abhängigkeit von der jeweils anderen Marktseite zu glauben. Die Nachfrager sehen sich einem Risiko ausgesetzt, ein Grundbedürfnis über den Markt nicht decken zu können und nur unter hohen Kosten eine andere Wohnung beziehen zu können. Ihre Konsumentscheidung bedeutet eine langfristige Bindung und hat den Charakter einer Investition. Dies bedeutet weiter, daß sowohl kurz- als auch langfristige Faktoren vom Nachfrager berücksichtigt werden müssen.[52] Insbesondere nachdem eine Wohnung bezogen wurde, wird der Preis nur zufällig dem Grenznutzen der Nachfrager entsprechen.[53]

---

[48] Vgl. *Zerche, J.*: Gedanken zu einer Theorie der Sozialpolitik, in: *Iwersen, A., Tuchtfeldt, E.* (Hrsg.): Sozialpolitik vor neuen Aufgaben, Horst Sanmann zum 65. Geburtstag, Bern/Stuttgart/Wien 1993, S. 43 – 61.

[49] Vgl. als einflußreichen Vertreter *Eekhoff, J.*: Wohnungs- und Bodenmarkt, Tübingen 1987, S. 8 – 21.

[50] Vgl. *Jenke, A.*: Theorie und Realität auf dem Wohnungsmarkt, in: *Novy, K.* (Hrsg.): Wohnungswirtschaft abseits reiner ökonomischer Theorie, Bochum 1985, S. 70; vgl. *Ipsen, D.*: Segregation, Mobilität und Chancen auf dem Wohnungsmarkt, Eine empirische Untersuchung in Mannheim, in: Zeitschrift für Soziologie, 10/3, 1981, S. 257.

[51] Vgl. *Schumpeter, J. A.*: Geschichte der ökonomischen Analyse, Bd. 1, Göttingen 1965, S. 77.

[52] Vgl. *Smith, L .B., Rosen, K. T., Fallis, G.*: Recent Developments in Economic Models..., a .a. O., S. 36.

[53] *Rüdiger Maria Leidner* unterscheidet zwei unterschiedliche Preisbildungen: Den ex-ante Markt mit der Preisbildung vor dem Wohnungsbezug und den (weitaus größeren) ex-post Markt der Preisbildung nach dem Wohnungsbezug.

Die Anbieter sehen sich dem Risiko des Ertragsausfalls ausgesetzt. Wegen der hohen Fixkosten liegt das Betriebsoptimum beim Absatz des gesamten Wohnungsbestandes, und auch nach Vertragsabschluß sieht sich der Anbieter dem Risiko der Nichterfüllung des Vertrages (Nichtzahlung von Kaufpreis/Miete) gegenüber.[54] Gewinnmaximierende Anbieter werden daher einen Risikozuschlag fordern, damit die Rendite aus der Wohnungsinvestition der Rendite risikoloser Anlagen entspricht. Weiterhin werden sie sich zur Risikominderung auf den Markt für Standardwohnungen konzentrieren und tendenziell eine zu geringe Menge bereitstellen, da sich nur so die Risikozuschläge am Markt werden durchsetzen lassen. Unter beiden Aspekten zeigt sich die wohnungspolitische Vorteilhaftigkeit gemeinnütziger und insbesondere genossenschaftlicher Anbieter.[55]

Die Höhe der Risikozuschläge richtet sich danach, welches Risiko dem Nachfrager individuell zugerechnet wird und ist daher schwer quantifizierbar. Typische risikobeeinflussende Merkmale sind Einkommen, Kinderzahl, Familienstand, Wohnsitz, und Nationalität.[56] Die nichtanonymen, d.h. personenabhängigen Risikozuschläge[57] reflektieren das Mietausfallrisiko, das einem Mieter anhand verschiedener individueller Merkmale zugewiesen wird. Man könnte hier auch von einer Diskriminierung sprechen, die aus Sicht des Vermieters durchaus rational ist. Bei nicht-gewinnmaximierenden Anbietern und bei extrem ungleichgewichtigen Marktkonstellationen ergeben sich wichtige Abweichungen vom aufgezeigten Modell.[58]

Wir unterscheiden zwischen dem direkten und dem indirekten Mietausfallrisiko. Unter dem direkten Mietausfallrisiko sind Mietausfälle zu verstehen, die sich direkt auf den Mieter zurückführen lassen, wie z. B. Gefahr von Mietschulden oder

---

[54] Vgl. *Leidner, R. M.:* Wohnungspolitik und Wohnungsmarktwirtschaft, a. a. O., S. 87; vgl. *Bärsch, J.:* Zur Effizienz genossenschaftlicher Wirtschaftsweisen auf dem Wohnungsmarkt, Ein Institutionenvergleich, Diss. Hannover 1989, S. 129.

[55] Vgl. *Schönig, W.:* Management in Wohnungsgenossenschaften, in: ZdWBay 11/1993, S. 609 – 612.

[56] *Gude, S.:* Diskriminierung auf dem Wohnungsmarkt, in: *Norton, A., Novy, K.* (Hrsg.): Soziale Wohnungspolitik für die neunziger Jahre, Probleme und Handlungsansätze aus britisch-deutscher Sicht, Basel/Boston/Berlin 1990, S. 237.

[57] Vgl. *Bärsch, J.:* Zur Effizienz genossenschaftlicher Wirtschaftsweisen, a. a. O., S. 153.

[58] *Erstens* beziehen sie sich nur auf den Mietwohnungsmarkt. Die selbstnutzenden Wohnungseigentümer (ca. 30% bis 40% der Haushalte in den alten und den neuen Bundesländern) werden hier ausgeblendet. Sie verfolgen eine individuelle Lösungsstrategie, die dem Erwerb anderer langfristiger Konsumgüter (PKW, Ferienhaus) vergleichbar ist.
Zweitens werden sich Vermieter in der Realität nur selten gewinnmaximierend verhalten. Verschiedene Typen von Wohnungsmarktakteuren, langfristige Anlagemotive, steuerliche Vorteile und der rechtliche Status des Vermieters lassen sich zu einem weiten Spektrum des potentiellen Vermieterverhaltens kombinieren. Andere Anbietermotive als die Gewinnmaximierung bedeuten lediglich, daß die Risikozuschläge (je nach Gewicht alternativer Anlagemotive) vermindert werden müssen.
Drittens ist die folgende Verhandlungssituation zwischen Mietern und Vermietern dann realistisch, wenn der Mietwohnungsmarkt ausgeglichen ist, d.h. Anbieter und Nachfrager zwischen verschiedenen Mietern bzw. Wohnungen wählen können. Als Selektionskriterium muß dann nicht unbedingt die Miethöhe variiert werden. Es kann ebenso das ursprüngliche Angebot des Vermieters fixiert sein (z. B. aufgrund eines Inserates) und der Vermieter dann seine Risikoabwägung anhand der Auswahl „angemessener" Mieter durchsetzen.
Vgl. *Becker, G.:* Das Verhalten der Marktparteien am Wohnungsmarkt, Versuch einer theoretischen Deutung, Diss. Münster 1960, S. 82 ff.; *Heuer, J. H. B.:* Die Wohnungsmärkte im gesamtwirtschaftlichen Gefüge, in: *Jenkis, H. W.* (Hrsg.): Kompendium der Wohnungswirtschaft, München/Wien 1991, S. 27 – 29.

Mobilität des Mieters. Davon zu trennen ist das indirekte Mietausfallrisiko. Dies besteht in Nachteilen, die vom Verhalten des Mieters auf die anderen Mieter ausgehen (z. B. Konflikte mit der Hausgemeinschaft und die Erwartung von Widerständen bei anstehenden Modernisierungen).

Beide Mietausfallrisiken werden (explizit oder implizit) vom idealtypischen Vermieter zusammengefaßt, indem er die Merkmale des Mieters bezogen auf eine schon bestehende Hausgemeinschaft berücksichtigt. Dies ist in Abbildung 2 dargestellt. In ihr wurde die Risikoeinschätzung in Abhängigkeit vom Einkommen zweier Mieter für verschiedene Wohnungen abgetragen. Das Merkmal „Einkommen" wurde ausgewählt, da es als einziges der Risikomerkmale kardinal meßbar ist und zudem unterstellt werden kann, daß die Einschätzung anderer Risikomerkmale des Mieters durch den Vermieter sich tendenziell gleichgerichtet zu dem Einkommen des Mieters verhalten werden.

Abbildung 2:   *Kurven der Mietausfallreagibilität zweier Wohnungen*

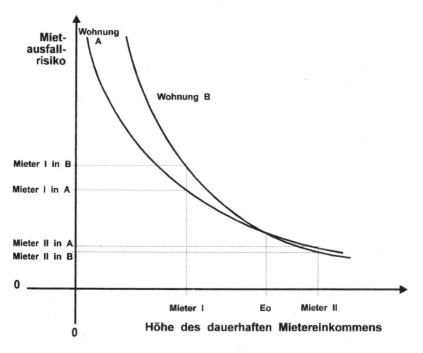

Unterschieden werden in unserem Beispiel zwei Wohnungen A und B. Wohnung A ist in einem kosten- und ausstattungsmäßig niedrigerem Teilmarkt angesiedelt, während Wohnung B in einem höherwertigen Teilmarkt angeboten wird. Die Abbildung zeigt für beide Wohnungen die Kurve der Mietausfallreagibilität. Sie wird beschrieben durch die Funktion

R (w, m) = fw (Ym),

wobei Y(m) das Einkommen des Mieters repräsentiert und fw die Funktion der Reagibilität. Ergebnis der Funktion ist das Mietausfallrisiko einer Wohnung in Abhängigkeit von dem Einkommen des Mieters, also R (W, m).

Die Kurve der Mietausfallreagibilität verläuft für beide Wohnungen fallend, wodurch die Annahme illustriert wird, daß mit steigendem Einkommen generell weniger Mietausfälle zu befürchten sind. Man beachte, daß dieser risikosenkende Effekt einer Einkommenssteigerung des Mieters für beide Wohnungen unterschiedlich stark ausgeprägt ist.

Bestimmt wird der Kurvenverlauf vom Grad der Harmonie zwischen dem Mieter und der jeweiligen Hausgemeinschaft und dem Wohnumfeld (indirektes Mietausfallrisiko). In der hochwertigen Wohnung B haben die unteren Einkommensgruppen bis E0 einen höheren Risikozuschlag zu zahlen als in der einfacheren Wohnung A. Ist das Einkommen eines Mieters größer als E0, so fällt in Wohnung A der höhere Zuschlag an. Dies mag auf den ersten Blick verwundern. Es wird dann plausibel, wenn man bedenkt, daß die Wohnung A in einem geringerwertigen Teilmarktsegment angeboten wird und die Hausgemeinschaft in Wohnung A entsprechend aus einkommensschwächeren Mietern besteht. Bezieht ein Mieter mit höherem Einkommen die Wohnung A, so destabilisiert er tendenziell die Hausgemeinschaft, was aus Vermietersicht durch einen höheren Zuschlag kompensiert werden muß.

Dies Argument läßt sich ausbauen: Jeder Mieter hat einen Teilmarkt, in dem er mit seinen Merkmalen dem Durchschnitt der Bewohner entspricht und wo ihm folglich das geringste Risiko zugerechnet wird. Durch die Wahl der Wohnung können daher auch die Mieter ihre Risikozuschläge steuern, was sich mit der empirischen Beobachtung deckt, daß sich die Wohnungssuche vor allem auf ähnliche Marktsegmente erstreckt.[59]

Im folgenden ist zu zeigen, welche sozialpolitischen Implikationen aus dem beschriebenen Ansatz folgen.

In den letzten Jahren ist das Wohngeld zum „hervorragenden Instrument der sozialen Absicherung für Mieter und Eigentümer"[60] avanciert. Solange das Primat der Subjektförderung anhält, solange wird das Wohngeld unanfechtbar in die zentrale Position des wohnungspolitischen Instrumentariums rücken. Schon alleine deshalb ist eine spezielle Wirkungsanalyse des Wohngeldes notwendig. Bevor sie durchgeführt werden kann, müssen wir zunächst den Effekt einer Einkommenssteigerung in dem speziellen Fall des Wohnungsmarktes betrachten.[61] Die Beurteilung des Wohngeldes erfolgt dann in einem zweiten Schritt.

4.2 Wirkung einer dauerhaften Einkommenssteigerung auf den Wohnungskonsum

Die Einkommenssteigerung bedeutet die Verbesserung eines der Risikomerkmale des Mieters. Durch die Einkommenssteigerung fällt für ihn der Preis seines Wohn-

---

[59] Vgl. *Leidner, R. M.:* Wohnungspolitik und Wohnungsmarktwirtschaft, a. a. O., S. 133 ff.

[60] *Eekhoff, J.:* Wohnungspolitik, Tübingen 1993, S. 96.

[61] Vgl. die allgemeine Wirkungsanalyse in *Zerche, J., Gründer, F.:* Sozialpolitik, a. a. O., S. 69 – 71; vgl. *Petersen, H.-G.:* Sozialökonomik, Stuttgart/Berlin/Köln 1989, S. 69 – 78.

konsums relativ zum Konsum anderer Güter. In Abbildung 3 wird die Gesamt-
wirkung einer dauerhaften Einkommenssteigerung wiedergegeben.

Abbildung 3:   Wirkung einer dauerhaften Einkommenssteigerung

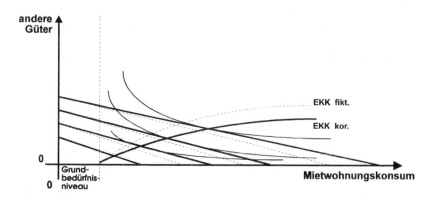

Die Einkommenssteigerung wirkt sich zuerst als Parallelverschiebung der Budgetlinie aus. Die verschobenen Budgetlinien sind als durchbrochene Linien
gezeichnet, die parallel zur jeweils unteren fett gezeichneten Budgetlinie verlaufen. Aus den Tangentialpunkten der durchbrochen gezeichneten Budgetlinien mit
den entsprechenden Indifferenzkurven (nicht eingezeichnet) ergibt sich die Einkommens-Konsum-Kurve *EKK fikt.*, die alle nutzenmaximierenden Verwendungen des Budgets verbindet, wenn man zunächst konstante Risikozuschläge unterstellt.
Gerade diese Annahme wird jedoch durch einkommensabhängige Risikozuschläge aufgehoben. Bei steigendem Einkommen fallen die Risikozuschläge, und
mithin sinkt der relative Preis des Wohnkonsums gegenüber anderen Gütern.
Hier wirkt sich aus, daß die Preisgerade auf dem Wohnungsmarkt eben keinen
„neutralen" Marktpreis darstellt, sondern daß der Preis auf dem Wohnungsmarkt
offen oder verdeckt auch abhängig von den Merkmalen des Nachfragers gebildet
wird.
Dreht man nun die ursprünglichen Budgetlinien entsprechend des neuen Preisver-
hältnisses, so erhält man die fett gezeichneten, realistischeren Budgetlinien. Durch
die Verbindung der Tangentialpunkte der Indifferenzkurven mit den fett gezeichneten Budgetlinien lassen sich schließlich alle drei Effekte der Einkommenssti-
gerung[62] abbilden. Im Ergebnis erhält man die korrigierte Einkommens-Konsum-
Kurve *EKK kor.*. Diese korrigierte Einkommens-Konsum-Kurve verläuft unterhalb der fiktiven EKK, da die zusätzliche relative Preissenkung des Gutes Wohnen einen Substitutionseffekt zugunsten eines höheren Wohnkonsums bewirkt.
Durch eine *dauerhafte* Einkommenssteigerung (bzw. einen dauerhaften, ungebundenen Transfer) werden mithin auch die Preisrelationen verändert.[63]

---

[62] Sie könnten wie folgt benannt werden: Der Einkommenseffekt, der Substitutionseffekt
und der Risiko-Preiseffekt.
[63] Anderer Ansicht ist *Eekhoff, J.:* Wohnungspolitik, a. a. O., S. 101.

In Abbildung 4 werden nun die unterschiedlichen Nachfragekurven für verschiedene Einkommenshöhen abgeleitet. Die Budgetlinien der Mieter mit höherem Einkommen verlaufen oberhalb der Budgetlinien einkommensschwächerer Mieter und haben zudem risikobedingt eine geringere Steigung.

Abbildung 4:   *Nachfragefunktionen*
bei personenbedingten Risikozuschlägen

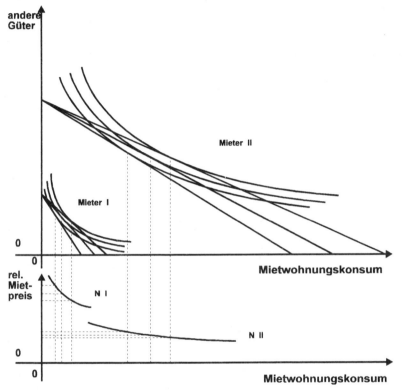

Daraus wird die Nachfragekurve eines Mieters abgeleitet, indem seine Nachfrage für verschiedene, jetzt knappheitsbedingte Mietpreise abgetragen wird. Somit fließen in die Nachfragefunktion eines Mieters sein Einkommensniveau (Entfernung der Budgetlinie vom Ursprung) und das ihm zugewiesene Risiko (Steigung der Bugetlinie) ein. Aus ihnen werden für verschiedene, knappheitsbedingte Mietpreisänderungen die Nachfragekurven konstruiert.

Aggregiert man die Nachfragekurven einzelner Mieter zu teilmarktspezifischen Nachfragekurven, so ergibt sich, daß die Nachfrage auf den Teilmärkten unterschiedlich preiselastisch ist. Je stärker mit der Wohnungsnutzung die Deckung des reinen Grundbedürfnisses verfolgt wird, um so höher sind die Risikozuschläge und um so geringer wird die Preiselastizität der Nachfrage sein. Dominiert hingegen das Konsumgutelement in der Wohnungsnutzung, so ist die Preiselastizität der Nachfrage höher.

4.3 Folgerungen für die Wirkung des Wohngeldes

4.3.1 Wirkung aus Nachfragersicht

Aus Sicht der Nachfrager ist es fraglich, ob die Zusage, daß zur Zeit Wohngeld gewährt wird, auch als Argument in Verhandlungen mit Vermietern eingesetzt werden kann. Wer eine Wohnung sucht, wird durch den Hinweis, daß er nicht aus eigener Kraft, sondern nur durch Wohngeld die Gesamtmiete aufbringen kann, kaum eine Wohnung erhalten. Nur wenn das Wohngeld für den Haushalt planbar ist, kann es zur Verbesserung des Wohnungsstandards eingesetzt werden und nur dann werden positive Preiseffekte eintreten. Ist das Wohngeld hingegen nicht planbar, so wird die Einkommensverbesserung für den Konsum anderer Güter verwendet.

Mangelnde Planbarkeit und Rechtsanspruch widersprechen sich nicht. Zwar besteht auf Wohngeld ein Rechtsanspruch, dieser ist jedoch ex definitione an die variablen Rechtsvorschriften gebunden. Zur Zeit ist die neunte Novelle des Wohngeldgesetzes vom 1. Februar 1993 in Kraft. Was aus Sicht der Wohngeldbefürworter als Indikator der „realen Leistungsfähigkeit des Wohngeldsystems"[64] hervorgehoben wird, hat aus Sicht der Mieter ein Element der Unberechenbarkeit, denn die Wohngeldanpassungen erfolgen unregelmäßig[65] und nicht automatisch, z. B. auf Grund eines Index.

Praktisch folgt aus der Unsicherheit des Wohngeldes, daß es nicht die Wohnungssituation der Nachfrager verbessert, sondern Einkommensanteile freisetzt, die außerhalb des Wohnens, d. h. für andere Konsumgüter, verwendet werden. Vor allem werden die Nachfrager ihren schichtspezifischen Teilmarkt nicht wechseln, da sie dort ja einen relativen Mietpreisvorteil verzeichnen können. Insbesondere die Mehrkosten beim Wechsel in einen höheren Teilmarkt (unter Hinnahme höherer Risikozuschläge) würden durch das Wohngeld nicht hinreichend kompensiert.

Problematisch ist dies besonders dann, wenn z. B. Ehepaare heute kinderlos und keinen Wohngeldanspruch haben. Kommen in den nächsten Jahren Kinder hinzu, so werden sie auch einen Wohngeldanspruch haben. Dann jedoch ist der Umzug in eine größere Wohnung teuer und sicherlich nicht alleine aufgrund des gerade erst gewährten Wohngeldes gesichert. Es sind die „Haushalte mit geringer finanzieller Risikofähigkeit, wie einkommensschwache und expandierende Haushalte nicht in der Lage, das Wohngeld in ihre ökonomische Planung und Entscheidung miteinzubeziehen".[66]

Hier mag man einwenden, daß nach § 1 WoGG nicht die Verbesserung, sondern lediglich die „wirtschaftliche Sicherung angemessenen und familiengerechten Wohnens" Ziel des Wohngeldes ist. Bei der Sicherungsfunktion des Wohngeldes ist jedoch zu bedenken, daß Sozialhilfeempfänger Wohnbeihilfen statt Wohn-

---

[64] *Eekhoff, J.:* Wohnungspolitik, a. a. O., S. 97.
[65] Das Wohngeldgesetz wurde 1970 beschlossen und in den Jahren 1971, 1973, 1977, 1980, 1981, 1982, 1986, 1990 und 1993 novelliert.
[66] *Behnken, R.:* Soziale Gerechtigkeit und Wohnungspolitik, a. a. O., S. 200; vgl. *Afheldt, H., Siebel, W., Sieverts, T.:* Wohnungsversorgung in der Großstadtregion, Beiträge zur Stadtforschung 5, Gerlingen 1987, S. 98.

geld erhalten[67] bzw. BAFÖG-Empfänger überhaupt keinen Wohngeldanspruch haben.

In den neuen Ländern hat sich Wohngeld zudem als unzureichend erwiesen, extreme Mietbelastungsquoten in einzelnen Haushaltstypen aufzufangen.[68] Außerdem ist das Wohngeld an ein Antragsverfahren geknüpft. Der Wohngeld- und Mietenbericht der Bundesregierung kann nur Auskunft über diejenigen geben, die überhaupt diesen Schritt gewagt haben. Er tendiert also dazu, die Treffsicherheit des Wohngeldes zu überzeichnen. Informationsdefizite und „in Vorurteilen und Passivität begründete Barrieren"[69] lassen eine hohe Dunkelziffer von berechtigten, jedoch nicht beantragenden Haushalten erwarten.[70]

4.3.2 Wirkung aus Anbietersicht

Wie bereits oben ausgeführt, ist schon die wohngeldbedingte Verbesserung des Wohnungsstandards unwahrscheinlich. Noch unrealistischer ist das Vertrauen in die daraus folgende, langfristige Angebotsausweitung. Schon lange sollte bekannt sein, daß nicht im freifinanzierten Wohnungsbau, sondern alleine im sozialen Wohnungsbau das Wohngeld bei der Finanzierung eingeplant werden kann.[71] Was in der langfristigen, makroökonomischen Betrachtung plausibel klingt, hält offensichtlich der einzelwirtschaftlichen Prüfung nicht stand.

Auch ein weiterer Aspekt der ökonomischen Analyse nährt den Verdacht, daß es sich beim Wohngeld um eine „eher unspezifische Korrektur der monetären Einkommensverteilung"[72] handelt. Denn es muß berücksichtigt werden, daß mit dem Wohngeld das Risikokalkül des Vermieters nicht außer Kraft gesetzt wird. Durch die Auswahlmechanismen seitens der Anbieter werden einige Haushalte, trotz gleich hohen Wohngeldempfanges, faktisch weniger begünstigt. Im Wege der Vorteilswegnahme fallen Subventionsempfänger (Mieter) und Subventionsbegünstigter (Vermieter) auseinander. Die Kopplung der Wohngeldhöhe an die Merkmale Einkommen und Haushaltsgröße ist vor dem Hintergrund der tatsächlichen Preisdifferenzierung geradezu naiv. „Je nach ethnischer Zugehörigkeit, Alter, Dauer von Arbeitslosigkeit u. a. müßte es zusätzliche, evtl. nach Punkten gestaffelte Wohngeldzuschläge geben".[73] Ein solches Punktesystem würde bedeuten, daß man staatlich die Diskriminierungspraxis auf dem Wohnungsmarkt nicht

---

[67] Vgl. *Frerich, J.:* Sozialpolitik, a. a. O., S. 306.

[68] Vgl. *Zerche, J., Schönig, W.:* Vergleich der Problemfelder des Wohnens in der DDR und in den neuen Bundesländern, in: *Zerche, J.* (Hrsg.): Vom sozialistischen Versorgungsstaat zum Sozialstaat Bundesrepublik, Ausbau oder Abbau der sozialen Lage in den neuen Bundesländern?, Regensburg 1994, erscheint demnächst.

[69] *Behnken, R.:* Soziale Gerechtigkeit und Wohnungspolitik, a. a. O., S. 125.

[70] Vgl. *Bohlen, B.:* Entwicklung des Wohngeldes, in: Wohnungswirtschaft und Mietrecht, 4/1990, S. 134.

[71] Vgl. *Felberg, B.:* Das Wohngeld, Eine Untersuchung seiner wirtschaftlichen und sozialen Bedeutung und ein Vergleich mit anderen Subventionsformen, Diss. Köln 1971, S. 97.

[72] *Behnken, R.:* Soziale Gerechtigkeit und Wohnungspolitik, a. a. O., S. 200.

[73] *Bärsch, J., Novy, K.:* Grenzen der aktuellen Deregulierung auf dem Wohnungsmarkt?, Wohnreform und Wohnungsmarktwirtschaft, Manuskript, Köln 1989, S. 18.

nur hinnehmen, sondern sogar subventionieren würde.[74] Spätestens dann hätte das Wohngeld seinen Anspruch als „sozialpolitische Ergänzung des Marktmodells"[75] verfehlt.

5. Zusammenfassung

Die Notwendigkeit einer staatlichen Wohnungspolitik besteht nicht nur angesichts der heutigen Probleme der „neuen Wohnungsnot" und der Obdachlosigkeit. Es darf auch bei der kritischen Beurteilung der Wirkungen wohnungspolitischer Instrumente nicht übersehen werden, daß ursprünglich die Wohnungspolitik auf eklatante Defizite der rein marktwirtschaftlichen Wohnraumversorgung des letzten Jahrhunderts reagierte. Die Wohnungsfrage wurde nicht zu einem Teil der sozialen Frage erhoben, sondern die Mißstände wurden so eklatant, daß sie sich dem Bürgertum aufdrängten. Auch heute ist unübersehbar, welche politischen Gefahren von einer Verunsicherung der Bevölkerung bei der Wohnungsversorgung ausgehen können.

Die praktische Wohnungspolitik hat Ziele, Instrumente und Träger ausgebildet, deren Gesamtheit heute kaum zu überschauen ist, erst recht dann nicht, wenn eine Totalanalyse der Wirkungen versucht werden sollte. Diese Konzeptlosigkeit der praktischen Wohnungspolitik ist teils aus dem politischen Prozeß zu erklären, teils auch Folge der Theorielosigkeit in der Entstaatlichungsstrategie auf dem Wohnungsmarkt. Hier ist die Sozialpolitiklehre und insbesondere die ökonomische Theorie des Wohnungsmarktes gefragt. Sie kann dazu dienen, aufgrund einer Funktionsanalyse des Wohnungsmarktes problem- und situationsadäquate Handlungsempfehlungen zu formulieren.

Mittels der mikroökonomischen Analyse der Preisbildung auf dem Mietwohnungsmarkt wurde ein Modell aufgezeigt, das die Preisbildung sowohl in Abhängigkeit von den Merkmalen der Wohnung als auch in Abhängigkeit von den Merkmalen des Nachfragers erklärt. Folglich wirkt eine dauerhafte Einkommenssteigerung des Nachfragers nicht nur auf sein Budget, sondern es verändern sich gleichzeitig die für ihn geltenden Preisrelationen. Das Wohngeld wirkt aber nicht wie ein dauerhafter Transfer, da die Wohngeldhöhe nur unregelmäßig in den Wohngeldnovellen angepaßt wird. Somit ist das Wohngeld für keinen der Marktteilnehmer so fest verplanbar, daß sie darauf eine Verbesserung des Wohnungsstandards bzw. eine Ausweitung des Angebotes aufbauen könnten.

Insofern wirkt das Wohngeld als eher zufälliger, ungebundener Transfer, der für den Konsum anderer Güter verwendet wird. Das Wohngeld erweist sich als zu einfach konstruiert, um den komplexen Mechanismen auf dem Wohnungsmarkt gerecht werden zu können. Nur durch eine langfristige Verteilungspolitik ließen sich dauerhaft die Konditionen für einkommensschwache Nachfrager auf dem Wohnungsmarkt verbessern.

---

[74] Vgl. *Eichner, V.:* Ausländer im Wohnbereich, Theoretische Modelle, empirische Analysen und politisch-praktische Maßnahmenvorschläge zur Eingliederung einer gesellschaftlichen Außenseitergruppe, Kölner Schriften für Sozial- und Wirtschaftspolitik, Bd. 8, hrsg. v. *Jürgen Zerche,* Regensburg 1989.

[75] *Schellhaaß, H. M., Schulz, E.:* Soziale Sicherung des Wohnens, Strategien für die Zukunft, Berlin 1987, S. 34.

Literaturverzeichnis

Bärsch, J., Novy, K.: Grenzen der aktuellen Deregulierung auf dem Wohnungsmarkt?, Wohnreform und Wohnungsmarktwirtschaft, Manuskript, Köln 1989.

Bärsch, J.: Zur Effizienz genossenschaftlicher Wirtschaftsweisen auf dem Wohnungsmarkt, Ein Institutionenvergleich, Diss. Hannover 1989.

Becker, G.: Das Verhalten der Marktparteien am Wohnungsmarkt, Versuch einer theoretischen Deutung, Diss. Münster 1960.

Behnken, R.: Soziale Gerechtigkeit und Wohnungspolitik, Eine empirische Verteilungsanalyse für die Bundesrepublik Deutschland, Berlin 1982.

Behring, K., Goldrian, G.: Evaluierung wohnungspolitischer Instrumente, Aktuelle Probleme des Wohnungsmarktes und Ansatzpunkte für wohnungspolitische Initiativen, Schriften des Ifo-Instituts für Wirtschaftsforschung, Nr. 129, Berlin/München 1991.

Berger-Timme, D.: Die Boden- und Wohnungsreform in Deutschland 1873 – 1918, Zur Genese staatlicher Interventionen im Bereich von Wohnungs- und Siedlungswesen, Frankfurt a. M./Bern 1976.

Bohlen, B.: Entwicklung des Wohngeldes, in: Wohnungswirtschaft und Mietrecht, 4/1990, S. 134 – 136.

Brander, S.: Wohnungspolitik als Sozialpolitik, Berlin 1984.

Brede, H., Kohaupt, B., Kujath, H.-J.: Ökonomische und politische Determinanten der Wohnungsversorgung, Frankfurt a. M. 1975.

Buchholz, L.: Soziale Wohnungspolitik, Sozialstaat und Wohnungsversorgung in der Bundesrepublik Deutschland, Diss. Augsburg 1984.

Eekhoff, J.: Leitlinien der zukünftigen Wohnungspolitik der Bundesregierung, in: *Thoss, R. u. a. (Hrsg.):* Rückzug des Staates aus der Wohnungspolitik?, Münster 1985, S. 1 – 14.

Eekhoff, J.: Wohnungs- und Bodenmarkt, Tübingen 1987.

Eekhoff, J.: Wohnungspolitik, Tübingen 1993.

Engelhardt, W. W.: Öffentliche Bindung, Selbstbindung und Deregulierung in der staatlichen Wohnungspolitik und gemeinnützigen Wohnungswirtschaft, in: *Thiemeyer, T.:* Regulierung und Deregulierung im Bereich der Sozialpolitik, Berlin 1988, S. 139 – 198.

Evers, A.: Eine sozialpolitische Wende in der Wohnungspolitik, „Gezielte Hilfe für Problemgruppen" und was dahintersteckt, in: *Evers, A., Selle, K. (Hrsg.):* Wohnungsnöte, Anregungen zur Initiative an Ort und Stelle, Neue Wege in der Wohnungspolitik, Frankfurt a. M. 1982, S. 28 – 39.

Felberg, B.: Das Wohngeld, Eine Untersuchung seiner wirtschaftlichen und sozialen Bedeutung und ein Vergleich mit anderen Subventionsformen, Diss. Köln 1971.

Fischer-Dieskau, J.: Wohnungspolitik, in: Handwörterbuch des Städtebau-, Wohnungs- und Siedlungswesens, Bd. 3, 1959, Sp. 1750 ff.

Frerich, J.: Sozialpolitik, Das Sozialleistungssystem der Bundesrepublik Deutschland, Darstellung, Probleme und Perspektiven der Sozialen Sicherung, München/Wien 1987.

Fuchs, C. J., Lehr, J.: Wohnungsfrage, in: *Elster, L., Weber, A. (Hrsg.):* Handwörterbuch der Staatswissenschaft, 2. Aufl., Jena 1929, S. 828 – 871.

GEWOS Institut für Stadt-, Regional- und Wohnforschung GmbH: Wohnungspolitik nach dem zweiten Weltkrieg, Gutachten hrsg. vom Bundesministerium für Raumordnung, Bauwesen und Städtebau, Bonn 1990.

Großmann, A.: Herausforderungen an die Wohnungspolitik, in: *Neumann, L. F. (Hrsg.):* Wohnungsmarkt in der Krise?, Köln 1994.

Gude, S.: Diskriminierung auf dem Wohnungsmarkt, in: *Norton, A., Novy, K. (Hrsg.):* Soziale Wohnungspolitik für die neunziger Jahre, Probleme und Handlungsansätze aus britisch-deutscher Sicht, Basel/Boston/Berlin 1990, S. 237 – 256.

Hämmerlein, H.: Die verwaltete Wohnungspolitik, Reihe Politik und Verwaltung, Heft 6, Baden-Baden 1968.

Häring, D.: Zur Geschichte und Wirkung staatlicher Interventionen im Wohnungssektor, Gesellschaftliche und sozialpolitische Aspekte der Wohnungspolitik in Deutschland, Hamburg 1974.

Häußermann, H., Siebel, W.: Unpolitische Wohnungspolitik?, in: Leviathan, 9. Jg., 3/1981, S. 316 – 331.

Heinz, W.: Die Rolle der Kommunen bei der Versorgung unterer Einkommensschichten mit Wohnraum, in: *Norton, A., Novy, K.* (Hrsg.): Soziale Wohnungspolitik für die neunziger Jahre, Probleme und Handlungsansätze aus britisch-deutscher Sicht. Basel/Boston/Berlin 1990, S. 197 – 211.

Heuer, J. H. B.: Wohneigentum in einer mobilen Gesellschaft, in: Schriften für Sozialökologie, Bd. 40, Bochum/Mannheim 1988, S. 3 – 29.

Heuer, J. H. B.: Die Wohnungsmärkte im gesamtwirtschaftlichen Gefüge, in: *Jenkis, H. W.* (Hrsg.): Kompendium der Wohnungswirtschaft, München/Wien 1991, S. 22 – 40.

Ipsen, D., Glasauer, H., Lasch, V.: Markt und Raum, Die Verteilungswirkungen wohnungspolitischer Subventionsformen im städtischen Raum, Frankfurt/New York 1986.

Jenke, A.: Theorie und Realität auf dem Wohnungsmarkt, in: *Novy, K.* (Hrsg.): Wohnungswirtschaft abseits reiner ökonomischer Theorie, Bochum 1985.

Kaib, W.: Neue Wohnungsnot, Ein Beitrag aus der lokalen Praxis, in: *Prigge, W., Kaib, W.* (Hrsg.): Sozialer Wohnungsbau im internationalen Vergleich, Frankfurt a.M. 1988, S. 56 – 64.

Kessler, U.: Wohnungspolitik vor Ort, Wo sonst?, Die Kommunen müssen wohnungspolitischen Handlungsspielraum erkämpfen, in: *Ude, C.* (Hrsg.): Wege aus der Wohnungsnot, München 1990, S. 144 – 167.

Konukiewitz, M.: Die Kommunen in der Wohnungspolitik, Lückenbüßer oder strategische Reserve?, in: *Evers, A., Lange, H.-G., Wollmann, H.* (Hrsg.).: Kommunale Wohnungspolitik, Basel/Boston/Stuttgart 1983, S. 159 – 178.

Kornemann, R.: Die wohnungspolitischen Zielsetzungen in den Regierungserklärungen der Bundesregierungen, in: *Jenkis, H.:* Kompendium der Wohnungswirtschaft, München/Wien 1991, S. 78 – 97.

Lampert, H.: Lehrbuch der Sozialpolitik, 2. Aufl., Berlin u. a. 1991.

Leidner, R. M.: Wohnungspolitik und Wohnungsmarktwirtschaft, Diss. Köln 1980.

Mackscheidt, K., Deichmann, W.: Zur Leistungsfähigkeit von Subventionen in der Wohnungswirtschaft, Effizienzanalyse allokativer und distributiver Effekte staatlicher Transfers für die Wohnungswirtschaft, Schriften des Instituts für Wohnungsrecht und Wohnungswirtschaft an der Universität Köln, Bd. 50, Frankfurt a. M. 1982.

Mackscheidt, K., Hackenbroich, I., Kamann, H. W.: Verteilung öffentlicher Realtransfers auf Empfängergruppen in der Bundesrepublik Deutschland, Leistungsbereich „Wohnen", in: *Hanusch, H.* u. a.: Das Transfersystem in der Bundesrepublik Deutschland, Stuttgart u. a. 1982.

Müller, H.-U.: Familie und Wohnen, Wohnung und Wohnumfeld, in: *Bertram, H.* (Hrsg.): Die Familie in Westdeutschland, Stabilität und Wandel familialer Lebensformen, Opladen 1991, S. 311 – 349.

Müller-Heine, K.: Entwicklungsphasen der Wohnungspolitik in der Bundesrepublik nach dem zweiten Weltkrieg, Krefeld 1984.

Naßmacher, H.: Wirtschaftspolitik „von unten", Ansätze und Praxis der kommunalen Gewerbebestandspflege und Wirtschaftsförderung, Basel/Boston/Stuttgart 1987.

Petersen, H.-G.: Sozialökonomik, Stuttgart/Berlin/Köln 1989.

Preusker, V.E.: Die gesellschaftspolitischen Leitbilder der Wohnungspolitik, in: *Heuer, J. H. B.* (Hrsg.): Wohnungs- und Städtebau heute, Schriften für Sozialökologie, Bd. 2, Mannheim 1970, S. 29 – 37.

Reschl, R.: Kommunaler Handlungsspielraum und sozialer Wohnungsbau, Ein Städtevergleich, Diss. Tübingen 1987.

Sanmann, H.: Leitbilder und Zielsysteme der praktischen Sozialpolitik als Problem der theoretischen Sozialpolitik, in: *Sanmann, H.* (Hrsg.): Leitbilder und Zielsysteme der Sozialpolitik, Schriften des Vereins für Socialpolitik N. F., Bd. 72, Berlin 1973, S. 62 – 75.

Schönig, W.: Management in Wohnungsgenossenschaften, in: Zeitschrift der Wohnungswirtschaft in Bayern, 11/93, S. 609 – 612.

Schönig, W.: Der Gesamtverband der Wohnungswirtschaft in den neuen Bundesländern; Ein Fallbeispiel zur Funktion intermediärer Akteure im Transformationsprozeß, in: Max-Planck-Gesellschaft, Arbeitspapiere der Arbeitsgruppe Transformationsprozesse in den neuen Bundesländern an der Humboldt-Universität zu Berlin, 94/1, Berlin 1994.

Schellhaaß, H. M., Schulz, E.: Soziale Sicherung des Wohnens, Strategien für die Zukunft, Berlin 1987.

Schulz, F.: Die „Wohnungsfrage" in der sozialmedizinischen Lehrgeschichte. Ein dogmengeschichtlicher Beitrag zum Zusammenhang von Wohnungs- und Gesundheitspolitik, in: *Engelhardt, W. W., Thiemeyer, T.* (Hrsg.): Gesellschaft, Wirtschaft, Wohnungswirtschaft, Festschrift für Helmut Jenkis, Berlin 1987, S. 139 – 151.

Schumpeter, J. A.: Geschichte der ökonomischen Analyse, Bd. 1, Göttingen 1965.

Schwaetzer, I.: Mehr wirtschaftliche Effizienz und soziale Gerechtigkeit im Wohnungsbereich, in: Bundesregierung: Bulletin von 22. Nov. 1993, S. 1145 – 1148.

Smith, L., Rosen, K., Fallis, G.: Recent Developments in Economic Models of Housing Markets, in: Journal of Economic Literature, Vol. XXVI, March 1988, S. 29 – 64.

Specht-Kittler, T.: Obdachlosigkeit in der Bundesrepublik Deutschland, in: Aus Politik und Zeitgeschichte, 49/92, S. 31 – 41.

Vossberg, W.: Die deutsche Baugenossenschaftsbewegung, Diss. Halle 1905.

Wedel, E.: Wohnraumversorgung der Haushalte 1987, Ergebnis der Gebäude- und Wohnungszählung, in: Wista 8/1989, S. 493 – 498.

Wölling, A.: Zur Frage der Ziel- und Situationsadäquanz wohnungspolitischer Instrumente der öffentlichen Hand in der Bundesrepublik Deutschland, Diss. München 1987.

Zerche, J., Gründger, F.: Sozialpolitik, Einführung in die ökonomische Theorie der Sozialpolitik, Düsseldorf 1982.

Zerche, J.: Gedanken zu einer Theorie der Sozialpolitik, in: *Iwersen, A., Tuchtfeldt, E.* (Hrsg.): Sozialpolitik vor neuen Aufgaben, Horst Sanmann zum 65. Geburtstag, Bern/Stuttgart/Wien 1993, S. 43 – 61.

Zerche, J., Schönig, W.: Vergleich der Problemfelder des Wohnens in der DDR und in den neuen Bundesländern, in: *Zerche, J.* (Hrsg.): Vom sozialistischen Versorgungsstaat zum Sozialstaat Bundesrepublik. Ausbau oder Abbau der sozialen Lage in den neuen Bundesländern?, Regensburg 1994, erscheint demnächst.

Zimmermann, C.: Von der Wohnungsfrage zur Wohnungspolitik, Die Reformbewegung in Deutschland 1845 – 1914, Kritische Studien zur Geschichtswissenschaft, Bd. 90, Göttingen 1991.

Summary

The Historical and Current Necessity of a Social Housing Policy

The need for social housing policy has both historical causes and current relevance. The source of housing problems has changed from a broad social phenomenon of deficient supply to more localized phenomena caused by gentrification and the unequal distribution of income within a generally well supplied market. Thus, housing policy in the Federal Republic of Germany has developed as a "system" of goals, instruments and federal actors corresponding to this historical development. It has been claimed that this "system" is confused and self-contradictory, and many economists, referring to microeconomics and (for example) to the "filtering-strategy", claim that direct transfers in cash to those who cannot afford appropriate housing is a superior policy instrument. But when the real price mechanism, transaction costs and the risk calculation in the decisions of the landlords are taken into consideration, it becomes clear that transfers in cash cannot improve the housing situation of the "problem groups" in the housing market. Therefore, an active social housing policy should not abandon the option of publicly subsidized housing construction.

Innovationen unter verschiedenen Umweltregimen

von

CHRISTOPH KREIENBAUM
und
CORA WACKER-THEODORAKOPOULOS

Die steigende Anzahl an Umweltschäden, die sowohl in der Bundesrepublik Deutschland als auch in den übrigen Industrieländern zu beobachten ist, weist auf den dringenden Handlungsbedarf hin, die allgemeine Wirtschaftätigkeit mit ökologischen Erfordernissen in Einklang zu bringen. Der enge Zusammenhang der ökonomischen Entwicklung und der ökologischen Auswirkung wirtschaftlicher Aktivitäten sowie der allseits als notwendig anerkannte Harmonisierungsbedarf von Ökonomie und Ökologie zeigen sich auch darin, daß die Umweltpolitik zunehmend zu einem zentralen Bestandteil der Wirtschaftspolitik geworden ist.
Die Entwicklung in umweltrelevanten Bereichen, sei es die Treibhausproblematik, der Abfallbereich, das „Waldsterben" oder ähnliches, läßt sich anhand zweier Entwicklungslinien charakterisieren: Zum einen zeigen die zu beobachtenden Umweltschäden eine zunehmende Verknappung des Gutes „saubere Umwelt" auf der Angebotsseite sowohl als Konsumgut als auch als Produktionsfaktor zur Herstellung anderer Güter und Dienstleistungen. Zum anderen ist aufgrund der zunehmenden Sensibilisierung der Bevölkerung gegenüber schon bestehenden oder in Zukunft drohenden, absehbaren Umweltschäden gleichzeitig eine Präferenzänderung in Richtung mehr intakter Umwelt auf der Nachfrageseite zu konstatieren. Diese Entwicklungslinien führen zu in einer – zunächst verdeckten – Erhöhung der Zahlungsbereitschaft der „Umweltnachfrager". Insbesondere auf der Unternehmensebene stärkt dies auch die potentielle Bereitschaft zur Substitution des Produktionsfaktors Umwelt. Notwendig ist dabei aber, daß diese Zahlungs- bzw. Substitutionsbereitschaft der Nachfrager auch offengelegt wird.

1. Marktversagen und umweltpolitisches Zielsystem

Im Bereich privater Güter sorgt grundsätzlich der Marktmechanismus für die Aufdeckung der Zahlungsbereitschaft potentieller Nachfrager nach einem bestimmten Gut. Lediglich die Nachfrager, deren Zahlungsbereitschaft zumindest dem sich einstellenden Knappheitspreis entspricht, kommen bei der Verteilung des Gutes zum Zuge. Potentielle Nachfrager, deren Zahlungsbereitschaft geringer ist, werden von der Nutzung ausgeschlossen.
Im Bereich der Umweltgüter existiert ebenfalls eine Knappheitssituation, wie sie auf den Märkten für private Güter üblicherweise anzutreffen ist; die beobachtbaren Umweltschäden signalisieren überdies nicht nur eine Knappheit, sondern so-

gar eine Übernutzung dieser Ressource. Die Übernutzung der Ressource „Umwelt" kommt der Aufzehrung des vorhandenen, nicht ohne weiteres erweiterbaren Umweltkapitalstocks gleich. Dieses führt wiederum nicht nur dazu, daß Emissionen die Nutzungsmöglichkeiten der Umwelt einschränken (Qualitätsverschlechterung der Umweltmedien), sondern auch dazu, daß bei einem konstanten Emissionsniveau – aufgrund der durch die Schäden abnehmenden Absorptions- und Assimilationsfähigkeit der Umwelt – immer häufiger Umweltschädigungen auftreten.

Die Ursache für diese offensichtliche Fehlentwicklung liegt in den in der Vergangenheit fehlenden wirksamen Knappheitssignalen. Fehlende bzw. nicht ausreichende Knappheitssignale werden von einem (rational handelnden) Emittenten fälschlicherweise so interpretiert, daß das Gut Umwelt im Überfluß vorhanden sei. Dies ist darauf zurückzuführen, daß das bei privaten Gütern anzutreffende Ausschlußprinzip im Bereich der Umweltmedien nicht ohne weiteres Anwendung finden kann. Ohne staatliche Eingriffe, d.h. allein über den Marktmechanismus, kann kein potentieller Nutzer von der Inanspruchnahme der Umwelt ausgeschlossen und somit auch nicht zur Offenlegung seiner Zahlungsbereitschaft gezwungen werden.

Negative externe Effekte, die aus dem nicht geltenden Ausschlußprinzip im Umweltbereich resultieren und eine wohlfahrtsmindernde Übernutzung dieses Gutes anzeigen, erfordern staatliche Eingriffe in Form umweltpolitischer Instrumente, die in der Lage sind, die entstehenden externen Effekte in das Entscheidungskalkül der Verursacher von Umweltknappheiten einzubeziehen.[1] Diese Internalisierung ist eine notwendige Voraussetzung für eine effiziente Allokation und einen wirksamen Umweltschutz und stößt daher auf einen breiten Konsens als grundlegende Strategie, um zu einer sinnvollen Umweltnutzung zu gelangen.

Eine weitere notwendige Bedingung für einen wirksamen Umweltschutz stellt die Festlegung eines anzustrebenden Umweltzieles dar. Dabei müssen – auch vom Ökonomen – vor allem ökologische Zusammenhänge bei der Konzeptionierung einer Umweltpolitik berücksichtigt werden. Eine rationale Umweltpolitik kann sich nicht darauf beschränken, eine bestimmte Umweltqualität durchzusetzen. Letztlich sind Umweltschäden das Spiegelbild der Nutzungskonkurrenz um das Gut Umwelt, so daß die Schadensvermeidung ein zentrales Leitbild der anzustrebenden Umweltpolitik sein sollte.[2]

Die Schadensvermeidung ist deshalb so wichtig, weil beispielsweise das Zulassen irreversibler Schäden voraussetzt, daß ein Vergleich heutiger Wohlfahrtssteigerungen durch Emissionstätigkeiten mit Nutzungseinschränkungen in der Zukunft vorgenommen werden könnte. Insbesondere die Unkenntnis der Präferenzen zukünftiger Generationen verhindert dieses und spricht gegen eine solche kurzfristige, auf die gegenwärtige Generation ausgerichtete Politik. Und auch Schäden, die nachträglich „repariert" werden können und tatsächlich „repariert" werden, können aufgrund ihrer Einwirkungen auf grundsätzlich instabile natürliche Syste-

---

[1] Zu diesen staatlichen Eingriffen ist auch die Festlegung der Verfügungsrechte im Rahmen von Verhandlungslösungen zu zählen, die nach *Coase* ebenfalls zu effizienten Ergebnissen führen; vgl. *R. H. Coase:* The Problem of Social Cost, Journal of Law & Economics, H. 3 (1960).

[2] Zum Verhältnis von Umweltqualität und Umweltschäden vgl. auch *Rat der Sachverständigen für Umweltfragen:* Umweltgutachten 1987, S. 80.

me irreversible Schäden nach sich ziehen. Insgesamt reduzieren auftretende Umweltschäden nicht nur die Umweltqualität, sondern auch – wie bereits dargelegt – die Absorptions- und Assimilationskapazität der Umwelt („Selbstreinigungspotential") und führen grundsätzlich selbst bei konstanter Emissionsmenge zu einer steigenden Akkumulation neuer Umweltschädigungen.

Umweltpolitische Zielvorstellungen, wie beispielsweise die *Pigou*-Lösung,[3] die den Ausgleich von Grenzvermeidungskosten und Grenzschäden fordert, stellen keine umweltpolitisch tragfähigen Ansätze dar, weil sie in ihrer statischen Sichtweise insbesondere von der Akkumulation von Schadstoffen und von den Folgewirkungen der Umweltschädigungen abstrahieren. Somit kann letztlich nur die Erhaltung des Selbstreinigungspotentials der Umwelt und eine Ausrichtung der Gesamtmenge an Emissionen an dieser Grenze Ziel der Umweltpolitik sein.

Auch wenn umstritten und bislang nicht eindeutig geklärt ist, welche Umwelteinwirkungen als dauerhafte Schäden zu behandeln sind, und deshalb auch in Zukunft nicht in allen Bereichen auf die von der Umweltpolitik zu setzenden Qualitätsstandards verzichtet werden kann, bleibt das Selbstreinigungspotential das anzustrebende Ziel, an dem sich die Festlegung der Qualitätsstandards im politischen Bereich orientieren muß.

Aufbauend auf dem beschriebenen Zielsystem lassen sich folgende ökologische Wirksamkeitskriterien ableiten:[4]

– Sinnvoll ist es, daß alle Umweltschäden erfaßt und reguliert werden.[5] Eine umfassende Umweltpolitik und -vorsorge setzen eine genaue Kenntnis des jeweiligen Umweltzustandes voraus, um geeignete Maßnahmen zu ergreifen.

– Schäden sollten, soweit dies machbar ist, auf die Verursacher zugeordnet werden. Erst dies ermöglicht die Internalisierung der Umweltkosten bei den Verursachern und garantiert, daß die Kosten der auftretenden Umweltschäden nicht auf die Allgemeinheit abgewälzt werden.

Bei der Auswahl der einzusetzenden umweltpolitischen Instrumente sind daneben vor allem folgende ökonomische Effizienzkriterien zu beachten:

– Über Knappheitssignale sollte ein Zustand erreicht werden, in dem der Faktor Umwelt in seinen produktivsten bzw. nutzenmaximierenden Verwendungsrichtungen eingesetzt wird.

– Der Einsatz umweltpolitischer Instrumente sollte nur dann zu einer Diskriminierung im Wettbewerb führen, wenn eine unterschiedliche Umweltbeanspruchung vorliegt.

– Ein umweltpolitisches Instrument sollte Anreize zu Fortschritten bei der Entdeckung und Anwendung neuen umwelttechnologischen Wissens setzen.

Bezüglich der ökonomischen Effizienzkriterien spiegeln die ersten beiden Kriterien Forderungen hinsichtlich der statischen Effizienz wider, die bei der Auswahl der Instrumente unbedingt beachtet werden müssen, da sie grundlegende ökonomische Anforderungen an jede staatliche Intervention darstellen. Wird der Zu-

---

[3] Vgl. zur *Pigou*-Darstellung beispielsweise *M. Kemper:* Das Umweltproblem in der Marktwirtschaft, Berlin 1989, S. 29 ff.

[4] Dabei erhebt dieser Kriterienkatalog keinen Anspruch auf Vollständigkeit, dürfte für die folgende Untersuchung jedoch hinreichend sein. Einen umfassenderen Forderungskatalog stellt beispielsweise *A. Endres:* Umwelt- und Ressourcenökonomie, Darmstadt 1985, auf.

[5] Vgl. *Rat der Sachverständigen für Umweltfragen,* a.a.O.

sammenhang Wirtschaftstätigkeit und Umwelt jedoch in seiner tatsächlichen Komplexität, insbesondere die nur äußerst begrenzte Möglichkeit, das Angebot an Umwelt zu erhöhen, begriffen, kommt dem dritten Effizienzkriterium eine überragende Bedeutung zu.

Neben einer nachträglichen Schadensreparatur, die möglich und zudem noch kostengünstiger als die Schadensvermeidung sein müßte, damit sie gesamtwirtschaftlich vorteilhafter als ein präventiver Umweltschutz ist, bleiben zur Schadensabwehr nur zwei Möglichkeiten: der Konsumverzicht oder die Erzielung technischen Fortschritts, wobei letzterer über eine Senkung der Emissionsintensität bei gegebenem Güterangebot zu einer Reduzierung der Gesamtemissionen führen kann. Die Konsequenz hieraus: Ein weiteres, erwünschtes Wachstum einer Volkswirtschaft ist nur dann ohne eine Zunahme an Umweltschäden zu erreichen, wenn der technische Fortschritt den negativen Zusammenhang von Wirtschaftstätigkeit und Umweltqualität aufbricht. Aufgrund dieser Zusammenhänge ist es notwendig, bei der Auswahl und der Ausgestaltung bzw. Kombination umweltpolitischer Instrumente insbesondere die Wirkungen staatlicher Eingriffe auf das Innovationsverhalten einer Volkswirtschaft zu berücksichtigen.

2. Umweltsparender technischer Fortschritt

Technische Fortschritte auf der Unternehmensebene ermöglichen es, den gleichen Output mit einem geringeren quantitativen Faktoreinsatz (bzw. mit konstantem Faktoreinsatz eine höhere Outputmenge) zu erzeugen. Insoweit führt der technische Fortschritt zu einer Erhöhung der allgemeinen Faktorproduktivität.[6] In der ökonomischen Theorie des technischen Fortschritts wird also die Schaffung neuen technischen Wissens als zusätzlicher Produktionsfaktor neben Arbeit, Kapital, Umwelt etc. in die Produktionsfunktion eingeführt. Damit wird üblicherweise unterstellt, daß neues technisches Wissen nicht zufällig entsteht, sondern im Zuge der wirtschaftlichen Entwicklung durch den Einsatz von Ressourcen auch zielgerichtet „produziert" werden kann. Eine wichtige Determinante für die gezielte Schaffung neuen Wissens dürften dabei die Anstrengungen einer Volkswirtschaft bzw. des Unternehmenssektors im Bereich Forschung und Entwicklung darstellen.[7]

Technische Neuerungen werden von den Unternehmen angestrebt, weil sie ständig im Wettbewerb mit konkurrierenden Unternehmen um Marktanteile stehen. Ein Effekt dieser Neuerungen ist ihr kostensenkender Einfluß in der Produktion, wie er auch in Form arbeitsparenden und kapitalsparenden technischen Fortschritts auftreten kann. Folglich werden technische Fortschritte zur Einsparung bzw. Substitution knapper Produktionsfaktoren angestrebt, indem die Forschungsrichtung geändert wird und die in die Forschung und Entwicklung eingesetzten Ressourcen (FuE-Aufwendungen) verstärkt auf dieses Ziel ausgerichtet werden. Eine Änderung der Knappheitsverhältnisse hätte demnach die Änderung der Forschungsrichtung zur Folge.

Auf die Umwelt übertragen, die auf der Unternehmensebene als Produktionsfaktor zur Aufnahme von Schadstoffen eingesetzt wird, ist auch hier der technische

---

[6] Zusätzlich zu technischen Fortschritten sind grundsätzlich auch organisatorische Fortschritte (z.B. lean production) in der Lage, die allgemeine Faktorproduktivität zu erhöhen.

[7] Vgl. *H.Walter:* Technischer Fortschritt I: in der Volkswirtschaft, in: HdWW, Bd. 7, 1977, S. 567 ff.

Fortschritt in der Lage, die „Faktorproduktivität" zu erhöhen. Dabei geht es jedoch nur nachrangig darum, die Aufnahmekapazität der Umwelt durch nachträgliche Reinigungsverfahren (z.b. Klärwerke) zu erhöhen. Primär steigt die Produktivität des Faktors Umwelt, wenn aufgrund neuen technischen Wissens die Herstellung bzw. der Konsum von Gütern mit geringeren Emissionen verbunden ist.[8]

Ausgehend von einer Situation ohne wirksame Knappheitssignale, haben die Unternehmen hier allerdings kein Interesse, den Faktor Umwelt durch andere Faktoren (Kapital, Arbeit), deren Einsatz mit Kosten verbunden ist, zu ersetzen; sie unterliegen keinem Zwang, ihre tatsächliche Zahlungsbereitschaft für Umwelt offenzulegen. Gezielte Anstrengungen (FuE-Aufwendungen), um umweltsparende, d.h. emissionssenkende technische Fortschritte zu erzielen, zahlen sich für die Unternehmen nicht aus und werden infolgedessen auch nicht durchgeführt. Ein verstärkter Umweltschutz durch technische Neuerungen auf der Unternehmensebene ist in dieser Situation – soweit er überhaupt zu erwarten ist[9] – lediglich ein Nebenprodukt des allgemeinen kostensenkenden technischen Fortschritts.

Erst wenn wirksame Knappheitssignale eingeführt sind, entstehen auch Anreize, den dann marktlich knappen Faktor Umwelt zu substituieren. Die für die Unternehmen optimale Faktorkombination in dieser Situation unterscheidet sich vom obigen Fall hinsichtlich der Emissionsintensität der Produktionsverfahren bzw. der Produkte. Es wird für sie lohnend, den „Einsatz" des Faktors Umwelt zu verringern. Die wohl entscheidende Möglichkeit hierzu ist die Forschung und Entwicklung im Bereich der Emissionsvermeidungstechnologien, indem FuE-Aufwendungen erhöht oder verstärkt in diese Richtung gelenkt werden. Der durch diese Aufwendungen induzierte technische Fortschritt kann dabei sowohl in Form eines Verfahrensfortschrittes (Technologiewechsel auf Verfahren mit geringerer Emissionsintensität) als auch in Form eines Produktfortschrittes (emissionsärmeres Produkt) Gestalt annehmen.

Das Entstehen sowohl von Verfahrens- als auch von Produktfortschritten läßt sich grundsätzlich im Bereich der angewandten Forschung und Entwicklung in zwei Phasen einteilen:
– die Innovationsphase und
– die Diffusionsphase.

Hierbei wird die Grundlagenforschung, die insbesondere die „Erfindungsphase (Inventionsphase) umfaßt, bewußt ausgeklammert, da diese Phase in einem wesentlichen Maße durch autonome, d.h. durch eine nicht direkt steuerbare „Produktion" von Wissensfortschritten charakterisiert sein dürfte. Im Gegensatz dazu kann für den Bereich der angewandten Forschung und Entwicklung wohl eher davon ausgegangen werden, daß der technische Fortschritt in einem gewissen Maße „lenkbar" ist. Für die folgende Analyse wird deshalb davon ausgegangen, daß der zielgerichteten Schaffung und dem Einsatz neuen technischen Wissens durch FuE-

---

[8] Im folgenden sollen die Emissionen, die beim Konsum von Gütern und Diensten entstehen, nicht weiter berücksichtigt werden, da hier davon ausgegangen werden soll, daß bei wirksamen Knappheitssignalen Änderungen im Konsumverhalten die Produktionsstruktur determinieren.

[9] Es ist sogar eher zu erwarten, daß der technische Fortschritt bei fehlenden wirksamen Knappheitssignalen eine umweltzehrende Richtung nimmt, da sich hier die Substitution kostenverursachender anderer Produktionsfaktoren durch den kostenlosen Faktor Umwelt lohnt.

Aufwendungen im Umweltbereich (Vermeidungstechnologien) besondere Bedeutung zukommt.

Die FuE-Aufwendungen, die eine bestimmte Forschungsrichtung und in diesem Sinne technische Entwicklungslinien widerspiegeln, fallen sowohl in der Innovations- als auch in der Diffusionsphase an. Dabei können sich die FuE-Aufwendungen in beiden Phasen jedoch qualitativ und quantitativ unterscheiden. Deshalb ist es sinnvoll, bei dieser Analyse die Innovationsaktivitäten von den Diffusionsvorgängen zu trennen, d. h. getrennt zu untersuchen, welche Determinanten für die Entdeckung und erstmalige Nutzbarmachung (Innovation) und welche Determinanten für die Ausbreitung einer bekannten Technologie (Diffusion) auszumachen sind.

Auf gesamtwirtschaftlicher Ebene ist – in der *Schumpeterschen* Tradition – von einem Pionierunternehmen als Vorreiter technischer Neuerungen auszugehen, der die Entdeckung und erstmalige Nutzbarmachung (Anwendung) technologischen Wissens übernimmt. Dahinter verbirgt sich die plausible Annahme, daß sich Wissen nicht im Gleichschritt aller Unternehmen entwickelt, sondern sich immer wieder aufs neue durch punktuelle Verschiebungen technologischer Grenzen bildet.[10] Der „Innovator" im *Schumpeterschen* Sinne verspricht sich dabei aufgrund der kosten- und faktorsparenden Wirkung des technischen Fortschritts (bei knappen Produktionsfaktoren) einen Wettbewerbsvorteil gegenüber seinen Konkurrenten. Erweist sich diese Innovation als rentabel, müssen und werden die Mitwettbewerber dem Innovator folgen und seine Innovation einsetzen.

3. Verschiebung der technologischen Grenze durch Innovationen

Werden durch die Umweltpolitik Knappheitssignale in Form von umweltpolitischen Instrumenten (Ge- und Verbote, Abgaben, Zertifikate, Haftungsregeln etc.) eingeführt, ist also eine kostenlose Verfügbarkeit des Gutes Umwelt in unbegrenztem Ausmaß nicht mehr möglich, wird ein Unternehmen dazu gezwungen, diesen Faktor zu substituieren. Die Aufwendungen für die Substitution lassen sich anhand des Konzeptes der Grenzvermeidungskosten (GVK) verdeutlichen (vgl. Graphik auf S. 173). Auf der gesamtwirtschaftlichen Ebene gibt die Grenzvermeidungskostenkurve die zusätzlichen Kosten an, die bei der Verringerung der gesamtwirtschaftlichen Emissionsmenge entstehen. Dabei gibt der Verlauf der Kurven wieder, daß diese Kosten steigen, je mehr Emissionen vermieden werden.[11]

Wird davon ausgegangen, daß auf der einzelwirtschaftlichen Ebene die Produktion eines Gutes mit unterschiedlichen Mengen an abgegebenen Schadstoffen erfolgen kann, so bedeutet dies gleichzeitig, daß eine gesamtwirtschaftlich gegebene Menge dieses Produktes auch mit unterschiedlichen Emissionsintensitäten (Emissionen pro Produkteinheit) produziert werden kann. Eine niedrigere Emissionsintensität kann erreicht werden, wenn der Einsatz einer zuvor schon im Unternehmen eingesetzten Reinigungstechnologie intensiviert wird oder schon im Vorfeld der Emissionsentstehung Vorkehrungen zur Emissionsreduktion ergriffen

---

[10] Vgl. *E. Staudt:* Innovation im Konsens ist Nonsens!, in: WIRTSCHAFTSDIENST, 73. Jg. (1993), H. 11, S. 563 ff.

[11] An dieser Stelle soll nicht diskutiert werden, ob die Grenzvermeidungskosten einen linearen oder einen konkaven Verlauf aufweisen, da dies für die folgenden Überlegungen irrelevant ist.

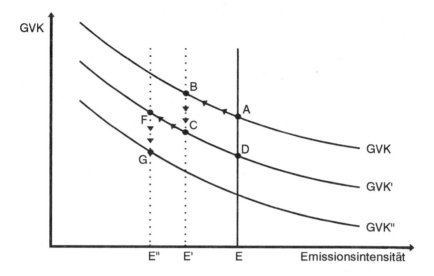

werden (z.B. Trennung nach Rückstandsarten zu Recyclingzwecken). Diese einzelbetrieblichen Änderungen dürften in jedem Fall mit steigenden Vermeidungskosten verbunden sein, auch wenn es sich hierbei nicht um technische Neuerungen handelt.

Aber auch der Übergang zu neuen Vermeidungstechnologien, seien es nun additive (im Anschluß an die eigentliche Emissionsentstehung wirkende) oder integrierte (innerhalb des Produktionsprozesses ansetzende) Verfahren, die die Emissionsintensität senken, ist mit Kosten für das entwickelnde bzw. einsetzende Unternehmen verbunden.

Das einzelwirtschaftliche Ziel der Innovationsanstrengungen ist – falls Knappheitssignale existieren und Umwelt mithin nicht mehr kostenlos einsetzbar ist – die Verringerung der entstehenden Faktorkosten. Eine Kosteneinsparung ist dann möglich, wenn Innovationen es einem Unternehmen ermöglichen, zu einer niedrigeren GVK-Kurve zu gelangen (Wechsel von GVK auf GVK′ in der Abbildung). Diese Innovation würde dazu führen, daß die Emissionsvermeidung kostengünstiger möglich ist als mit der alten Vermeidungstechnologie.[12] Auf die gesamtwirtschaftliche Ebene·übertragen bedeutet eine solche Innovation, daß ein konstanter „Umweltschutz" mit geringeren gesamtwirtschaftlichen Kosten zu erreichen ist.

Zu dem einzel- wie auch gesamtwirtschaftlichen Interesse nach einer Senkung der Substitutionskosten kommt die gesamtwirtschaftliche Notwendigkeit hinzu, die Emissionsintensität so lange zu reduzieren, wie die gesamtwirtschaftliche Emissionsmenge oberhalb des Selbstreinigungspotentials liegt. Aus dem Zusammenspiel einzelwirtschaftlichen Interesses und gesamtwirtschaftlicher Notwendigkeiten ergeben sich die an die umweltpolitischen Instrumente zu stellenden Forderungen: Die Instrumente müssen in der Lage sein, (1) das individuelle Streben nach

---

[12] Vgl. *J. Walter:* Innovationsorientierte Umweltpolitik bei komplexen Umweltproblemen, Heidelberg 1989, S. 122.

Kostensenkung im Umweltschutz nicht zu behindern und (2) die Innovationsanstrengungen so zu beeinflussen, daß sie die weitere Verschiebung der technologischen Grenze bewirken.

Zur Illustration sei in der Graphik von einem Ein-Produkt-Fall ausgegangen, wobei die Emittenten dieses Produkt mit einer einheitlichen Emissionsintensität E herstellen, wodurch gleichzeitig die technologische Grenze definiert ist; eine Technologie, bei deren Verwendung weniger Emissionen bei der Herstellung dieses Produktes entstehen würden, ist nicht bekannt oder ihr Einsatz unter den herrschenden Knappheitssignalen zumindest nicht rentabel.[13]

Werden die Emittenten in dieser Situation mit einer Änderung der Rahmenbedingungen konfrontiert, ist es wahrscheinlich, daß sie diese in unterschiedlicher Art antizipieren. Verspricht sich ein Emittent z.b. aufgrund einer steigenden Knappheit der Umwelt in der Zukunft einen Vorteil aus einem Technologiewechsel, würde er seine FuE-Aufwendungen erhöhen. Dabei stellen FuE-Aufwendungen, um technologische Neuerungen zu erreichen, grundsätzlich nichts anderes dar als dynamisierte Grenzvermeidungskosten, weil diese Aufwendungen auch als Investitionen in zukünftige Produktionsmöglichkeiten mit einer niedrigeren Emissionsintensität interpretiert werden können.

In der Abbildung würde dies einer Erhöhung der Grenzvermeidungskosten über den (optimalen) Ausgangspunkt A gleichkommen. Die Emissionsintensität würde durch die steigenden FuE-Aufwendungen bzw. durch den Einsatz der sukzessive erzielten Innovationsfortschritte sinken. Für den innovativen Emittenten entspräche dies der Bewegung von Punkt A zu Punkt B. Die FuE-Aufwendungen führen also – wenn sie Erfolg haben – zu einer neuen Technologie (hier: im Punkt B). Diese Technologie ist dadurch gekennzeichnet, daß sie eine Emissionsvermeidung einfacher und damit kostengünstiger ermöglicht. Hierdurch wird es dem Innovator möglich sein, auf eine niedrigere GVK-Kurve zu wechseln (Punkt C). Dieses Resultat ist aber nur durch den „Umweg" zunächst erhöhter Grenzvermeidungskosten möglich. Die restlichen Emittenten müssen und werden den Technologiewechsel nachvollziehen, sobald der Innovator Wettbewerbsvorteile realisieren kann. Der hieraus resultierende Technologiewechsel ist mit einer Verlagerung der gesamtwirtschaftlichen GVK-Kurve auf GVK′ verbunden und führt auch einzelwirtschaftlich zu Kosteneinsparungen. Sind Skalenvorteile bei der Herstellung dieser Technologie zu verzeichnen, kommt es hierdurch zusätzlich zu einer Verlagerung der GVK-Kurve.

Die neue Situation im Punkt C ist dadurch gekennzeichnet, daß die gleiche gesamtwirtschaftliche Produktionsmenge mit der geringeren Emissionsintensität E′ hergestellt werden kann. Die technologische Grenze hat sich verlagert. Sie wird – wie oben dargelegt – durch den *innovativen Niedrigemittenten* definiert, der zumindest temporär Punkt C realisiert und im Vergleich zum Ausgangsgleichgewicht (Punkt A) eine Kosteneinsparung erzielt. Seine Kosteneinsparung wäre jedoch durch den Übergang zu Punkt D noch zu steigern. Das gleiche gilt für die übrigen Emittenten, die bei konstanten Rahmenbedingungen keinen Anreiz haben, sich in Richtung auf eine niedrigere Emissionsintensität zu bewegen, sondern beispielsweise in Punkt D zu verharren.

---

[13] Zur Vereinfachung sei hier angenommen, daß staatliche Interventionen die technologische Grenze zu identifizieren in der Lage waren und diese Grenze beispielsweise durch Auflagen für alle Emittenten auch umgesetzt werden konnte.

Die gesamtwirtschaftliche Notwendigkeit, die Emissionsintensität so lange zu senken, solange das Selbstreinigungspotential überschritten wird, erfordert aber eine Bewegung in Richtung Punkt F. Nur hierdurch kann der oben beschriebene Prozeß von neuem ausgelöst werden. Für die Instrumentendiskussion im Umweltbereich resultiert hieraus die wichtige Forderung, daß die umweltpolitischen Eingriffe geeignet sein müssen, die Emittenten immer wieder an die technologische Grenze zu zwingen, die immer wieder durch Innovationen zu durchbrechen ist. Dadurch, daß die Anwendung neuer Technologien (Diffusion) Innovationen voraussetzt und diese vorwiegend an der technologischen Grenze erzielt werden können, kommt der Innovationswirkung umweltpolitischer Eingriffe eine wesentliche Rolle zu.

Aufgrund der dargestellten, wünschenswerten Verlagerung der gesamtwirtschaftlichen Vermeidungskostenkurve durch einen Innovator, der sich von seinem Vorgehen Vorteile verspricht, ist bei der Auswahl umweltpolitischer Instrumente nicht nur ihre ökologische Wirksamkeit, ihre statische Allokationseffizienz und ihre Diffusionswirkung bei bekannten Vermeidungstechnologien zu überprüfen. Es muß vielmehr analysiert werden, unter welchen Bedingungen sich umwelttechnische Neuerungen in der oben beschriebenen Art vollziehen und wie die Innovationsanstrengungen einzelner Akteure durch die Instrumente beeinflußt werden. Insbesondere soll im folgenden untersucht werden, ob unterschiedliche umweltpolitische Regime der Existenz innovativer Emittenten besonders zuträglich sind und wie staatliche Interventionen deren Innovationsverhalten beeinflussen können.[14] Dabei wird das Unternehmen als innovativer Niedrigemittent bezeichnet, das ein bestimmtes Gut mit der geringsten technisch möglichen Emissionsintensität produziert. Es handelt sich also hierbei um das Unternehmen, das bei relativ hohen Grenzvermeidungskosten die Umwelt am geringsten belastet und damit am weitesten links auf der GVK-Kurve liegt (vgl. Graphik auf S. 173).

4. Effizienzprüfung und Innovationswirkungen der einzelnen Instrumente

Umweltpolitische Instrumente können hinsichtlich ihrer Anpassungsfähigkeit gegenüber Umweltschädigungen in zwei Kategorien eingeteilt werden. Unter die erste Kategorie (Regime mit automatischer Anpassung) fallen solche Instrumente, bei denen der Staat aufgrund einer „Einmalentscheidung" bestimmte Regelungen erläßt, deren Wirkungsgrad sich ohne erneute staatliche Eingriffe an veränderte Rahmenbedingungen anpaßt. Die Wirkungsgrade der Instrumente der zweiten Kategorie (Regime mit notwendiger staatlicher Anpassung) sind demgegenüber von der staatlichen Anpassung an Umweltveränderungen abhängig: Eine Umweltqualitätsverschlechterung erfordert eine Verschärfung der umweltpolitischen Regelungen. Instrumente aus dem Regime mit automatischer Anpassung reagieren flexibel auf jede Veränderung der Umwelt. Sie beinhalten nicht die Gefahr, daß ihre Wirksamkeit eingeschränkt oder verzögert wird, weil die notwendigen Eingriffe

---

[14] Hierbei soll die Existenz sogenannter „Öko-Innovatoren", die umwelttechnische Neuerungen nicht ausschließlich aus wirtschaftlichen Gründen anstreben, nicht geleugnet werden. Dieser Unternehmertyp ist aber wohl unter allen Umweltregimen festzustellen und deshalb in diesem Zusammenhang von untergeordneter Bedeutung.

auf politischer Ebene zu spät erfolgen oder aufgrund mangelnder Durchsetzbarkeit nicht restriktiv genug sind.

4.1 Regime mit automatischer Anpassung an veränderte Umweltknappheiten

4.1.1 Die Verhandlungslösung – Referenzsystem für umweltpolitische Instrumente

Coase[15] formulierte als klassisches Beispiel für eine Verhandlungslösung eine Situation, in der zwei Personen um die Nutzung des Gutes Umwelt konkurrieren, so daß Knappheiten entstehen. Es kommt daraufhin zu Verhandlungen zwischen diesen beiden Personen, die letztlich zu einer tragfähigen, stabilen Lösung führen, unabhängig davon, wie die Eigentumsrechte verteilt sind, also ob mit oder ohne Schadenshaftung.[16] In beiden Fällen ergibt sich eine Umweltnutzung, in der die Interessen der beteiligten Verhandlungspartner zum Ausgleich gebracht werden.

Dieses Beispiel läßt sich allerdings kaum auf die gegenwärtigen Umweltprobleme übertragen, weil sich einerseits in der Realität eine sehr große Zahl von Verhandlungspartnern gegenüberstehen und dadurch prohibitiv hohe Transaktionskosten anfallen. Andererseits werden in den Beispielen nur Umweltgüter herangezogen, bei denen die Knappheit unmittelbar zutage tritt und nicht erst Jahre später bemerkbar wird. Für derartige Schäden müßten theoretisch die künftigen Generationen an den Verhandlungen teilnehmen. Die Verhandlungslösung ist daher insgesamt betrachtet eher theoretischer Natur, eignet sich aufgrund ihrer Stringenz aber dennoch als Referenzsystem für andere umweltpolitische Eingriffe.[17]

Die Verhandlungslösung erfüllt theoretisch die Voraussetzungen für die ökologische Wirksamkeit, indem alle Schäden durch die jeweiligen Verhandlungspartner erfaßt werden. Die Verursacher dieser Schäden werden theoretisch ebenfalls ausfindig gemacht; es kommt jedoch nur bei einer Eigentumsordnung mit Schadenshaftung zu einer vollständigen Anlastung der Umweltkosten bei den Verursachern. Bei der Eigentumsordnung ohne Schadenshaftung ist die ökologische Wirksamkeit jedoch auch erfüllt, weil der Geschädigte die Umweltkosten trägt.[18]

Hinsichtlich der ökonomischen Effizienz ist das Kriterium der produktivsten Verwendungsrichtung des Faktors Umwelt erfüllt, weil das Verhandlungsergebnis in Form von Kompensations- bzw. Unterlassungszahlungen die Knappheit widerspiegelt. Das Effizienzkriterium hinsichtlich der Diskriminierung im Wettbewerb nach der Umweltbeanspruchung ist sowohl bei der Eigentumsordnung mit Schadenshaftung als auch ohne Schadenshaftung erfüllt. Ohne Schadenshaftung ist dies erfüllt, weil der Geschädigte die Nutzung einer weniger knappen, also geringer belasteten Umwelt beansprucht.

---

[15] Vgl. *R. H. Coase,* a.a.O.

[16] Je nach Verteilung der Nutzungsrechte hätte der Schädiger Kompensationszahlungen oder der Geschädigte Unterlassungszahlungen zu leisten.

[17] Zwar bietet die Verpackungsverordnung ein praktisches Beispiel für eine Verhandlungslösung. Hier wird allerdings nicht direkt um die Nutzung der Umwelt verhandelt, sondern darum, ob die einzelnen Unternehmen kooperieren. Die Umweltnutzung wird durch eine Art „kollektive Auflagenregelung" reguliert.

[18] Vgl. *U. Gräber-Seißinger:* Das Verursacherprinzip als Leitgedanke der Umweltpolitik, Frankfurt/Main 1991, S. 58 ff.

Die Verhandlungslösung fördert die Diffusion bekannter Umwelttechnologien. Sobald umwelt- und kostensparendes Know-how vorhanden ist, fragen die Unternehmen diese Technologie bzw. dieses Wissen auch nach, solange die Umwelt knapp ist, weil sich hierdurch die ausgehandelten Kompensations- bzw. Unterlassungszahlungen verringern. Unter dem Selbstreinigungspotential würde diese Nachfrage nicht mehr bestehen, was auch ökologisch und ökonomisch sinnvoll ist. Um zu analysieren, ob durch die einzelnen Umweltregime Innovationen gefördert und somit Anreize gesetzt werden, an der technologischen Grenze zu forschen und zu produzieren, sind verschiedene Ausgangssituationen modellierbar (vgl. Übersicht auf S. 178):

– Im ersten Fall wird angenommen, daß zwei Unternehmen unterschiedlichen Umweltknappheiten unterliegen. Es lassen sich beispielsweise zwei Unternehmen vorstellen, die als Einleiter von Schadstoffen jeweils an unterschiedlich großen Seen mit einem entsprechend unterschiedlichen Selbstreinigungspotential ansässig sind. An beiden Seen treten als Verhandlungspartner Nutzungskonkurrenten mit identischen Umweltansprüchen auf. Es ist offensichtlich, daß der Unternehmer an dem kleineren See mit größeren Knappheiten als der Unternehmer am größeren See konfrontiert ist.
– Im zweiten Fall haben zwei Unternehmen unterschiedliche Absatzerwartungen. Beide Unternehmen befinden sich hier an einem See, und diesen tritt als Nutzungskonkurrent wiederum ein Anlieger, der ein Interesse an einem saubereren See hat, gegenüber. In diesem Beispiel strebt das Unternehmen A eine Erhöhung seiner Produktion und damit seiner Schadstoffeinleitungen an, so daß sich dadurch für ihn die Umwelt verknappt.
– Im dritten Fall haben zwei Unternehmen unterschiedliche Knappheitserwartungen für die Zukunft. Beide Unternehmer liegen wiederum an einem See, und es gibt einen Nutzungskonkurrenten. Der Unternehmer A erwartet in diesem Beispiel, daß durch andere Einflüsse die Qualität des Sees verschlechtert wird, so daß er mit größeren Knappheiten rechnet.
In allen drei Fällen entstehen bei der Verhandlungslösung Anreize, an der technologischen Grenze zu forschen, da dieses Vorgehen – wie bei der Diffusion bekannten technischen Wissens – die zu leistenden Kompensations- bzw. Unterlassungszahlungen reduzieren würde. Die Emittenten erwarten größere Umweltknappheiten und richten sich darauf ein, d.h. erhöhen ihre Forschungsanstrengungen.[19]

---

[19] Auch im Fall ohne Schadenshaftung würde sich dieses Ergebnis einstellen, da der Geschädigte Anreize hätte, umweltsparenden technischen Fortschritt zu erzielen.

Innovationswirkungen umweltpolitischer Instrumente

	Verhandlungen	Haftung	Auflagen	Abgaben	Handelbare Zertifikate
1. Fall: unterschiedliche Knappheiten — Beispiel: 2-Seen-Fall mit unterschiedlicher Umweltbelastung	Emittent A befindet sich am "knappen" See und muß einen höheren Preis für die Umwelt entrichten; er liegt auf einem höheren Punkt der GVK-kurve als B und ist daher ein innovativer Niedrigemittent. (+)	Emittent A hat ein höheres Haftungsrisiko als B. Er liegt auf einem höheren Punkt der GVK-Kurve und ist daher innovativer Niedrigemittent. (+)	A und B unterliegen scheinbar gleichen Knappheiten, weil der Staat den gleichen Standard festlegt. Es bestehen keine Anreize, an der technologischen Grenze zu forschen. (-)	Durch den gleichen Abgabensatz entstehen für A und B scheinbar gleiche Knappheiten. Anreize an der technologischen Grenze zu forschen sind nicht gegeben. (-)	Durch den Zertifikatshandel gleichen sich die GVK an und es entstehen auch hier scheinbar gleiche Knappheiten, so daß kein innovativer Niedrigemittent zu erwarten ist. (-)
2. Fall: unterschiedliche Absatzerwartungen — Beispiel: 1-Seen-Fall mit zwei Emittenten, wobei A expandieren will.	A strebt im Gegensatz zu B eine Expansion an. Durch die künftige stärkere Umweltbeanspruchung gibt es Anreize an der technologischen Grenze zu forschen, da ansonsten die Kompensationszahlungen steigen. (+)	Durch die höheren Absatzerwartungen hat A auch ein höheres Haftungsrisiko zu tragen. Er hat höhere GVK und forscht daher an der technologischen Grenze. (+)	Für beide Emittenten gilt die gleiche starre Obergrenze. A muß für eine Expansion innovativ sein. Es existiert ein innovativer Niedrigemittent. (+)	Der Abgabensatz pro Emissionseinheit ändert sich auch bei steigender Produktion nicht; daher ändern sich auch die Grenzkosten nicht. Es gibt keine Anreize an der technologischen Grenze zu forschen. (-)	A strebt eine Expansion an und erwirbt hierfür Zertifikate. Er hat keine Anreize, an der technologischen Grenze zu forschen. (-)
3. Fall: unterschiedliche Knappheitserwartungen — Beispiel: 1-Seen-Fall mit zwei Emittenten, wobei A eine Verknappung der Umwelt erwartet.	Durch eine Präferenzänderung innerhalb der Bevölkerung erwartet A eine Verknappung seiner möglichen Umweltinanspruchnahme und erhöht daher die Innovationsanstrengungen. (+)	Durch die erwartete höhere Umweltknappheit, ergibt sich auch ein höheres Haftungsrisiko und Anreize für einen innovativen Niedrigemittenten. (+)	A erwartet eine Auflagenverschärfung und ist bereit deshalb an der technologischen Grenze zu forschen, um sich dieser Entwicklung anzupassen. (+)	A rechnet mit einer Abgabenerhöhung, so daß höhere GVK in das Marginalkalkül miteinbezogen werden und er daher seine GVK erhöht. (+)	A erwartet eine Zertifikatsentwertung. Dadurch ergeben sich zwar steigende GVK, durch den Handel haben die Emittenten die Wahlfreiheit zwischen Zertifikatserwerb und Forschung, so daß sich kein innovativer Niedrigemittent finden wird. (+)

Anmerkung: (+): Es existiert ein innovativer Niedrigemittent; (-): Es existiert kein innovativer Niedrigemittent.

4.1.2 Der Haftungsansatz – ökologisch sinnvoll, aber nur begrenzt anwendbar

Die konkretere und damit für die Umweltpolitik relevantere Form der *Coase*'schen Verhandlungslösung ist der Haftungsansatz.[20] Diese Lösung geht bereits einen Schritt weiter als die ursprüngliche Verhandlungslösung. Hier sind die Eigentumsrechte so definiert, daß dem Geschädigten ein Anspruch auf Schadensersatz im Schadensfall zusteht. Für eine Eigentumsordnung mit Schadenshaftung spricht insbesondere der Informationsvorteil des Schädigers über mögliche und „erforschbare" Vermeidungstechnologien. Durch allgemeingültige Regeln erübrigt sich zudem die Verhandlung um jedes Nutzungsrecht der Umwelt, so daß Transaktionskosten gespart werden und der Haftungsansatz als ein vollwertiges umweltpolitisches Instrument in der Praxis eingesetzt werden kann.[21]

Jeder potentielle Schädiger muß – bei der Umsetzung der Haftungsregel – das Risiko, einen Umweltschaden zu verursachen und für diesen zu haften, selbst tragen. Die im Schadensfall drohende Schadensersatzzahlung oder Behebung des Schadens werden den Emittenten schon vor dem Zeitpunkt des Eintritts des Schadens veranlassen, seine schädigenden Aktivitäten zu verringern bzw. zu unterlassen. Der Ansatz besitzt also eine Präventivwirkung.

Hierdurch erfüllt der Haftungsansatz die wichtigste Voraussetzung für ökonomische Effizienz, das Entstehen von Knappheitssignalen. Der Schädiger wird aufgrund der im Schadensfall drohenden Kompensationszahlungen solange den Einsatz von Vermeidungstechnologie erhöhen, bis die Grenzvermeidungskosten höher sind als die Grenzkosten der nachträglichen Kompensation. Der Umweltnutzer, der relativ kostengünstig auf die Nutzung der Umwelt verzichten kann, schränkt diese auch ein. Der resultierende Wettbewerb um den Faktor Umwelt führt zudem dazu, daß Produkte und Produktionsverfahren mit niedrigerer Emissionsintensität einen wünschenswerten Wettbewerbsvorteil gegenüber emissionsintensiveren erreichen.

Die ökologische Wirksamkeit wird unter anderem dadurch erreicht, daß bei den tatsächlich entstandenen Schäden und nicht global bei den Emissionen angesetzt wird. Die Haftungslösung führt dazu, daß die Anzahl der entstehenden Schäden deutlich verringert wird und die dennoch entstehenden Schäden, wenn es möglich ist, behoben werden. Der Haftungsansatz bietet somit die Möglichkeit, daß in den Bereichen, in denen er anwendbar ist, langfristig keine dauerhaften Umweltschäden entstehen.

Der Haftungsansatz erreicht allerdings seine Grenzen, wenn der eingetretene Schaden nicht mehr mit dem Verursacher in Zusammenhang gebracht werden kann,[22] wenn der Schaden erst erheblich später eintritt, so daß der Verursacher nicht mehr zur Verantwortung gezogen werden kann, und wenn Schäden entstehen, die irreversibel sind. Im letzten Fall kann der Haftungsansatz nur eine Kom-

---

[20] Vgl. *A. Endres:* Ökonomische Grundlagen des Haftungsrechts, Heidelberg 1991; *U. Gräber-Seißinger*, a.a.O.

[21] Auch wenn die herrschende Umweltpolitik in hohem Maße eine Eigentumsordnung ohne Schadenshaftung vollzieht (Schäden trägt die Allgemeinheit), ist zunehmend mit Widerständen im politischen Bereich gegen die weitere Umsetzung des Gemeinlastprinzips zu rechnen.

[22] Vgl. *C. Wacker-Theodorakopoulos, C. Kreienbaum:* Das neue Umwelthaftungsrecht – Eine Verbesserung des umweltpolitischen Gesamtkonzeptes?, in: WIRTSCHAFTSDIENST, 71. Jg. (1991), H. 8, S. 423 ff.

pensation des Schadens in Form einer Schadensersatzzahlung hervorbringen, die möglicherweise aufgrund entsprechender Gesetzgebung und Rechtsprechung so gering ausfallen könnte, daß der potentielle Schädiger, wenn die Grenzvermeidungskosten hoch sind, keine Anreize hat, das schädigende Verhalten zu unterlassen.

Das Instrument der Haftung fördert – wie die Verhandlungslösung – die Diffusion bekannten technischen Wissens. Wenn es bei der Haftung keine Einschränkungen beispielsweise durch das Einführen einer Sorgfaltsgrenze gibt, können sich die Emittenten keine haftungsfreien Bereiche einrichten und müssen für jeden entstandenen Schaden aufgrund ihrer Emissionen haften. Aus diesem Grund bestehen Anreize, daß sich technische Neuerungen, wenn sie kostengünstiger sind, also auf einer niedrigeren Grenzvermeidungskostenkurve liegen, schnell verbreiten.

Auch für das Forschen an der technologischen Grenze, wobei ein höherer Punkt auf der Grenzvermeidungskostenkurve eingenommen wird, bietet der Haftungsansatz dort, wo er anwendbar ist, gute Voraussetzungen. Er kommt dem Referenzsystem Verhandlungen sehr nahe und gibt in allen Fällen die in der Übersicht dargestellten Anreize für das Vorhandensein eines innovativen Niedrigemittenten.

Mit dem seit 1991 gültigen Umwelthaftungsgesetz wurde die vorher geltende Haftung nach dem Bürgerlichen Gesetzbuch ausgeweitet. Im Umwelthaftungsgesetz wird versucht, zwei wesentliche Aspekte, die für die Haftungsregel unabdingbar sind, einzuführen. Dies betrifft zum einen die verschuldensunabhängige Gefährdungshaftung und zum anderen die Beweislastumkehr. Der Gesetzgeber hat jedoch versäumt, dafür zu sorgen, daß diese wesentlichen Elemente konsequent zum Tragen kommen. Durch eine Reihe von Ausnahmeregelungen – insbesondere durch die Definition des Normalbetriebs, in dem die verschuldensunabhängige Haftung nicht gilt –, wird die Wirkung des Gesetzes reduziert. Der Haftungsansatz ist trotz der gezeigten Vorteile auch heute noch von untergeordneter Bedeutung als umweltpolitisches Lenkungsinstrument.

4.2 Regime mit notwendiger staatlicher Anpassung an veränderte Umweltknappheiten

Die Regime mit automatischer Anpassung an veränderte Umweltknappheiten lassen sich nicht in allen Fällen anwenden. Es ist daher notwendig, andere Instrumente einzusetzen, die in ihrer Wirkung den vorgenannten Regimen möglichst nahe kommen sollten. Die folgenden Instrumente haben den Nachteil, daß immer dann, wenn sich die Knappheiten der Umwelt verändern, staatliche, meist restriktivere Eingriffe notwendig sind. Die besonders wichtigen Innovationswirkungen dieser Instrumente sind jeweils verschiedenartig und sollten bei der Entscheidung für ein bestimmtes umweltpolitisches Instrument eine wesentliche Rolle einnehmen.

4.2.1 Auflagen – ein antiquiertes Instrument?

Bislang benutzt der Gesetzgeber als tragende Säule seiner Umweltpolitik immer noch das Instrument der Auflagen. Dieses ordnungsrechtlich eingreifende Instrument bindet eine anlagenbezogene Genehmigung an eine behördlich festgelegte Höchstgrenze von Emissionen. Das wohl bekannteste Beispiel für die Anwendung dieses Instrumentes ist im Bereich der Luftreinhaltung zu finden. Die „Technische Anleitung Luft" (TA-Luft) versucht umweltpolitische Ziele in diesem Bereich mit Hilfe von Ge- und Verboten zu erreichen.

Gegen den Einsatz anlagenbezogener Auflagen sprechen vor allem ökonomische Gründe. Die hierbei auftretenden Knappheitssignale, z.b. in Form von Emissionsbegrenzungen, beruhen auf einer Festlegung des Gesetzgebers, die aufgrund fehlender Informationen der Behörden zwangsläufig willkürlich sind.[23] Ein Wettbewerb der Emittenten um den Faktor Umwelt findet hierbei nicht statt; der Faktor Umwelt wird primär nicht nach seiner Produktivität, sondern nach politischen Erwägungen unter den Umweltnutzern verteilt.

Dieses relativ starre Instrument hat zusätzlich den Nachteil, daß in dynamischer Betrachtung entweder Markteintrittsschranken für Newcomer aufgebaut bzw. expansionswillige Betriebe behindert werden oder aber das Ziel einer gewünschten Umweltqualität aufgegeben werden muß. Insbesondere die Behinderung der expansionswilligen Betriebe läßt die politische Durchsetzbarkeit ökologisch notwendiger Auflagenverschärfungen bezweifeln. Das zweite Kriterium, daß nur derjenige im Wettbewerb diskriminiert wird, der die Umwelt auch stärker belastet, ist aufgrund des fehlenden Wettbewerbs der Umweltnutzer um diesen Faktor ebenfalls nicht erfüllt.

Gegen die ökologische Wirksamkeit spricht zudem, daß die unter diesem Regime auftretenden Schäden der Allgemeinheit angelastet und nicht dem Verursacher zugeordnet werden. Dies resultiert aus der Tatsache, daß nicht bei den Schäden, aber auch nicht bei den Emissionen, sondern bei der verfügbaren Technologie angesetzt wird. Die Höhe der Emissionsobergrenze dürfte sich generell nach dem jeweils üblichen technischen Standard der einzelnen Anlagen und nicht nach den tatsächlichen Umweltknappheiten richten.

Mit dem Instrument der Auflagen übernimmt der Staat die für ihn unlösbare Aufgabe, die adäquate Vermeidungstechnologie festzulegen. In der TA-Luft wird zum Beispiel der „aktuelle Stand" der Technologie festgelegt. Dieser hinkt jedoch weit hinter dem tatsächlich Machbaren hinterher. Nach Angaben der Hamburger Umweltbehörde beispielsweise beträgt diese Zeitspanne bereits 15 Jahre mit steigender Tendenz. Im Gegensatz zu der heute offensichtlich präferierten zentralen, behördlichen Technologieauswahl können nur die Unternehmen selbst das technologisch Umsetzbare effizient ermitteln. Die Unternehmen haben jedoch keine Anreize, verbesserte Vermeidungstechnologien zu erforschen und die entsprechenden Informationen darüber an die Behörden weiterzuleiten. Das Instrument der Auflagen verhindert also technische Fortschritte. Zu einer Diffusion umweltsparender technischer Neuerungen kommt es nur dann, wenn der Staat dies den Unternehmen vorschreibt. Die Unternehmen haben damit nur Anreize, den kostensparenden technischen Fortschritt voranzutreiben, nicht aber den umweltsparenden.

Wenn sich die tatsächlichen Umweltknappheiten der einzelnen Emittenten erhöhen, bietet das Instrument der Auflagen keine Anreize, diese zu beachten und innovativ tätig zu werden (Fall 1 der Übersicht auf S. 178). Die Belastungen, die aus einer stärker beanspruchten Umwelt entstehen, zahlen dann nicht die Verur-

---

[23] Vgl. *C. Wacker-Theodorakopoulos, C. Kreienbaum:* Reform der Umweltpolitik im Licht der deutschen Einigung, in: WIRTSCHAFTSDIENST, 70. Jg. (1990), H. 10, S. 513 f.

sacher, sondern die Allgemeinheit. Haben die Emittenten jedoch unterschiedliche Knappheitserwartungen in bezug auf die Auflagen, dann entstehen Anreize für den innovativen Niedrigemittenten (Fall 2 und 3), weil die Emittenten mit einer Auflagenverschärfung rechnen oder bei gleichbleibender Emissionshöchstgrenze expandieren wollen. Dieses zunächst überraschend gut erscheinende Ergebnis in bezug auf den innovativen Niedrigemittenten ist jedoch zu relativieren, weil das Ausgangsniveau zu niedrig ist. Dieses Niveau entspricht lediglich den behördlich festgelegten Standards und nicht der – beim Regime mit automatischer Anpassung – erzielbaren Technologie durch die Unternehmen selbst.

4.2.2 Abgaben – ein politisch sensibler Bereich

Ein weiteres wesentliches Instrument in der deutschen Umweltpolitik ist die Abgabenregelung. In der Praxis findet diese Regelung im Abwasserabgabengesetz ihren Niederschlag. Das Gesetz sieht – ergänzt um Auflagen für die Emittenten – als Ausgleich für das Einleiten von Schadstoffen in Gewässer eine Gebühr pro Schadstoffeinheit und Schädlichkeit vor.[24]

Das Instrument der Abgabenlösung ist ökonomisch effizient, weil hierdurch Knappheitssignale gesetzt werden und derjenige, der am kostengünstigsten vermeiden kann, auch vermeidet. Dadurch werden die gesamtwirtschaftlichen Vermeidungskosten minimiert, und das Kriterium der Diskriminierung nach der Umweltbeanspruchung ist ebenfalls erfüllt.

Die über die Abgabenhöhe entscheidenden Behörden besitzen jedoch keine Informationen über die ökologisch sinnvolle Abgabenhöhe. Aber selbst wenn die Behörden in der Lage wären, diese Abgabe zu ermitteln, müßte außerdem mit politischen Widerständen gerechnet werden, diese auch tatsächlich durchzusetzen. Grundsätzlich ist daher eine Tendenz zu einer niedrigeren Abgabenhöhe, als dies ökologisch sinnvoll wäre, zu erwarten.

Neben der Lenkungsfunktion einer Abgabe ist jedoch auch immer die Verwendungsseite zu berücksichtigen. Theoretisch müßten die Mittel aus den Abgabenzahlungen für die Beseitigung der trotzdem entstandenen Schäden verwendet werden. Dies geschieht jedoch häufig auch dann nicht, wenn die Umweltabgaben zweckgebunden sind, weil diese unter Umständen wählerwirksam für umweltpolitische Vorzeigeobjekte verwendet werden.[25]

Das Instrument der Abgaben ist hinsichtlich der sich ergebenden Innovationsanreize positiver zu beurteilen als die Auflagenregelung. Durch die permanent zu zahlende Abgabe stehen die Unternehmen vor der Entscheidung, ob sie die speziell für sie effiziente Vermeidungstechnologie einsetzen oder andernfalls vermehrt Abgaben entrichten. Die Anreize für eine schnelle Diffusion umwelttechnischer Neuerungen sind damit vorhanden, weil jede vermiedene Schadstoffeinheit zu einer geringeren Abgabenzahlung führt. Allerdings ist die Höhe des Abgabensatzes behördlich festgelegt und liegt tendenziell unterhalb des tatsächlich notwendigen

---

[24] Vgl. *K.-H. Hansmeyer, E. Gawel:* Schleichende Erosion der Abwasserabgabe?, in: WIRTSCHAFTSDIENST, 73. Jg. (1993), H. 6, S. 325 ff.

[25] Hieraus ergibt sich auch die Gefahr, daß das Ziel der Abgaben eher in der Erzielung eines für „notwendig befundenen" Aufkommens zu sehen ist als in der Lenkungswirkung dieses Instrumentes.

Knappheitspreises. Hierdurch verringert sich aber der Anreiz für Umwelt-schutzinnovationen.

Wenn der Steuersatz zu niedrig gewählt wurde, d.h., die Umweltschäden nehmen bei diesem Steuersatz weiter zu, weil das Selbstreinigungspotential nicht erreicht wird, hat auch das einzelne Unternehmen keine Anreize, die Emissionsmenge zu reduzieren und einen höheren Wert auf der GVK-Kurve einzunehmen. Für einen Emittenten bestehen keine Anreize, sich vom Gleichgewichtspunkt (Steuersatz = Grenzvermeidungskosten) zu entfernen, obwohl das Selbstreinigungspotential erst weit links von diesem Punkt erreicht werden würde.

Kommt es zu einer Verknappung der Umwelt, ohne daß der Steuersatz sich ändert, dann bestehen für die Emittenten keine Anreize, ihr Innovationsverhalten zu ver-ändern, weil – wie bei den Auflagen – die Allgemeinheit für die Belastungen, die oberhalb des Selbstreinigungspotentials und unterhalb der sich aus dem Steuersatz ergebenden Vermeidungsmaßnahmen liegen, aufkommt (Fall 1). Auch im zwei-ten Fall bestehen für das expansionswillige Unternehmen bei dem Instrument der Abgaben keine Anreize, an der technologischen Grenze zu forschen, weil der Ab-gabensatz pro Emissionseinheit konstant bleibt.

Wenn die Emittenten allerdings eine Erhöhung des Abgabensatzes erwarten (Fall 3), dann bestehen Anreize, über den heutigen Stand der Technik hinaus zu for-schen. Diese Forschungsanstrengungen erlauben es dem innovativen Unterneh-men, sich frühzeitig an die künftig geltende Gleichgewichtssituation, in der höhe-re Abgabensätze auch einen verstärkten Einsatz von Vermeidungstechnologie sinnvoll machen, mit relativ geringen Friktionskosten anzupassen. Es ist daher be-sonders wichtig bei diesem Instrument, im Falle einer notwendigen Erhöhung des Abgabensatzes klare Vorgaben für stufenweise Anpassungen – wie z.B. bei der in der EU diskutierten CO_2-/Energiesteuer vorgesehen – vorzugeben. Hierdurch wer-den die Anreize, an der technologischen Grenze zu forschen, verstärkt.

4.2.3 Zertifikate – weniger innovationsfreundlich als vielfach behauptet

Ein weiteres häufig diskutiertes, in der Bundesrepublik bisher allerdings noch nicht zur Anwendung gekommenes Instrument soll dem hier angewendeten Ana-lyseraster ebenfalls unterzogen werden: das Zertifikatsmodell. Dieser Lösungsan-satz sieht vor, daß jedes emittierende Unternehmen handelbare Berechtigungs-scheine für den Ausstoß einer Schadstoffeinheit besitzen/erwerben muß. Bei die-ser Mengenlösung wird der Knappheitspreis nicht staatlich festgelegt, sondern bleibt dem Markt bei einer festgelegten Gesamtemissionsmenge überlassen. Un-ternehmen, deren Grenzvermeidungskosten über dem sich ergebenden Zertifikats-preis liegen, werden Zertifikate nachfragen, die Unternehmen in der umgekehrten Situation werden Zertifikate anbieten. Ein Gleichgewicht stellt sich dann ein, wenn die Grenzvermeidungskosten genau dem Zertifikatspreis entsprechen.

Bei der Zertifikatslösung bildet sich dezentral ein Knappheitspreis für die Umwelt, so daß die Kriterien hinsichtlich der ökonomischen Effizienz erfüllt sind, weil – wie bei der Abgabenlösung – derjenige, der am kostengünstigsten vermeiden kann, vermeidet und lediglich eine Diskriminierung nach der jeweiligen Umweltbean-spruchung vorliegt. Die relativ willkürlich festgelegten Emissionsobergrenzen werden allerdings nicht die tatsächlichen ökologischen Knappheiten widerspie-geln. Wie bei allen anderen Instrumenten dieses Regimes ist die Steuerungsgröße hier die Emissionsobergrenze und nicht der Umweltschaden, wodurch die ökologische Wirksamkeit a priori eingeschränkt wird. Zwar sieht diese Lösung eine permanente Abwertung der Zertifikate vor, so daß die Emissionsobergrenze sinkt und dem Selbstreinigungspotential näher kommen dürfte. Der Staat müßte dies den Unternehmen allerdings auch glaubhaft machen, weil andernfalls die politische Durchsetzbarkeit gefährdet wäre.

Die Diffusionsanreize der Zertifikate sind ebenfalls positiver als die der Auflagenregelung zu beurteilen. Die Kosten des Zertifikatserwerbs bzw. die Opportunitätskosten des Haltens der Zertifikate werden die Unternehmen veranlassen, durch den Einsatz neuer Vermeidungstechnologien ihre Umweltbeanspruchung zu verringern. Dabei ist es wiederum jedem Unternehmen überlassen, die speziell für ihn effiziente Vermeidungstechnologie einzusetzen oder Zertifikate zu erwerben und zu halten.

Hinsichtlich der Innovationswirkungen dieses Instrumentes ist folgendes festzuhalten:

Im ersten ·Fall der Übersicht bestehen für die Emittenten keine Anreize, an der technologischen Grenze zu forschen, weil die tatsächliche Verknappung der Umwelt – wie bei den Abgaben und den Auflagen – von der Allgemeinheit getragen werden muß, solange die Emissionsobergrenze nicht entsprechend gesenkt wird. Bezüglich der Fälle zwei und drei gibt es indessen eine andere Konstellation. Durch die Handelbarkeit und die damit einhergehende Angleichung der Grenzvermeidungskosten der einzelnen Emittenten kommt es zu einem Abrücken eines zuvor anzufindenden innovativen Niedrigemittenten von der technologischen Grenze E (Bewegung auf der GVK-Kurve nach rechts).

Im zweiten Fall ist – wie bei den Abgaben – kein innovativer Niedrigemittent zu erwarten, weil bei einer Expansion Zertifikate hinzugekauft werden können. Auch wenn die Emittenten eine Zertifikatsentwertung erwarten (Fall 3), gibt es noch keine Anreize, an der technologischen Grenze zu forschen. Zwar müssen die Emittenten insgesamt mit einer Erhöhung der Grenzvermeidungskosten rechnen, sie können jedoch zwischen Zertifikatserwerb und Forschung wählen und müssen deshalb nicht bis zur technologischen Grenze auf der Grenzvermeidungskostenkurve vorrücken. Insgesamt ist das Instrument „Zertifikate" hinsichtlich seiner Innovationswirkungen deutlich skeptischer zu beurteilen, als dies gewöhnlich getan wird. Im Hinblick auf die Bedeutung der Innovationen im Umweltschutz sind zumindest Zweifel an der umweltpolitischen Sinnhaftigkeit anzubringen.

5. Förderung an der technologischen Grenze

Der Vergleich der umweltpolitischen Regime zeigt, daß lediglich unter den Regimen mit automatischer Anpassung an veränderte Umweltknappheiten einerseits sowohl die Kriterien hinsichtlich der statischen Allokationseffizienz als auch der ökologischen Wirksamkeit erfüllt werden können, andererseits aber auch in allen untersuchten Fällen Anreize für Forschungsanstrengungen an der technologischen Grenze vorhanden sind. Insbesondere mit der Haftungslösung, die in der Bundesrepublik durch das 1991 eingeführte Umwelthaftungsgesetz stärker in die Diskussion gelangte, steht auch ein praktisch umsetzbares Instrument dieses Regimes zur Verfügung.

In den Fällen, in denen Instrumente dieses Regimes eingesetzt werden können, erübrigen sich nicht nur permanente staatliche Anpassungen an veränderte Umweltbedingungen, sondern auch staatliche Eingriffe, um die Schaffung umwelttechnischer Innovationen zu beschleunigen. Ist also der Haftungsansatz zur Lösung von Umweltknappheiten einsetzbar – und dies ist weitaus häufiger der Fall, als es im heutigen Umweltrecht vorgesehen ist[26] – dann besitzt er gegenüber den Instrumenten des Regimes mit notwendiger staatlicher Anpassung an veränderte Umweltknappheiten sowohl im ökonomischen als auch im ökologischen Bereich deutliche Vorteile.

Weil aber die Instrumente mit automatischer Anpassung an veränderte Umweltknappheiten nicht in allen Umweltbereichen anwendbar sind, ist zwangsläufig der Einsatz anderer Instrumente notwendig, die die Knappheit der Umwelt signalisieren und für eine möglichst effiziente Verteilung des Gutes sorgen sollen.[27] Der Einsatz von Instrumenten mit notwendiger staatlicher Anpassung an veränderte Umweltknappheiten ist jedoch – in unterschiedlichem Ausmaß – mit Nachteilen im Vergleich zum gewählten Referenzsystem verbunden. Insbesondere im Hinblick auf die ökologische Wirksamkeit können diese Eingriffe bestenfalls den Haftungsansatz zu simulieren versuchen. Allen gemein ist, daß sie Emissionsobergrenzen festlegen bzw. anstreben, obwohl dieses Vorgehen nicht garantiert, daß die im Umweltbereich notwendige Schadensvermeidung auch tatsächlich erreicht wird, da die Schadensbetrachtung bei diesen Eingriffen nur von untergeordneter Bedeutung ist.

Ist die Umweltpolitik aufgrund der Nicht-Anwendbarkeit der Haftungsregel in bestimmten Umweltbereichen gezwungen, zu anderen Instrumenten zu greifen, müssen bei der Auswahl die mit ihnen verbundenen Nachteile im Vergleich zum Referenzsystem berücksichtigt werden. So sind beispielsweise Auflagen aufgrund der beschriebenen gravierenden Effizienznachteile nur in solchen Situationen anzuwenden, in denen andere Eingriffe versagen müssen (z.B. direkte Gefahrenabwehr). Daß die Auflagen scheinbar Anreize zu Innovationen besitzen (vgl. Übersicht auf S. 178), ist nur ein Spiegelbild ihrer statischen Allokationsineffizienz; denn die bei den Auflagen festgelegte, behördlich verordnete „technologische Grenze" liegt aufgrund der Informationsdefizite zentraler Instanzen weit entfernt vom technisch Möglichen.

Der Zertifikatsansatz, der eine flexibilisierte Form der Auflagenregelung darstellt und damit die beschriebenen Ineffizienzen im statischen Bereich vermeidet, ist seinerseits mit dem gravierenden Nachteil verbunden, daß er wesentlich weniger innovationsfreundlich ist, als es häufig aufgrund der vermeintlichen „dynamischen Anreizwirkungen" propagiert wird.[28] In allen untersuchten Fällen führt eben diese Flexibilisierung zu einem Abrücken eines innovativen Emittenten von der techno-

---

[26] Zu den Grenzen der Haftungslösung vgl. *C. Wacker-Theodorakopoulos, C. Kreienbaum:* Environmental Damage and the Question of Liability, in: INTERECONOMICS, Vol. 27, (1992), No. 4, pp. 157-164.

[27] Verschiedene Umweltbeeinträchtigungen erfordern auch unterschiedliche Instrumente, weil der Öffentliche-Gut-Charakter der einzelnen Beeinträchtigungen jeweils unterschiedlich geartet ist und daher unterschiedliche regulierende Maßnahmen erfordert. So erfordert die Behandlung von Abfällen, weil hier das öffentliche Gut eine abfallfreie Umgebung ist, einen anderen Ansatz als beispielsweise der Umgang mit CO_2-Emissionen, bei denen das Aufnahmemedium selbst, die Luft, das gemischt-öffentliches Gut ist.

[28] Zu den dynamischen Anreizwirkungen vgl. beispielsweise *H. Bonus:* Emissionsrechte als Mittel der Privatisierung öffentlicher Ressourcen aus der Umwelt, in: L. *Wegehenkel* (Hrsg.): Marktwirtschaft und Umwelt, Tübingen 1981, S. 54 ff.

logischen Grenze. Den sicherlich positiven Diffusionswirkungen der Zertifikate sind die wohl gravierenden Innovationsverluste gegenüberzustellen.

Bei den in statischer Sichtweise ebenfalls effizienten Abgaben bestehen hingegen zumindest Anreize für eine Forschung an der technologischen Grenze, wenn die Emittenten höhere Abgaben, also eine staatliche Anpassung des Instrumentariums, erwarten. Deutlich wird an diesem Fall, wie sehr die Wirksamkeit von Abgaben-lösungen von der langfristigen Planbarkeit und Glaubwürdigkeit von Abgaben-erhöhungen abhängt. In den beiden anderen untersuchten Fällen versagt aber auch dieser Eingriff, weitere Innovationen an der technologischen Grenze zu fördern.

Weil ein erwünschtes Wirtschaftswachstum bei gleichbleibender oder – angesichts der heutigen Umweltschäden wohl notwendigerweise – zu verbessernder Um-weltqualität nur dann zu erreichen ist, wenn Innovationen im Bereich der Vermei-dungstechnologien vorangetrieben werden, ist die Wirkung umweltpolitischer In-strumente auf die permanente Erweiterung technologischen Wissens von überra-gender Bedeutung. Ist die Umweltpolitik also gezwungen, Instrumente mit not-wendiger staatlicher Anpassung an veränderte Umweltknappheiten einzusetzen, so bleibt zu fragen, ob es möglich ist, die dann drohenden Innovationsverluste möglichst gering zu halten.

Eine Möglichkeit hierzu ist die Kopplung der Instrumente Abgaben/Zertifikate mit einer Forschungsförderung im Bereich der Umwelttechnologie. Bei der Abgaben-lösung könnte ein Kriterienkatalog entwickelt werden, nach dem der Teil des Ab-gabenaufkommens, der nicht für eine „Schadensreparatur" benötigt wird, für For-schungszwecke zur Verfügung gestellt wird. Auch bei einer Zertifikatslösung wä-re eine derartige Förderung möglich, wenn die Emittenten – zusätzlich zu dem Zer-tifikatspreis – regelmäßig in einen Fonds für emittierte Schadstoffeinheiten einzahlen müßten. Aus diesem Fonds könnte dann die Förderung der Forschung und Entwicklung im Bereich der Umwelttechnologie finanziert werden.

Sicherlich ist auch der Weg der Forschungsförderung nicht unproblematisch, weil diese nicht sicherstellt, daß nur diejenigen, die auch an der technologischen Gren-ze forschen, gefördert werden.[29] Ist eine derartige Selektion nicht möglich, so müß-te die Forschung und Entwicklung im Bereich der Umwelttechnologie zumindest pauschal gefördert werden. Die Notwendigkeit, regulierende Instrumente für alle Umweltbereiche zu finden, die Grenzen des Haftungsansatzes sowie der Zwang zu ständigen Innovationen weisen darauf hin, daß die Forschungsförderung wohl ein sinnvolles Einsatzfeld staatlicher Einnahmen aus dem Umweltschutz darstellen kann.

---

[29] Vgl. hierzu beispielsweise Zeitgespräch im WIRTSCHAFTSDIENST, 73. Jg. (1993), H.11, S. 559 ff.: Welche Technologiepolitik braucht der Standort Deutschland?, mit Beiträ-gen von *F. Meyer-Krahmer, E. Staudt* und *D. Keller / C. Kreienbaum.*

Summary

Innovative Effects of Different Environmental Regimes

An improvement in the present state of the environment, or at least the maintenance of the status quo, can only be achieved without loss of growth if technological progress leads to a lower utilization of the environment per unit of output. The various instruments of environmental policy are examined with regard to their innovative effects (first utilization and diffusion). Automatic adjustment regimes (negotiations, liability) offer the strongest incentives to innovate. They cannot always be implemented, however. Instruments which require government intervention (injunctions, fees, certificates) are less innovation-friendly and can, for example, therefore justify support for research in the field of environmental technology.

Zur Standortwahl von Nimby-Gütern

von

ALBERT HART und WERNER W. POMMEREHNE*

Vorwort

Ökonomen neigen dazu, Entscheidungen mittels Nutzen-Kosten-Analyse oder auf dem Weg der Versteigerung zu empfehlen, unabhängig davon, worum es jeweils geht.[1] Oft sind ihre Empfehlungen auch erfolgreich. Bisweilen regt sich aber Widerstand, sobald man zum Beispiel die Nutzen-Kosten-Analyse auf „heikle" Fragen anwendet.[2] Womit dies zusammenhängen könnte, und was unter „heiklen" Fragen zu verstehen wäre, ist Gegenstand dieses Beitrags. Soviel läßt sich schon jetzt festhalten: Ökonomen vernachlässigen bei ihrer Herangehensweise häufig gewisse Aspekte, welche Menschen in der realen Welt zu ihren Handlungen bewegen. So erstaunt es nicht, wenn sie immer wieder durch unerwartete Reaktionen der Bürger überrascht werden. Hier Abhilfe zu schaffen, ist ein Anliegen dieser Arbeit.

Um eines klarzustellen: Die grundsätzliche Nützlichkeit ökonomischer Instrumente wird nicht in Frage gestellt. Es geht jedoch darum, zu untersuchen, weshalb diese Nützlichkeit von den Bürgern in Einzelfällen offenkundig nicht so empfunden wird, und nach den Gründen zu forschen, die mögliche Anhaltspunkte für eine dezidierte Wahl der Mittel liefern. Hierin liegt denn auch ein weiterer Schwerpunkt dieses Beitrags, der sich als politisch-ökonomische Analyse versteht. Es geht darum, den Raum an möglichen Entscheidungsmechanismen so weit wie möglich auszuloten.

* Beide Autoren lehren an der Universität des Saarlandes; der letztgenannte Autor lehrt auch an der Universität Zürich. Diese Studie ist vom Schweizerischen Nationalfonds (Bern), Gesuchs-Nr. 12-25581.88, und vom Bundesamt für Umwelt und Wald (Bern) finanziell gefördert worden.
[1] Vgl. hierzu auch die empirischen Befunde bei *Pommerehne* et al. (1984), *Frey* (1986), *Frey* und *Pommerehne* (1988).
[2] Siehe für eine Reihe von Beispielen *Baram* (1980) und *Frank* (1985).

1. Schwierigkeit der Standortwahl von NIMBY-Gütern

Unter NIMBY-Gütern (*O'Hare* 1977, *Inhaber* 1992) werden im folgenden lokal unerwünschte Güter verstanden. Hierunter sind solche Güter und Dienste zu verstehen, die der großen Mehrheit einen Nettonutzen verschaffen, deren räumliche Etablierung durch entsprechende Anlage und Betriebe von einer kleinen Bevölkerungsgruppe, die hiervon „vor Ort" betroffen wird, aber aufs heftigste abgelehnt wird (*Kunreuther* et al. 1987). Man ist zwar dafür, daß Mülldeponien, Anlagen zur Industrie- und Energieproduktion, Gefängnisse, Irrenhäuser und Asylantenunterkünfte errichtet werden, aber bitte doch „Not In My Back-Yard" (NIMBY).

Das wesentliche Problem im Zusammenhang mit NIMBY-Gütern stellt sich mit der Frage, wo die entsprechende Anlage gebaut werden soll. Jeder Versuch, diese Frage zu beantworten, steht sehr bald vor dem Dilemma, daß mit der Standortwahl gleichzeitig auch die Leidtragenden, die künftigen Anwohner einer NIMBY-Anlage, bestimmt werden müssen. Zur Lösung dieses Dilemmas haben Ökonomen auf die Schnelle zwei Konzepte zur Hand: Zum einen die bekannte Nutzen-Kosten-Analyse, zum anderen, mit etwas anderem Hintergrund, die Versteigerung.

Die Nutzen-Kosten-Analyse als Entscheidungshilfe für die Standortwahl geht von der Frage aus: Gegeben sei ein beliebiger Ort x; lohnt sich dort die Errichtung einer NIMBY-Anlage per zentralisierter Entscheidung? Dabei kommt es lediglich darauf an, nachzuweisen, daß die Bevölkerung der Standortgemeinde durch die Nutznießer der Anlage – also jener, die nicht in ihrer unmittelbaren Nähe wohnen – theoretisch angemessen entschädigt werden könnte.

Das der Versteigerung zugrundeliegende Prinzip geht einen Schritt weiter: Es fordert zum einen, daß die schlußendlich Leidtragenden die geforderte Entschädigung auch tatsächlich erhalten. Zum anderen wird, soweit es zu einem positiven Ergebnis kommt, damit automatisch diejenige Gemeinde ermittelt, die – nach den (später erläuterten) Kriterien, daß die Entschädigung nicht zu hoch sein darf – von *allen* Standorten am vorzugswürdigsten abschneidet. Die Nutzen-Kosten-Analyse korrespondiert insofern mit der Idee einer *potentiellen* Pareto-*Verbesserung*, die Versteigerung hingegen mit der Idee eines *tatsächlichen* Pareto-*Optimums*. Die Nutzen-Kosten-Analyse setzt, da die Entschädigung nicht wirklich gezahlt werden muß, eine etwaige Zwangskompetenz eines zentralen politischen Entscheiders voraus. Bei der Versteigerung ist dies nicht der Fall.[3] Dies sind, kurz gesagt, die Lösungsvorschläge, die aus traditioneller ökonomischer Sicht auf die Frage, wo eine NIMBY-Anlage errichtet werden soll, allgemein gegeben werden.

Die in Frage kommenden Lösungsmöglichkeiten erweitern sich, sobald man den engen Rahmen der Standardökonomie verläßt und eine politisch-ökonomische

---

[3] Bei den ökonomischen Ansätzen spielen Präferenzen (neben der Finanzkraft) der Betroffenen eine besondere Rolle. In beiden obigen Fällen geht es um tatsächliche oder hypothetische Entschädigungszahlungen. Charakteristisch für die traditionelle Vorgehensweise von Ökonomen ist folgende Idee: Wenn es auf die tatsächliche Zustimmung durch die negativ Betroffenen ankommen soll, so kann diese durch die Ermittlung einer auf den speziellen Fall bezogenen Entschädigung und deren Auszahlung erreicht werden. Die grundlegende Idee besteht hierbei in der Freiwilligkeit des Tausches.

Betrachtungsweise wählt. Dann gibt es keine Beschränkung im Hinblick auf diskussionswürdige Verfahren zur Lösung des Standortproblems.

Einen weiteren Ansatz, der im Grunde der Nutzen-Kosten-Analyse eher vorgelagert ist, kann man als „ingenieurwissenschaftlich" bezeichnen.[4] Er beruht auf folgendem Vorgehen: Es werden gewisse technische (Mindest-)Anforderungen an einen potentiellen Standort für eine NIMBY-Anlage formuliert. Hierbei kommt es auf die Charakteristiken des jeweiligen Tatbestandes an: Im Falle einer Atommülldeponie zum Beispiel besteht unter anderem die Möglichkeit, daß das Grundwasser geschädigt wird. Auf diesen Tatbestand konzentriert sich der ingenieurwissenschaftliche Ansatz. Er verfolgt hierbei die allgemeine Absicht, den wie immer definierten technischen Gesamtschaden so niedrig wie möglich zu halten. Es soll derjenige Standort gewählt werden, der die unter diesem Gesichtspunkt besonders wichtigen Eigenschaften aufweist.

In mehr oder weniger abgewandelter Form handelt es sich hierbei um ein Verfahren, das bisher insbesondere zur Lösung der Standortfrage für Deponien angewandt wurde.[5] Es gibt aber auch Versuche, die zentralistische Herangehensweise im Hinblick darauf, wer die endgültige Entscheidung treffen soll, durch dezentrale Ansätze zu ersetzen. Entsprechende Versuche finden sich in den Vereinigten Staaten.[6] Dort wurde mit potentiellen Standortgemeinden verhandelt, um sie gegen eine *auszuhandelnde* Entschädigung dafür zu gewinnen, die entsprechende Deponie bei sich errichten zu lassen.

Im folgenden berichten wir zunächst über einige Erfahrungen, die in der Praxis mit eher zentralistischen und eher dezentralen Herangehensweisen gemacht wurden. Sie erlauben, die grundlegende Problematik besonders zu erhellen (Teil 2). Sodann werden die gewonnenen Erkenntnisse in Teil 3 zu einer Theorie „tragischer Entscheidungen" verdichtet. Der vierte Teil befaßt sich mit spezifischen Kriterien der Standortwahl von NIMBY-Anlagen. In Teil 5 werden konkrete Entscheidungsmechanismen erörtert. Teil 6 befaßt sich allgemein mit Bestimmungsgründen für Verfahrenspräferenzen. Teil 7 enthält die abschließenden Bemerkungen.

2. Zentralistische versus dezentrale Herangehensweisen: Erfahrungen und Folgerungen

Um es vorwegzunehmen: Keine der beiden Herangehensweisen hat bisher zufriedenstellende Resultate gezeigt. Widerstand gegen die Ansiedlung von Sondermülldeponien etwa gab es in beiden Fällen. Vielfach wurde das Endziel, eine Gemeinde als Standort für ein NIMBY-Gut zu isolieren, gar nicht erreicht.[7] Dies muß zweifellos erstaunen, denn man fragt sich, warum nicht einmal Verhandlungen, bei denen die Situation des Geschädigten ja formell berücksichtigt wird, zu einer Lösung des Problems geführt haben. Sieht man einmal davon ab, daß sich das Vorhaben eventuell allgemein nicht lohnt, so daß die Entschädigung aus Mangel an Beitragsmasse nicht vorgenommen werden kann, so gibt es eine Reihe weiterer

---

[4] Vgl. hierzu auch *Keeney* (1980) und *Mickan* (1987).
[5] Vgl. u. a. *Austin, Smith* und *Wolpert* (1970), *Kunreuther, Lathrop* und *Linnerooth* (1982).
[6] Siehe im einzelnen *Morell* und *Magorian* (1982), *Bacow* und *Milkey* (1983) sowie *Andrews* und *Pierson* (1985).
[7] Vgl. u. a. *Morell* und *Magorian* (1982), *Portney* (1985), *Sally* (1990).

möglicher Gründe für ein Scheitern der Verhandlungen: Beispielsweise könnten die Interessen der Bevölkerung durch ihre Repräsentanten nicht angemessen vertreten sein. Ebenso könnte die Entschädigungsforderung der Gemeinde infolge ihrer monopolistischen Position übertrieben ausfallen, denn in etlichen Fällen war zu vermuten, daß das Kompensationsangebot theoretisch durchaus angemessen war. Möglicherweise beruht die Ablehnung aber auch auf einer Abneigung gegen die gewählte Art der Entschädigung. Sie könnte jedoch ebenso aufgrund der Unzufriedenheit über die Art der Präferenzaggregation erfolgt sein.

Gegenüber *zentralistischen* Herangehensweisen, wie etwa beim ingenieurwissenschaftlichen Vorgehen oder bei der Nutzen-Kosten-Analyse, wird häufig die Möglichkeit des Kompetenzmißbrauchs vorgebracht (*Bryan* 1987). Das Ergebnis selbst wird als unbegründet und willkürlich empfunden. Im übrigen ist die Aggregation von Einzelschäden eine äußerst „delikate" Angelegenheit, weil die Kriterien nicht objektivierbar sind.

Um auf *Verhandlungen* zurückzukommen, so würdigen Ökonomen den ihnen zugrundeliegenden Gedanken des freien Austauschs und verweisen insbesondere darauf, daß gerade eine echte Versteigerung die Monopolproblematik entschärfen kann (*O'Hare* 1977). Zwar gibt es auch bei Versteigerungsmechanismen Ausgestaltungsprobleme,[8] doch kann einer Übertreibung von Kompensationsforderungen durch anreizkompatible Verfahren vorgebeugt werden (*Feldman* 1983). Ein wesentliches Charakteristikum dieser Verfahren besteht allerdings darin, daß mehr eingesammelt als ausgezahlt wird. Jedoch sollte diese Tatsache nicht überbewertet werden,[9] denn die damit verbundene „Verschwendung" ist stets mit den Ressourcenkosten anderer Entscheidungsmechanismen zu vergleichen (zum Beispiel mit dem Lohn für Experten). So gesehen sind die Ausgestaltungsprobleme eher zweitrangig.

Man könnte nun meinen, die Befürworter einer Auktionslösung würden, in tiefer Überzeugung von der allgemeinen Nützlichkeit ihres Vorschlages, diesen auch rückhaltlos empfehlen. Dem ist aber nicht so. Zumindest *Kunreuther* (1987), einer von jenen, die zur konkreten Ausformulierung der Auktionsidee maßgeblich beigetragen haben, sieht nach Entwicklung seines Grundmodells Variationen des Verfahrens durch den Einbezug von Losentscheiden vor.[10] Seine Begründung hierfür lautet, daß reine Versteigerungen als unfair empfunden werden könnten. Dieses dem Nichtökonomen vermutlich recht plausibel erscheinende Argument ist für den Ökonomen theoretisch schwer zu fassen. *Kunreuther* selbst führt es denn auch ad hoc ein, was zugleich etwas über die „déformation professionelle" der traditionell-ökonomischen Sichtweise preisgibt: In dieser Sicht werden nämlich nur materielle „Endergebnisse" zur Kenntnis genommen. Damit ist die „unpolitische", traditionelle Ökonomie nicht in der Lage, das gesamte Spektrum des Empfindens während eines *Prozesses* zu erfassen. Die Art und Weise, wie das Ergebnis zustande kam, kann, abgesehen vom konkreten Resultat, einen maßgeblichen Einfluß auf das Verhalten der Bürger gehabt haben.

---

[8] Vgl. hierzu im einzelnen *Groves* (1979) oder *Mueller* (1979).

[9] Siehe *Tullock* (1977).

[10] Weitere Protagonisten der Auktionslösung wie *O'Hare, Bacow* und *Sanderson* (1983) behelfen sich damit, gewisse Werthaltungen einfach als „unsinnig" auszuschließen.

Einige wenige Nationalökonomen, insbesondere *Okun* (1975) und *Ng* (1988), die sich mit nicht-materiellen Effekten von Entscheidungsverfahren beschäftigt haben, sind denn auch zur Einsicht gelangt, daß es durchaus „Verfahrenspräferenzen" geben kann. *Okun* (1975) spricht vom „Widerwillen" der Menschen, den Staat in eine „Verkaufsmaschine" zu verwandeln. In ökonomischer Terminologie findet sich hierfür neuerdings der Begriff der „psychischen Kosten". Allgemein setzt sich die Einsicht in die mögliche Existenz von Verfahrenskosten unter Nationalökonomen, wenn überhaupt, nur sehr zäh durch. Eine Ausnahme bilden zum Beispiel die Überlegungen von *Opaluch* et al. (1993), die einen – später noch zu erörternden – Mechanismus entwerfen, der sich durchaus als implizite, unbewußte Reaktion auf Verfahrensaversionen verstehen läßt.

Vorliegende Studien lassen den Schluß zu, daß die Beschränkung auf materielle Aspekte eine erhebliche Einschränkung darstellt. So kommt eine Reihe von Arbeiten, in denen in verschiedenen Szenarien getestet wurde, inwieweit Auktionsverfahren von der Bevölkerung akzeptiert werden,[11] zum Ergebnis, daß für die Ablehnung der Versteigerung gerade „nicht griffige" Faktoren von maßgeblicher Bedeutung waren. Die wenigen Studien (*Tobin* 1970, *Weitzmann* 1977, *Sah* 1987), in denen das Abschneiden des Auktionsverfahrens nach anderen Kriterien untersucht wird, als sie von der Standardökonomie verwendet werden, können allenfalls einen Teil der obigen empirischen Befunde deuten. Insofern stellt sich für uns nicht so sehr die Frage, wie das Auktionsverfahren perfektioniert werden kann, sondern das umfassendere und im eigentlichen Sinne politisch-ökonomische Problem, ob es bei Verfahren Elemente gibt, die den nicht-materiellen Gesichtspunkten Rechnung tragen.

Bevor wir hierauf eingehen, wollen wir uns zunächst der Frage zuwenden, ob die Standortwahl für NIMBY-Anlagen einer solchen Kategorie von ökonomischen Entscheidungen zurechenbar ist, bei der hinsichtlich des Mechanismus der Zuteilung, insbesondere des Preismechanismus, ausgeprägte Sensibilität besteht. Wir wissen nicht, ob es situationsunabhängige Verfahrenspräferenzen gibt, und die Empirie scheint – angesichts der vermutbaren Akzeptanz der Auktionsmechanismen in bestimmten Bereichen – nicht dafür zu sprechen.[12] Insofern beschränken wir uns auf den Fall „tragischer" Güter, eine Kategorie, die wir in Zusammenhang mit der Analyse von Standortentscheidungen über NIMBY-Güter als geeignet ansehen. Dieser Theorie „tragischer Entscheidungen", die maßgeblich von *Calabresi* und *Bobbitt* (1978) entwickelt wurde, wollen wir uns als nächstes zuwenden.

3. Theorie tragischer Entscheidungen

Entscheidungen über NIMBY-Komplexe weisen eine charakteristische Struktur auf: Sie erfolgen in aller Regel sequentiell. Zunächst wird entschieden, *ob* eine Anlage und *gegebenenfalls welchen Ausmaßes* errichtet werden soll. Erst wenn diese Entscheidung getroffen ist, wird darüber befunden, wo im Falle eines posi-

---

[11] Siehe *Okun* (1981), *Kahneman, Knetsch* und *Thaler* (1986), *Frey* (1986), *Frey* und *Pommerehne* (1988, 1993), *Pommerehne, Gygi* und *Frey* (1993) sowie *Pommerehne* und *Hart* (1994).

[12] Zumindest stellt sich die Frage der alleinigen Maßgeblichkeit einer solchen Vorliebe an sich.

tiven Grundsatzentscheides der entsprechende Komplex erstellt werden soll. Damit weist die Entscheidung über eine NIMBY-Einrichtung eine sequentielle Struktur auf, die *Calabresi* und *Bobbit* mit dem Begriff „tragisch" belegen. Das „Tragische" besteht darin, daß im Gegensatz zur ersten Stufe, bei der es um eine rein allokative Entscheidung geht, in der folgenden Stufe ein reines Verteilungsproblem ansteht.

Zwischen den beiden Entscheidungsphasen kann möglicherweise eine weitere Entscheidung getroffen werden, nämlich die über eine Zerlegung des Gesamtproblems in Teilprobleme.[13] Meistens wird zwar von einem festen Prinzip ausgegangen, indem eine Deponie bestimmter Größe einer und nur einer Gemeinde zugewiesen wird. Es gibt aber auch die Möglichkeit, wie sie in den Vereinigten Staaten im „Nuclear Waste-Policy Act" festgeschrieben wurde, ein anderes Vorgehen zu wählen. Dort wird nämlich festgelegt, daß eine zu errichtende Endlagerstätte für radioaktiven Abfall auf zwei Standorte zu verteilen ist, von denen einer irgendwo im Osten, der andere irgendwo im Westen des Landes zu liegen hat. Dieses Konzept, dem von *Kunreuther* – in anderem Zusammenhang – als wesentliche Eigenschaft *Fairness* zugeschrieben wird, zielt darauf ab, das besondere Akzeptanzproblem, das sich, wie wir noch sehen werden, bei der Lösung einer „tragischen" Frage in besonderem Maße stellt, durch „Portionierung" abzumildern.

Was aber ist, wenn wir von der Möglichkeit der Portionierung einmal absehen, das besondere Kennzeichen einer „tragischen Entscheidung"? *Calabresi* und *Bobbit* zufolge lenken vor allem die potentiell Betroffenen in Situationen, die als „tragisch" bezeichnet werden können, ihr Augenmerk in erster Linie auf die Art und Weise, wie die Entscheidung auf der zweiten Stufe vorgenommen wird. Es besteht m. a. W. besondere Sensibilität bezüglich der *Zuteilungsverfahren. Frey* und *Pommerehne* (1993) haben im Rahmen von Experimenten dargelegt, daß dem so ist: In einer Briefumfrage wurde eine Situation des Nachfrageüberhangs nach Trinkwasser (bei festem Quellwasserangebot) vorgegeben. Sodann wurde danach gefragt, welches von einer Reihe vorgegebener Rationierungsverfahren nach Ansicht des/der Befragten zum Zuge kommen sollte. Hierbei stieß die Auktionsidee auf wesentlich stärkere Ablehnung als manche anderen Verfahren. Wenn das tragische Element der Situation, nämlich das Rationierungsproblem aufgrund des festen Angebots, aufgehoben wird, dann finden sich indessen völlig andere Antworten. Dies spricht dafür, daß Menschen die Situation der „tragischen" Wahl durchaus als etwas Ungewöhnliches ansehen. Generell kann man mit *Calabresi* und *Bobbit* festhalten, daß die Situation der tragischen Wahl insbesondere davon beherrscht wird, wie sich die Individuen bei der Zuteilungsentscheidung behandelt fühlen. Zum Teil mag dies mit dem Ergebnis des Zuteilungsverfahrens im Hinblick auf die mögliche materielle Verbesserung/Verschlechterung der potentiell Betroffenen zusammenhängen, zum Teil aber auch mit Aspekten, die weniger leicht mit den Händen greifbar sind. Damit sind wir bei den Eigenschaften von Zuteilungsverfahren angelangt.

---

[13] *Calabresi* und *Bobbit* gehen hierauf nicht näher ein, und vielfach liegt es auch nahe, diesem Problem keine größere Beachtung zu schenken. *Kunreuther* et al. (1987) zum Beispiel unterstellen ausgeprägte Skalenerträge, die sie dann veranlassen, sich mit der vollen Tragweite dieser Option nicht weiter zu befassen.

4. Spezifische Kriterien bei der Standortwahl von NIMBY-Gütern

Wie soll eine NIMBY-Anlage (beschlossener Größe) zugeteilt werden? Das ist die Frage, die in diesem Abschnitt näher untersucht werden soll. Es geht also darum, zwischen mehreren in Betracht kommenden Standorten, beispielsweise für ein Atommüllager, eine Auswahl zu treffen. Davon ausgehend, daß hinsichtlich dieser Entscheidung besondere Empfindsamkeiten bestehen, wollen wir die möglichen Bedingungen für eine akzeptable Lösung herausarbeiten. Nach solchen Bedingungen gefragt, werden neoklassische Standard-Ökonomen zur Antwort geben, daß es darum gehe, die Bewohner der künftigen Standortgemeinde materiell nicht schlechter als zuvor zu stellen. Im Sinne von *Kaldor/Hicks* sollte eine potentielle Entschädigung möglich sein, ohne daß sich die Nutznießer des Projektes, die idealerweise für die Entschädigung aufzukommen haben, schlechter als zuvor stellen.

Dieses „ökonomische" Denken weist eindeutig darauf hin, daß Ökonomen sich in der Regel nur an absoluten Nutzenpositionen orientieren, die sie im persönlichen Nutzenkalkül der Beteiligten für einzig maßgeblich erachten. Daß dem vermutlich nicht so ist, ist der Befragung von *Frey* und *Pommerehne* (1988, 1993) zu entnehmen, in der das Preisverfahren in einer hypothetischen Situation mehrheitlich auf weniger Ablehnung als die Auslosung stieß. Den Überlegungen von *Sah* (1987) folgend, die von einer rein materiellen Erwartungshaltung ausgehen, wäre aufgrund der linksschiefen Einkommensverteilung eigentlich der umgekehrte Fall zu erwarten gewesen. Im folgenden wollen wir deshalb – ohne Anspruch auf Vollständigkeit – versuchen, auch andere wichtige Gesichtspunkte der Akzeptanz einer Zuteilungslösung zu ergründen. Als Beispiel für eine NIMBY-Anlage dient uns der Fall einer Atommülldeponie.

Ein bedeutender Gesichtspunkt dürfte zunächst die *Fairness* sein. Fairness ist ein schillernder Begriff. Statt ihn, was am Ende keinen Sinn hätte, verbindlich definieren zu wollen, versuchen wir im folgenden, Dimensionen anzugeben, die durch den Begriff der „Fairness" berührt sein könnten (vgl. hierzu auch *Scanlon* 1979).

Zunächst wäre hier die *Kriterienfairness* zu nennen. Jeder theoretische Mechanismus beinhaltet eine implizite Gewichtung von Kriterien, wobei diese in unserem Beispiel sich auf geologische Bedingungen (Gesteinsschichten etc.), die Bevölkerungsdichte, den Wohlstand der Gemeindebewohner, die „Einstellung" der lokalen Bevölkerung (zu Risiko etc.), in weiterem Sinne also auf Präferenzen beziehen können. Es sind weitere Kriterien oder auch eine nähere Aufschlüsselung der genannten Kriterien (besonders hinsichtlich der geologischen Bedingungen) denkbar. Bemerkenswert ist, daß Kriterienfairness auf natürliche Weise mit dem materiellen Ergebnis, der Effizienz der Lösung, eng verbunden ist. So bestimmt etwa die geologische Beschaffenheit auch die Höhe des tatsächlichen Schadens, der eventuell zu kompensieren ist. Man könnte statt der Kriterienfairness auch den Begriff der „Chancengleichheit" verwenden. Chancengleichheit wird theoretisch durch Berücksichtigung gewisser Gesichtspunkte bei der Behandlung von Individuen oder besser: von Ganzheiten gewährleistet. Inwiefern jemand als benachteiligt anzusehen ist, muß entsprechend der spezifischen Vorstellungen der Mitglieder der Gesellschaft konkret festgelegt werden. Jedenfalls kann man den Gedanken, der hinter „Kriterienfairness" oder „Chancengleichheit" steht, als eine Idee idealer Gleichbehandlung kennzeichnen.

Als weitere Anforderung an eine Zuweisungsentscheidung läßt sich neben dem Kriterium der Chancengleichheit dasjenige der *Ergebnisfairness* anführen. Ergebnisfairness ist nicht etwa darauf bezogen, nach welchen Gesichtspunkten bei der Entscheidung vorgegangen wird, sondern auf den Zustand, der durch die Entscheidung geschaffen wird. Unter Ergebnisfairness wollen wir entsprechend auch keine etwaige Besser- oder Schlechterstellung betroffener Ganzheiten in Isolation verstehen. Vielmehr ist hierunter das neue Gefüge zu verstehen, das sich im Zuge der Entscheidung gegenüber dem bisherigen Gefüge herausbildet. Fairness ist im Gegensatz zu Effizienz, die sich absolut ermitteln läßt, ein relativer Begriff. Das heißt, sie definiert sich durch einen Vergleich. Genau dieser Vergleich ist mit dem Begriff „Gefüge" angesprochen. Ergebnisfairness wird durch die relativen Positionen der insgesamt in Frage kommenden Entitäten festgelegt (*Frank* 1985), wobei die Situation nach einer Entscheidung mit jener vor dieser Entscheidung verglichen wird. Die Wirkungsweise von Ergebnisfairness sei an folgendem Beispiel verdeutlicht: Angenommen, es ist bei der Standortwahl über ein künftiges Endlager eine Entschädigung vorgesehen, die ausreichen würde, um die materiellen Schäden für die betroffene Gemeinde voll auszugleichen. Dennoch könnte, besonders wenn es sich um eine arme Gemeinde handelt, das Gefüge am Ende so sein, daß die reichen Gemeinden in großem Umfang Nutznießer sind, während die arme Standortgemeinde lediglich den ihr entstehenden Schaden vergütet erhält. Obwohl keinerlei materielle Schlechterstellung vorliegt, kann dieses Ergebnis als „unfair" und inakzeptabel empfunden werden.[14]

Eine weitere Dimension, in die Fairnessvorstellungen hineinreichen, besteht in der *Verfahrensfairness*. Unabhängig davon, wie sich das Ergebnis einer Rationierungsentscheidung, sei es in materieller oder auch in relativer Sicht, darstellt, kann die Akzeptanz einer Lösung davon abhängen, ob die Art und Weise, in der die Entscheidung zustande kam, als annehmbar angesehen wird. *Nozick* (1982) verdanken wir den entscheidenden Hinweis auf Pfadabhängigkeit, wenn er feststellt, ein Sozialist müsse mit zwei identischen Einkommensverteilungen, die in einem Fall allein von den Kapitalisten, im anderen auch unter Mitbestimmung der Arbeitnehmer entstanden sei, nicht im gleichen Maße zufrieden sein.

Verfahrensfairness läßt sich zwei Sichtweisen zuordnen: Zunächst einmal stellt sich die Frage, ob die Entscheidung in der Art, wie sie zustande kam, zuvor vom Volk beschlossen wurde. Man stelle sich ein Gesetz über die Standortwahl in einer Umweltverfassung vor, in dem die Einzelheiten des Verfahrens, das bei Rationierungsentscheidungen allgemein anzuwenden ist, festgeschrieben werden. Mehrere Autoren[15] vertreten die Ansicht, daß ein einmal gegebenes Wort – und als solches kann man die Festlegung der Regelung über das Auswahlverfahren durch das Volk durchaus verstehen – von sehr vielen Menschen als bindend empfunden wird.[16] Der Grund dürfte darin bestehen, daß eine Festlegung durch das Volk als „gerechtes" Verfahren angesehen wird. Auch könnte das Moment der Freiwilligkeit der Entscheidung motivierend wirken (*Frey* 1992). Für einen Vergleich verschiedener Entscheidungsmechanismen ist diese Art von Verfahrensfair-

---

[14] Für eine theoretische Fundierung vgl. *von Zameck* (1988).
[15] So insbesondere *Harsanyi* (1969) und *Hirschman* (1982).
[16] Hierfür dürfte auch die Verhaltensrelevanz von kognitiver Dissonanz sprechen; vgl. *Akerlof* und *Dickens* (1982).

ness jedoch nicht von Belang, da sich jedes beliebige Verfahren theoretisch – eine mehrheitliche Zustimmung vorausgesetzt – auf diese Weise legitimieren läßt.

Trennschärfer ist dagegen die zweite Sichtweise, unter der man Verfahrensfairness verstehen kann. Neben der Beschlußfassung über eine Vorgehensweise, die durch Übereinkunft in der Verfassung festgelegt wird, kann die Vorgehensweise selbst als mehr oder weniger fair angesehen werden. „Mehr" oder „weniger" bezieht sich hierbei auf den Aspekt, wer sich bei der konkreten Entscheidungsfindung von den Verfahrensmöglichkeiten her einbringen kann. So könnte ein Verfahren, bei dem unparteiische Laien mitwirken, stärker akzeptiert werden als ein Verfahren, bei dem Parteipolitiker den Ton angeben. Wichtig ist, daß Verfahrensfairness im letztgenannten, das heißt im engeren Sinne, von der konkreten Ausgestaltung des jeweiligen Verfahrens selbst abhängt.

Bislang wurden verschiedene konkrete Sichtweisen von Fairness vorgestellt, die für die Akzeptanz einer Entscheidung bedeutend sein können. Verfahrenspräferenzen können aber auch als „Fairness im engeren Sinne" definiert werden. Sie werden dann am Grad der Abneigung gegenüber einem bestimmten Verfahren gemessen, wobei sich die Abneigung nicht mehr auf irgendwelche Vernunftgründe stützt, sondern sich nur noch in dem unartikulierbaren Widerwillen gegen das Entscheidungsverfahren als ganzes äußert. Dieses Unartikulierbare wollen wir, durchaus im Bewußtsein der damit verbundenen Problematik, mit „Fairness" bezeichnen.

Neben Fairnessgesichtspunkten können weitere Aspekte die Akzeptanz eines Rationierungsverfahrens beeinflussen. Zum einen sind die „Verfahrenskosten" (*Buchanan* 1954) zu nennen, worunter der erforderliche Ressourcenaufwand (auch in zeitlicher Hinsicht) zu verstehen ist, um zur Entscheidung selbst zu gelangen. Wird die Entscheidung zum Beispiel vorwiegend von geologischen Experten getroffen, so fällt hierunter etwa der Aufwand für Messungen und die Bezahlung der Experten. Ebenso sind die erwähnten Überschüsse der eingenommenen über die ausgezahlten Mittel, die bei Auktionsverfahren anfallen, hier anzusetzen.

Für die Annehmbarkeit einer Lösung kann ebenfalls von Bedeutung sein, ob das jeweilige Entscheidungsverfahren als „integer" angesehen wird. Bei einigen Verfahren könnten die Bürger zum Beispiel vermuten, daß sie für Korruption und Verdrehung des Ergebnisses besonders anfällig sind. So könnten sie nicht ohne Grund befürchten, daß ein Verfahren, bei dem bekannte ansässige Geologen über den Standort zu befinden haben, für Bestechungszahlungen seitens der in Frage kommenden Gemeinden besonders anfällig ist. Ebenso ist nicht auszuschließen, daß ein verhandlungsorientiertes Verfahren als manipulierbar eingestuft wird, weil der Bürgermeister und/oder die offiziellen Gemeindevertreter bestochen werden könnten. Gerade die Möglichkeit der Manipulation wirft bei der Analyse der potentiellen Akzeptanz eines Entscheidungsverfahrens in der Bevölkerung größere methodische Schwierigkeiten auf. Es kann sein, daß für einige Verfahren bereits negative Erfahrungen im Hinblick auf die Möglichkeit der Korruption vorliegen, während andere dagegen bisher rein theoretisch abgehandelt und noch gar nicht in der Praxis erprobt sind. So gesehen können Menschen gegen bereits angewendete Verfahren voreingenommen sein, weil sie intern womöglich nicht so anreizkompatibel ausgestaltet waren, wie es an sich möglich gewesen wäre. Eine ungeschickte Umsetzung in die Praxis kann die Einschätzung des jeweiligen Verfahrens im Vergleich trüben.

Schließlich können *Zwangsaspekte* zwischen einer Gemeinde und einer übergeordneten Körperschaft eine Rolle spielen. Denkbar sind Entscheidungsverfahren, bei denen die Bewohner einer als Standort in Betracht kommenden Gemeinde während des Entscheidungsvorganges über die endgültige Zuweisung der
NIMBY-Anlage die Möglichkeit haben, sich selbst aktiv einzubringen. Daß hierbei kein Zwang „von oben" besteht, kann positiv empfunden werden, sei es als
Mittel zum Zweck, d. h. die positive Eigenschaft wird durch die materielle Komponente erfaßt, sei es als positives Element per se,[17] indem die aktive Teilhabe der
Gemeinde als zur Verfahrensfairness beitragend angesehen wird. Sofern die Ab-
senz von Zwang positiv gesehen wird, ist sie als wünschenswerter Gesichtspunkt
bereits anderweitig erfaßt.

Anders verhält es sich dagegen, wenn der mit einer Entscheidung einhergehende
Zwang als positiv eingestuft wird. Daß Zwang als „hilfreich" empfunden wird, ist
mit den gängigen Vorstellungen der Ökonomie nicht vereinbar. Dennoch kann
dies durchaus der Fall sein. So können Bürger, um beispielsweise eine gesellschaftliche Ächtung zu vermeiden, es unter Umständen vorziehen, sich in forma-
ler Weise quasi „zu ihrem Glück zwingen zu lassen", als sich ihr von der Gesellschaft als natürlich angesehenes Einspruchsrecht „abkaufen" zu lassen.[18] Deshalb
kann jemand, der sich als Teil der Gemeinschaft fühlt, an einem Entscheidungsverfahren besonders schätzen, daß es ihm die verpönte Entscheidung (nämlich die
Abtretung eines natürlichen Rechtes gegen Bares) abnimmt.

Eine weitere Begründung, weshalb ein mit Zwang verbundenes Verfahren positiv
eingeschätzt werden kann, besteht im folgenden: Wenn die Entscheidungsfindung
so organisiert ist, daß sie den potentiell Betroffenen die Gelegenheit zum Verhan-
deln einräumt, kann dies zur Ablehnung des jeweiligen Verfahrens (im Vergleich)
führen. Wenn man sich nämlich der Idee öffnet, daß menschliches Handeln nicht
allein gegenwartsbezogen ausgerichtet ist, dann können Abmachungen, in denen
Menschen freiwillig gewisse Zwänge eingehen, mit dem Rationalprinzip durchaus
verträglich sein. Anders gewendet: Verhandlungen können gerade deshalb abgelehnt werden, weil sie die Beteiligten in Versuchung führen könnten (*Elster* 1985).
Die Menschen sehen voraus, daß eine Standortentscheidung durch Aushandlung
dazu führen könnte, daß man sich die NIMBY-Anlage in einem Stadium finanzieller Not gegen Geld aufdrängen läßt. Es wird möglicherweise auch vorausge-
sehen, daß man dies später bedauern könnte. So gesehen können bestimmte Entscheidungsverfahren eher abgelehnt werden, und zwar unter dem Gesichtspunkt,
daß sie eine zeitweise „Willensschwäche" bewußt ausnutzen. Aus diesem Grund
wird der mit einer Entscheidung verbundene Zwang als eigenständiges Kriterium
für die Akzeptanz dieser Entscheidung angeführt.

Bisher wurden Kriterien betrachtet, welche die Annehmbarkeit einer Lösung unter dem Gesichtspunkt des möglichen Betroffenseins bestimmen. Eine materielle
Besser- oder Schlechterstellung kann aber auch insofern eine Rolle spielen, als
eine Nicht-Standort-Gemeinde unter Umständen Zahlungen leisten muß, die
als Grundlage für Entschädigungsleistungen an die Standortgemeinde dienen
könnten.

---

[17] In Analogie zu *Buchanan* (1954) kann man von „Ressource" und „Choice" Benefit
sprechen.
[18] Vgl. die Studie über Bergkamen in *Kunreuther* und *Linnerooth* (1983).

Die im Zusammenhang mit der relativen Position angesprochene Möglichkeit des Nichtzustandekommens einer Lösung könnte einen weiteren Gesichtspunkt darstellen, unter dem eine Entscheidungsfindung gesehen wird. So könnten sich viele doch für die Errichtung eines Gefängnisses in ihrer Gemeinde aussprechen, sofern bei Nichterrichtung Verurteilte auf freien Fuß gesetzt werden müßten.

Ein weiterer Aspekt, der an sich in Zusammenhang mit der Schnelligkeit der Entscheidungsfindung steht, eröffnet sich mit der Frage, ob das in Betracht kommende Verfahren unter der bestehenden institutionellen Einflußstruktur annehmbar ist. So begründen *Opaluch* et al. (1993) ein von ihnen vorgeschlagenes Entscheidungsverfahren vor allem damit, daß das als Alternative vorgesehene Auktionsverfahren bei der öffentlichen Verwaltung besonders unbeliebt sei.

Schließlich mag auch von Bedeutung sein, ob ein Verfahren sehr ausgefallen und unrealistisch erscheint.

5. Konkrete Entscheidungsverfahren

Bisher wurden lediglich die Anforderungen an abstrakte Entscheidungsverfahren zur Lösung der Zuweisungsfrage betrachtet. Doch findet sich in der Literatur ebenso eine Reihe von Vorschlägen für die konkrete Ausgestaltung von Entscheidungsmechanismen. Dabei handelt es sich zum Teil um bereits in der Praxis eingesetzte Verfahren, zum Teil aber auch um lediglich gedanklich entwickelte Mechanismen. Das Losverfahren zum Beispiel wurde in Zusammenhang mit NIMBY-Gütern bislang nur als Ergänzung eines anderen Verfahrens vorgeschlagen. Gleichwohl soll es hier, da es sich um einen typischen und althergebrachten Entscheidungsmechanismus handelt, als eigenes Verfahren behandelt werden.

Grundsätzlich lassen sich zwei Arten von Verfahren (vgl. *Morell* und *Magorian* 1982) unterscheiden, die wir zum einen mit *Schiedsspruchverfahren,* zum anderen mit *Aushandlungsverfahren* bezeichnen wollen. Aushandlungsverfahren beruhen formal auf dem Freiwilligkeitsprinzip und, damit verbunden, auf dem Gedanken von Leistung und Gegenleistung. Demgegenüber verhält es sich bei den Schiedsspruchverfahren so, daß ein Recht der Gemeinschaft auf Zuweisung besteht.[19] Die ermittelte Lösung erhält damit den Charakter eines Schiedsspruchs. Im Fall der Aushandlungsverfahren hat jede potentielle Standortgemeinde hingegen das Recht auf Ablehnung einer Zuweisungsentscheidung. Das individuelle Recht geht hier dem Recht der Gemeinschaft vor.

Spiegelbildlich zu dieser unterschiedlichen Grundlage unterscheiden sich beide Typen von Vorgehensweisen in einem weiteren bedeutenden Merkmal: Während Aushandlungsverfahren mit frei vereinbarten Entschädigungsleistungen an die von der Standortentscheidung betroffene Gemeinde organisch verbunden sind, enthalten Schiedsspruchverfahren eben gerade keine solche frei vereinbarten Leistungen. Entschädigung ist daher auch kein „natürlicher" Bestandteil der Schiedsspruchverfahren. Doch kann sie bei diesen Verfahren ebenso integriert werden, nämlich durch im vorhinein festgelegte Entschädigungssätze, die möglicherweise nach Projektgröße und Einwohnerzahl gestaffelt sind. Aushandlungsverfahren sind wegen der eingeschränkten Kompetenz der Gemeinschaft näher am

---

[19] Vgl. hierzu als wesentliche Referenz *Kunreuther* und *Linnerooth* (1983).

Naturzustand. Alle individuellen Einflußmöglichkeiten sind zugelassen, wenngleich die Anwendung physischer Gewalt ausgeschlossen ist. So gesehen wirken die Verhandlungsverfahren organischer. Schiedsspruchverfahren, bei denen keine zusätzlichen Möglichkeiten der individuellen Einflußnahme bestehen, sind demgegenüber stärker an Fairnesskonzepten orientiert, denn es wird bei den Möglichkeiten zur Einflußnahme, die sehr unterschiedlich verteilt sein können, bewußt abgeschnitten.

Doch nun zu den einzelnen Verfahren oder auch Regelungen, die – aus Platzgründen – allerdings nur stilisiert dargelegt werden sollen.[20]

5.1 Aushandlungsverfahren

(1) Bilaterale Verhandlung

Im Falle einer bilateralen Verhandlung läßt sich eine für den Standort in Betracht kommende Gemeinde ihr Recht auf Ablehnung freiwillig abkaufen. Außer physischer Gewalt läßt dieses Verfahren alle Merkmale der Gemeinden als Einflußfaktoren zu, so etwa geographische Beschaffenheit, Bevölkerungsdichte, Präferenzen und vor allem Wohlstand.

Bilaterale Verhandlungen sind sehr anfällig für strategisches Verhalten. Die potentielle Standortgemeinde besitzt nämlich eine Monopolposition und kann ihre Forderungen nach Entschädigung, ohne die nach dem Gegenleistungsprinzip keine Standortzuweisung möglich ist, überhöhen (*O'Hare* 1977). Infolgedessen kann es gerade bei diesem Verfahren zur Nichtübereinkunft, den Fall des „Empty Core", kommen, so daß das Vorhaben nicht verwirklicht werden kann. Wie die potentielle Standortgemeinde, mit der verhandelt wird, ermittelt wird, ist nicht Bestandteil dieses Verfahrens. Bei ihm kommt es nur darauf an, *daß* verhandelt wird. In dem Maße wie Gemeindevertreter und nicht die Bevölkerung selbst an den Verhandlungen beteiligt sind, ist das Verfahren für Bestechung anfällig.[21]

Da es unter Fairnessaspekten keine Grundlage für die Ermittlung einer in Betracht kommenden Gemeinde gibt, aber auch wegen der Möglichkeit einer Gemeinde, ihre Position durch überhöhte Forderungen zu verbessern, können sich im Rahmen von bilateralen Verhandlungen vorteilhaftere Konsequenzen als im Falle einer Auktion ergeben. Falls eine arme Gemeinde, was nicht absolut sicher ist, als Kandidat für den Standort in Betracht kommt, dann wird sie möglicherweise nicht gerade mit der minimalen Kompensation abgespeist (während die anderen von der Anlage profitieren). Marktmacht kann insofern als Hilfsmittel angesehen werden, um ein Hindernis in Gestalt von Armut tendenziell zu überwinden.

---

[20] So abstrahieren wir zum Beispiel von der *rein politischen* Entscheidung von Standortfragen, bei der es eine große Rolle spielen dürfte, ob eine Parteiendemokratie vorzufinden ist. In diesem Fall werden, sofern keine Einsprachemöglichkeiten bestehen, voraussichtlich stabile Wahlkreise der Opposition als Standorte auserkoren.

[21] *Mitchell* und *Carson* (1986) fordern zur Überwindung dieses Problems daher eine Abstimmung mit der Erfordernis einer Zweidrittelmehrheit unter der Gemeindebevölkerung.

(2) Auktionen[22]

Auch bei multilateralen Verhandlungen wie im Falle von Auktionen kann sich eine Kandidatengemeinde in den Entscheidungsprozeß einbringen. In gleicher Weise wie bei bilateralen Verhandlungen hat sie das Recht, einen Standortvorschlag abzulehnen, oder aber sich ihre Zustimmung abkaufen zu lassen. An Einflußmöglichkeiten sind – mit Ausnahme von physischer Gewalt – wiederum alle zugelassen. Da es bei der Auktion um eine Standortversteigerung unter mehreren in Betracht kommenden Gemeinden geht, spielt die relative Ungleichheit eine besondere Rolle. Die Versteigerung läuft – unter sonst gleichen Bedingungen – auf die Auswahl der ärmsten unter den Kandidatengemeinden hinaus. Entschädigung ist auch hier Bestandteil der Verhandlung. Doch fällt sie, wiederum gleiche Bedingungen unterstellt, in der Tendenz nicht so hoch wie bei der Verhandlung aus. Ein Grund besteht darin, daß strategisches Übertreiben in geringerem Umfang als bei bilateralen Verhandlungen möglich ist. Darüber hinaus kann zur bewußten Verhinderung von strategischem Verhalten vorgesehen sein, daß lediglich ein Teil der umgesetzten Mittel überhaupt für Entschädigungszahlungen verwendet werden darf. Die Verfahrenskosten werden um diesen auszuschüttenden Betrag quasi erhöht.

Auktionen sind in jedem Fall eher geeignet, eine Lösung hervorzubringen, als bilaterale Verhandlungen. Allerdings dürfte sich die relative Position im Falle von Auktionen – trotz der Entschädigung – tendenziell eher zugunsten der Wohlhabenderen (oder: zuungunsten der weniger Wohlhabenden) entwickeln.

5.2 Schiedsspruchverfahren

(1) Nutzen-Kosten-Analyse

Die Nutzen-Kosten-Analyse beruht auf Zuweisungsgewalt der Gemeinschaft gegenüber dem einzelnen und ist insofern ein Schiedsspruchverfahren. Mit ihrer Hilfe wird auf übergeordneter Ebene versucht, eine dem Verhandlungsergebnis entsprechende Lösung zustande zu bringen, wobei eine ideale Verhandlung ohne Strategie den Referenzpunkt darstellt.

Konkret wird zu ermitteln versucht, was die Standortgemeinde in einer hypothetischen Verhandlung als Kompensation fordern und was die Nutznießer als Zahlung bieten würden. Fällt das Zahlungsgebot höher als die Kompensationsforderung aus, dann ist das Vorhaben lohnend und wird realisiert. Der entscheidende Unterschied zu Aushandlungsverfahren besteht darin, daß die Entschädigung hier nur hypothetisch ermittelt wird, also in Wirklichkeit nicht ausgezahlt werden muß. *O'Hare, Bacow* und *Sanderson* (1983) sehen im Fehlen einer effektiven Kompensation den Hauptgrund dafür, daß Standortentscheidungen immer wieder auf Widerstand stoßen.[23] Es trifft sicherlich zu, daß sich der Betroffene – was das Ergebnis betrifft – schlechter stellt als zuvor, was bei dem Verhandlungsverfahren nicht der Fall ist. Allerdings trifft es, weil die Auswahl einer möglichen Standort-

---

[22] Vgl. im einzelnen *O'Hare* (1977), *Goetze* (1982), *Kunreuther* et al. (1987), *Inhaber* (1992) oder *O'Sullivan* (1993).
[23] Ähnlich bereits *Wolpert* (1976).

gemeinde auch bei der Nutzen-Kosten-Analyse arbiträr ist, nicht notwendig die tendenziell ärmste Gemeinde. Bestechen kann man theoretisch bei diesem Verfahren die Experten.

(2) Geographische Verfahren

Geographische oder auch geologische Verfahren[24] zählen zu den bisher am häufigsten angewandten Entscheidungsmethoden. Sie unterscheiden sich in dreierlei Hinsicht. Einmal wird mit großem Aufwand versucht, die geographische Eignung möglichst objektiv zu erfassen. Bei der Nutzen-Kosten-Analyse dagegen orientiert sich die Beurteilung an der subjektiven Wahrnehmung von Schäden (etwa erwartete Einsickerung ins Grundwasser). Ein weiteres wichtiges Unterscheidungsmerkmal besteht darin, daß bei geologischen Verfahren der Reichtum einer Gemeinde nicht als Zuweisungskriterium fungiert. Als Folge dessen dürften bei ihnen auch weniger Ungleichheit in die Entscheidung eingehen. Ein letztes Merkmal geographischer Verfahren besteht darin, daß die Präferenzen der Bürger – im Gegensatz zur Nutzen-Kosten-Analyse – nicht direkt geäußert werden können. Die Einschätzung der empfundenen Schadenswirkung einer Analyse wird von den Experten für die betroffenen Bürger vorgenommen, wobei ein festgelegtes Schema bestehen kann, aber nicht muß. Die Entscheidungsfindung selbst ist aufgrund der intensiven notwendigen Untersuchungen sehr aufwendig und nimmt viel Zeit in Anspruch. Entsprechend hoch ist die Möglichkeit der Bestechung von Experten anzusetzen.

(3) Volksabstimmung und Planungszelle

Eine weitere grundsätzliche Verfahrensmöglichkeit besteht in der Entscheidung durch das Volk oder durch repräsentative, unvoreingenommene Bürger aus dem Volk. Mehrere Autoren aus verschiedenen Fachrichtungen haben sich unabhängig voneinander für eine derartige Vorgehensweise ausgesprochen. So schlagen etwa *Opaluch* et al. (1993) vor, die geographischen Verfahren dahingehend zu modifizieren, daß die grundsätzliche Gewichtung von der Bevölkerung selbst oder einer repräsentativen Auswahl vorgenommen wird. Dabei sollen den Befragten anonymisierte und stilisierte Szenarien vorgelegt werden, in denen etwa zu entscheiden ist, ob eine Anlage eher in einer dünn besiedelten Gegend oder aber in einer geologisch besser geeigneten, jedoch vergleichsweise dichter besiedelten Gegend errichtet werden soll. Die Stilisierung und Anonymität der Szenarien gewährleisten Unvoreingenommenheit der Entscheidung.
Ein Vorschlag, dem der gleiche Gedanke zugrundeliegt, ist *Dienels* (1978) Planungszelle.[25] Ihm zufolge soll die Entscheidungsfindung durch zufällig ausgewählte Laien, die den Querschnitt der Gesamtbevölkerung repräsentieren, erfolgen. Experten können zur Bereitstellung von Information herangezogen werden. Auch bei diesem Vorgehen werden ungleiche Vermögenspositionen als Einflußmöglichkeit ausgeschlossen. Im Unterschied zu den geographischen Verfahren, bei denen die Gewichtung den Experten vorbehalten bleibt, werden hier un-

---

[24] Siehe hierzu u. a. *Howard* (1975), *Keeney* (1980), *Covello* (1985) und *Mickan* (1987).
[25] Vgl. auch *Siebenborn* und *Nehm* (1980) sowie für eine konkrete Anwendung *Renn* (1993).

mittelbar die Präferenzen der Bevölkerung zugelassen – wenn man davon ausgeht, daß die Präferenzen einer repräsentativen Stichprobe unvoreingenommener Bürger die Bürgerpräferenzen in unverzerrter Weise, d. h. frei von strategisch bedingten Abweichungen, wiedergibt. Das Verfahren ist der Intention eines Geschworenengerichtes vergleichbar. Die Manipulationsmöglichkeiten sind vermutlich schwächer ausgeprägt als bei den geologischen Verfahren, denn eine Gruppe anonymer Bürger ist sehr viel schwerer anzugehen als die wenigen bekannten und meist schon länger tätigen Experten. Dieses Verfahren hat den weiteren Vorteil, daß es näher am üblichen administrativen Entscheidungsmodell als das Auktionsverfahren und somit auch im gegebenen institutionellen Rahmen leichter umsetzbar ist.

(4) Losverfahren

Der Vorschlag, in die Entscheidungsfindung Zufallselemente zu integrieren, wird von *Kunreuther* et al. (1987) damit begründet, daß sich hiermit der Fairness Rechnung tragen lasse, an der es seinem ursprünglichen Vorschlag, einem Auktionsverfahren, mangele. Doch kann das Losverfahren auch als eigenständiger Ansatz aufgefaßt werden.

Das Losverfahren nivelliert sämtliche ungleichen Einflußfaktoren, indem es sie ausschließt. Auch geographische Eignung spielt beim reinen Zufallsmechanismus keine Rolle. Deshalb wird die Auslosung in der Literatur auch gerne als sehr faires Verfahren angesehen. Der zeitliche Aufwand ist minimal. Es gibt keine nennenswerten zusätzlichen Ressourcenkosten. Da sich bei diesem Verfahren auch keine „Renten" aneignen lassen, sind die Anreize für Bestechung gering. Möglicherweise aus diesem Grunde stößt die Auslosung im administrativen Entscheidungsbereich auf wenig Gegenliebe.

6. Verfahrenspräferenzen

Wie läßt sich eruieren, welches Verfahren zur Standortbestimmung auf Verfassungsebene bei demokratischer Abstimmung das vorzugswürdigste wäre? Vorschlägen aus der Literatur folgend könnte man so vorgehen, daß die Akzeptanz alternativer Lösungsmodalitäten in einer fiktiven NIMBY-Standortentscheidung durch eine Bürgerbefragung überprüft wird. So erhielte man Aufschluß darüber, ob der Widerstand gegen ein NIMBY-Projekt vielleicht deshalb besonders heftig und verzweifelt ist, weil die Betroffenen einer anderen als der tatsächlich verwendeten Entscheidungsmethode weniger Widerwillen entgegenbrächten. Dabei ist von besonderem Interesse, zu erfahren, ob die in jüngster Zeit vorgeschlagenen, noch unerprobten und vorwiegend akademischen Verfahren diesem Widerstand etwas an Schärfe nehmen könnten. Darüber hinaus stellt sich die Frage, ob sich via Erfassung der Ansichten Unvoreingenommener zu verschiedenen Entscheidungsverfahren möglicherweise ein auf die Charakteristika der potentiell Betroffenen abgestimmtes, flexibles Vorgehen vorschlagen läßt.[26] Je nach „Nachfrage" von

---

[26] Es läßt sich unter Umständen dann dasjenige Verfahren (oder jene Verfahrenskombination) vorschlagen, bei dem (der) die Lösung auf die vergleichsweise geringsten Vorbehalte stößt.

Seiten der Individuen mögen Gesichtspunkte stilisierter Verfahren mehr oder weniger stark hierin eingehen.

Was aber bestimmt die Nachfrage nach einem Entscheidungsverfahren oder allgemeiner einem Typus von Entscheidungsverfahren? Darüber soll letztlich die Empirie Auskunft geben. Die Bürger brauchen sich nicht unbedingt der Gründe bewußt zu sein, die sie zu ihrer Haltung bewegen. Folgende konkrete Einflußketten lassen sich jedoch anhand in der Literatur vorgebrachter Hypothesen vermuten: Die Standardantwort des Ökonomen zu dieser Frage lautet, daß das Antwortverhalten im wesentlichen durch die Vermögensposition bestimmt ist. Er geht nämlich davon aus, daß Menschen keine systematisch divergierenden Präferenzen aufweisen, sondern, daß unterschiedliches (Wahl-)Verhalten von der „Erstausstattung", sprich vom Einkommen, vom Vermögen und von den Fähigkeiten abhängt.

Wie schon *Weitzman* (1977) und *Sah* (1987) theoretisch dargelegt haben, ist bei alleiniger Orientierung am zu erwartenden materiellen Resultat – unter sonst gleichen Umständen – das Vermögen dafür ausschlaggebend, ob das Auktionsverfahren anderen, nicht-preislichen Zuweisungs- beziehungsweise Zuteilungsverfahren vorgezogen wird. Weil bei Auktionen unterschiedliche Vermögenspositionen zugelassen sind, werden jene, deren Einfluß in diesem Falle vergleichsweise gering ist, ein anderes Verfahren vorziehen, bei dem diese Möglichkeit der Einflußnahme eben unterbunden ist. Allerdings analysieren die beiden das Auktionsverfahren für den Fall der Zuteilung von bereits produzierten Gütern. Da es sich bei der geplanten NIMBY-Anlage um kein Gut, sondern ein Ungut handelt, ginge es bei Auktionen darum, daß die Betroffenen Geld dafür bieten müßten, nicht als Standort auserkoren zu werden. Ceteris paribus wird eine arme Gemeinde eher der Verlierer sein.

Als weiterer Gesichtspunkt ist in unserem Fall allerdings die Kompensation zu berücksichtigen, denn die gängigen Vorschläge sehen vor, von dem eingesammelten Geld eine Entschädigung an die ausgemachte Gemeinde zu zahlen. Vorbehalte ärmerer Gemeinden gegenüber Auktionen sind dann mit hoher Wahrscheinlichkeit zu erwarten, wenn auch die sonstigen in Betracht kommenden Verfahren eine (gesetzlich festgelegte) Entschädigung vorsehen.

Ein weiterer Faktor, der auf die Entscheidung für oder gegen einen bestimmten Verfahrenstyp Einfluß ausübt, besteht in der Disposition, Neid zu empfinden. Neid, der von *Hirschman* (1982) als zutiefst menschliche Eigenschaft bezeichnet wird,[27] mag das Augenmerk auf Einkommensunterschiede lenken. Auch wenn es sich theoretisch nicht stringent herleiten läßt, so kann man vermuten, daß Neid zur Ablehnung gerade solcher Verfahren führen dürfte, bei denen ein bereits Bevorzugter weiterhin dazugewinnt, andere dagegen sich kaum besserstellen. Diese Eigenschaft wird gerade Auktionen nachgesagt.

Auch Religion kann einen Einfluß haben, der sich – über unterschiedliche Kanäle – auf die Einstellung gegenüber dem Preissystem negativ auswirken kann (vgl. *Mueller* 1993). Zum einen fördert sie ein Sich-der-zentralen-Autorität-Unterwerfen. Zum anderen bekräftigt sie den von möglicher nachträglicher Reue ge-

---

[27] Neid bleibt bei *Rawls* (1975) seltsamerweise völlig ausgeschlossen, möglicherweise, weil er mit dem Menschenbild, das seinen Empfehlungen zugrundeliegt, nicht vereinbar ist.

schwängerten Wunsch, nicht in Versuchung geführt werden zu wollen.[28] Letzteres muß allerdings nicht religiös begründet sein, sondern kann mit dem Wunsch nach Eingebettet-Sein in die Gesellschaft zusammenhängen.

Eingebettet-Sein hat sehr wahrscheinlich auch maßgeblichen Einfluß auf den Modus der Kompensation. Bei den Schiedsspruchverfahren kann die Entschädigung nicht ausgehandelt werden, sondern wird als zuvor allgemein festgelegte Summe ausgerichtet. Bei den dezentralen Verfahren dagegen ist die Vereinbarung der Entschädigung Gegenstand der Verhandlung selbst. Was aus materieller Sicht eine Attraktion dezentraler Verfahren ausmacht, hat gleichzeitig den Anruch des Verkaufs seiner „natürlichen" Rechte gegen Bares, was mit dem empirisch nachgewiesenen „Endowment"-Effekt[29] zusammenhängen dürfte. Dieser Effekt besagt, daß es materiell nicht begründbare Widerstände geben kann, sich von etwas zu trennen. In unserem Fall könnten die Menschen ein „unveräußerliches" Widerstandsrecht einer durch eine Standortwahl betroffenen Gemeinde als gegeben ansehen (*Okun* 1975). Eine Zustimmung gegen Entschädigung könnte dann als „Bestechung" eingestuft werden. „Eingebettete" Bürger jedoch möchten erst gar nicht in Versuchung geraten, sich auf eine solche verpönte Handlung einzulassen.[30] Deshalb wird Eingebettet-Sein eher gegen eine etwaige Vorliebe für Auktionsverfahren sprechen.

Eine weitere Erklärung für die Vorliebe für nicht-preisliche Verfahren kann sich aus der politischen Einstellung ergeben. *Buchanan* (1954) hat bereits früh darauf hingewiesen, daß Linke eine deutliche Präferenz für gesellschaftliche Lösungen hegen, wohingegen Rechte eine klare Vorliebe für anarchische, individualistische Lösungen besitzen. Selbstredend kann die politische Einstellung auch vom Vermögen bestimmt sein, doch läßt sich vermuten, daß die politische Grundhaltung als solche zur Erklärung beitragen kann, weshalb solch systematische Vorlieben bestehen.

Auch der Beruf dürfte in diesem Zusammenhang eine Rolle spielen (*Frey* 1981). Wie *Offermann* und *Schram* (1992) festgestellt haben, zeichnen sich Ökonomen durch eine ausgeprägt egoistische Einstellung aus und sind entsprechend stark an dem rein materiellen Substrat von Entscheidungsmechanismen interessiert. Deshalb besitzen sie auch eine wahre Begeisterung für Auktionsverfahren. Ingenieure wie auch Geographen und Geologen sind dagegen im besonderen Maße für Schiedsspruchverfahren, was damit zusammenhängen mag, daß sie hierbei eine aktive Rolle übernehmen können. Doch Egoismus kann auch unabhängig von jeglicher beruflich bedingten Prädisposition zum Tragen kommen. Ein Egoist wird, so die Namensgebung, nur Wert auf das eigene Fortkommen legen. Gerechtigkeitsaspekte etwa, die sich insbesondere an der relativen Position festmachen lassen, werden für ihn keine Rolle spielen.[31] Egoismus kann als Gegenstück zu

---

[28] In der Tat verhält sich Religion zur Konsumentenfreiheit wie Wasser zu Feuer. Dem religiösen Menschenbild liegt eine klare Hierarchie der Bedürfnisse zugrunde, wenn nicht sogar eine Unterscheidung in „gute" und „schlechte" Wünsche (vgl. *Vaughn* 1992). Hieraus läßt sich eine einschränkende Zwangsgewalt des Staates herleiten, mit deren Hilfe der Mensch vom Übel abgehalten werden soll.

[29] Vgl. *Kahneman* und *Tversky* (1979) sowie für einen konkreten Fall *Pommerehne* und *Frey* (1993).

[30] Zumindest sprechen hierfür die Reaktionen der Bergkamener Bürger gegen die Errichtung einer NIMBY-Anlage, bei der ganz offen eine „Bestechung" versucht wurde; siehe *Kunreuther* und *Linnerooth* (1983).

[31] Vgl. in diesem Zusammenhang (aber auch im Falle von Neid) insbesondere *Liebrand, Messick* und *Wilke* (1992).

Neid, aber auch zu altruistischer Haltung verstanden werden. Altruismus konzentriert sich (ebenso wie übrigens Neid) auf die relative Position, mit der Intention, daß Arme nicht noch relativ ärmer werden sollten.

Ein weiterer möglicher Einflußfaktor kann in der bereits erwähnten Präferenz für aktive Teilhabe bestehen. Gerade jene Bürger, die im gesellschaftlichen/politischen Leben Wert auf Sich-Einbringen legen, werden die diskutierten Verfahren auch unter diesem Aspekt beurteilen. Sie werden eher für Verhandlungsverfahren votieren und sich bei den Schiedsspruchverfahren allenfalls für Referenden erwärmen.

Schließlich ist denkbar, daß die Zustimmung zu, beziehungsweise die Ablehnung von bestimmten Lösungsmechanismen auf einer unterschiedlichen Auffassung gesellschaftlicher Wohlfahrt beruht. Ökonomen neigen berufsmäßig dazu, ein Verfahren danach zu beurteilen, ob es niemanden schlechter stellt als zuvor. In diesem Fall ist es einem anderen, bei dem dies eben nicht der Fall ist, vorzuziehen. Dieses Bewertungskriterium, bei dem nicht nach der Ausgangsposition der Betroffenen gefragt wird, muß von anderen Individuen natürlich nicht geteilt werden. Und so ist eine Präferenz für das Preissystem, die aus dem Bewertungskriterium der Ökonomen (dem angesprochenen Pareto-Kriterium) logisch ableitbar ist, nicht notwendig bei allen Individuen zu erwarten. Bei Leuten, die Opfer als etwas Legitimes ansehen, kann es insofern eine Vorliebe für Schiedsspruchverfahren geben.

Wir haben bislang mögliche Einflußfaktoren auf die Zustimmung zu beziehungsweise Ablehnung von bestimmten Entscheidungsverfahren erörtert, wobei sämtliche Faktoren an bestimmten Positionsmerkmalen von Individuen innerhalb der Gesellschaft festzumachen waren. Nun ist es denkbar, daß persönliche Faktoren bei der Bevorzugung eines Mechanismus keine Rolle spielen, also lediglich allgemeine, von der Position des einzelnen unabhängige Präferenzen bestehen (*Ng* 1988). Dies würde bedeuten, daß Individuen solche „vorkonstitutionellen" Präferenzen auch dann aufweisen, wenn ihre persönliche relative Position bereits weitgehend feststeht. Daß Metapräferenzen auch in konkreten Situationen für die Entscheidung von Individuen maßgeblich sind, ist vor allem dann zu erwarten, wenn die Menschen langfristig denken. Gerade von Personen mit Kindern würde man eine solche Haltung erwarten. Es ist in diesem Falle zu vermuten, daß der Einfluß der eigenen persönlichen Merkmale etwas zurücktritt.

Sollte sich empirisch erweisen, daß es sogar allgemeine Metapräferenzenmuster gibt (vgl. *Sen* 1977), welche die Entscheidung für ein Verfahren (und gegen ein anderes) maßgebend bestimmen, dann wäre damit ein großer Schritt zur Lösung des Problems der Standortbestimmung vollzogen. Es ließe sich nämlich situationsunabhängig ein bestimmtes Entscheidungsverfahren empfehlen, das im weiteren sehr einfach als allgemeine Regelung in einer „Umweltverfassung" niedergelegt und entsprechend garantiert werden könnte.

Eine bislang noch nicht aufgeworfene Frage erstreckt sich darauf, ob ein Auswahlverfahren, das a priori als sehr annehmbar angesehen wird, auch im nachhinein, also nach der mit seiner Hilfe vollzogenen Standortentscheidung, noch auf dieselbe Akzeptanz stößt, oder unter den Bürgern der betroffenen Gemeinde eher Unzufriedenheit hervorruft. Letzteres muß als Möglichkeit eingeräumt werden. Schiedsspruchverfahren zum Beispiel, die ex ante, weil sie Ungleichheiten ausschließen, besondere Anziehungskraft aufweisen, dürften nämlich aus rein materieller Sicht ex post eher auf Unzufriedenheit stoßen als die im Vergleich a priori

weniger attraktiven Verhandlungsverfahren. Verhandlungen zielen auf freiwillige Hinnahme gegen Entschädigung ab. Schiedsspruchverfahren gehen demgegenüber von dem Recht der Gemeinschaft auf die Durchsetzung gemeinnütziger Entscheidungen aus. Entschädigung ist im letztgenannten Fall kein automatischer Bestandteil der Entscheidungsfindung. Erfolgt sie nicht, so stellt sich die Standortgemeinde materiell schlechter als zuvor. Es kann also durchaus ein Gegensatz bestehen zwischen der Akzeptanz einer Vorgehensweise vor der Entscheidung und der Akzeptanz ihrer Folgen im nachhinein. Drei Konstellationen kommen in den Sinn, unter denen dieser Gegensatz entschärft werden kann:
Zunächst besteht die Möglichkeit, daß sich die Individuen an ihr einmal gegebenes Wort auch gebunden fühlen. Wenn es wirklich dauerhaft entscheidungsrelevante Metapräferenzen gibt und die Aufnahme eines Verfahrens in die Verfassung vor deren Hintergrund erfolgt ist, dann mögen die Bewohner der Gemeinde hieraus die Verpflichtung ableiten, sich in eine gemäß ihren Wünschen zustandegekommene Entscheidung auch zu fügen. Um sicherzustellen, daß die Leute auch im nachhinein die Verpflichtung empfinden, sich an ihr Wort zu halten, erscheint eine Abstimmung über die Legitimation der vorgesehenen Vorgehensweise angebracht (*Harsanyi* 1969).
Sodann stellt sich die Frage nach möglichen Gewissensbissen (*Frank* 1987). Auch eine Gemeinde, die sich in der Verhandlungslösung auf etwas geeinigt hat, kann trotzdem im nachhinein unzufrieden sein und dies auch äußern. Denn wie man am Beispiel Bergkamens gesehen hat, kann die gesellschaftliche Auffassung, besonders wenn sie von Dritten geäußert wird, dazu führen, daß man sich aus seiner Bestechlichkeit ein Gewissen macht und seinen Fehler bedauert (*Loomes* und *Sugden* 1982).
Schließlich kann auch im Rahmen von Schiedsspruchverfahren durchaus eine – in einem Gesetz festgelegte – allgemeine Kompensation vorgesehen werden. Selbst wenn deren Höhe nicht flexibel aushandelbar ist (wie im Falle der Verhandlung), so wiegt möglicherweise um so schwerer, daß die Kompensation nicht auf dem Ausverkauf eines „natürlichen" Rechts gegen Bestechung beruht.
Zusammenfassend gehen unsere Vermutungen dahin, daß Menschen (i) sich tendenziell eine gerechte Entscheidung wünschen, (ii) sich wünschen, zur Hinnahme der gemeinnützigen Anlage gezwungen zu werden und (iii) für ihre noble Aufnahme der gemeinnützigen Verpflichtung ein nicht-ausgehandeltes Entgelt erhalten möchten, welches ihnen laut Gesetz zusteht.

7. Abschließende Bemerkungen

Als Quintessenz unseres Beitrages ist festzuhalten, daß er die Überlegenheit des von Ökonomen propagierten konstruktivistischen Auktionsmechanismus zumindest in Frage stellt. Damit wird keine allgemeine Aussage über Vor- und Nachteilhaftigkeit von Auktionen vorgenommen. Doch ist dieses Verfahren, so die von uns entwickelte Kernhypothese, schwerlich auf solche Entscheidungen anwendbar, welche die Bedingungen einer „tragischen" Wahl erfüllen. Dabei handelt es sich um Entscheidungen, bei denen sequentiell vorgegangen wird. Zuerst werden die Fragen des „Ob" und „In welchem Umfang" geklärt; danach erst wird bestimmt, „Wer" das so Festgelegte zugeteilt erhält.
Selbstredend ist dies nicht der Idealfall einer marktlich organisierten Wirtschaft, wo über diese Fragen simultan entschieden wird. Die Frage, die wir somit beant-

worten, ist also nur für einen bestimmten Rahmen bedeutsam, den man aus wohl-
fahrtsökonomischer Sicht als „kollektiv" kennzeichnen kann: Gegeben, daß eine
Entscheidung aufgespalten wurde und daß eine Entscheidung auf der ersten Stufe
bereits vorliegt, was ist in diesem Rahmen des Zweitbesten auf der zweiten Stufe
zu tun? Die erste Stufe kann definitionsgemäß nur „nicht-marktlich" entschieden
worden sein, denn auf dem Markt wird über alle Fragen simultan entschieden.
Folglich begründet die Entscheidung auf der ersten Stufe ein Verständnis der
NIMBY-Standortentscheidung als Problem des Zweitbesten, d. h. als Problem der
Entscheidung angesichts bereits bestehender Unvollkommenheit.

Bei Entscheidungen, die sich an „politische" (nicht-marktliche) Entscheidungen
anschließen, ist Vorsicht geboten. Für die Folgeentscheidung blindlings den
Marktmechanismus zu empfehlen, ist vermutlich weit weniger klug, als in
flexibler Weise auf die besonderen Bedürfnisse und Anliegen der potentiell Betroffenen einzugehen. Nicht mehr und nicht weniger wollen wir festhalten. Es gilt
in diesem Zusammenhang das Wort *Solows* (1990): Es ist weniger realistisch, den
Marktmechanismus mit einer maßgeschneiderten zusätzlichen Kompensation zu
versehen, welche die von der ersten Entscheidung ausgehenden Folgewirkungen
beheben soll, als vielmehr der „groben" ersten Entscheidung eine „grobe" zweite
folgen zu lassen, die zwar weniger elegant, dafür aber – im Vergleich – prakti-
kabler und vor allem akzeptabler sein mag.

Bei anderem Herangehen an diese Thematik liegt es nahe, das Gegebene, die Entscheidung auf der ersten Stufe, nicht hinzunehmen und zu fordern, daß über das
„Ob" und „Wieviel" als auch über das „Bei wem" in einem Zug entschieden wird,
beispielsweise durch Schaffung eines Marktes für NIMBY-Anlagen. Diese Forderung kann man durchaus erheben, doch haben wir den entsprechenden Gedanken nicht weiterverfolgt und zwar mit folgender Überlegung: Es ist vermutlich
kein Zufall, daß für NIMBY-Anlagen eben kein Markt besteht. Die Transaktionskosten einer Einigung dürften bei dieser Spezies von öffentlichem Gut (die Anlage
fördert ja die allgemeine Wohlfahrt) beträchtlich sein. Hier geht es nämlich nicht
um den Tausch zwischen zwei Individuen, sondern um den Beschluß über die Errichtung und die Standortwahl zwischen ganzen Gemeinden. Zum einen läßt sich
dann nicht bis ins letzte in Erfahrung bringen, wer alles sich für die Anlage interessiert, zumal seitens der Nutzer Anreize zum Freifahren bestehen. Zum anderen
ist eine spontane Verhandlung wegen der hohen Organisationskosten kaum realistisch. Es sind möglicherweise diese Schwierigkeiten, weshalb wir in der Realität
eine politische, zentralisierte Entscheidung über die Wünschbarkeit von NIMBY-
Anlagen vorfinden. Eine allgemeine Marktlösung (im Sinne von Nutzen-Kosten-
Äquivalenz) erscheint dann erstrebenswert, wenn Menschen stets überlegt, korrekt
und vorausschauend handeln. Unter Umständen müßte man die (integrierte) Auktionslösung als Zwang der Individuen zu ihrem eigenen Besten begreifen.

Literatur

Akerlof, G. A. und *W. T. Dickens* (l982): The Economic Consequences of Cognitive Dissonance, American Economic Review 72, 307 – 319.

Andrews, R. N. L. und *T. K. Pierson* (1985): Local Control or State Override: Experiences and Lessons to Date, Policy Studies Journal 14, 90 – 110.

Austin, M., T. E. Smith und *J. Wolpert* (1970): The Implementation of Controversial Facility-Complex Programs, Geographical Analysis, 315 – 329.

Bacow, L. und *J. Milkey* (1983): Responding to Local Opposition to Hazardous Waste Facilities: The Massachussetts Approach, Resolve 1; 4; 8.

Baram, M. S. (1980): Cost-Benefit-Analysis: An Inadequate Basis for Health, Safety, and Environmental Regulatory Decision-Making, Ecology Law Quarterly 8, 473 – 531.

Bryan, R. H. (1987): The Politics and Promises of Nuclear Waste Disposal: The View from Nevada, Environment 29, 14 – 17; 32 – 38.

Buchanan, J. M. (1954): Individual Choice in Voting and the Market, Journal of Political Economy 62, 334 – 343.

Calabresi, G. und *P. Bobbitt* (1978): Tragic Choices. New York: Norton.

Covello, V. T., Hrsg. (1985): Environmental Impact Assessment. Berlin et al.: Springer.

Dienel, P. C. (1978): Die Planungszelle. Der Bürger plant seine Umwelt. Eine Alternative zur Establishment-Demokratie. Opladen: Westdeutscher Verlag.

Elster, J., Hrsg. (1985): The Multiple Self. Cambridge et al.: Cambridge University Press.

Feldmann, A. M. (1983): Welfare Economics and Social Choice Theory. Boston et al.: Kluwer.

Frank, R. H. (1985): Choosing the Right Pond. Human Behavior and the Quest for Status. New York und Oxford: Oxford University Press.

Frank, R. H. (1987): If homo oeconomicus Could Choose His Own Utility Function, Would He Choose One With A Conscience? American Economic Review 77, 593 – 604.

Frey, B. S. (1981): Theorie Demokratischer Wirtschaftspolitik. München: Vahlen.

Frey, B. S. (1986): Economists Favour the Price System – Who Else Does? Kyklos 39, 537 – 563.

Frey, B. S. und *W. W. Pommerehne* (1988): Für wie fair gilt der Markt? Hamburger Jahrbuch für Wirtschafts- und Gesellschaftspolitik 33, 223 – 237.

Frey, B. S. und *W. W. Pommerehne* (1993): On the Fairness of Pricing – An Empirical Survey among the General Population, Journal of Economic Behavior and Organization 20, 295 – 307.

Goetze, D. (1982): A Decentralized Mechanism for Siting Hazardous Waste Disposal Facilities, Public Choice 39, 361 – 370.

Groves, T. (1979): Efficient Collective Choice with Compensation, Review of Economic Studies 46, 227 – 241.

Harsanyi, J. C. (1969): Rational-Choice Models of Political Behavior vs. Functionalist and Conformist Theories, World Politics 21, 513 – 538.

Hirschman, A. O. (1982): Shifting Involvements: Private Interest and Public Action. Princeton: Princeton University Press.

Howard, R. A. (1975): Social Decision Analysis, Proceedings of The Life 63, 359 – 371.

Inhaber, H. (1992): Of Lulus, Nimbys, and Nimtoos, Public Interest 107, 52 – 64.

Kahneman, D., J. L. Knetsch und *R. Thaler* (1986): Fairness as a Constraint on Profit Seeking: Entitlements in the Market, American Economic Review 76, 728 – 741.

Kahneman, D. und *A. Tversky* (1979): Prospect Theory, An Analysis of Decision under Risk, Econometrica 47, 263 – 291.

Keeney, R. L. (1980): Siting Energy Facilities. New York et al.: Academic Press.

Kunreuther, H., P. Kleindorfer, P. J. Knez und R. Yaksick (1987): A Compensation Mechanism for Siting Noxious Facilities: Theory and Experimental Design, Journal of Environmental Economics and Management 14, 371 – 383.

Kunreuther, H., J. Lathrop und J. Linnerooth (1982): A Descriptive Model of Choice for Siting Facilities, Behavioral Science 27, 281 – 297.

Kunreuther, H. und J. Linnerooth (1983): Risikoanalyse and politische Entscheidungsprozesse. Standortbestimmung von Flüssiggasanlagen in vier Ländern. Berlin et al: Springer.

Liebrand. W. B. G., D. M. Messick und H. A. M. Wilke, Hrsg. (1992): Social Dilemmas. Oxford et al.: Pergamon Press.

Loomes, G. und R. Sugden (1982): Regret Theory: An Alternative Theory of Rational Choice under Uncertainty, Economic Journal 92, 805 – 824.

Mickan, B. (1987): Parameters Characterizing Toxic and Hazardous Waste Disposal Sites: Management and Monitoring. Luxemburg: European Communities.

Mitchell, R. C. und R. T. Carson (1986): Property Rights, Protest, and the Siting of Hazardous Waste Facilities, American Economic Review, Papers and Proceedings 76, 285 – 290.

Morell, D. und C. Magorian (1982): Siting Hazardous Waste Facilities: Local Opposition and the Myth of Preemption. Cambridge, MA: Ballinger.

Mueller, D. C. (1979): Public Choice. Cambridge et al.: Cambridge University Press.

Mueller, D. C. (1993): Constitutional Democracy. University of Maryland, unveröffentlichtes Buchmanuskript.

Ng, Y.-K. (1988): Economic Efficiency versus Egalitarian Rights, Kyklos 41, 215 – 237.

Nozick, R. (1982): Anarchie, Staat, Utopia. München: Moderne Verlagsgesellschaft.

Offermann, T. und A. Schram (1992): Selfishness, Rationality and Orientation Reexamined: Evidence from Economic and Psychological Experiments, University of Amsterdam, unveröffentlichtes Manuskript.

O'Hare, M. (1977): Not on My Block You Don't: Facility Siting and the Strategic Importance of Compensation, Public Policy 25, 409 – 458.

O'Hare, M., L. Bacow und D. Sanderson (1983): Facility Siting and Public Opposition. New York: Van Nostrand-Reinholt.

Okun, A. M. (1975): Equality and Efficiency, the Big Tradeoff, Washington, D.C.: Brookings.

Okun, A. M. (1981): Prices and Quantities. Oxford: Blackwell.

Opaluch, J. J., S. K. Swallow, T. Weaver, C. W. Wessels und D. Wichelns (1993): Evaluating Impacts from Noxious Facilities: Including Public Preferences in Current Siting Mechanisms, Journal of Environmental Economics and Management 24, 41 – 59.

O'Sullivan, A. (1993): Voluntary Auctions for Noxious Facilities: Incentives to Participate and the Efficiency of Siting Decisions, Journal of Environmental Economics and Management 25, 12 – 26.

Pommerehne, W. W. und B. S. Frey (1993): Justifications for Art Trade Restrictions: The Economic Perspective, Etudes en Droit de l'Art 3, 89 – 114.

Pommerehne, W. W., B. Gygi und B. S. Frey (1993): Semper aliquid haeret? Studium der Nationalökonomie und Einschätzung der Fairness des Preissystems, Universität des Saarlandes, Diskussionsbeitrag A 9301.

Pommerehne, W. W. und A. Hart (1994): Tragic Choice and Collective Decision-Making: A Case Study, Universität des Saarlandes, Discussion Paper B 9401.

Pommerehne, W. W., F. Schneider, G. Gilbert und B. S. Frey (1984): Concordia discors, or: What Do Economists Think?, Theory and Decision 16, 251 – 308.

Portney, K. E. (1985): The Potential of the Theory of Compensation for Mitigating Public Opposition to Hazardous Waste Treatment Facility Siting: Some Evidence from Five Massachussetts Communities, Policy Studies Journal 14, 81 – 89.

Rawls, J. (1975): Eine Theorie der Gerechtigkeit. Frankfurt: Suhrkamp.

Renn, O. (1993): Risikodialog statt Sankt-Florians-Prinzip, Neue Zürcher Zeitung 277, 26./27. November 1993, 27 – 28.

Sah, R. K. (1987): Queues, Rations, and Market: Comparisons of Outcomes for the Poor and the Rich, American Economic Review 77, 69 – 77.

Sally, D. (1990): A Political Empty Core: The Case of Hazardous Waste Disposal Facilities, University of Chicago, Discussion Paper.

Scanlon, T. M. (1979): Rights, Goals, and Fairness, in: *S. Hampshire* Hrsg.: Public and Private Morality. Cambridge: Cambridge University Press, 93 – 111.

Sen, A. K. (1977): Rational Fools: A Critique of the Behavioural Foundations of Economic Theory. Philosophy and Public Affairs 6, 317 – 344.

Siebenhorn, D. und *H. Nehm* (1980): Die Planungszelle – eine neue Form der Bürgerpartizipation, Der Städtetag 7, 398 – 402.

Solow, R. M. (1980): On Theories of Unemployment, American Economic Review 70, 1 – 11.

Tobin, J. (1970): On Limiting the Domain of Inequality, Journal of Law and Economics 13, 263 – 277.

Tullock, G. (1977): The Demand-Revealing Process as a Welfare Indicator, Public Choice 29.2 (Special Supplement), 51 – 63.

Vaughn, K. I. (1992): Theologians and Economic Philosophy. History of Political Economy 24, 1 – 29.

Weitzman, M. L. (1977): Is the Price System or Rationing More Effective in Getting a Commodity to Those Who Need It Most?, Bell Journal of Economics 8, 517 – 524.

Wolpert, J. (1976): Regressive Siting of Public Facilities. Natural Resources Journal 16, 103 – 115.

Zameck, W., von (1988): Soziale Wohlfahrt von Zwischenlager für radioaktive Abfälle, Neue Zürcher Zeitung 83, 9. April 1992, 25.

Summary

On the Siting of NIMBY Goods

Conventional wisdom has it that the price mechanism is a superior method when it comes to allocating goods. This contrasts quite puzzlingly with the less enthusiastic attitude towards the auction mechanism as a universal solution among practical economists. And, in fact, there is some theoretical reasoning by political economists who point out that in "tragic" situations, people might prefer to have problems solved by procedures other than auctions. This paper examines this question by analyzing the decision where to locate a nuclear waste repository, as a paradigmatic example of a NIMBY good.

Allokative Begründung des Road Pricing

von

ULRIKE E. BERGER und JÖRN KRUSE

1. Einleitung

Unter Road Pricing wird die Erhebung von Entgelten für die einzelne Benutzung bestimmter Straßenabschnitte verstanden. Dies ist weder in ökonomisch-theoretischer noch in praktischer Hinsicht neu. In einer ganzen Reihe von Ländern gibt es für bestimmte Autobahnen, Gebirgsstraßen, Brücken oder Tunnel derartige Nutzungsentgelte. Außerdem ist es seit langem bekannt, daß die Nichtanwendung des in anderen Bereichen der Marktwirtschaft wohlbewährten Preisausschlußprinzips für zahlreiche Ineffizienzen und Fehlentwicklungen im Verkehrssektor verantwortlich ist. Das gleiche gilt für die ökonomische Forderung, die Informations-, Lenkungs- und Finanzierungsfunktion eines pretialen Mechanismus für eine bessere Allokation im Verkehrssektor (innerhalb des Straßenbereichs und zu substitutiven Verkehrsträgern) zu nutzen. Trotzdem sind bis vor kurzem in der Praxis nur wenig Anstrengungen unternommen worden, in diese Richtung weiter voranzuschreiten.

In der letzten Zeit hat sich die Diskussion aus drei Gründen intensiviert. Erstens haben die Probleme für jedermann sichtbar stark zugenommen. Der enorm gewachsene Individualverkehr und die in einigen Relationen dafür unzureichenden Straßenkapazitäten resultieren in Stauproblemen, namentlich an zahlreichen „hot spots" zu bestimmten Zeiten. Zweitens haben signifikante technische Fortschritte bei den Erhebungsmethoden stattgefunden. Und drittens haben die Finanzprobleme der öffentlichen Haushalte die Grenzen einer staatlichen Gratisbereitstellung aufgezeigt und angesichts des hohen Infrastruktur-Investitionsbedarfs den Beginn eines Umdenkens auch bei einigen Politikern bewirkt. Gleichwohl bestehen weiterhin erhebliche Akzeptanzprobleme in weiten Teilen der Öffentlichkeit.

Das vorliegende Papier ist in drei Hauptabschnitte gegliedert. Zunächst werden einige elementare Überlegungen zur ökonomischen Begründung des Road Pricing angestellt. Nachfolgend werden die Kernüberlegungen bezüglich der ökonomischen Effekte von Verkehrsstaus eingehender dargelegt und die Bestimmung eines optimalen Straßennutzungspreises erläutert. Abschließend werden einige theoretische und praktische Probleme thematisiert.

2. Elementare Überlegungen zum Road Pricing

2.1 Generelle Problematik: Deckung der Infrastruktur-Kosten

Unter den Infrastrukturkosten D verstehen wir im folgenden die Gesamtkosten des Straßenangebots. Deren Deckung kann prinzipiell durch Preise oder Steuern verschiedener Art erfolgen. Unabhängig davon, ob das Ausschlußprinzip mittels Preisen im konkreten Fall angewendet wird oder nicht, können wir zunächst das Konstrukt der Nachfragefunktion verwenden, das die Zahlungsbereitschaft der Autofahrer für eine Fahrt auf einer bestimmten Straße abbildet. In Abb. 1 ist N_A die Nachfrage nach einer Fahrt auf einem Straßenabschnitt A.

Angenommen, (1) es existiert kein Preisausschluß und (2) die Straßenfinanzierung erfolgt aus allgemeinen Steuern, die keinen Bezug zum Straßenverkehr haben. Weiter wird zunächst angenommen, daß (3) die Grenzkosten der Nutzung null sind, d. h. es existieren keine nutzungsabhängigen Kosten der Straßenbereitstellung, und (4) daß perfekte Nichtrivalität besteht, d.h. der Nutzen einzelner Autofahrer wird durch andere Autofahrer nicht gemindert.[1]

Wenn kein Preis erhoben wird, benutzen in der betrachteten Periode also X_F Automobile die Straße A. Entsprechend der üblichen Grenzkosten-Preisregel wäre dieses Ergebnis kurzfristig allokativ effizient, da es die Summe aus Produzentenrente und Konsumentenrente maximiert. Gleichwohl sind dann die Gesamtkosten des Straßenangebots nicht gedeckt, d. h. die Eigenwirtschaftlichkeitsbedingung ist verletzt.[2] Wenn die Finanzierung des Defizits durch eine externe Subventionierung mittels Besteuerung des Konsums oder der Produktion anderer Sektoren erfolgt, kommt es außerdem zu einer intersektoralen Allokationsverzerrung.[3]

Nehmen wir an, das Defizit in der Ausgangssituation der Straße A entspricht der Fläche des Rechtecks OF_1FX_F. Wenn wir davon ausgehen, daß die dargestellte Situation typisch für alle Straßen ist, könnte eine Kostendeckung durch eine Mineralölsteuer realisiert werden, die jeden gefahrenen Kilometer über einen bestimmten Steuersatz s belastet.[4] Die Kurve D_A zeigt alternative Kombinationen

---

[1] Wir unterstellen in diesem Abschnitt zur Vereinfachung, daß die Straßen so dimensioniert sind, daß keine gegenseitigen Beeinträchtigungen eintreten. Dies wird später ausführlich problematisiert.

[2] Die Eigenwirtschaftlichkeitsbedingung beinhaltet, daß die Totalkosten TK von den totalen Erlösen E mindestens gedeckt sind, also TK $\leq$ E. Für die *sektorinterne* Relevanz der Eigenwirtschaftlichkeitsbedingung gibt es eine Reihe von Argumenten. Vgl. z. B. *Lafont, J.* und *J. Tirole* (1993), S. 24 ff. Die für die Allokation in theoretischer Hinsicht bedeutsamste ist, daß die Eigenwirtschaftlichkeit die Totalbedingung für die Produktion sicherstellt. Auf unser Problem bezogen wäre es sonst die Frage, ob der Bau einer bestimmten Straße (Spur) allokativ überhaupt durch die Zahlungsbereitschaft der Nachfrager legitimiert ist.

[3] Die *intersektorale* Relevanz der Eigenwirtschaftlichkeitsbedingung hat verschiedene Aspekte. Erstens verursacht die Steuererhebung (ebenso wie eine interne Subventionierung) in aller Regel ihrerseits Allokationsverzerrungen. Zweitens verursacht die Defizitdeckung aus anderen Sektoren Wettbewerbsvorteile gegenüber substitutiven Verkehrsträgern und damit unkontrollierbare sekundäre Allokationsverzerrungen.

[4] Wir wollen zur Vereinfachung davon ausgehen, daß sich über den Mineralölsteuersatz s, den Benzinverbrauch und die Länge des Straßenabschnitts der Steuerbetrag S ermitteln läßt, der auf eine Fahrt auf dem betrachteten Straßenabschnitt entfällt. Dazu ist die Annahme erforderlich, daß die Automobile den gleichen Benzinverbrauch aufweisen.

Abb. 1

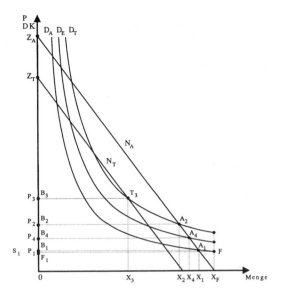

von Steuerbetrag S und Menge, die gerade zur Deckung der Straßenkosten führen.[5] Der Punkt A_1 ist dann allokativ effizient (second best).[6]

Auf diese Weise kann eine pauschale Kostendeckung der Straßenbereitstellung und damit intersektorale Allokationseffizienz erreicht werden. Die Nachteile einer Finanzierung des gesamten Straßensystems über eine Mineralölsteuer bestehen darin, daß sie in verschiedener Hinsicht sehr undifferenziert ist und damit gegenüber einem Marktmechanismus wesentliche Informationen und Anreize verloren gehen.

(1) Eine Mineralölsteuer differenziert nicht nach einzelnen Straßen. Die einzelnen Straßenabschnitte unterscheiden sich nicht nur bezüglich ihrer Inanspruchnahme und der Zahlungsbereitschaft ihrer Nutzer, sondern auch bezüglich des Niveaus und der Struktur ihrer Kosten.[7] Eine Steuer-Finanzierung liefert keine straßenspezifischen Investitionssignale für die Erreichung der ökonomisch optimalen Kapazität.

---

[5] Diese entspricht also der kurzfristigen Durchschnittskostenkurve. Wir können sie hier auch Eigenwirtschaftlichkeitskurve nennen.

[6] Der Zusatz „second best" weist hier darauf hin, daß es sich um eine Wohlfahrtsmaximierung unter der Nebenbedingung der Eigenwirtschaftlichkeit handelt. Im folgenden wird zur Vereinfachung auf diesen Zusatz verzichtet. Falls kein Einheitspreis unterstellt wird, also Preisdifferenzierung möglich ist, könnte evtl. trotz Realisierung der first-best Menge X_F Eigenwirtschaftlichkeit erreicht werden. Analog dazu wäre unter den oben gemachten Prämissen ein Preis P_1 (bzw. ein Mineralölsteuerbetrag S_1) mit der Menge X_1 allokativ optimal, wenn die Nachfragefunktion N_A für jede Periode gilt und Eigenwirtschaftlichkeit über einen Einheitspreis erreicht werden soll.

[7] Es entstehen unterschiedliche Bau- und Unterhaltungskosten je nach Topografie (Gebirge, Flüsse, Moore, andere Infrastruktureinrichtungen etc.). Die Grundstückspreise sind differenziert nach Stadt und Land etc.

Aus demselben Grunde erlaubt eine Mineralölsteuer keine ökonomisch relevante Differenzierung der Erlöse nach Straßenträgern. Dies gilt sowohl zwischen verschiedenen staatlichen Anbietern als auch bezüglich einer Privatisierung. Bei straßenspezifischen Entgelten wäre eine private Erstellung zusätzlicher Straßen wesentlich einfacher möglich. Als Folge privater Trägerschaft wären Kostensenkungen (technische Effizienz) oder bedarfsgerechtere Qualitäten (qualitative Effizienz) zu erwarten, was eine Verschiebung der D-Kurven in Abb. 1 nach unten bzw. der Nachfragefunktionen nach rechts bedeuten würde.

(2) Eine Mineralölsteuer erfaßt den Zusammenhang zwischen Straßennutzern und Zahlern nur unvollständig. Im Ausland getanktes Benzin trägt nicht zur Finanzierung bei. Ob der Benzinverbrauch die Straßeninanspruchnahme adäquat reflektiert, ist klärungsbedürftig.

(3) Eine Mineralölsteuer differenziert vor allem nicht nach den einzelnen Zeiten der Straßennutzung, obwohl die Opportunitätskosten unterschiedlich sind. Das Verkehrsaufkommen unterscheidet sich zeitlich bei einzelnen Straßenabschnitten sehr stark, die Zahlungsbereitschaft variiert nach Perioden und den Ausweichoptionen der Nachfrager.

Um diese Nachteile zu vermeiden, besteht das Ziel darin, das Ausschlußprinzip wie in normalen Märkten anzuwenden und solche Preise für die einzelne Straßenbenutzung zu setzen, die (gegebenenfalls zusammen mit entsprechend gesenkten Steuern) zur Eigenwirtschaftlichkeit führen.[8]

2.2 Das Problem der Ausschlußkosten

Damit wäre allerdings nicht berücksichtigt, daß die Realisierung des Ausschlusses ihrerseits nicht kostenlos ist. Es entstehen Erfassungskosten für die Anbieter und evtl. auch Kosten für die Nachfrager:

1. Erfassungskosten für die Anbieter sind die Investitions- und Betriebskosten des Systems (Mautstationen etc., also technische Realisierung der Erfassung, des Inkasso, der Verhinderung von Free-Riding etc.).

2. Kosten (neben dem eigentlichen Preis) für die Nachfrager (Autofahrer) bestehen in eventuellen Zeitverlusten im Zusammenhang mit dem Inkasso.

zu 1. Nehmen wir an, die gesamten Erfassungskosten betrügen M_A.[9] Die zu deckenden Gesamtkosten der Straßen sind dann $D_T = D_A + M_A$. In Abb.1 ist D_T analog zu D_A der Ort verschiedener Preis-Mengen-Kombinationen, die gerade zur Eigenwirtschaftlichkeit führen. Bei der Nachfragefunktion N_A resultiert daraus der effiziente Preis P_2 mit der Straßennutzung X_2. Dies reduziert die Konsumentenrente (bei gleichbleibender Produzentenrente von 0) vom Dreieck $A_1B_1Z_A$ (bei Mineralölsteuererhebung) auf $A_2B_2Z_A$.

zu 2. Nehmen wir an, es entstehen zusätzlich für die Autofahrer Zeitverluste beim Inkasso, die Qualitätsverluste der Fahrt darstellen und zur Verschiebung der

---

[8] Wir gehen davon aus, daß die Preise für die Straßenbenutzung allokativ effizient so gesetzt werden, wie in Abschnitt 3 erläutert. Im Umfang der so entstehenden Erlöse werden die Kfz- und Mineralölsteuern gesenkt.

[9] Es wird im folgenden generell unterstellt, daß die gesamten Erfassungskosten vom Straßenanbieter getragen werden, der sie dann wie andere Kosten auch seiner Preiskalkulation zugrundelegt.

Nachfragefunktion von N_A nach N_T führen. Der optimale eigenwirtschaftliche Preis ist dann P_3 mit X_3 (Punkt T_3). Die Konsumentenrente schrumpft auf $T_3B_3Z_T$.

Derartige Verminderungen der Konsumentenrente, die durch die Realisierung des Preis-Ausschlusses erzeugt werden, sind den weiter unten angeführten Vorteilen gegenüberzustellen, um die Effizienz des Road Pricing beurteilen zu können.

Bei den traditionellen Erhebungstechniken (durch Mautstellen u. ä.) wären für die meisten Straßen die quantitativen Werte vermutlich derart, daß insgesamt ein Wohlfahrtsverlust entstünde. Die Ablehnung von Road Pricing hätte dann durchaus eine rationale Basis. Mit solchen Ausschlußkosten ist von den Kritikern argumentiert worden.

Seither haben sich diese Bedingungen aufgrund des technischen Fortschritts bei der Erfassungstechnologie gravierend verändert. Heute ist eine nach Ort, Zeit und Fahrzeugtyp differenzierte, anonyme Preiserhebung möglich, die den Autofahrern keine Zeitverluste verursacht und die mit wesentlich geringeren Systemkosten C_A ($C_A < M_A$) verbunden ist.[10]

Angenommen, die relevante Eigenwirtschaftlichkeits-Kurve ist dann D_E ($D_E = D_A + C_A$) in Abb. 1. Da die Qualität nicht durch Zeitverluste beeinträchtigt wird, gilt N_A mit dem optimalen Punkt A_4, Preis P_4 und Menge X_4. Die Konsumentenrente entspricht der Fläche $A_4B_4Z_A$. Damit wird für viele Straßen gelten, daß die Erhebungskosten durch die (noch genauer zu erläuternden) Effizienzvorteile überkompensiert werden, d. h. daß positive Wohlfahrtseffekte des Road Pricing entstehen.

2.3 Nutzungs-Rivalität, Opportunitätskosten und Stau-Externalitäten

In Abschnitt 2.1 wurde in Prämisse (4) unterstellt, daß perfekte Nichtrivalität besteht, d. h., daß sich die Autofahrer gegenseitig keine Nutzenminderungen erzeugen. Diese Situation ist jedoch häufig nicht gegeben. Wenn viele Autos auf der gleichen Straße fahren, ist der Nutzen für die einzelnen Autofahrer geringer, da Zeitverluste auftreten (Verkehrsstau), die Unfallgefahr und der Streß steigen etc. Damit gewinnt das Problem eine neue Dimension.

Betrachten wir zur Annäherung an das Problem der Nutzungs-Rivalität anhand von Abb. 2 zunächst die theoretisch wesentlich einfachere Situation, daß eine Infrastruktureinrichtung eine bestimmte Kapazität K_0 aufweise und nehmen an, daß *vor* dieser (links von K_0) wie bisher Nichtrivalität besteht, *bei* K_0 eine direkte Rivalität herrscht und rechts von K_0 keinerlei Nutzungs-Möglichkeiten vorhanden sind.

Angenommen, man akzeptiert für einen Moment die kurzfristige Grenzkostenpreisregel für die Nutzung der Infrastruktur. Dann wäre bei der Nachfragefunktion N_1 wie bisher der optimale Preis 0. Wenn dagegen die Nachfragefunktion N_3 gilt, ist der allokativ optimale Preis P_3. In diesem Umfang entstehen nämlich Opportunitätskosten durch den Nutzenentgang für den „nächsten" potentiellen Nutzer,

---

[10] Vgl. zur detaillierten technischen Erläuterung *Rittich, D.* und *K. Zurmühl* (1993).

Abb. 2

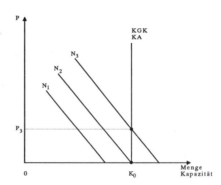

der jetzt nicht zum Zuge kommt.[11] Fazit: Selbst mit dem kurzfristigen Grenz-kostenpreis-Argument wäre bei Straßen dann Road Pricing ökonomisch „erfor-derlich", wenn Nachfragefunktionen, die rechts oberhalb von N_2 liegen, auf die gegebene Kapazität K_0 treffen.

Bei Straßen haben wir allerdings nicht die Situation der Abb. 2, d. h. die Frage der Rivalität ist keine Null-Eins-Entscheidung an der Kapazitätsgrenze. Vielmehr wird der Nutzen durch die anderen Autofahrer bei wachsender Verkehrsmenge graduell gemindert. Wir sprechen dabei von „partieller Rivalität".[12]

Die Eigenschaft der partiellen Rivalität von Straßennutzungen beinhaltet, daß die einzelne Entscheidung, eine Straße in einem bestimmten Zeitintervall zu befahren, negative Auswirkungen auf den Nutzen anderer Autofahrer auf dieser Straße hat (Zeitverluste, erhöhter Streß etc.). Da solche ökonomisch relevanten Wirkungen nicht in das individuelle Entscheidungskalkül eingehen, verursacht jeder einzelne Autofahrer für die anderen negative externe Effekte.[13] Diese werden im folgenden auch als Stau-Externalitäten bezeichnet.[14] Derartige externe Effekte können nur durch Road Pricing internalisiert werden.[15]

---

[11] Der Ausdruck „nächster" Nutzer ist eine bildhafte Interpretation der Nachfragefunktion, die die Zahlungsbereitschaften der einzelnen potentiellen Nutzer aufreiht. Der nächste ist von allen, die aufgrund der knappen Kapazität nicht zum Zuge kommen derjenige, der die höchste Zahlungsbereitschaft (Wertschätzung) aufweist. Dies bestimmt die Opportunitäts-kosten.

[12] Das Phänomen der partiellen Rivalität wird in der Literatur als „congestion" bezeichnet. Es bedeutet, daß die Überschreitung einer bestimmten Nutzerzahl, bis zu der noch Nicht-rivalität vorliegt, eine Beeinträchtigung des Nutzungswertes bewirkt. Vgl. *Boadway, R. W.* und *D. E. Wildasin* (1984), S. 58 – 59.

[13] Diese negativen externen Effekte betreffen nur die Individuen der jeweils relevanten Menge der Autofahrer. Andere Mitglieder der Gesellschaft sind davon nicht beeinträchtigt. Wie in der üblichen Definition sind die fraglichen Effekte extern für das individuelle Ent-scheidungskalkül, sie werden jedoch gruppenintern getragen, d. h. innerhalb der Gruppe der relevanten Autofahrer internalisiert.

[14] Unter einem Stau wird im folgenden jede Situation verstanden, bei der bezüglich der Straßennutzung (mindestens) eine partielle Rivalität besteht. Dies betrifft schon die Tem-pominderung bei dichtem Verkehr und nicht erst den Stillstand.

[15] Andere externe Effekte, die durch die Straßennutzung entstehen können (wie Umwelt-schäden im weitesten Sinne) werden im folgenden nicht betrachtet. Wir gehen davon aus, daß solche durch eine Mineralölsteuer internalisiert werden können.

3. Stau-Externalitäten und optimaler Straßennutzungspreis

Dieser Abschnitt wird sich mit den Problemen von Stau-Externalitäten eingehender befassen. Es wird gezeigt, wie externe Nutzeneinbußen durch Staus in einem ökonomischen Analysekontext erfaßt und die optimalen Preise für ihre Internalisierung ermittelt werden können. Für die Darstellung dieser Zusammenhänge hat sich in der Literatur der Begriff der Staumodelle eingebürgert. Im folgenden werden zwei alternative analytische Ansätze dargestellt. Zuerst wird die von den meisten Autoren gewählte Modellbildung referiert, die hier als traditionelles Staumodell bezeichnet wird (Abschnitt 3.1). Anschließend (Abschnitt 3.2) wird ein alternatives Modell mit qualitätsangepaßter Nachfragefunktion vorgestellt, das nach unserer Auffassung die Zusammenhänge transparenter abbildet.

3.1 Traditionelles Staumodell

Die Betrachtung unterstellt eine vorgegebene Kapazität der Straßen, es handelt sich also um eine kurzfristige Analyse. Die Nachfrage- und Kostenfunktionen gelten jeweils für einen bestimmten Straßenabschnitt und ein bestimmtes, relativ kurzes Zeitintervall, innerhalb dessen sie als konstant und bekannt angenommen werden. Zur Vereinfachung wird wie üblich davon ausgegangen, daß der Verkehr homogen ist, d. h. die Fahrzeit und die Opportunitätskosten der Zeit sind für alle Verkehrsteilnehmer gleich.[16] Unter dieser Homogenitätsannahme gelten folgende Zusammenhänge.

Es soll eine Beziehung hergestellt werden zwischen der Anzahl aller Fahrten, der Fahrtzeit eines einzelnen Autofahrers und der gesamten Zeit aller Autofahrer, die für Fahrten im gleichen Zeitintervall aufgewendet wird.

Die mit den Opportunitätskosten der Zeit bewertete Fahrtdauer verursacht dem einzelnen Autofahrer private Zeitkosten. Diese werden im folgenden als private Grenzkosten $PGK_i(X)$ einer Fahrt für Verkehrsteilnehmer i (i = 1,..,n) bezeichnet.[17] X steht für die Anzahl aller Fahrten. Im folgenden gehen wir davon aus, daß jeder Autofahrer in dem betrachteten Zeitintervall nur eine einzige Fahrt macht, so daß n = X gilt.

Ab einer bestimmten Verkehrsmenge steigen die privaten Grenzkosten, wenn mehr Autofahrer die Straße befahren. Der Kostenanstieg für den einzelnen wird durch

$$(1) \quad \frac{\delta PGK_i(X)}{\delta X} > 0$$

ausgedrückt.

---

[16] Diese Annahme wird üblicherweise in den Staumodellen gemacht. Vgl. z. B. *Walters, A. A.* (1961), S. 677; *Knieps, G.* (1992), S. 320.

[17] Um private Grenzkosten handelt es sich aus Sicht des einzelnen Autofahrers. Es sind die für ihn relevanten Kosten bei der Entscheidung, eine Fahrt zu machen . Bei der Betrachtung der gesamten Fahrtenanzahl sind dies Kosten pro Fahrer. Vgl. *Walters, A. A.* (1961), S. 678. Daher ist die Bestimmung der gesamten Zeitkosten über die Addition der privaten Grenzkosten zulässig. Siehe unten Gleichung (2).

Die gesamten Zeitkosten SK(X), die wir über die Aufsummierung

$$(2) \quad \sum_{i=1}^{n} PGK_i(X) = SK(X)$$

erhalten, werden als soziale Zeitkosten bezeichnet.[18]
Wegen der Homogenitätsannahme sind die privaten Grenzkosten für alle Verkehrsteilnehmer gleich, so daß auf den Index i verzichtet werden kann. Es gilt dann

$$(3) \quad SK(X) = PGK(X) \cdot n,$$

wegen n = X

$$(4) \quad SK(X) = PGK(X)X,$$

sowie

$$(5) \quad \frac{SK(X)}{X} = PGK(X) = PGK_i(X),$$

für alle i = 1,...,n. Die sozialen Durchschnittskosten $\frac{SK(X)}{X}$

entsprechen also den privaten Grenzkosten eines repräsentativen Verkehrsteilnehmers.
Unter diesen Bedingungen wird die effiziente und die tatsächliche Straßennutzung analysiert. Die Mehrzahl der Autoren verwendet als Mengenbezeichnung den „Verkehrsfluß". Der Verkehrsfluß F bezeichnet die Anzahl der Fahrzeuge, die pro Zeiteinheit den Streckenabschnitt durchfahren.[19] Ein alternatives Mengenmaß ist die „Verkehrsdichte" D, die für die Anzahl der Fahrzeuge steht, die sich in dem betrachteten Zeitintervall auf dem Straßenabschnitt befinden.[20] Im folgenden wird wie üblich der Verkehrsfluß als Mengenbezeichnung verwendet. Die Nachfrage nach Fahrten wird durch Nachfragefunktionen N abgebildet, wobei die nachgefragte Menge an Fahrten eine Funktion der Preise in Geld ist.[21] Die für eine Fahrt individuell entscheidungsrelevanten Kosten (d. h. die privaten Grenzkosten) sind hier nur die Zeitkosten des Fahrers.[22] In Abb. 3 ist angenom-

---

[18] Vgl. für die folgende Herleitung *Freeman III, A. M.* und *R. H. Haveman* (1977).

[19] Vgl. z. B. *Walters, A. A.* (1961), S. 679; *Mohring, H.* und *M. Harwitz* (1962), S. 80 – 87; *Dewees, D. N.* (1979), S. 1500; *Knieps, G.* (1992), S. 320.

[20] Diese Mengendimension wird seltener verwendet, z. B. von *Brenck, A.* (1992), S. 8. Der Verkehrsfluß ergibt sich aus der Multiplikation von Verkehrsdichte und Geschwindigkeit V, also F = D · V, wobei F als Anzahl Fahrzeuge pro Stunde und D als Anzahl Fahrzeuge pro Kilometer definiert wird. Vgl. *Walters, A. A.* (1961), S. 679; *Johnson, B. M.* (1964), S. 138.

[21] Diese Nachfragefunktion ist vergleichbar mit anderen Nachfragefunktionen, bei denen die Menge in funktionaler Beziehung zum „Preis in Geld" steht. Letzteres bedarf hier der Erwähnung, da bei Staumodellen auch „Preise in Zeit" betrachtet werden. Die Fahrer zahlen quasi einen Preis in Form von Zeitverlusten.

[22] Einige Modelle beziehen zusätzlich die Betriebskosten des Fahrzeugs und die dem Fahrer angelasteten nutzungsabhängigen Kosten der Straße mit ein. Vgl. *Knieps, G.* (1992), S. 321; *Brenck, A.* (1992), S. 8; Andere Autoren sprechen nur von privaten Grenzkosten einer Fahrt, ohne diese zu spezifizieren, vgl. z. B. *Walters, A. A.* (1961), S. 677.

men, daß für $F \leq F_1$ Nichtrivalität und für $F > F_1$ partielle Rivalität im Sinne gegenseitiger Beeinträchtigungen gegeben ist. [23] Daraus ergibt sich der ab dem Verkehrsfluß F_1 steigende Verlauf der privaten Grenzkosten der Nachfrager PGK

(mit $\dfrac{\delta PGK(F)}{\delta F} > 0$).

Die gesamten sozialen Kosten (SK) der Fahrten des Verkehrsflusses ergeben sich aus

(6) $\quad PGK(F) \cdot F = SK(F).$ [24]

Die sozialen Grenzkosten SGK, den Anstieg der sozialen Kosten durch eine zusätzliche Fahrt, erhält man durch

(7) $\quad SGK(F) = \dfrac{\delta SK(F)}{\delta F} = PGK(F) + \dfrac{\delta PGK(F)}{\delta F} F.$

Marginale externe Staukosten $\dfrac{\delta PGK(F)}{\delta F}$ treten ab dem Verkehrsfluß auf, bei dem

die sozialen Grenzkosten größer als die privaten Grenzkosten sind. [25] Graphisch werden die marginalen Stau-Externalitäten also jeweils durch die vertikalen Differenzen zwischen SGK- und PGK-Kurve abgebildet. Bei einem geringeren Verkehrsfluß (bei F_1 und links davon) werden die privaten Grenzkosten (und die sozialen Grenzkosten) nicht von der Fahrtenanzahl beeinflußt, so daß dort

$\dfrac{\delta PGK(F)}{\delta F} = 0$ gilt.

Die tatsächliche Nutzungsmenge der Straße ergibt sich aus dem Schnittpunkt der jeweiligen Nachfragefunktion mit der Privaten-Grenzkosten-Funktion PGK. [26] Effizient ist dies nur, wenn der Schnittpunkt der Nachfragefunktion mit der PGK-Funktion bei oder links von F_1 liegt, da hier die privaten Grenzkosten den sozialen Grenzkosten entsprechen. Rechts von F_1 wird das Problem deutlich. Es gehen nur die privaten Grenzkosten in die individuelle Fahrt-Entscheidung ein. Die sozialen Grenzkosten bleiben im Umfang der marginalen Externalität unberücksichtigt. Bei der Nachfragefunktion N_1 ergibt sich also der tatsächliche Verkehrsfluß F_2. Der optimale Verkehrsfluß wird dagegen durch den Schnittpunkt der Nachfragefunktion und der Sozialen-Grenzkosten-Funktion SGK bestimmt, bei N_1 ist dies also der Schnittpunkt E_1 mit der Menge F_0.
Dieser optimale Punkt kann durch eine Pigou-Steuer in Höhe der marginalen Stau-Externalitäten erreicht werden, um die für die einzelne Fahrt entscheidungsrele-

---

[23] Der Verkehrsfluß F, der in diesem Abschnitt und in der Abb. 3 verwendet wird, bezeichnet im folgenden analog zu dem vorher verwendeten X das Maß für die Menge.
[24] Vgl. z. B. *Knieps, G.* (1992), S. 321; *Walters, A. A.* (1961), S. 681, Fn 5.
[25] In Abb. 3 also ab dem Verkehrsfluß F_1.
[26] Bei der Nachfragefunktion N_1 also im Schnittpunkt L_1.

vanten Kosten von den privaten Grenzkosten auf die Höhe der sozialen Grenzkosten anzuheben. Bei N_1 entspricht die Pigou-Steuer also der Strecke AB.
Allgemein gilt:

$$(8) \quad P(F) = PGK(F) + \frac{\delta PGK(F)}{\delta F} F.$$

In unterschiedlichen Zeitintervallen, die andere Werte für den Verkehrsfluß aufweisen, ergeben sich entsprechend abweichende marginale Stau-Externalitäten.
Angenommen, es gilt zu Rush-hour Zeiten die Nachfragefunktion N_3 (Abb. 3)
und für die restlichen Zeiten liegt die Nachfragefunktion bei N_2 oder links davon.
In der Rush-hour beträgt der optimale Straßennutzungspreis dann CD, der den
Verkehrsfluß auf F_3 senkt (von F_4 ohne Road Pricing). In den restlichen Zeiten
wird kein Straßennutzungspreis erhoben, da dann die marginale Externalität null
ist.

Abb. 3

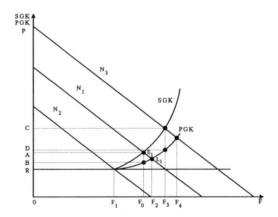

Etwas ungewöhnlich ist in den traditionellen Staumodellen die Modellierung der
Nachfrage- und Angebotsfunktionen. Normalerweise repräsentiert eine Nachfragefunktion die Zahlungsbereitschaft, in die alle anderen relevanten Entschei-
dungseinflüsse bereits eingegangen sind. In den traditionellen Staumodellen werden entscheidungsbeeinflussende Nutzenelemente (Zeitverluste) in Form der dort
so bezeichneten „privaten Grenzkosten" aus der Nachfragefunktion separiert und
scheinbar wie eine Angebotsfunktion behandelt.[27] Tatsächlich drückt eine Angebotsfunktion jedoch den zusätzlichen Ressourcenverzehr (bzw. die Opportunitätskosten) aus, der durch das Angebot einer zusätzlichen Mengeneinheit entsteht.

---

[27] Dieser Eindruck entsteht schon durch den waagerechten Verlauf der stauunabhängigen
privaten Grenzkosten in Höhe von OR (Abb. 3). Damit sind die Zeitkosten gemeint, die dem
Autofahrer beim staufreien Befahren des Straßenabschnittes entstehen. Dies erklärt einen
Unterschied zur graphischen Konstruktion der nachfolgenden Abbildungen.

Damit bleiben als Angebotsfunktion in diesem Sinne nur die marginalen externen Kosten übrig.

Da die Qualitätseinbußen in den traditionellen Modellen durch die privaten Grenzkosten der Nachfrager dargestellt werden, beinhaltet die betrachtete Nachfragefunktion die marginale Zahlungsbereitschaft für staufreie Fahrten, also für den Fall der Nichtrivalität. Diese bildet jedoch die Nachfrage nicht korrekt ab, da hier das Problem der partiellen Rivalität und damit der endogenen Qualität besteht. Die tatsächliche Zahlungsbereitschaft, die sonst durch die Nachfragefunktion dargestellt wird, ergibt sich in den traditionellen Modellen aus der Differenz von Nachfragefunktion und privaten Grenzkosten.

3.2 Staumodell mit qualitätsangepaßter Nachfragefunktion

Der wesentliche Unterschied gegenüber dem vorgenannten Modellansatz besteht darin, daß die Nutzeneinbußen durch staubedingte Zeitverluste als verminderte Qualität der Straßennutzung interpretiert werden, so daß eine entsprechend geringere Zahlungsbereitschaft besteht.[28] Dies erlaubt es, daß die ökonomischen Konstrukte in der üblichen Form angewendet werden können.

Wie im vorangehenden Abschnitt handelt es sich hier um eine kurzfristige Analyse, bei der die Nachfrage- und Kostenfunktionen für einen bestimmten Straßenabschnitt im betrachteten Zeitintervall konstant und bekannt sind. Außerdem gilt auch hier die Homogenitäts-Annahme.

Zunächst wird eine für unser Problem relevante Nachfragefunktion für Fahrten hergeleitet. Auf vielen Märkten in einer Volkswirtschaft kann man für alternative Qualitätsstufen eines Produktes unterschiedliche Nachfragefunktionen annehmen. Diese verlaufen umso weiter rechts oben, je höher die Qualität (in der Beurteilung der Kunden) ist. Das bedeutet, daß die Menge eine Funktion des Preises und der Qualität h, also $X(P,h)$ ist. Hierbei resultiert eine Variation von P wie üblich in einer Bewegung auf einer Nachfragekurve und eine Variation von h in einer Bewegung von Kurve zu Kurve.

Diese Überlegung läßt sich analog auch für die Bestimmung von Nachfragefunktionen für die Straßennutzung anstellen. Es sei h die Qualität für die jeweilige Fahrt, deren Wert von der Kapazität w der Infrastrukur und der Gesamtzahl von Fahrten X abhängt, es ergibt sich also $h(X,w)$. Dann gilt

(9) $\dfrac{\delta h(X, w)}{\delta X} \leq 0$ und

(10) $\dfrac{\delta h(X, w)}{\delta w} > 0.$

Wegen der unterstellten konstanten Kapazität bei kurzfristiger Betrachtung ist Ungleichung (10) hier nicht relevant. Ungleichung (9) beschreibt das Phänomen der partiellen Rivalität, d. h. die Qualität der Nutzung sinkt für alle Nutzer mit zuneh-

---

[28] Analog dazu können auch alle anderen staubedingten (überlastungsbedingten) Nutzeneinbußen wie z. B. erhöhtes Unfallrisiko, Streß etc. als verminderte Qualität der Straßennutzung interpretiert werden, die die Nachfragefunktion verschieben.

mender Verkehrsmenge (Nutzerzahl). Bei schlechterer Qualität des Gutes Straßennutzung verschieben sich die Nachfragefunktionen entsprechend nach unten.[29] Die
Qualitätsverschlechterung entspricht betragsmäßig genau dem Anstieg der privaten Zeitgrenzkosten, die eine Kostenkomponente der privaten Grenzkosten in den
traditionellen Staumodellen sind.[30]

(11) $|\Delta PGK_i(X)| = |\Delta h_i(X)|$ (für i = 1,...,X).[31]

Die aggregierte Nachfragefunktion für eine Fahrt ist $X(P,h(X))$ und wird im folgenden als N^q (q = 1,...,z) bezeichnet. Die Nachfragefunktion N^1 repräsentiert die
Zahlungsbereitschaft für die beste Qualität, also Fahrten ohne Staubeeinträch-
tigungen. Die Qualität h wird also durch das jeweilige Stauniveau und damit durch
die jeweilige Fahrtenanzahl X bestimmt. Dies veranschaulicht, daß die Zahlungsbereitschaften der individuellen Autofahrer und damit ihre Nachfrageentschei-
dungen nicht voneinander unabhängig sind.
Wenn keine gegenseitigen Beeinträchtigungen bestehen (in Abb. 4 für alle $X \leq X_1$)
ist die Nachfragefunktion N^1 relevant. Es gilt dann

(12) $\dfrac{\delta h(X)}{\delta X} = 0$ und

(13) $\dfrac{\delta PGK(X)}{\delta X} = 0.$

Nehmen wir an, es treten Beeinträchtigungen auf. Bei geringer Nutzerzahl gilt eine
Nachfragefunktion mit hohem Qualitätsindex. Mit steigender Nutzerzahl bewegt
man sich zu den nach unten verschobenen Nachfragekurven. Und zwar verschieben sich, ausgehend von der Nachfrage für das Stauniveau von null, die Nachfragekurven um die bei der jeweiligen Nutzeranzahl auftretenden zusätzlichen
Zeitkosten bzw. privaten Staukosten.
Für jede Nachfragekurve ist nur der Punkt relevant, der bei der Nutzerzahl, die
ihren Qualitätsindex bestimmt, beobachtbar ist. Z. B. ist in Abb. 4 der Punkt Z
für N^2,[32] der Punkt B für N^3 relevant. Die Verbindung dieser Punkte ergibt die
qualitätsangepaßte Nachfragekurve N_Q (in Abb. 4 die dickere Linie). Die
qualitätsangepaßte Nachfragekurve beinhaltet die zu jeder Nutzeranzahl gehöri-
gen privaten Staukosten und führt ohne Straßenbenutzungspreis zu dem
Nutzungsniveau X_4.[33]

---

[29] Vgl. dazu grundlegend *Freeman III, A. M.* und *R. H. Haveman* (1977).

[30] Der Qualitätseinbuße liegt hier also der gleiche Sachverhalt zugrunde wie dem Anstieg
der privaten Zeitgrenzkosten in den traditionellen Staumodellen.

[31] Da annahmegemäß jeder nur eine Fahrt macht, ist X = n.

[32] Die Fahrtenanzahl X_2 bestimmt den Qualitätsindex q = 2. Siehe Abb. 4. Bei X_2 entstehen PGK_s (der Index s bezieht darauf, daß hier nur die in Abhängigkeit von der Fahr-
tenmenge steigenden Grenzkosten betrachtet werden) in Höhe von 0G. Um diesen Betrag
verschiebt sich N^2 ausgehend von N^1 nach unten (0G = CH).

[33] Aus dem individuellen Kalkül ergab sich im traditionellen Staumodell bei N_1 der Verkehrsfluß F_2, siehe Abb. 3.

Abb. 4

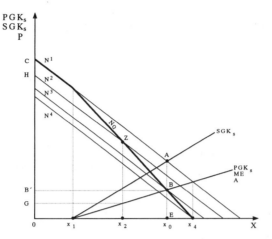

Die Angebotsfunktion A enthält den Ressourcenverzehr bzw. die Opportunitäts-kosten, die durch eine zusätzliche Fahrt entstehen. Dies sind hier die marginalen externen Kosten. Der Verlauf der Funktion der marginalen Externalität (ME) ent-spricht graphisch in Abb. 4 dem Verlauf der privaten Grenzkosten, da die nach-folgenden Zusammenhänge gelten.

$$(14) \quad \frac{\delta PGK_s(X)}{\delta X} X = \frac{\delta SK_s(X)}{\delta X} - PGK_s(X).$$

Die marginale Externalität entspricht der Differenz von sozialen und privaten Grenzkosten.

$$(15) \quad \frac{SK_s(X)}{X} = PGK_s(X).^{34}$$

Bei der hier angenommenen Kostenfunktion entspricht jedem Wert der sozialen Grenzkostenfunktion das Doppelte der privaten Grenzkostenfunktion. Formal er-gibt sich

$$(16) \quad \frac{\delta SK_s(X)}{\delta X} = 2PGK_s(X).$$

Dies ergibt eingesetzt in (14)

$$(17a) \quad \frac{\delta PGK_s(X)}{\delta X} X = 2PGK_s(X) - PGK_s(X)$$

$$(17b) \quad \frac{\delta PGK_s(X)}{\delta X} X = PGK_s(X).$$

---

[34] Siehe Gleichung (5). Aufgrund der Homogenitätsannahme entsprechen die sozialen Durchschnittskosten den privaten Grenzkosten.

Die optimale Nutzungsmenge X_O wird hier durch den Schnittpunkt der qualitäts-angepaßten Nachfragekurve mit der Funktion der marginalen Externalität (Ange-botsfunktion) bestimmt. Realisiert wird das Optimum X_O wiederum mittels eines Entgeltes auf die Fahrten in Höhe der marginalen Zeitkosten $\frac{\delta PGK_s(X)}{\delta X} X$, die bei der optimalen Anzahl der Fahrzeuge entstehen.[35] Für die Nachfragefunktion N_Q in Abb. 4 ergibt sich ein Straßennutzungspreis in der Höhe 0B'.

Betrachten wir den allgemeineren Fall, daß die Nachfrage in den einzelnen Zeit-intervallen unterschiedlich ist. Werden außerhalb der Spitzenzeiten weniger Fahr-ten nachgefragt, als in Abb. 4 angenommen, verschieben sich alle Nachfragefunk-tionen und damit auch die qualitätsangepaßte Nachfragefunktion nach unten. Das heißt, zu den entsprechenden Preisen werden weniger Fahrten als vorher nachge-fragt. Es ergibt sich je nach Lage der Nachfragefunktion ein niedrigerer Straßen-benutzungspreis als vorher bzw. ein Preis von null. Wie zu erwarten, ist der Ein-fluß schwankender Nachfrage auf die Preissetzung in diesem Modell der gleiche wie beim traditionellen Staumodell.

Beide Modelle wenden also das gleiche ökonomische Instrument an, nämlich die Besteuerung der schadensverursachenden Aktivität in Höhe der marginalen Externalität, die sie auf ihrem optimalen Niveau erzeugt.

4. Theoretische und praktische Probleme

4.1 Unterschiedliche Opportunitätskosten der Zeit

Wie gesagt beinhaltet die Homogenitätsannahme, daß die Bewertung der Zeit und die Fahrzeit für alle Autofahrer gleich sind. Liefert das Modell dennoch ein effizi-entes Ergebnis, wenn wir die Annahme homogener Zeitbewertung fallenlassen? Es ist intuitiv einsichtig, daß die Opportunitätskosten der Zeit in der Realität für unterschiedliche Nachfrager und Perioden differieren.[36] Die sozialen Durch-schnittskosten entsprechen dann nicht den privaten Grenzkosten aller Nachfrager. Somit gilt

$$(18) \quad \frac{SK(X)}{X} = PGK(X) \neq PGK_i(X), \text{ für einige } i, i = 1,...,X.[37]$$

Bei Homogenität der Zeit-Opportunitätskosten entspricht die „Reihenfolge" der Individuen auf der qualitätsangepaßten Nachfragekurve N_Q der „Reihenfolge" der

---

[35] Vgl. *Freeman III, A. M.* und *R. H. Haveman* (1977), S. 226 – 229.

[36] Handelt es sich z. B. um Fahrten eines Unternehmers, der während der Zeit gute Geschäfte machen könnte, sind seine Opportunitätskosten höher als die eines Rentners. Der Unterneh-mer wird seine Zeit-Opportunitätskosten auf der Fahrt zu einem Termin vermutlich höher einschätzen als auf einer Wochenendfahrt zum Angeln.

[37] Vgl. *Freeman III, A. M.* und *R. H. Haveman* (1977), S. 230.

Individuen auf der Nachfragekurve N^1 für staufreien Verkehr.[38] Der Grund liegt darin, daß alle individuellen Zahlungsbereitschaften für das staufreie Fahren um den gleichen Wert gemindert werden. Wenn die Homogenitätsannahme nicht gilt, kann die Reihenfolge der Individuen auf N_Q von derjenigen auf N^1 abweichen, da die individuellen Zahlungsbereitschaften (wegen der unterschiedlichen Opportunitätskosten der Zeit) um verschiedene Werte gemindert werden. Das heißt, der Autofahrer A, der für das Nullstauniveau eine höhere Zahlungsbereitschaft als B hat, muß nicht unbedingt auch eine höhere Zahlungsbereitschaft als B für das optimale Stauniveau haben. Oder, anders ausgedrückt, die „Gesamtpreise" (in Geld plus Zeit), denen sich der einzelne Nachfrager gegenübersieht, sind verschieden.[39] Es ist also möglich, daß dann andere Autofahrer die Straße nutzen als diejenigen mit der höchsten Zahlungsbereitschaft für staufreies Fahren.

Unter der Homogenitätsannahme führt die Erhebung eines Straßenbenutzungspreises in Höhe der marginalen Externalität zur optimalen Fahrtenanzahl. Das gleiche Ergebnis kann auch ohne Homogenität erreicht werden.[40] Bei asymmetrischer Verteilung der privaten Zeitopportunitätskosten kommt es jedoch zu einer abweichenden Nutzerzahl.[41]

4.2 Preisinformationen, Reaktionen und Rationierung

Die bisherige Analyse hat eine Reihe von Annahmen über Zusammenhänge unterstellt, die für die Praxis Anwendungsprobleme verursachen können. Die Verwendung der qualitätsangepaßten Nachfragefunktion (sowie der privaten Grenzkostenfunktion in dem traditionellen Modell) unterstellt, daß die Nachfrager ihre Entscheidung, einen bestimmten Straßenabschnitt zu befahren, vom relevanten Preis und der Qualität abhängig machen, wobei die Qualität eine Funktion der Nachfrage-Entscheidungen anderer Autofahrer ist. Außerdem ist der Preis zu einem bestimmten Zeitpunkt eine Funktion der für diesen Zeitpunkt erwarteten Stau-Situation. Dabei ergeben sich Probleme bezüglich der Prognostizierbarkeit der Zusammenhänge und der Schnelligkeit, mit der auf Änderungen reagiert werden kann.

Damit der Preis seine Lenkungsfunktion für einen bestimmten Streckenabschnitt wahrnehmen kann, muß er rechtzeitig vor den relevanten Entscheidungsprozessen,

---

[38] Die bildliche Vorstellung einer Reihenfolge der (potentiellen) Straßennutzer auf der Nachfragekurve N_Q oder N^1 nach Zahlungsbereitschaft ist hier ganz plausibel, da annahmegemäß jeder in der betrachteten Periode nur maximal eine Fahrt macht. Dies hat jedoch nicht das geringste mit der Position in einer Fahrzeugschlange auf oder vor einem Straßenabschnitt zu tun.

[39] Das ist leicht einzusehen, da dieser „Gesamtpreis" aus einem für alle gleichen Geldpreis in Höhe der marginalen Externalität und den privaten Zeitgrenzkosten, die nicht für alle Nachfrager gleich sind, besteht.

[40] Wenn an die Stelle eines Nachfragers, dessen private Zeitgrenzkosten um ε die sozialen Durchschnittskosten übersteigen, ein Nachfrager tritt, dessen private Grenzkosten um ε geringer sind als die sozialen Durchschnittskosten, ändert sich die Zahl der Fahrten nicht.

[41] Dies ist z. B. der Fall, wenn an Stelle eines Nachfragers, dessen private Zeitkosten die sozialen Durchschnittskosten um $3\,\varepsilon$ übersteigen, drei Nachfrager fahren, deren private Grenzkosten jeweils um ε geringer als die sozialen Durchschnittskosten sind.

eine bestimmte Straße zu nutzen, bekannt sein. Dieser simple Sachverhalt kann für das Road Pricing gravierende Praxisprobleme aufwerfen, da die Nachfrage Schwankungen unterliegt.

Dabei ist von wesentlicher Bedeutung, ob die Nachfrage zu bestimmten Zeitpunkten rechtzeitig prognostizierbar ist. Dies ist in der Regel relativ gut möglich, wenn die Verkehrsnachfrage zyklischen Mustern (z. B. tägliche Rush-hour, Wochenend-Rhythmus, saisonale Schwankungen) folgt. Wenn dies der Fall ist, kann für längere Perioden eine Tarifstruktur verwendet werden, die für verschiedene Perioden unterschiedlich hohe Preise festlegt (Peak-Load-Pricing). An dieser Preisstruktur können die Nachfrager ihre Verkehrsentscheidungen ausrichten.[42] In der Praxis wird in einem komplexen System verschiedener Straßen, die teils in substitutiver, teils in komplementärer Beziehung zueinander stehen, die optimale Preisstruktur für jeden einzelnen Straßenabschnitt erst in einem Anpassungsprozeß gefunden werden.

Wesentlich problematischer sind die nicht-prognostizierbaren Nachfrageschwankungen, die als Folge verkehrserzeugender Sonderereignisse entstehen.[43] Nach der Logik des Modells sind die Preise kurzfristig anzuheben, wenn die Verkehrsdichte und die Stauzeitverluste ansteigen. Eine dynamische Preisinformation und eine entsprechende Implementierung beim Inkasso, die eine schnelle Anpassung an die jeweilige Verkehrsdichte ermöglichen, wäre technisch sicher realisierbar.

Allerdings werden die Preise kurzfristig nur sehr eingeschränkt eine Lenkungsfunktion erfüllen können. Viele der relevanten Entscheidungen sind zum Zeitpunkt der Preisänderung bereits gefallen und für die Straßennutzer bestehen eventuell keine akzeptablen Ausweichmöglichkeiten (bezüglich Route, Verkehrsmittel etc.) mehr. Die Preiselastizität wird dann gering sein. Die Folge ist ein eventuell hoher Preis, ohne daß der gewünschte Mengeneffekt eintritt und ohne daß für den Autofahrer die staumindernde und damit qualitätserhöhende Wirkung des Road Pricing erkennbar würde.

Der Sachverhalt unsicherer und kurzfristig schwankender Nachfrage ist als solches nicht ungewöhnlich und besteht in ähnlicher Form auch auf anderen Märkten mit inelastischem Angebot und fehlender Speicherbarkeit der Produkte.[44] Für unseren Markt der Straßenverkehrsleistung resultieren daraus jedoch vor allem deshalb gravierende, spezifische Probleme, weil eine kurzfristige Überlast nicht nur die Qualität für alle verschlechtert, sondern außerdem (im Gegensatz zu vielen anderen Märkten) nur in sehr eingeschränktem Maße Rationierungs-Möglichkeiten bestehen.

Unter einer Rationierung wird allgemein verstanden, daß eine knappe Angebotsmenge auf bestimmte Nachfrager zugeteilt wird und damit andere Nachfrager ausgeschlossen werden. Dies ist insbesondere in kurzfristiger Perspektive relevant,

---

[42] Dies betrifft die kürzer- und längerfristigen Entscheidungen (1) über die Wahl des Fahrtzeitpunktes, (2) der Fahrtroute, (3) ob die Straßennutzung überhaupt erfolgt (anderes Verkehrsmittel oder Verzicht) und gegebenenfalls (4) auch Entscheidungen über Arbeits- oder Wohnorte.

[43] Im Ergebnis ähnliche Problem entstehen z. B. als Folge von Unfällen oder Baustellen, die jedoch als temporäre Kapazitätseinschränkungen zu klassifizieren sind.

[44] Dies gilt z. B. auch bei Flugreisen und Eisenbahnfahrten, Restaurantbesuchen, Elektrizitätsversorgung und Telefon. Die Transaktionsbedingungen, die sich auf solchen Märkten herausgebildet haben, regeln dieses Problem sehr unterschiedlich.

wenn die Preismechanismen nicht schnell genug wirken oder Informationsprobleme bestehen. Bei den Rationierungsverfahren können wir (ex ante) „Reservierung" und „spontane Rationierung" unterscheiden.

Relativ einfach lassen sich Probleme von Nachfragespitzen lösen, wenn die Möglichkeit der Ex-ante-Koordination über Reservierungen besteht, wie dies bei zahlreichen Verkehrsmitteln und anderen Dienstleistungen erfolgt.[45] Eine dazu analoge Reservierung dürfte bei der Straßenbenutzung ausscheiden. Dies würde nicht nur technische Probleme der Realisierung einer funktionierenden Reservierung mit sich bringen, sondern auch erhebliche Einbußen an Freizügigkeit der Menschen, die gesellschaftlich vermutlich nicht akzeptiert würden.

In anderen Fällen wird eine „spontane Rationierung" praktiziert, z. B. nach dem Motto „Wer zuerst kommt, mahlt zuerst".[46] Übertragen auf die Straßenbenutzung, wo es keine eindeutige, natürliche Kapazitätsbegrenzung gibt, erfordert dies die Realisierung einer dynamischen Zufahrtsbegrenzung, wenn die Verkehrsnachfrage zu groß wird.[47] Eine solche Rationierung ist insoweit ganz unabhängig davon, ob Road Pricing angewendet wird oder nicht. Dennoch löst es das Problem nicht,[48] da die Autofahrer nur den Stau auf der Straße gegen den Stau vor der Zufahrtsbegrenzung (Autobahnauffahrt) eintauschen.[49]

---

[45] Angenommen, die Sitzplatzzahl auf einem bestimmten Flug sei fix vorgegeben. Wenn die Nachfrage-Entscheidungen einige Tage vor Reiseantritt liegen, erhalten die Kunden einen Platz reserviert oder nicht. Im letzteren Falle kann ein Kunde auf einen anderen Flug oder ein anderes Verkehrsmittel ausweichen oder seine Reisepläne gänzlich ändern. Das Gleiche gilt für die Preishöhe: Wenn aufgrund großer Nachfrage der Preis dem einzelnen Kunden zu hoch ist, kann er entsprechend umdisponieren. Dies würde häufig selbst dann noch ohne größere Probleme für die einzelnen funktionieren, wenn die Fluggesellschaft ihre Sitze einige Tage vorher unter allen Interessenten versteigern würde, wodurch je nach Nachfragefunktion im Einzelfall unterschiedliche Preise zustandekommen würden. Beim Flugzeug ist dies wie in Abb. 2 wegen der direkten Rivalität eine 0-1-Entscheidung. Bei der Eisenbahn führt erhöhte Nachfrage „lediglich" dazu, daß einige Reisende ohne Reservierung im Gang stehen müssen, d. h. trotz Überlast transportiert werden. Dies bedeutet zwar für die Betroffenen eine schlechtere Qualität, nicht jedoch für die anderen Fahrgäste, die einen Sitzplatz erhalten haben.

[46] Dies ist z. B. in Kinos, Restaurants etc. üblich, soweit keine Reservierungen erfolgt sind. Wenn alle Plätze im Restaurant besetzt sind, kann man auf den nächsten freien Tisch warten oder woanders essen. Aber es werden in der Regel nicht die besetzten Tische mit neu hinzugekommenen Gästen ergänzt, was (mindestens nach Meinung einiger Gäste) die Qualität mindern würde.

[47] Dies bedeutet, daß pro Zeiteinheit nur eine bestimmte Anzahl von Autos in die Straße einfahren darf (via Ampel), wobei die Anzahl von der Verkehrsdichte abhängt. Dies wird z. B. auf einigen Freeways in Los Angeles praktiziert.

[48] Diese Aussage gilt nicht für alle Sektoren mit Überlast. In einigen Fällen können Effizienzvorteile dadurch erzielt werden, daß durch Begrenzung der Nutzung pro Zeiteinheit (via spontane Rationierung oder Reservierung) und damit evtl. Warteschlangen Mindest-Qualitäten gewährleistet werden können (z.B. Sicherheit beim Landeanflug, Sicherheitsabstände auf Flugrouten, Zugfolgen etc.). Dies kann als Überführung von partieller in direkte Rivalität durch Definition von Property Rights interpretiert werden. Es hat noch nichts mit Preisausschluß zu tun. Ob ein Preis erhoben wird, bedarf einer eigenen Entscheidung.

[49] Im Gegensatz dazu können die Folgen einer Übernutzung in anderen Bereichen qualitativ anders und eventuell weit gravierender sein als die Folgen der Rationierung. Z. B. führt

Jede spontane Rationierung (und jede Reaktion auf kurzfristig bekanntgegebene Preise) beinhaltet das Problem, daß bestimmte, alternative Optionen eines Nachfragers eventuell bereits vertan sind, die er bei rechtzeitiger Information gewählt hätte. Beim Straßenverkehr wird jede Zufalls-Überlastung zur Qualitätsminderung in Gestalt von erhöhter Verkehrsdichte führen. Das heißt, es ist keine Qualitätsgarantie in Form von Staufreiheit möglich, weder mit noch ohne Road Pricing.

4.3 Straßenfinanzierung und politische Akzeptanz

Ein zentrales Problem für die Einführung eines nutzungsabhängigen Straßenpreises ist die mangelnde öffentliche Akzeptanz und damit die geringe politische Durchsetzbarkeit. Von den Gegnern wird in diesem Zusammenhang erstens damit argumentiert, daß Road Pricing die Steuerbelastung der Autofahrer erhöhe. Dieser Eindruck wurde dadurch verstärkt, daß das Thema von ungeschickten Politikern ausgerechnet im Kontext der Finanzprobleme der öffentlichen Haushalte in die neuere Diskussion gebracht wurde. Zweitens werden Umleitungseffekte befürchtet, die zu unerwünschten Verkehrsströmen führen könnten.

Nehmen wir an, daß die gesamten Straßenkosten sektorintern gedeckt werden sollen und daß dies im Status quo durch die Summe aus Kraftfahrzeugsteuer und Mineralölsteuer realisiert wird. Deren Einnahmen sind nach einer Einführung von Road Pricing im Umfang der so entstehenden Erlöse zu reduzieren. Dies wird zum Beispiel durch eine Abschaffung der Kraftfahrzeugsteuer und eine solche Veränderung des Mineralölsteuersatzes erreicht, die zur quantitativen Aufkommensneutralität führt.[50]

Die Belastung für die Gesamtheit der Autofahrer bleibt also konstant. Bezogen auf die einzelnen Autofahrer bewirkt Road Pricing eine allokativ effizientere Anlastung der Straßenkosten entsprechend der Intensität, des Ortes und der Zeit der Infrastruktur-Inanspruchnahme.

Natürlich läßt sich in Anbetracht der politischen Realität nicht ausschließen, daß die Verantwortlichen die genannten Steuern nicht im gleichen Zuge senken und den Mehrerlös zur allgemeinen Budgetdeckung verwenden. Dieses fiskalische Ziel könnten sie jedoch auch ohne Road Pricing durch eine Erhöhung der Mineralölsteuer erreichen, und zwar mit geringerem politischen Widerstand.

Übernutzung von Funkfrequenzen zu Interferenzen, die die Nutzbarkeit gänzlich verhindern können.

Die Folgen nicht-prognostizierbarer Nachfrageschwankungen, die wir als zufällige Überlast bezeichnen können, und die Systemreaktionen sind durchaus unterschiedlich. Zufällige Überlasten gehen beim Telefon (in Form des Besetztzeichens = spontane Rationierung) zu Lasten der gerade nicht bedienten Kunden (mindern also die Qualität durch reduzierte Verfügbarkeit). Bei der Stromversorgung würde eine solche Politik zum Netzzusammenbruch führen (Folge: Qualitätsminderung für alle Kunden). Aus diesem Grunde sind die EVUs gezwungen, Reservekapazitäten vorzuhalten bzw. über Verbundverträge verfügbar zu machen. In einzelnen Fällen wird auch eine diskriminierende Rationierung praktiziert (Abschalten einiger Kunden), was vorher vertraglich vereinbart werden kann.

[50] Da es sich beim Road Pricing nicht um eine Steuer, sondern um einen Preis handelt, bewirkt seine Einführung (mindestens formal) eine Steuersenkung für die Autofahrer .

Langfristig sind die Straßenkapazität und damit die Straßenkosten nicht gegeben, sondern Gegenstand von wirtschaftlichen Entscheidungen. Im Gegensatz zum Status quo liefert ein Road Pricing-System marktliche Investitionssignale für den gezielten Ausbau der Straßen-Infrastruktur. Es identifiziert die einzelnen Engpässe und quantifiziert die Zahlungsbereitschaft der Straßennutzer für eine Kapazitätserweiterung einzelner Straßenabschnitte.[51]

Das Argument der unerwünschten Umleitungseffekte betrifft insbesondere (aber nicht ausschließlich) die Einführungsphase. Wenn zunächst nur bei einigen Hot-Spots auf besonders stauintensiven Straßen Road Pricing realisiert wird, wird dies Anreize zur Umfahrung solcher Punkte liefern. Dies hat erstens die Wirkung der Erlösminderung. Zweitens können die veränderten Fahrzeugströme auf den Ausweichstrecken neue Staueffekte erzeugen. Drittens können sie (zusätzlich zu den Stau-Externalitäten) weitere externe Effekte des Straßenverkehrs nicht nur lokal verlagern, sondern auch insgesamt erhöhen (z.B. wenn diese jetzt durch Wohngebiete, vorbei an Schulen und Krankenhäusern etc. führen). Derartige Externalitäten schließen Lärmbelastung, Luftverschmutzung, Unfallgefahren etc. ein.

Dies ist im konkreten Fall eine Frage der Analyse der betroffenen Verkehrsströme, der Anordnung der Gebührenstationen und der Festsetzung einer adäquaten Preisstruktur. Grundsätzlich ist nämlich ein Road Pricing-System gerade besonders gut in der Lage, unerwünschte Verkehrsströme (d.h. solche mit besonders hohen externen Effekten) durch entsprechende Preisstrukturen zu verhindern. Es würde z. B. ermöglichen, Straßen an Schulen mit einem höheren Preis zu versehen, differenziert nach Tages-, Wochen- und Ferienzeiten sowie nach Fahrzeugtyp (Personen- vs. Lastkraftwagen).

5. Zusammenfassung

Road Pricing kann man zunächst als ein Instrument zur Deckung der Straßeninfrastrukturkosten betrachten. Soweit diese von der Kilometerleistung aller Fahrzeuge abhängen, liefert dafür die Finanzierung über eine Mineralölsteuer eine relativ gute Näherung, die den Vorteil von geringeren Kosten der Erhebung hätte. Ein wesentlicher Teil der gesamtwirtschaftlichen Kosten entsteht jedoch lokal und zeitlich differenziert. Dies betrifft insbesondere die Externalitäten, die die einzelnen Autofahrer anderen in Form von Zeitverlusten aufbürden. Im Stau (d. h. immer dann, wenn bezüglich der Straßennutzung partielle Rivalität besteht) verschlechtert jeder Autofahrer die Qualität für alle, ohne daß dies in seine Entscheidung eingeht. Die Erhebung einer spezifischen Nutzungsgebühr reduziert die Menge der Fahrten auf das optimale Niveau, was in entsprechenden Zeitersparnissen zum Ausdruck kommt. Außerdem liefert Road Pricing Informationen für Anbieter und Nachfrager, setzt diesen effiziente Anreize und induziert Anpassungsprozesse auf verschieden Ebenen.

---

[51] Die optimale Kapazität einer Straße hängt von der unterschiedlichen Zahlungsbereitschaft der Autofahrer für verschiedene Qualitätsstufen (Stauniveaus) zu verschiedenen Zeitpunkten ab. Vgl. zu diesen Zusammenhängen *Kruse, J.* und *U. E. Berger* (1994).

Literaturverzeichnis

Boadway, Robin, W. und *David E. Wildasin* (1984), Public Sector Economics, 2. Auflage, Boston, Toronto

Brenck, Andreas (1992), Theoretische Aspekte des Road Pricing, in: Institut für Verkehrswissenschaft an der Universität Münster (Hrsg.), Netzwerke, Berichte aus dem Institut für Verkehrswissenschaft an der Universität Münster, Ausgabe Nr. 3, S. 3 – 11

Dewees, Donald, N. (1979), Estimating the Time Costs of Highway Congestion, in: Econometrica, Vol. 47, No. 6, S. 1499 – 1512

Freeman III, A. Myrick and *Robert H. Haveman* (1977), Congestion, Quality Deterioration and Heterogeneous Tastes, in: Journal of Public Economics 8, S. 225 – 232

Johnson, Bruce M. (1964), On the Economics of Road Congestion, in: Econometrica, Vol. 32, No. 1 – 2, S. 137 – 150

Knieps, Günter (1992), Wettbewerb im europäischen Verkehrssektor: Das Problem des Zuganges zu Wegeinfrastrukturen, in: ifo-Studien 3 – 4, Jg. 38, S. 317 – 328

Kruse, Jörn und *Ulrike Berger* (1994), Stauprobleme und optimale Straßenkapazität, Diskussionsbeiträge aus dem Institut für Volkswirtschaftslehre der Universität Hohenheim.

Laffout, Jean-Jacques und *Jean Tirole* (1993), A Theory of Incentives in Procurement and Regulation, Cambridge (Mass.)

Mohring, Herbert und *Mitchell Harwitz* (1962), Highway Benefits: An Analytical Framework, Northwestern University Press, Evanston, Ill.

Rittich, Dieter und *Konrad Zurmühl* (1993), Zukünftige automatische Gebührenerfassung für den Straßenverkehr, in: Nachrichtentechnische Zeitschrift (ntz) Bd. 46, Heft 4, S. 258 – 265

Walters, Alan A. (1961), The Theory and Measurement of Private and Social Cost of Highway Congestion, in: Econometrica, Vol. 29, No. 4, S. 676 – 699

Summary

The Allocative Basis of Road Pricing

This paper shows how road pricing can be utilized efficiently. Despite the fact that road pricing may be an instrument for covering the costs of road construction and maintenance it should be used to collect congestion tolls. The paper analyses how to determine the efficient congestion toll in the case of homogeneous users. Congestion costs are defined as a deterioration in quality. Marginal social congestion costs have two components: marginal individual congestion costs and marginal external costs. The efficient congestion toll is equal to the marginal external costs, bringing marginal individual costs into line with marginal social costs. The result of this congestion toll is the reduction of facility use to the efficient level. Finally some theoretical and practical problems of road pricing are discussed.

Instrumente zur Sicherung der Meinungsvielfalt im Fernsehen

von

HORST-MANFRED SCHELLHAASS[1]

1. Problemstellung

In der Kontroverse über die erstrebenswerte Meinungsvielfalt im Fernsehen stehen sich zwei Konzeptionen gegenüber: in einer wettbewerblichen Rundfunklandschaft ist das Interesse der Zuschauer für die Programmplanung gewinnorientierter Programmanbieter entscheidend, d. h. die Meinungsvielfalt wird durch die Präferenzen der Rezipienten gesteuert (Relevanzprinzip). Der Marktmechanismus benachteiligt daher Programme, die von einer im Vergleich zu den Opportunitätskosten zu kleinen Gruppe nachgefragt werden, d. h. kommerzielles Fernsehen diskriminiert von Minderheiten *nachgefragte* Meinungen. Die verfassungsrechtlich geforderte Meinungsvielfalt verlangt dagegen eine Orientierung an der Idee einer fairen Repräsentation der Interessen und Werte aller Bevölkerungsgruppen, d. h. das Bundesverfassungsgericht stellt die von Minderheiten *vorgetragenen* Meinungen in den Mittelpunkt seiner Betrachtungen (Repräsentanzprinzip).

Die Gegenüberstellung von Repräsentanz- und Relevanzprinzip transformiert die Sicherung der Meinungsvielfalt von einem verfassungsrechtlichen bzw. kommunikationswissenschaftlichen Problem in einen wirtschaftspolitischen Sachverhalt. Danach sind verfassungsrechtlich relevante Defizite an Meinungsvielfalt immer dann zu erwarten, wenn eine von einer Minderheit vorgetragene Meinung aufgrund *finanzieller* Erwägungen des Programmveranstalters von anderen deckungsbeitragsstärkeren Programmen verdrängt wird.[2] Um die unzureichenden Werbeeinnahmen aufgrund der zu geringen Zuschauerzahlen bei den Minderheitenprogrammen auszugleichen, können die Landesgesetzgeber zwischen den folgenden wirtschaftspolitischen Strategien wählen:
– externe Subventionierung der verfassungsrechtlich geforderten Sendungen durch den Steuerzahler mit dem Ziel, die Deckungsbeiträge der nicht-marktfähigen Programme über die Deckungsbeiträge der marktfähigen Programme anzuheben;

[1] Für die finanzielle Förderung dieses Forschungsvorhabens danke ich der Deutschen Forschungsgemeinschaft.
[2] Dagegen wendet sich die Sicherung der *Meinungsfreiheit* gegen Versuche, die Äußerung von Meinungen durch die Ausübung von Zwang seitens des Staates oder der gesellschaftlichen Gruppen einzuschränken. Bei der Sicherung der Meinungsfreiheit sind deshalb eher juristische Mittel zur Abwehr von Zwang einzusetzen.

– interne Subventionierung der verfassungsrechtlich geforderten Sendungen durch Programmstrukturauflagen, die die Veranstalter zwingen, die nicht-markt-fähigen Beiträge durch die Überschüsse der marktfähigen Programme zu finanzieren;

– eine Kombination aus externer und interner Subventionierung durch eine institutionelle Bestandsgarantie der öffentlich-rechtlichen Rundfunkanstalten als Gegenleistung für die Übernahme der verfassungsrechtlich geforderten Grundversorgung an Minderheitenprogrammen.

Ziel des vorliegenden Beitrages ist es, die mikroökonomischen Anreizwirkungen der drei Subventionsstrategien mit Hilfe des Modells der Preisbildung in Mehrproduktunternehmen zu analysieren. Damit soll dem Gesetzgeber eine Entscheidungshilfe gegeben werden, wie er die bindenden Vorgaben des Bundesverfassungsgerichts in effiziente Maßnahmen zur Sicherung der Meinungsvielfalt umsetzen kann.

2. Die externe Subventionierung von Minderheitenprogrammen

Zum Ausgleich der unzureichenden Kaufkraft der verfassungsrechtlich geforderten Programmkategorien erfreuen sich unter ökonomisch denkenden Zeitgenossen direkte Subventionen besonderer Beliebtheit: „Es ist die Befürchtung, daß bestimmte Sendungen nicht hinreichend Zahlungswillige finden und deshalb im Markt nicht befriedigt werden ... Aber auch hier würde sich das gegenwärtige System (des öffentlich-rechtlichen Rundfunks, d. V.) als völlig unverhältnismäßig erweisen. Wir kennen Optionen, die weniger einschneidend und zugleich effizienter sind. Der Staat kann z. B. offene Subventionen geben, bestimmte Produktionen subventionieren ... So hat man die Garantie, daß auch nur die Destinatäre begünstigt werden und nicht mit der großen Gießkanne subventioniert wird" (*Möschel* in *Röper* 1989, S. 122).

Bei diesem wirtschaftspolitischen Instrument wird der Verfassungsauftrag in der Weise erfüllt, daß der Subventionsgeber Art und Umfang der Programmkategorien bestimmt, die zur Realisierung eines repräsentativen Programmangebots das marktmäßige Angebot ergänzen sollen. Entsprechend der EG-Richtlinie vom 3. 10. 1989 über die Veranstaltung von Fernsehsendungen soll der Markt in drei verschiedene Programmkategorien aufgeteilt werden:[3] Markt 1 soll die außereuropäischen Unterhaltungssendungen umfassen, zu deren Lasten die europäischen Programme expandieren sollen. Markt 2 soll die „neutralen" Sparten umfassen, beispielsweise Nachrichten sowie Sport- und Jugendsendungen, bei denen weder eine Förderung des europäischen Bewußtseins noch eine Zurückdrängung anderer kultureller Einflüsse zur Diskussion stehen. Markt 3 umfaßt schließlich die geschützten europäischen Sendungen, die zum einen das europäische Bewußtsein fördern und zum anderen nationale und regionale Identitäten innerhalb der EG

---

[3] Juristisch gilt die Richtlinie über den „europäischen Inhalt" nur für die Programmstrukturauflage; um die Vergleichbarkeit der Ergebnisse zu erhöhen, ist bei allen untersuchten Instrumenten die gleiche Spartenaufteilung vorgenommen worden. Die theoretische Analyse ist identisch, ob die Vorschrift der EG-Richtlinie nach einem Mindestumfang der Sendungen europäischen Ursprungs oder die Forderung des Bundesverfassungsgerichts nach einem Mindestumfang der politischen und kulturellen Sendungen als Anwendungsbeispiel herangezogen wird.

wahren sollen. Die Flexibilität der Subventionslösung ermöglicht eine beliebige Abgrenzung der zu fördernden Programmkategorien, so daß je nach der Zielrichtung des politischen Entscheidungsträgers statt der europäischen Werke andere Minderheitenprogramme in den Genuß einer Förderung gelangen können.[4]

Als Referenzmaßstab für das Subventionsgleichgewicht wird zunächst die gewinnmaximale Aufteilung der Sendekapazität eines ungebundenen Fernsehveranstalters auf die verschiedenen Programmkategorien analog dem Modell der Preisbildung in Mehrproduktunternehmen von *Schellhaaß* (1982) abgeleitet. Die Angebotsseite des Fernsehmarktes sei dadurch gekennzeichnet, daß die gegebene Sendekapazität von O_1K_0 Sendeminuten in *Abb. 1* so universell einsetzbar sein soll, daß sie ohne Anpassungskosten für die verschiedenen Spartenprogramme genutzt werden kann.

Die Programmnachfragekurven N_i in *Abb. 1* geben an, welche Werbeeinnahmen bei den einzelnen Programmkategorien erwartet werden.[5] Bei verbundenen Nachfragekurven würde ein Sender, der den Anteil der weniger nachgefragten Minderheitenprogramme ausweiten würde, gleichzeitig Zuschauer in den neutralen und außereuropäischen Sparten verlieren, weil die Wahrscheinlichkeit, beim Einschalten auf eine gewünschte Sendung zu stoßen, abgenommen hätte. Angesichts der heutigen Verbreitung von Programmzeitschriften und Fernbedienungen ist das jederzeitige Umschalten auf eine präferenzengerechte Sendung so leicht, daß das Phänomen der verbundenen Nachfragen beim Fernsehen vernachlässigt werden kann.[6]

Die Nachfrage nach Kapazität für jede Programmkategorie ergibt sich bei gewinnmaximierender Monopolpreisbildung durch den Teil der Grenzerlösfunktion, der oberhalb der kurzfristigen Grenzkosten verläuft.[7] Die horizontale Aggregation der marginalen Deckungsbeiträge DB_i^{marg} ergibt auf der linken Seite der *Abb. 1* die Gesamtnachfragefunktion *ABCD* nach Kapazität. Der Schnittpunkt der Gesamtnachfragefunktion nach Kapazität mit der vorgegebenen Kapazitätsgrenze K_0 determiniert die Höhe der kurzfristigen Grenzkosten der Kapazitätsnutzung (KGK^{kap}). Die KGK^{kap} sind reine Knappheitspreise für die Nutzung der Kapazität bzw. die unternehmensindividuellen Schattenpreise einer Sendeminute.

---

[4] Beispielsweise sieht das Bundesverfassungsgericht die fehlende Ausgewogenheit eines „market place of ideas" vor allem im politischen und kulturellen Bereich. Für kulturelle Sendungen hat die bisherige Entwicklung die Vorhersage des Bundesverfassungsgerichts bestätigt. Politische Sendungen können dagegen auch in einem marktwirtschaftlichen Umfeld rentabel angeboten werden, wie das Beispiel CNN in den USA belegt.

[5] „The first and most serious mistake that an analyst of the television industry can make is to assume that TV stations are in business to produce programmes. TV stations are in business of producing audiences. These audiences, or means of access to them, are sold to advertisers. The product of a TV station is measured in dimensions of people and time. The price of the product is quoted in dollars per thousand viewers per minute of commercial time" (*Owen/Beebe/Manning* 1974, S. 4).

[6] Im Hörfunkbereich dagegen, in dem Fernbedienungen noch kaum verbreitet sind, führt die Interdependenz der Nachfragekurven dazu, daß die Sender ihren ersten, zweiten und dritten Programmen bewußt ein zielgruppenorientiertes Image geben, um die Zahl ihrer zufriedenen Hörer und ihre Einnahmen aus Werbung zu maximieren.

[7] Die kurzfristigen Produktionsgrenzkosten sind unterhalb der Abszisse abgetragen, damit in den normalen Quadranten ausschließlich die für die gewinnmaximierende Entscheidungsfindung der Unternehmen ausschlaggebenden Deckungsbeiträge ausgewiesen werden können.

Abb. 1: Die Kapazitätsaufteilung bei der Subventionslösung

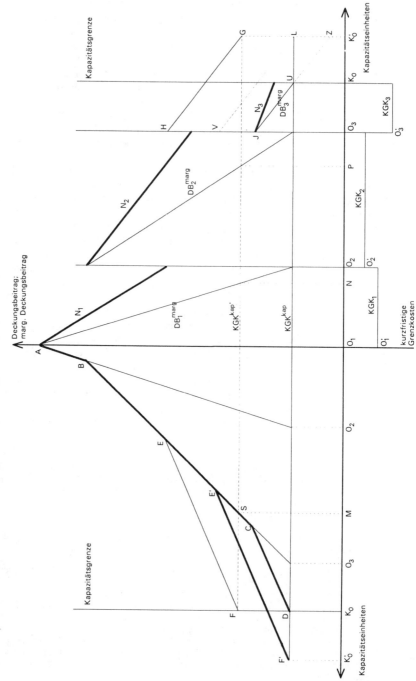

Daraus folgt als gewinnmaximierende Bedingung für einen Programmveranstalter (vgl. *Schellhaaß* 1982, S. 41):

$$DB_1{}^{marg} = DB_2{}^{marg} = DB_3{}^{marg} = KGK^{kap}.$$

Der Unternehmer maximiert seinen Periodengewinn, indem er die Sendekapazität so auf die einzelnen Sparten aufteilt, daß der Deckungsbeitrag der letzten Sendeminute auf allen Teilmärkten gleich hoch ist. Damit ist keine gewinnsteigernde Arbitrage von Sendezeiten zwischen den ausgestrahlten Programmkategorien mehr möglich. Um die gegebene Kapazität K_0 voll auszunutzen, müssen die marginalen Deckungsbeiträge zusätzlich den KGK^{kap} gleich sein. Dies stellt sicher, daß die Deckungsbeiträge auch durch eine Substitution bisheriger Sendungen durch bisher nicht ausgestrahlte Beiträge nicht mehr gesteigert werden kann.

Wir fragen uns nun, wie sich die Optimalbedingungen durch eine Subventionierung der europäischen Sendungen ändern. Die ökonomische Aufgabe besteht bei diesem Instrument darin, durch die Zahlung von Subventionen die Deckungsbeiträge der ausgewählten Programmkategorien so weit zu erhöhen, bis die politisch festgelegte *Anzahl an Sendeminuten* für die Minderheitenprogramme gewährleistet ist. Zielgröße sei die Ausweitung des Marktes 3 („europäische" Werke) von O_3K_0 auf $O_3K_0{}'$ bei zunächst unveränderter Kapazität. In einer wettbewerblichen Rundfunklandschaft sollen die Programmveranstalter durch die Subvention für die europäischen Werke „bestochen" werden, auf die marginalen außereuropäischen und neutralen Sendungen zu verzichten. Hierfür reicht es nicht, den Ertragsnachteil ZL der zusätzlichen europäischen Kulturprogramme $K_0K_0{}'$ gegenüber den bereits früher ausgestrahlten europäischen Sendungen auszugleichen. Damit sind die europäischen Werke noch nicht hinreichend wettbewerbsfähig, da die Ausweitung des europäischen Marktes die Konkurrenz um die verfügbare Sendekapazität intensiviert, d. h. der Knappheitspreis für die Nutzung der Kapazität steigt.

Die optimale Höhe der Subvention zur Umverteilung der Sendekapazität berechnen wir, indem wir auf der linken Seite der Abb. 1 – ausgehend von der unveränderten Kapazitätsgrenze K_0 – den politisch bestimmten Umfang $O_3K_0{}' = K_0M$ für den Markt 3 reservieren. Dadurch steht der unveränderten Nachfrage nach außereuropäischen und neutralen Programmen nur noch eine Restkapazität von O_1M statt bisher O_1O_3 zur Verfügung. Der neue – höhere – Schattenpreis $KGK^{kap}{}'$ für eine Sendeminute wird durch den Schnittpunkt S der Gesamtnachfragefunktion ABC nach Kapazität der Märkte 1 und 2 mit der Restkapazität M bestimmt. Um die geschützten Sendungen wettbewerbsfähig zu machen, muß die Subvention das Defizit an Werbeeinnahmen der letzten Sendeminute der europäischen Beiträge bis zur Höhe der internen Verrechnungspreise $KGK^{kap}{}'$ für die Nutzung einer Kapazitätseinheit ausgleichen, d. h. GZ betragen.[8]

---

[8] Für die intramarginalen Sendeminuten könnten geringere Subventionsbeträge angesetzt werden; jedoch soll angesichts der Schwierigkeiten, die notwendigen Informationen für eine vollkommene Differenzierung der Subvention zu erlangen, von einer einheitlichen Subvention pro Sendeminute der europäischen Werke ausgegangen werden. Für den Rundfunkveranstalter verschiebt sich aufgrund der einheitlichen Subvention von GZ pro Sendeminute der europäischen Werke die Funktion der marginalen Deckungsbeiträge auf der rechten Seite der Abb. 1 parallel von JZ auf HG und auf der linken Seite die Kapazitätsnachfrage von vormals CD auf nunmehr EF. Damit ergeben sich die neuen $KGK^{kap}{}'$ als Schnittpunkt F der subventionierten Gesamtnachfragefunktion $ABEF$ nach Kapazität mit der gegebenen Kapazität K_0.

Erst der Bestandteil LG der Subvention bewirkt die gewünschte Programmstrukturänderung, denn die zusätzlichen Sendeminuten für die europäischen Programme werden dadurch gewonnen, daß die erlösschwächsten Beiträge der anderen Sparten, die den erhöhten Verrechnungspreis $KGK^{kap}{}'$ für die Nutzung der gemeinsamen Kapazität nicht mehr erwirtschaften, eliminiert werden.[9] Demgemäß zeichnet sich das Gleichgewicht der Subventionierung wiederum dadurch aus, daß – aus der Sicht des Programmanbieters – alle Sparten den gleichen marginalen Deckungsbeitrag erbringen, wobei sich die Deckungsbeiträge der europäischen Werke nun aus Werbeeinnahmen und Subventionen zusammensetzen.

Geht man davon aus, daß in der subventionsfreien Ausgangslage ein langfristiges Gleichgewicht mit $KGK^{kap} = LGK$ gegeben gewesen ist, beschert die obige Lösung den Programmveranstaltern Knappheitsgewinne, da die neuen $KGK^{kap}{}'$ um den Betrag FD über den langfristigen Grenzkosten *(LGK)* für eine Kapazitätseinheit liegen. Das durch die subventionsbedingte Mehrnachfrage entstandene Ungleichgewicht schafft Anreize, die Kapazität durch Einbeziehung bisher nicht genutzter Nacht- oder Vormittagsstunden auszuweiten. Bei der Zuordnung der zusätzlichen europäischen Sendungen auf verschiedene Tageszeiten orientiert sich der Rundfunkveranstalter nach wie vor ausschließlich an den Deckungsbeiträgen aus Werbung; die Subventionen sind ihm – unabhängig von der Sendezeit der geschützten Beiträge – in jedem Falle sicher. Insofern werden die zusätzlichen Sendungen europäischen Ursprungs in den sehbeteiligungsschwächeren Zeiten ausgestrahlt.[10] Das Investitionsgleichgewicht eines Programmanbieters mit konstanten Skalenerträgen ist erreicht, sobald die internen Verrechnungskosten für die Nutzung der Kapazität *(KGK^{kap})* wieder den externen Beschaffungskosten der Kapazität *(LGK)* entsprechen.

$$DB_i{}^{marg} = KGK^{kap} = LGK; \quad i = 1, 2, 3.$$

Im langfristigen Subventionsgleichgewicht haben die Märkte für die außereuropäischen und neutralen Sendungen wieder den gleichen absoluten Sendeumfang (O_1O_2 bzw. O_2O_3) wie in der subventionsfreien Ausgangslage, während die geschützten europäischen Werke gerade die verfassungsrechtliche Norm $O_3K_0{}'$ erfüllen. Aufgrund der Kapazitätsausweitung schwächt sich die interne Konkurrenz um die verfügbare Sendekapazität ab, so daß die Subvention jetzt keine anderen Programme mehr verdrängen, sondern nur noch die fehlenden Deckungsbeiträge der europäischen Werke zur Finanzierung der beanspruchten Kapazitäten ausgleichen muß, d. h. im Modell mit Kapazitätsanpassung beträgt die optimale Subvention ZL statt vorher ZG.[11]

Effizienzmindernde Wirkungsbrüche treten auf, wenn die neoklassischen Standardannahmen die medienpolitische Wirklichkeit nur unzureichend widerspiegeln. Ergebnisrelevant ist insbesondere das Problem der unvollkommenen Infor

---

[9] Entsprechend den unterschiedlichen Preiselastizitäten der Nachfrage wird der außereuropäische Unterhaltungssektor um NO_2 und der neutrale Bereich um PO_3 Sendeminuten eingeschränkt. Die Summe aus NO_2 und PO_3 ergibt die zusätzlichen Sendeminuten $K_0K_0{}'$ für die europäischen Werke.

[10] Durch zeitlich differenzierte Subventionen ließe sich ein Abdrängen der geförderten Beiträge in die zuschauerschwachen Randzeiten verhindern.

[11] Zu der Subvention ZL gehört die Kapazitätsnachfrage $ABE'F'$, die bei der Kapazität $K_0{}'$ die langfristigen Grenzkosten DL schneidet.

mation. Beispielsweise ist in der Rechtsprechung des Bundesverfassungsgerichts die Zugehörigkeit eines Beitrages zu der Kategorie „politische oder kulturelle Programme" das Selektionskriterium für eine Förderung. Soll ein Spielfilm mit einem kulturgeschichtlichen Hintergrund der förderungswürdigen Kategorie „Kulturprogramm" oder der nicht förderungswürdigen Kategorie „Unterhaltung" zugeordnet werden? Selbst das auf einer geografischen Zuordnung beruhende Selektionskriterium der EG-Kommission „Produktionsort in Europa" ist nicht eindeutig, da insbesondere Spielfilme häufig an verschiedenen Orten gedreht werden. Insofern gibt es bei der Subventionierung einzelner Programmkategorien starke Anreize, durch Falschdeklaration in den Genuß der Förderung zu gelangen.

Selbst wenn das Problem der Zuordnung zu der förderungswürdigen Programmkategorie hinreichend genau gelöst werden könnte, gäbe es immer noch das Problem der Mitnahmeeffekte, denn es sind keineswegs alle politischen oder kulturellen Programme defizitär. Beispielsweise erfreuen sich Wahlberichterstattungen oder Dokumentarsendungen über aktuelle politische Ereignisse hoher Zuschauerresonanz. Erst recht gilt dies für die EG-Richtlinie über den europäischen Inhalt, da das Selektionskriterium „Produktionsort in Europa" auch höchst lukrative Spielfilme in der förderungswürdigen Kategorie beläßt. Ist eine Differenzierung der Subvention nach dem erwarteten Defizit des jeweiligen Beitrages wegen der Informationsprobleme ausgeschlossen,[12] muß mit erheblichen Mitnahmeeffekten gerechnet werden. Insofern geht die offene Subvention entgegen *Möschels* Äußerung (in *Röper* 1989, S. 122) durchaus mit der Gießkanne über defizitäre und profitable Beiträge, sofern sie nur zu der begünstigten Programmkategorie gehören.

Unvollkommene Informationen über das Verhalten der politischen Akteure stellen wegen der verfassungsrechtlich geforderten Verläßlichkeit der Instrumente zur Sicherung der Meinungsvielfalt ein spezielles medienpolitisches Problem dar. Eine Subvention kann nicht nur leicht an Knappheitsrelationen, sondern auch an die politische Willfährigkeit des Rundfunks angepaßt werden. Zu einer glaubwürdigen Sicherung der Meinungsvielfalt gehört nicht nur der finanzielle Ausgleich für die nicht-marktfähigen Programmkomponenten in der Gegenwart, sondern auch die unwiderrufliche Zusage der Regierung, diese Subvention auch in Zukunft in der jeweils optimalen Höhe zu zahlen. Bindende Zusagen erfordern Faustpfänder, d. h. sunk cost-Elemente, die es für die Regierung zu einem kostspieligen finanziellen oder politischen Abenteuer werden lassen, die Meinungsvielfalt anzutasten.

Nach dem geltenden Haushaltsrecht sind Subventionen nur für jeweils ein Haushaltsjahr gesichert. Es gibt weder eine bindende rechtliche Verpflichtung noch einen Sanktionsmechanismus, die in medienpolitisch stürmischen Zeiten eine quasi-automatische Verlängerung der Subventionierung erzwingen könnten. An-

---

[12] Selbst die Berechnung einer einheitlichen Subvention ist nicht leicht, weil hierzu genaue Angaben über die internen Verrechnungspreise für die Nutzung der Kapazität sowie über die marginalen Deckungsbeiträge der europäischen Werke notwendig sind. Beide Daten werden von im Wettbewerb stehenden Unternehmen normalerweise als Geschäftsgeheimnisse betrachtet. Da die Unternehmen zwecks Steigerung der Subvention einen Anreiz haben, ihre KGK^{kap} zu hoch anzusetzen und ihre DB^{marg}_3 zu unterschätzen, ist die Datenbasis der Landesmedienanstalt zur Berechnung der optimalen Höhe der Subvention verhältnismäßig unsicher.

gesichts der Tatsache, daß dem Markt für offene Subventionen die für die Sicherung der Meinungsvielfalt notwendige zeitliche Tiefe fehlt, bezeichnet ihn *von Weizsäcker* (in *Röper* 1989, S. 160) als einen sehr unvollkommenen Markt. Insofern erfüllt eine aus dem Staatshaushalt finanzierte Subvention nicht das Kriterium der Verläßlichkeit.[13]

Einen Königsweg zur Sicherung von Effizienz und Verläßlichkeit könnte der Vorschlag von *Engels* u. a. (1989, S. 36) darstellen, den verfassungsrechtlichen Programmauftrag aus den Erträgen einer Stiftung zu subventionieren.[14] In allokationstheoretischer Hinsicht unterscheidet sich der Stiftungsvorschlag von der hier analysierten offenen Subvention in der Weise, daß bei der Subventionslösung die Anzahl der Sendeminuten der geförderten Programmkategorie exogen vorgegeben und das erforderliche Subventionsvolumen endogen bestimmt wird, während bei der Stiftungslösung die jährlichen Erträge des Stiftungsvermögens exogen vorgegeben sind und die resultierende Anzahl der Sendeminuten der geförderten Programmkategorie endogen bestimmt wird. Durch eine entsprechend hohe Anfangsausstattung der Stiftung können mit beiden Finanzierungsvarianten die gleichen Förderwirkungen erzielt werden.

Als Fazit läßt sich festhalten, daß der entscheidende Vorteil der Subventionierung einzelner Programmkategorien darin besteht, daß die öffentlich-rechtlichen Rundfunkanstalten im Bereich der nicht-subventionierten Sendungen dem Wettbewerb ausgesetzt werden. Die Deregulierung wird die marktfähigen Programmelemente stärker an die Präferenzen der Zuschauer und die Höhe des Ressourceneinsatzes stärker an das Niveau der privaten Programmanbieter annähern. Im nicht-marktfähigen Bereich der verfassungsrechtlichen Grundversorgung sorgt die Subvention dafür, daß die politisch vorgegebenen Programmwünsche in betriebswirtschaftliche Gewinnanreize transformiert und dadurch in einem dualen Rundfunksystem verwirklicht werden können. In der Praxis beeinträchtigen jedoch die Meß- und Kontrollprobleme aufgrund unvollkommener Information die Koordinationsleistung der Subventionslösung, so daß Mitnahmeeffekte und mangelnde Zielerfüllung nicht auszuschließen sind.

3. Programmstrukturauflagen

Die EG-Richtlinie über die Ausübung der Fernsehtätigkeit vom 3. 10. 1989[15] schreibt vor, daß die Fernsehveranstalter den Hauptanteil ihres Programms europäischen Werken vorbehalten müssen.[16] Zielgröße ist hier nicht die Ausweitung des geschützten Marktes 3 („europäische Werke") auf eine bestimmte Anzahl von Sendeminuten, sondern die Herbeiführung eines politisch determinierten *Ver-*

---

[13] Vermutlich wäre eine Subvention aus dem Staatshaushalt auch wegen der verfassungsrechtlich geforderten Staatsferne des Rundfunks unzulässig.

[14] In diese Stiftung sollen die Mittel eingebracht werden, die aus der vorgeschlagenen Privatisierung der öffentlich-rechtlichen Rundfunkanstalten erzielt werden.

[15] Abgedruckt in Abl. Nr. L 298/23 v. 17. 10. 1989. Eine inhaltliche Erläuterung der Richtlinie und ihrer Hintergründe findet sich in *Betz* (1989) und *Klute* (1991).

[16] Die Übergangsbedingungen, die in gewissen Fällen Abweichungen von dieser Vorschrift zulassen, sollen hier vernachlässigt werden.

hältnisses zwischen europäischen und außereuropäischen Werken.[17] Die Sendezeiten von Nachrichten, Spielshows und Sportberichten bleiben bei der gesetzlichen Berechnung der Programmstruktur außer Betracht („neutrale" Sendungen des Marktes 2), werden jedoch bei der modellendogenen Bestimmung des Umfangs der einzelnen Programmkategorien berücksichtigt.

Um die Auswirkungen der Programmstrukturauflage zu analysieren, vergleichen wir in *Abb. 2* die Strategien eines ungebundenen gewinnmaximierenden Programmanbieters mit denen eines Veranstalters, der der Auflage unterworfen ist. Für beide Rundfunkunternehmer ist es am lukrativsten, die erste Sendeminute mit einem amerikanischen Spielfilm des Marktes 1 zu belegen, da dieser einen Quasigewinn von GA einbringt. Aufgrund der Programmstrukturauflage geht der gebundene Veranstalter mit dieser Programmwahl gleichzeitig die Verpflichtung ein, eine andere Minute seiner Sendekapazität mit einem europäischen Werk zu belegen, d. h. die Programmstrukturauflage macht die europäischen und die außereuropäischen Beiträge zu einem Kuppelprodukt.[18]

Um die neue Aufteilung der Sendekapazität zu erhalten, berechnen wir in einem ersten Schritt die marginalen Deckungsbeiträge $DB_1 + 3^{marg}$ pro Minute des Kuppelprodukts, indem wir die Funktionen der marginalen Deckungsbeiträge der außereuropäischen und der europäischen Werke vertikal addieren und dabei ihr arithmetisches Mittel bilden.[19] Anschließend aggregieren wir die neugebildete Grenzdeckungsbeitragsfunktion des Kuppelprodukts mit der unveränderten Grenzdeckungsbeitragsfunktion der neutralen Sendungen zu der Gesamtnachfragefunktion KEF nach Kapazität auf der linken Seite der Abb. 2. Ein Vergleich der neuen Funktion KEF nach Kapazität mit der alten Gesamtnachfragefunktion $ABCD$ zeigt, daß durch die Programmstrukturauflage Deckungsbeiträge von dem lukrativen Innenmarkt der außereuropäischen Sendungen auf den Außenmarkt der europäischen Werke übertragen werden. Diese interne Subventionierung wandelt Konsumentenrente der Werbekunden im Umfeld der außereuropäischen Werke in wirksame Zahlungsbereitschaft auf dem Markt für europäische Werke um.

Das kurzfristige Gleichgewicht mit unveränderter Kapazität zeichnet sich dadurch aus, daß alle Sparten einen *unterschiedlich* hohen marginalen Deckungsbeitrag erbringen.[20] Der Markt 3 wird solange ausgeweitet, bis die DB_3^{marg} der letzten Sendeminute auf dem Markt 3 genausoviel unterhalb der neuen internen Verrechnungspreise KGK^{kap} für die Nutzung der Kapazität wie die DB_1^{marg} der letz-

---

[17] In der Ausgangslage soll der Markt für europäische Sendungen wesentlich kleiner als der Markt für außereuropäische Programme sein, da die Programmstrukturauflage ansonsten keinen Sinn machen würde.

[18] Im Rahmen dieses Aufsatzes soll aus Gründen der grafischen Vereinfachung ein Verhältnis von 1 : 1 zwischen europäischen und außereuropäischen Unterhaltungssendungen angenommen werden.

[19] In der Abb. 2 übertragen wir in einem ersten Schritt die Funktion der marginalen Deckungsbeiträge der europäischen Werke (Markt 3) auf den Markt 1 (gestrichelte Linie in Abb. 2). Die erste „europäische" Sendeminute erzielt hier einen Quasigewinn von GH. Im nächsten Schritt addieren wir die marginalen Deckungsbeiträge der Märkte 1 und 3 vertikal; beispielsweise erwirtschaften dann die ersten beiden Minuten einen Deckungsbeitrag zu den Gemeinkosten von GH plus GA. Umgerechnet auf die Einheit „Minute" ergibt sich ein Deckungsbeitrag von GJ für das Kuppelprodukt.

[20] Ein auflagenfreier Veranstalter würde hingegen jeden Teilmarkt soweit ausdehnen, bis die marginalen Deckungsbeiträge einander gleich wären.

Abb. 2: Die Kapazitätsaufteilung bei der Programmstrukturauflage

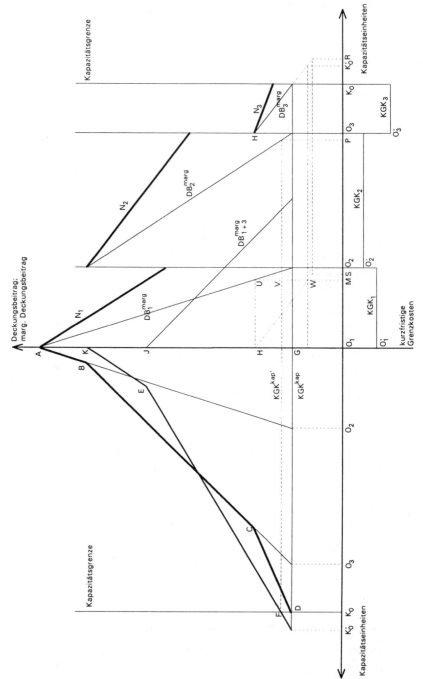

ten Sendeminute auf dem Markt 1 oberhalb der Verrechnungspreise liegen *(UV = VW)*. Diese Bedingung führt aufgrund der annahmegemäß vom Innen- zum Außenmarkt zunehmenden Elastizitäten dazu, daß die mengenmäßige Ausweitung der europäischen Werke größer als die Kontraktion der außereuropäischen Beiträge ist.

Aufgrund der verstärkten Nachfrage nach Sendekapazität steigt der interne Verrechnungspreis von bisher KGK^{kap} auf $KGK^{kap'}$. Auf diese Weise tangiert die Programmstrukturauflage nicht nur – wie gewollt – die Märkte für außereuropäische und europäische Werke, sondern auch den Markt der neutralen Sendungen. Gegenüber der Ausgangslage werden aufgrund der höheren Preise für die Nutzung der Kapazität die Sendezeiten der außereuropäischen Werke um MO_2 und die der neutralen Sendungen um PO_3 Minuten eingeschränkt, um die zusätzlichen $K_0K'_0$ Minuten an – intern subventionierten – europäischen Werken zu senden. Aufgrund der Kopplung gilt für den zusammengefaßten Markt 1 + 3 die übliche gewinnmaximierende Bedingung $DB_{1+3}{}^{marg} = KGK^{kap'} = DB_2{}^{marg}$, d. h. es ist nicht mehr möglich, den Gewinn durch eine Arbitrage von Sendezeit zu steigern.

Langfristig bestehen für Programmanbieter, die noch nicht 24 Stunden am Tag senden, Anreize, das Programmangebot auszuweiten, da die durch die Programmstrukturauflage erhöhten Knappheitspreise $KGK^{kap'}$ für die Nutzung der Kapazität über den Kosten für die Bereitstellung einer Kapazitätseinheit *(LGK)* liegen.[21] Dann existieren Gewinnanreize, die Sendekapazität auszudehnen, bis die Gesamtnachfragefunktion *KEF* nach Kapazität die *LGK* bei der optimalen Kapazität K'_0 schneidet. Im Investitionsgleichgewicht des einer Programmstrukturauflage unterliegenden Anbieters gilt bei konstanten Skalenerträgen:

$$DB_{1+3}{}^{marg} = DB_2{}^{marg} = KGK^{kap} = LGK.$$

Von der Kapazitätsausweitung von K_0 auf K'_0 und der daraus resultierenden Senkung der internen Verrechnungspreise auf die früheren KGK^{kap} profitieren alle drei Programmkategorien. Der absolute Sendeumfang der „neutralen" Sendungen bleibt nach der Kapazitätsanpassung von der Programmstrukturauflage völlig unberührt. Aufgrund der Lockerung der Kapazitätsrestriktion können sich die beiden Märkte 1 und 3 in jeweils absolut gleichem Umfange *(MS = K'_0R)* etwas ausdehnen, wodurch die interne Subventionierung gegenüber dem kurzfristigen Gleichgewicht mit konstanter Kapazität verstärkt wird.[22] Bei langfristiger Kapazitätsanpassung tritt damit das – politisch gewollte – Ergebnis ein, daß nur das Verhältnis zwischen den außereuropäischen und den europäischen Werken verändert wird.

Geht man von der Analyse der Anpassungsstrategien eines einzelnen Rundfunkunternehmers auf eine Gesamtmarktbetrachtung über, ergeben sich wesentliche Effizienzwirkungen dadurch, daß die bisher programmlich begründete Unterscheidung in eine privatwirtschaftliche und eine öffentlich-rechtliche Rechtsform ihre ökonomische Bedeutung verliert. Die Programmstrukturauflage erfüllt nunmehr die verfassungsrechtlichen Anforderungen an die Meinungsvielfalt, so

---

[21] Wir unterstellen, daß in der Ausgangslage ein Investitionsgleichgewicht mit $LGK = KGK^{kap}$ gegeben gewesen ist.

[22] R liegt rechts von der langfristig optimalen Kapazität K'_0, weil auf dem Markt 1 die Sendekapazität SO_2 wegen der Programmstrukturauflage nicht genutzt werden darf *(SO_2 = K'_0R)*.

daß Zwangsgebühren für die öffentlich-rechtlichen Anstalten ihre Rechtfertigung verlieren. Die Marktkräfte werden – unter Berücksichtigung der für alle Anbieter geltenden Programmstrukturauflage – dafür sorgen, daß die Grenzkosten aller Anbieter gleich hoch sind, d. h. daß das Gesamtangebot an Fernsehsendungen zu minimalen Kosten erbracht wird. Insofern gleichen sich die Programmstrukturauflage und die offenen Subventionen im Hinblick auf die Freisetzung der Marktkräfte.

Als Maß für die Stärke des Eingriffs in den Marktmechanismus kann die für die marginale Sendeminute eines europäischen Werkes erforderliche Subvention herangezogen werden. Bei der offenen Subvention erfolgt im langfristigen Gleichgewicht die gesamte Anpassung nur auf dem Markt der europäischen Werke, so daß der Steuerzahler für die Herstellung der Wettbewerbsfähigkeit ansonsten unrentabler europäischer Programmbeiträge stark belastet wird. Bei der Programmstrukturauflage handelt es sich dagegen um eine Kombination zweier Instrumente: interne Besteuerung der außereuropäischen und interne Subventionierung der europäischen Programme. Dadurch erfolgt die Anpassung von beiden Enden des Marktes her, d. h. die Instrumente müssen nur insoweit eingesetzt werden, bis der marginale Verzicht auf Werbeeinnahmen auf beiden Märkten gleich hoch ist. Insofern wird durch die Subvention das marktwirtschaftliche Ergebnis bei einzelnen Programmkategorien massiv korrigiert, während bei der Programmstrukturauflage jeweils vergleichsweise geringe Abweichungen von dem marktwirtschaftlichen Ergebnis, aber dafür auf zwei Teilmärkten erfolgen.

In allokativer Hinsicht hat die Programmstrukturauflage gegenüber der Subvention den Vorteil, daß Wirkungsbrüche aufgrund einer falschen Berechnung der Subvention nicht auftreten können. Bei der offenen Subvention hat der Rundfunkunternehmer einen Anreiz, das Einnahmepotential der europäischen Werke bewußt niedrig anzugeben, um eine möglichst hohe Subvention als Kompensation zu erhalten. Bei der Programmstrukturauflage erfolgen nur interne Anpassungen, so daß der Rundfunkunternehmer einen Gewinnanreiz hat, alle verfügbaren Informationen unverfälscht in den Entscheidungsprozeß einfließen zu lassen.

Aus medienpolitischer Sicht ist vor allem die Verläßlichkeit der Programmstrukturauflage von entscheidender Bedeutung. Bisher haben die öffentlich-rechtlichen Rundfunkanstalten Eigenproduktionen von Fernsehfilmen gegenüber eingekauften Fremdproduktionen präferiert. Dieser kulturpolitisch begründeten, aber unwirtschaftlichen Tendenz wirkt die EG-Richtlinie entgegen, die neben der Auflage über den „europäischen Inhalt" vorschreibt, daß mindestens 10% des Programmbudgets für Fremdproduktionen verwendet werden sollen. Wenn diese vorhersehbare stabile Nachfrage nach europäischen Werken dazu führt, daß die europäische Filmindustrie ihre Know-how- und Größenbetriebsnachteile gegenüber der etablierten amerikanischen Konkurrenz überwindet, könnte die EG-Richtlinie als eine wirtschaftspolitische Strategie zum Aufbau einer „infant industry" charakterisiert werden. Die Erlangung der unternehmerischen Wettbewerbsfähigkeit der europäischen Filmindustrie wäre gleichbedeutend mit der Verwirklichung der medienpolitischen Forderung nach Verläßlichkeit.

Der wesentliche Vorteil der Programmstrukturauflage besteht wiederum darin, daß alle Rundfunkunternehmen unabhängig von ihrer Rechtsform den gleichen verfassungsrechtlichen Auflagen zur Ausstrahlung der nichtmarktfähigen Programminhalte sowie den gleichen Marktkräften zur präferenzgerechten Steuerung der marktfähigen Programme unterliegen. Gegenüber der offenen Subvention verringern sich die Meß- und Kontrollprobleme, weil bei einer internen Subvention keine Anreize zu einer Falschdeklaration bestehen.

4. Die Subventionierung der Institution

Bei der dritten wirtschaftspolitischen Strategie zur Sicherung der Meinungsvielfalt steht nicht eine einzelne Programmkategorie, sondern die Institution im Mittelpunkt der Subventionierung. Hier bleibt es bei der gewohnten Unterscheidung in privatwirtschaftliche Rundfunkunternehmen und in öffentlich-rechtliche Rundfunkanstalten mit einem spezifischen Programmauftrag. Der entscheidende Unterschied zu den beiden anderen Instrumenten ist darin zu sehen, daß die Auswahl der förderungswürdigen Programmkategorien vom Staat auf die Rundfunkanstalten verlagert wird.

Die Verlagerung der Entscheidungskompetenz bedeutet den Übergang zu einem anderen Verständnis von Meinungsvielfalt. Bei der offenen Subvention und der Programmstrukturauflage wird die Frage, ob und welche Rundfunkbeiträge unterstützt werden sollen, als Gegenstand einer politischen Entscheidung angesehen.[23] Fehlende Kaufkraft für Minderheitenprogramme ist jedoch noch keine hinreichende Begründung für einen Staatseingriff im dualen Rundfunksystem, denn die Tatsache, daß ein Teil der potentiellen Nachfrager mangels Kaufkraft unbefriedigt bleibt, ist ein alltägliches Phänomen auf Märkten, ohne daß deshalb dort sofort die Subventionen fließen würden. Mit dieser angebotsorientierten Vorgehensweise bleibt m. E. die traditionelle Forschung einen Schritt zu früh stehen.

Notwendig ist eine Sichtweise, die den Output des Rundfunks als Maßstab für die Notwendigkeit und Höhe von Subventionen heranzieht. Hierfür nutze ich einen Ansatz von *Lott* (1990), der eine positive Beziehung zwischen der Breite des Bildungsprogramms der Schulen und dem Zusammengehörigkeitsgefühl der Mitglieder eines Gemeinwesens herausgefunden hat. Er differenziert die Unterrichtsinhalte in individuell nutzbares und deshalb marktfähiges Humankapital auf der einen Seite und in nichtmarktfähige Werte und Grundüberzeugungen, die das Gemeinwesen stabilisieren, auf der anderen Seite. Er begründet die weltweit starke Regulierung des Schulwesens mit der Sicherstellung der gemeinwohlfördernden Unterrichtsinhalte, die bei einem Wettbewerb um Schüler zurückgedrängt werden würden, weil die Eltern bei ihren Bildungsentscheidungen hauptsächlich auf den Erwerb marktfähigen Humankapitals achten würden.

Dieser Ansatz soll hier in der Weise auf das Fernsehen übertragen werden, daß der verfassungsrechtliche Begriff der Meinungsvielfalt ebenfalls eine aus marktfähigen und nicht-marktfähigen Elementen zusammengesetzte Breite des Fernsehprogramms verlangt. Interessant ist in diesem Zusammenhang, daß das Bundesverfassungsgericht ausdrücklich die Vorstellung zurückweist, die öffentlich-rechtliche Grundversorgung auf die Minderheitenprogramme zu beschränken – eine Sichtweise, die von den Befürwortern der Subventionslösung oft vertreten wird. Die geforderte Integration von Minderheits- und Mehrheitsprogrammen läßt erkennen, daß die verfassungsrechtliche Meinungsvielfalt umfassender als eine reine Förderung kultureller oder politischer Sendungen zu interpretieren ist. Die Siche-

---

[23] Vgl. *Wiechers* (1992, S. 130): „Die Beantwortung der Frage, inwieweit ein Programmdefizit zu korrigierenden Eingriffen in die Programmgestaltungsfreiheit der Rundfunkveranstalter berechtigt, entzieht sich dabei der wirtschaftspolitischen Analyse."

rung der Meinungsvielfalt läßt sich deshalb in dem Sinne konkretisieren, daß ein verfassungskonformes Fernsehprogramm zu einem Teil durch das Relevanzprinzip und zu einem anderen Teil durch das Repräsentanzprinzip gesteuert werden soll.

Im *marktfähigen* Programmsegment setzen sich in einem trial-and-error-Verfahren die Meinungen durch, die von den Individuen als erfolgreiche Lösungen ihrer Probleme angesehen werden. Da diese jedoch nicht ex ante bekannt sind, werden im Rahmen des Entdeckungsverfahrens auch eine Reihe von Meinungen ausgestrahlt, die zur Lösung der Probleme wenig oder nichts beitragen. Erfolgreiche Programmveranstalter geben jedoch den Meinungstrends frühzeitigere und umfassendere Sendezeit als ihre weniger erfolgreichen Konkurrenten und betätigen sich in dieser Weise als Faktor der Meinungsbildung. Im Endergebnis ergibt sich für die gesamte Breite des marktfähigen Programms – seien es nun Unterhaltungs-, Sport-, Dokumentar-, Politik- oder Kultursendungen – eine präferenzengerechte Meinungsvielfalt (vgl. *Hoppmann* 1988; ebenso *Braun* 1990). Folglich ist der „market place of ideas" (*Coase* 1974) die geeignete Organisationsform für die Steuerung der marktfähigen Programmkomponenten.

Die *nicht-marktfähigen Komponenten* des Rundfunkprogramms sollen die Rezipienten auf gemeinschaftsfördernde Grundüberzeugungen einstimmen (vgl. *Lott* 1990). Beispielsweise kann die Verwirklichung der sozialen Komponente der Marktwirtschaft durch wohldurchdachte verteilungspolitische Aktivitäten der Politiker einen positiven externen Effekt für die Gesellschaft darstellen. Da Politiker zu diesem Zweck in marktmäßig verdiente Einkommen eingreifen müssen, treffen sie in der Regel auf politischen Widerstand. Es ist die Funktion der nicht-marktmäßigen Komponenten des Rundfunkprogramms, das Gemeinwohl durch eine Abschwächung egoistischer Verhaltensweisen zu fördern, indem sie den politischen Widerstand gegen individuell nachteilige, aber gemeinwohlfördernde Maßnahmen verringern. Diese wohlfahrtssteigernde Überzeugungsarbeit des Rundfunks soll als Sozialisation bezeichnet werden. Da Sozialisation die Sehbeteiligung der betroffenen Programme abschwächt, muß für die nicht-marktfähigen Komponenten des Fernsehprogramms die fehlende marktmäßige Zuschauernachfrage durch die subventionsgesteuerte *Nachfrage der Politiker* ersetzt werden.

Die Umsetzung der verfassungsrechtlichen Sozialisationsaufgabe in praktische Medienpolitik steht vor einem Dilemma: je bekannter die Sozialisationseffekte einer Programmkategorie sind, um so weniger wird diese Sendung eingeschaltet, weil Sozialisation den individuellen Nutzen nicht direkt erhöht. Im dualen Rundfunksystem werden Versuche, die Sozialisation in speziellen Programmen mit kulturellem, politischem oder europäischem Inhalt zu vermitteln – zumindest in den Haushalten mit Kabelanschluß oder Satellitenempfang – durch marktgängige Angebote der Konkurrenten unterlaufen. Die Zuschauer schalten auf ein alternatives Programm ohne Sozialisation um, so daß die intendierte Übermittlung von europäischen Grundwerten ins Leere geht.[24] Zwangsgebühren für die öffentlich-

---

[24] Insofern läßt sich in Analysen von Programmstrukturen die Verdrängung von massenwirksamen Spielfilmen oder Sportübertragungen durch sehbeteiligungsschwache kulturelle und politische Sendungen zwar gut als ein Nachweis der „höherwertigen" Qualität der öffentlich-rechtlichen Programme herausstellen, aber die verfassungsrechtliche Sozialisationsaufgabe wird mangels Zuschauern weitgehend verfehlt.

rechtlichen Anstalten können zwar die Herstellung eines allen Ansprüchen genügenden Minderheitenprogramms gewährleisten, aber nicht dafür sorgen, daß es auch konsumiert wird (vgl. *Neumann* 1989, S. 468). In einem dualen Rundfunksystem kann Sozialisation wegen der Verfügbarkeit alternativer Programme nicht „pur" in elitären Sendungen, sondern nur als Kuppelprodukt mit attraktiven Sendungen „verkauft" werden.[25]

Spätestens seit dem Markteintritt der privaten Konkurrenten ist die Mischung der nicht-marktfähigen Sozialisation mit dem marktfähigen Programm unverkennbar. Beispielsweise erfolgt die Einstimmung der Zuschauer auf Europa nicht nur in den europäischen Werken des Marktes 3, sondern auch in den bei der Anteilsberechnung nicht berücksichtigungsfähigen Sportübertragungen und Nachrichtensendungen. Selbst in einem Spielfilm, der im Auftrag eines deutschen Programmanbieters in den USA gedreht wird, können europarelevante Fragestellungen in einer angemessenen Weise aufgegriffen werden. Wenn Sozialisation in prinzipiell allen Programmkategorien – wenn auch in stark unterschiedlicher Dosierung – erfolgen kann, sollte eine ideale Bemessungsgrundlage die Subventionen nicht nach Programmkategorien, sondern nach der *Intensität der Sozialisation* eines Programms staffeln. Die Verlagerung der Entscheidungskompetenz vom Staat auf die Rundfunkanstalten macht dies möglich, weil hierdurch – anders als bei der offenen Subvention und der Programmstrukturauflage – die Auswahl der förderungswürdigen Programme von einer exogenen zu einer endogenen Variable geworden ist.

Methodisch handelt es sich um die Maximierung des Gewinns eines Mehrproduktunternehmens unter einer Restriktion. Die zu erfüllende Nebenbedingung ist der politisch determinierte Umfang an Sozialisation, der über die zu erwartende Abwanderung von Zuschauern in einen monetären Verlust von Werbeeinnahmen umgerechnet werden kann. Aus betriebswirtschaftlicher Sicht soll der Gesamtumfang an Sozialisation so auf die verschiedenen Programmkategorien aufgeteilt werden, daß der Verlust an potentiellen Werbeeinnahmen minimiert wird. Da die Werbeeinnahmen über die Tausenderpreise mit den Zuschauerzahlen verbunden sind, erfüllt diese Vorgehensweise gleichzeitig die verfassungsrechtliche Forderung, nämlich die Zahl der Zuschauer, die der Sozialisationsbotschaft ausgesetzt sind, zu maximieren.

Bei dem Übergang von den gewinnmaximierenden zu den modifizierten Ramsey-Preisen treten die geringsten Wohlfahrtsverluste dann ein, wenn die Quasigewinne (Deckungsbeiträge oberhalb der KGK^{kap}) gemäß der inversen Elastizitätsregel gekürzt werden.[26]

---

[25] Insofern teilt Sozialisation das Schicksal der Werbung, die beide als nicht-marktfähige Produkte charakterisiert werden können. Die Integration der Werbung in das marktgängige Unterhaltungsprogramm in Form der Schleichwerbung oder des „product placement" ist die Antwort der werbetreibenden Industrie auf das schnelle Hin- und Herschalten der Zuschauer bei Werbeblöcken und Unterbrecherwerbung.

[26] In den üblichen Optimierungsmodellen werden die Quasi-Gewinne soweit abgeschöpft, bis die Ramsey-Preise den Zustand des Nullgewinns kennzeichnen. Hier ist dagegen der Umfang der Sozialisation und damit der absolute Gewinnrückgang politisch vorgegeben, so daß die sogenannten modifizierten Ramsey-Preise sowohl mit positiven als auch mit negativen Gewinnen verbunden sein können.

Die optimale Deckungsbeitragsstruktur eines wohlfahrtsmaximierenden Unternehmens wird angegeben durch

$$\frac{DB_i - KGK^{kap}}{DB_i} = \frac{k}{\varepsilon_i},$$

wobei ε_i die direkte Deckungsbeitragselastizität der Nachfrage des Marktes i und k eine Konstante mit $0 \leq k \leq 1$ darstellen. k ist um so kleiner, je stärker die öffentlich-rechtliche Rundfunkanstalt auf potentielle Werbeeinnahmen aufgrund der Sozialisationsfunktion verzichten muß.

So wie es zwischen gewinnmaximierenden und wohlfahrtsoptimierenden Mehrproduktunternehmen keine Unterschiede in der Deckungsbeitragsstruktur gibt, so sollen sich auch die Programmstrukturen von privaten und öffentlich-rechtlichen Rundfunkanstalten entsprechen. Für die wirtschaftspolitische Strategie zur Sicherung der Meinungsvielfalt bedeutet dies, daß auch die öffentlich-rechtlichen Rundfunkanstalten dem Relevanzprinzip folgen und ihre Programmauswahl grundsätzlich nach marktwirtschaftlichen Gesichtspunkten, d. h. nach den Präferenzen der Zuschauer, vornehmen sollen.[27] Von allen wirtschaftspolitischen Strategien hat nur die institutionelle Subventionierung den Freiraum, die Sozialisationseffekte wohlfahrtsoptimal auf alle Programmkategorien in unterschiedlicher Intensität zu verteilen. Denn nur hier ist die Zuordnung eine endogene Variable, während bei der offenen Subvention und der Programmstrukturauflage die Sozialisationseffekte auf exogen ausgewählte Programmkategorien konzentriert werden, wodurch von der wohlfahrtsoptimalen Struktur der Deckungsbeiträge abgewichen wird.

Die charakteristischen Unterschiede zwischen den privaten und öffentlich-rechtlichen Programmanbietern bestehen in dem Niveau der Deckungsbeiträge und damit in der inhaltlichen Ausgestaltung der Programmkategorien. Dies bedeutet, daß die öffentlich-rechtlichen Anbieter innerhalb der für beide Wettbewerber gleichen Programmstruktur eine stärkere Sozialisationsfunktion als die privaten Anbieter wahrnehmen sollen. Konkret könnte das bedeuten, daß auch zeitgeschichtliche, kulturelle oder soziale Aspekte des zusammenwachsenden Europas in Unterhaltungssendungen angesprochen werden. Vor allem läßt sich hieraus die Anweisung herauslesen, die Hintergründe von Ereignissen häufiger zu beleuchten oder die Existenz von Konflikten zur Geltung zu bringen – Programmkomponenten, die von den privaten Anbietern bisher erst spärlich eingesetzt worden sind (vgl. *Schatz/Immer/Marcinkowski* 1989, S. 19). Im Endergebnis werden durch die modifizierten Ramsey-Preise die Werbeeinnahmen bei den außereuropäischen Unterhaltungssendungen absolut am stärksten zurückgehen, während die Rezipienten des Marktes 3 nur wenig zusätzliche Sozialisation erhalten, da sie sonst aufgrund ihrer hohen Preiselastizität der Nachfrage umschalten würden.

Für die öffentlich-rechtlichen Anstalten bedeutet eine *breitenwirksame* Förderung der Sozialisation ein erhebliches Umdenken bei der Gestaltung ihrer Minderheitenprogramme. Der verfassungsrechtlich relevante Unterschied zwischen den öffentlich-rechtlichen und den privaten Programmanbietern besteht nicht darin, daß die einen ein elitäres Minderheitenprogramm und die anderen ein unterhalt-

---

[27] „Das heißt: Um ein großes Publikum mit meritorischen Programminhalten anzusprechen, führt kein Weg an einer stärkeren Orientierung am Nachfrager vorbei" (*Wiechers* 1992, S. 144).

sames Massenprogramm ausstrahlen, sondern darin, daß die öffentlich-rechtlichen Anstalten einen höheren Anteil an Sozialisation in ihrem Programm „verstecken" sollen. Um die identitätsschaffenden Botschaften an eine maximale Zahl von Rezipienten zu vermitteln, sollen die Beiträge in einer präferenzengerechten Qualität angeboten werden. Folglich sollten sich weder die privaten Anbieter zum Zwecke der Gewinnmaximierung noch die öffentlich-rechtlichen Anbieter zugunsten einer breitenwirksamen Förderung der Sozialisation ausschließlich an den Präferenzen der Zuschauerminderheit mit den höchsten qualitativen Ansprüchen ausrichten.[28]

Die Übertragung des verfassungsrechtlichen Programmauftrags auf die öffentlich-rechtlichen Rundfunkanstalten im Gegenzug zu einer institutionellen Bestands- und Entwicklungsgarantie wird wegen der Anreize zu Ineffizienzen von ökonomischer Seite heftig kritisiert (vgl. *Röper* 1989). Diese Kritik ist unter den gegebenen Rahmenbedingungen berechtigt, denn bisher ist die Rundfunkgebühr auf Vorschlag der Kommission zur Ermittlung des Finanzbedarfs im wesentlichen an die autonome Ausgabenentwicklung der Anstalten angepaßt worden. Dieses Kostenerstattungsprinzip haben die Redakteure zur Realisierung einer dem Massengeschmack entgegenwirkenden Programmstruktur sowie zur Schaffung bequemer Arbeitsbedingungen genutzt.[29] In dem modifizierten Ramsey-Modell werden dagegen nicht die Ausgaben, sondern die Sozialisationsleistungen des Fernsehens als Bemessungsgrundlage herangezogen. Mein Vorschlag begrenzt die Rundfunkgebühren auf die sozialisationsbedingten Verluste an potentiellen Werbeeinnahmen, während die Finanzgarantie des Bundesverfassungsgerichts nicht an den Nachweis wettbewerblicher Leistungsstärke gekoppelt ist. Insofern haben die öffentlich-rechtlichen Rundfunkanstalten in meinem Modell dadurch, daß sie einen speziellen Programmauftrag verwirklichen, weder einen finanziellen Vor- noch Nachteil gegenüber ihren ungebundenen privaten Wettbewerbern. Aufgrund dieser leistungsabhängigen Subvention sind sie in allen Bereichen den Anreizen des Marktes zu einer effizienten Betriebsführung ausgesetzt.

Allerdings ist auch die institutionelle Lösung nicht vor Wirkungsbrüchen sicher, weil die Sozialisationseffekte zu den „weichen" Erfolgsindikatoren gehören, die nicht mit unbezweifelbaren Daten nachgewiesen werden können. Kritiker der stärkeren Gewichtung des Relevanz- gegenüber dem Repräsentanzprinzip befürchten, daß der Wettbewerbsdruck zu einer Selbstkommerzialisierung der öffentlich-rechtlichen Rundfunkanstalten führen werde. Es ist bisher noch ungeklärt, ob die öffentlich-rechtlichen Rundfunkanstalten trotz des Wettbewerbsdrucks ein „anderes" Programm als die privaten Konkurrenten anbieten werden.[30] Mit anderen

---

[28] Wenn einer qualitativ bedingten Kostensteigerung keine Nutzensteigerung bei den Zuschauern gegenübersteht, sinken die Deckungsbeiträge der elitären Sendungen, so daß sie sich nicht mehr gegenüber künstlerisch durchschnittlichen, aber erlösstärkeren Sendungen behaupten können.

[29] Dies zeigt sich beispielsweise in einer aus landespolitischen Interessen zu hohen Zahl an Rundfunkanstalten, in einer ineffizient hohen Zahl an Rundfunkprogrammen, in der Gründung des finanziell nicht überlebensfähigen deutsch-französischen Kulturkanals ARTE sowie in Löhnen für die Mitarbeiter, die das Marktniveau übersteigen.

[30] Auch das Bundesverfassungsgericht erwähnt Zweifel an der tatsächlichen Verwirklichung der idealtypischen Meinungsvielfalt: „Im übrigen werde heute auch zunehmend bezweifelt, ob das öffentlich-rechtliche Rundfunkmonopol überhaupt geeignet sei, das Spektrum unterschiedlicher Meinungen in voller Breite wiederzugeben" (BVerfGE 57, 295, 309).

Worten: gibt es ökonomische Anreize für die öffentlich-rechtlichen Anstalten, die Subventionen tatsächlich für die Verwirklichung des Sozialisationsauftrags anstatt für andere Interessen der Programmverantwortlichen zu verwenden?

Beispiele aus anderen Berufen weisen den Weg zu einer Lösung des Anreizproblems. *Anderson/Shugart/Tollison* (1989) zeigen, daß die Arbeitsplatz- und Einkommensbedingungen von Richtern um so besser sind, je stärker diese ihre Unabhängigkeit wahren. Sie argumentieren, daß die richterliche Unabhängigkeit von den Politikern – trotz der Einschränkung der politischen Gestaltungsmöglichkeiten in kurzfristiger Sicht – geschätzt würde, weil unabhängige Richter die verteilungspolitischen Maßnahmen dann verteidigen würden, wenn die initiierenden Politiker nach dem Verlust der Regierungsmehrheit ihre politischen Gestaltungsspielräume verloren hätten. Einen analogen Zusammenhang zwischen der Attraktivität der Arbeitsplätze und der erfolgreichen Vermittlung von Sozialisation hat *Lott* (1990) für die Lehrer ermittelt.

Übertragen auf das Fernsehen stellt sich die Interessenlage wie folgt dar: die Politiker haben, um ihre verteilungspolitischen Ideen durchsetzen zu können, ein Interesse an der Verwurzelung und Verinnerlichung des in den westeuropäischen Demokratien geltenden politischen und sozialen Systems. Sie erwarten deshalb vom öffentlich-rechtlichen Rundfunk eine Formung der Präferenzstrukturen der Bevölkerung dergestalt, daß die Grundwerte des sozialen Ausgleichs internalisiert werden. Im Austausch gegen eine – idealerweise überparteiliche – Sozialisation gewähren die Politiker den Mitarbeitern des öffentlich-rechtlichen Rundfunks Gehälter, die über den alternativen Verdienstmöglichkeiten liegen. Diese haben deshalb ein ureigenes Einkommensinteresse daran, den für den Bestand des öffentlich-rechtlichen Rundfunks erforderlichen öffentlichen Programmauftrag trotz der Verstärkung des Wettbewerbsdrucks zu erfüllen.

Allerdings bestehen die volkswirtschaftlichen Kosten der „weichen" Erfolgsindikatoren der spezifischen Sozialisationsfunktionen des öffentlich-rechtlichen Rundfunks darin, daß die Rundfunkgebühren nicht ausschließlich für den Ausgleich der sozialisationsbedingten Verluste bei den Werbeeinnahmen, sondern auch für die Motivation der Redakteure zur Erbringung der Sozialisationsleistung verwendet werden. Dieser zusätzliche Teil der Rundfunkgebühr ist der Preis, der bei unvollkommener Information für die Wahrnehmung der Sozialisationsfunktion gezahlt werden muß.

5. Schlußfolgerung

Das Bundesverfassungsgericht hat den Begriff der Meinungsvielfalt als gleichgewichtige Vielfalt der bestehenden Meinungen interpretiert. Sowohl die Forderung nach einem Meinungsgleichgewicht als auch das hieraus resultierende Repräsentanzprinzip haben die medienpolitische Diskussion in eine falsche Richtung gelenkt. Aus ökonomischer Sicht stellt sich bei der Sicherung der Meinungsvielfalt die Frage, welche medienpolitischen Funktionen der „market place of ideas" übernehmen kann und bei welchen Funktionen des Fernsehens der Markt versagt.

Für das Segment der marktfähigen Programminhalte bestimmen die *gegebenen Präferenzen* der Zuschauer die optimale Meinungsvielfalt, so daß das marktkonforme Relevanzprinzip zu einer effizienten Vielfalt der Programminhalte führt. Dagegen besteht die Aufgabe des Segments der nicht-marktfähigen Programminhalte in der *Formung der Präferenzen* zugunsten der für das Zusammengehörigkeitsgefühl einer Gemeinschaft wichtigen Werte und Grundüberzeugungen. Mit der Internalisierung externer Effekte befindet sich die Medienpolitik – anders als mit der Herstellung eines Meinungsgleichgewichts – im Einklang mit der traditionellen Rechtfertigung von Staatseingriffen.

Die offene *Subvention* ersetzt den bisherigen spezifischen Programmauftrag der öffentlich-rechtlichen Rundfunkanstalten durch eine finanzielle Förderung „besonders wertvoller" Programmkategorien. Art und Umfang der förderungswürdigen Programmkategorien werden durch den Gesetzgeber exogen vorgegeben. Die Effizienzgewinne der Deregulierung zeigen sich in der Steuerung des marktfähigen Programms durch die Präferenzen der Zuschauer. Im nicht-marktfähigen Bereich werden die politisch vorgegebenen Programmwünsche durch die Subvention in betriebswirtschaftliche Gewinnanreize transformiert. Allerdings sind bei diesem Instrument relativ hohe Subventionen pro geförderte Sendeminute notwendig, da sich sämtliche Anpassungsvorgänge auf eine einzelne ausgewählte Programmkategorie konzentrieren. Aus medienpolitischer Sicht ist ein Wirkungsbruch zwischen dem interpretationsbedürftigen Willen des Bundesverfassungsgerichts und der Umsetzung durch den Gesetzgeber nicht auszuschließen, da eine Subventionierung „besonders wertvoller" Programmkategorien zwar ein Angebot, aber nicht den Konsum durch die Rezipienten sicherstellen kann. Aus allokativer Sicht sind wegen der Meß- und Kontrollprobleme Wirkungsbrüche aufgrund einer unzutreffenden Berechnung der Subventionshöhe sowie Mitnahmeeffekte nicht auszuschließen.

Die *Programmstrukturauflage* macht ebenfalls den spezifischen Programmauftrag der öffentlich-rechtlichen Rundfunkanstalten entbehrlich und öffnet damit den Weg zu den Effizienzgewinnen einer deregulierten Rundfunklandschaft. Art und Umfang der förderungswürdigen Programmkategorien werden wiederum durch den Gesetzgeber exogen vorgegeben. Darüber hinaus wird die einzuschränkende Programmkategorie vorgegeben, so daß bei diesem Instrument an beiden Enden des Programmschemas nur jeweils relativ geringe Abweichungen von dem marktwirtschaftlichen Ergebnis notwendig sind. Aufgrund der internen Besteuerung der einen und der internen Subventionierung der anderen Programmkategorie erfolgen nur interne Anpassungen, so daß der Rundfunkunternehmer einen Gewinnanreiz hat, alle verfügbaren Informationen unverfälscht in den Entscheidungsprozeß einfließen zu lassen. Auch bei der Programmstrukturauflage besteht das Problem, daß die „besonders wertvollen" Programmkategorien von den Rundfunkanstalten zwar angeboten, aber von den Zuschauern nicht eingeschaltet werden, d. h. daß die verfassungsrechtlich intendierte Sozialisation ins Leere geht.

Bei der *institutionellen Lösung* bleibt es bei dem spezifischen Programmauftrag der öffentlich-rechtlichen Rundfunkanstalten. Die Übertragung der Auswahl der für die Sozialisationsfunktion jeweils geeigneten Programmkategorien vom Staat auf die Rundfunkanstalten hat den großen Vorteil, daß durch eine Ramsey-analoge Verteilung der Sozialisationseffekte auf die verschiedenen Programmkategorien die verfassungsrechtlich geforderten Botschaften die größtmögliche Anzahl von Zuschauern erreichen. Um die bisherigen Ineffizienzen der öffentlich-rechtlichen Rundfunkanstalten zu vermeiden, sollen die Gebühren künftig nicht mehr die angefallenen Kosten erstatten, sondern nur die aufgrund der Sozialisationsbeiträge unvermeidbaren Verluste an Werbeeinnahmen ausgleichen. Genau genommen werden hier nicht wie bei den offenen Subventionen oder der Programmstrukturauflage „besonders wertvolle", aber defizitäre Programmkategorien als Inputfaktoren einer repräsentativen Meinungsvielfalt, sondern die Leistung des Rundfunks zur Sozialisation der Bürger subventioniert. Zur Umsetzung der verfassungsrechtlichen Aufgabe stehen sämtliche Programmkategorien zur Disposition, so daß die Abweichung vom marktwirtschaftlichen Ergebnis auf jedem einzelnen Teilmarkt minimal ist, d. h. der Verlust an Konsumentenrente aufgrund der Sozialisationsfunktion wird minimiert.

Meinungsvielfalt ist kein Inspektionsgut, bei dem alle Eigenschaften präzise beschrieben werden können, sondern ein Vertrauensgut, bei dem Meß- und Kontrollprobleme unvermeidbar sind. Bei der Subvention bestehen Anreize zur Falschdeklaration und zu Mitnahmeeffekten, so daß ein überhöhter Subventionsaufwand zu erwarten ist. Bei der Programmstrukturauflage bestehen ebenfalls Anreize zur Falschdeklaration, so daß die angestrebte Programmstruktur etwas verfehlt wird. Bei der institutionellen Subventionierung müssen die Redakteure durch günstige Arbeitsbedingungen dazu motiviert werden, den spezifischen Programmauftrag trotz der Probleme bei der Messung der Sozialisationseffekte zu erfüllen, so daß hier ebenfalls mit einem überhöhten Subventionsaufwand zu rechnen ist.

Die endgültige Entscheidung zwischen den drei Strategien zur Sicherung der Meinungsvielfalt ist davon abhängig zu machen, welches Informationsproblem leichter zu lösen ist. Dabei verbessert sich die Bewertung der institutionellen Lösung im Zeitablauf in dem Maße, in dem die Modalitäten der Gebührenfinanzierung die öffentlich-rechtlichen Rundfunkanstalten zu einem kostenbewußten Management und einem präferenzengerechten Programmangebot zwingen. Die drohende Abwanderung der Zuschauer setzt der sachwidrigen Verwendung der Rundfunkgebühr im dualen System engere Grenzen als in dem früheren rein öffentlich-rechtlichen System.

Literatur

Anderson, G.M./ Shugart, W.F./ Tollison, R.D.: On the Incentives of Judges to Enforce Legislative Wealth Transfers. Journal of Law and Economics 32 (1989), S. 215 – 228.

Berg, K.: Grundversorgung. Media Perspektiven 1987, S. 265 – 274.

Betz, J.: Die EG-Fernsehrichtlinie – Ein Schritt zum europäischen Fernsehen? Media Perspektiven 1989, S. 677 – 688.

Braun, G.: Massenmedien und Gesellschaft. Tübingen 1990.

Coase, R. H.: The Market for Goods and the Market for Ideas. American Economic Review 64 (1974), S. 384 – 391.

Engels, W./Hamm, W./Issing, O./Möschel, W./Sievert, O./Willgerodt, H.: Mehr Markt in Hörfunk und Fernsehen. Frankfurt 1989.

Hoppmann, E.: Meinungswettbewerb als Entdeckungsverfahren. Positive Rundfunkordnung im Kommunikationsprozeß freier Meinungsbildung. In: Offene Rundfunkordnung. Prinzipien für den Wettbewerb im grenzüberschreitenden Rundfunk. Hrsg. von *E. J. Mestmäcker.* Gütersloh 1988, S. 163 – 198.

Klute, N.: Die Produktionsquote, ein Protokoll und die Sache mit der Rundfunkfreiheit – eine Zusammenführung europäischen und deutschen Rundfunkrechts. Archiv für Presserecht 22 (1991), S. 595 – 601.

Kübler. F.: Die neue Rundfunkordnung: Marktstruktur und Wettbewerbsbedingungen. Neue Juristische Wochenschrift 40 (1987), S. 2961 – 2967.

Kull, E.: Für den Rundfunkgesetzgeber fast Pleinpouvoir. Nachlese zum 6. Rundfunkurteil des Bundesverfassungsgerichts. Archiv für Presserecht 22 (1991), S. 716 – 724.

Lott, J. R.: An Explanation for Public Provision of Schooling: The Importance of Indoctrination. Journal of Law and Economics 33 (1990), S. 199 – 231.

Neumann, U.: Öffentlicher Programmauftrag und privates Programmangebot. Zeitschrift für öffentliche und gemeinnützige Unternehmen 12 (1989), S. 460 – 471.

Noam, E. M.: A Public and Private-Choice Model of Broadcasting. Public Choice 55 (1987), S. 163 – 187.

Owen, B. M.: Economics and Freedom of Expression. Ballinger Publ. Co., Cambridge 1975.

Owen, B. M./Beebe, J. H./Manning, W. G.: Television Economics. Lexington 1974.

Röper, B. (Hrsg.): Wettbewerbsprobleme öffentlich- und privatrechtlicher Medien. Berlin 1989.

Schatz, H./Immer, N./Marcinkowski, F.: Der Vielfalt eine Chance? Empirische Befunde zu einem zentralen Argument für die „Dualisierung" des Rundfunks in der Bundesrepublik Deutschland. Rundfunk und Fernsehen 37 (1989), S. 1 – 24.

Schellhaaß, H. M.: Preismißbrauchsaufsicht gegenüber Mehrproduktunternehmen. Journal of Institutional and Theoretical Economics 138 (1982), S. 36 – 63.

Schellhaaß, H. M.: Sicherung der Rundfunkfreiheit – eine ökonomische Interpretation der Fernsehurteile. Erscheint demnächst in Jahrbuch für Sozialwissenschaft 1994.

Wiechers, R.: Markt und Macht im Rundfunk. Peter Lang Verlag, Frankfurt 1992.

Summary

Instruments for Safeguarding Diversity of Opinion in Television

From an economic point of view, the safeguarding of diversity of opinion poses the question as to what media policy function the "market-place of ideas" can fulfil and in which of the functions of television the market has failed. Media policy basically has at its disposal the instruments of subsidies, conditions with regard to programme structure and an institutional solution. Each of these contains specific information problems. The final decision for one of these three strategies for safeguarding diversity of opinion ultimately depends on which information problem can be solved most easily.

Zur Wettbewerbspolitik und
zum Wettbewerbsrecht der Europäischen Union*

von

CLAUS DIETER EHLERMANN

I. Zum Stellenwert des Wettbewerbsprinzips
in der Europäischen Union

Welchen Stellenwert hat das Wettbewerbsprinzip in der Europäischen Union? Glaubt man einer in Deutschland weitverbreiteten, von prominenten Politikern, Wissenschaftlern und Journalisten vorgetragenen Kritik, dann hat das Wettbewerbsprinzip in den letzten Jahren – vor allem seit dem Maastrichter Vertrag – dramatisch an Boden verloren. Als Beleg werden der mangelnde „Biß" der Brüsseler Fusionskontrolle und die neuen Kompetenzen der EG, vor allem auf dem Gebiet der Industriepolitik, angeführt. Die Wirtschaft äußert sich dagegen im allgemeinen wesentlich differenzierter, wenn man von subjektiv verständlichen, aber objektiv übertriebenen Angriffen westdeutscher Stahlindustrieller gegen die mangelnde Beihilfeaufsicht durch die EG einmal absieht.

Das Bild, das deutsche Medien gelegentlich vermitteln, entspricht auch nicht den Vorstellungen, die in der öffentlichen Meinung anderer Länder innerhalb und außerhalb der Europäischen Union vorherrschen. Das gilt selbst für die USA, in denen bekanntlich vor mehr als 100 Jahren die Grundlagen der Wettbewerbsordnung der westlichen Welt gelegt worden sind.

Die Gründe für die unterschiedliche Einschätzung der Brüsseler Wettbewerbspolitik sind vielfältig. Sie beruhen sicherlich nicht allein auf verschiedenen historischen Erfahrungen, gesetzlichen Regelungen und wirtschaftspolitischen Zielen. Sie sind auch das Ergebnis einer unterschiedlichen Perzeption der Realität. In Deutschland ist die Verfolgung des Wettbewerbsprinzips in hohem Maße ideologisiert, die Realität wird durch die Brille der Ideologie und daher selektiv wahrgenommen. Außerhalb der Bundesrepublik wird Wettbewerb dagegen pragmatischer und daher – wie mir scheint – auch realistischer gesehen.

Im Gegensatz zu den eben genannten Kritikern bin ich der festen Überzeugung, daß das Wettbewerbsprinzip in der Europäischen Union in den letzten Jahren erheblich an Boden gewonnen hat.

---

* Text eines Vortrags, der bei den 28. Bitburger Gesprächen (12. Januar 1994) und im Rahmen einer von der Juristischen Fakultät der Universität Bonn veranstalteten Vortragsreihe „Europäisches Wirtschaftsrecht nach Maastricht" (24. Januar 1994) gehalten worden ist.

1. Das Binnenmarktprogramm und die Fusionskontrolle

Entscheidende Bedeutung kommt dabei in erster Linie dem Binnenmarktprogramm zu. Es hat unbestreitbar zu einer enormen Zunahme des tatsächlichen Wettbewerbs in der Gemeinschaft geführt. Daß die Kommission gleichzeitig die ihr an-
vertrauten spezifisch wettbewerbsrechtlichen Instrumente energischer als je zuvor
eingesetzt hat, hat den Wettbewerbseffekt des Binnenmarktprogramms abgesichert und verstärkt. Die Erfolge des Wettbewerbskommissars der Delors I-Kom-
mission, des „little sheriff" Peter Sutherland, sind in erster Linie auf seine persönlichen Qualitäten, aber auch auf das politisch-institutionelle Umfeld der zweiten
Hälfte der 80er Jahre zurückzuführen.

Die das Binnenmarktprogramm „verfassungsrechtlich" begleitende und abstüt-
zende Einheitliche Europäische Akte hat das wettbewerbsrechtliche Instrumentarium der EG bekanntlich nicht verändert. Mit Hilfe der Schubkraft des Binnenmarktprogramms ist es jedoch Sutherlands Nachfolger, Sir Leon Brittan, gelungen, Ende 1989 nach 16 Jahren mehr oder weniger intensiver Verhandlungen im
Ministerrat einen Konsens über eine europäische Fusionskontrolle zustande zu
bringen. Die wettbewerbspolitische Bedeutung dieser – übrigens auf den von
einigen so heftig kritisierten Artikel 235 EWG-Vertrag gestützten – Ratsverord-
nung kann nicht hoch genug eingeschätzt werden. Mit ihr ist zum erstenmal seit
Gründung der EWG das wettbewerbsrechtliche Instrumentarium der Artikel 85
und 86 des Vertrags materiellrechtlich ergänzt (und nicht nur verfahrensrechtlich
auf bislang ausgeklammerte Bereiche wie den See- und Luftverkehr erstreckt)
worden. Der Verordnung ist von unverdächtiger Seite, nämlich vom ehemaligen
Präsidenten des Bundeskartellamts, Wolfgang Kartte, attestiert worden, daß sie –
trotz aller Formelkompromisse – letztlich ausschließlich an wettbewerbspolitischen Kriterien orientiert ist.[1] Sie wird von der Kommission entsprechend angewandt. Darauf wird zurückzukommen sein.

2. Die industriepolitischen Orientierungen und der Maastrichter Vertrag[2]

Spätestens mit dem Binnenmarktprogramm haben die Mitgliedstaaten die ihnen
bisher vermeintlich verbliebenen Zuständigkeiten für eine eigene Industriepolitik
verloren. Nichts lag daher näher, als die EG zu veranlassen, ein industriepoliti-
sches Programm auf Gemeinschaftsebene zu formulieren. Das Ergebnis sind die
von der Kommission Ende Oktober 1990 vorgeschlagenen und vom Rat im November 1990 gebilligten industriepolitischen Orientierungen der Gemeinschaft.
Diese Orientierungen legen den Akzent eindeutig auf horizontale, nicht
sektorspezifische Maßnahmen; dem Binnenmarkt, marktwirtschaftlichen Prinzipien und der Erhaltung eines wettbewerbsorientierten wirtschaftlichen Umfelds

---

[1] *W. Karte:* Zur institutionellen Absicherung der EG-Fusionskontrolle, in: ORDO Jahrbuch
für die Ordnung von Wirtschaft und Gesellschaft, Band 43, Gustav Fischer Verlag, Stuttgart, S. 405 ff.
[2] Zum folgenden Abschnitt ausführlicher und mit weiteren Hinweisen *C. D. Ehlermann:*
Industriepolitik aus europäischer Sicht, in: Industriepolitik im Widerstreit mit der Wettbewerbspolitik, Band 231 der Schriften des Vereins für Socialpolitik, Duncker & Humblot,
Berlin 1994, S. 107 ff.

wird hoher Stellenwert zugemessen. Dies entspricht dem vernichtenden Urteil der Kommission:

„Die Erfahrungen der 70er und 80er Jahre haben gezeigt, daß interventionistische sektorale Politiken kein wirksames Instrument zur Förderung der strukturellen Anpassung sind. Sie haben bei dem Versuch, die Industrie wettbewerbsfähiger zu machen, versagt, indem sie die Durchführung der notwendigen Anpassungen verzögerten und zu einer Ressourcenfehlallokation und zu zusätzlichen Problemen des Haushaltsungleichgewichts führten."

Die industriepolitischen Orientierungen der Gemeinschaft vom November 1990 sind in der Öffentlichkeit kaum beachtet worden. Um so größere Aufmerksamkeit hat der neue Titel „Industrie" und sein Artikel 130 des EG-Vertrags in der Fassung des Maastrichter Vertrags gefunden. Danach sorgen „die Gemeinschaft und die Mitgliedstaaten ... dafür, daß die notwendigen Voraussetzungen für die Wettbewerbsfähigkeit der Industrie der Gemeinschaft gegeben sind". Artikel 130 verpflichtet die Gemeinschaft auf eine Reihe von Unterzielen, die entsprechend einem System „offener und wettbewerbsorientierter Märkte" zu verfolgen sind. Die größte Besorgnis hat die Kompetenz des Rates ausgelöst, „einstimmig spezifische Maßnahmen zur Unterstützung der in den Mitgliedstaaten durchgeführten Maßnahmen" zu beschließen. Allerdings dürfen diese Maßnahmen nicht zu „Wettbewerbsverzerrungen" führen.

Hinzu kommt eine Ergänzung des Artikel 3 Buchstabe 1, nach dem die Tätigkeit der Gemeinschaft nunmehr auch „die Stärkung der Wettbewerbsfähigkeit der Industrie der Gemeinschaft" umfaßt. Artikel 130 ist auch im Zusammenhang mit dem neuen Artikel 3 a zu sehen, nach dem die Wirtschaftspolitik der Gemeinschaft „dem Grundsatz einer offenen Marktwirtschaft mit freiem Wettbewerb verpflichtet ist" (Absatz 1) und diesen Grundsatz zu beachten hat (Absatz 2). Dementsprechend fordert der neue Artikel 102 a für die allgemeine Wirtschaftspolitik, daß die Gemeinschaft „im Einklang mit dem Grundsatz einer offenen Marktwirtschaft mit freiem Wettbewerb" handelt.

Vergleicht man den endgültigen Text des Artikel 130 mit dem ursprünglichen Vorschlag der französischen Regierung, dann erkennt man, daß er in wichtigen Punkten abgeschwächt worden ist. Die wichtigste Abschwächung ist sicherlich das Erfordernis der Einstimmigkeit. Zwar ist Einstimmigkeit keine Garantie gegen politisch unerwünschte Beschlüsse. Aber Artikel 130 verbindet sie mit auslegungsbedürftigen und vermutlich höchst kontroversen Anforderungen wie dem Verbot der wettbewerbsverzerrenden Maßnahmen.

Da liegt es nahe, eine größere Gefahr für das Wettbewerbsprinzip in der Zielbestimmung des neuen Artikel 130 und in der Aufnahme des neuen Buchstaben 1 in Artikel 3 zu sehen, durch die die „Stärkung der Wettbewerbsfähigkeit der Industrie der Gemeinschaft" auf dieselbe Stufe wie das durch Artikel 3 g geschützte System des unverfälschten Wettbewerbs gehoben wird. Das Ziel des Artikel 130 ist dem Prinzip der Einheit der Gemeinschaftsrechtsordnung gemäß bei der Ausübung anderer Kompetenznormen mitzubeachten. Aber dieses Ziel ist „entsprechend einem System offener und wettbewerbsorientierter Märkte" zu verfolgen und „unter Beachtung des Grundsatzes einer offenen Marktwirtschaft mit freiem Wettbewerb" (Artikel 3 a).

Die Bundesregierung hat daher recht, wenn sie die Auffassung vertritt, „daß mit der Einführung des industriepolitischen Artikel 130 EWGV eine Umwertung des Vertragssystems zu Lasten des Wettbewerbsprinzips nicht verbunden ist".

Gibt es eine Chance, Artikel 130 bei der nächsten Revision der Verträge – einer Anregung der Monopolkommission folgend – wieder zu entfernen? M. E. ist ein solcher Versuch zum Scheitern verurteilt. Die Schaffung einer industriepolitischen Zuständigkeit der Gemeinschaft lag nicht nur wegen des Verlustes entsprechender mitgliedstaatlicher Kompetenzen nahe. Sie folgt auch aus der Entwicklung zur Wirtschaftsunion. Solange der Gemeinschaft eine allgemeine Kompetenz zur Einwirkung auf die Wirtschaftspolitik fehlte, war es verständlich, ihr auch eine besondere Zuständigkeit für die Industriepolitik vorzuenthalten. Die Zuweisung einer (Mit-)Verantwortung für die Wirtschaftspolitik führt dagegen logisch zu dem Schluß, das Gleiche bei der Industriepolitik zu tun, es sei denn, man ist bereit, auf Industriepolitik als besonderes politisches Anliegen völlig zu verzichten. Ein solcher Verzicht ist aber aus der Sicht mehrerer Mitgliedstaaten, insbesondere Frankreichs, nicht akzeptabel. Denn mit dem Begriff der Industriepolitik verbinden sich in weiten Teilen nicht negative, sondern positive Vorstellungen.

Der Maastrichter Vertrag spiegelt die unterschiedlichen Interessen und Konzeptionen der Mitgliedstaaten wider. Er ist ein Kompromiß, der von den Partnern unterschiedlich ausgelegt werden wird. Die Synthese ist der Politik überlassen, wie dies in allen Mitgliedstaaten üblich ist. Für eine „Verfassung" ist dies nicht überraschend, sondern normal. Überraschend, anormal, vermutlich sogar gefährlich wäre die andere Lösung, nämlich das Festschreiben einer bestimmten Wirtschaftsordnung, die in der politischen Realität keinen Bestand hat.

Im Laufe der letzten Jahre hat die Kommission eine Reihe von Einzeldokumenten vorgelegt, die sich mit der Lage und den Aussichten einzelner industrieller Sektoren befassen. Auf den ersten Blick scheinen diese Dokumente dem horizontalen Ansatz der industriepolitischen Orientierungen vom November 1990 zu widersprechen. Bei genauer Betrachtung kommt man dagegen zu dem Schluß, daß die Grundlinien des Globalkonzepts eingehalten worden sind. Bemerkenswert ist die starke Betonung des Binnenmarkts, allerdings auch der fairen Wettbewerbsbedingungen außerhalb der Gemeinschaft, der Hervorhebung von Forschung und Entwicklung sowie von Aus- und Fortbildung; der weitgehende Verzicht auf sektorspezifische Maßnahmen.

3. Das Weißbuch „Wachstum, Wettbewerbsfähigkeit, Beschäftigung"

Alle diese Themen werden im jüngsten wirtschaftspolitischen Grundsatzdokument der Kommission, nämlich im Weißbuch „Wachstum, Wettbewerbsfähigkeit, Beschäftigung" vom Dezember 1993 wiederaufgenommen.[3] Im Gegensatz zu dem, was der skeptische Beobachter der Brüsseler Szene erwartet haben mag, ist das Weißbuch kein Horrorstück aus der Gruselkammer sektoriell interventionistischer Industriepolitik. Im Gegenteil: Es bekennt sich erneut zur Notwendigkeit und Nützlichkeit einer aktiven gemeinschaftlichen Wettbewerbspolitik. Das gilt sowohl für die optimale Nutzung des Binnenmarktes im allgemeinen wie auch für seine Verwirklichung in den bisher dem Wettbewerb noch weitgehend verschlossenen Bereichen. Im Hinblick auf die Bedeutung, die das Weißbuch den transeuropäischen Netzen im Bereich des Verkehrs, der Energie und der Telekommunikation zumißt, ist deren Öffnung – schon allein aus Gründen der Finanzierung

---

[3] *Weißbuch der Kommission der Europäischen Gemeinschaften:* Wachstum, Wettbewerbsfähigkeit, Beschäftigung, Bulletin der EG, Beilage 6/93

durch privates Kapital – eine vorrangige Aufgabe. Dem Wettbewerbsrecht kommt dabei eine wichtige Rolle zu.

Der Europäische Rat hat dem Weißbuch und seinen Autoren, vor allem Präsident Jacques Delors, vorzügliche Noten zuerkannt.[4] Sein Aktionsplan sieht bekanntlich einen allgemeinen Rahmen für die Beschäftigungspolitik auf der Ebene der Mitgliedstaaten und gezielte Begleitmaßnahmen auf Gemeinschaftsebene vor. Zu ihnen gehört in erster Linie die optimale Nutzung des Binnenmarktes, wobei der Europäische Rat die Forderung wiederholt, daß „die Wettbewerbsregeln und die Kontrolle der staatlichen Beihilfen rigoros anzuwenden" sind.

Ob das Weißbuch vom Dezember 1993 eine ähnliche programmatische Wirkung wie das vom Juni 1985 zum Binnenmarktprojekt haben wird, bleibt abzuwarten. In jedem Fall ist es beachtlich, weil es der Kommission und ihrem Präsidenten mit ihm zum dritten Mal seit 1985 gelungen ist, einen fundamentalen Konsens zwischen allen Mitgliedstaaten über die grundsätzlichen Ziele der Europäischen Union für die nächsten Jahre zustande zu bringen (Binnenmarktprojekt, Wirtschafts- und Währungsunion, Bekämpfung der Arbeitslosigkeit). Die Generaldirektion IV wird es bei ihrer künftigen Arbeit sicherlich als einen wichtigen Wegweiser im Auge behalten müssen, auch wenn sie – im Vergleich zu anderen Generaldirektionen – nur verhältnismäßig wenig betroffen ist. Das gilt insbesondere für die zukünftige Ausrichtung der Beihilfepolitik.

Die positive Beurteilung der bisherigen Wettbewerbspolitik im Weißbuch (eindrucksvollstes Beispiel: „Die gemeinschaftliche Wettbewerbspolitik hat sich in der praktischen Umsetzung als Wegbereiterin einer zwischenbetrieblichen Zusammenarbeit neuen Stils erwiesen") ist um so bemerkenswerter, weil sie nicht von der Generaldirektion IV, sondern von Autoren stammt, die nach herkömmlicher Meinung dem Wettbewerb eher kritisch gegenüberstehen. Auch dies mag ein Zeichen dafür sein, daß sich die Einstellungen in Brüssel in den letzten Jahren wesentlich verändert haben.

4. Der Einfluß der Entwicklung in den Mitgliedstaaten

Nicht zu unterschätzen ist dabei der wechselseitige Einfluß, den die EG und die Mitgliedstaaten gegenseitig aufeinander ausüben. Vor 35 Jahren, bei der Gründung der EWG, gab es praktisch nur einen Mitgliedstaat, der eine eigene Wettbewerbsordnung und eine wirksame Wettbewerbsbehörde besaß, nämlich Deutschland. Heute haben fast alle Mitgliedstaaten besondere Kartellgesetze und mehr oder weniger unabhängige Behörden, die mit ihrer Anwendung betraut sind. Dieser spontane Prozeß der Rechtsangleichung, bei dem die Wettbewerbsregeln des EWG-Vertrags Pate gestanden haben, ist ohne jeden Druck aus Brüssel abgelaufen. Er ist heute keineswegs abgeschlossen. Er ist auch keine Einbahnstraße, sondern wirkt auf vielfältige Weise auf Brüssel zurück. Sichtbares Zeichen ist die Kooperation, aber auch die Konkurrenz zwischen gemeinschaftlichen und mitgliedstaatlichen Wettbewerbsbehörden. Konkurrenz belebt bekanntlich das Ge-

---

[4] „Der Europäische Rat ist der Ansicht, daß dieses Dokument, dessen Qualität er hervorgehoben hat, eine klare Analyse der derzeitigen wirtschaftlichen und sozialen Lage der Union enthält und einen guten Ausgangspunkt für die künftigen Beratungen darstellt.") Schlußfolgerungen des Europäischen Rates, Tagung am 10. und 11. Dezember 1993 in Brüssel, Bulletin der EG, Dezember 1993, S. 7

schäft. Dem Stellenwert des Wettbewerbsprinzips in der Europäischen Union bekommt dies nur allzu gut.

Eigene Kartellgesetze und Wettbewerbsbehörden bedeuten freilich nicht, daß die öffentliche Meinung und die politischen Eliten dem Wettbewerbsprinzip überall ebenso treu sind, wie dies – trotz aller Sündenfälle – in Deutschland der Fall ist.

Die politische Landschaft ist dabei weit differenzierter, als man auf den ersten Blick annimmt. Sicher gibt es ein Nord-Süd-Gefälle: Im mediterranen Bereich steht man dem Wettbewerb anders gegenüber als in Nordeuropa. Aber auch zwischen den nördlichen Mitgliedstaaten gibt es große Unterschiede: Es genügt, an die berufständischen Traditionen der Niederlande zu denken! Dennoch ist das Wettbewerbsprinzip überall auf dem Vormarsch, am spektakulärsten derzeit in Italien, das sich zum erstenmal ernstlich darum bemüht, den öffentlichen Sektor zu sanieren und zu privatisieren. Die Italiener werden übrigens gerne bestätigen, daß entscheidende Anstöße für diesen Prozeß von Brüssel ausgegangen sind, obwohl die Verträge die Gemeinschaft zu absoluter Neutralität gegenüber öffentlichem und privatem Eigentum verpflichten. (Um so überraschter ist der Leser des Weißbuchs vom Dezember 1993, im Abschnitt „Wettbewerbsfähigkeit" den Passus zu finden: „Hinsichtlich des Angebots ist die Fortsetzung der Strukturanpassungen in der Industrie der Gemeinschaft zu unterstützen. Damit einhergehen muß die Förderung des Privatisierungsprozesses, der zur Beschleunigung dieser Anpassungen erheblich beitragen kann")[5].

II. Die praktische Bedeutung der wettbewerblichen Vorschriften

Nach diesen allgemeinen Überlegungen zur Stellung des Wettbewerbsprinzips in der Europäischen Union ist die praktische Bedeutung der wettbewerbsrechtlichen Vorschriften für Mitgliedstaaten und Unternehmen kurz zu skizzieren. Die folgenden Ausführungen beschränken sich auf das Wettbewerbsrecht im engeren Sinne und gehen nicht auf das für die Wettbewerbsordnung so wichtige Außenhandelsrecht ein.

A. Die Wettbewerbspolitik gegenüber Mitgliedstaaten

Eine der Besonderheiten der Gemeinschaftsverfassung liegt bekanntlich darin, daß sie Wettbewerbsregeln für die Mitgliedstaaten enthält. Im Vordergrund stehen dabei herkömmlicherweise die Vorschriften über staatliche Beihilfen. In den letzten Jahren haben daneben die Vorschriften für staatliche Ausschließlichkeitsrechte zunehmend an Bedeutung gewonnen.

Staatliche Eingriffe in den Wettbewerb sind gefährlicher als private Wettbewerbsbeschränkungen. Den Wettbewerbsregeln für die Mitgliedstaaten soll daher mehr Platz eingeräumt werden, als dies normalerweise in einem Überblick dieser Art geschieht.

---

[5] Siehe Fußnote 3, Weißbuch S. 71

1. Die Kontrolle staatlicher Ausschließlichkeitsrechte

Bis in die 2. Hälfte der 80er Jahre konzentrierte sich die Aufmerksamkeit der Kommission auf staatliche Handelsmonopole, die in Artikel 37 des EG-Vertrags ausdrücklich geregelt (und verboten) sind. Daß auch staatliche Dienstleistungsmonopole an den Grundfreiheiten und am Wettbewerbsprinzip zu messen sind, ist eine verhältnismäßig neue Erkenntnis, die von der Kommission zuerst im Bereich der Telekommunikation erprobt und vom Gerichtshof gebilligt worden ist. Nach der Rechtsprechung der letzten Jahre wissen wir, daß Dienstleistungsmonopole nur insoweit aufrechterhalten werden dürfen, wie sie von Artikel 90 Absatz 2 des EG-Vertrags gedeckt sind,[6] der für Unternehmen, „die mit Dienstleistungen von allgemeinem wirtschaftlichem Interesse betraut sind", eine Ausnahme von den Vertragsregeln, insbesondere den Wettbewerbsregeln vorsieht, soweit die Anwendung dieser Vorschriften die Erfüllung der ihnen übertragenen besonderen Aufgabe verhindert. Artikel 90 Absatz 2 schränkt diese Ausnahme allerdings durch den Zusatz ein, daß die Entwicklung des Handelsverkehrs nicht in einem Ausmaß beeinträchtigt werden darf, das dem Interesse der Gemeinschaft zuwiderläuft.

Daß staatliche Dienstleistungsmonopole erst in der 2. Hälfte der 80er Jahre näher unter die Lupe genommen worden sind, ist eine Folge des Binnenmarktprogramms, das seine stärksten Wirkungen bekanntlich im Dienstleistungssektor gezeigt hat.

Nennenswerte Erfolge hat die Gemeinschaft bisher nur im Telekommunikationsbereich erzielt. Nach der Liberalisierung der sogenannten Mehrwertdienste im Jahre 1990 und der unmittelbar bevorstehenden Liberalisierung des Satellitenfunkverkrs ist das nächste wichtige Datum der 1. Januar 1998, an dem der gesamte öffentliche Telefonverkehr aus dem Monopolbereich entlassen werden soll.[7] Das Ausschließlichkeitsrecht wird dann nur noch am öffentlichen Telekommunikationsnetz bestehen. Aber auch der Betrieb der Netze wird wahrscheinlich im Laufe der nächsten Jahre dem Wettbewerb geöffnet werden.

Die Liberalisierung des Telekommunikationsbereichs wirft schwierige wettbewerbsrechtliche und -politische Fragen auf. Die zunehmend dem Wettbewerb ausgesetzten Monopolisten sind nach wie vor marktbeherrschend. Mißbrauchsverbot und Mißbrauchsaufsicht nach Artikel 86 EG-Vertrag sind daher – gerade aus der Sicht der neuen Konkurrenten – von besonderer Bedeutung. Um im Wettbewerb bestehen zu können, werden auch die traditionellen Monopolisten zusammenarbeiten oder sogar miteinander fusionieren müssen: Die Kooperation zwischen MCI und BT[8] sowie zwischen France Telecom und DB Telekom[9] bieten dafür anschauliche Beispiele. Wo liegen die Grenzen dieser Zusammenarbeit zwischen (Teil-)Monopolisten, die sich gleichzeitig weltweitem Wettbewerb stellen müssen?

---

[6] Urteil des Europäischen Gerichtshofes vom 19. 5. 1993 („Corbeau"), Rechtssache C-320/91, Entscheidungssammlung I-2533

[7] Entschließung des Rates vom 22. 7. 1993 zur Prüfung der Lage im Bereich Telekommunikation und zu den notwendigen künftigen Entwicklungen in diesem Bereich, ABl. C 213/1 vom 6. 8. 1993

[8] Bekanntmachung im ABl. C 226/3 vom 21. 8. 1993

[9] Telekom und France Telecom planen strategische Partnerschaft, Frankfurter Allgemeine Zeitung vom 9. 11. 1993, S. 18

Die Liberalisierung des Telekommunikationsbereichs wird im übrigen mit zunehmender Schärfe die Frage stellen, ob die gegenwärtige institutionelle Struktur ausreicht oder ob ein europäischer „Regulator" geschaffen werden muß, der auf europäischer Ebene die Funktionen wahrnimmt, die in den Mitgliedstaaten traditionell von den Fernmeldeverwaltungen ausgeübt werden. Mit anderen Worten: Werden das Wettbewerbsrecht und die Kommission als gemeinschaftliche Wettbewerbsbehörde nicht überfordert, wenn sie bei der zentralen Durchsetzung unmittelbar anwendbaren Gemeinschaftsrechts allein gelassen werden? Sicher spricht das Subsidiaritätsprinzip gegen eine solche Lösung. Dennoch wird auf die Dauer kein Weg an ihr vorbeiführen. Allerdings sollte der Anstoß aus den am Funktionieren des europäischen Telekommunikationsmarktes in erster Linie interessierten Kreisen und nicht aus der Kommission kommen.

Ist die Liberalisierung der Telekommunikationsdienste der Einsicht in die Segnungen des Wettbewerbs oder eher der technologischen Revolution zu verdanken? Unzweifelhaft verdanken wir sie vor allem den Fortschritten der Technik. Andernfalls hätte die Gemeinschaft größere Fortschritte bei der Liberalisierung der leitungsgebundenen Energien, d. h. bei Elektrizität und Gas, gemacht. In diesem Bereich ist die Bilanz bisher enttäuschend.

Im Gegensatz zum Telekommunikationsbereich hat sich die Kommission bei Elektrizität und Gas nicht vorrangig auf die Anwendung unmittelbar anwendbaren Gemeinschaftsrechts (wie Grundfreiheiten und Wettbewerbsprinzip) sowie auf ihre eigenen Regelungsbefugnisse nach Artikel 90 Absatz 3 des EG-Vertrags gestützt. Statt dessen hat sie den Rat im Januar 1992 mit zwei Richtlinienvorschlägen befaßt.[10] Der für die Öffnung der Elektrizitäts- und Gasmärkte wichtigste Punkt, nämlich das sogenannte Durchleitungsrecht Dritter, ist bei der Mehrzahl der Ratsmitglieder auf erbitterten Widerstand gestoßen. Das Europäische Parlament, das seit Inkrafttreten des Maastrichter Vertrags über ein Mitentscheidungsrecht verfügt, hat im November 1993 eine Stellungnahme abgegeben, die die Vorschläge der Kommission verwässert.[11] Die daraufhin von der Kommission beschlossenen Änderungen gehen bis an die Grenze dessen, was mit unmittelbar anwendbarem Vertragsrecht vereinbar ist. Aus der Sicht der Generaldirektion IV kommt es in den nächsten Monaten entscheidend darauf an, die Grundsätze des gemeinschaftlichen Wettbewerbsrechts zu wahren, um sie im Einzelfall – bei Anfragen auf Negativattest und Einzelfreistellungen, bei Beschwerden und bei ex officio Verfahren – korrekt anwenden zu können.

Der Bau transeuropäischer Netze für Elektrizität und Erdgas gehört zu den vorrangigen Aufgaben, die die Kommission im Weißbuch vorgeschlagen[12] und die der Europäische Rat im Prinzip im Dezember 1993 gebilligt hat.[13] Ist es nicht widersprüchlich, von Gemeinschafts wegen den Bau derartiger Netze zu fördern, ohne gleichzeitig einen echten Binnenmarkt für die zu befördernde Energie zu schaffen? Verhält sich die Kommission konsequent, wenn sie gleichzeitig mit der Vorlage des Weißbuches ihre Vorschläge abändert, ohne konkrete Schritte zur Durchset-

---

[10] ABl. C 65/4 und C 65/14 vom 14. 3. 1992
[11] Entschließungen des Europäischen Parlaments zu den Vorschlägen für Richtlinien des Rates betreffend gemeinsame Vorschriften für den Elektrizitäts- und Erdgasbinnenmarkt, noch nicht veröffentlicht
[12] Siehe Fußnote 3
[13] Siehe Fußnote 4

zung der Verpflichtungen zu ergreifen, die sich für Mitgliedstaaten und Unternehmen aus unmittelbar anwendbarem Vertragsrecht (Grundfreiheiten und Wettbewerbsprinzip) ergeben?
Die Frage stellt sich insbesondere aus deutscher Sicht. Die deutschen Elektrizitätsverbraucher sind – gerade im Verhältnis zu ihren französischen Konkurrenten – durch hohe Strompreise benachteiligt. Ähnliches gilt für die deutsche Energiewirtschaft. Sie ist im Vergleich zu ihren französischen Konkurrenten EdF und GdF in einer verletzlicheren Situation, solange EdF und GdF durch vom Staat verliehene, das gesamte französische Staatsgebiet umfassende Ausschließlichkeitsrechte geschützt sind.
Der Leser des Weißbuches wird sich im übrigen die Frage stellen, warum die Monopolrenten der Energieversorgungswirtschaft nicht ausreichen, um die fehlenden transeuropäischen Elektrizitäts- und Erdgasnetze zu finanzieren. In jedem Fall sollte die Gewährung von Finanzmitteln der Gemeinschaft von Bedingungen abhängig gemacht werden, mit denen die Einhaltung der Verpflichtungen garantiert wird, die sich ohnehin aus unmittelbar anwendbarem Primärrecht ergeben. Dazu gehört insbesondere der umstrittene Zugang Dritter zum Netz. Unternehmen, die diese Bedingungen nicht akzeptieren wollen, müßten auf finanzielle Unterstützung durch die Gemeinschaft verzichten.
Am wenigsten weit fortgeschritten sind die Bemühungen um die teilweise Liberalisierung der Dienstleistungsmonopole der Post. Sie haben erst spät begonnen und lassen kaum ähnliche Effizienzgewinne erwarten wie die Öffnung der Telekommunikations- und Energiemärkte. Die Liberalisierung der Postdienste wird daher vermutlich längere Zeit in Anspruch nehmen und bescheidener ausfallen, als den potentiellen Konkurrenten der Postmonopole lieb ist.[14]

2. Die Kontrolle staatlicher Beihilfen

Die Kontrolle staatlicher Beihilfen gehört von jeher zu den wichtigsten Aufgaben der Kommission. Sie hat diese politisch delikate Aufgabe zunehmend ernster genommen. Von einer effizienten Beihilfeaufsicht kann man erst seit den 80er Jahren sprechen. Im gleichen Zeitraum ist auch das politisch unrealistische, durch Nichtbeachtung zerstörte absolute Beihilfeverbot des EGKS-Vertrags durch eine an die Artikel 92 und 93 des EG-Vertrags angelehnte Regelung ersetzt worden.[15]
Beihilfen sind das letzte Instrument, das den Mitgliedstaaten im Binnenmarkt verblieben ist, um einzelne Unternehmen zu begünstigen. Der Beihilfeaufsicht kommt daher heute eine noch größere Bedeutung als in der Vergangenheit zu.

---

[14] Grünbuch über die Entwicklung des Binnenmarktes für Postdienste vom 11. 6. 1992, KOM (91) 476 endg.; Mitteilung der Kommission an den Rat und das EP „Leitlinien für die Entwicklung der gemeinschaftlichen Postdienste", KOM (93) 247 endg.; Entschließung des Rates vom 7. 2. 1994 über die Entwicklung der Postdienste in der Gemeinschaft, ABl. C 48/3 vom 16. 2. 1994
[15] Für die Eisen- und Stahlindustrie ist die erste Beihilferahmenregelung nach Artikel 95 EGKS-Vertrag im Jahre 1981 erlassen worden (ABl. 228 vom 13. 8 1981). Die derzeit gültige Regelung findet sich in der Entscheidung Nr. 3855/91 EGKS der Kommission vom 27. 11. 1991 (ABl. L 362/57 vom 31. 12. 1991)

Beihilfen haben je nach Zweckbestimmung, Intensität und Modalitäten unterschiedliche Wirkungen: Sie können sich positiv, negativ oder neutral auswirken.

Positiv sind Beihilfen zu beurteilen, die die Nachteile zurückgebliebener oder zurückfallender Regionen ausgleichen.[16]

Positiv sind Beihilfen, die die Handicaps kleiner und mittlerer Unternehmen kompensieren.[17]

Positiv sind Beihilfen, die – bei gebührender Beachtung des Verursacherprinzips – den Umweltschutz verbessern.[18]

Positiv sind auch Beihilfen zur Forschung und Entwicklung, die Kosten ausgleichen, die aus der Sicht der forschenden Unternehmen nicht durch ihnen zuwachsende Vorteile ausgeglichen werden.[19]

Negativ sind dagegen Betriebs- und/oder Investitionsbeihilfen für Unternehmen zu beurteilen, die nicht durch eine der eben genannten Erwägungen gerechtfertigt sind. Das gilt auch für Rettungs- und Umstrukturierungsbeihilfen, die ein Unternehmen wieder wettbewerbsfähig machen sollen, es sei denn, die Rettungs- und Umstrukturierungsaktion wird gegenüber den benachteiligten Wettbewerbern durch eine besondere „Gegenleistung" gerechtfertigt, die in einem Sektor mit Überkapazität in einer angemessenen Reduzierung derartiger Überkapazität besteht.

Diese allgemeine Verwaltungspraxis gegenüber Rettungs- und Umstrukturierungsbeihilfen ist vor wenigen Wochen im Stahlbereich angewandt worden: Sie erklärt die zähen Verhandlungen über die Kapazitätsschnitte in der spanischen, italienischen und ostdeutschen Stahlindustrie. Die Ergebnisse[20] wären überzeugender gewesen, wenn sie nicht der einstimmigen Billigung durch den Rat bedurft hätten. Wenn es eines Beweises für die These bedurft hätte, daß der Rat nahezu unfähig ist, über Beihilfen zugunsten bestimmter Unternehmen – und damit über eine wichtige industriepolitische Frage – einstimmig zu entscheiden: Die Diskussionen der Wirtschaftsminister im sogenannten Stahlrat liefert ihn!

Sektoriell beschränkte Beihilferegelungen gibt es im industriellen Bereich, außer für Stahl, für den Schiffbau,[21] für die Automobilindustrie[22] und für Chemiefasern.[23] Während die Schiffbauregelung vom Rat erlassen worden ist (die Ausnahmen für die Beihilfen zur Umstrukturierung der ostdeutschen Werften waren daher eben-

---

[16] Siehe die Sammlung der Texte über Regionalbeihilfen in Wettbewerbsregeln in den Europäischen Gemeinschaften, Band II: Wettbewerbsregeln für staatliche Beihilfen, EG-Kommission, 1990, S. 92 ff

[17] Gemeinschaftsrahmen für staatliche Beihilfen an kleine und mittlere Unternehmen, ABl. C 213/2 vom 19. 8. 1992

[18] Gemeinschaftsrahmen für staatliche Umweltschutzbeihilfen, ABl. C 72/3 vom 10. 3. 1994

[19] Gemeinschaftsrahmen für staatliche Forschungs- und Entwicklungsbeihilfen, ABl. C 83 vom 11. 4. 1986, in der in Fußnote 16 genannten Sammlung S. 143

[20] ABl. L 112/45 vom 3. 5. 1994

[21] 7. Richtlinie für Beihilfen an die Schiffbauindustrie, ABl. L 380 vom 31. 12. 1990, deren Geltungsdauer durch eine im ABl. L 326 vom 28. 12. 1993 veröffentlichte Richtlinie bis zum 31. 12. 1993 verlängert worden ist.

[22] Gemeinschaftsrahmen für staatliche Beihilfen in der Kfz-Industrie, ABl. C 123 vom 18. 5. 1989, in der in Fußnote 16 genannten Sammlung S. 57

[23] Gemeinschaftsrahmen für Beihilfen zugunsten der Kunstfaserindustrie, ABl. C 346/2 vom 30. 12. 1992

falls vom Rat zu billigen), sind die besonderen Beihilfevorschriften für die Automobilindustrie und für Chemiefasern von der Kommission erlassen worden. Jede dieser Sektorregelungen zeichnet sich durch besonders scharfe Kontrollanforderungen in sachlicher und in verfahrensrechtlicher Hinsicht aus; mit ihr soll die (Wieder-)Entstehung von Überkapazitäten durch zu großzügig bemessene Regionalbeihilfen in besonders sensiblen Wirtschaftszweigen vermieden werden. So sinnvoll solche Sondervorschriften auch sein mögen: Mit ihnen gerät die Gemeinschaft in die gefährliche Nähe sektorieller Industriepolitik. Die Generaldirektion IV bemüht sich daher intensiv darum, horizontale Regeln für kapitalintensive Investitionen zu erarbeiten, die – hoffentlich – die Sonderregelungen für die Automobilindustrie und die Chemiefasern überflüssig machen.

Die Konzipierung neuer Regeln für kapitalintensive Investitionen entspricht im übrigen dem Anliegen des Weißbuches vom Dezember 1993, immaterielle Investitionen im Interesse von Produktivität und Wettbewerbsfähigkeit stärker zu fördern. So heißt es im Weißbuch ausdrücklich: „Die Kriterien für die Gewährung von Beihilfen an die Industrie müssen geändert werden, denn bei den bestehenden Beihilferegelungen werden die Unternehmen dazu ermutigt, die Kapitalintensität der Produktion und damit die materiellen Investitionen zu Lasten der immateriellen Investitionen zu steigern, mit denen die produktive Leistungsfähigkeit verbessert werden könnte. Das Ziel muß sein, die Wertschöpfung und den immateriellen Gehalt des Wachstums besser zu berücksichtigen".[24]

Die stärkere Förderung immaterieller Investitionen wird die Generaldirektion IV veranlassen, erstmals präzise Regeln für sogenannte „soft aids" auszuarbeiten. Mit „soft aids" werden Dienstleistungen wie die Beratung zur Verbesserung des Managements gerade von kleinen und mittleren Unternehmen finanziert. „Soft aids" sind schon in der Vergangenheit mit Wohlwollen geprüft und verhältnismäßig großzügig gebilligt worden. Sie dürfen jedoch nicht zu versteckten Betriebsmittelhilfen werden, die nur ausnahmsweise und nur in regional besonders benachteiligten Regionen zugelassen sind. Eine saubere Definition dessen, was unter den Begriff der „soft aids" und der förderungsfähigen immateriellen Investitionen fällt, ist daher dringend geboten.

Die intensiven Bemühungen um horizontale Regeln für bestimmte Arten von Beihilfen, mit denen sich die Kommission für die Zukunft bei der Ausübung ihres Prüfungsermessens bindet und die durch die Veröffentlichung im Amtsblatt allgemein bekanntgegeben werden, ist Ausdruck einer Politik, die vor mehreren Jahren begonnen hat, aber seit Anfang der 90er Jahre mit besonderer Energie und Entschlossenheit verfolgt wird. Diese Politik entspricht dem Bedürfnis nach Transparenz, Vorhersehbarkeit und Berechenbarkeit, die für Unternehmen, Mitgliedstaaten und Kommission gleichermaßen wichtig sind. Sie entlastet die Kommission im übrigen bei der Prüfung neuer Beihilfevorhaben (gleichgültig, ob es sich um allgemeine Beihilferegime oder um Einzelbeihilfen handelt) und liegt daher im Interesse eines rationellen Einsatzes rarer Ressourcen.[25]

Ein weiterer Schwerpunkt der Beihilfenaufsicht durch die Kommission ist seit langem die Kontrolle des Verhaltens der Mitgliedstaaten gegenüber den von ihnen beherrschten öffentlichen Unternehmen. Die Anfänge dieser Politik gehen auf die

---

[24] Siehe Weißbuch (Fußnote 3) S. 69
[25] Vgl. 23. Wettbewerbsbericht (1993), noch nicht veröffentlicht

Stahl- und Schiffbaukrisen der späten 70er und frühen 80er Jahre zurück. Schon damals sind mit Zustimmung von Rat und Europäischem Parlament die Kriterien erarbeitet worden, mit Hilfe derer normales Eigentümerverhalten von der Gewährung von Beihilfen unterschieden werden kann. Anfang der 90er Jahre sind diese Kriterien begrifflich verfeinert und ihre Anwendung systematisiert worden.[26] Gleichzeitig hat die Kommission die Mitgliedstaaten verpflichtet, systematischer als bisher über die öffentlichen Unternehmen im industriellen Bereich zu berichten. So kontrovers diese Initiativen ursprünglich waren,[27] so selbstverständlich erscheinen sie heute, 2 1/2 Jahre nach ihrer Verabschiedung durch die Kommission.[28] Sie haben einen wesentlichen Beitrag zu einer größeren Transparenz des öffentlichen Sektors und vermutlich auch zu einer kritischeren Beurteilung der öffentlichen Unternehmen in den hauptsächlich betroffenen Mitgliedstaaten (Frankreich, Italien, Spanien, Portugal, Griechenland) geführt.

Öffentliche Unternehmen können heute nicht mehr ohne – gegebenenfalls stillschweigende – Billigung der Kommission saniert werden. Soweit der Verdacht der Beihilfengewährung besteht, können sie auch nicht ohne Prüfung durch die Kommission privatisiert werden. Die Kontrolle der Kommission bezieht sich selbstverständlich nicht auf die prinzipielle Entscheidung zur Privatisierung, die in die ausschließliche Zuständigkeit des betroffenen Mitgliedstaates fällt. Die Kontrolle gilt vielmehr den Modalitäten der Privatisierung, die in offener oder versteckter Form mit der Gewährung von Beihilfen verbunden sein können. Dementsprechend begleitet die Kommission seit Anfang der 90er Jahre die Privatisierungen in allen Mitgliedstaaten, die sich zu Privatisierungen entschlossen haben (vor allem in Griechenland, Deutschland (Treuhandanstalt) und Italien, aber auch in Portugal, Frankreich, Belgien und den Niederlanden).

Die Beihilfekontrolle bei Privatisierungen findet unter besonders schwierigen Umständen statt: Sie muß innerhalb besonders kurzer Fristen erfolgen, um die Privatisierung nicht zu erschweren, ja gegebenenfalls unmöglich zu machen; sie hat gleichzeitig mit einem Massenproblem fertig zu werden; in jedem Fall muß sie ex ante erfolgen, um Rückzahlungsprobleme zu vermeiden. Die Kommission hat daher schon bei der ersten größeren Privatisierungswelle (in Griechenland im Jahre 1991) mit der griechischen Regierung Modalitäten vereinbart, die die Spreu vom Weizen trennen und die vorherige Notifizierung auf Fälle beschränkt, in denen sich vermutlich ernsthafte Beihilfeprobleme stellen.[29]

Für die Privatisierungen der Treuhandanstalt sind diese Modalitäten der besonderen Lage der Unternehmen in der ehemaligen DDR angepaßt worden.[30] Sie haben sich als ein wirksames – und nach allgemeiner Auffassung befriedigendes – Instrument der Gemeinschaftskontrolle herausgestellt.

Warum hat die Gemeinschaft zur Privatisierungswelle in den Mitgliedstaaten beigetragen, obwohl sie nach den Verträgen zu strikter Neutralität verpflichtet ist? Ein

---

[26] Mitteilung der Kommission an die Mitgliedstaaten in ABl. C 273/2 vom 18. 10. 1991

[27] Urteil des Europäischen Gerichtshofes vom 16. 6. 1993 (Rechtssache 325/91), noch nicht veröffentlicht

[28] Richtlinie 93/84/EWG der Kommission vom 30. 9. 1993 zur Änderung der Richtlinie 80/723/EWG über die Transparenz der finanziellen Beziehungen zwischen den Mitgliedstaaten und den öffentlichen Unternehmen, ABl. L 254/16 vom 12. 10. 1993

[29] 21. Wettbewerbsbericht (1991), Nr. 249

[30] 22. Wettbewerbsbericht (1992), Nr. 19 und 349

Teil der Anstöße geht vermutlich von den Mindestanforderungen zur Teilnahme an der 3. Stufe der Europäischen Wirtschafts- und Währungsunion aus. Ein anderer Teil läßt sich auf die intensivierte Beihilfenkontrolle und ihre Modalitäten zurückführen: Die finanziellen Beziehungen zwischen öffentlicher Hand und öffentlichen Unternehmen werden seit einigen Jahren sehr viel genauer unter die Lupe genommen als in den ersten drei Jahrzehnten nach Gründung der EG; nicht wettbewerbsfähige Unternehmen sind daher nicht mehr künstlich am Leben zu halten; sie müssen umstrukturiert werden und dabei unter Umständen erhebliche Opfer bringen. Hinzu kommt eine Besonderheit der Beihilfeberechnung bei Privatisierung: Der Verkaufserlös wird von den bis zur Privatisierung gewährten Beihilfen abgezogen. Die praktische Bedeutung dieses Abzugs läßt sich im Fall des italienischen Stahlkonzerns Ilva demonstrieren: Statt etwa 2,5 Milliarden ECU Beihilfen hätten ohne Privatisierung 4 Milliarden ECU durch Kapazitätsschnitte ausgeglichen weden müssen; bei der im letzten Jahr zugrunde gelegten Ratio von 1 Milliarde ECU = 750.000 t warmgewalzten Stahls hätten statt 2 Mio. t 3 Mio. t Kapazität beseitigt werden müssen. Das einzige integrierte italienische Stahlwerk in Tarent wäre damit nicht mehr lebensfähig gewesen: Es hätte geschlossen werden müssen.[31]

Im Fall Italiens gibt es eine zusätzliche Verknüpfung von Beihilfenkontrolle und Privatisierung. Sie ist erst vor 1 1/2 Jahren offensichtlich geworden. Erst zu diesem – erstaunlich späten – Zeitpunkt hat die Kommission unter dem Gesichtspunkt der Beihilfenkontrolle die absolute Garantie des italienischen Staates in Frage gestellt, die sich aus Artikel 2362 des Codice Civile für alle Gesellschaften ergibt, die zu 100% der öffentlichen Hand gehören. Formell gilt diese Garantie des Codice Civile für jeden – also auch jeden privaten – Eigentümer, der 100% aller Anteile einer Gesellschaft besitzt. Im Verhältnis zwischen Staat und öffentlichen Unternehmen hat sie sich jedoch als eine – wenn nicht die wichtigste – Ursache für die Mißwirtschaft des öffentlichen Sektors in Italien herausgestellt.

Nach Ansicht der Kommission ist die aus Artikel 2362 Codice Civile fließende Garantie eine Beihilfe. Nach langen schwierigen Verhandlungen hat die Kommission im September 1993 der Einlösung der Garantie zugestimmt,[32] nachdem die italienische Regierung sich bereit erklärt hatte,

(1) die von der Garantie gedeckten Schulden auf dem Niveau des 31. Dezember 1993 einzufrieren;

(2) die Schulden innerhalb von 3 Jahren auf ein natürliches Niveau zurückzuführen und

(3) danach in einem Maße zu privatisieren, das die Garantie des Artikel 2362 Codice Civile gegenstandslos macht.

Formal ist die Entscheidung der Kommission für nur eine der großen italienischen Staatsholdings, die zahlungsunfähige EFIM, erlassen worden. Das Rahmenabkommen mit der italienischen Regierung, über dessen Einhaltung die Kommission in den nächsten Jahren wachen muß, erstreckt sich jedoch auch auf die beiden anderen Holdings, IRI und ENI. Die EFIM-Entscheidung vom September 1993 hat damit zur wichtigsten Beihilfenkontrolloperation in der Geschichte der

---

[31] Vgl. 23. Wettbewerbsbericht (1993), noch nicht veröffentlicht

[32] Mitteilung der Kommission gem. Artikel 93 Absatz 2 EWG-Vertrag über ein Beihilfevorhaben Italiens zugunsten der Firma EFIM (ABl. C 267/11 vom 2. 10. 1993, ABl. C 349/2 vom 29. 12. 1993)

Kommission geführt: Immerhin werden in Italien 40% des Bruttosozialprodukts vom öffentlichen Sektor erwirtschaftet.

Zwar gelten die Beihilfevorschriften des EWG-Vertrags nur für die von den Mitgliedstaaten gewährten Subventionen. In ihren materiellrechtlichen Prinzipien sind sie jedoch von der Gemeinschaft selbst bei der Gewährung finanzieller Unterstützung an einzelne Unternehmen zu beachten. Die der Gemeinschaft zur Verfügung stehenden Summen sind im Laufe der letzten Jahre – vor allem aufgrund der Beschlüsse des Europäischen Rates in Edinburg vom Dezember 1992 über das sogenannte Delors II-Paket – enorm gewachsen. Die Kohärenz zwischen Beihilfeaufsicht gegenüber den Mitgliedstaaten und eigenem Finanzgebaren der Kommission ist damit nur noch dringlicher geworden. Aus der Sicht der Mitgliedstaaten ist dies insbesondere im Bereich der Regionalbeihilfen deutlich geworden: Ist es verständlich, daß die Gemeinschaft Gebiete regional fördert, in denen den Mitgliedstaaten die Gewährung von Regionalbeihilfen verboten ist?

Die Kommission hat vor weniger als einem Jahr beschlossen, in Zukunft derartige Widersprüche zu vermeiden und für die nationale und gemeinschaftliche Regionalförderung grundsätzlich eine einheitliche Gebietsabgrenzung festzulegen. Leider ist ihr dies für die nächste Finanzierungsperiode der gemeinschaftlichen Strukturfonds nicht gelungen. Sie wird daher andere Mittel finden müssen, um den Vorwurf der Inkohärenz zu entkräften.

Kohärenzprobleme stellen sich nicht nur bei der Regionalförderung. Sie können in allen Bereichen auftreten, in denen Mitgliedstaaten und Gemeinschaft Beihilfen vergeben. Insbesondere aus der Sicht dritter Länder ist es gleichgültig, ob die finanzielle Unterstützung aus der Kasse eines Mitgliedstaats oder aus der der Gemeinschaft stammt. Internationale Abkommen begrenzen daher die Gewährung von Beihilfen durch die öffentliche Hand, ohne einen Unterschied nach der Herkunft der Mittel zu machen – ebenso wie die Gemeinschaft nicht danach differenziert, ob die Beihilfe vom Zentralstaat, von einem Land bzw. einer Region oder einer Gemeinde gewährt wird. Die Gemeinschaft wird sich daher daran gewöhnen müssen, in ihrem eigenen Finanzgebaren denselben internationalen Regeln unterworfen zu sein wie ihre Mitgliedstaaten, wenn sie diesen Regeln in völkerrechtlich verbindlicher Form zugestimmt hat.[33]

B. Die Wettbewerbspolitik gegenüber Unternehmen

1. Die Fusionskontrolle

Seit September 1990 kontrolliert die Kommission den Zusammenschluß von Unternehmen mit einer durch Umsätze definierten Größenordnung. Obwohl die Umsatzschwellen 1989 ihrer Ansicht nach zu hoch festgesetzt worden waren, hat sie im letzten Jahr darauf verzichtet, eine Absenkung dieser Schwellen vorzuschlagen.[34] Spätestens 1996 wird darauf zurückzukommen sein.

Bei den Verhandlungen über die europäische Fusionskontrolle ist die Bundesregierung einer der schwierigsten Partner gewesen. Das Mißtrauen gegenüber

---

[33] EWR-Abkommen, Gemeinsame Erklärung über Beihilfen aus den EG-Strukturfonds oder anderen Finanzierungsinstrumenten, ABl. L 1/538 vom 3. 1. 1994

[34] Bericht der Kommission an den Rat über die Anwendung der Verordnung über Unternehmenszusammenschlüsse, KOM (93) 385 endg., 28. Juli 1993

Brüssel war groß. Würde die Kommission in der Lage sein, über Fusionsfälle schnell zu entscheiden? (Daher die kurzen Fristen, verbunden mit der Fiktion der Zustimmung bei Ablauf der Frist ohne gegenteiligen Beschluß; daher auch die Beschränkung auf eine relativ kleine Zahl von Großfusionen.) Würde die Kommission bereit sein, Fusionen allein nach wettbewerblichen Kriterien zu entscheiden? (Daher das jahrelange Tauziehen um die Beurteilungskriterien.)

Die administrative Herausforderung hat die Kommission (d. h. vor allem die Generaldirektion IV und innerhalb der GD IV die Merger Task Force) nach allgemeiner Meinung zur vollen Befriedigung aller Beteiligten (insbesondere der Unternehmen und ihrer Anwälte) glänzend bestanden.[35] Sie hat dabei mehr Transparenz geschaffen, als bei Fusionskontrollsystemen normalerweise üblich ist, denn alle zustimmenden Entscheidungen werden begründet. Nicht ein einziges Mal ist es bisher zur stillschweigenden Billigung durch Ablauf einer Frist gekommen. Die dabei zu überwindenden Hindernisse sind größer als im nationalen Kontext, denn Mehrsprachigkeit und Konsultation der Mitgliedstaaten fordern ihren Preis.

Wie sind die Fusionsentscheidungen der Kommission sachlich, d. h. wettbewerbsrechtlich und wettbewerbspolitisch zu beurteilen? Ein einstimmiges Urteil gibt es nicht und wird es vermutlich auch nie geben. Lassen wir die Fakten sprechen. Insgesamt sind bei der Kommission 185 Fälle angemeldet worden, die tatsächlich unter die Fusionsverordnung fallen. Davon hat die Kommission vor Ablauf eines Monats 161 Fälle positiv entschieden.[36]

In 16 Fällen hat die Kommission – wegen ernsthafter Zweifel – ein zusätzliches Prüfverfahren eingeleitet. Von diesen 16 Fällen ist ein Zusammenschluß verboten worden; ein weiterer ist von den Parteien aufgegeben worden; acht sind unter Auflagen genehmigt worden; vier konnten ohne Auflagen gebilligt werden; zwei Fälle sind z. Z. noch offen.

Die Versuchung, bei der Bewertung nur den einzigen Verbotsfall, die berühmte De Havilland-Entscheidung, zu berücksichtigen, ist groß. Sie ist, wie alle Versuchungen, gefährlich. Ebenso wichtig sind die Genehmigungen unter Auflagen, mit denen die Kommission für ausreichenden Wettbewerb gesorgt hat. Die Auflagen haben Marktzugangsschranken aufgehoben, strukturelle Verflechtungen durch Personen, Kapitalbeteiligungen oder vertragliche Absprachen beseitigt und zur Veräußerung ganzer Unternehmensteile verpflichtet.[37]

Ebenso wichtig wie die Auflagen ist die „Vorfeldwirkung", die durch die Entscheidungspraxis der Kommission und die informellen Gespräche vor einer Anmeldung ausgelöst wird. Auf ihre Bedeutung hat vor kurzem der Präsident des Bundeskartellamts hingewiesen.[38] Sie läßt sich nicht beziffern, ist aber sicherlich erheblich.

Die Diskussion über Ziffern sollte den Blick nicht für Wesentlicheres versperren. Der größte Beitrag zu einer am Wettbewerbsprinzip orientierten Fusionskontrolle ist unbestreitbar dadurch geleistet worden, daß die Fusionsverordnung aus-

---

[35] House of Lords – Select Committee on the European Communities, Enforcement of Community Competition Rules, London 1993, S. 32, Rdnr. 90 f

[36] Stand am 1. März 1994

[37] Kommission der Europäischen Gemeinschaften, 23. Wettbewerbsbericht (1993), noch nicht veröffentlicht

[38] Interview mit *Dieter Wolf:* Das Bundeskartellamt will sich neuen Monopolen widersetzen, Frankfurter Allgemeine Zeitung vom 27. 12. 1993, S. 11

schließlich nach Wettbewerbskriterien ausgelegt und angewendet worden ist.[39] Das ist im Hinblick auf ihre Entstehungsgeschichte und die in langen Verhandlungen vereinbarten Formelkompromisse keineswegs selbstverständlich.

Die Feststellung der wettbewerbsorientierten Anwendung kann auch nicht durch den Vorwurf relativiert werden, daß die Kommission wettbewerbliche Schlüsselkriterien (wie relevanter Produktmarkt oder relevanter geographischer Markt, beherrschende Stellung auf diesen Märkten, Bestreitbarkeit dieser Stellung im Zeitablauf) industriepolitisch unterwandert hätte. Natürlich hat es in der Kommission und in den ihr unterstellten Generaldirektionen – vor allem zu Anfang – Meinungsverschiedenheiten über die Anwendung dieser Kriterien im Einzelfall gegeben. Diese Meinungsverschiedenheiten sind jedoch im Laufe der Zeit geringer geworden. Sie liegen heute nicht mehr im Methodischen, sondern in der Beurteilung der Tatsachen eines Einzelfalles. Dabei wird es jedoch immer Unterschiede geben, und zwar auch innerhalb der Generaldirektion Wettbewerb.

Daß sich im übrigen gerade der relevante geographische Markt in vielen Fällen über den nationalen Markt hinaus auf die Gemeinschaft – oder sogar über die Gemeinschaft hinaus – erweitert, wird allgemein anerkannt. Bester Zeuge ist wiederum der Präsident des Bundeskartellamts, Dieter Wolf, der vor kurzem erklärt hat, daß sich auch in Deutschland die Fusionskontrolle verändert habe. Das Amt müsse sich auf gewandelte internationale Märkte einstellen. Der nationale Markt als Beurteilungskriterium sei nicht mehr so leicht abzugrenzen wie früher. Von außen kämen immer mehr wettbewerblich relevante Einflüsse, die hohe nationale Marktanteile relativierten. Der gemeinsame Markt habe die Wettbewerbsstrukturen gelockert.[40]

Einen kaum zu überschätzenden Beitrag zu einer am Wettbewerbsprinzip orientierten Fusionskontrolle hat die Kommission im letzten Jahr mit der Entscheidung geleistet, eine Konzentration auch dann zu verbieten, wenn sie zur Marktbeherrschung durch mehrere Unternehmen gemeinsam führt.[41] Die Marktbeherrschung durch mehrere Unternehmen gemeinsam ist in der Verordnung nicht ausdrücklich erwähnt; daß sich die Kontrolle – und die Verbotszuständigkeit der Kommission – auch auf eine derartige Konstellation erstreckt, ist nur durch teleologische Auslegung zu ermitteln. Daß die Kommission zu ihr bereit war, ist um so beachtlicher, als Verbotsentscheidungen oder Genehmigungen mit Auflagen in der Zukunft vermutlich häufiger auf die Feststellung gemeinsamer Marktbeherrschung gestützt werden dürften als auf den Befund der Marktbeherrschung durch ein einziges Unternehmen. Die Erklärung liegt im Zusammenwachsen der bisher getrennten nationalen Märkte zu einem Binnenmarkt. Marktbeherrschung durch ein einziges Unternehmen im Binnenmarkt wird zunächst selten sein. Gemeinsame Marktbeherrschung wird man dagegen sehr viel leichter antreffen können. Dasselbe gilt selbstverständlich, wenn der relevante geographische Markt noch weiter ist und den gesamten Globus umfaßt.

---

[39] Monopolkommission, Hauptgutachten 1990/1991, Wettbewerbspolitik oder Industriepolitik, Baden-Baden 1992, S. 283, Rdnr. 624

[40] Siehe Fußnote 37

[41] Nestlé/Perrier, Entscheidung der Kommission vom 22. 7. 1992, ABl. L 356 vom 5. 12. 1992; siehe auch Mannesmann/Vallourec/Ilva, Entscheidung der Kommission vom 31. 1. 1994, ABl. L 102 vom 21. 4. 1994

Ein letztes Beispiel für die Strenge, mit der die Fusionsverordnung angewendet wird, liefert der jüngst entschiedene Fall Kali & Salz, in dem zum ersten Mal das aus dem US-amerikanischen Recht stammende Konzept der „failing company" als Rechtfertigungsgrund herangezogen worden ist. Das Konzept ist von der Kommission so eng definiert worden, daß es nicht als Einfallstor für industriepolitische Erwägungen bemüht werden kann.[42] Auch dies ist keine Selbstverständlichkeit.
Die Skeptiker werden sich von diesen Beispielen vermutlich nicht überzeugen lassen. Das ist verständlich. Die Fusionskontrolle wird immer der schwierigste, delikateste und kontroverseste Teil des wettbewerbsrechtlichen und -politischen Instrumentariums der Kommission bleiben. Es allen recht zu machen, ist unmöglich. Der Beweis für wettbewerbsorientierte Entscheidungen ist jedesmal neu zu erbringen.

2. Klassisches Wettbewerbsrecht gegenüber Unternehmen: Kontrolle der Kooperation und des Mißbrauchs einer marktbeherrschenden Stellung

Die Kontrolle wettbewerbsbeschränkender Absprachen zwischen Unternehmen und des Verhaltens marktbeherrschender Unternehmen gehört seit jeher zu den Aufgaben der Kommission. Jahrzehntelang hat dabei das Bemühen im Vordergrund gestanden, zur Schaffung eines – auch von privaten Beschränkungen freien – Binnenmarktes beizutragen. Dies erklärt die intensive Beschäftigung mit sogenannten vertikalen Wettbewerbsbeschränkungen, die sich vor allem im Verhältnis zwischen Hersteller und Handel finden und die ein privilegiertes Mittel der Marktaufteilung sind. In dem Maße, in dem der Binnenmarkt zur Wirklichkeit wird, verliert dieser Gesichtspunkt an Gewicht. Nunmehr geht es darum, wettbewerbspolitische Ziele im Interesse der Verbraucher und der Wettbewerbsfähigkeit der Unternehmen selber zu verfolgen. Beides schließt einander im übrigen nicht aus, sondern ergänzt sich gegenseitig, vorausgesetzt, der zeitliche Beurteilungshorizont ist nicht zu kurz gesteckt.
Die klassische Wettbewerbsaufsicht gegenüber Unternehmen sieht sich im übrigen vor dieselben strukturellen Herausforderungen gestellt wie die Fusionskontrolle: Den Trend zur wachsenden internationalen Konkurrenz, zur Globalisierung der Märkte; zum sich beschleunigenden technologischen Fortschritt; zum wachsenden Kapitalbedarf für Zukunftsinvestitionen; zur schnellen und sicheren Entscheidung.
Hinzu kommen „konjunkturelle" Einflüsse, wie die Rezession; die Anwendung des gemeinschaftlichen Wettbewerbsrechts auf Sektoren, die in der Vergangenheit nie oder kaum mit Wettbewerbsrecht zu tun hatten (wie Verkehr, Banken und Versicherungen, Sport); die Öffnung von Märkten, auf denen staatlich verliehene Monopolrechte den Wettbewerb bisher ausschlossen (wie Telekommunikation, Audiovisuelles und demnächst hoffentlich Elektrizität und Erdgas sowie – in beschränktem Maße – die Post). Auf die besonderen Probleme, die sich gerade aus der schrittweisen Liberalisierung bisher dem Wettbewerb verschlossener Märkte ergeben, ist bereits hingewiesen worden.

---

[42] Kali & Salz/MdK/Treuhand, Entscheidung der Kommission vom 14. 12. 1993, noch nicht veröffentlicht

Die klassische Wettbewerbsaufsicht ist durch die Erfahrungen der Fusionskontrolle nicht unbeeinflußt geblieben. Die kurzen Fristen der Fusionskontrolle haben starken Druck auf eine Beschleunigung der Verfahren zur Erteilung eines Negativattests oder einer Freistellung vom Wettbewerbsverbot ausgeübt.[43] Die entscheidend ökonomisch bestimmten Prüfungsmethoden der Merger Task Force sind auf die Analyse von Absprachen zur Unternehmenskooperation übertragen worden, vor allem solchen, die zur Gründung von kooperativen joint ventures führen. Ein solches Vorgehen liegt vor allem deswegen nahe, weil die Grenze zwischen konzentrativen joint ventures, die unter die Fusionskontrolle fallen, und kooperativen Gemeinschaftsunternehmen, die nach Artikel 85 EG-Vertrag zu prüfen sind, im Einzelfall schwierig zu ziehen ist. Im Bereich der kooperativen joint ventures stellen sich daher häufig die gleichen Fragen wie bei der Fusionskontrolle. (Für kooperative joint ventures ist die Verantwortung der Kommission übrigens umfassender als für konzentrative Gemeinschaftsunternehmen, da erstere bei Anmeldung schon dann von der Kommission zu prüfen sind, wenn sie den innergemeinschaftlichen Handel beeinträchtigen können, während letztere die Umsatzschwellen der Fusionsverordnung überschreiten müssen.)

Welches sind die besonderen Schwierigkeiten, mit denen die klassische Wettbewerbsaufsicht in der nächsten Zukunft zu kämpfen haben wird? Die fünf wichtigsten scheinen mir die folgenden zu sein.

An erster Stelle ist die Prüfung der bereits erwähnten kooperativen Gemeinschaftsunternehmen zu nennen. Aus den bereits aufgeführten Gründen (Globalisierung der Wirtschaft, beschleunigte technologische Entwicklung, wachsender Kapitalbedarf) wird die Notwendigkeit zur Zusammenarbeit zwischen konkurrierenden Unternehmen wachsen. In der Mehrzahl der Fälle wird sie den Wettbewerb beleben. Aber sie kann ihn auch gefährden, wenn sie zu gemeinsamer Marktbeherrschung führt, wenn sie über das Notwendige hinausgeht, wenn es sich um ein verstecktes Kartell handelt.

Die zweite Schwierigkeit ist die Beurteilung der Kooperation von Unternehmen in Bereichen, die bisher im Schatten des Wettbewerbsrechts gelebt haben. Wann und inwieweit sind Absprachen zwischen Banken zur Regelung des (evtl. grenzüberschreitenden) Zahlungsverkehrs erlaubt? Wann sind sie verboten? Wann und inwieweit sind Absprachen zwischen Fernsehanstalten zum gemeinsamen Erwerb und Verwertung von Urheberrechten erlaubt? Wann gehen diese Absprachen über das Erlaubte hinaus? Die gleiche Frage läßt sich selbstverständlich für Sportverbände stellen, wenn sie Senderechte verkaufen.

Die dritte Schwierigkeit ist die bereits erwähnte erstmalige Anwendung des Wettbewerbsrechts auf bisher durch Monopolrechte geschützte Bereiche. Dabei stellt sich nicht nur die Frage nach den Grenzen erlaubter Kooperation, sondern auch die nach der Abgrenzung erlaubten und unerlaubten Verhaltens der Monopolisten, d. h. der Aufsicht über das Verhalten der Unternehmen in marktbeherrschender Stellung.

Die vierte Schwierigkeit ist uralt, aber im Wachsen. Es sind die Hindernisse, die sich dem Nachweis eines geheimen Kartells, z. B. über Erzeugungs- oder Absatzquoten bzw. über Preise, in den Weg stellen. Unternehmen greifen zu ständig ver-

---

[43] Bekanntmachung der Kommission über die Beurteilung kooperativer Gemeinschaftsunternehmen nach Art. 85 des EWG-Vertrages, ABl. C 43/2 vom 16. 2. 1993

feinerten Mitteln der Absprache oder Abstimmung. Die Nachforschungsmöglichkeiten der Generaldirektion IV bleiben dagegen dieselben, während die Anforderungen an rechtliches Gehör und Rechtsschutz steigen. Hinzu kommt eine – m. E. übertriebene – Tendenz, Grund- und Menschenrechte auf Unternehmen zu erstrecken. Letztlich besteht die Gefahr, daß Wettbewerbsverstöße nicht mehr aufgedeckt und geahndet werden können. Man sollte sie nicht aus dem Auge verlieren.

Die fünfte und letzte Schwierigkeit ist dagegen konjunkturell. Sie ergibt sich aus der wirtschaftlichen Rezession und dem Zwang zur Umstrukturierung. Da liegt es nahe, ebenso wie die Stahlindustrie den Ruf nach der Genehmigung von Krisenkartellen zu erheben. Die Kommission sollte an der Linie festhalten, die sie 1984 bei der Genehmigung des Krisenkartells für Kunstfasern festgelegt[44] und vor wenigen Monaten für Stahl bestätigt hat.[45] Danach ist „die Kommission bereit, wettbewerbsbeschränkende Vereinbarungen für ganze Wirtschaftszweige hinzunehmen, sofern sie zur Überwindung von Strukturkrisen lediglich einen koordinierten Kapazitätsabbau vorsehen und die Entscheidungsfreiheit der beteiligten Unternehmen im übrigen unberührt lassen. Die Sanierung der Strukturen darf weder durch den Einsatz untauglicher Instrumente wie Preis- und Mengenabsprachen verzögert, noch durch staatliche Beihilfen, die zu einer künstlichen Aufrechterhaltung der Überkapazitäten führen, in Prage gestellt werden".[46] Dies hat die Kommission im jüngsten Wettbewerbsbericht ausdrücklich klargestellt.[47]

3. Die internationale Dimension der Wettbewerbspolitik

Wettbewerbspolitik hat für die Gemeinschaft seit jeher eine internationale Dimension gehabt, wie die ersten Assoziierungs- und Freihandelsabkommen aus den 60er und 70er Jahren beweisen. In den letzten Jahren ist die internationale Dimension nahezu „explodiert". Durch das Abkommen über den Europäischen Wirtschaftsraum werden die Wettbewerbsregeln der Gemeinschaft integral auf den gesamten EWR erstreckt; ihre Anwendung wird – neben der Kommission – einer EFTA-Wettbewerbsbehörde (dem sogenannten 2. Pfeiler) zugewiesen, die sie unabhängig von der Kommission, aber ergebnisgleich anwenden soll. Die sogenannten Europa-Abkommen mit Polen, Ungarn, der Tschechei, der Slowakei, Rumänien und Bulgarien sind ihrer Natur nach weniger ehrgeizig, aber auch sie verpflichten die mittel- und osteuropäischen Staaten, die wesentlichen Grundsätze der gemeinschaftlichen Wettbewerbsordnung für Staaten und Unternehmen zu übernehmen und autonom anzuwenden. Eine ähnliche Entwicklung zeichnet sich für die Nachfolgestaaten der ehemaligen UdSSR ab. Ganz Europa wird daher – über den EWR hinaus – einer Wettbewerbsordnung unterliegen, die im Grundsätzlichen den Wettbewerbsvorschriften des EWG-Vertrags entspricht.

Mit den Wettbewerbsbehörden der USA hat die Kommission im Herbst 1991 eine bilaterale Verwaltungsvereinbarung über eine engere Zusammenarbeit auf der Grundlage der bestehenden gesetzlichen Vorschriften getroffen. Eine ähnliche Vereinbarung ist mit der kanadischen Wettbewerbsbehörde vorbereitet worden:

---

[44] Entscheidung der Kommission vom 4. Juli 1984, ABl L 207/17 vom 2. 8. 1984
[45] Entscheidung der Kommission vom 21. Dezember 1993, ABl. L 6/30 vom 8. 1. 1994
[46] 12. Wettbewerbsbericht (1982), S. 44 f
[47] 23. Wettbewerbsbericht (1993), noch nicht veröffentlicht

Ihre Zukunft hängt von dem Urteil ab, das der Gerichtshof auf die Klage der französischen Regierung demnächst über die Vertragsmäßigkeit der Abmachung mit den USA fällen wird.[48] Im Verhältnis zu Japan gibt es bisher keine entsprechenden Pläne, wohl aber eine sich ständig intensivierende Zusammenarbeit im Rahmen der bestehenden, unverbindlichen Regeln der OECD.

Die Zukunft wird über den Ausbau der bestehenden bilateralen und regionalen Regeln hinausführen. Zur Illustration sei auf das Weißbuch vom Dezember 1993 verwiesen, in dem die Kommission erklärt:

„Nicht alle wichtigen Handelspartner der Gemeinschaft haben in ähnlicher Weise ihre Wettbewerbspolitik in den Dienst der Öffnung der Märkte für Importe gestellt. Insbesondere in einer Reihe ost- und südostasiatischer Länder, deren Märkte weniger durch Zölle oder nichttarifliche Hemmnisse als durch wettbewerbsfeindliche Praktiken geschützt werden. Das „Keiretsu" in Japan und die abgeschirmten Vertriebssysteme mehrerer Länder sind nur zwei, allerdings bedeutende Beispiele für dieses Phänomen.

Die Gemeinschaft sollte vorrangig um die Aufstellung von Regeln für diese Wettbewerbsprobleme bemüht sein. Im Idealfall sollten solche Regeln multilateral vereinbart werden, um ihnen die größtmögliche Wirksamkeit zu verschaffen. Die aktuelle GATT-Runde befaßt sich, wie bereits erwähnt, nicht mit dieser Frage, obwohl einige Übereinkommen (insbesondere TRIPS- und das Dienstleistungsübereinkommen) Bestimmungen über restriktive Geschäftspraktiken enthalten. Die multilaterale Handelsorganisation, in die die Uruguay-Runde münden soll, müßte wettbewerbspolitische Fragen und hierbei insbesondere restriktive Geschäftspraktiken und Kartelle ganz oben auf ihre Tagesordnung setzen. Ziel sollte natürlich die Einigung auf materiellrechtliche Mindestregeln sein, aber noch wichtiger ist die Festlegung von Verfahren, um die Durchsetzung dieser Regeln durch jede einzelne Vertragspartei zu gewährleisten, denn nur dadurch lassen sich positive Marktöffnungseffekte erzielen. Das Recht auf Anrufung von GATT-Panels sollte ebenso gestärkt werden wie die Wirksamkeit von deren Empfehlungen. Wirksame Regeln dieser Art aufzustellen wird schwierig und zeitaufwendig sein, doch ist es höchste Zeit, den hierzu notwendigen Prozeß einzuleiten".[49]

Die internationale Dimension der Wettbewerbspolitik ist eine der größten Herausforderungen für die Generaldirektion IV. Von allen – gleichermaßen prioritären – Aufgaben liegt mir eine besonders am Herzen: Die Hilfe für die mittel- und osteuropäischen Länder, eine eigene, den Europaverträgen entsprechende Wettbewerbsordnung zu schaffen und tatsächlich anzuwenden. Dazu bedarf es in erster Linie der Ausbildung, der „technischen" Hilfe bei der praktischen Einrichtung und beim täglichen Betrieb der Wettbewerbsbehörden. Die Generaldirektion IV hilft, soweit sie dies irgend kann. Aber die Nachfrage übersteigt bei weitem das Angebot. Um sie wirklich zu befriedigen – und zwar in rationeller, effizienter Weise – müssen Strukturen geschaffen werden, in denen Administratoren während mehrerer Monate das Handwerk lernen. Die mittel- und osteuropäischen Länder sollten – mit der Hilfe der Europäischen Union und ihrer Mitgliedstaaten – Verwaltungsakademien schaffen. Die Europäische Verwaltungsakademie in Maastricht könnte dabei ein Vorbild sein.

---

[48] Siehe die – negativen – Schlußanträge des Generalanwalts G. Tesauro in der Sache C-327/91, noch nicht veröffentlicht

[49] Weißbuch (Fußnote 3), S. 125

Der Bedarf an Hilfe bei der Ausbildung ist selbstverständlich nicht auf das Wettbewerbsrecht beschränkt. Mittel- und osteuropäische Verwaltungsakademien sollten all das unterrichten, was eine Verwaltung braucht, um das Funktionieren einer marktwirtschaftlichen Ordnung sicherzustellen. Nicht nur in der westlichen Welt ist die Wirtschaft auf effiziente Dienstleistungen durch die Verwaltung angewiesen, um wettbewerbsfähig zu sein.

4. Institutionelle Probleme zum Europäischen Kartellamt[50]

Eine Diskussion über Wettbewerbspolitik in der Europäischen Union kann nicht an der Frage nach einem unabhängigen Europäischen Kartellamt vorbeigehen. Ist es wünschenswert? Ist es machbar?

Die Forderung nach einem unabhängigen Europäischen Kartellamt ist in erster Linie ein deutsches Petitum. Wenn eine ähnliche Forderung in anderen Mitgliedstaaten laut wird – wie nach der De Havilland-Entscheidung in Frankreich –, dann aus Motiven, die den deutschen diametral entgegengesetzt sind. Das House of Lords hat sich in seinem jüngsten Bericht zur Wettbewerbspolitik der Gemeinschaft ausdrücklich gegen die Schaffung einer unabhängigen europäischen Wettbewerbsbehörde ausgesprochen.[51]

Es ist unbestreitbar, daß die Schaffung eines Europäischen Kartellamts eine Reihe von Vorteilen hätte, die das Wettbewerbsprinzip in der Europäischen Union stärken würden. Das Mandat der Wettbewerbshüter wäre auf die Anwendung der Wettbewerbsregeln beschränkt und aus dem allgemeinen politischen Geschäft der Exekutive herausgelöst. Die häufig diffusen und nur schwach empfundenen Allgemeininteressen der Konsumenten wären bei einer solchen politisch unabhängigen Instanz vermutlich besser aufgehoben als bei einem direkt oder indirekt vom Wählerwillen abhängigen Organ, das sich dem Druck intensiver Partialinteressen der Produzenten ausgesetzt sieht. Durch die Besetzung mit Fachleuten würde der Einfluß der Politik weiter zurückgedrängt werden. Die Sachbezogenheit der Entscheidungen würde die Akzeptanz der Entscheidungen fördern. Die Transparenz des Beschlußfassungsprozesses würde erhöht. Die Kommission würde von einer Vielzahl von Entscheidungen entlastet, die häufig nur Routinecharakter tragen. Aber auch für politisch kontroverse Beschlüsse wäre die Verantwortung in erster Linie vom Europäischen Kartellamt zu tragen.

Die Befürworter einer unabhängigen europäischen Wettbewerbsbehörde müssen jedoch Antworten auf eine Reihe von Problemen finden oder Nachteile in Kauf nehmen, die mit der Schaffung eines Europäischen Kartellamts unvermeidlich verbunden sind.

(1) Ein Europäisches Kartellamt ist ohne politische Kontrollinstanz nicht denkbar. Es ist nicht realistisch, die Verantwortung dieser Kontrollinstanz – ich denke dabei allein an die Kommission und nicht (auch) an den Rat – auf die Überprüfung der tatsächlichen und rechtlichen Feststellungen des Europäischen Kartellamts zu beschränken, so wie dies die Bundesregierung und das Bundeskartellamt derzeit anstreben. Politische Kontrolle bedeutet Überprüfung nach politischen Kriterien, d. h. die Einführung nicht rein wettbewerbsbezogener Gesichtspunkte in die

---

[50] Zum folgenden Abschnitt ausführlicher *C. D. Ehlermann* im Handelsblatt vom 8. 6. 1993, S. 7

[51] Fußnote 34, S. 37, Rdnr. 104

Fusionskontrolle. Dagegen aber hat die Bundesregierung jahrelang – mit Erfolg – gekämpft.

(2) Wenn es zur Einführung derartiger Kriterien kommen sollte, kann man damit rechnen, daß die durch Transparenz ausgelöste öffentliche Diskussion – wie in Deutschland – zu einem äußerst sparsamen Gebrauch der sogenannten „Ministererlaubnis" führt? Ist die öffentliche Meinung zu Wettbewerbsfragen in anderen Mitgliedstaaten mit der in der Bundesrepublik vergleichbar?

(3) Wird die Akzeptanz von Wettbewerbsentscheidungen tatsächlich überall in der Gemeinschaft durch die Schaffung eines unabhängigen Europäischen Kartellamts erhöht, solange das Wettbewerbsprinzip nicht einen ähnlichen Stellenwert wie in Deutschland hat?

(4) Wie wird die fachliche Qualität der Mitarbeiter des Europäischen Kartellamts im Hinblick auf Nationalitätenproporz in einer relativ kleinen Behörde sichergestellt? Wie beugt man der Gefahr der Isolierung und Abschottung vor?

(5) Ist die – unausweichliche – Verlängerung des Entscheidungsprozesses bei Einschaltung der politischen Kontrollinstanz hinnehmbar?

(6) Wie beugt man den möglichen Auswirkungen auf die Organisation des Verwaltungsunterbaus der Kommission vor? Wer wird die Beihilfenkontrolle wahrnehmen? Wer übernimmt die Rolle des wettbewerbspolitischen Gewissens unter den Generaldirektionen?

Die Schaffung eines unabhängigen Europäischen Kartellamts würde übrigens keinen nennenswerten Beitrag zur Überwindung der Schwierigkeiten leisten, die einer effizienteren Bewältigung der Arbeitslast der Generaldirektion IV im Wege stehen. Die Schwierigkeiten liegen im wesentlichen in der Vorbereitung, nicht in der Entscheidungsphase.

Wie immer die Antworten auf diese Fragen ausfallen: Mittel- und langfristig wird es zu einer unabhängigen Europäischen Wettbewerbsbehörde kommen. Die Zeit, präziser die sich ständig verstärkende Stellung des Wettbewerbsprinzips, arbeitet für die Schaffung eines Europäischen Kartellamts. Bei der nächsten, für 1996 geplanten Regierungskonferenz wird der deutsche Vorstoß zur Aufnahme einer entsprechenden Vorschrift in die Gründungsverträge sicherlich ein größeres Echo als bei den Vorbereitungen des Maastrichter Vertrags finden. Es wäre ein Erfolg deutscher Wettbewerbs- und Europapolitik, wenn bei den Verhandlungen eine Rechtsgrundlage für die zukünftige Errichtung einer unabhängigen europäischen Wettbewerbsbehörde vereinbart werden würde. Damit wäre jedenfalls das gravierendste rechtliche Hindernis aus dem Wege geräumt, das heute einer solchen Operation im Wege steht, nämlich die fehlende Ermächtigung in den Gründungsverträgen.

Was ist zu tun, um schon heute mehr Transparenz zu schaffen und den Wettbewerbs-Gesichtspunkten zur optimalen Durchsetzung zu verhelfen? Aus Kreisen des Bundeskartellamts, des Bundeswirtschaftsministeriums und der Wissenschaft ist empfohlen worden, die Vorlagen der Generaldirektion IV an die Kommission vor oder mit der Entscheidung durch die Kommission zu veröffentlichen. Der Vorschlag ähnelt der Praxis der Kommission, die Stellungnahmen des Beratenden Ausschusses zu Fusionsfällen systematisch zu veröffentlichen. Dennoch gibt es einen wesentlichen Unterschied: Der Beratende Ausschuß ist aus Vertretern der Mitgliedstaaten zusammengesetzt; die Generaldirektion IV ist dagegen nur ein Teil des administrativen Unterbaus der Kommission, dem keine besondere Legitimität zukommt. Es ist unwahrscheinlich, daß ein politisches Organ wie die

Kommission bereit ist, Vorlagen ihrer Beamten systematisch zu veröffentlichen, ohne daß zumindest eines ihrer Mitglieder, nämlich das für die Generaldirektion Wettbewerb besonders zuständige, dafür die politische Verantwortung übernimmt. Für die unmittelbare Zukunft liegt in der Stärkung der Stellung des „Wettbewerbs"-Kommissars ohnehin die beste Antwort auf die Zweifel an der ordnungspolitischen Verläßlichkeit der Kommission als Kollegium. Die bereits vorhandenen Ermächtigungen des für den Wettbewerb zuständigen Kommissionsmitglieds sollten daher weiter ausgebaut werden. Die Durchsetzungsmöglichkeiten dieses Plans sind allerdings begrenzt. Die zu überwindenden juristischen und politischen Hindernisse sind im Laufe der letzten Jahre durch die zunehmende Bedeutung von Wettbewerbsrecht und -politik höher geworden.

5. Zur Zusammenarbeit zwischen Kommission und mitgliedstaatlichen Wettbewerbsbehörden[52]

Zu den institutionellen Problemen der Wettbewerbspolitik in der Europäischen Union gehört die Entwicklung der Zusammenarbeit zwischen europäischen und nationalen Wettbewerbsbehörden.

Es liegt selbstverständlich im Interesse der Effizienz des europäischen Wettbewerbsrechts, wenn es nicht nur auf europäischer Ebene von der Kommission, sondern auch in den Mitgliedstaaten von nationalen Gerichten und Kartellbehörden angewendet wird. Die unmittelbare Anwendbarkeit der Artikel 85 und 86 erlaubt dies. Allerdings müssen die Kartellbehörden vom nationalen Gesetzgeber mit dem nötigen Vollzugsauftrag und den angemessenen rechtlichen und sachlichen Mitteln ausgestattet werden. Das ist – wie bereits erwähnt – in den letzten Jahren in bezug auf das juristische Instrumentarium zunehmend geschehen.

In der Vergangenheit hat sich die Aufmerksamkeit der Generaldirektion IV auf die nationalen Gerichte konzentriert. Das Ergebnis ist die Bekanntmachung über die Zusammenarbeit zwischen Kommission und nationalen Gerichten vom Dezember 1992.[53]

Die Möglichkeiten der Kooperation mit den nationalen Kartellbehörden sind jedoch vermutlich größer und wichtiger.

Die Kommission ist – dem Subsidiaritätsprinzip entsprechend – für eine stärkere Anwendung gemeinschaftlichen Wettbewerbsrechts durch nationale Wettbewerbsbehörden, vorausgesetzt, daß die Wirksamkeit der gemeinschaftlichen Wettbewerbsordnung erhöht und nicht verringert wird. Die Einheitlichkeit der Anwendung der Wettbewerbsregeln als Vorbedingung für Rechtsicherheit und Gleichbehandlung der Unternehmen muß ebenso garantiert bleiben wie die Verantwortung der Kommission, eine gemeinschaftliche Wettbewerbspolitik unter Einbeziehung aller Vertragsziele zu verfolgen.

Nichts hindert Kommission und nationale Wettbewerbsbehörden, sich darüber zu verständigen, wer einen Wettbewerbsverstoß von Amts wegen aufgreift.

---

[52] Zum folgenden Abschnitt ausführlicher *C. D. Ehlermann:* Ist die Verordnung Nr. 17 noch zeitgemäß?, in: Wirtschaft und Wettbewerb, Heft 12/93, S. 997 ff

[53] Bekanntmachung über die Zusammenarbeit zwischen der Kommission und den Gerichten der Mitgliedstaaten bei der Anwendung der Artikel 85 und 86 des EWG-Vertrages, ABl. C 39/6 vom 13. 2. 1993

Nach der Rechtsprechung des Gerichtshofes ist es der Kommission auch gestattet, die Annahme einer bei ihr eingereichten Beschwerde zu verweigern, wenn sie nach angemessener Prüfung der Meinung ist, die Verfolgung der Beschwerde durch die Kommission liege nicht im Gemeinschaftsinteresse.

Bleibt die Frage, ob das der Kommission durch die Verordnung Nr. 17/62 eingeräumte Monopol der Freistellung nach Artikel 85 Abs. 3 des EG-Vertrags aufgegeben werden soll. Für eine Einschränkung plädieren Bundeswirtschaftsministerium und Bundeskartellamt; die deutsche Wirtschaft ist für die Beibehaltung. Im Kreise der „Zwölf" ist Deutschland allein. Kein anderer Mitgliedstaat plädiert für eine Änderung der Verordnung Nr. 17/62 im gegenwärtigen Zeitpunkt.

Ich bin fest davon überzeugt, daß das Subsidiaritätsprinzip auch im Bereich der Wettbewerbsordnung so weit wie möglich angewandt werden muß. Ich bin jedoch ebenso davon überzeugt, daß das Freistellungsmonopol der Kommission für die nächsten Jahre beibehalten werden muß.

Die Einschränkung des Freistellungsmonopols der Kommission wird traditionell damit begründet, daß die Generaldirektion IV hoffnungslos überlastet sei und die bei ihr anfallende Arbeit nicht erledigen könne. Dieses Argument mag in der Vergangenheit Gewicht gehabt haben. Heute ist es nicht mehr berechtigt. Die Zahl der anhängigen Fälle ist in den letzten Jahren ständig zurückgegangen, wie die folgende Statistik über jeweils am 31. Dezember anhängige Fälle zeigt:[54]

1987	1988	1989	1990	1991	1992	1993
3.427	3.451	3.239	2.734	2.287	1.681	1.245

Die Klagen der Unternehmen und ihrer Anwälte über zu lange Fristen bei der Bearbeitung haben dementsprechend nachgelassen.

Artikel 85 Abs. 3 EG-Vertrag läßt – seiner Zweckbestimmung entsprechend – einen großen Ermessensspielraum. Seine Anwendung durch Kommission und nationale Kartellbehörden würde zu widersprüchlichen Entscheidungen führen.

Daher die Notwendigkeit, einen Kontroll- und Korrekturmechanismus zu schaffen, der ein Verhältnis der Unter- und Überordnung zwischen nationalen Wettbewerbsbehörden und Kommission voraussetzen würde, das dem Gemeinschaftsrecht bisher fremd ist. Im übrigen müßte man sich fragen, ob er die Kommission wirklich entlasten würde: Wäre diese Aufgabe nicht ebenso aufwendig und politisch weit delikater als die unmittelbare Wahrnehmung der Freistellungsbefugnis?

Die Auffassungen der Mitgliedstaaten über die Rolle des Wettbewerbs im Rahmen der allgemeinen Wirtschaftspolitik unterscheiden sich zum Teil erheblich. Insbesondere gehen die Meinungen darüber auseinander, welche Rolle das Wettbewerbsprinzip bei der Aufrechterhaltung wettbewerblicher Marktstrukturen spielen soll. Derartige Überlegungen sind nicht nur bei der Fusionskontrolle, sondern auch bei der Genehmigung von Gemeinschaftsunternehmen wichtig.

Gerade in diesem Bereich kann es daher zu diametral entgegengesetzten Entscheidungen verschiedener Wettbewerbsbehörden kommen. Es ist manchmal schwierig genug, in diesem Bereich erstinstanzliche Verwaltungsentscheidungen

---

[54] Näheres im 23. Wettbewerbsbericht (1993), noch nicht veröffentlicht

zu treffen. Wieviel delikater würde es sein, Entscheidungen aus Berlin oder Paris in Brüssel zu korrigieren!

Die Teilhabe am Freistellungsmonopol würde im übrigen die Frage aufwerfen, ob die Freistellungsentscheidung einer nationalen Kartellbehörde für die gesamte Gemeinschaft gelten soll. Zwar ist die Technik der gegenseitigen Anerkennung aus dem Bereich des Binnenmarktes bekannt. Aber ist die Bereitschaft vorhanden, nationalen Verwaltungsakten eine Rechtswirkung in allen Mitgliedstaaten zuzubilligen? Selbst wenn diese Bereitschaft vorhanden wäre, dann sicherlich nur, wenn alle Mitgliedstaaten von ihr Gebrauch machen könnten. Das aber wird auf absehbare Zeit nicht der Fall sein.

Die Verordnung Nr. 17 garantiert durch Bekanntmachungen im Amtsblatt in vorbildlicher Weise Transparenz bei Freistellungen. Wer würde die Aufgaben übernehmen, die mit dieser Anforderung und ihren Folgen, nämlich den Äußerungen Dritter, verbunden sind? Die nationale Wettbewerbsbehörde, die die Freistellung erwägt? Oder für sie die Kommission und ihre Generaldirektion IV? Würde dies das Subsidiaritätsprinzip nicht auf den Kopf stellen?

Am Freistellungsmonopol der Kommission ist daher auch unter dem Gesichtspunkt des Subsidiaritätsprinzips unbedingt festzuhalten. Die verstärkte Anwendung der Wettbewerbsverbote durch nationale Gerichte und Kartellbehörden kann auch ohne Änderung der Verordnung Nr. 17 erreicht werden. Sie bietet Möglichkeiten, die bisher nicht voll ausgeschöpft worden, aber jetzt im Interesse von Subsidiarität und Effizienz wahrzunehmen sind.

Schluß

Zum Schluß ist die zu Anfang gestellte Frage noch einmal aufzugreifen:
Welchen Stellenwert hat das Wettbewerbsprinzip in der Europäischen Union?
Der vorangehende Überblick sollte den Nachweis geliefert haben, daß das Wettbewerbsprinzip tatsächlich durch das Binnenmarktprogramm und die tägliche Arbeit der Kommission (bei der Aufsicht über Mitgliedstaaten und Unternehmen, bei der Kontrolle über staatliche Ausschließlichkeitsrechte und Beihilfen, bei der Aufsicht über Fusionen, Absprachen und marktbeherrschende Stellungen) gestärkt worden ist. Die Gefahren, die einige in den industriepolitischen Aktivitäten und Zuständigkeiten der Gemeinschaft sehen, sind nicht eingetreten. Wenn es zu einer weltweiten Wettbewerbsordnung kommen sollte, dann wird dies vermutlich in erster Linie ein Verdienst der Gemeinschaft sein. Ein Europäisches Kartellamt ist nicht für morgen, aber eines Tages, vielleicht gegen Ende dieses Jahrzehnts, wird es geschaffen werden.

Summary

On the Competition Policy and Competition Law of the European Union

This contribution attempts to provide evidence that the principle of competition has in fact been strengthened by the Single Market programme and the daily tasks of the Commission (in supervising member states and enterprises, in controlling national exclusive rights and subsidies, in supervising mergers, agreements and market-dominating positions). The dangers which are seen by some in the industrial policy activities and responsibilities of the Community have not arisen. If a world-wide agreement on competition rules is ever achieved, this will probably be largely due to the efforts of the Community. A European Cartels Office will not exist tomorrow, but one day, perhaps by the end of this decade, it will be established.

Zur Harmonisierung der nationalen Rechtsordnungen in einem Gemeinsamen Markt

von

FRANK DAUMANN

1. Einführung und Problemstellung

Die Diskussion um die Notwendigkeit einer institutionalisierten Angleichung (= Harmonisierung) der nationalen Rechtsordnungen der Mitgliedstaaten eines Gemeinsamen Marktes[1] begann bereits lange vor der Gründung der Europäischen Wirtschaftsgemeinschaft im Jahre 1957. In dieser Diskussion haben sich im wesentlichen zwei grundsätzliche Standpunkte herausgebildet:

Die Vertreter der neoklassisch fundierten Integrationstheorie fordern eine möglichst umfassende Harmonisierung der nationalen Rechtsordnungen, damit sich ein freier, durch „unverfälschte" komparative Kostenvorteile der Standorte induzierter Verkehr von Gütern und Faktoren entwickeln kann, der zu einem Wohlfahrtsmaximum führt.[2]

Demgegenüber sehen die Anhänger des „Wettbewerbs der Systeme" allenfalls einen minimalen Handlungsbedarf gegeben, da nationale Regelungen, also die

---

[1] Kennzeichen eines Gemeinsamen Marktes ist der unbehinderte und freie Güter- und Faktorverkehr zwischen den Mitgliedstaaten, d. h., die Errichtung eines Gemeinsamen Marktes impliziert die vorherige Beseitigung sämtlicher Hemmnisse, die einer freien Zirkulation von Gütern und Faktoren im Wege stehen. Ebenso wie bei einer Zollunion werden Nichtmitgliedstaaten mit einem gemeinsamen Außenzolltarif konfrontiert; eine Harmonisierung der nationalen Wirtschaftspolitiken bleibt ausgenommen. Siehe *Balassa, B.:* Towards a Theory of Economic Integration, in: Kyklos, Vol. 14 (1961), S. 1 – 17, hier S. 5, *ders.:* The Theory of Economic Integration, London 1961, S. 2, und *Lipsey, R. G.:* International Integration: Economic Unions, in: International Encyclopedia of the Social Sciences, Vol. 7, New York 1968, S. 541 – 547, S. 542; vgl. auch *Meyer, K.:* Zur Theorie der wirtschaftlichen Integration, in: Kyklos, Vol. 19 (1966), S. 691 – 709, S. 696, der den Gemeinsamen Markt als *Freiverkehrszone* bezeichnet.

[2] Siehe *Meade, J. E.:* Probleme nationaler und internationaler Wirtschaftsordnung, Tübingen, Zürich 1955, S. 135 ff. Vgl. hierzu auch *Predöhl, A., Jürgensen, H.:* Europäische Integration, in: *Beckerath, E. v.,* et al. (Hrsg.): Handwörterbuch der Sozialwissenschaften, 3. Bd., Stuttgart u. a. 1961, S. 371 – 386, hier S. 375 f.

nationale Rechtsordnung, ebenso als Standortfaktor wie beispielsweise die Faktorausstattungen zu betrachten seien.[3]

Dieser Beitrag versucht, sich von den herkömmlichen Sichtweisen zu lösen und die Notwendigkeit einer Harmonisierung aus evolutionstheoretischer Perspektive zu analysieren. Die Rechtsordnung als Gesamtheit kodifizierter Normen wird dabei als Ergebnis evolutorischer politischer Prozesse begriffen.

Um eine Beurteilung der Notwendigkeit einer Angleichung der nationalen Rechtsordnungen vornehmen zu können, bedarf es zunächst der Entwicklung eines Referenzsystems. In diesem theoretischen Fundament wird die individuelle Freiheit normativ als höchster Wert begriffen, woraus sich bestimmte Anforderungen an die Ausgestaltung einer Rechtsordnung ergeben. Danach werden der Prozeß der Normenentstehung und die Kodifizierung der Normen als Resultat des politischen Prozesses aufgezeigt. Die Analyse der durch die Integration bedingten Veränderungen des politischen Prozesses und damit der Entwicklung der nationalen Rechtsordnungen erlaubt Rückschlüsse auf die Notwendigkeit und den Umfang einer Harmonisierung.

2. Entwicklung eines Referenzsystems

2.1 Darstellung des zugrundeliegenden Menschenbildes

Kennzeichen des Menschen ist seine Verschiedenartigkeit in psychischer und physischer Hinsicht. So muß davon ausgegangen werden, daß Menschen über unterschiedliche geistige und körperliche Fähigkeiten verfügen und ihrem Handeln verschiedenartige Präferenzmuster zugrunde liegen. Zudem ist jedes Individuum individuell unterschiedlichen kognitiven Beschränkungen unterworfen, deren Ergebnis eine subjektive Interpretation des individuell selektierten Datenmaterials ist.[4] Die subjektive Wahrnehmung der Wirklichkeit durch das Individuum und die

---

[3] Zum Wettbewerb der Regierungen *(Institutional Competition)* siehe insbesondere *Sinn, S.:* The Taming of Leviathan: Competition among Governments, in: Constitutional Political Economy, Vol. 3 (1992), S. 177 – 196, *ders.:* Economic Models of Policy-Making in Interdependent Economies: An Alternative View on Competition Among Policies, Kiel 1989, und *Siebert, H., Koop, M. J.:* Institutional Competition. A Concept for Europe, in: Aussenwirtschaft, 45. Jg. (1990), S. 439 – 462. Vgl. auch *Oates, W. E., Schwab, R. M.:* Economic Competition among Jurisdictions: Efficiency Enhancing or Distortion Inducing, in: Journal of Public Economics, Vol. 35 (1988), S. 333 – 354. Vgl. auch den Ansatz von *Bernholz, P., Faber, M.:* Überlegungen zu einer normativen Theorie der Rechtsvereinheitlichung, Heidelberg 1985, die eine vollständige Harmonisierung der unterschiedlichen Ausformungen des *Rechtsstaates* und nur eine rudimentäre Harmonisierung der verschiedenen Ausprägungen des *Leistungsstaates* fordern. *Bernholz* und *Faber* begründen die Harmonisierung der dem *Rechtsstaat* zuzuordnenden Elemente der nationalen Rechtssysteme mit der Sicherung der individuellen Freiheit und der Rechtssicherheit. Zudem seien die Elemente des *Rechtsstaates* nur begrenzt innovationsfähig, so daß sich eine dezentrale Lösung erübrige.

[4] Eine umfassende Darstellung der psychologischen Grundlagen menschlichen Verhaltens findet sich bei *Witt, U.:* Individualistische Grundlagen der evolutorischen Ökonomik, Tübingen 1987, S. 127 ff., der den individuellen Informationsaufnahme- und -verarbeitungsprozeß wie folgt charakterisiert: „Es gibt Regelmäßigkeiten und Beschränkungen in der menschlichen Wahrnehmung, Gedächtnisorganisation und der Art zu denken. Sie legen die Bedingungen der Informationsaufnahme und -verarbeitung so fest, daß individuelles Wissen und Räsonieren in jedem Zeitpunkt unvollständig und fehlbar sind. Durch Lernprozesse entwickelt sich das individuelle Wissen jedoch im Zeitablauf irreversibel fort." *Ebenda,* S. 132 (im Original kursiv).

Begrenztheit des eigenen Wissens, das nie vollständig sein kann,[5] bedingen, daß menschliches Handeln stets auf mehr oder minder zutreffenden Erwartungen basiert.[6]

Kognitive Beschränkungen und eine subjektive Interpretation und Auswertung der aufgenommenen Daten führen deshalb zu individuell verschiedenartigen Handlungen bei vermeintlich objektiv identischer Rahmenlage.

Trotz dieser Verschiedenheit besitzt das einzelne Individuum einen Impetus, der als universelles menschliches Charakteristikum zu gelten vermag: das Streben nach Verbesserung seiner Lage und seiner Lebensbedingungen.[7] Dieses universelle Handlungsmuster erfährt eine inhaltliche Ausgestaltung durch die individuellen Ziele und Präferenzen der einzelnen Individuen. Das „Streben nach möglichst vollständiger Befriedigung der Bedürfnisse"[8] äußert sich damit in individuell unterschiedlichem Verhalten.

Im gleichen Zuge muß davon ausgegangen werden, daß das Individuum hinsichtlich seines Willens frei, sein Handeln also nicht naturgesetzlich determiniert ist.[9] Die Willensfreiheit[10] als primäre individuelle Freiheit erweist sich als konstitutive Voraussetzung der Handlungsfreiheit, die im Kontext sozialer Beziehungsgeflechte analysiert werden muß.

Entscheidend in diesem Zusammenhang ist, daß das einzelne Individuum seine eigenen Bedürfnisse besser einzuschätzen vermag, als dies sonst jemand tun könnte. Dies gilt auch vor dem Hintergrund der Tatsache der potentiellen Inkonsistenz

---

[5] *v. Hayek* bezeichnet die zwangsläufige Begrenztheit und die Subjektivität des Wissens der Individuen als *konstitutionelle Unwissenheit; Hayek, F. A. v.:* Rechtsordnung und Handelnsordnung, in: *ders.:* Freiburger Studien, Tübingen 1969, S. 161 – 198, S. 171; siehe auch *ders.:* Die Verwertung von Wissen in der Gesellschaft, in: *ders.:* Individualismus und wirtschaftliche Ordnung, 2. Aufl., Salzburg 1976, S. 103 – 121, hier S. 103 f. und S. 121.

[6] Vgl. hierzu für viele *Hayek, F. A. v.:* Wirtschaftstheorie und Wissen, in: *ders.:* Individualismus und wirtschaftliche Ordnung, a. a. O., S. 49 – 77, S. 53.

[7] Vgl. hierzu insbesondere die psychologischen Erkenntnisse der schottischen Moralphilosophen: *Smith, A.:* Der Wohlstand der Nationen. Eine Untersuchung seiner Natur und seiner Ursachen. Aus dem Englischen übertragen und mit einer Würdigung von Horst Claus Recktenwald, München 1974, hier 2. Buch, 3. Kapitel, S. 282. Ebenso bei *Ferguson A.:* Abhandlung über die Geschichte der bürgerlichen Gesellschaft, 2. Aufl., Jena 1923, S. 7 und S. 13. Ähnlich bei *Hume, D.:* Ein Traktat über die menschliche Natur, Nachdruck der 2. Aufl. von 1904 (Buch I) bzw. der 1. Aufl. von 1906 (Buch II, III), Hamburg 1973, III. Buch, 2. Teil, S. 238 f.

[8] *Menger, C.:* Gesammelte Werke, Band II, Untersuchungen über die Methode der Sozialwissenschaften und der Politischen Ökonomie insbesondere, 2. Aufl., Tübingen 1969 (1. Aufl., Leipzig 1983), S. 45.

[9] Zur Kritik am Determinismus des Willens siehe vor allem *Popper, K. R.:* Über Wolken und Uhren, in: *ders.:* Objektive Erkenntnis. Ein evolutionärer Entwurf, 2. Aufl., Hamburg 1973, S. 230 – 282, hier S. 242 ff. Siehe hierzu insbesondere auch *Hayek, F. A. v.:* Die Verfassung der Freiheit, 2. Aufl., Tübingen 1983, S. 91 f., und die dort angegebene Literatur.

[10] Zur Unterscheidung von *Willensfreiheit* und *Handlungsfreiheit* siehe auch *Hoppmann, E.:* Zum Problem einer wirtschaftspolitisch praktikablen Definition des Wettbewerbs, in: *Schneider, H. K.* (Hrsg.): Grundlagen der Wettbewerbspolitik, Berlin 1968, S. 9 – 49, S. 33 f., *Streit, M. E.:* Theorie der Wirtschaftspolitik, 4. Aufl., Düsseldorf 1991, S. 207 f., und *ders.:* Freiheit und Gerechtigkeit. Ordnungspolitische Aspekte zweier gesellschaftlicher Grundwerte, in: ORDO, 39. Bd. (1988), S. 33 – 53, hier S. 34 f. *v. Hayek* stellt der *Freiheit* u. a. die *innere* oder *subjektive Freiheit,* also das Ausmaß, „in dem ein Mensch in seinen Handlungen von seinem bewußten Willen ... geleitet ist ...", gegenüber; *Hayek, F. A. v.,* Die Verfassung der Freiheit, a. a. O., S. 20.

individueller Zielhierarchien und Präferenzstrukturen und der vermeintlichen Unzureichendheit des individuellen Informationsumfangs im Vorfeld zu treffender Entscheidungen.[11]

2.2 Individuelle Freiheit als vorrangige Norm und die Folgerung für die Ausgestaltung der Rechtsordnung

Als Ausgangspunkt aller Überlegungen in diesem Zusammenhang soll das Individuum begriffen werden. Seiner weitgehend autonomen Zielrealisierung, die nur unter entsprechender Handlungsfreiheit möglich ist, soll oberste Priorität eingeräumt werden.[12] Damit wird eine normative Entscheidung zugunsten der maximalen individuellen Freiheit des einzelnen gefällt.

Individuelle Freiheit konstituiert sich als Vorhandensein eines dem Individuum zugeordneten Privatbereichs, in dem es nach eigenen Zielen entscheiden und handeln kann. Dieses Verständnis von Freiheit läßt sich als Abwesenheit von intentionalcm, durch andere Individuen ausgeübtem Zwang[13] erfassen.[14] Nur in dem Umfang, in dem der einzelne ohne Rücksicht auf die Ziele anderer zu handeln vermag, kann er als frei bezeichnet werden, unabhängig davon, ob er auch materiell oder physisch in der Lage ist, diesen Spielraum auszufüllen.[15]

In sozialen Gesamtheiten unter dem Erfordernis des Zusammenlebens einer Vielzahl von Individuen kann individuelle Freiheit jedoch nicht im Sinne einer totalen, also uneingeschränkten Freiheit des einzelnen interpretiert werden.[16]

Freiheit muß deshalb als *Gegenüberfreiheit* verstanden werden: Das Individuum soll das maximale Maß an individueller Freiheit genießen, das möglich ist, ohne daß andere Individuen in ihrer Freiheit beeinträchtigt oder beschnitten werden. Eine gleichmäßige Zuordnung der Freiheit auf alle Individuen zieht die Unter-

---

[11] So auch *Zintl, R.:* Individualistische Theorien und die Ordnung der Gesellschaft. Untersuchungen zur politischen Theorie von James M. Buchanan und Friedrich A. v. Hayek, Berlin 1983, S. 155.

[12] Den Zusammenhang zwischen konstitutioneller Unwissenheit und Freiheit betont insbesondere *Hayek, F. A. v.:* Die Verfassung der Freiheit, a. a. O., S. 37 ff. Siehe hierzu auch *Heuß, E.:* Freiheit und Ungewißheit, in: ORDO, 15./16. Bd. (1965), S. 43 – 54.

[13] Die Definition von Freiheit als Abwesenheit von Zwang bezieht sich sinnvollerweise auf die Handlungsfreiheit. Zur inhaltlichen Ausfüllung des Begriffs *Zwang* siehe insbesondere die von *v. Hayek* benutzte und durch die englische Sprache unterstützte Unterscheidung zwischen Zwang durch Umstände („compulsion") und Zwang durch Menschen („coercion"); vgl. *Hayek. F. A v.:* Die Verfassung der Freiheit, a. a. O., S. 161. Im allgemeinen will *v. Hayek* unter Zwang „.... eine solche Veränderung der Umgebung oder der Umstände eines Menschen durch jemand anderen verstehen, daß dieser, um größere Übel zu vermeiden, nicht nach seinem eigenen zusammenhängenden Plan, sondern im Dienste der Zwecke des anderen handeln muß." *Hayek, F. A. v.:* Die Verfassung der Freiheit, a. a. O., S. 27. Kritisch hierzu *Rothbard, M. N.:* F. A. Hayek and the Concept of Coercion, in: ORDO, 31. Bd. (1980), S. 43 – 50.

[14] Siehe *Hayek, F. A. v.:* Die Verfassung der Freiheit, a. a. O., S. 14.

[15] Siehe ebenda, S. 21 ff.

[16] Die totale Freiheit des einzelnen führt auf der anderen Seite zu einer vollständigen Beschneidung der Freiheit anderer Individuen; vgl. in diesem Zusammenhang die Erläuterungen *Poppers* zum Paradoxon der Freiheit, *Popper, K. R.:* Die offene Gesellschaft und ihre Feinde I. Der Zauber Platons, 6. Aufl., Tübingen 1980, S. 156 ff., Anm. 4 und 6 zu Kap. 7, und *ders.:* Die offene Gesellschaft und ihre Feinde II. Falsche Propheten. Hegel, Marx und die Folgen, 6. Aufl., Tübingen 1980, S. 58, S. 153f., und die entsprechenden Anmerkungen.

sagung von Privilegien für bestimmte, willkürlich ausgewählte Gruppen und die Diskriminierung bestimmter, willkürlich ausgewählter Gruppen und Einzelpersonen nach sich.[17]

Die Rechtsordnung muß nun derart gestaltet sein, daß sie ein weitgehend freies Streben nach Befriedigung der individuellen Bedürfnisse unabhängig von der Beschaffenheit der individuellen Ziele und Präferenzen erlaubt.[18] Aufgabe der Rechtsordnung ist es demnach, dem Individuum die Umsetzung der aufgrund seiner Willensfreiheit potentiellen subjektiven Handlungsalternativen durch eine angemessene Zuordnung der Handlungsfreiheit zu gewährleisten, unbeschadet der Tatsache, daß materielle oder naturgesetzliche Gegebenheiten sich der Realisierung in den Weg stellen können.[19]

Der sozialen Dimension der Ausgestaltung einer maximalen individuellen Freiheit des einzelnen wird dadurch Rechnung getragen, daß die Rechtsordnung die Freiheit des einzelnen soweit beschränkt, daß der Freiheitsspielraum aller Individuen äquivalent ist. Innerhalb dieses individuellen Freiheitsspielraumes wird es dem einzelnen ermöglicht, gänzlich ohne Zwang sein Wissen, seine Fähigkeiten und sein Vermögen gemäß seiner durch ihn bestimmten Ziele einzusetzen.[20] Das Individuum ist nur insofern Zwang ausgesetzt, als es sich anschickt, die durch die Rechtsordnung gesetzten Grenzen zu überschreiten.

Bei der Operationalisierung der Anforderungen an die Rechtsordnung soll vornehmlich die Konzeption *v. Hayeks* bemüht werden, der sich wiederum maßgeblich auf das Gedankengut der schottischen Moralphilosophen, *Kants* und der englischen Whigs stützt.[21]

Die Rechtsordnung als Gesamtheit der kodifizierten Normen[22] und Institutionen[23] muß aus einem System von Regeln bestehen, die bestimmten Anforderungen

---

[17] Siehe hierzu auch *Hayek, F. A. v.:* Die Verfassung der Freiheit, a. a. O., S. 186.

[18] Siehe hierzu auch *Hayek, F. A. v.:* Wahrer und falscher Individualismus, in: *ders.:* Individualismus und wirtschaftliche Ordnung, a. a. O., S. 9 – 48, S. 22 ff.

[19] Zu beachten ist in diesem Zusammenhang, daß die Forderung nach Freiheit nicht wissenschaftlich aus der Existenz der Unterschiedlichkeit der Individuen hergeleitet werden kann; dieser Forderung muß stets ein normativer Charakter zukommen. Zu weiteren normativen Ansätzen zur Ausgestaltung einer Rechtsordnung siehe *Fechner, E.:* Rechtsphilosophie. Soziologie und Metaphysik des Rechts, 2. Aufl., Tübingen 1962, S. 21 ff.

[20] Vgl. auch *Hayek, F. A. v.:* Liberalismus, Tübingen 1979, S. 23.

[21] Siehe hierzu *Hayek, F. A. v.:* Rechtsordnung und Handelnsordnung, a. a. O., S. 178, *ders.:* Grundsätze einer liberalen Gesellschaftsordnung, in: *ders., Freiburger Studien,* a. a. O., S. 108 – 125, hier S. 114 ff., *ders.:* Die Rechts- und Sprachphilosophie David Humes, in: *ders.:* Freiburger Studien, a. a. O., S. 232 – 248, *ders.:* Liberalismus, a. a. O., S. 11 f., *ders.:* Wahrer und falscher Individualismus, a. a. O., S. 12, und *ders.:* Die Verfassung der Freiheit, a. a. O., S. 207 ff.

[22] Vgl. hierzu *Popitz, H.:* Die normative Konstruktion der Gesellschaft, Tübingen 1980, S. 21 ff. Vgl. auch die Überlegungen *Vanbergs* zum Begriff *Norm; Vanberg, V.:* ,Unsichtbare-Hand-Erklärung' und soziale Normen, in: *Todt, H.:* (Hrsg.): Normengeleitetes Verhalten in den Sozialwissenschaften, Berlin 1984, S. 115 – 146, hier S. 123 ff.

[23] Zum Begriff *Institution* siehe *Schotter, A.:* The Economic Theory of Social Institutions, Cambridge 1981, S. 9 ff., und *Schwödiauer, G.:* Korreferat zu *J. Röpke:* Zur Stabilität und Evolution marktwirtschaftlicher Systeme aus klassischer Sicht, in: *Streißler, E.: Wattrin, C.* (Hrsg.): Zur Theorie marktwirtschaftlicher Ordnungen, Tübingen 1980, S. 155 – 159, hier S. 156. *Vanberg* stellt zwei maßgebliche Interpretationsmöglichkeiten des Begriffs *Instituton* vor: *organisierte soziale Gebilde* und *Komplexe normativer Regelungen;* vgl. *Vanberg, V.:* Der individualistische Ansatz zu einer Theorie der Entstehung und Entwicklung von Institutionen, in: Jahrbücher für Neue Politische Ökonomie, 2. Bd. (1983), S. 50 – 69, hier S. 55 f., und *ders.:* Markt und Organisation. Individualistische Sozialtheorie und das Problem korporativen Handelns, Tübingen 1982, S. 32 ff.

genügen, um die Abgrenzung der individuellen Privatsphären leisten zu können. Das Regelwerk, das den Zweck erfüllen soll, allen Individuen das maximale Maß an persönlicher Gegenüberfreiheit zu garantieren, setzt sich aus in sich *widerspruchsfreien* Regeln zusammen, die *negativ formuliert, allgemein, abstrakt* und *gewiß* sind.

Dem Erfordernis der Allgemeinheit der Regeln[24] kommt in diesem Zusammenhang der maßgebliche Stellenwert zu. Dieses Erfordernis findet seinen Ausdruck in der Isonomie, der Gleichheit vor dem Gesetz, als Ausprägung der Interpretation von Gerechtigkeit als Verhaltens- oder prozeduraler Gerechtigkeit.[25] Damit einher geht die Ablehnung eines materiellen Gleichheitsverständnisses im Sinne einer materiellen Gleichstellung, das notgedrungen mit der Auffassung der Gleichheit als Isonomie in Konflikt geraten muß.[26]

Das Ziel, gleiche Handlungsfreiheit für alle Individuen zu realisieren, erfordert demnach allgemeine Regeln, deren Regelungsinhalt weder diskriminierend noch privilegierend für bestimmte Gruppen oder Einzelpersonen wirkt, die also universell auf sämtliche Individuen ohne Ansehen ihres Standes, ihrer Religion, ihrer Hautfarbe etc. anzuwenden sind.[27]

2.3 Die Handelnsordnung als Generierungspotential neuer Normen

Mit der Sicherung der individuellen Freiheit im Wege eines Regelwerks, das den Erfordernissen *negative Formulierung, Allgemeinheit, Abstraktheit, Gewißheit* und *Konsistenz* gerecht wird und damit Vertrauen in die Handlungen anderer Individuen begründet, wird eine Verbesserung der Koordinationsmöglichkeiten der Pläne der einzelnen Individuen im sozialen Beziehungsgeflecht gewährleistet.[28] Im gleichen Zuge gestattet das Ausmaß an individueller Freiheit dem Individuum die

---

[24] *v. Hayek* unterscheidet zwischen einer allgemeinen Regel gerechten Verhaltens, die er als *Nomos* bezeichnet, und einer als *Thesis* benannten Regel, „die nur auf bestimmte Personen anwendbar ist oder den Zwecken der Herrschenden dient." *Hayek, F. A. v.:* Die Sprachverwirrung im politischen Denken mit einigen Vorschlägen zur Abhilfe, in: *ders.:* Freiburger Studien, a. a. O., S. 206 – 231, S. 212. Gesetze im eigentlichen Sinne besitzen den Charakter von *Nomoi.* Siehe hierzu auch *Hayek, F. A. v.:* Rechtsordnung und Handelnsordnung, a. a. O., hier S. 177 f., *ders.:* Grundsätze einer liberalen Gesellschaftsordnung, a. a. O., S. 112 f., und *ders.:* Die Verfassung der Freiheit, a. a. O., S. 180 ff.

[25] Vgl. hierzu insbesondere *Streit, M. E.:* Theorie der Wirtschaftspolitik, a. a. O., S. 213 ff., *ders.:* Freiheit und Gerechtigkeit. Ordnungspolitische Aspekte zweier gesellschaftlicher Grundwerte, a. a. O., S. 41 f., und *Hayek, F. A v.:* Grundsätze einer liberalen Gesellschaftsordnung, a. a. O., S. 114 f.

[26] So auch *Hayek, F. A. v.:* Grundsätze einer liberalen Gesellschaftsordnung, a. a. O., S. 117 ff., *ders.:* Recht, Gesetzgebung und Freiheit, Band 2: Die Illusion der sozialen Gerechtigkeit, Landsberg am Lech 1981, S. 93 ff., *ders.:* Liberalismus, a. a. O., S. 30 ff., und *ders.:* Die Verfassung der Freiheit, a. a. O., S. 105 ff.

[27] Vgl. *Hayek, F. A. v.:* Die Verfassung der Freiheit, a. a. O., S. 272 ff., *ders.:* Liberalismus, a. a. O., S. 32 ff., und *ders.:* Recht, Gesetzgebung und Freiheit, Band 1: Regeln und Ordnung, München 1980, S. 136.

[28] *Kunz* nennt als eine der Aufgaben einer marktsystemadäquaten Wirtschaftspolitik die „Politik zur Verbesserung der Koordinationschancen", die eben durch die entsprechende Ausgestaltung der Rechtsordnung nach den oben beschriebenen Kriterien aus statischer Sicht gewährleistet ist; *Kunz, H.:* Marktsystem und Information. ‚Konstitutionelle Unwissenheit' als Quelle von ‚Ordnung', Tübingen 1985, S. 6.

Suche und die Umsetzung von Lösungsstrategien für neu auftretende Probleme[29] und konstituiert damit eine sich spontan bildende evolutorische Handelnsordnung.[30]

Aus statischer Sicht bildet damit das Regelwerk die Grundlage der Koordination des Handelns der Individuen und zugleich das Fundament evolutorischer Prozesse, die sich als Ergebnis des Interagierens der einzelnen Individuen einstellen. Zudem unterliegt das kodifizierte Regelwerk selbst Veränderungen, indem Normen und Institutionen durch den Gesetzgebungsprozeß aufgenommen werden, die teils unbewußt im Laufe der Entwicklung und teils durch die bewußte Gestaltung entstanden sind.[31]

Neben dem evolutionstheoretischen Ansatz *v. Hayeks* und *Humes* können der vertragstheoretische Ansatz *Buchanans*[32] und der Internalisierungsansatz von *Demsetz*[33] eine theoretische Erfassung der Entstehung und Veränderung einzelner Elemente der Rechtsordnung leisten.[34] Der vertragstheoretische Ansatz geht von einem anarchischen, präkonstitutionellen Gleichgewicht aus, das sich als Pareto-ineffizient erweist und dessen Effizienz durch die Institutionalisierung eines Eigentumsrechtsschutzes, also durch die Implementierung von Handlungs- und Verfügungsrechten und deren unabhängige Überwachung, gesteigert werden kann. Grundgedanke des partialanalytischen Internalisierungsansatzes ist die Kosten-Nutzenabwägung der Individuen zwischen Transaktions- und Internalisierungskosten. Sobald die Internalisierungskosten die Transaktionskosten unterschreiten, kann eine Internalisierungsrente abgeschöpft werden, die die Internalisierung mittels einer Norm als ökonomisch sinnvoll erscheinen läßt.[35]

---

[29] Nach *Kunz* besteht eine weitere Funktion der Wirtschaftspolitik in der „Verbesserung der Evolutionschancen im Marktsystem"; ebenda, S. 6.

[30] *v. Hayek* bezeichnet das entstehende Handlungsgefüge als *Handelnsordnung;* siehe *Hayek, F. A. v.:* Rechtsordnung und Handelnsordnung, a. a. O. Im ökonomischen Bereich benennt *v. Hayek* das entstehende komplexe Handlungsgefüge als *Katallaxie;* vgl. *Hayek F. A. v.:* Die Sprachverwirrung im politischen Denken mit einigen Vorschlägen zur Abhilfe, a. a. O., S. 224 ff.

[31] Der Gedankengang der evolutorischen Entwicklung des Regelwerks findet sich zunächst bei *Menger, C.:* Gesammelte Werke, Band II, Untersuchungen über die Methode der Sozialwissenschaften und der Politischen Ökonomie insbesondere, a. a. O., S. 139 ff., und erfährt eine breitere Formulierung bei *Hayek, F. A. v.:* Bemerkungen über die Entwicklung von Systemen von Verhaltensregeln (Das Zusammenspiel zwischen Regeln des individuellen Verhaltens und der sozialen Handelnsordnung), in: *ders.:* Freiburger Studien, a. a. O., S. 144 – 160. Vgl. auch *Schmidtchen, D.:* Evolutorische Ordnungstheorie oder: Die Transaktionskosten und das Unternehmertum, in: ORDO, 40. Bd. (1989), S. 161 – 182.

[32] Vgl. vor allem *Buchanan, J. M.:* Die Grenzen der Freiheit – Zwischen Anarchie und Leviathan, Tübingen 1984.

[33] Siehe *Demsetz, H.:* Towards a Theory of Property Rights, in: American Economic Review, Vol. 57 (1967), S. 347 – 359.

[34] Eine etwas andere Unterscheidung der Ansätze zur Erklärung der Entstehung und des Wandels von Institutionen findet sich bei *Gäfgen,* der zwischen sozietistischen Ansätzen (= Evolutionstheorien) und individualistischen Ansätzen (= Verhaltenstheorien) trennt; *Gäfgen, G.:* Institutioneller Wandel und ökonomische Erklärung, in: Jahrbücher für Neue Politische Ökonomie, 2. Bd. (1983), S. 19 – 49.

[35] Knappe Darstellungen hierzu finden sich bei *Hoppmann, E.:* Ökonomische Theorie der Verfassung, in: ORDO, 38. Bd. (1987), S. 31 – 45, und *Schüller, A.:* Ökonomik der Eigentumsrechte in ordnungspolitischer Sicht, in: *Cassel, D.: Ramb, B.-T., Thieme, H. J.* (Hrsg.): Ordnungspolitik, München 1988, S. 155 – 183, hier S. 157 ff.

288 *Frank Daumann*

Den nachfolgenden Überlegungen wird weitgehend der evolutionstheoretische Ansatz *v. Hayeks* zugrunde gelegt, wobei das Phänomen der Gruppenselektion explizit ausgeklammert wird. Das verbleibende Erklärungsprinzip, die *Unsichtbare-Hand-Erklärung*,[36] kann jedoch nur die Entstehung eines Teils der Gesamtheit aller Normen theoretisch erklären und wird daher durch vertragstheoretische Elemente ergänzt.[37]

Die Evolution der Rechtsordnung verläuft nicht zielgerichtet,[38] sondern stellt sich als eine Entwicklung dar, die ohne Telos voranschreitet. Die nahezu völlige Unbestimmtheit des Selektionskriteriums steht einer exakten Voraussage der zukünftigen Entwicklung des Regelsystems im Wege;[39] vielmehr können Voraussagen diesbezüglich nur in Form von allgemeinen Mustern getroffen werden oder erschöpfen sich in Erklärungen des Prinzips.[40]

Die Weiterentwicklung der Rechtsordnung als das Resultat des Zusammenwirkens der einzelnen Individuen läuft in Grundzügen nach dem folgenden Muster ab: Ausgangspunkt menschlichen Handelns ist die Erstellung eines individuellen Plans, der auf die Realisierung subjektiver Ziele gerichtet ist, dem eine subjektive Technologie[41] zugrunde liegt und in den Erwartungen über die Umwelt einfließen.[42] Zudem erfordert das Zusammenleben mit anderen Individuen die Berücksichtigung deren vermuteter zukünftiger Handlungen in diesem individuellen Plan. Die Datengrundlage dieses Plans setzt sich demzufolge aus subjektiven Einschätzungen der Zukunft zusammen. Ein erfolgreiches Agieren hängt damit im wesentlichen von der Qualität und dem Umfang der dem Plan zugrundeliegenden Daten ab. Um der Problematik einer Planrevision aus dem Wege zu gehen, wird das Individuum bestrebt sein, sein Informationspotential auszudehnen, wobei es den Nutzen zusätzlicher Informationen mit den für ihren Erhalt aufgewendeten Informationskosten abwägen muß.[43]

---

[36] Vgl. hierzu *Vanberg, V.:* ‚Unsichtbare-Hand-Erklärung' und soziale Normen, a. a. O., S. 116 ff.

[37] Siehe *Vanberg, V.:* Evolution und spontane Ordnung. Anmerkungen zu *F. A. v. Hayeks* Theorie der kulturellen Evolution, in: *Albert, H.* (Hrsg.): Ökonomisches Denken und soziale Ordnung, Festschrift für Erik Boettcher, Tübingen 1984, S. 83 – 112, passim.

[38] Siehe *Hayek, F. A. v.:* Recht, Gesetzgebung und Freiheit, Band 1: Regeln und Ordnung, a. a. O., S. 40 f.

[39] Siehe ebenda, S. 41.

[40] Siehe hierzu die grundlegende wissenschaftstheoretische Abhandlung von *Hayek, F. A. v.:* Die Theorie komplexer Phänomene, Tübingen 1972. Vgl. auch *ders.:* Recht, Gesetzgebung und Freiheit, Band 1: Regeln und Ordnung, a. a. O., S. 41.

[41] Unter *subjektiver Technologie* soll das individuell verschiedenartige Verständnis des vermeintlichen Auswirkens der Instrumente auf das angestrebte Ziel verstanden werden; vgl. zum *Technologie*-Begriff *Chmielewicz, K.:* Forschungskonzeptionen der Wirtschaftswissenschaft, 2. Aufl., Stuttgart 1979, S. 11 f.

[42] Vgl. auch *Windsperger, J.:* Gleichgewicht und Wissen. Analyse des Hayek'schen Konzepts, in: Jahrbücher für Sozialwissenschaften, 34. Bd. (1983), S. 232 – 245, hier S. 236.

[43] Die aufgewendeten Informationskosten besitzen den Charakter versunkener Kosten; vgl. *Streit, M. E., Wegner, G.:* Wissensmangel, Wissenserwerb und Wettbewerbsfolgen – Transaktionskosten aus evolutorischer Sicht, in: ORDO, 40. Bd. (1989), S. 183 – 200, S. 188. Die Entscheidung, ob nach weiteren Informationen gesucht werden soll, kann jedoch nicht optimiert werden, da der Wert der zusätzlich erzielbaren Information nicht vorab einschätzbar ist; vgl. hierzu *Wegner, G.:* Wissensnutzung in Märkten. Zur Unvereinbarkeit von Ordnungstheorie und Gleichgewichtstheorie, in: Jahrbücher für Sozialwissenschaft, 43. Bd. (1992), S. 44 – 64, hier S. 48.

Schwierigkeiten können sich im Zuge der Planrealisation ergeben, da die Plandaten rein subjektiv und unvollständig sind. Nicht kongruente Pläne der einzelnen Individuen zwingen zur Aufnahme neuen Wissens und zu einer entsprechenden Planrevision.[44] Die permanente Änderung der Umwelt und auch der anderen Plandaten erzwingt entsprechende Anpassungen der Individuen, wodurch ein komplexes Handlungsgefüge aus sich überlagernden evolutorischen Prozessen, eben die Handelnsordnung, entsteht. Dabei erschwert oder verhindert die konstitutionelle Unwissenheit der Individuen, also die zwangsläufige Begrenztheit und Subjektivität ihres Wissens, aufgrund hoher Transaktionskosten ein zielgerichtetes individuelles Agieren. Zur Beseitigung dieser Hürde tragen Normen bei, die gewisse Umweltzustände ausschließen und auf diese Weise Vertrauen in die Handlungen anderer Individuen fassen lassen.[45]

Normen können entweder spontan als unintendiertes Handlungsergebnis oder im Zuge konstruktiver Gestaltung entstehen. Spontan sich als Ergebnis des Eigeninteresses der Individuen herausbildende Normen weisen einen selbstüberwachenden Charakter auf, d. h., die Übertretung dieser Norm zieht stets Nachteile für den Übertretenden nach sich, unabhängig davon, ob die anderen Individuen diese Norm be- oder mißachten.[46] Ursache der Entstehung semispontaner und damit überwachungsbedürftiger Normen[47] sind Situationen, die als Gefangenen-Dilemma[48] erkannt werden.

Wirkungsvoll unterbunden werden kann das Ausnützen dieses strategischen Handlungspotentials nur durch die Installation einer Kontrollinstanz[49] und damit durch den Rückgriff auf staatliche Zwangsgewalt, was eine gesetzliche Kodifizie-

---

[44] Siehe hierzu *Windsperger, J.:* Gleichgewicht und Wissen. Analyse des Hayek'schen Konzepts, a. a. O., S. 240 f. Siehe auch *ders.:* Wettbewerb als dynamischer Prozeß, in: ORDO, 37. Bd. (1986), S. 125 – 140, hier S. 126 ff.

[45] Siehe *Schmidtchen, D.:* Evolutorische Ordnungstheorie oder: Die Transaktionskosten und das Unternehmertum, a. a. O., S. 162 f.

[46] *Kunz* nennt als Beispiel einer selbstüberwachenden Norm die Qualitätsgarantienorm bei teuren, komplexen, langlebigen Erfahrungsgütern (*Akerlof*-Gütern). Sobald Anbieter von *Akerlof*-Gütern, deren Qualität sich dem Nachfrager nicht auf den ersten Blick erschließt, Qualitätsgarantienormen abgeben, wird derjenige Anbieter, der darauf verzichtet, nicht zum Vertragsabschluß gelangen; vgl. *Kunz, H.:* Marktsystem und Information. ‚Konstitutionelle Unwissenheit' als Quelle von ‚Ordnung', a. a. O., S. 80 ff., S. 92. Die Qualitätsgarantienorm, die durch einen findigen Unternehmer eingeführt und schließlich, sofern sie sich bewährt, durch die anderen Anbieter nachgeahmt wird, erspart dem Nachfrager entsprechende Transaktionskosten und beschert dem Anbieter zusätzliche Nachfrage. *Kunz* geht also von einem unternehmerischen Element bei der Entstehung der Normen aus. *Vanberg* sieht die Entstehung ‚selbst-tragender' respektive ‚selbst-verstärkender' Normen als Resultat des Koordinationsproblems an und gibt als Beispiel das Rechtsfahren auf Straßen; vgl. *Vanberg, V.:* ‚Unsichtbare-Hand-Erklärung' und soziale Normen, a. a. O., S. 133 ff., und die dort angegebene Literatur.

[47] Als Beispiel für eine überwachungsbedürftige Norm erwähnt *Kunz* die Eigentumsrechtsordnung; vgl. *Kunz, H.,:* Marktsystem und Information. ‚Konstitutionelle Unwissenheit' als Quelle von ‚Ordnung', a. a. O., S. 133.

[48] Vgl. hierzu *Vanberg, V.:* ‚Unsichtbare-Hand-Erklärung' und soziale Normen, a. a. O., S. 132 f.

[49] Siehe hierzu *Kunz, H.:* Marktsystem und Information. ‚Konstitutionelle Unwissenheit' als Quelle von ‚Ordnung', a. a. O., S. 14 ff.

rung, also die Aufnahme dieser Norm in die Rechtsordnung, und die Abänderung konfligierender Regeln erfordert. Ein Anstoß wird von den betroffenen Individuen dann ausgehen, wenn der erwartete individuelle Nutzen die im Zusammenhang mit der Durchsetzung im politischen Prozeß vermutlich entstehenden individuellen Kosten übersteigt.

Überwachungsbedürftige Normen können wiederum so konzipiert sein, daß sie nur bestimmte Individuen begünstigen und demzufolge andere benachteiligen oder aber für sämtliche Individuen Vorteile mit sich bringen, also nicht diskriminierend wirken. Während z. B. die gesetzlich kodifizierte Möglichkeit, Verfügungsrechte an einem materiellen Gut zu begründen und auszuüben, für jedes Individuum aus formeller Perspektive gleichermaßen wahrnehmbar ist, verhindert ein staatlich geschütztes Kartell den Zutritt potentieller Konkurrenten und ist daher diskriminierend.

Aufgabe des Gesetzgebungsmechanismus ist es nun, die entstehenden Normen, die den Erfordernissen *negative Formulierung, Allgemeinheit, Abstraktheit, Gewißheit* gerecht werden, aufzugreifen und in kodifiziertes Recht zu verwandeln.

Die Entwicklung der Umwelt und der Handelnsordnung erzeugt ein stetiges Bedürfnis nach Anpassung des Regelwerks, womit sich die Handelnsordnung als Keim neuer kodifizierter Normen darstellt.[50] Handelnsordnung und Rechtsordnung befruchten sich auf diese Weise gegenseitig.

Um einen unbehinderten Befruchtungsprozeß gewährleisten zu können, muß die Rechtssetzung den Bedürfnissen einer weitgehend friktionslosen Handelnsordnung Rechnung tragen. Dieses Postulat konkretisiert sich in der Fortentwicklung der Rechtsordnung durch die Erweiterung des Regelwerks mit allgemeinen abstrakten Regeln, die den in der Handelnsordnung sich artikulierenden Regelungsbedarf adäquat ausfüllen.

3. Der politische Prozeß vor und nach Bildung des Gemeinsamen Marktes

3.1 Methodische Vorbemerkungen

In der nachfolgenden Analyse soll davon ausgegangen werden, daß das politisch-rechtliche System der den Gemeinsamen Markt konstituierenden Staaten nach dem herkömmlichen Muster der parlamentarischen Demokratie organisiert ist und den Prinzipien des formellen Rechtsstaats[51] gehorcht. Die Staatsform der parlamentarischen Demokratie zeichnet sich dadurch aus, daß die Bevölkerung Repräsentanten in ein Parlament wählt. Dieses Gremium erläßt mit Zustimmung der Mehrheit seiner Mitglieder Gesetze, die Grundlage jeglichen staatlichen Handelns

---

[50] Eben gerade diese gegenseitige Verknüpfung von Rechts- und Handelnsordnung beschreibt *Eucken* mit dem Terminus *Interdependenz der Ordnungen;* vgl. *Eucken, W.:* Grundsätze der Wirtschaftspolitik, 6. Aufl., Tübingen 1990, S. 180 ff.

[51] Siehe *Menger, C.-F.:* Rechtsstaat, in: *Albers, W.,* et al. (Hrsg.): Handwörterbuch der Wirtschaftswissenschaft (HdWW), 9. Bd., Stuttgart u. a. 1982, S. 855 – 858.

sein müssen, und verändert auf diesem Wege die bestehende Rechtsordnung. Um einen Sitz im Parlament zu erlangen, müssen die Repräsentanten in einer zyklisch abgehaltenen Wahl die absolute Mehrheit in ihrem Wahlkreis gegenüber anderen konkurrierenden Kandidaten erringen. Die Entwicklung der nationalen Rechtsordnungen resultiert somit aus dem Handeln dieser politischen Akteure, ihrer Zielsetzungen und ihrer Handlungsrestriktionen.

Im folgenden sollen nun die integrationsbedingten Veränderungen im politischen Prozeß und somit in der Entwicklung der nationalen Rechtsordnung durch die Gegenüberstellung der Situation vor und nach der Integration der Volkswirtschaften aufgezeigt werden.

Die Situation vor Bildung des Gemeinsamen Marktes ist dabei durch eine weitgehende Beschränkung der Güter- und Faktorbewegungen über die Staatsgrenzen hinaus gekennzeichnet. Durch den Zusammenschluß der einzelnen Volkswirtschaften zu einem Gemeinsamen Markt verlieren die Staatsgrenzen formell und materiell ihre beschränkende Wirkung für die Bewegungsfreiheit von Gütern und Faktoren. Die Gesetzgebung behält jedoch ihren ausschließlich nationalen Charakter und ihre nationale Zuständigkeit.

Um den Harmonisierungsbedarf, also die Notwendigkeit der Angleichung der Rechtsordnungen der Mitgliedstaaten zu bestimmen, wird von einer Integration der Volkswirtschaften ohne vorherige Harmonisierung ausgegangen. Die formelle Beseitigung der Staatsgrenzen wird durch eine faktische Beseitigung der inländischen Marktzutrittsbarrieren für ausländische Güter und Faktoren infolge der Anwendung des Ursprungslandprinzips ergänzt.

Das Ursprungslandprinzip basiert auf der gegenseitigen Anerkennung des nationalen Rechts, so daß lediglich den formellen Restriktionen des Herkunftslandes bei einer grenzüberschreitenden Bewegung von Faktoren und Gütern Beachtung geschenkt werden muß.[52] Wenn also Güter und Faktoren den inländischen Normen entsprechen, haben sie ungehinderten Zugang zu allen innergemeinschaftlichen Faktor- und Gütermärkten, selbst zu denen derjenigen Mitgliedstaaten, deren Normen höhere Anforderungen stellen.[53]

---

[52] Vgl. *Grimm, D., Schatz, K.-W., Trapp, P.:* EG 1992: Strategien, Hindernisse, Erfolgsaussichten, Kieler Diskussionsbeiträge Nr. 151, Kiel 1989, S. 17 f., und *Michaelis, J.:* Gegenseitige Anerkennung nationaler Regelungen in der EG, in: Wirtschaftsdienst, 70. Jg. (1990), S. 483 – 488, hier S. 488. *Steindorff* verwendet hierfür den Begriff *Herkunftsprinzip:* „Danach kann jede Ware und Dienstleistung im ganzen Gemeinsamen Markt abgesetzt werden, wenn sie den rechtlichen Anforderungen des Herkunftsstaates genügt. Jedermann kann in selbständiger oder abhängiger Position in anderen EG-Staaten tätig werden, wenn er über die hierzu erforderlichen Befähigungsnachweise des Herkunftsstaates verfügt."; *Steindorff, E.:* Gemeinsamer Markt als Binnenmarkt, in: Zeitschrift für das gesamte Handelsrecht und Wirtschaftsrecht, 150. Jg. (1986), S. 687 – 704, hier S. 689. *Everling* spricht vom *Ursprungsprinzip; Everling, U.:* Die rechtliche Gestaltung des EG-Binnenmarktes, in: Die Verwirklichung des EG-Binnenmarktes, Beiheft der Konjunkturpolitik, H. 36, Berlin 1990, S. 75 – 91, hier S. 76.

[53] Aus juristischer Sicht besteht hierbei das Problem der Inländerdiskriminierung; vgl. *Weis, H.:* Inländerdiskriminierung zwischen Gemeinschaftsrecht und nationalem Verfassungsrecht, in: Neue Juristische Wochenschrift, 36. Jg. (1983), S. 2721 – 2726, *Fastenrath, U.:* Inländerdiskriminierung inländischer Erzeugnisse, in: Juristen-Zeitung, 42. Jg. (1987), S. 170 – 178, und *Kleier, U:* Freier Warenverkehr (Art. 30 EWG-Vertrag) und die Diskriminierung inländischer Erzeugnisse, in: Recht der internationalen Wirtschaft, 34. Jg. (1988), S. 623 – 632.

Anwendung findet das Ursprungslandprinzip jedoch nicht im politischen Bereich; aus Gründen der Beibehaltung der einzelstaatlichen Souveränität ist das Staatsorganisationsrecht aus der Anwendung des Ursprungslandprinzips ausgeklammert. Deshalb können Individuen, die in einem Staat das passive oder aktive Wahlrecht genießen, nicht ohne weiteres in einem anderen Mitgliedstaat in den Genuß der beiden Rechte kommen.

Die Problematik unterschiedlicher Rechtsordnungen ließe sich auch mit dem Bestimmungslandprinzip lösen. Demnach müßten alle Güter und Faktoren, die Zugang zu den Märkten eines anderen Staates des Gemeinsamen Marktes finden wollen, den einschlägigen formellen Restriktionen des Bestimmungslandes Rechnung tragen.[54] Dadurch wäre zwar eine formelle Beseitigung der Staatsgrenzen innerhalb des Gemeinsamen Marktes erreicht, faktisch bestünden aber Markteintrittsschranken für nichtinländische Güter und Faktoren. Das Verständnis des Gemeinsamen Marktes würde sich in der Gleichbehandlung in- und ausländischer Güter und Faktoren im Inland erschöpfen.[55]

Die Heterogenität der Rechtsordnungen führt zudem aus neoklassischer Sicht zu Wettbewerbsverzerrungen und damit zu Effizienzverlusten. In den Rechnungen der Wirtschaftssubjekte treten Kostenbestandteile in unterschiedlichem Umfang auf, die durch die nationalen Rechtsordnungen, insbesondere durch das Steuerrecht, verursacht werden und einer effizienten internationalen, auf Basis der komparativen Kostenvorteile strukturierten Arbeitsteilung im Wege stehen.[56] Eine Beseitigung jeglicher Hemmnisse eines freien Güter- und Faktorverkehrs zieht dann konsequenterweise die Forderung nach einer vollständigen Harmonisierung der einschlägigen Normen der nationalen Rechtsordnungen nach sich. Eine derartige Harmonisierungsbestrebung hätte allumfassenden Charakter.

Eine evolutorische Perspektive muß jedoch statische Effizienzkriterien ablehnen. So kann ein Harmonisierungsbedarf über die beiden konstitutiven Merkmale des Gemeinsamen Marktes, formelle Beseitigung der Staatsgrenzen zwischen den Mitgliedstaaten und Ursprungslandprinzip, hinaus nur diagnostiziert werden, wenn eine Entwicklungstendenz eintreten würde, die aus Sicht des Referenzsystems negativ zu beurteilen wäre. Eine derartige Entwicklungstendenz wäre dann gegeben, wenn der Anreiz im politischen Prozeß, das Potential neu entstehender Normen zu eruieren und diese Normen zu kodifizieren, nachlassen würde oder wenn das Ergebnis des politischen Prozesses ein Regelwerk wäre, dessen Bestandteile vor allem das Erfordernis der Allgemeinheit und damit der Nichtdiskriminierung zunehmend in geringerem Umfang erfüllen würden.

---

[54] In *Steindorffs* Terminologie handelt es sich hierbei um das *Prinzip des Bestimmungs- und Tätigkeitslandes:* „Danach muß jede Ware und Leistung den Normen des jeweiligen Bestimmungslandes genügen. Jeder selbständig und unselbständig Tätige muß die Qualifikationsanforderungen des jeweiligen Tätigkeitsstaates erfüllen." *Steindorff, E.:* Gemeinsamer Markt als Binnenmarkt, a. a. O., S. 690.

[55] So auch ebenda, S. 690.

[56] Vgl. hierzu für viele *Sprung, R.:* Die Bestimmungen über die Beseitigung von Verzerrungen des Wettbewerbs im Vertrag über die EWG, in: Finanzarchiv, N. F., 20. Bd. (1959/60), S. 201 – 233, hier S. 205, und *Schmitz, H.:* Besteuerung und Integration. Auswirkungen unterschiedlicher Steuersysteme auf die internationalen Wettbewerbsbedingungen und Möglichkeiten einer Harmonisierung im Zuge der europäischen Integration, Wien 1964, S. 9.

Der Analyse der Notwendigkeit einer Beseitigung der Heterogenität der nationalen Rechtsordnungen liegt demzufolge ein Vergleich zwischen der Situation vor und der Situation nach Bildung des Gemeinsamen Marktes zugrunde. Die Situation innerhalb eines potentiellen Mitgliedstaates vor der Integration der Volkswirtschaften ist in den für die Analyse bedeutsamen Elementen identisch mit der Situation nach der Integration, wenn Rechtssetzung und Rechtsangleichung zentral koordiniert oder gar von einer supranationalen Instanz wahrgenommen werden.[57] Dadurch erfolgt eine Absicherung des Aussagegehalts des Ergebnisses gegenüber dem Einwand, eine auf der Annahme des Ursprungslandprinzips basierende Integration erfülle zwar die Anforderungskriterien des Referenzsystems weitgehender, jedoch könne durch eine Harmonisierung eine zusätzliche Verbesserung erzielt werden.

3.2 Der politische Prozeß vor Bildung des Gemeinsamen Marktes

Ebenso wie der Wettbewerbsprozeß auf den Güter- und Faktormärkten weist der politische Prozeß evolutorische Züge auf.[58] Die Akteure des politischen Systems, die Politiker, streben danach, ein politisches Amt zu bekleiden.[59] Um dieses Ziel zu erreichen, müssen sie die Mehrheit der Wählerstimmen auf sich vereinigen. Der Wähler wird in diesem Zusammenhang für denjenigen Politiker stimmen, der glaubwürdig in Aussicht stellen kann, die Bedürfnisse des Wählers am umfangreichsten zu befriedigen. Der Politiker ist somit gezwungen, auf die gleiche Weise wie die Unternehmer nach Informationen über die Wünsche seiner potentiellen Klientel zu suchen, diese zu interpretieren und Produkte zu deren Befriedigung anzubieten. Eine bessere Informationsausstattung des Politikers stellt aus diesem Grund einen gewichtigen Wettbewerbsvorteil dar.

Durch seine Stimme kann der Wähler das Handeln der Politiker positiv oder negativ sanktionieren. Der Vorstoß eines Politikers in Form einer veränderten, subjektiv als neu empfundenen Kombination der zur Verfügung stehenden Aktionsparameter ist nun direkt diesem Sanktionspotential des Wählers ausgesetzt. Eine positive Bewertung dieses Vorstoßes durch die Wähler entzieht anderen Kandidaten Wählerstimmen und zwingt sie damit zur Reaktion, da sie ansonsten um ihr politisches Amt bangen müssen. Den Entzug der Wählerstimmen verspürt der betroffene Politiker zunächst nur als abstraktes Signal. So ist ihm anfänglich weder bekannt, wer diese Stimmen erhielt, noch mit welchem Produkt oder durch Einsatz welcher Aktionsparameter diese Stimmen akkumuliert wurden. Eine erfolgreiche Reaktionsstrategie setzt aber die Kenntnis der Ursachen der Wählerverlagerung voraus. Somit löst die Abwanderung der Wähler zunächst Informationsgewinnungsprozesse bei den Politikern aus.

---

[57] Vgl. hierzu insbesondere *Vaubel, R.*: Die politische Ökonomie der wirtschaftspolitischen Zentralisierung in der Europäischen Gemeinschaft, in: Jahrbücher für Neue Politische Ökonomie, 11. Bd. (1992), S. 30 – 65.

[58] Siehe hierzu *Daumann, F.*: Zur Notwendigkeit einer Harmonisierung im Gemeinsamen Markt. Eine evolutionstheoretische Untersuchung, Bayreuth 1993, S. 168 ff.

[59] Vgl. hierzu insbesondere *Downs, A.*: Ökonomische Theorie der Demokratie, Tübingen 1968, S. 21 ff.

Um verlorene Stimmen zurück- und neue hinzugewinnen zu können, sind die betroffenen Politiker gezwungen, in innovativer oder imitativer Weise zu reagieren.
Imitative und innovative Strategien können sowohl im Bereich der Übernahme der
Informationskosten des Wählers, um dessen Entscheidung zu erleichtern, als auch
bei der Ausgestaltung des Handlungsprogramms von Erfolg gekrönt sein. Die erfolgreiche Durchführung einer Reaktionsstrategie löst über das abstrakte Signal
der Stimmenverlagerung wiederum neuerliche Informationsgewinnungsprozesse
bei den konkurrierenden Politikern aus. Findet der Vorstoß eines Politikers bei der
Wählerschaft nur geringe oder gar keine Zustimmung, so kann dies zum Verlust
seines politischen Amtes oder zu einer erfolglosen Kandidatur führen.

Vom wettbewerblichen Prozeß auf den Gütermärkten unterscheidet sich der politische Prozeß vor allem in der zeitlichen Abfolge der Sanktionen, die im ökonomischen Subsystem permanent und mit einer hohen Reaktionsgeschwindigkeit erfolgen. Im politischen Prozeß hingegen kann das Handeln der Politiker nur perio-
disch im Rahmen der Wahlen sanktioniert werden. Durch die zeitliche Diskrepanz
zwischen dem Handeln der Politiker und der Sanktionsmöglichkeit durch die
Wähler kommt der Einschätzung der Fähigkeit des Politikers, sein Programm im
späteren Gesetzgebungsprozeß umzusetzen, besondere Bedeutung zu. Zur Wiederwahl antretende Kandidaten können ihre Glaubwürdigkeit durch das Maß, mit
dem sie in der vorangegangenen Legislaturperiode die Elemente ihres Wahlprogramms in den Gesetzgebungsprozeß einbrachten und durchsetzten, unter Beweis stellen. Der Wähler kann sich bei diesen Politikern der eigenen Erfahrung
vergangener Legislaturperioden bedienen und diese einfach als Orientierungshilfe
für ihr wahrscheinliches Handeln in der Zukunft verwenden. Neue Kandidaten
kommen nicht in den Genuß eines derartigen Amtsbonus; bei ihnen ist der Wähler
auf weitgehend unfundierte Einschätzungen angewiesen.

Wenn es dem Politiker gelingt, durch die Wahl ein politisches Amt im gesetzgebenden Gremium zu erringen, verfügt er über Möglichkeiten, Teile des eigenen
Programms im Gesetzgebungsprozeß durchzusetzen und damit die Regelordnung
in die von ihm gewünschte Richtung zu verändern.

Insbesondere kann er durch seinen Einfluß auf die Gestaltung und die Verabschiedung von Gesetzen seine Klientel begünstigen und auf diesem Wege die
Chancen seiner Wiederwahl verbessern. Als potentielle Instrumente stehen ihm
hierzu direkte und indirekte Begünstigungsvarianten zur Verfügung.

Direkte Zuwendungen, die die Form von Transfers, Subventionen, Steuerbegün-
stigungen oder realen staatlichen Leistungen haben können, eignen sich nur begrenzt, weitere Wählerstimmen hinzuzugewinnen, da ihre Verteilungswirkungen
ohne Probleme identifiziert werden können. Deshalb gehen beim Einsatz dieses
Instruments die Stimmen derjenigen Wähler verloren, die eine derartige Umverteilung über die Erhöhung ihrer Abgaben finanzieren müßten, ohne selbst an den
Leistungen zu partizipieren.

Der Einsatz von Regulierungen, aus denen indirekte Begünstigungen resultieren,
entschärft die Transparenzproblematik, da die Verteilungswirkungen für die Benachteiligten weitgehend unerkannt bleiben. Zudem steht hierbei einer geringen
Anzahl an Begünstigten eine große Anzahl Benachteiligter gegenüber, wodurch
die Benachteiligung unterhalb der Schwelle der Fühlbarkeit verbleibt und insofern
gar nicht als solche empfunden wird. Mit Hilfe von Regulierungen lassen sich somit die Stimmen der durch die Regulierung begünstigten Wähler gewinnen, ohne
daß die Stimmen der benachteiligten Individuen verloren gehen. Daher wird der

Politiker als Instrument zur Begünstigung bestimmter Wählerkreise vornehmlich Regulierungen auswählen,[60] zumal hierbei auch die restringierende Wirkung des Staatsbudgets entfällt.[61]

Um bei der Durchsetzung des Wahlprogramms erfolgreich zu sein, muß der Politiker die notwendigen Mehrheiten im gesetzgebenden Gremium für seine Initiativen gewinnen. Er kann in diesem Zusammenhang auf die Unterstützung derjenigen Politiker zählen, in deren Wahlprogramm sich der gleiche Veränderungsvorschlag befindet oder deren Wählerschaft durch diesen Vorschlag nicht fühlbar benachteiligt wird und die im Gegenzug eine Unterstützung ihrer eigenen Gesetzesinitiativen erwarten.[62]

Erfolgreiche Innovationen im politischen Prozeß zeichnen sich demzufolge durch eine zunehmende Verbesserung der für die Benachteiligten unerkannten und unmerklichen Umverteilung sowie durch die Berücksichtigung der Forderungen artikulierungsstarker Gruppierungen aus. Innovatives und imitatives Handeln des Politikers beschränkt sich nicht nur auf die Ausgestaltung des Wahlprogramms und dessen Umsetzung, sondern berührt sämtliche Aktionsparameter, die dem Politiker zur Verfügung stehen. So bestehen Möglichkeiten für die Umsetzung kreativer Ideen im Rahmen der Informationsbeschaffung ebenso wie bei der Übernahme der Informationskosten des Wählers.

Die starke Berücksichtigung der Interessen organisierter Gruppen und das Phänomen des Stimmentausches führen zu einer *Evolution der Rechtsordnung,* die dadurch gekennzeichnet ist, daß stetig neue Varianten an Gesetzen mit zunehmend subtileren und verdeckteren Begünstigungsmechanismen in die Rechtsordnung aufgenommen werden, die nur einem sehr begrenzten Kreis von Wählern zugute kommen und deren Last auf die Schultern einer großen Anzahl von Wählern verteilt wird.

Innovative Politiker können jedoch diesen Ablauf unterbrechen, indem sie den Umverteilungsmechanismus aufdecken und dessen Reduzierung in ihr Wahlprogramm aufnehmen.[63] Ein dauerhafter Erfolg dieser Politik ist allerdings zu bezweifeln.

---

[60] Vgl. auch *Frey, B. S.:* Theorie demokratischer Wirtschaftspolitik, München 1981, S. 192.

[61] Wirkungen indirekter Verteilungsmaßnahmen in Form von Regulierungen auf das Staatsbudget entstehen durch deren Behinderung des Strukturwandels und damit deren wachstumshemmenden Folgen; vgl. *Hamm, W.:* Staatsaufsicht über wettbewerbspolitische Ausnahmebereiche als Ursache ökonomischer Fehlentwicklungen, in: ORDO, 29. Bd. (1978), S. 156 – 172, hier S. 164 ff., und *Eickhof, N.:* Wettbewerbspolitische Ausnahmebereiche und staatliche Regulierung, in: Jahrbücher für Sozialwissenschaft, 36. Bd. (1985), S. 63 – 79, S. 73 f.

[62] Zum Phänomen des Stimmentausches siehe *Buchanan, J. M., Tullock, G.:* The Calculus of Consent. Logical Foundations of Constitutional Democracy, 5th ed., Ann Arbor 1975, S . 134 ff., und *Bernholz, P.:* Stimmentausch, Arrow-Paradoxon und zyklische Majoritäten, in: *Pommerehne, W. W., Frey, B. S.* (Hrsg.): Ökonomische Theorie der Politik, Berlin, Heidelberg, New York 1979, S. 171 – 179.

[63] Nach *Noll* beinhaltet die Implementierung von Regulierungen bereits die Voraussetzungen für ihre Abschaffung, da der Umverteilungseffekt und die Ineffizienzen politische Unternehmer auf den Plan rufen könnten, die die Problematik transparent machen. Der Erfolg dieses politischen Unternehmers hängt nun davon ab, wie groß die Wohlfahrtsverluste sind und welche Formen die Verteilung dieser Verluste auf die Benachteiligten aufweist. Siehe *Noll, R.:* The Political Foundations of Regulatory Policy, in: Zeitschrift für die gesamte Staatswissenschaft, 139. Jg. (1983), S. 377 – 404, S. 401 .

Die Begrenzung der Bewegungsfreiheit durch die Staatsgrenzen vor der Errichtung des Gemeinsamen Marktes verhindert, daß sich Individuen der Gesetzgebung entziehen können. Wähler, deren Bedürfnisse im politischen Prozeß nicht ausreichend berücksichtigt werden, da sie ihre Interessen schlecht artikulieren, laufen Gefahr, daß ihnen durch den Gesetzgebungsprozeß Lasten aufgebürdet werden, die artikulierungsstarken Gruppierungen zugute kommen.

3.3 Der politische Prozeß nach Bildung des Gemeinsamen Marktes

Die evolutorischen Prozesse, deren Resultat die nationale Rechtsordnung ist, verändern sich durch die Bildung des Gemeinsamen Marktes in verschiedenen Bereichen. Dadurch ergibt sich auch eine durch den Filter der Mehrheitsentscheidung bei der Verabschiedung von Gesetzen gedämpfte Veränderung der nationalen Rechtsordnung.

Infolge der Integration tritt neben die Wahl ein weiterer Mechanismus, durch den das Verhalten des Politikers sanktioniert wird. Die Individuen beurteilen durch Wanderungsbewegungen und durch ihr Agieren auf den Güter- und Faktormärkten permanent die bestehende nationale Rechtsordnung und damit das Handlungsergebnis der Politiker. Entscheidend für die Zielsetzung des Politikers bleibt jedoch nach wie vor die Institution der Wahl, die ausschlaggebend für die Besetzung des politischen Amtes ist. Das Handeln eines Politikers wird aber nach der Integration nicht mehr nur an den Leistungen seiner Konkurrenten um ein politisches Amt, sondern auch an den in den anderen Mitgliedstaaten existierenden Alternativen gemessen.

Diese Erweiterung der Konkurrenzsphäre konfrontiert den Politiker mit einem zusätzlichen Potential an relevanten Informationen und erfordert eine differenziertere Einschätzung der politischen Situation und der Bedürfnisse der Wähler. Die Interpretationsleistung und die Entwicklung einer Gegenstrategie erzwingen damit vom Politiker einen höheren Einsatz an Ressourcen und setzen die Schwelle der Notwendigkeit einer erfolgreichen Reaktion auf Entwicklungen herab, die die Realisierung der eigenen Zielsetzung erschweren. Bereits durch die Implementierung einer Regelung in die Rechtsordnung eines anderen Mitgliedstaates, die durch die Individuen positiv bewertet wird, werden beim Politiker Informationsgewinnungs- und -verarbeitungsprozesse mit dem Zweck ausgelöst, die Möglichkeit und Ausgestaltung einer nachstoßenden Handlung zu eruieren. Der Nachstoß selbst kann wiederum imitativen oder innovatorischen Charakter aufweisen.

Im gleichen Zuge reduziert sich das einsetzbare Instrumentarium des Politikers zunächst dadurch, daß in die nationale Rechtsordnung aufzunehmende Regelungen dem Ursprungslandprinzip nicht widersprechen dürfen. Darüber hinaus erweisen sich viele indirekte Umverteilungs- und Schutzregelungen wegen der Ausweichmöglichkeit derjenigen Individuen, die diese Umverteilung alimentieren sollen oder vor denen die Begünstigten dieser Regelungen geschützt werden sollen, als unwirksam. Die durch die offenen Staatsgrenzen ermöglichten Verlagerungen der Faktoren und des Konsums schränken zudem den Handlungsspielraum für direkte Verteilungsmaßnahmen und die Bereitstellung öffentlicher Güter ein, indem sie unmittelbar das Aufkommen an Abgaben beeinflussen.

Aufgrund der nachlassenden Wirkung diskriminierender Regelungen, die eine ausgewählte Klientel zu Lasten anderer Individuen begünstigen, werden die Politiker sich zurückhalten, weitere derartige Gesetze zu implementieren. Um die

Attraktivität der nationalen Rechtsordnung zu erhöhen, sind sie vielmehr gezwungen, bestehende diskriminierende Regelungen abzubauen, die Ursache dafür sind, daß Individuen die Rechtsordnungen anderer Mitgliedstaaten zuträglicher für die erfolgreiche Umsetzung ihrer individuellen Zielsetzungen einschätzen.

Sobald Bestandteile der inländischen Rechtsordnung höhere Anforderungen an im Inland ansässige Individuen stellen, als dies in anderen Mitgliedstaaten der Fall ist, und die individuelle Schwelle der Fühlbarkeit überschritten wird, empfinden die betroffenen Individuen derartige Regeln als Inländerdiskriminierung. So schränkt die nationale Rechtsordnung den Handlungsspielraum der inländischen Unternehmer ein. Die inländischen Unternehmer können deshalb negative pekuniäre externe Effekte erleiden, da sie auf bestimmte durch die Konsumenten positiv sanktionierte Vorstöße ihrer ausländischen Konkurrenten nicht angemessen reagieren können. Sie werden daher versuchen auszuweichen oder die Problematik im politischen Prozeß zu lösen. Die Fähigkeit der betroffenen Individuen, das Bedürfnis nach Beseitigung einer restriktiven Regelung zu artikulieren, stellt eine wesentliche Voraussetzung für die Aufnahme in das Wahlprogramm des Politikers dar. Der reduzierte Handlungsspielraum und die nachlassende Wirkung der Instrumente zur Gewinnung von Wählerstimmen erlauben es dem Politiker nicht, dieses Potential an Wählern ungenutzt zu lassen.

Die veränderte Wettbewerbssituation der Politiker infolge der Integration der Volkswirtschaften führt, sofern sich Mehrheiten im gesetzgebenden Gremium finden, zu einer Anpassung der nationalen Rechtsordnung. Insbesondere werden tendenziell diejenigen Gesetze beseitigt, die inländischen Individuen einen geringeren Handlungsspielraum einräumen, als dies durch Rechtsordnungen anderer Mitgliedstaaten der Fall ist, sobald diese Differenzen im Handlungsspektrum erkannt und artikuliert werden und sich Politiker davon eine ihrer Zielsetzung zuträgliche Wirkung versprechen.

4. Analyse der Notwendigkeit einer Harmonisierung anhand des Referenzsystems

Die Notwendigkeit einer Harmonisierung soll nun anhand der beiden oben ausgeführten Kriterien beurteilt werden. Erstens ist dabei zu prüfen, inwieweit die an eine Rechtsordnung nach Maßgabe des Referenzsystems zu stellenden Erfordernisse berücksichtigt werden. Zweitens bedarf der Anreiz der politischen Akteure, neu entstehende Normen aufzudecken und zu kodifizieren, einer Bewertung.

4.1 Zur Berücksichtigung des Erfordernisses der Allgemeinheit

Die Handelnsordnung als soziales Gefüge sich überlagernder und interdependenter evolutorischer Prozesse stellt das Generierungspotential neuer Normen dar, indem stets anders geartete Situationen auftreten, in denen das Handeln entsprechend einer Norm sich für alle direkt beteiligten Individuen als vorteilhaft erweist. Ein an einer Norm ausgerichtetes Handeln schließt eine Anzahl an Handlungsvarianten aus und trägt auf diese Weise zur Erleichterung der individuellen Erwartungsbildung bei. Diese Normen können einen überwachungsbedürftigen oder einen selbstüberwachenden Charakter aufweisen.

Selbstüberwachende Normen wirken zwangsläufig nicht diskriminierend, da Individuen nur Nachteile erleiden, wenn sie eine derartige Norm nicht befolgen, und daher von selbst an der Beachtung der Norm Interesse haben. Ihre rechtliche Kodifizierung als Instrument des Politikers, sein Wählerstimmenpotential zu erhöhen, hat daher bereits vor Bildung des Gemeinsamen Marktes eine untergeordnete Bedeutung.

Die Situation vor Bildung des Gemeinsamen Marktes zeichnet sich dadurch aus, daß sowohl diskriminierende als auch nichtdiskriminierende überwachungsbedürftige Normen zieladäquate Instrumente des Politikers darstellen können. Identifizieren sich also drei Anbieter als die einzigen, die ein bestimmtes Gut offerieren, so können sie Kosten einsparen, indem sie sich hinsichtlich der Nutzung von Aktionsparametern absprechen und ihr Handeln koordinieren. In diesem Fall kann das Einnehmen einer Außenseiterposition lukrativ sein, wodurch die Absprachen an sich instabil werden. Gelingt es nun den Anbietern, die Absprache, die sich als Handlungsnorm akzentuiert, gesetzlich kodifizieren zu lassen, können Abweichungen davon mit staatlichen Mitteln geahndet werden. Die Aufnahme einer derartigen Norm in das Rechtssystem diskriminiert potentielle Konkurrenten, indem ihnen der Marktzutritt verwehrt wird.

Vor der Integration der Volkswirtschaften kann der Politiker einen positiven Nettoeffekt an Wählerstimmen oder eine verstärkte Zuwendung an Ressourcen infolge der Implementierung einer diskriminierenden überwachungsbedürftigen Norm dann erwarten, wenn bei den nachteilig betroffenen Individuen die Schwelle der Fühlbarkeit oder die Schwelle der Reaktion unterschritten bleibt und die begünstigten Individuen das Handeln des Politikers bei der Wahl honorieren.

Mit der Integration schrumpft jedoch der Handlungsspielraum des Politikers bei der Implementierung diskriminierend wirkender Normen, da die benachteiligten Individuen die Möglichkeit zur Umgehung dieser formellen Restriktionen nutzen werden, sofern durch Ausweichreaktionen ein die individuellen Kosten übersteigender Nutzen erwartet werden kann. Im Falle einer die Kartellierung stabilisierenden und den Marktzutritt untersagenden Norm besteht für den potentiellen Konkurrenten die Möglichkeit der Abwanderung. Der potentielle Konkurrent kann von einem anderen Mitgliedstaat aus die Nachfrager mit seinen Gütern bedienen und damit die formelle Restriktion unterlaufen, die auf diese Weise ihren begünstigenden Charakter einbüßt.

Die Aufnahme nichtdiskriminierender, überwachungsbedürftiger Normen in die nationale Rechtsordnung verspricht für alle betroffenen Individuen Vorteile, ohne daß auf der anderen Seite bestimmte Individuen benachteiligt werden. Ausweichreaktionen würden, selbst wenn sie formell möglich wären, nicht in Erwägung gezogen. Aus diesem Grunde steht in Form der gesetzlichen Kodifizierung einer derartigen Norm dem Politiker ein Instrument zur Verfügung, das auch nach Bildung des Gemeinsamen Marktes seinen zieladäquaten Charakter für den Politiker bewahrt.

Fordern Individuen die gesetzliche Kodifizierung solcher Normen, die ihre Erwartungsbildung vereinfachen und ihnen bestimmte im evolutorischen Prozeß auftretende Koordinations- und Informationskosten ersparen würden, wird der Politiker dieses Potential an Wählerstimmen nur dann ausschöpfen, wenn er auf der anderen Seite nicht mit einer Ausweichreaktion der potentiell durch diese Kodifizierung benachteiligten Individuen rechnen muß.

Während in diesem Zusammenhang die Aufnahme überwachungsbedürftiger, nichtdiskriminierender Normen in die nationale Rechtsordnung der Zielsetzung des Politikers zuträglich ist, führt die gesetzliche Kodifizierung diskriminierender Normen zur Entfaltung des Sanktionspotentials, sobald die Schwelle der Fühlbarkeit überschritten wird und die Kosten des Ausweichens von den benachteiligten Individuen als relativ niedrig eingeschätzt werden. Zudem erübrigt sich die Forderung nach gesetzlicher Implementierung einer diskriminierenden Norm, da ihre Durchsetzbarkeit wegen der Geltung des Ursprungslandprinzips nicht mehr gewährleistet ist, es sei denn, es gelingt eine Angleichung der Rechtsordnungen aller Mitgliedstaaten, so daß eine Umgehung faktisch nicht mehr möglich ist.

4.2 Zur Stärkung des Anreizes, neu entstehende Normen zu kodifizieren

Durch die Errichtung eines Gemeinsamen Marktes wird nicht nur die Umsetzung diskriminierender Normen zurückgedrängt, sondern infolge des zusätzlichen Sanktionsmechanismus ändert sich auch die Bereitschaft des Politikers, einen durch die Individuen diagnostizierten Handlungsbedarf adäquat auszufüllen. Da bei überwachungsbedürftigen Normen der Anreiz zum Einnehmen einer Außenseiterposition gegeben ist, bedarf es einer Kontroll- und Sanktionsinstanz, die ein normengetreues Handeln der Individuen garantiert. Wenn durch eine Norm die Aufwendungen zur Koordination des individuellen Handelns gesenkt werden können und eine derartige Norm in der nationalen Rechtsordnung nicht existiert, wird das Individuum erwägen – sofern es sich dadurch eine Verbesserung bei der Erreichung seiner Zielsetzung verspricht –, in einen Mitgliedstaat abzuwandern, in dem ein Handeln gemäß dieser Norm kontrolliert wird.

Das vom Individuum als unzureichend empfundene nationale Rechtssystem löst damit den über die Faktor- und Gütermärkte wirkenden Sanktionsmechanismus aus. Der Politiker wird dann reagieren, wenn er glaubt, daß durch das Ausweichen der Individuen seine Handlungsmöglichkeiten zu stark beschnitten werden. Indem der Politiker überwachungsbedürftige, nichtdiskriminierende Normen glaubwürdig umzusetzen verspricht, kann er das Reservoir an Stimmen der an der Implementierung der Norm maßgeblich interessierten Individuen ausschöpfen. Gleichzeitig erfordert die permanente Wirkung des Sanktionsmechanismus verstärkte Anstrengungen des Politikers bei der Suche nach derartigen Normen und deren Umsetzung.

Eine erfolgreiche Nutzung dieses verbleibenden wettbewerblich nutzbaren Handlungsspielraums des Politikers verlangt eine höhere Sensibilität im Informationsgewinnungs- und -verarbeitungsprozeß. Das verstärkte Bemühen der Politiker, die von den Individuen empfundenen Unzulänglichkeiten des nationalen Rechtssystems aufzudecken und den diagnostizierten Handlungsbedarf auszufüllen, ist die Voraussetzung für eine an den Bedürfnissen der Individuen ausgerichtete Weiterentwicklung der nationalen Rechtsordnungen.

Die Errichtung eines Gemeinsamen Marktes erhöht somit die Anreize der Politiker, das Potential an entstehenden Normen aufzuspüren und deren Umsetzung im politischen Prozeß zu forcieren, indem eine zusätzliche Konkurrenzdimension neben dem Wettbewerb um das politische Amt eröffnet wird. Der Gemeinsame Markt als Zusammenschluß nationaler Volkswirtschaften ohne Binnengrenzen und das Ursprungslandprinzip stellen die Rahmenbedingungen dar, die eine permanente Entfaltung des Wettbewerbs im politischen System bewirken und damit einen ungehinderten Befruchtungsprozeß zwischen Handelns- und Rechtsordnung in Gang setzen.

5. Fazit

Die Beseitigung der Staatsgrenzen im Zuge der Bildung des Gemeinsamen Marktes konfrontiert die Individuen mit unterschiedlichen nationalen Rechtsordnungen und gewährleistet die formelle Bewegungsfreiheit von Gütern und Faktoren. Jedoch erst die Anwendung des Ursprungslandprinzips und damit des Prinzips der gegenseitigen Anerkennung nationaler Rechtsvorschriften ermöglicht eine faktische Bewegungsfreiheit von Gütern und Faktoren. Die Individuen verfügen nun einerseits über die Möglichkeit, den Geltungsbereich der Rechtsordnung eines Staates zu verlassen und in einem anderen Mitgliedstaat zu agieren, dessen Rechtssystem der individuellen Zielsetzung in größerem Umfang entgegenkommt. Andererseits können die Individuen in ihrer Eigenschaft als Anbieter von Faktoren oder als Unternehmer den Geltungsbereich der Rechtsordnung des Herkunftsstaates in den gesamten Integrationsraum ausdehnen, indem sie z. B. Güter oder Dienstleistungen in anderen Mitgliedstaaten anbieten, die zwar den rechtlichen Anforderungen des Herkunftsstaates, nicht aber denen der Bestimmungsländer entsprechen.

Der zusätzliche Handlungsspielraum, über den die Individuen infolge der Offenheit der Staatsgrenzen verfügen, erweist sich als permanent wirkendes Sanktionspotential für das Handeln des Politikers und ergänzt damit den periodischen Wahlmechanismus. Dieser permanente Sanktionsmechanismus eröffnet eine weitere Dimension wettbewerblichen Handelns des Politikers im Bereich der Gesetzgebung dadurch, daß er Vorstoßhandlungen durch die Aussicht auf Erfolg anreizt und zugleich einer Bewertung durch die Individuen unterzieht.

Das für die Individuen maßgebliche Handeln des Politikers erfolgt in Form der Einbringung von Gesetzesinitiativen in das Gesetzgebungsverfahren und deren Umsetzung, also der Veränderung der bestehenden nationalen Rechtsordnung. Durch die Ausweichmöglichkeit, die von den Individuen in Anspruch genommen wird, sobald bestimmte Regelungen als unzureichend empfunden werden und das Ausnützen der vorhandenen Alternativen als subjektiv vorteilhaft beurteilt wird, wird dieses Handeln der Politiker kanalisiert. Der Verbleib der Handlungssouveränität der Politiker auf nationaler Ebene engt zugleich deren zieladäquate Handlungsalternativen ein mit der Folge, daß überwiegend nichtdiskriminierende Regeln implementiert werden. Die Integration erhöht darüber hinaus den Anreiz des Politikers, die Notwendigkeit überwachungsbedürftiger Normen aufzudecken und die Durchsetzung dieser Normen mittels der staatlichen Sanktionsgewalt zu gewährleisten. Eine über die Durchsetzung des Ursprungslandprinzips hinausgehende Harmonisierung der nationalen Rechtsordnungen ist daher aus Sicht des Referenzsystems abzulehnen.

Die Vermutung, ein reines politisches Wettbewerbssystem führe zu einer erhöhten Rechtsdynamik und damit zu einer von niemandem gewollten Überproportionierung des Rechtssystems, ist nicht haltbar. Vielmehr gestattet die Offenheit der Staatsgrenzen den Individuen, Rechtssystemen, die als hypertroph empfunden werden, den Rücken zu kehren und die Aktivitäten in diejenigen Mitgliedstaaten zu verlagern, in denen die Politiker die Zurückhaltung bei der Rechtssetzung als Aktionsparameter auffassen.

Zwar wird infolge der Bildung des Gemeinsamen Marktes ein zusätzlicher Sanktionsmechanismus installiert, trotzdem verbleibt den Politikern ein Handlungsspielraum, der, wenn auch eng bemessen, die Funktionsfähigkeit des Sanktionsmechanismus bedrohen könnte. Eine Einschränkung seiner Wirkung könnte aus einer ganzheitlichen Bewertung der Rechtsordnung durch die Individuen resultieren.

Die Wirkung des Sanktionspotentials beruht sowohl auf der Möglichkeit der Abwanderung als auch darauf, daß die Individuen in der Lage sind, diesbezügliche Bedürfnisse über Güter- und Faktormärkte und über den Wahlmechanismus kundzutun. Inländische Rechtsnormen, die einzelne Güter und Faktoren betreffen, können durch Ausweichen auf das entsprechende ausländische Substitutionsangebot negativ sanktioniert werden. Die Beurteilung der Individuen erfolgt damit nicht holistisch, sondern bezieht sich auch auf einzelne Elemente des nationalen Rechtssystems. Der genannte Aspekt kann somit nicht die Notwendigkeit einer Rechtsangleichung begründen.

Die Harmonisierung als supranationale Rechtssetzung setzt den über die Güter und Faktormärkte wirkenden Sanktionsmechanismus außer Kraft und vermindert damit den Anreiz des Politikers, seine Kreativität für die Aufdeckung überwachungsbedürftiger Normen einzusetzen und eine Weiterentwicklung der Rechtsordnung den Bedürfnissen aller Individuen entsprechend zu initiieren. Zudem beseitigt eine supranationale Rechtssetzung faktisch die Möglichkeit der Individuen, einem als nicht für die Durchsetzung der eigenen Zielsetzung dienlichen Regelwerk auszuweichen.

Der im politischen System ablaufende Wettbewerb als Resultat der Durchsetzung des Ursprungslandprinzips verhindert die Realisierung einer überindividuellen Zielsetzung, da sich Individuen, die mit dieser Zielsetzung nicht konform gehen, jederzeit entziehen können. Überindividuelle Zielsetzungen lassen sich deshalb nur durch eine Harmonisierung realisieren. Die Einnahme einer individualistischen Position steht jedoch von vornherein einer überindividuellen Zielsetzung entgegen, die sich nicht an den Bedürfnissen aller Individuen ausrichtet. Forderungen in der Form, die Einkommensunterschiede zwischen den Individuen dürften „nicht so hoch sein", oder in allen Mitgliedstaaten des Gemeinsamen Marktes sollten sich die Lebensverhältnisse egalisieren, wird ein auf dem Ursprungslandprinzip basierendes Wettbewerbssystem daher nicht erfüllen.

Als Ergebnis bleibt festzuhalten, daß aus der Perspektive einer evolutorischen Theorie der Harmonisierungsbedarf sich demzufolge auf die Implementierung des Ursprungslandprinzips im ökonomischen Subsystem beschränkt.

Literatur

Balassa, B.: The Theory of Economic Integration, London 1961.

Balassa, B.: Towards a Theory of Integration, in: Kyklos, Vol. 14 (1961), S. 1 – 17.

Bernholz, P.: Stimmentausch, Arrow-Paradoxon und zyklische Majoritäten, in: *Pommereh-ne, W. W., Frey, B. S.* (Hrsg.), Ökonomische Theorie der Politik, Berlin, Heidelberg, New York 1979, S. 171 – 179.

Bernholz, P., Faber, M.: Überlegungen zu einer normativen Theorie der Rechtsvereinheit-lichung, Heidelberg 1985.

Buchanan, J. M.: The Limits of Liberty. Between Anarchy and Leviathan, Chicago, London 1975; (deutsche Übersetzung: *Buchanan, J. M.:* Die Grenzen der Freiheit – Zwischen Anarchie und Leviathan, Tübingen 1984).

Buchanan, J. M., Tullock, G.: The Calculus of Consent. Logical Foundations of Constitu-tional Democracy, 5th ed., Ann Arbor 1975.

Chmielewicz, K.: Forschungskonzeptionen der Wirtschaftswissenschaft, 2. Aufl., Stuttgart 1979.

Daumann, F.: Zur Notwendigkeit einer Harmonisierung im Gemeinsamen Markt. Eine evo-lutionstheoretische Untersuchung, Bayreuth 1993.

Demsetz, H.: Towards a Theory of Property Rights, in: American Economic Review, Vol. 57 (1967), S. 347 – 359.

Downs, A.: Ökonomische Theorie der Demokratie, Tübingen 1968.

Eickhof, N.: Wettbewerbspolitische Ausnahmebereiche und staatliche Regulierung, in: Jahr-bücher für Sozialwissenschaft, 36. Bd. (1985), S. 63 – 79.

Eucken, W.: Grundsätze der Wirtschaftspolitik, 6. Aufl., Tübingen 1990.

Everling, U.: Die rechtliche Gestaltung des EG-Binnenmarktes, in: Die Verwirklichung des EG-Binnenmarktes, Beiheft der Konjunkturpolitik, H. 36, Berlin 1990, S. 75 – 91.

Fastenrath, U.: Inländerdiskriminierung inländischer Erzeugnisse, in: Juristen-Zeitung, 42. Jg. (1987), S. 170 – 178.

Fechner, E.: Rechtsphilosophie. Soziologie und Metaphysik des Rechts, 2. Aufl., Tübingen 1962.

Ferguson, A.: Abhandlung über die Geschichte der bürgerlichen Gesellschaft, 2. Aufl., Jena 1923.

Frey, B. S.: Theorie demokratischer Wirtschaftspolitik, München 1981.

Gäfgen, G.: Institutioneller Wandel und ökonomische Erklärung, in: Jahrbücher für Neue Politische Okonomie, 2. Bd. (1983), S. 19 – 49.

Grimm, D., Schatz, K.-W., Trapp, P.: EG 1992: Strategien, Hindernisse, Erfolgsaussichten, Kieler Diskussionsbeiträge Nr. 151, Kiel 1989.

Hamm, W.: Staatsaufsicht über wettbewerbspolitische Ausnahmebereiche als Ursache öko-nomischer Fehlentwicklungen, in: ORDO, 29. Bd. (1978), S. 156 – 172.

Hayek, F. A. v.: Bemerkungen über die Entwicklung von Systemen von Verhaltensregeln (Das Zusammenspiel zwischen Regeln des individuellen Verhaltens und der sozialen Handelnsordnung), in: *ders.:* Freiburger Studien, Tübingen 1969, S. 144 – 160.

Hayek, F. A. v.: Die Rechts- und Sprachphilosophie David Humes, in: *ders.:* Freiburger Stu-dien, Tübingen 1969, S. 232 – 248.

Hayek, F. A. v.: Die Sprachverwirrung im politischen Denken mit einigen Vorschlägen zur Abhilfe, in: *ders.:* Freiburger Studien, Tübingen 1969, S. 206 – 231.

Hayek, F. A. v.: Die Theorie komplexer Phänomene, Tübingen 1972.

Hayek, F. A. v.: Die Verfassung der Freiheit, 2. Aufl., Tübingen 1983.

Hayek, F. A. v.: Die Verwertung von Wissen in der Gesellschaft, in: *ders.:* Individualismus und wirtschaftliche Ordnung, 2. Aufl., Salzburg 1976, S. 103 – 121.

Hayek, F. A. v.: Grundsätze einer liberalen Gesellschaftsordnung, in: *ders.:* Freiburger Studien, Tübingen 1969, S. 108 – 125.

Hayek, F. A. v.: Liberalismus, Tübingen 1979.

Hayek, F. A. v.: Recht, Gesetzgebung und Freiheit, Band 1: Regeln und Ordnung, München 1980.

Hayek, F. A. v.: Recht, Gesetzgebung und Freiheit, Band 2: Die Illusion der sozialen Ge-rechtigkeit, Landsberg am Lech 1981.

Hayek, F. A. v.: Rechtsordnung und Handelnsordnung, in: *ders.:* Freiburger Studien, Tübingen 1969, S. 161 – 198.

Hayek, F. A. v.: Wahrer und falscher Individualismus, in: *ders.:* Individualismus und wirtschaftliche Ordnung, 2. Aufl., Salzburg 1976, S. 9 – 48.

Hayek, F. A. v.: Wirtschaftstheorie und Wissen, in: *ders.:* Individualismus und wirtschaftliche Ordnung, 2. Aufl., Salzburg 1976, S. 49 – 77.

Heuß, E.: Freiheit und Ungewißheit, in: ORDO, 15./16. Bd. (1965), S. 43 – 54.

Hoppmann, E.: Ökonomische Theorie der Verfassung, in: ORDO, 38. Bd. (1987), S. 31 – 45.

Hoppmann, E.: Zum Problem einer wirtschaftspolitisch praktikablen Definition des Wettbewerbs, in: *Schneider, H. K.* (Hrsg.): Grundlagen der Wettbewerbspolitik, Berlin 1968, S. 9 – 49.

Hume, D.: Ein Traktat über die menschliche Natur, Nachdruck der 2. Aufl. von 1904 (Buch I) bzw. der 1. Aufl. von 1906 (Buch II, III), Hamburg 1973.

Kleier, U.: Freier Warenverkehr (Art. 30 EWG-Vertrag) und die Diskriminierung inländischer Erzeugnisse, in: Recht der internationalen Wirtschaft, 34. Jg. (1988), S. 623 – 632.

Kunz, H.: Marktsystem und Information. ,Konstitutionelle Unwissenheit' als Quelle von ,Ordnung', Tübingen 1985.

Lipsey, R. G.: International Integration: Economic Unions, in: International Encyclopedia of the Social Sciences, Vol. 7, New York 1968, S. 541 – 547.

Meade, J. E.: Probleme nationaler und internationaler Wirtschaftsordnung, Tübingen, Zürich 1955.

Menger, C.: Gesammelte Werke, Bd. II: Untersuchungen über die Methode der Sozialwissenschaften und der politischen Ökonomie insbesondere, 2. Aufl., Tübingen 1969 (1. Aufl., Leipzig 1883).

Menger, C.-F.: Rechtsstaat, in: *Albers, W.,* et al. (Hrsg.): Handwörterbuch der Wirtschaftswissenschaft (HdWW), 9. Bd., Stuttgart u. a. 1982, S. 855 – 858.

Meyer, K.: Zur Theorie der wirtschaftlichen Integration, in: Kyklos, Vol. 19 (1966), S. 691 – 709.

Michaelis, J.: Gegenseitige Anerkennung nationaler Regelungen in der EG, in: Wirtschaftsdienst, 70. Jg. (1990), S. 483 – 488.

Noll, R.: The Political Foundations of Regulatory Policy, in: Zeitschrift für die gesamte Staatswissenschaft, 139. Jg. (1983), S. 377 – 404.

Oates, W. E., Schwab, R. M.: Economic Competition among Jurisdictions: Efficiency Enhancing or Distortion Inducing, in: Journal of Public Economics, Vol. 35 (1988), S. 333 – 354.

Popitz, H.: Die normative Konstruktion der Gesellschaft, Tübingen 1980.

Popper, K. R.: Die offene Gesellschaft und ihre Feinde I. Der Zauber Platons, 6. Aufl., Tübingen 1980.

Popper, K. R.: Die offene Gesellschaft und ihre Feinde II. Falsche Propheten. Hegel, Marx und die Folgen, 6. Aufl., Tübingen 1980.

Popper, K. R.: Über Wolken und Uhren, in: *ders.:* Objektive Erkenntnis. Ein evolutionärer Entwurf, 2. Aufl., Hamburg 1973, S. 230 – 282.

Predöhl, A., Jürgensen, H.: Europäische Integration, in: *Beckerath, E. v.,* et al. (Hrsg.): Handwörterbuch der Sozialwissenschaften, 3. Bd., Stuttgart u. a. 1961, S. 371 – 386.

Rothbard, M. N.: F. A. Hayek and the Concept of Coercion, in: ORDO, 31. Bd. (1980), S. 43 – 50.

Schmidtchen, D.: Evolutorische Ordnungstheorie oder: Die Transaktionskosten und das Unternehmertum, in: ORDO, 40. Bd. (1989), S. 161 – 182.

Schmitz, H.: Besteuerung und Integration. Auswirkungen unterschiedlicher Steuersysteme auf die internationalen Wettbewerbsbedingungen und Möglichkeiten einer Harmonisierung im Zuge der europäischen Integration, Wien 1964.

Schotter, A.: The Economic Theory of Social Institutions, Cambridge 1981.

Schüller, A.: Ökonomik der Eigentumsrechte in ordnungspolitischer Sicht, in: *Cassel, D., Ramb, B.-T., Thieme, H. J.* (Hrsg.): Ordnungspolitik, München 1988, S. 155 – 183.

Schwödiauer, G.: Korreferat zu *J. Röpke,* Zur Stabilität und Evolution marktwirtschaftlicher Systeme aus klassischer Sicht, in: *Streißler, E., Watrin, C.* (Hrsg.): Zur Theorie marktwirtschaftlicher Ordnungen, Tübingen 1980, S.155 – 159.

Siebert, H., Koop, M. J.: Institutional Competition. A Concept for Europe, in: Aussenwirtschaft, 45. Jg. (1990), S. 439 – 462.

Sinn, S.: Economic Models of Policy-Making in Interdependent Economies: An Alternative View on Competition Among Policies, Kiel 1989.

Sinn, S.: The Taming of Leviathan: Competition among Governments, in: Constitutional Political Economy, Vol. 3 (1992), S. 177 – 196.

Smith, A.: Der Wohlstand der Nationen. Eine Untersuchung seiner Natur und seiner Ursachen. Aus dem Englischen übertragen und mit einer Würdigung von Horst Claus Recktenwald, München 1974.

Sprung, R.: Die Bestimmungen über die Beseitigung von Verzerrungen des Wettbewerbs im Vertrag über die EWG, in: Finanzarchiv, N. F., 20. Bd. (1959/60), S. 201 – 233.

Steindorff, E.: Gemeinsamer Markt als Binnenmarkt, in: Zeitschrift für das gesamte Handelsrecht und Wirtschaftsrecht, 150. Jg. (1986), S. 687 – 704.

Streit, M. E.: Freiheit und Gerechtigkeit. Ordnungspolitische Aspekte zweier gesellschaftlicher Grundwerte, in: ORDO, 39. Bd. (1988), S. 33 – 53.

Streit, M. E.: Theorie der Wirtschaftspolitik, 4. Aufl., Düsseldorf 1991.

Streit, M. E., Wegner, G.: Wissensmangel und Wettbewerbsfolgen – Transaktionskosten aus evolutorischer Sicht, in: ORDO, 40. Bd. (1989), S. 183 – 200.

Vanberg V.: ‚Unsichtbare-Hand-Erklärung‘ und soziale Normen, in: *Todt, H.* (Hrsg.): Normengeleitetes Verhalten in den Sozialwissenschaften, Berlin 1984, S. 115 – 146.

Vanberg, V.: Der individualistische Ansatz zu einer Theorie der Entstehung und Entwicklung von Institutionen, in: Jahrbücher für Neue Politische Ökonomie, 2. Bd. (1983), S. 50 – 69.

Vanberg, V.: Evolution und spontane Ordnung. Anmerkungen zu F. A. von Hayeks Theorie der kulturellen Evolution, in: *Albert, H.* (Hrsg.): Ökonomisches Denken und soziale Ordnung, Festschrift für Erik Boettcher, Tübingen 1984, S. 83 – 112.

Vanberg, V.: Markt und Organisation. Individualistische Sozialtheorie und das Problem korporativen Handelns, Tübingen 1982.

Vaubel, R.: Die politische Ökonomie der wirtschaftspolitischen Zentralisierung in der Europäischen Gemeinschaft, in: Jahrbücher für Neue Politische Ökonomie, 11. Bd. (1992), S. 30 – 65.

Wegner, G.: Wissensnutzung in Märkten. Zur Unvereinbarkeit von Ordnungstheorie und Gleichgewichtstheorie, in: Jahrbücher für Sozialwissenschaft, 43. Bd. (1992), S. 44 – 64

Weis, H.: Inländerdiskriminierung zwischen Gemeinschaftsrecht und nationalem Verfassungsrecht, in: Neue Juristische Wochenschrift, 36. Jg. (1983), S. 2721 – 2726.

Windsperger, J.: Gleichgewicht und Wissen. Analyse des Hayek'schen Konzepts, in: Jahrbücher für Sozialwissenschaften, 34. Bd. (1983), S. 232 – 245.

Windsperger, J.: Wettbewerb als dynamischer Prozeß, in: ORDO, 37. Bd. (1986), S. 125 – 140.

Witt, U.: Individualistische Grundlagen der evolutorischen Ökonomik, Tübingen 1987.

Zintl, R.: Individualistische Theorien und die Ordnung der Gesellschaft. Untersuchungen zur politischen Theorie von James M. Buchanan und Friedrich A. v. Hayek, Berlin 1983.

Summary

On the Harmonization of National Judicial Systems in a Common Market

With the creation of a Common Market the problem of adjusting national legal systems arises. In this essay the author discusses the necessity of harmonizing the different legal systems from the point of view of evolutionary theory. The legal system of a country is regarded as the result of evolutionary political processes which are changed by integration. In order to evaluate these changes the author develops criteria that are to be fulfilled by the legal system and by the political process if an individualistic perspective is chosen. In the first place, the legal system has to conform to the principle of generality in order to guarantee unrestricted individual behaviour. Furthermore, the political process should encourage the development of the legal system in the desired direction. The analysis of the changes in the political process due to integration shows, in accordance with the criteria mentioned above, that there is no necessity to adjust the legal systems beyond the implementation of the principle of origin.

Binnenmarkt und Währungsintegration:
Theoretische Aspekte und wirtschaftspolitische Optionen

von

PAUL J. J. WELFENS

I. Einleitung

Mit dem EG-Binnenmarktprojekt 1992 hat die Gemeinschaft die realwirtschaftliche Integration weitgehend abgeschlossen. Die Europäische Union hat damit in 1993 einen von nichttarifären und tarifären Handelshemmnissen freien Wirtschaftsraum errichtet, von dem sich die EG-Kommission dauerhafte positive Wirkungen versprochen hat. Das Binnenmarktprojekt mit seinen vier Eckpfeilern Liberalisierung des öffentlichen Beschaffungswesens, Beseitigung der Grenzkontrollen, Liberalisierung der Finanzdienstleistungen sowie Mobilisierung statischer und dynamischer Angebotseffekte – im wesentlichen durch economies of scale in größeren Märkten – läßt mittelfristig positive Wachstumseffekte dank verbesserter allokativer Effizienz erwarten; im einzelnen mögen die Effekte umstritten sein, aber die laut *CECCHINI*-Bericht zu erwartende temporäre Wachstumsbeschleunigung dürfte im Vorfeld des Binnenmarktes durch Antizipationseffekte weitgehend eingetreten bzw. vorweggenommen worden sein. Mit einer fortschreitenden Währungsintegration sollten gemäß Maastrichter Vertrag eine Absicherung der realwirtschaftlichen Integrationsgewinne erzielbar sein und zudem positive Wohlfahrtseffekte erreicht werden. Von der EG-Kommission ist jedenfalls eine Komplementarität von Binnenmarktprogramm und Währungsintegration behauptet worden (EC COMMISSION, 1990), die im weiteren diskutiert werden wird. Die folgende Analyse skizziert einige Hauptmerkmale des EG-Binnenmarktes sowie des Europäischen Währungssystems mit seiner in den Jahren 1992/93 krisenhaften Entwicklung.

Zunächst wird nach den generellen Zusammenhängen von realwirtschaftlicher Integration und Binnenmarkt gefragt. Im weiteren werden vor dem Hintergrund der Theorie optimaler Währungsräume die ökonomischen Verbindungslinien von realwirtschaftlicher und monetärer Integration analysiert. Schließlich werden in einem Schlußabschnitt wirtschaftspolitische Konsequenzen der Analyse aufgezeigt. Insgesamt zeigt sich, daß der Binnenmarkt die Währungsintegration eher unterminiert als ökonomisch fördert, denn der Binnenmarkt erhöht die Kapitalmobilität in der Europäischen Union (EU). Da die marktlichen Anpassungsmechanismen durch den erhöhten Wettbewerbsdruck im Binnenmarkt verstärkt gefordert werden und die sozialen Gegensätze in der EU zunehmen könnten, ist tendenziell von einer Verschlechterung der wirtschaftspolitischen Koordinations- und Konsensfähigkeit in der EU auszugehen. Diese schon in der Zwölfergemeinschaft erkennbare Unterminierung der Voraussetzungen einer erhöhten politischen Koordination auf stabilitätsgerechtem Niveau könnte in einer entscheidungsschwächeren Gemeinschaft von 16 und mehr Staaten noch gravierender werden.

II. Binnenmarktprojekt und EWS-Krise

Das Binnenmarktprojekt erhöht den Wettbewerbsdruck in der Europäischen Union durch eine Reihe von Liberalisierungsmaßnahmen (siehe Übersicht 1). Hinzu treten die Wirkungen der Kapitalverkehrsliberalisierung (1. 7. 1990) in der ersten Stufe der Wirtschafts- und Währungsunion, die zusammen mit dem Binnenmarktprogramm den Standortwettbewerb erheblich intensivieren; und zwar durch einen Anstieg der Kapitalmobilität in der EU. Mit der Abschaffung der physischen Grenzkontrollen und der Harmonisierung technischer Normen (sowie der Zulassung des Ursprungslandprinzips) ergeben sich für die Unternehmen verbesserte Möglichkeiten, durch Standortverlagerung ihre Wettbewerbsposition zu verbessern; der Druck, derartige Möglichkeiten innerhalb der EU – und seit dem Zusammenbruch des Rates für Gegenseitige Wirtschaftshilfe in 1991 auch in Osteuropa – auszuschöpfen, steigt als Folge intensivierten Wettbewerbs im Binnenmarkt. Der Maastrichter Vertrag beeinflußt den Binnenmarkt vor allem über Defizit- und Schuldenobergrenzen für die Staatshaushalte sowie über die bei fortschreitender Währungsintegration sich verstärkende Preistransparenz (Wettbewerbsintensivierung). Während die Budgetgrenzen auf sinkende Zinssätze hinwirken, droht eine vorzeitige Paritätenfixierung auf Ungleichgewichtsniveau (bezogen auf das interne oder externe Gleichgewicht) zu einer Hochzinspolitik zwecks Stimulierung von Kapitalimporten zu führen.

Folgt man der Sicht der EG-Kommission, so sind als Folge der Finanzmarktliberalisierung reale Zinssenkungen und mithin höhere Investitionen, also auch mehr Beschäftigung bei erhöhtem Wachstum zu erwarten. Nun sorgt aber die Kapitalverkehrsliberalisierung in Ländern mit bislang künstlich durch Kapitalexportbeschränkungen niedrig gehaltenen Zinsen (Italien, Spanien, Portugal und Frankreich sowie Griechenland) national für eine nominale Zinsauftriebstendenz. Da bei intensiviertem Binnenmarktwettbewerb aber gerade der Inflationsdruck graduell abnimmt, so entsteht Druck auf Realzinssatzanstiege in der EU. Dies muß nicht unbedingt auch eine Verminderung der Investitionen nach sich ziehen, denn das Grenzprodukt des Kapitals wird im EU-Durchschnitt durch wachsende Direktinvestitionen und erhöhte Innovationsdynamik – z.T. als Folge intensivierten Wettbewerbs – ebenfalls ansteigen. Gemäß Zinsparität wird eine inländische Zinserhöhung mit einer positiven Abwertungsrate verknüpft sein, was insbesondere nach dem Anstieg der Paritätsbandbreiten auf +/– 15% im Gefolge der Brüsseler EWS-Reform von 1993 ein wichtiger Gesichtspunkt ist. Allerdings ist der Primäreffekt einer Nominalzinserhöhung regelmäßig eine starke Aufwertung, denn infolge von wachsenden Kapitalexporten im Niedrigzinsland entsteht eine temporäre Aufwertung im Hochzinsland; ja, gemessen an der Kaufkraftparität kommt es zu einem Overshooting bzw. einer zeitweilig wachsenden Abweichung vom Gleichgewichtswechselkurs (Kaufkraftparitätenkurs $q = eP^*/P$ im Fall allgemein handelsfähiger Güter, wobei e = nominaler Kurs, P und P^* das Preisniveau im In- bzw. Ausland darstellt).

Finden zum ungleichgewichtigen, von Finanzmarkttransaktionen determinierten Nicht-Kaufkraftparitätenkurs realwirtschaftliche Transaktionen wie Außenhandel

Übersicht 1: Effekte des EG-Binnenmarktes und Währungsintegration

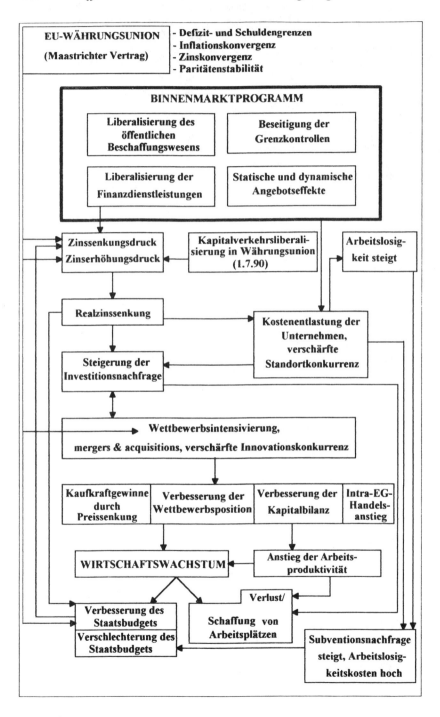

und Direktinvestitionen statt, so wird damit der zunächst erwartete Kaufkraftparitätenkurs nicht länger als künftiger Gleichgewichtswechselkurs gelten können. Bei Existenz nichthandelsfähiger Güter gilt zudem, daß der reale Wechselkurs primär langfristig von den Preisniveaus der handelsfähigen Güter im In- und Ausland und diese Teilpreisniveaus von den sektoralen Produktivitätsentwicklungen bestimmt sind. Der Binnenmarkt wirkt naturgemäß auf den Produktivitätsfortschritt gerade der handelsfähigen Güter ein, und zwar dürfte der Produktivitätsfortschritt in bislang technologisch und im Pro-Kopf-Einkommen eher unterdurchschnittlichen Ländern überproportional zunehmen: Daher ist ein verminderter Inflationsdruck im Sektor der handelsfähigen Güter zu erwarten, was den Außenbeitrag der entsprechenden Länder stimulieren dürfte.

Kommt es allerdings im Gefolge der Produktivitätserhöhung zu einem Anstieg der strukturellen Arbeitslosigkeit in einzelnen EU-Ländern, so ergeben sich auch makroökonomisch negative Binnenmarkteffekte; nachfrage- und innovationsschwache Branchen werden von geringem Produktivitätswachstum und hohen Freisetzungseffekten betroffen, expandierende Branchen können hingegen neue Arbeitsplätze schaffen – makroökonomisch gesehen sinkt die Arbeitslosenquote bei Wachstum aber nur dann, wenn die Beschäftigungsschwellen überschritten werden (Wachstumsrate > relativer Anstieg der Arbeitsproduktivität).

Während für die EU als Ganzes das Binnenmarktprogramm auf das Sozialprodukt positiv wirken wird, kann von für alle EU-Länder relevanten Einkommens- und Beschäftigungsgewinnen keineswegs ausgegangen werden. Die Schere zwischen Produktivitätsanstieg und Beschäftigungsstagnation im EU-Binnenmarkt kann sich temporär weiter verschärfen, wenn sich bezogen auf Drittländer die Kapitalbilanz im Sinne eines Zuflusses von Direktinvestitionen in die EU verbessert; insbesondere durch den Zustrom von US- und japanischen Direktinvestitionen dürfte es zu weiteren Rationalisierungsinvestitionen kommen. Standortverlagerung und EG-interne Direktinvestitionsabflüsse werden zumindest in einigen EU-Ländern die Arbeitslosenquoten erheblich ansteigen lassen. Ob aber bei steigenden Arbeitslosenquoten (plus erhöhten sozialen Spannungen) und damit verbundener Erhöhung der politischen Subventionsnachfrage noch eine stabilitätsorientierte Geld- und Fiskalpolitik glaubwürdig durchgezogen werden kann, ist in einigen EU-Ländern stärker als vor dem EG-'92-Projekt und dem Maastrichter Vertrag zu bezweifeln. Denn die Defizitbegrenzungskriterien des Maastrichter Vertrages geben für eine expansive Fiskalpolitik enge Grenzen vor, während zugleich die Geldpolitik in vielen Ländern bei festen Paritäten weitgehend impotent wird: Bei gerade wegen des Binnenmarktes wachsendem Anteil des Intra-EU-Handels wird von einer erhöhten Rolle der Intra-EU-Preisangleichung bei handelsfähigen Gütern auszugehen sein, und zugleich sinkt zumindest für kleinere Länder die geldpolitische Autonomie bei festen Paritäten wegen der rasch steigenden Intra-EU-Kapitalmobilität. Bei erweiterten Paritätsbandbreiten gewinnt zwar die nationale Geldpolitik an Spielraum, was insbesondere für die deutsche Bundesbank wertvoll ist. Aber in Ländern mit überhöhter Währungsparität entsteht ein gefährlicher Druck, durch Hochzinspolitik die Überbewertung zu verteidigen, und zwar letztlich auf Kosten von Export-, Sozialprodukts- und Beschäftigungsanstieg. Steigende EU-Arbeitslosenquoten bei verminderter nationaler Autonomie in der Geld- und Fiskalpolitik sind ein gravierendes Problem, zumal hierdurch und infolge ansteigender Subventionsnachfrage die sich ergebenden hohen Staatsdefizite kaum rasch abgebaut werden können.

Wenn auch für die EU insgesamt das Binnenmarktprojekt wie auch eine wohlorganisierte und sinnvoll terminierte Währungsunion (im Sinn völlig fester Kurse oder einer Einheitswährung) Vorteile bringen könnte, so ist doch eine Intra-EU-Vorteilsverteilung zu erwarten, die für einige Länder Nettonachteile bzw. erhöhte Anpassungskosten und -probleme mit sich bringt; um letztere zu bewältigen, könnten in den betreffenden Ländern wie auf supranationaler EU-Ebene interventionistische und (binnen-)marktwidrige Maßnahmen ergriffen werden, welche eine langfristige Vorteilhaftigkeit von Binnenmarkt plus Währungsunion in Frage stellen. Allerdings gilt es auch Entwicklungen zu bedenken, die ein wachsendes Instabilitätspotential des Europäischen Währungssystems gerade als Folge der sich entfaltenden Binnenmarktdynamik bedeuten. Kommt es etwa im Zuge des EU-Binnenmarktes zu wachsenden Intra-EU-Direktinvestitionen, so nimmt die langfristige Kapitalmobilität zu, was die Interdependenz der Kapitalmarktzinsen in Europa verstärkt; kommt es weiterhin zu einem intensivierten Wettbewerb auf den Finanzmärkten, so sinken die Transaktionskosten für grenzüberschreitende Portfolioinvestitionen, was die Interdependenz bei den kurzfristigen Zinssätzen verschärft – ein einzelnes Land hätte dann noch weniger als in den 80er Jahren die Möglichkeit zu einer eigenständigen Zinspolitik. Mehr noch, asymmetrische externe Schocks, die einzelne EU-Länder unterschiedlich betreffen, werden weit stärker als früher große Umschichtungen bzw. Kapitalverkehrsbewegungen mit potentiellen Wechselkursänderungen bzw. erhöhtem Spekulationsdruck bei fester Parität auslösen.

Eine beschränktere konjunkturpolitische Autonomie könnte ein nachhaltiges Problem darstellen, wenn etwa in einer EU-Untergruppe von drei Ländern A, B, C ein Land A von Rezession und ein Land C – etwa mit starker Exportorientierung nach USA – von einem Boom (bei US-Konjunkturaufschwung) – geprägt wäre. Mehr noch, eigentlich würde A gegenüber dem Land mit Normalkonjunktur B eine Abwertung zwecks Exportstimulierung präferieren, während das Land C eher eine Aufwertung zur Dämpfung des Inflationsauftriebs wünschen dürfte: Erforderlich sind hier also Änderungen der realen Wechselkurse q_i ($q = eP^*/P$). Eine derartige Konstellation innerhalb der EU ist naturgemäß mit festen Wechselkursen oder einer Einheitswährung inkompatibel; es sei denn, daß in jedem Land interne Güterpreis- und Lohnsatzflexibilitäten sowie die regionale und strukturelle Mobilität hinreichend hoch zur Sicherung der Vollbeschäftigung wären. Dabei ist zu bedenken, daß bei einem Festkurssystem und wachsendem Anteil handelsfähiger Güter und Dienstleistungen (dies ist ja gerade Ergebnis des Binnenmarktprogramms) P und P* weit stärker parallel laufen werden als in einem System flexibler Kurse ohne Binnenmarkt. Funktionsfähige Arbeitsmärkte, die eine verläßliche Marträumung auch bei shocks und shifts ermöglichen, sind dann unverzichtbare Vorbedingung für eine Währungsintegration. Der Anstieg der Sockelarbeitslosigkeit in Deutschland wie in anderen EU-Staaten nach dem ersten Ölpreisschock und die im Vergleich zu den USA und Japan geringen Lohndifferenzierungen deuten hier aber keineswegs darauf hin, daß die EU-Staaten die Voraussetzungen für eine Währungsunion erfüllen.

Letztlich könnte eine frühzeitige Verkoppelung von Binnenmarkt und Währungsunion sich als höchst instabil erweisen, was insbesondere dann der Fall wäre, wenn die Intra-EU-Interessengegensätze im Zuge einer fortschreitenden Währungsintegration zunähmen, die Steuerbarkeit der Konjunktur in der EU sich bei Annäherung an die Währungsunion verminderte und die Übergangsmodalitäten zur

Währungsunion Wachstumsschwäche und hohe Arbeitslosenquoten bedeuten.[1] Zu bedenken ist hier insbesondere auch, daß aus strukturellen oder konjunkturellen Gründen entstehende erhöhte Staatsdefizite in einigen EU-Ländern in einer Zeit erhöhter Kapitalmobilität zu einem stärkeren Zinsanstieg bei Neuemissionen führen kann als früher: Bei aktuell und potentiell wachsender Bedeutung ausländischer Bondshalter steigt die Abwertungsrate, die bei einem Abzug von Geldern in Phasen steigender Zinssätze (= Wertpapier-Kursverluste) zu erwarten wäre. Der inländische Zinssatz muß aber der Summe aus Auslandszins – im Grenzfall der Weltkapitalmarktzins (US-Zins) – plus der erwarteten Abwertungsrate entsprechen.

Soweit mit Blick auf eine Verminderung der Wechselkursschwankungen eine Verminderung der potentiellen Abwertungsrate angestrebt wird, ist unmittelbar der inländische Nominalzinssatz bei einem Anstieg des ausländischen Referenzzinssatzes zu erhöhen. Als Referenzzinssatz erweist sich in der EU in der Regel der DM-Zinssatz, der von anderen EU-Ländern praktisch nicht längerfristig unterschritten werden kann. Der DM-Zinssatz ist u. a. deshalb vergleichsweise niedrig, weil die Stellung der DM als Reservewährung eine hohe Auslandsnachfrage nach DM-denominierten Bonds bedeutet – dies drückt das Zinsniveau in Deutschland. Sollte es allerdings zu einem Anstieg der realen Zinssätze in Deutschland und anderen EU-Ländern kommen, so dürfte die deutsche Wirtschaft wegen der hohen Bedeutung der Investitionsgüterindustrie, der Innovativität der Industrie und der großen Flexibilität des industriellen Mittelstandes vergleichsweise eher als andere Länder in der Lage sein, ein hohes Kapitalgrenzprodukt zu erwirtschaften und somit die Dämpfungswirkung eines Realzinsschocks abzufedern; angesichts der Restrukturierung Ostdeutschlands und der dort vorhandenen neuen Investitionsmöglichkeiten gilt dies mit Blick auf die 90er Jahre insgesamt.

Hinzu kommt, daß die Zinsstrukturkurven in EU-Ländern sich unterschiedlich entwickeln könnten, was bei erhöhter Kapitalmobilität besonders bedeutsam ist. So führt eine inverse Zinsstruktur in Deutschland bei normaler Zinsstruktur in Frankreich zu einem Abwertungsdruck auf den FF, der sich als Konsequenz kurzfristiger französischer Kapitalexporte ergibt: die kurzfristige positive deutsch-französische Zinsdifferenz ist hierfür verantwortlich, während die positive französisch-deutsche Kapitalmarktdifferenz für den Wechselkurs eher auf künftige Nettokapitalimporte (cum FF-Aufwertung) Frankreichs bei allerdings geringem aktuellem Wechselkurseinfluß hindeuten. Ähnliche Überlegungen gelten, wenn in Frankreich eine inverse Zinsstruktur und in Deutschland eine normale Zinsstruktur gilt. Das Gegeneinander der in- und ausländischen Zinsstrukturkurve ergibt sich im wesentlichen dadurch, daß (nur) in einem Land die Erwartung sinkender Kapitalmarktzinssätze bestehen. Divergente Erwartungsbildungen im monetären Bereich bzw. bei den Kapitalmarktzinssätzen können im wesentlichen nur aus unterschiedlichen Erwartungen über die künftigen nationalen Fiskal- und Geldpolitiken herrühren. Hieraus ergibt sich die Notwendigkeit, ähnliche fiskal- und geldpolitische Politiken in den EU-Ländern zu verfolgen – keineswegs ein einsichtiges Ziel für jede Nation, falls es national unterschiedliche konjunkturelle und strukturelle Probleme gibt. Bei asymmetrischen shifts und shocks in der EU ist dies aber gerade zu erwarten. Das Binnenmarktprojekt selbst kann als asymmetrischer Markt-

---

[1] Zur Wachstums- und Investitionsschwäche siehe EU-COMMISSION (1993)

schock in der EU betrachtet werden; mehr noch gilt dies allerdings für die Öffnung und Transformation in Osteuropa.

Schließlich ist ein zuerst von *Fama* (1984) analysiertes Phänomen zu beachten, daß nämlich in Phasen erhöhter internationaler Zinsdifferentiale die kurzfristigen Zinssätze insgesamt – bei flexiblen Wechselkursen – ansteigen. Kommt es als Folge eines nachlassenden monetären Disziplinierungs- und Harmonisierungsdrucks in der EU zeitweilig zu wachsenden Zinssatzdifferentialen, so wäre dies nach *Fama* mit einer Tendenz zur Erhöhung der Realzinssätze via Aufwertung der Währung des Landes mit steigenden Zinssätzen verbunden – dies im Gegensatz zur offenen Zinsparität, wonach bei gegebenen i* dieser Zins der Differenz von Inlandszins i (annahmegemäß i > Auslandszinssatz i*) und erwarteter Abwertungsrate a (mit a > 0) entspricht. Die im Binnenmarkt weiter wachsende Zinssensibilisierung der Unternehmen und Banken, die, unter verschärftem Wettbewerbsdruck stehend, stärker als früher auf hohe Renditen und also profitable Kapitalexport- und Kapitalimportoptionen achten müssen, läßt eine steigende Anfälligkeit des EWS gegenüber spekulativen Attacken erwarten. Von daher sind die Ereignisse der EWS-Krise 1992/93 höchst aufschlußreich.

III. EWS-Krise und Maastrichter Vertrag

Im September 1992 und im August 1993 erlebte das Europäische Währungssystem (EWS) die größten Turbulenzen seit 1982/83. Mit der Abwertung von Lira (14. September: 7%) und Peseta (17. September: 5%) bzw. dem Floating von Pfund und Lira (ab 17. September) ist erstmals seit 1987 ein größeres – von Abwertungen in Portugal, Irland und Spanien nachfolgend begleitetes – Realignment zustande gekommen; dieser indirekten Anpassung der EG-Währungsparitäten folgte nach Monaten spekulativer Attacken auf verschiedene Währungen die Brüsseler Reform vom 1. August 1993, die eine Entscheidung zur Bandbreitenerweiterung auf 15% brachte; mit Ausnahme der DM-Gulden-Parität, für die unverändert die enge Standardbandbreite des EWS von 2,25% gilt, gelten für die am Europäischen Wechselkursmechanismus beteiligten Länder, daß die Währungen um bis zu 15% nach oben und unten schwanken können. Diese zunächst befristete Maßnahme soll im wesentlichen vier Ziele erreichen:
– Die Deutsche Bundesbank soll dank erhöhter Kursflexibilität von geldmengenerhöhenden Stützungskäufen für schwache, abwertungsverdächtige EWS-Währungen entlastet werden. Seit der deutschen Wiedervereinigung liegt die Inflationsrate in Westdeutschland bei ca. 4%, so daß die stabilitätspolitische Führungsposition der Bundesbank im EWS gefährdet ist. Bei starkem Inflationsdruck durch erhöhte staatlich administrierte Preise und eine insgesamt wenig preiselastische Staatsnachfrage (vor allem in Ostdeutschland) wären wiederholte Überschreitungen beim Geldmengenziel aus Bundesbanksicht höchst problematisch. Interventionsbedingte zu starke Liquiditätsausweitungen in Verbindung mit geschwächter stabilitätspolitischer Glaubwürdigkeit der Bundesbank würden die Inflationsbekämpfung in Deutschland weiter erschweren. Allerdings gibt es auch inländische Ursachen überhöhten Geldmengen- und Kreditmengenwachstums in Deutschland, wie sich zur Jahreswende 1993/94 zeigte.
– Die kontinentaleuropäischen Zinsen (ij) der EG-Partnerländer der BRD sollen stärker von den hohen deutschen Nominalzinsen (i^{DM}) abgekoppelt werden, denn bei Zinssätzen auf mindestens deutschem Niveau bei gleichzeitig niedrigeren In-

flationsraten sahen sich Länder wie Frankreich und die Beneluxgruppe einem sehr hohen Realzinssatz ausgesetzt. Der Zinssatz in einem EWS-Land ergibt sich gemäß Zinsparität als $i_j = i^{DM} + a + R_j$ (mit a = erwartete Abwertungsrate, R = Risikoprämie), so daß erweiterte Bandbreiten bei gegebener Länder-Risikoprämie eine erhöhte Abwertungserwartung a und mithin geringere Nominalzinssätze bzw. Realzinssätze zulassen. Letztlich könnten verminderte Realzinssätze und Währungsabwertungen die Konjunktur in kontinentaleuropäischen Partnerländern der Bundesrepublik Deutschland ähnlich beleben, wie dies offenkundig bereits in Großbritannien seit Herbst 1992 nach der Rückkehr zum Floating der Fall war. Großbritanniens Wirtschaftsexpansion durch Abwertung ist aber naturgemäß kein für alle EG-Länder gleichzeitig gangbarer Weg, und größere Wechselkursflexibilität könnte für einige Länder letztlich auch langfristig höhere Nominal- und Realzinssätze bedeuten; nämlich dann, wenn verstärkte stabilitätspolitische Zweifel („credibility problem") deswegen entstehen, weil höhere Flexibilität geringeren Anpassungszwang an eine stabilitätsorientierte Fiskal- und Geldpolitik bedeutet.

– Die Marktkräfte sollen die Gleichgewichtswechselkurse in einem seit 1990/1991 – nach der deutschen Wiedervereinigung und der Disintegration des Rates für gegenseitige Wirtschaftshilfe und der UdSSR – radikal veränderten europäischen Umfeld neu bestimmen. Hinzu kommt asymmetrischer Anpassungsbedarf aus der Entfaltung des seit 1. 1. 1993 geltenden EG-Binnenmarktes, der zu Veränderungen der nationalen Wettbewerbsposition in der EG führen wird. Politisch nicht durchsetzbare Abwertungen und Aufwertungen werden somit durch Angebots- und Nachfrageimpulse aus dem privaten Sektor ersetzt.

– Die spekulativen Kapitalströme sollen durch die erweiterten Bandbreiten und die mithin erhöhten Kursänderungsrisiken vermindert werden. Angesichts der Abschaffung der Kapitalverkehrskontrollen in fast allen EG-Staaten im Zuge der zum 1. Juli 1990 in Kraft getretenen ersten Stufe der Wirtschafts- und Währungsunion (WWU) sowie der Liberalisierung der EG-Finanzmärkte im Rahmen des Binnenmarktprogramms, haben internationale Kapitalströme in ihrer Bedeutung für die kurzfristige Wechselkursbestimmung deutlich an Bedeutung gewonnen. Hingegen dürften Güterexporte und -importe eine vergleichsweise geringere Rolle bei der Wechselkursbestimmung haben; d. h. etwa, daß die traditionelle Vorstellung, daß ein Land mit steigenden Exportüberschüssen tendenziell aufwertungsverdächtig ist, zumindest kurzfristig an Relevanz verliert (Beispiel Frankreich 1993, das zudem mit 2% eine geringere Inflationsrate als die BRD aufwies); denn wenn zugleich massive Kapitalabflüsse zustande kommen, die von Abwertungserwartungen oder Spekulationen auf Kursgewinne bei ausländischen Wertpapieren stimuliert werden, so käme es zu einem massiven Abwertungsdruck. Massive Kapitalströme spielten bereits in 1991/92 eine wesentliche Rolle für Spannungen im EWS. Solange weiter sinkende Inflationsraten bei stabilen nominalen Wechselkursen glaubhaft schienen, war es für Kapitalmarktakteure attraktiv, z. B. in hochverzinsliche spanische oder italienische Staatsschuldtitel zu investieren – bei erwarteter Nominalzinssenkung (getrieben von anhaltend sinkenden Inflationsraten) konnte man auf beträchtliche Gewinne aus steigenden Wertpapierkursen spekulieren.

Es stellt sich die Frage, ob mit der Brüsseler Entscheidung zugunsten von wesentlich mehr Wechselkursflexibilität nicht der Weg zur EU-Währungsunion auf Dauer verbaut worden ist. Denn gemäß Maastrichter Vertrag soll am 1. 1. 1994 die zweite Stufe der Wirtschafts- und Währungsunion in Kraft treten und zum 1.1.1997 oder aber 1999 die dritte Stufe der Wirtschafts- und Währungsunion erreicht werden; der Vertrag sieht u. a. vor, daß Mitglieder einer EG-Währungsunion zwei Jahre vor dem Eintritt in Stufe III keine Abwertung mehr vorgenommen haben und sich zudem innerhalb der engen Paritätenbandbreite von ±2,25% des EWS befinden. Demnach würde eine Verminderung der sehr weiten Bandbreite von 15% auf die weite EWS-Bandbreite von ± 6 nicht genügen, die zu Beginn des EWS zunächst von Italien, später auch von Großbritannien sowie Portugal und Spanien realisiert wurden. Ist eine Wirtschafts- und Währungsunion überhaupt noch realisierbar? Die nachfolgenden Überlegungen verdeutlichen, daß eine Wirtschafts- und Währungsunion durchaus als Option längerfristig denkbar ist, und daß bei geeigneten Anpassungs- und Flankierungsmaßnahmen eine EG-Währungsunion ökonomisch sinnvoll sein kann. Dabei bleibt im weiteren die Frage offen, inwieweit die EU-Länder den durch größere Wechselkursflexibilität gewonnenen politischen Handlungs- bzw. Zinssenkungsspielraum nutzen sollten. Frankreich könnte durchaus durch eine Zinssenkung mit temporärer Abwertung die Konjunktur stimulieren und bei erfolgreichen Anschubmaßnahmen mehr für die Härtung des Franc erreichen als ein stures Festhalten an der Franc fort-Politik bewirken könnte. Allerdings besteht durchaus das Risiko eines politischen Glaubwürdigkeitsverlustes bei einer dauerhaften Abwertung, die sich ergeben könnte, falls bei einem Konjunkturaufschwung das Leistungsbilanzdefizit zunimmt und die Marktteilnehmer ihre langfristigen FF-Kurserwartungen dauerhaft nach unten revidieren. Tatsächlich zeigen aber gerade die Abwertungen von Lira und Peseta, daß die Preiselastizitäten der Importnachfrage relativ hoch sind, so daß eine vorübergehende Abwertung zu Leistungsbilanzüberschüssen (insbesondere bei Ausgangslage Kapazitätsunterauslastung) und damit einer automatischen Aufwertungstendenz – hin zum Ausgangskursniveau – führen kann.

1. EWS-Erfolge und EWS-Instabilität

Das Europäische Währungssystem hatte in den 80er Jahren Erfolge verzeichnet, als man nach 1982 eine weitgehende Disinflation in allen EG-Ländern erreichte. Der Eintritt in den Wechselkursmechanismus brachte für Großbritannien in 1990 und für Spanien sowie Portugal den Vorteil, daß die nationale Antiinflationspolitik glaubwürdiger und mithin nominale und reale Zinssenkungen schneller möglich wurden als sonst (*Giavazzi/Pagano*, 1988); Disinflation bei verminderten Stabilisierungskosten in Form ansteigender Arbeitslosigkeit wurde für die EG-Länder leichter möglich, denn durch die Anbindung an die stabilitätsorientierte Geldpolitik der BRD ergaben sich Glaubwürdigkeitsgewinne der Geldpolitik. Länder, die sich wie Frankreich (1983 vor der Option einer Suspension des Wechselkursmechanismus) oder Großbritannien in den 80er Jahren für das System fester Wechselkurse entschieden, konnten demnach auf stabilisierungspolitische Vorteile fester Kurse und die Wachstums- sowie Wohlfahrtsvorteile niedriger Inflationsraten sowie stabiler Wechselkurse hoffen. Dies galt unter dem doppelten Vorbehalt, daß nicht beträchtliche kumulierte Inflationsdifferenzen zu einer Überbewertung von EWS-Währungen führten, daß die Bundesrepublik Deutschland als Ankerland des EWS bei der Inflationsrate die Führungsrolle behielt und daß nicht asymmetrische externe Schocks Änderungen der nominalen und realen Kurse notwendig machten. Alle drei Voraussetzungen waren durch die Entwicklungen

1987 – 92 nicht länger gegeben, wozu noch die politischen Unwägbarkeiten der Maastrichter Ratifizierungsdebatte kamen, welche die Spekulanten verstärkt Anfang der 90er Jahre auf den Plan riefen.

Ein Erfolg des EWS in den 80er Jahren, nämlich eine EG-weite Inflationsratenkonvergenz nach unten, ist angesichts der EWS-Krise 1992/93 gefährdet, auch wenn wegen der Binnenmarktdynamik erhöhte Produktivitätsfortschritte bzw. langsamer steigende Lohnstückkosten zu erwarten sind – letzteres gilt auch wegen der im Zuge verschärfter Standortkonkurrenz eintretenden Verminderungen des Lohnkostendrucks.[2] Während die Gruppe der sich energisch auf deutsches Inflationsniveau zubewegenden Länder nur wenig von den Währungsturbulenzen betroffen wurde, ist die im Disinflationsprozeß langsamere Peripheriegruppe, nämlich Italien, Portugal, Spanien und das Vereinigte Königreich (sowie Griechenland) von den Währungsturbulenzen besonders betroffen gewesen.[3] Feste nominale Wechselkurse sind eben unvereinbar mit zu stark divergenten Preisniveauentwicklungen (bzw. autonomer Geldpolitik) und Kapitalverkehrsfreiheit, so daß der Disinflationsprozeß der zweiten Gruppe als zu langsam und EWS-destabilisierend erscheint. Dies zeigte auch die Diskussion um das November-Realignment, die u. a. auf den anhaltenden Abwertungsdruck bei Peseta, Escudo und irischem Punt zurückgeht; dabei haben starke Lira-Abwertungen im September/Oktober 1992 den Ruf nach Abwertungen auf der besonders mit italienischen Produzenten konkurrierenden iberischen Halbinsel erhöht, während in Irland die Pfund-Abwertung beim britischen Haupthandelspartner Druck auf eine Parallelabwertung hervorrief. Im EWS droht eine durch *starke* „Inselabwertungen" induzierte Abwertungskonkurrenz.

Die Frage, ob die EU-Länder oder zumindest eine Teilgruppe vom Schritt zu einer Währungsunion profitieren kann, welche institutionellen Vorkehrungen hier zweckmäßigerweise zu treffen sind und welche geldpolitischen Steuerungsprobleme sich ergeben, wird seit einigen Jahren kontrovers diskutiert (z. B. *Hasse/Schäfer*, 1990; *Ungerer* et al. 1990; *De Cecco* und *Giovannini*, 1990; *Willms*, 1990; *Menkhoff* und *Sell*, 1992; *Borchert*, 1992; *Deutsche Bundesbank*, 1992; *Dieckheuer*, 1992; *Kenen*, 1992; *Fratianni, von Hagen* und *Waller*, 1992; *Fröhlich*, 1992a; *De Grauwe*, 1992; *Welfens*, 1994a, 1994b).

Die Pfund- und Lirakrise vom Herbst 1992 (Italien wurde Mitte 1992 in der Länderbonität herabgestuft) ist aber vor dem Hintergrund der realen Kursentwicklung (Tab. 1) und des zunehmend wichtigen Phänomens der Währungssubstitution durchaus erklärbar: Da das Pfund neben der DM, Yen und Dollar wichtigste internationale Anlagewährung ist, droht im Fall einer Währungssubstitution zugun-

---

[2] Es ist richtig, daß auch Nicht-EWS-Länder in den 80er Jahren eine Disinflation verzeichneten.

[3] Die Währungsabwertungen ihrerseits erhöhen den Inflationsdruck, wobei das Ausscheren aus dem Wechselkursmechanismus als Regimewechsel interpretiert und zu einer generellen Korrektur der Inflationsratenerwartungen nach oben führen könnte. Im übrigen haben reale Wechselkursänderungen nach wie vor (zeitverzögerte) Wirkungen auf die Handelsbilanz: für die BRD siehe *Möller, H.* und *Jarchow, H.-J.* (1990): Demand and Supply Functions for West German Exports, Jahrbücher für Nationalökonomie und Statistik, Vol. 207, 529 – 538.

sten der DM ein starker Abwertungsdruck.[4] So wie im September 1992, als das Zusammentreffen sinkender kurzfristiger U.S.-Zinssätze und steigender kurzfristiger Zinssätze in Deutschland internationale Anleger massiv zum Ausstieg aus Dollaranlagen und zum Einstieg bei DM-Anlagen anreizte.

Tab. 1:   *Reale DM-Wechselkursindices*
[P/eP*: (1972) = 100; auf Basis der Verbraucherpreise]
gegenüber EWS-Ländern (ohne Griechenland)

	Pfund Sterl.	Ital. Lira	Ir. Pfund	Dän. Krone	Belg. Fr.	Franz. Franc	Gulden	Port. Escu.	Peseta	US $
1973.IV	121.3	123.4	118.2	103.3	109.2	107.9	102.6	104.1	104.8	125
1979.IV	102.8	126.9	107.2	93.3	94.2	102.7	93.9	111.0	84.0	142
1981.IV	80.9	114.1	86.7	91.1	95.1	95.8	91.7	90.8	81.8	102
1982.IV	81.8	110.2	84.8	94.7	105.9	103.0	91.4	100.7	84.6	92
1985.IV	83.3	103.2	80.0	89.8	100.1	96.3	93.0	97.1	86.3	85
1987.IV	96.1	101.3	87.3	87.9	100.9	101.0	93.6	103.5	82.8	122
1988.IV	86.2	99.2	86.2	85.6	101.3	100.9	94.5	97.0	78.0	114
1990.IV	84.2	94.0	85.1	84.3	98.2	98.5	96.3	86.0	69.9	128
1992.II	83.8	92.1	86.0	87.2	100.4	100.3	96.5	74.8	67.9	121
% Änderung										
'92/'87*	−12.8	−9.1	−1.5	−0.8	−0.5	−0.7	3.1	−27.7	−18.0	0
'92/1972	−16.2	−7.9	−14.0	−13.8	+0.4	+0.3	−3.5	−25.2	−32.1	21

*: prozentuale Änderung II. Quartal 1992 gegen IV. Quartal 1987. Eigene Berechnung auf Basis von Statistiken der Deutschen Bundesbank

Die Marktakteure antizipierten offensichtlich, daß weder die hochrezessive britische Wirtschaft noch die von exzessiver Staatsverschuldung geprägte italienische Wirtschaft über Zinserhöhungen einer Abwertungsspekulation lange entgegenstehen könnten. Nachdem Großbritannien aber im Herbst aus dem Wechselkursmechanismus des EWS ausgetreten war – also dem Zwang zur Paritätsverteidigung nicht länger unterlag –, sanken die Zinssätze nominal und real deutlich, während zugleich die beim Floating sich einstellende Abwertung zu einer Verbesserung der Leistungsbilanzposition und zu positivem Wachstum beitrug. Während Großbritannien und Italien in 1992/93 nur eine milde Rezession erlebten, wurden in Frankreich und Spanien stark rückläufige Wachstumsraten und rasch steigende Arbeitslosenquoten verzeichnet; ein ähnliches Kontrastprogramm ergab sich 1992 auch in Skandinavien, wo Finnland sich angesichts bereits ungünstiger Wirtschaftslage – vor allem infolge des Zusammenbruchs des RGWs und

---

[4] Die Währungssubstitution bezüglich der DM schien in den 70er Jahren nur von begrenzter Bedeutung; siehe *Langfeldt, E.* und *Lehment, H.* (1980): Welche Bedeutung haben „Sonderfaktoren" für die Erklärung der Geldnachfrage in der Bundesrepublik Deutschland, Weltwirtschaftliches Archiv, Vol. 116, 669 – 684.

der UdSSR – zum Floaten entschloß, während Schweden zunächst durch hohe kurzfristige Zinssätze die einseitige Anbindung der Währung an den ECU gegen spekulative Kräfte zu verteidigen suchte: um den Preis erhöhter Realzinsen, beträchtlicher Positionsverluste auf Exportmärkten mit direktem Konkurrenzdruck von finnischen Firmen (bei niedrigerer bewerteter Währung) und verschärfter Rezession. Anfang 1994 zeigte sich insbesondere das britische Pfund recht gut erholt, wozu der starke Rückgang der Inflationsrate in Großbritannien und die mit sinkenden Zinssätzen verbesserten Aktienkurserwartungen, die Kapitalzuflüsse auslösten, beigetragen haben dürften. Im übrigen konnten Italien und Spanien ihre Leistungsbilanzposition abwertungsbedingt beträchtlich verbessern, vor allem gegenüber Deutschland.

2. Maastrichter Vertrag

Der Maastrichter Vertrag ist politisch in der EU umstritten, was sich in Ratifizierungswiderständen und -verzögerungen in vielen Ländern und erhöhter politischer Unsicherheit in der EU und bei der angestrebten EWS-Weiterentwicklung niederschlug. Spekulanten haben diese politischen Unwägbarkeiten gezielt für profitable internationale Finanztransaktionen zu nutzen gesucht. Nicht allein die Wirtschaftslage einzelner EG-Länder und politische Unwägbarkeiten beflügelten die Spekulation, sondern auch der durch den Anpassungsdruck des Maastrichter Vertrages geschaffene verschärfte wirtschaftspolitische Konvergenzdruck. Die fiskalischen Konvergenzkriterien („K-Kriterien"), die ein Haushaltsdefizit von höchsten 3% des Bruttoinlandsproduktes und eine Schulden-Bruttoinlandsprodukt-Relation von höchstens 60% vorsehen, bedeuteten insbesondere für Belgien, Italien und Irland (sowie Griechenland) einen verstärkten Konsolidierungsbedarf. Dies impliziert im wesentlichen die Notwendigkeit, Staatsausgaben und Staatsverbrauch weniger stark als bisher ansteigen zu lassen, so daß bei mittelfristig verminderten Expansionsimpulsen des Staates jedwede Exportschwäche praktisch „ungefedert" – ohne potentiell gegenläufige Staatsnachfrage – auf die volkswirtschaftliche Endnachfrage, das Sozialprodukt und die Beschäftigung durchschlagen muß. Im Maastrichter Vertrag ist zugleich für die meisten EG-Länder der Zwang zu einer relativ restriktiven Geldpolitik in dem Sinne angelegt, daß die Inflationsrate (der Zinssatz) für Kandidaten zur Währungsunion die Inflationsrate (den Zinssatz) in den drei Ländern mit der niedrigsten Inflationsrate um nicht mehr als 1,5 Prozentpunkte (zwei Prozentpunkte) überschreiten darf. Unter derartigen Umständen mußte Deutschlands EG-Partner ein massiver Konjunkturabschwung in der BRD – als dem wichtigsten Handelspartner innerhalb der EG – besonders hart treffen. Deutschland hingegen profitierte bis Anfang 1993 deutlich von den Wiederaufbauimpulsen für Ostdeutschland, die de facto ein kreditär finanziertes keynesianisches Expansionsprogramm darstellten.

Die Deutsche Bundesbank hat sich zur Belastung der Kapitalmärkte durch die staatliche Kreditaufnahme wiederholt kritisch geäußert und dabei auch betont, daß über Leitzinserhöhungen nicht nur die Liquiditätsexpansion begrenzt werden soll, sondern daß auch Signale zur Zurückhaltung bei der Kreditaufnahme an die Gebietskörperschaften gesetzt werden. Die Bundesbank war zu einer Leitzinssenkung erst in 1993 bereit, wobei die Maßnahmen aus EG-Sicht zu zögerlich gefaßt wurden; während Deutschland infolge unerwartet hoher Inflationsraten von über 4 v. H. in Westdeutschland (8 – 12 v. H. in Ostdeutschland) niedrige Realzinsen in 1992/93 verzeichnete und daher aus nationaler Sicht kaum Anlaß zu raschen Zinssenkungen bestand, waren die Inflationsraten in Italien, Spanien und Frankreich unerwartet niedrig ausgefallen, so daß relativ hohe Realzinssätze die Investitionskonjunktur und die Wirtschaftsexpansionschancen belasteten. Berechnet man die Realzinssätze als kurzfristiger Marktzinssatz minus Veränderungsrate der Produzentenpreise – auf sie wirkt die Binnenmarktdynamik stark dämpfend – so waren Anfang der 90er Jahre in allen EU-Ländern hohe Realzinssätze beobachtbar.

Für alle EG-Staaten (ggf. mit Ausnahme des Vereinigten Königreiches mit seiner Opting-out-Klausel) bedeuten die Maastrichter Beschlüsse z. T. radikale Änderungen. Die öffentlichen Haushalte sehen sich verstärkten Erfordernissen einer soliden, marktmäßig finanzierten Finanzpolitik gegenüber; die BRD müßte auf ihre bewährte Bundesbank verzichten und die Produktion des öffentlichen Gutes Preisniveaustabilität einer unabhängigen EG-Zentralbank anvertrauen; die anderen EU-Länder müßten ihre Notenbanken in eine ungewohnte politische Unabhängigkeit entlassen, und alle Länder hätten neue Formen der geldpolitischen Willensbildung zu akzeptieren. Die neue EU-Zentralbank müßte ein in Geldversorgung, Kreditpolitik und Geldpolitik neues, und dabei EU-weit griffiges Instrumentarium entwickeln; und es in einer Ausgangssituation mit unsicherer Wissens- und Wirkungsbasis anwenden und dabei das hochgesteckte Ziel der Preisniveaustabilität erreichen. Eine funktionsfähige Aufsicht über das Kreditwesen bei gleichzeitig EU-weit und weltweit verschärftem Wettbewerb und erhöhter Kapitalmobilität wäre zu gewährleisten und schließlich eine stabilitätskonforme Wechselkurspolitik gegenüber dem US-Dollar und anderen Währungen zu betreiben. Der Maastrichter Vertragsentwurf ist eine politische Paketlösung, die den Interessen und Erwartungen der 12 Mitgliedsländer-Regierungen und der jeweiligen Öffentlichkeiten offensichtlich nur in Teilaspekten genügt.

Nur Frankreich, Dänemark und Luxemburg erfüllten die Konvergenzkriterien („K-Kriterien") ohne Einschränkung in 1991, das als konjunkturelles Normaljahr gelten kann. Portugal, Italien und Griechenland erfüllten keines der K-Kriterien, wobei Griechenland zudem nicht dem Wechselkursmechanismus angehört. Deutschland, Belgien, die Niederlande, Irland und Großbritannien müßten mit Blick auf ein oder zwei Konvergenzkriterien Anpassungsmaßnahmen vornehmen – Spanien bei drei Kriterien –, wenn die Werte für 1991 zugrunde gelegt werden. Deutschland hat eine Reihe von Sonderproblemen aufgrund der deutschen Einigung, die nicht nur Inflationsprobleme, sondern auch mittelfristige Neuverschuldungsprobleme geschaffen hat. Bei anhaltend hohen deutschen Nominal- und Realzinssätzen droht die Inflations- und Nominalzinssatzkonvergenz in den Partnerstaaten zu realen Rekordzinssätzen zu führen, welche nicht nur die konjunkturellen Auftriebstendenzen behindern könnten; vielmehr droht über einen zu steigenden Zinsen refinanzierten Staatsschuldenbestand ein Anstieg bei der Neuverschuldungsquote, was in Italien mit seinem fast völlig durch Zinszahlungen bedingten Neuverschuldungsdefizit von ca. 10% in 1992/93 besonders relevant ist.[5]

---

[5] Eine Zunahme des Zinssatzes um 1 Prozentpunkt erhöht die Staatsverschuldung Italiens indirekt um 10 Mrd. $.

Von der Dynamik des EU-Binnenmarktes haben sich im Gegenteil einige Staaten eine durch steigende Steuereinnahmen schmerzfreie Konsolidierung erhofft. Der Systemschock „deutsche Einheit" sowie das mäßige Wirtschaftswachstum in den USA und Japan zu Beginn der 90er Jahre könnten jedoch EU-weite Maßnahmen zur Wirtschaftsbelebung gerade zu Beginn des Binnenmarktes erforderlich machen.

In der Sicht vieler Kritiker der Maastrichter Beschlüsse ist mit den Währungs-turbulenzen im September 1992 und August 1993 die Problematik einer fort-schreitenden Währungsintegration bei weltweit erhöhter Kapitalmobilität beson-ders deutlich geworden. Hinzu treten die schon seit dem negativen Maastricht-Referendum in Dänemark offenkundigen politischen Akzeptanzprobleme als Kritikpunkt; neben inhaltlicher Kritik tritt hierbei in einigen EG-Ländern auch ein neuerwachter Nationalismus auf.

Wenn nicht einmal Bandbreiten von +/– 2,5% eine Verteidigung der Paritäten im EWS erlauben, wie soll dann erst eine Währungsunion mit einer Kurs-Bandbreite von Null funktionieren, und wie könnte die Stufe II der Währungsunion funktio-nieren, in der unter anderem als Qualifizierungskriterium für einen Eintritt in Stufe III gefordert wird, daß mindestens zwei Jahre lang keine Abwertung stattgefunden hat? Mehr noch, wäre ein Schritt hin zu erhöhter Paritätenstabilität nicht ökono-misch kontraproduktiv in einer Phase, in der durch die Binnenmarkt-Dynamik, die national unterschiedlichen Konvergenz-Anpassungslasten und der Anpassungs-druck aus der Systemtransformation in Osteuropa eher zunimmt als abnimmt?[6] Sind die EG-Länder wirklich bereit, sich ggf. dem spekulativen Mißtrauensvotum der internationalen Finanzmärkte zu unterwerfen, auf denen Kapitalabflüsse aus einem Land Mißtrauen in Wirtschaftsentwicklung und Wirtschaftspolitik des Lan-des bedeuten. Und ist Deutschland wirklich bereit, seine Geldpolitik de facto in ei-ne europäische Entscheidungsfindung einbetten zu lassen? Werden die Vorteile des Binnenmarktes wirklich durch monetäre Integration vergrößert?

IV. Komplementarität von Binnenmarkt und Währungsintegration

Durch die Schaffung größerer Markttransparenz, die Beseitigung von Kursun-sicherheiten, die Einsparung von Transaktionskosten sowie die Reduzierung der Währungsreserven in einem ECU-Währungsgebiet sieht die EG-Kommission Vorteile für eine Währungsunion entstehen, die letztlich den erwarteten Wachs-tumsschub des EG-Binnenmarktes über Kostenreduzierung sowie positive Ein-kommens- und Vermögenseffekte verstärken könnte. Laut EG-Kommission ist mit permanenten ökonomischen Vorteilen von bis zu 1% des EG-Bruttoinlands-produktes aus einer stabilitätsgerechten Währungsunion zu rechnen. Mit rund 55 Mrd. ECU wäre dies ein beträchtlicher Betrag, der auf größere Integrations-vorteile hindeutet als die einmaligen gesamtwirtschaflichen Einkommensgewinne des Binnenmarktprogramms, das gemäß *Cecchini*-Bericht bis zu 6% des EG-BIP über einen Zeitraum von fünf Jahren erbringen sollte. Allerdings sind auch Kosten

---

[6] Ökonomische Analysen zeigen, daß längerfristig mit einem starken Ansteigen der osteu-ropäischen Exporte in die EU zu rechnen ist; siehe *Klodt, H.* (1993), Perspektiven des Ost-West-Handels: Die komparativen Vorteile der mittel- und osteuropäischen Reformländer, Die Weltwirtschaft, 424 – 440; *Welfens, P. J. J.* (1994): The Single Market and the Eastern Enlargement of the EC, Heidelberg: Springer.

der Währungsunion zu bedenken, wie etwa der Verlust des Wechselkursinstrumentes für die Sicherung des Zahlungsbilanzgleichgewichtes bzw. zur Förderung von Nettoexport, Wachstum und Beschäftigung.

In einer der Währungsintegration gewidmeten Sondernummer der Zeitschrift EUROPÄISCHE WIRTSCHAFT (EC COMMISSION, 1990) hat die EG-Kommission eine funktionale Parallelität von realer Integration und monetärer Integration in der EG postuliert: die Sonderausgabe trägt die Überschrift „Ein Markt, eine Währung" (Potentielle Nutzen und Kosten der Errichtung einer Wirtschafts- und Währungsunion – eine Bewertung) und spricht in einem einleitenden Teil auch die Fragestellung der Optimalität von Währungsräumen an.

Der sogenannte ECU-Report von *Emerson* und *Huhne* (1991) faßt die Argumente zur Währungsintegration der EG-Kommission zusammen, doch gelingt es nicht, wie im *Cecchini*-Report (*Cecchini,* 1990) beim Thema Binnenmarkt eine übersichtliche Gewinn- und Verlustbilanz mit eindeutigen und beträchtlichen Nettovorteilen vorzustellen. Dies könnte darauf deuten, daß die geld- und währungspolitischen Integrationsprobleme von der Materie her komplizierter und schwieriger größenordnungsmäßig abzugreifen sind als die Nettovorteile des EG-Binnenmarktes. Dies könnte aber auch eine Hinweis darauf sein, daß es weder eindeutige noch beträchtliche Nettovorteile der EG-Währungsintegration gibt. Die Frage nach den Nettovorteilen der Währungsintegration ist ein Fragenkomplex zum EWS, ein zweiter betrifft aber die nach der Stabilität des EWS bei zunehmend grenzüberschreitendem Handel und Kapitalverkehr; denn zu bedenken ist, daß mit der Dienstleistungsliberalisierung, verschiedenen nationalen Deregulierungsprogrammen und der vorgesehenen vollen Abschaffung von Kapitalverkehrskontrollen in allen EU-Ländern der potentielle Druck im EWS größer wird und sich dabei auch auf einzelne Länder bzw. Währungen sehr ungleichmäßig richten könnte. Erhöhte Zu- oder Abflüsse im Kontext mit Extra-EU-Kapitalverkehr kommen als Problem hinzu.

Die gesamten statischen und dynamischen Gewinne aus der Wirtschafts- und Währungsunion betragen laut EG-Kommission zwischen 3,6 und 16,3% des EG-Bruttoinlandsproduktes, wovon 2,9% minimal und maximal 6,9% Gewinne aus statischen Effizienzgewinnen herrühren; die behaupteten dynamischen Effizienzgewinne, die auf einer Verminderung des realen Zinssatzes infolge Eliminierung der Wechselkursunsicherheit beruhen, erscheinen aber fraglich, denn impliziert wird hiermit, daß Regionen mit einer Währung ein höheres Wachstum aufweisen als Regionen mit verschiedenen Währungen.

Nun könnten vielleicht diese Vorteile und der von der Kommission quantifizierte Nutzen aus der Einsparung von Transaktionskosten, Kursunsicherheiten etc. im Fall einer Währungsunion möglicherweise in einer Union realisiert werden. Dann stellt sich aber dennoch die Frage, ob nicht der Anpassungsprozeß zur Währungsunion hin beträchtliche Stabilitäts- und Wohlfahrtsrisiken in sich bergen würde bzw. ob überhaupt ein stabiler Anpassungsprozeß zum neuen (gewünschten) „institutionellen Gleichgewicht" unter monetärer Führung eines Europäischen Systems der Zentralbanken bzw. einer Europäischen Notenbank realisierbar ist.

Von entscheidender Bedeutung ist die Frage nach dem Verhältnis von Binnenmarkt und Währungsintegration, die ja in ihrer schwachen Form verminderte nationale Autonomie der Geldpolitik bedeutet, in ihrer starken Ausprägung sogar absolut feste Kurse bzw. eine Einheitswährung mit Zwang zu einheitlicher supranationaler Geld- und Fiskalpolitik.

1. Handelsaustausch und Wechselkursstabilität

Eine Währungsunion ist keineswegs ein notwendiges Komplement zum EG-Binnenmarkt. Ein traditionelles Argument für Währungsintegration ist, daß Wechselkursunsicherheit den Handelsaustausch infolge der Kursunsicherheiten bei
flexiblen Kursen und realen Verzerrungseffekten durch Wechselkurs-Overshooting oder -Undershooting (Divergenz kurz- und langfristiger Wechselkurs-
reaktionen) beeinträchtige. In der Tat hat sich seit dem Zusammenbruch des Bret-
ton-Woods-System 1973 eine hohe reale Dollarkursvolatilität gezeigt. Von daher
läßt erst ein Festkurssystem die volle Ausschöpfung von internationalen Speziali-
sierungsgewinnen erwarten, die für traditionell stark über Handelsströme miteinander verflochtene Länder besonders groß sein werden.[7] Seit den ersten unruhigen
Jahren von März 1979 bis 1983 haben sich nur wenige Realignments ergeben, so
daß sich das EWS in der zweiten Hälfte der 80er Jahre auf dem westeuropäischen
Kontinent durchaus als erfolgreiche Quasi-Währungsunion präsentierte. Allerdings zeigen empirische Untersuchungen auch keine eindeutigen signifikanten
Handelsverluste bei Wechselkursvolatilität (*Gotur,* 1985; *Bailey* und *Tavlas,*
1988; geringe Effekte: *De Grauwe,* 1989). Jedoch könnte die disziplinierende Wirkung eines Festkurssystems (*Bofinger,* 1991) über reduzierte Politikvolatilität zu
weniger wirtschaftspolitischer Unsicherheit und verbesserter – impliziter – Koordination führen; in der Tat zeigen empirische Analysen, daß langjährige EWS-Mit-
gliedsländer sich positiv korrelierten Schocks gegenübersahen und weniger heftig,
aber stärker gleichgerichtet politisch reagierten als EG-Länder, die dem Wechselkursmechanismus nicht angehörten (*Bayoumi,* 1992). Dies könnte den Handelsaustausch in der EU indirekt stimulieren. Allerdings ist der Vorteil eines Über-
gangs vom EWS zur vollen Währungsunion mit völlig fixierten Kursen bzw. Einheitswährung nicht ohne weiteres deutlich: Geringe marginale Gewinne könnten
mit hohen marginalen Risiken fortschreitender Währungsintegration einhergehen.
Wichtig ist zudem, daß vor Beginn der Währungsunion Gleichgewichtswechselkurse erreicht worden sind.

Das Wechselkursrisiko im EWS ist vergleichsweise gering und kann durch Kurs-
sicherungsmaßnahmen weiter vermindert werden, die kostenmäßig nicht mehr als
0,1% des EG-Sozialproduktes ausmachen. Daher erscheint eine Beeinträchtigung
der innergemeinschaftlichen Arbeitsteilung bei Fortbestehen des EWS unter Status-quo-Bedingungen als kurzfristig wenig wahrscheinlich; doch mittelfristig besteht durchaus das Risiko, daß fortbestehende Inflationsdivergenzen in der EU zu
Abweichungen von Gleichgewichtskursen bzw. der Kaufkraftparität führen. Kommen immer wieder verspätete Abwertungen zustande, so könnte dies eine optimale
Intra-EU-Arbeitsteilung verhindern, denn z. B. wäre auf EU-Teilmärkten ein Po-
sitionsverlust italienischer Produzenten gegenüber deutschen Anbietern allein
durch gegenüber der Bundesrepublik Deutschland höhere Inflationsraten denkbar,
so daß im Extremfall sogar Unternehmen mit komparativen Kostenvorteilen – bei
Referenzsystem Währungsunion – aus dem EG-Markt ausscheiden könnten. Problematisch bei hohen Bandbreiten der Paritäten ist auch das Phänomen des sogenannten Wechselkurs-Overshooting, das im Kern besagt, daß der Wechselkurs
kurzfristig stärker reagiert als langfristig; als nämlich mit der Kaufkraftparität und

---

[7] Wachsender Intra-EG-Handel ging steigenden Intra-EG-Direktinvestitionen voraus; siehe
hierzu *Molle* und *Morsink* (1991).

mithin den internationalen Preisniveaudivergenzen zu vereinbaren ist. Kurzfristige Zinsreaktionen sorgen bei national trägen Preisniveauentwicklungen dafür, daß ungleichgewichtige Wechselkurse – ungleichgewichtig mit Bezug auf die Referenzgröße Wechselkurs nach Kaufkraftparität – zustande kommen; und das Problem ist dann, daß zu diesen verzerrten Wechselkursen natürlich auch realwirtschaftliche Transaktionen, wie etwa Güterex- und Güterimporte vorgenommen werden.

Unklar ist allerdings, ob das EWS unter Status-quo-Bedingungen überhaupt auf Dauer funktionsfähig ist. Misalignment im Sinne dauerhaft gegenüber der Kaufkraftparität verzerrter realer Wechselkurse wäre ein denkbares Problem, das die Vorteile des Binnenmarktes gefährden könnte. Daß der Binnenmarkt durch das Vermeiden von Wechselkursunsicherheit wesentlich via höheren Handelsaustausch in der EU gefördert werden könnte, scheint angesichts der geringen Höhe der Transaktionskosten kaum relevant. Umgekehrt könnten Binnenmarktgewinne durch eine zu frühe und zu rasche Währungsintegration gefährdet werden; etwa wenn als Folge der Währungsintegration die Geld- und Fiskalpolitik auf nationaler Ebene zunehmend unstetig wird und damit instabilere, aber auch weniger wachstumsdynamische Entwicklungen in Gang kämen.

Marktendogene Prozesse können bei langer Fortdauer eines EWS im Status-quo-Rahmen über Währungskonkurrenz zu einem Auseinanderdriften im EWS führen und politische Konflikte unter den EU-Partnern herbeiführen, was die EU-Handlungsfähigkeit nach außen beeinträchtigen und zu verschärftem Handelsprotektionismus führen könnte. Intra-EG-Binnenhandelsgewinne gingen dann einher mit verstärkten Handelsablenkungseffekten. So kann eine verschärfte Konkurrenz im EU-Binnenmarkt dazu führen, daß Unternehmen zunehmend Preise in DM oder ECU festlegen: Der US-Konzern DOW Chemicals hat als erstes multinationales Unternehmen – im Anschluß an die September-Krise des EWS 1992 – eine EU-weite Preissetzung auf DM-Basis verkündet, wobei die Abnehmer nach wie vor in nationaler Währung zahlen können; ob allerdings die volle Überwälzung des Wechselkursrisikos bzw. die in Abwertungsländern notwendige Preiserhöhung am Markt voll durchsetzbar sein wird, bleibt abzuwarten. Sollten sich andere multinationale Unternehmen diese Praxis einer DM-basierten Preissetzung zu eigen machen, könnte indirekt ein verschärfter Währungswettbewerb in Gang kommen, bei dem Aufwertungsdruck auf die DM, Abwertungsdruck bei abgewählten Währungen entstünde.[8]

2. Direktinvestitionen vs. Portfolioinvestitionen

Vom Binnenmarkt werden aufgrund verschiedener Mechanismen (z. B. economies of scale, Spezialisierungsgewinne, Wettbewerbsintensivierung) positive Wachstumseffekte erwartet, wobei ein wichtiger Mechanismus die Angleichung der Kapitalgrenzprodukte über die Länder hinweg ist. Zur Eigenkapitalversorgung tragen insbesondere, dies zeigt die folgende Analyse, Extra-EG-Direktinvestitionen einerseits, andererseits Portfolioinvestitionen bei; letztere in zunehmendem

---

[8] Nach der Pfund-Krise mehrten sich in Londoner Finanzkreisen zudem die Stimmen, die für eine völlige Umstellung der Londoner Metallbörse auf Dollarabrechnung und damit indirekt für eine weitere Schwächung des Pfund Sterling als Recheneinheit und Transaktionsmittel plädierten.

Maße, was angesichts der Deregulierung und Wettbewerbsintensivierung der Finanzmärkte sowie der gestiegenen Kapitalverkehrsfreiheit für die 80er Jahre beobachtbar und weiterhin zu erwarten ist. Zu fragen ist, wie diese Tendenzen die Währungsintegrationsbemühungen beeinflussen und inwieweit umgekehrt verschiedene Formen der Währungsintegration die Einkommens- und Wachstumsgewinne durch intensivierte Angleichungstendenzen bei den Kapitalgrenzprodukten in der EU unterstützen oder abschwächen; schließlich ist zu fragen, ob es positive Vermögenseffekte aus Dollarkursänderungen im Zuge einer EU-Währungsintegration geben könnte.

Die Direktinvestitionen von multinationalen Unternehmen innerhalb der EU sind für die volle Erschließung der Binnenmarktvorteile wesentlich: Der gesamte EU-Markt mit seinen 345 Mio. Einwohnern kann grundsätzlich von jedem beliebigen Standort in der EU bedient werden, was zu einer Intensivierung des Standortwettbewerbs und zur wachstumsfördernden Erschließung von economies of scale führen kann. Empirische Untersuchungen zur Auswirkung von Wechselkursunsicherheit auf Direktinvestitionsströme (Übersicht: *Bailey* und *Tavlas,* 1991) zeigen zumindest für den US-Fall keine signifikanten Einflüsse. Von daher dürften die Vorteile des EG-Binnenmarktes, soweit ihre Erschließung Direktinvestitionen bedingt, keineswegs absolute Wechselkursstabilität erforderlich machen. Allerdings beeinflussen reale Wechselkursänderungen bei unvollkommenen Kapitalmärkten die Direktinvestitionszuflüsse eines Landes (*Froot* und *Stein,* 1991), weil Kursänderungen positive reale Vermögenseffekte im Aufwertungsland haben: Wenn der Erwerb eines Unternehmens in Land-I-Eigenkapital von z. B. 10% erfordert, während Banken 90% des Kaufpreises finanzieren, so wird eine Aufwertung der Land-II-Währung das in Land-I-Währungseinheiten gemessene Eigenkapital von Bietern aus Land II erhöhen: In der Tat stiegen die trendbereinigten US-Zuflüsse an Direktinvestitionen – relativ zum US-Sozialprodukt – in Phasen der realen Dollarabwertung an und sanken bei Aufwertungsphasen.

Eine weitergehende Schlußfolgerung mit Blick auf die EU-Währungsintegration ist hier zu ziehen: Eine reale Aufwertung der EWS-Währungen würde die internationale Wettbewerbsposition der EG-Industrien insofern verbessern, als europäischen Unternehmungen mit firmenspezifischen Vorteilen die Übernahme von US-Unternehmen und damit der Zugriff auf US-Know-how sowie (typischerweise primär firmenintern gehandelte) F & E-Ergebnisse erleichtert würde. Dies ließe positive Vermögenseffekte bei EU-Unternehmungen auf längere Sicht erwarten. Schritte zur Währungsunion müßten von daher so konzipiert sein, daß eine reale ECU-Aufwertung zu erwarten ist.

Soweit Direktinvestitionen im Binnenmarkt an Bedeutung gewinnen – und davon ist angesichts der Internationalisierungstendenzen der Wirtschaft auszugehen (*Welfens,* 1990) –, wird ein zunehmender Teil an grenzüberschreitenden Intra-Firmen-Transaktionen den Allokationsprozeß charakterisieren. Dadurch entstehen bei den großen multinationalen Unternehmen einerseits besondere Möglichkeiten zur Abschirmung gegen Kursrisiken durch das Instrument der Transferpreise, andererseits verstärken multinationale Unternehmen das Potential für Währungssubstitution und spekulative Attacken; damit drohen inkonsistente, ineffiziente Währungsarrangements unter verschärften Druck durch Marktkräfte zu geraten (*Berthold,* 1992).

Die Intra-EG-Direktinvestitionen erreichten in der zweiten Hälfte der 80er Jahre nur etwa 50% der Extra-EG-Direktinvestitionszuflüsse (EUROSTAT, 1990), doch zeigen sich im Zug des EU-Binnenmarktes verstärkte Tendenzen zu Intra-EU-Direktinvestitionen und „mergers & acquisitions" (*Welfens,* 1992a); dies könnte wettbewerbsintensivierend wirken und das „law of one price" durch Preisarbitrage im Binnenmarkt stärken. Zu den weltweiten Direktinvestitionen von jährlich etwa $ 200 Mrd. in 1990/91 kamen nach Angaben der BIZ für die Industrieländer noch Portfoliozuflüsse von 388,7 Mrd. $ in 1991, wovon 173,7 Mrd. $ in die EG flossen. Portfolioinvestitionen dürfen insbesondere auch in ihrer Bedeutung für die Eigenkapitalzufuhr und damit auch für den EG-internen Ausgleich der Kapitalgrenzprodukte nicht übersehen werden. Mit 32,7 Mrd. $ erreichten die Eigenkapitalzuflüsse über Portfolioinvestitionen in der EG etwa die Hälfte des Zuflusses an Direktinvestitionen von 67,7 Mrd. $ in 1991. Finanzmarktderegulierungen in den USA, Japan und der EG (auch im Kontext von EG '93) dürften den Zufluß aus Extra-EG-Quellen wie aus Westeuropa selbst in den 90er Jahren verstärken.

Soweit die Wechselkursvariabilität in der EU verringert werden kann, könnte die EU als Währungsunion längerfristig größere Extra-EU-Zuflüsse im Rahmen von Portfolioinvestitionen realisieren, wobei die Unternehmungen dergestalt auch ihre Eigenkapitalbasis stärken könnten (mit positiven Wachstumseffekten). Aber auch eine effizientere, von Wechselkursspekulation nicht verzerrte Allokation der Intra-EU-Portfolioinvestitionen wäre zu erwarten. Infolge der bei Währungsunion verringerten Zahl der OECD-Währungen könnten währungsmäßige Risiko-Diversifikationsbemühungen von Anlegern sich dabei allerdings zugunsten außereuropäischer Währungen bzw. Länder auswirken.

Portfolioinvestitionen können bei beträchtlicher Wechselkursvariabilität in Richtung und Ausmaß von Wechselkursänderungen beeinflußt werden, wobei erwartungsbedingte regionale Portfolioumschichtungen in der Tat auch zu beträchtlichen Anspannungen im EWS führen können. Anders als kurzfristige Interbanktransaktionen sind Portfolioanlageentscheidungen etwa von Pensionsfonds mittelfristig orientiert und daher auch weniger leicht als kurzfristiger Kapitalverkehr durch geld- und währungspolitische Interventionen im Geldmarkt zu beeinflussen.

V. Ist die EU ein optimaler Währungsraum?

Mit der Errichtung des EU-Binnenmarktes werden europaweit Anpassungs- und Umstrukturierungsprozesse ausgelöst, die sich aus der Marktvergrößerung, der Liberalisierung des Dienstleistungsverkehrs und der staatlichen Auftragsvergabe sowie der Abschaffung der Kapitalverkehrskontrollen wie der Abschaffung diskriminierender Standards (und der Grenzkontrollen) ergeben. In den einzelnen EU-Ländern dürfte dies mit jeweils unterschiedlichen Produktivitätsfortschritten im Sektor der handels- und der nichthandelsfähigen Güter verbunden sein, was aus theoretischer Sicht in der Regel veränderte Gleichgewichtskurse erforderlich macht.

Mit dem EU-Binnenmarktprogramm entstehen Struktur-, Einkommens- und Beschäftigungseffekte in der Gemeinschaft, die in den Peripherieländern bzw. in Ländern mit hoher Arbeitslosenquote zu einem Aufholprozeß gegenüber den prosperierenden Ländern Frankreich, Benelux-Staaten und Westdeutschland führen könnten; je geringer die Preis- und Lohnflexibilität auf nationaler Ebene dabei ist, um so eher ist mit zumindest temporär verschärften Arbeitsmarktproblemen zu rechnen, und zwar in allen Ländern, sofern die Inflexibilitätsgrade in etwa gleich hoch sind.[9]

Denkbar aber wäre auch, daß die durch den Binnenmarkt bedingten Anpassungsprozesse zu verschärften wirtschaftlichen Divergenzen zwischen den Gemeinschaftsländern führen werden, was die politischen Interessengegensätze verschärfen und die politischen Erfordernisse zu regionalen Transferzahlungen verstärken könnte. Je mehr Economies-of-scale-Vorteile eine Rolle spielen und je besser die Infrastruktur in der EU ausgebaut wird, um so attraktiver wird es in bestimmten Branchen, den EU-Gesamtmarkt von einigen wenigen Produktionszentren aus insgesamt zu bedienen. Verschärfte Standortkonkurrenz könnte dann mit regionaler ökonomischer Divergenz einhergehen, was EU-weite wirtschaftspolitische Konvergenz naturgemäß erschweren würde.

Den Binnenmarkt mit einer EU-Währungsintegration zu verbinden, macht Sinn, falls hierdurch dauerhafte Vorteile für alle EU-Mitglieder erreicht werden können; eine Vorteilhaftigkeit kann aber möglicherweise nur für eine Untergruppe von Ländern hergeleitet werden – dies gilt jedenfalls unter Bezug auf das Kriterium der Vollbeschäftigung, wie die Ansätze zur Theorie optimaler Währungsräume betonen (Überblick: *Feldsieper,* 1980); die EU-Kommission (EC COMMISSION, 1990; *Matthes* und *Italianer,* 1991) bejaht ohne größere Einschränkungen die Frage, ob der EG-Binnenmarkt mit einer Währungsunion vor dem Hintergrund der Theorie optimaler Währungsräume vereinbar sei. Diese Theorie beinhaltet im wesentlichen vier Ansätze, die darauf abstellen, inwieweit Länder (als Mitglieder einer Währungsunion) auf das Wechselkursinstrument zu Stabilisierungszwecken verzichten können:

– *Mundell* (1962) betonte, daß Länder bzw. Regionen mit hoher Faktormobilität am ehesten auf flexible Kurse verzichten könnten. Der EU-Binnenmarkt erhöht asymmetrisch die Freiheit des Faktors Kapital, während der komplementäre Faktor Arbeit weniger mobil als etwa in den USA ist;

– *McKinnon* (1963) betont das Kriterium der Offenheit eines Landes im Sinne einer hohen Relation des Anteils h handelsfähiger Güter am Sozialprodukt. Je höher h, desto eher wird eine Abwertung zu Preisniveausteigerungen und im weiteren zu Nominallohnsteigerungen führen, so daß ein Verzicht auf das Wechselkursinstrument bei hohem h vertretbar ist; durch den Binnenmarkt steigt h an.

– *Kenen* (1969) unterstreicht hingegen die Rolle des Diversifizierungsgrades bei Produktion und Export. Je diversifizierter Außenhandel und Produktion sind, um so eher ist es wahrscheinlich, daß sich zufällige negative Schocks mit zufälligen positiven Schocks (z. B. Technologieänderungen, Nachfrageverschiebungen auf dem Weltmarkt) kompensieren. Untersuchungen für die EG zeigen allerdings, daß der Differenzierungsgrad in den 80er Jahren in wichtigen Ländern abgenommen hat (*Welfens,* 1993a); und der Binnenmarkt läßt bei verstärkter Ausschöpfung von Massenproduktionsvorteilen durchaus anhaltende Tendenzen zu verstärkter Spezialisierung zumindest in einigen Ländern erwarten.

---

[9] Die BRD könnte dabei insoweit eine Ausnahmeposition realisieren, als bei den Exporten in die EG Investitionsgüter über 50% ausmachen, so daß bei verschärftem Rationalisierungsdruck in EG-Partnerländern die BRD durch überproportionale Export- bzw. Einkommenszuwächse einen hohen Lohndruck noch am ehesten beschäftigungsneutral abfedern könnte.

– *Vaubel* (1978) hat die Bedeutung der Veränderungen der realen Wechselkurse betont; ein hoher Diversifikationsgrad und eine hohe Arbeitskräftemobilität vermindert die Notwendigkeit zur Anpassung der realen Wechselkurse; letzteres kann grundsätzlich über nominale Wechselkursänderungen oder eine veränderte Relation von Inlandspreisniveau P zum Auslandspreisniveau P* erreicht werden. Auf Basis der minimalen Varianz der realen Wechselkurse 1971 – 76 identifizierte *Vaubel* sechs geeignete Kandidaten für eine Währungsunion: Deutschland, Dänemark, Frankreich und die Beneluxländer. *Eichengreen* (1991) betonte, daß die reale Wechselkursvariabilität in 1971 – 79 und 1980 – 87 zwischen den EU-Ländern deutlich höher war als zwischen einzelnen US-Regionen; interessant ist schließlich auch die Beobachtung *Eichengreens,* wonach die realen wechselkursbereinigten Aktienpreisdifferentiale zwischen Paris und Düsseldorf höher als zwischen Toronto und Montreal waren, was auf stärker asymmetrische Schocks in der EU im Vergleich zu Kanada schließen lassen könnte. Allerdings wird bei einer Währungsunion auch eine stärkere Finanzmarktintegration in der EU herbeigeführt werden, wobei unterschiedliche Wechselkurse bzw. -erwartungen die nationalen Aktienmärkte nicht länger in besonderer Weise treffen werden.

Aus einer summarischen Sicht der Theorie optimaler Währungsräume erscheint die EU keineswegs als ein Währungsgebiet, das über alle Länder hinweg gehen sollte (*Aschinger,* 1993). Im Gegensatz zu den USA dürfte es auch einige fast unüberwindliche Hindernisse bei der Arbeitsmobilität in der EU geben; der wachsende Nationalismus erlaubt in der EU weit weniger als in Nordamerika, daß regional asymmetrische Schocks durch Arbeitskräftewanderungen (etwa von Spanien nach Deutschland oder umgekehrt) ausgeglichen werden. Allenfalls marginal ist die Arbeitskräftemobilität hoch, und zwar nicht EU-intern, sondern mit Blick auf die Zuwanderung aus Drittstaaten. Die Zuwanderung etwa aus Nordafrika und der Türkei dürfte zwar bekannten traditionellen Einwanderungsschwerpunkten folgen, aber ansteigende Arbeitslosigkeit etwa in Frankreich dürfte zumindest einen Teil der potentiellen Zuwanderung aus Nordafrika auf andere EU-Staaten umlenken. Wachsender Nationalismus in Europa dürfte in jedem Fall ein Hindernis für eine fortschreitende Währungsunion sein. Eine adäquat abgegrenzte kleine Währungsunion in der EU könnte u. U. durch die Botschaft sichtbarer Erfolge eine sinnvolle Verbindung von Binnenmarkt und Währungsunion durch evolutorische Entwicklung bringen.

Eine Währungsunion mag eine Reihe positiver Effekte gerade im Binnenmarkt haben, wenn man etwa an die erhöhte Preistransparenz und sinkende Informations- sowie Transaktionskosten denkt; allerdings verlangt der Binnenmarkt wie gezeigt eben nicht ohne weiteres nach einer Währungsunion. Verminderte Intra-EU-Wechselkursflexibilität wäre aus ökonomischer und stabilitätspolitischer Sicht nur zu vertreten, wenn erhöhte relative Preis- und Lohnflexiblität einerseits und eine stabilitätsorientierte EU-Notenbank andererseits gewährleistet werden können. Während der Maastrichter Vertrag mit der Konzeption einer auf Preisniveaustabilität verpflichteten EU-Notenbank bei letzterem positive Akzente setzt, ist eine erhöhte Preis- und Lohnflexibilität bislang in kaum einem EU-Land zur Hauptaufgabe der Politik erklärt worden. Die Markträumungsmechanismen auf den Güter- und Arbeitsmärkten müßten durch mehr Wettbewerb, Deregulierung und Differenzierung sowie Anreize zur Unternehmensneugründung und anderen Maßnahmen gefördert werden. Dabei könnte sich als besonderes soziales Problem eine verstärkte einkommensmäßige Differenzierung im EU-Binnenmarkt ergeben, die sich gerade wegen der verschärften Standortkonkurrenz und des intensivierten Wettbewerbs entwickeln wird. Wenig qualifizierte Arbeitskräfte werden nur zu relativ verminderten Bruttolohnsätzen arbeiten können bzw. würden bei unveränderten Lohndifferentialen verstärkt mit dem Risiko der Arbeitslosigkeit konfrontiert; eine steigende Arbeitslosigkeit aber verschärft die Politikkonflikte national und auf EU-Ebene, so daß dies eine Währungsintegration erschweren würde. Dies gilt zumal auch für hohe Jugendarbeitslosenquoten, wobei Jugendliche stärker konfliktfähig und auch politisch radikalisierbar sind als ältere Arbeitnehmer.

Mit Blick auf das Arbeitslosenproblem wäre es sinnvoll, die Lohnnebenkosten bei unteren Lohngruppen zu vermindern und dabei zugleich eine grundlegende Verständigung zwischen Staat und Gewerkschaften über eine marktgerechte Reform der Arbeitslosenversicherung zu vereinbaren: Einheitliche Beitragssätze in der Arbeitslosenversicherung – wie bisher in Deutschland – sind anreizinkompatibel und letztlich geeignet, den „Unfall" Arbeitslosigkeit zu begünstigen. Regional differenzierte Beitragssätze (mit positiver Verknüpfung von Beitragssatz und regionaler Arbeitslosenquote) und Beitragsrückerstattungen für Vollbeschäftigung wahrende Bundesländer bzw. Regionen wären ein denkbarer Weg in die Vollbeschäftigung; ähnlich wie in der PKW-Haftpflichtversicherung würde ein am Risikoverhalten der Versicherten ausgerichtetes Prämiensystem eine minimale Unfallhäufigkeit bzw. minimale Arbeitslosenquoten zur Folge haben. Bundesländer, Kommunen, Gewerkschaften, Unternehmen und Arbeitnehmer der jeweiligen Region müßten Anreize haben, den Schadensfall Arbeitslosigkeit durch vorausschauende Investitions-, Lohnsatz- und Lohndifferentialpolitik zu vermeiden. Im Grunde kämen für eine Währungsunion nur EU-Länder in Frage, die auf diese Weise die Funktionsfähigkeit der Arbeitsmärkte wiederherstellen. Eine EU-Wachstumsinitiative könnte insofern hier nützlich sein, als der politische Widerstand gegen die Einführung einer Arbeitslosenversicherung mit differenzierten Beitragssätzen bei Vollbeschäftigung bzw. geringerer Arbeitslosenquote gering wäre: Es herrscht ein Rawlsian „veil of ignorance" (Schleier der Ungewißheit), welche Regionen künftig von relativ hoher Arbeitslosigkeit und mithin hohen Beitragssätzen betroffen sein werden.

VI. Bedingungen einer funktionsfähigen EG-Währungsintegration

Die EU ist reich an ambitiösen, aber gescheiterten Versuchen zur Währungsintegration. Wenn man davon ausgeht, daß die Währungsintegration keine eigenständige Funktion hat, sondern den Binnenmarkt ergänzen soll, so wäre zunächst bei der EG-Währungsintegration in jedem Fall für zweierlei Sorge zu tragen: 1) daß der Binnenmarkt in seinem Zusammenhalt und seiner vollen Entfaltung nicht beeinträchtigt wird; und 2) daß EU-Preisniveaustabilität in einer Währungsunion mindestens so gut erreicht wird wie im bisherigen EWS-Arrangement. Letzteres verlangt nach einer politisch unabhängigen Notenbank mit Verpflichtung auf das Ziel der Preisniveaustabilität – dies ist im Maastrichter Vertrag in der Tat angelegt. Letzteres erfordert zudem volle Kapitalverkehrsfreiheit als Lackmus-Test für eine fortschreitende Währungsintegration wie für die Bewertung der Wirtschaftspolitik der Regierungen, wobei Kapitalverkehrsfreiheit zugleich Eckstein des Binnenmarktprogramms ist. Nach dem revidierten EWG-Vertrag sind hier aber immer noch nationale Einschränkungen möglich. Das Potential für länderspezifische

Schocks und damit die Möglichkeit divergenter Politikinteressen einzelner Länder bleibt gerade wegen des Binnenmarktes weiterbestehen. Doch müßte Kapitalverkehrsfreiheit uneingeschränkt (wie im nationalen Rahmen) EU-weit gelten, so daß Anpassungsmaßnahmen durch marktmäßige Mechanismen zu erreichen wären.

Der zweite Ausgangspunkt bei der Währungsintegration ist, daß für eine Reihe von EG-Partnern die Dominanz der deutschen Geldpolitik – längerfristig potentiell noch verstärkt durch das Entstehen einer erweiterten Bundesrepublik Deutschland im Zuge der Wiedervereinigung – auf Dauer politisch kaum akzeptabel ist; weniger wegen der Stabilitätsorientierung der deutschen Geldpolitik selbst, sondern vielmehr weil die Entscheidungen hierzu allein von der Deutschen Bundesbank, bei marginaler Einwirkungsmöglichkeit der Bundesregierung, gefällt werden. Was für kleinere Länder wie die Niederlande, Dänemark oder Österreich infolge der Kleinheit der Länder kein Problem sein mag, ist für die französische, britische, italienische oder spanische Politik ein politisches Problem. Wird es längerfristig nicht im Sinne institutionalisierter gemeinsamer Verantwortung gelöst, so besteht das Risiko, daß statt Kooperation in der Geldpolitik der EU-Länder Kontradiktion und Konflikte offen zu Tage treten.

Der dritte Ausgangspunkt ist, daß im Zuge des Binnenmarktes, der globalen Privatisierung und Deregulierung die effektive Kapitalmobilität in den 90er Jahren weiter zunimmt und die Bedeutung von Portfolioinvestitionen in der gesamten OECD weltweit ansteigt, so daß Drittlandseffekte (insbes. bezgl. USA und Japan) der Währungsintegration nicht übersehen werden dürfen. Von den Märkten wird daher der in spekulativen Attacken erfolgende Testdruck für den Fall unzureichender Intra-EU-Inflationskonvergenz oder inkonsistenter Geldpolitiken weiter zunehmen. Nicht auszuschließen ist dabei, daß im Einzelfall Spekulanten auch massive Verluste einfahren, was angesichts des Heimatland-Aufsichtsprinzips im EG-Bankenmarkt eine verstärkte Zusammenarbeit der Notenbanken in der Regulierungspolitik, aber ggf. auch in ihrer Funktion als „lender of last resort" erfordern kann. Auch von hierher ergibt sich die Notwendigkeit zu einer institutionalisierten Kooperation und Koordination der geldpolitischen Akteure in der EU; allerdings zeigt das Beispiel der USA mit der Krise der „savings & loan associations", daß auch bei vollendeter Währungsunion die optimale Regulierung der Finanzmärkte ein großes Problem darstellen kann.

Der vierte Ausgangspunkt betrifft eine offene Frage: ob eine stabilitätsorientierte Geldpolitik ohne wirkliche Politische Union aufrechtzuerhalten ist; dabei ist nicht nur die geringe Rolle des EU-Parlaments wichtig, das die Rolle des Gesetzgebers in der EU bislang nicht vom EU-Rat hat an sich ziehen können, sondern auch das Fehlen einer EU-Öffentlichkeit. Während auf nationaler Ebene Öffentlichkeit als Politikkorrektiv wirkt und zu Interessenausgleich (über funktionierende Kommunikationsnetzwerke) und Legitimation in der Politik beiträgt, existiert eine EU-Öffentlichkeit bislang nicht (*Seidel*, 1992). Ohne politische Verklammerung der EU-Staaten existiert in einer EU-Währungsunion notwendigerweise der Gegensatz von vergemeinschafteter Geldpolitik und lediglich koordinierten nationalen Fiskalpolitiken. Als historisches Vorbild für ein solches Arrangement käme einzig der Goldstandard (*Fröhlich*, 1992b) in Frage, doch im Gegensatz zur multipolaren EU-Gemeinschaft bestand im Goldstandard eine internationale Dominanz Großbritanniens bzw. nach dem Ersten Weltkrieg der USA, so daß die Spielregeln (mit periodischen Abweichungen) vorexerziert wurden und über politischen Druck –

z. B. bei Vergabe von Auslandskrediten – eine Regelkonformität vieler Länder gewährleistet wurde.

Auf seiten von Notenbankpraktikern und insbesondere auch in Stellungnahmen der Deutschen Bundesbank kann man die Befürchtung hören, daß ohne Politische Union keine dauerhafte Währungsunion möglich ist; bei Stabilitätskrisen und Konflikten zwischen den Zielen Preisniveaustabilität und Arbeitslosigkeit bestünde nämlich ein großes Risiko, daß eine Reihe von Regierungen über die von ihnen zu bestellenden nationalen Notenbankgouverneure in einer EU-Notenbank auf geldpolitische Expansionsmaßnahmen zu Lasten der Preisniveaustabilität drängen würden. Zudem könnte die EU-Notenbank über seitens des Europäischen Rates vorgegebene Richtlinien zur externen Wechselkurspolitik eine inflationäre Geldpolitik indirekt hervorbringen.

Da eine EU-Notenbank zumindest in den Anfangsjahren – im Gegensatz zur Deutschen Bundesbank bzw. ihrer unter dem Schutz der Alliierten eingesetzten Vorgängerin Bank deutscher Länder – keine EU-weite Unterstützung durch eine stabilitätsorientierte Öffentlichkeit erfahren wird, besteht für ein EU-Notenbanksystem bzw. die EU-Notenbank sogar das Risiko, daß gegenüber der Regierungspolitik keine EU-weite Politikreputation in kurzer Frist aufgebaut werden kann. Die begrenzte Politische Union (mit Demokratie- und mithin Legitimationsdefizit) könnte für die Akzeptanz der EU-Zentralbank bzw. einer EU-Geldpolitik zum Problem werden (*Welcker,* 1992).

Es droht die Gefahr, daß eine EU-Zentralbank bei Realisierung einer „mittleren Inflationsrate" in einer Phase EU-weit steigender Arbeitslosigkeit von praktisch allen Regierungen kritisiert und unter Druck gesetzt wird: Von denen, die um des Ziels der Vollbeschäftigung willen auf eine expansivere Geldpolitik drängen wie von den Ländern, die auf eine volle Erfüllung des satzungsmäßigen Auftrags der EU-Zentralbank, nämlich Preisniveaustabilität, drängen werden. Hinzutreten könnten instrumentelle Unsicherheitsprobleme in der Anfangsphase, welche zu ungeplanten geldpolitischen Impulsen und monetären Zielverfehlungen führen; und auch diese unvermeidliche Anfangsphase einer EU-Geldpolitik könnte einen Reputationsgewinn für eine EU-Zentralbank erschweren. Schließlich ist zu bedenken, daß sich gerade auch seitens der Bundesrepublik Deutschland Akzeptanzprobleme stellen könnten, denn die Stabilisierung eines EU-Preisindexes kann durchaus bedeuten, daß in der Bundesrepublik der Preisindex um 3 – 4% ansteigt.

1. Alternativen: EWS-Zerfall, EWS-Reform oder Währungsunion

Angesichts der geschilderten Problematik gibt es in den 90er Jahren im wesentlichen drei Alternativen für die Währungsintegration in Europa:

(A) Ein Zerfall des EWS, weil bei gerade im Binnenmarkt fortschreitender Kapitalmobilität immer mehr und immer wieder Länder aus dem Wechselkursmechanismus ausscheren und zu Kapitalverkehrskontrollen greifen; dabei sinkt infolge wachsenden Nationalismus in Europa wohl zugleich die Bereitschaft in Schwachwährungsländern, rechtzeitig abzuwerten. Statt einer Bewegung auf einen ECU mit einem EU-Zentralbankensystem gäbe es dann möglicherweise rasch eine Bewegung der Märkte hin auf die DM. Bei einem Zerfall des EWS aber stellt sich die Frage, ob dann der Binnenmarkt ökonomisch und politisch überhaupt zu bewahren wäre, denn eine explizite DM-Dominanz wäre politisch in den EU-Ländern nicht akzeptabel.

(B) Eine EWS-Reform wäre vorstellbar, und zwar einerseits mit dem Ziel eines Verzichts auf die Währungsintegration à la Maastricht, andererseits mit der von der britischen Regierung vorgeschlagenen Strategie eines „hard" ECU, der niemals gegenüber anderen EG-Währungen abgewertet wird und als Parallelwährung indirekt zur Währungsintegration führen könnte. Allerdings spricht gegen letzteres die Analyse von *Canzoneri* und *Diba* (1992), in der aufgezeigt wird, daß stärkere geldpolitische Koordination eine Verengung der Bandbreiten verlangt, während die Strategie der offenen Währungssubstitution erweiterte Bandbreiten erfordert – bei erhöhten Inflationsdivergenzen. Bessere geldpolitische Koordination zur Erreichung von Preisniveaustabilität und gleichzeitige Integration über Währungssubstitution schließen sich demnach aus. In einer Übergangszeit ist eine größere Wechselkursflexibilität, die der erhöhten Kapitalmobilität gerecht wird, aber durchaus nützlich; zumindest sofern die Schwankungsbreite 4 – 5% nach unten und oben nicht überschreitet; ein „Drei-Klassenwahlrecht" mit Bandbreiten von ± 1% (z. B. Niederlande/BRD), 4% für Länder mit mittlerer Stabilitätsorientierung und 10% für eine dritte Ländergruppe wäre durchaus denkbar, wobei Marktkräfte für den Anreiz zum Aufstieg in die 1. Stabilitätsliga sorgen könnten.
(C) Eine zeitlich vorgezogene kleine Währungsunion, die auch außerhalb des Maastrichter Vertrages durch multilaterale Verträge zwischen einigen EU-Ländern entstehen könnte; oder, und dies wird hier schwerpunktmäßig betrachtet, eine zeitlich verzögerte kleine Währungsunion mit Flankierungsmaßnahmen als Ausgangspunkt. Dabei wird hier davon ausgegangen, daß Länder, zwischen denen die realen Wechselkurse in den 80er Jahren stark schwankten, bei Verzicht auf das Wechselkursinstrument sehr hohen relativen Preisanpassungserfordernissen gegenüberständen; demgegenüber könnten Länder, die geringe reale Kursschwankungen aufwiesen – nämlich nicht größere als die realen „Wechselkurse" innerhalb der alten Bundesrepublik Deutschland (*von Hagen* und *Neumann,* 1992; bezogen auf sechs Bundesländer) –, am ehesten für eine Währungsunion geeignet sein; dies waren die BRD, die Benelux-Staaten und Österreich, wozu man als Grenzfall Frankreich hinzunehmen könnte.[10] Eine kleine EG-Währungsunion wäre durchaus sinnvoll, sofern zuvor Vollbeschäftigung bei unvermindertem Freihandel hergestellt werden könnte; dieses Erfordernis, das verhindern soll, daß eine Währungsunion von Anbeginn mit stabilitäts- und ordnungspolitischen Zielkonflikten belastet ist, erscheint allerdings als schwer erreichbar. Die Vernachlässigung arbeitsmarktpolitischer Überlegungen erscheint als eigentliches Defizit des Delors-Berichtes wie der Maastrichter Verträge. Dabei ist ohnehin von verschärften Einkommenskonflikten zwischen Arbeit und Kapital im Binnenmarkt auszugehen, wobei der relativ mobilere Faktor Kapital eine erhöhte Nettorendite realisieren wird. Arbeitsmarktpolitisch erforderliche größere Lohnflexibilität wäre insbesondere dadurch zu erreichen, daß massive steuerliche Anreize zur Vermögensbildung in Arbeitnehmerhand gesetzt würden.

---

[10] Untersuchungen für die USA zeigen, daß im Vergleich der einzelnen Bundesstaaten purchasing power parity für handelsfähige Güter weitgehend gilt, die Existenz nichthandelsfähiger Güter und Dienstleistungen führt allerdings zu beträchtlichen Divergenzen der regionalen Preisniveauentwicklungen. Siehe *Tootell* (1992).

2. Flankierungsmaßnahmen für eine EG-Währungsunion: Marktorientierung, Zusatzkonvergenz und abgestufte Währungsintegration

Wenn eine EG-Währungsunion zumindest soviel Preisniveaustabilität als öffentliches Gut produzieren soll wie die Deutsche Bundesbank zuvor in der BRD, dann sind gegenüber Maastricht eine Reihe flankierender Maßnahmen notwendig. Dabei wäre zunächst darauf zu achten, daß in der Übergangsphase der Verengung der Bandbreiten im EWS die asymmetrische Struktur erhalten bleibt, die den Weichwährungsländern weithin die Interventions- und Anpassungslasten aufbürdet (*Herz*, 1992). Wenig sinnvoll wäre es, wenn man *Colligon* (1992) folgen würde und ein stärker symmetrisches EWS herbeiführen würde; es bestünde dann die Gefahr, daß in einen symmetrisch strukturierten EWS-Kern mit verengten Bandbreiten nicht nur stabilitätskonforme EG-Länder eintreten, sondern auch Länder mit noch hoher Inflationsrate und, schlimmer noch, mit weiterhin politisch abhängiger Notenbank.

Flankierungsmaßnahmen für eine Währungsunion in der EG können sich prinzipiell auf vier Bereiche beziehen: (1) den inhaltlichen Weg auf die dritte Stufe hin; (2) den Zeitpunkt bzw. Modus des Eintretens, (3) die Auswahl der Unionsländer in der Anfangsphase oder (4) die Prinzipien der Währungsunion selbst. Hinsichtlich notwendiger Flankierungserfordernisse werden hier vier Ausgangspunkte angenommen: I) Die DM-Dominanz ist politisch in der EG auf Dauer nicht akzeptabel, II) die Kapitalmobilität steigt weiter, wobei Extra-EG-Zuflüsse wichtig bleiben, III) EG '93, die deutsche Wiedervereinigung und die Systemtransformation in Osteuropa (*Welfens*, 1992b) erfordern in den 90er Jahren beträchtliche strukturelle Anpassungen in der EU; IV) es besteht die Gefahr des EWS-Zerfalls unter Status-quo-Bedingungen. Angesichts von „EG 1993" wird zudem der folgende Grundsatz als implizite und verallgemeinerungsfähige Maxime des Binnenmarktprogramms verwendet: Eine Währungsintegration in der EU läßt sich nicht gegen die Marktkräfte durchsetzen, auf die man doch im Binnenmarktprogramm auch explizit als Wohlstandsfaktor für Europa gesetzt hat. Von daher könnte ein Kardinalprinzip für eine flankierungsgestützte Währungsintegration – jenseits der auf dem Birminghamer Sondergipfel beschlossenen Stärkung des Subsidiaritätsprinzips – sein, daß man bewußt eine marktorientierte Integrationsstrategie verfolgt. Konkret könnte dies im Rahmen eines neuen Zusatzprotokolls für die EU-Regierungskonferenz in 1996 bedeuten:

a) Marktorientierung

Das heißt (1) daß Währungsunionskandidaten sich dauerhaft dem Markttest, nämlich Paritätenstabilität bei voller Kapitalverkehrsfreiheit (und möglichst zuvor privatisierten Staatsindustrien), unterworfen haben sollten. Dieser Test sollte erfolgreich zumindest über einen vollen Konjunkturzyklus durchlaufen worden sein, also zumindest 3 – 4 Jahre; die geldpolitische Koordination ist zu verstärken; (2) daß Währungsunionskandidaten eine erstklassige Länderbonität mit als Morgengabe in die Union mitbringen müßten, die von privaten Rating-Agenturen vergeben wird; in einem solchen Fall und nur dann könnten auch beträchtliche Abweichungen von den verschuldungsbezogenen Konvergenzkriterien gemacht werden – ohne dadurch die Kriterien insgesamt willkürlich aufzuweichen. Zugleich sollte man das vergangenheitsorientierte Konvergenzkriterium der Staatsschuldenquote als sekundär zurückstufen und statt dessen auf zukunftsgerichtete ordnungspolitische Weichenstellungen am Arbeitsmarkt wie am Kapitalmarkt (einschließlich Privatisierung der Staatsunternehmen – von wenigen Ausnahmen abgesehen) setzen.

(3) Eine sinnvolle Forderung wäre auch, daß Währungsunionskandidaten die Unionswährung bzw. -währungen stärken sollen, was sich im Wechselkurs gegenüber dem Dollar als reale Aufwertung zeigen müßte: diese würde zugleich ein indirekter Beitrag zur Preisniveaustabilität sein. Dies würde einen sequentiellen Beitritt von EU-Ländern zu einer zunächst zu gründenden kleinen Währungsunion erforderlich machen, denn nur dann wird der marginale Effekt eines Landes auf die Union erkennbar. Bei Aufwertung könnte ein Neumitglied Extramittel aus einem Unionsfonds erhalten. Dies bedingt, daß längere Übergangsfristen für die Gesamtheit aller EU-Länder ins Auge gefaßt werden als in Maastricht, während eine erfolgreiche Kleingruppe relativ rasch – nach Erreichen von Vollbeschäftigung – eine Währungsunion realisieren könnte; innerhalb der Union spielen durch die Wirtschaftsentwicklung bedingten regionale/nationale Verschiebungen der Geldnachfrage dann keine Rolle mehr für die Wechselkurse bzw. die Spekulation.

Denkbar wäre zunächst eine kleine Währungsunion Frankreich – BRD – Benelux – Dänemark (oder Österreich/X bei EU-Erweiterung), soweit man vereinbart, daß als Mehrheit der EU-Länder sechs gelten, denn Großbritannien mit seiner Opting-out-Klausel reduziert die Zahl der uneingeschränkten Kandidaten auf 11 EU-Länder; der EU-Rat könnte in 1996 feststellen, daß die Konvergenzkriterien für die relevante Ländergruppe erfüllt sind, eine Währungsunion für die Gemeinschaft zweckmäßig wäre und in den Jahren 2004/5 in Kraft treten wird – sofern die Konvergenzkriterien dann noch erfüllt sind. 1997 oder 1999 als Beginn der Stufe III anzusetzen, wäre nur bei erheblichen Fortschritten bei der Verbesserung der Arbeitsmarktausgleichsmechanismen und mithin reduzierten Arbeitslosenquoten vertretbar. Mit der zeitlichen Hinauszögerung gewinnt man Zeit zur Bewältigung des Anpassungsbedarfs im Binnenmarkt und bei der deutschen Wiedervereinigung. Mit der definitiven Festlegung gewährleistet man eine frühzeitige Orientierung der Märkte und könnte möglicherweise eine konsequente Selbstbindung der Politikakteure erreichen. Mit der Beschränkung auf eine kleine Union als Ausgangspunkt vermeidet man den Automatismus der für Stufe III alternativen, aber definitiven Datumsvorgabe 1999; zugleich könnte man in der kleinen Union Erfahrungen bezüglich einer neu zu konzipierenden Geldpolitik sammeln, die „Lernkosten" für die EU-Staaten dabei minimieren und schließlich weitere Anreize zur Qualifizierung in den anderen EU-Staaten setzen.

b) Zusatzkonvergenz

Für Erfolg und Dauerhaftigkeit einer Währungsunion ist die Anfangsphase von entscheidender Bedeutung; diese Anfangsphase sollte nicht durch vermeidbare Zielkonflikte zwischen Preisniveaustabilität und Vollbeschäftigung belastet werden: Konkret könnte dies bedeuten, daß Beitrittskandidaten zum Beitrittszeitpunkt eine Arbeitslosenquote unterhalb des Unionswerts verzeichnen müßten; eine schärfere Bedingung könnte sogar Vollbeschäftigung im Beitrittsland sein. Das Arbeitsmarktkriterium wäre additiv zu den Konvergenzkriterien des Maastrichter Vertrages. Ansätze zur einer Reform der nationalen Arbeitslosenversicherungen, die die Systeme in der Tat stärker an Versicherungsgrundsätzen – wie etwa regional differenzierten Beitragssätzen mit möglicher Beitragsrückerstattung – ausrichten würde (*Welfens,* 1985), wären hier ebenso erforderlich wie verstärkte Lohnflexibilisierung (auch durch Konzepte der Vermögensbildung bei den Arbeitnehmern). Der Kohäsionsfonds könnte zu Lasten der Strukturfonds erweitert werden, und zwar mit dem Ziel, die Beteiligung der Arbeitnehmer am Produktivvermögen zwecks Lohnflexibilisierung zu fördern, was sich mit Privatisierungsprogrammen in den EU-Ländern möglicherweise verknüpfen ließe.

c) Abgestufte Währungsintegration

Eine EU-weite Währungsintegration wird unter stabilitätspolitischen Gesichtspunkten um so eher erfolgversprechend sein, je stärker die Fähigkeit zu marktgesteuerten Regelungsprozessen in allen EU-Ländern wiederhergestellt wird (länderspezifischer Zeitbedarf) und je stärker eine EU-weite „Stabilitätskultur" in der europäischen Öffentlichkeit verankert ist. Eine EU-Öffentlichkeit als eigenständige politische Kraft vermag erst allmählich zu entstehen; Öffentlichkeit kann, wie das BRD-Beispiel zeigt, eine Stütze für eine stabilitätsorientierte Geldpolitik sein. Wirksam kann die Öffentlichkeit dies am ehesten, wenn bereits die Anfangsjahre der EZB diese Reputationskapital-Bildung erlauben: Von daher ist eine niedrige Anfangsinflation in der Union sowie eine stabilitätspolitisch glaubwürdige interdependente Kleingruppe von Ländern für den Erfolg einer (kleinen/großen) EU-Währungsunion wichtig.

Der Beitritt zur kleinen Währungsunion könnte neben der Erfüllung der Maastrichter Konvergenzbedingungen davon abhängig gemacht werden, daß zum Beitrittszeitpunkt inflationsfreie Vollbeschäftigung erreicht worden ist. Damit wäre sichergestellt, daß das Wachsen der Währungsunion nicht mit zusätzlichem wirtschaftspolitischem Konfliktpotential verbunden ist; sondern im Gegenteil, das Ziel der Preisniveaustabilität unterstützt wird. Eine ergänzende Konvergenzbedingung hinsichtlich der Vollbeschäftigung wäre auch insofern wünschenswert, als bereits jetzt Vorschläge für eine teilweise von der EU finanzierte Arbeitslosenversicherung auf politischer Ebene diskutiert werden und damit die Abwälzung nationaler und regionaler lohnpolitischer Verantwortung begünstigt wird. Hier würde stabilitätspolitisches Free-rider-Verhalten in einer Situation begünstigt, die im Gegenteil eine Schließung des marktwirtschaftlichen Regelkreises am Arbeitsmarkt erfordert.

Literatur:

Aschinger, G. (1993): Die Theorie optimaler Währungsgebiete und die europäische monetäre Integration, Hamburger Jahrbuch für Wirtschafts- und Gesellschaftspolitik, Vol. 38, 9 – 28.

Bailey, M. J. und *Tavlas, G. S.* (1988): Trade and Investment under Floating Exchange Rates: The U.S. Experience, CATO Journal, Vol. 8, 421 – 442.

Bailey, M. J. und *Tavlas, G. S.* (1991): Exchange Rate Variability and Direct Investment, Annals of the American Academy of Political and Social Science, 516, July, 106 – 116.

Bayoumi, T. (1992): The Effect of the ERM on Participating Economies, IMF Staff Papers, Vol. 39, 330 – 356.

Berthold, N. (1992): Wandel währungspolitischer Arrangements. Was tragen Multinationale Unternehmungen dazu bei?, Kredit und Kapital, 25. Jg., 211 – 232.

BIS (Bank of International Settlements (1992)), 62. Jahresbericht, Basel.

Bofinger, P. (1991): Festkurssysteme und geldpolitische Koordination, Baden-Baden: Nomos.

Borchert, M. (1992): Außenwirtschaftslehre, 4. A., Wiesbaden: Gabler.

Canzoneri, M. B. und *Diba, B. T.* (1992): The Inflation Discipline of Currency Substitution, European Economic Review, Vol. 36, 827 – 846.

Cecchini, P. (1988): Europa '92. Der Vorteil des Binnenmarktes, Baden-Baden: Nomos.

Colligon, S. (1992): Eine Stabilitätszone im EWS erleichtert rasche Einführung einer Euro-währung, in: Handelsblatt, 30.9.92, Nr. 169, 13.

De Cecco, M. und *Giovannini, A.,* Hg. (1990): A European Central Bank? Perspectives on Monetary Unification after Ten Years of the EMS, Cambridge: Cambridge University Press.

De Grauwe, P. (1992): The Economics of Monetary Integration, London:

De Grauwe, P. (1989): International Trade and Economic Growth in the European Monetary System, European Economic Review, Vol. 31, 389-398.

Deutsche Bundesbank (1992): Geschäftsbericht der Deutschen Bundesbank für das Jahr 1991, Frankfurt/M.

Dieckheuer, G. (1992): Die Europäische Währungsintegration – Konsequenzen für deutsche Unternehmungen, Volkswirtschaftliche Diskussionsbeiträge Nr. 156, Westfälische Wilhelms-Universität Münster, Münster 1992.

EC Commission (1990): One Market, one Money, No. 44, Luxembourg.

EC Commission (1993): Growth, Competitiveness, Employment, White Paper, Supplement 6/93, Luxembourg.

Eichengreen (1990): One Money for Europe? Lessons from the US Currency Union, Economic Policy, No. 10, 177-188.

Emerson, M. und *Huhne, C.* (1991): Der ECU Report, Bonn: Economica.

Eurostat (1990): Provisional Report by Christine Spanneut on Direct Investment in the European Community, Luxembourg, August 1990.

Fama, E. (1984): Forward and Spot Exchange Rates, Journal of Monetary Econmics Vol. 14.

Feldsieper, M. (1980): Währungsunionen II, in: Handwörterbuch der Wirtschaftswissenschaften, Bd. 8, Stuttgart: Fischer u. a., 546 – 562.

Fratianni, M., von Hagen, J. und *Waller, C.* (1992): The Maastricht Way to EMU, Essays in International Finance, No. 187, International Finance Section, Princeton University, June 1992.

Fröhlich, H.-P. (1992a): Geldwertstabilität in der Europäischen Währungsunion, Köln: Deutscher Instituts-Verlag.

Fröhlich, H.-P. (1992b): Europäische Währungsunion ohne Politische Union, in: List Forum, Vol. 18, 232 – 245.

Froot, K. A. und *Stein, J. C.* (1991): Exchange Rates and Foreign Direct Investment: An Imperfect Capital Markets Approach, Quarterly Journal of Economics, November, 1191 – 1217.

Giavazzi, F. and *Pagano, M.* (1988): The Advantage of Tying One's Hands: EMS Discipline and Central Bank Credibility, European Economic Review, Vol. 32, 1055 – 1082.

Gotur, P. (1985): Effects of Exchange Rate Volatility on Trade, IMF Staff Papers, Vol. 32, 475 – 511.

Hasse, R. H. und *Schäfer, W.* (1990): Europäische Zentralbank, Göttingen.

Herz, B. (1992): Währungspolitik in der Übergangsphase zur Europäischen Währungsunion, Kredit und Kapital, Vol. 25, 185 – 210.

Kenen, P. (1969): The Theory of Optimum Currency Areas: An Eclectic View, in: *Mundell, R.* and *Swoboda, A.,* (Hg.): Monetary Problems in the International Economy, Chicago: University of Chicago Press.

Kenen, P. (1992): EMU after Maastricht, Washington DC: Group of Thirty.

Klodt, H. (1993): Perspektiven des Ost-West-Handels: Die komparativen Vorteile der mittel- und osteuropäischen Reformländer, Die Weltwirtschaft, 424 – 440.

Langfeldt, E.; Lehment, H. (1980): Welche Bedeutung haben „Sonderfaktoren" für die Erklärung der Geldnachfrage in der Bundesrepublik Deutschland, Weltwirtschaftliches Archiv, Vol. 116, 669 – 684.

Matthes, H. und *Italianer, A.* (1991): Ist die Gemeinschaft ein optimaler Währungsraum, in: *Weber, M.,* (Hg.) (1991): Europa auf dem Weg zur Währungsunion, Darmstadt: Wissensch. Buchgesellschaft, 70 – 103.

McKinnon, R. (1963): Optimum Currency Areas, American Economic Review, Vol. 53, 717 – 725.

Menkhoff, L. und *Sell, F. L.* (1992): Überlegungen zu einem optimalen DM-Währungsraum, Zeitschrift für Wirtschafts- und Sozialwissenschaften, Vol. 112, 379 – 400.

Möller, H. und *Jarchow, H.-J.* (1990): Demand and Supply Functions for West German Exports, Jahrbücher für Nationalökonomie und Statistik, Vol. 207, 529 – 538.

Molle, W. und *Morsink, R.* (1991): Intra-European Direct Investment, in: *Burgenmeier, B.* and *Mucchielli, J. L.,* (eds.) (1991): Multinationals and Europe 1992, London: Routledge, 81 – 101.

Mundell, R. A. (1962): The Appropriate Use of Monetary and Fiscal Policies for Internal and External Stability, IMF-Staff-Papers 9, 70 – 79.

Seidel, M. (1992): Verfassungsrechtliche Probleme der Wirtschafts- und Währungsunion, List Forum, Bd. 18, 219 – 231.

Tootell, M. B. (1992): Purchasing Power Parity within the United States, New England Economic Review, July/August 1992, 15 – 24.

Ungerer, H. et al. (1990): The European Monetary System: Developments and Perspectives, Occasional Paper No. 73, Washington DC: IMF.

Vaubel, R. (1987): Strategies for Currency Unification. The Economies of Currency Competition and the Case for a European Parallel Currency, Tübingen.

von Hagen, J. und *Neumann, M. J. J.* (1992): Real Exchange Rates Within and Between Currency Areas: How Far Away is EMU?, CEPR Discussion Paper No. 660, London.

Weber, M., Hg. (1991): Europa auf dem Weg zur Währungsunion, Darmstadt: Wiss. Buchgesellschaft.

Welcker, J. (1992), Das Europäische System der Zentralbanken, Wissenschaftliche Hefte Nr. 1, Landeszentralbank im Saarland, Saarbrücken.

Welfens, P. J. J. (1985): Theorie und Praxis angebotsorientierter Stabilitätspolitik, Baden-Baden: Nomos.

Welfens, P. J. J. (1990): Internationalisierung von Wirtschaft und Wirtschaftspolitik, Heidelberg: Springer.

Welfens, P. J. J., Hg. (1992a): Economic Aspects of German Unification, New York: Springer, 2. erw. A. (im Druck).

Welfens, P. J. J. (1992b): Market-oriented Systemic Transformations in Eastern Europe, Heidelberg: Springer.

Welfens, P. J. J. (1992c): Privatization, M&As, and Interfirm Cooperation in the EC: Improved Prospects for Innovation?, in: SCHERER, F.M. and PERLMAN, M., eds., Entrepreneurship, Technological Innovation, and Economic Growth, Ann Arbor: University of Michigan Press, 119-140.

Welfens, P. J. J. (1991): Creating a European Central Bank after 1992: Issues of EC Monetary Integration and Problems of Institutional Innovation, in: Welfens, P. J. J., ed., European Monetary Integration, Heidelberg: Springer, 1 – 47.

Welfens, P. J. J. (1994a): Hg., European Monetary Integration. EMS Developments and International Post-Maastricht Perspectives, Heidelberg: Springer.

Welfens, P. J. J. (1994b): The Single Market and the Eastern Enlargement of the EC, Heidelberg: Springer.

Willms, M. (1990): Der Delors-Plan und die Anforderungen an eine gemeinsame Europäische Geldpolitik, Kredit und Kapital, Vol. 23, 30-59.

Summary

EU Internal Market and Monetary Integration: Theoretical Aspects and Economic Policy Options

The following analysis outlines some of the main characteristics of the EC internal market and the European Monetary System and the critical tendencies they experienced in 1992/93. An examination of the general links between non-monetary integration and the internal market is followed by that of the economic connections between non-monetary and monetary integration on the basis of the theory of optimum currency areas. Finally, the last section demonstrates the consequences of the analysis for economic policy. On the whole, it appears that the internal market undermines monetary integration rather than providing economic support for it, since the internal market increases capital mobility within the European Union (EU). Since there could be a growing call for market adjustment mechanisms due to the increased competitive pressure in the internal market, and since the social differences in the EU could grow, it must be assumed that the possibilities within the EU of coordinating and reaching a consensus on economic policy will tend to diminish. This undermining of the preconditions necessary for increased political coordination at a level concomitant with stability, which could already be observed in the community of 12, could become even more serious in a more indecisive community of 16 and more.

Zur Position der Reformstaaten im Wettbewerb um internationales Kapital

von

DIETER DUWENDAG

I. Problemstellung

Dieser Beitrag beschäftigt sich mit einigen Aspekten des weltweiten Wettbewerbs um internationales Investitionskapital. Dabei liegt das Hauptaugenmerk auf den Chancen der zentral- und osteuropäischen Reformstaaten, sich in diesem Wettbewerb behaupten zu können. Unter dem Begriff „internationales Kapital" werden im folgenden die Ersparnisüberschüsse der Länder und Regionen mit Leistungsbilanzüberschüssen verstanden. Diese Ersparnisüberschüsse werden von den weltweit agierenden Banken und den sog. institutionellen Investoren (das sind in zunehmendem Maße die Investmentfonds, Versicherungen und Pensionsfonds) „eingesammelt", auf der Aktivseite gebündelt und in die Defizitländer kanalisiert. Durch diese Bündelungsfunktion entsteht aus länderspezifischen Ersparnisüberschüssen internationales Kapital. Aus der Sicht der Defizitländer handelt es sich um *externe Ersparnisse,* um die die Defizitländer konkurrieren. Sie sind die ganz überwiegende Quelle, um die Finanzierung ihrer Leistungsbilanzdefizite durch einen entsprechend hohen Netto-Kapitalimport sicherzustellen. Dabei gibt es im Prinzip keine „Einbahnstraßen": So ist keineswegs gewährleistet, daß z. B. Japan als Überschußland (wie es seit mehr als zehn Jahren der Fall ist) auch in Zukunft und ganz überwiegend den chronischen Kapitalbedarf der USA bestreiten wird. Ebensowenig kann darauf vertraut werden, daß Westeuropa für ausreichende Kapitalzuflüsse in die vor seiner Haustür liegenden zentral- und osteuropäischen Reformstaaten sorgen könnte oder gar müßte.[1]

Derartige „Einbahnstraßen" mögen durch die Regierungen für offizielle Transfers und bilaterale Kredite politisch festgelegt werden. Sie betreffen jedoch nicht *das* Kapital, von dem hier die Rede ist: Dieses Kapital ist international mobil, für dieses Kapital ist die Welt ein „Global Village", und zwar dies in einem ganz wörtlichen Sinne, nachdem gerade die letzten Jahre eine stürmische Zunahme der Kapitalverkehrsliberalisierung gebracht haben. Der Wettbewerb um Kapital wird auf den weltweiten Finanzmärkten ausgetragen. *Wer* zum Zuge kommt, das entscheiden die Märkte. Wie schon *Eugen von Böhm-Bawerk* vor 75 Jahren sagte: „Die Kapitalbilanz befiehlt, die Handelsbilanz gehorcht, nicht umgekehrt". Konkret:

---

[1] Dieser Eindruck wird suggeriert in einer Simulationsstudie von *Holzmann/Thimann/Petz* (1993, S. 2 ff.). Um die Modernisierung der Reformstaaten zu fördern, wird als eine mögliche Option für die OECD-Staaten ein langanhaltender Leistungsbilanzüberschuß mit entsprechenden Netto-Kapitalexporten in die Reformstaaten angesehen. Im Ergebnis wird diese Option jedoch für undurchführbar gehalten.

Ob sich ein Land ein Leistungsbilanzdefizit „leisten" kann oder nicht, hängt davon ab, ob es *finanzierbar* ist – und darüber entscheiden die internationalen Finanz- bzw. Kapitalmärkte. Diese Finanzmittel schlagen sich dann in der Kapitalbilanz nieder, d. h. sie „befiehlt" – und die Leistungsbilanz „gehorcht". Daraus folgt, daß die Chancen der Reformstaaten, sich im Wettbewerb um externe Ersparnisse be- haupten zu können, nur im internationalen Zusammenhang, d. h. im Kontext der Mitkonkurrenten um internationales Kapital, abgeschätzt werden können. In die- sem Wettbewerb werden die Reformstaaten einen gewichtigen und künftig noch zunehmenden Part einnehmen, und zwar dies vor dem Hintergrund eines zwar kaum abschätzbaren, in jedem Falle jedoch immensen Kapitalbedarfs der Re- formstaaten. Verschiedene Studien sehen deshalb bereits die drohende Vision einer weltweiten Kapitalknappheit voraus.[2]

Angesichts derartiger Kapitalbedarfsschätzungen erscheinen zwei Klärungen vor- ab erforderlich:

1) Kapital-„Bedarf", so riesig er auch sein mag, ist für die Märkte eine *irrelevan- te* Größe; Bedarf ist bekanntlich Nachfrage zum Preise Null. Worauf es vielmehr ankommt, sind die Bonität und die Bedingungen, unter denen sich die Kapital- *nachfrager* präsentieren. Und darüber entscheiden, wie schon gesagt, die Märkte.

2) Das globale Kapital*angebot* ist keine feste Größe, sondern es schwankt im Zeit- ablauf sogar beträchtlich insbesondere in Abhängigkeit vom Zins und von der Spareigung.[3] So kann es – und die vergangenen Jahrzehnte haben dies immer wie- der gezeigt – durchaus zu einer Mobilisierung von *zusätzlichem* Kapital kommen, ohne daß ein „crowding-out" um internationale Finanzmittel stattfinden muß, bei dem von vornherein die Reformstaaten als Verlierer dastehen.

Der inzwischen weitgehend üblichen internationalen Länderklassifizierung (Dienststellen der EG, OECD und des IWF) folgend, werden die zentral- und ost- europäischen *Reformstaaten* (kurz: die „Reformstaaten") hier wie folgt unterglie- dert: Zu den zentral- bzw. mitteleuropäischen Staaten zählen die bis zu 12 Länder in der Region von Polen bis Albanien, während die nunmehr unabhängigen Län- der der früheren Sowjetunion (einschl. Baltikum) als osteuropäische Reformstaa- ten bezeichnet werden.

II. Ausgangspunkte

Vorauszuschicken sind einige Abgrenzungen und Berechnungsmethoden, um ver- schiedene Meß- und statistische Probleme aufzuzeigen. Als besonders schwierig erweist sich hier immer wieder die Ermittlung der (nationalen) volkswirtschaftli- chen *Ersparnis*. Ihr Umfang im Vergleich zu den inländischen Investitionen ent- scheidet ja letztlich darüber, ob und inwieweit Ersparnisse dem Rest der Welt zur

---

[2] Zu den Größenordnungen des Kapital-„Bedarfs" gibt es – je nach Annahmen – abenteu- erliche Schätzungen. *Courtis* (1993, S. 19 ff.) beziffert den *globalen* Kapitalbedarf von 1993 – 1998 jährlich auf knapp 500 Mrd. US-$. Allein für die fünf großen zentraleuropäischen Reformstaaten zitieren *Holzmann/Thimann/Petz* (1993, S. 3) nach verschiedenen Studien den jährlichen Kapitalbedarf auf zwischen 200 und 1.200 Mrd. US-$. Unter Einbeziehung der Staaten der früheren UdSSR würden sich diese Beträge noch einmal mehr als ver- doppeln.
[3] Ein grober Indikator hierfür ist die tatsächliche Entwicklung der „Welt"-Leistungsbilan- zen; vgl. *Abb. 1*.

Verfügung gestellt werden können oder aber auf externe Ersparnisse zurückgegriffen werden muß.

Bei empirischen Berechnungen begnügt man sich dabei in der Regel mit der *Brutto*-Ersparnis (S^b), da die international sehr unterschiedliche Erfassung und Bewertung der Abschreibungen gravierende Probleme aufwirft. Ausgangspunkt ist die bekannte Ex post-Identität in einer offenen Volkswirtschaft (I^b: Brutto-Investitionen; LBS: Leistungsbilanzsaldo):

(1) $S^b = I^b + LBS$

Die *typische* und wohl noch auf Jahre anhaltende Konstellation für die *Reformstaaten* wird die Existenz einer *Ersparnis-Lücke* sein, d. h. diese Länder werden ein Leistungsbilanzdefizit (LBD) aufweisen:

(2) $S^b = I^b - LBD$

Dabei ist von einem *negativen* Außenbeitrag (A) und von *positiven* Netto-Transfers aus dem Ausland (Tr^n) auszugehen, wobei die letzteren ein Leistungsbilanzdefizit nicht verhindern, wohl aber dämpfen werden:

(3) $S^b = I^b - A + Tr^n$

Dies ist die erste und generell auch übliche Methode, um die gesamtwirtschaftliche Ersparnis im Wege der Restrechnung zu ermitteln – vorausgesetzt, die Daten für I^b und LBS liegen vor. Dies ist nun häufig gerade bei den Investitionen nicht der Fall. Ein alternativer Weg ist deshalb die Berechnung der Ersparnis über den gesamtwirtschaftlichen Konsum (C) unter Berücksichtigung der Transferzahlungen aus dem Ausland (Tr^n). Stellt man Gleichung (3) um und ergänzt beide Seiten um C, so ergibt sich:

(4) $C + S^b - Tr^n = I^b - A + C = Y_m^b$

Gleichung (4) stellt nun nichts anderes dar als das BSP zu Marktpreisen (Y_m^b), wobei der mittlere Ausdruck die Verwendungsgleichung und der linke Ausdruck die Aufteilung („Verwendung") des Brutto-Volkseinkommens, ebenfalls zu Marktpreisen, definiert. Stellen wir den linken Ausdruck um, so folgt für die Ersparnis:

(5) $S^b = Y_m^b - C + Tr^n$

Kommen wir nun zurück zu den *Reformstaaten* mit dem typischen Szenario einer Ersparnis-Lücke (I > S) und einem entsprechenden Leistungsbilanzdefizit, das einen gleich hohen Netto-Kapitalimport (KIM^n) voraussetzt:

(6) *I > S:* $I^b - S^b = LBD = KIM^n$

In den meisten Fällen dürfte allerdings der erforderliche Netto-Kapitalimport noch weit über das Leistungsbilanzdefizit hinausgehen, weil noch zwei andere Komponenten extern zu finanzieren sind [vgl. Gleichung (7)]:
– Erstens die oft dringend erforderliche Aufstockung der *Währungsreserven* (ΔR), um die generelle Kreditwürdigkeit zu erhöhen und für allfällige Stützungskäufe auf den Devisenmärkten zur Stabilisierung des Wechselkurses der eigenen Währung,
– zweitens die Finanzierung eines ausgesprochen ärgerlichen Phänomens, nämlich der *Kapitalflucht* (KF). Darunter sind die Kapitalexporte in „harten" Devisen zu verstehen, die nicht nur von den privaten, sondern – speziell in Rußland – ganz

besonders auch von den großen exportorientierten Staatsunternehmen vorgenommen werden.[4]

(7) $KIM^n = LBD + \Delta R + KF$

Beide Faktoren, die Aufstockung der Währungsreserven und die Kapitalflucht, beliefen sich in den Jahren 1991 – 93 auf ein Vielfaches der Leistungsbilanzdefizite der russischen Föderation und haben dadurch den externen Finanzierungsbedarf erheblich in die Höhe getrieben. Für 1992 wird die Kapitalflucht allein aus *Rußland* auf 13 Mrd. US-$ geschätzt [*DIW, IfW, IWH* (1993, S. 591)], für 1993 auf 14 Mrd. US-$ [*Ziesemer,* 1994, S. 12].[5] Auf der *Finanzierungsseite* des Netto-Kapitalimports lassen sich grob vier hauptsächliche Quellen unterscheiden:
a) Die Netto-Kredite der multilateralen Institutionen *Internationaler Währungsfonds* und *Weltbank* (IMF^n, WB^n),
b) die *Netto-Direktinvestitionen* einschl. der „joint ventures" (des Wagniskapitals) ausländischer Produktionsunternehmen (DIR^n),
c) die Netto-Kredite der *internationalen Banken* einschl. des Wertpapiererwerbs, d. h. der Portfolioinvestitionen (K_B^n),
d) die *bilateralen Kredite,* sei es in Form von Direktkrediten ausländischer Regierungen oder in Form von staatlich verbürgten Exportkrediten über die Banken (z. B. Hermes-Kreditbürgschaften) [K_{bil}^n].
Zusammengefaßt ergibt sich daraus für die Finanzierungsseite:

(8) $KIM^n = IMF^n + WB^n + DIR^n + K_B^n + K_{bil}^n$

Längst nicht alle diese Finanzierungsquellen konnten bisher von den Reformstaaten aktiviert werden: So sind die multilateralen Kredite bislang erst sehr spärlich geflossen wegen nicht erreichter Projektreife bzw. nicht erfüllter Voraussetzungen im Rahmen der IWF-Konditionalität. Ähnliches gilt für die (staatlicherseits) ungesicherten Bank- und Portfoliokredite, mit Ausnahme einiger, in harter Währung denominierter und mit hohen Risikoprämien im Zins ausgestatteter Auslandsanleihen. Eines der Hauptprobleme dürfte hier in der schon bestehenden außerordentlich hohen Auslandsverschuldung der Reformstaaten liegen (vgl. dazu Abschnitt V.). Als tatsächliche Finanzierungsquellen von Belang gab es deshalb bisher fast lediglich die Direktinvestitionen, hier fast ausschließlich in den zentraleuropäischen Reformstaaten, und die bilateralen Kredite über oder abgesichert durch öffentliche Gläubiger. In dieses Finanzierungsbild gehören quasi nachrichtlich auch noch die beachtlichen *Netto-Transfers* ausländischer Regierungen in die Reformstaaten (Tr^n), „nachrichtlich" deshalb, weil sie schon die Leistungsbilanzdefizite verringert haben und deshalb nicht zu den „echten" Netto-Kapitalimporten zählen.
Dieser erste Überblick zeigt schon, daß die Reformstaaten – und hier insbesondere Rußland und die anderen Staaten der früheren Sowjetunion – bislang noch keinen rechten Zugang zu den internationalen (Bank-)Kreditmärkten gefunden haben und weitgehend auf konzessionäre Hilfen angewiesen sind. Hierin verdeutlicht sich das Wettbewerbsproblem um internationales Kapital. Ermutigende Anzeichen bestehen dagegen in dem durchaus respektablen Umfang an Direktinvesti-

---

[4] Vgl. dazu *BIZ* (1993, S. 95) und *EG* (1993/8/9, S. 7).
[5] Der IWF beziffert die Kapitalflucht aus sämtlichen Reformstaaten für 1992 auf ca. 10 Mrd. US-$ (*IMF*, Oct. 1993, S. 174).

tionen ausländischer Unternehmen (vor allem in den Ländern Zentraleuropas). Auch darauf wird noch näher einzugehen sein.

III. „Welt"-Leistungsbilanzen

In *Abb. 1* ist die Entwicklung der Leistungsbilanzen für die drei hauptsächlichen Ländergruppen dargestellt. Diese Angaben stammen vom IWF und von der OECD und wagen z. T. Vorausschätzungen bis 1995. Bis zur Transformation des ehema-

Abb. 1:   *„Welt"-Leistungsbilanzen (Mrd. US-$)[1] [2] [3]*

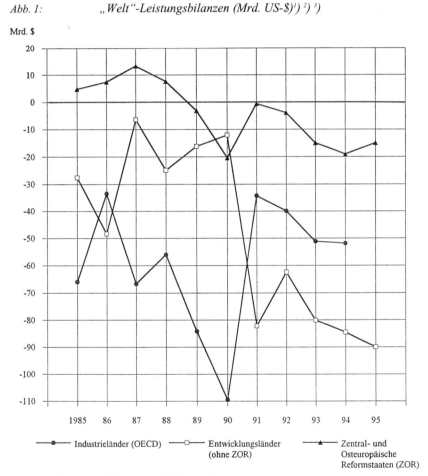

[1]) Industrieländer ab 1991 einschl. Ostdeutschland.
[2]) Daten bis 1994 aus *IMF* (Oct. 1993), für 1995 aus *OECD* (Dez. 1993).
[3]) ZOR: unter Berücksichtigung der reduzierten Zinszahlungen an die Gläubiger des „Pariser Clubs" und unter Einschluß der Transaktionen in nichtkonvertierbaren Währungen.
Quellen: IMF (Oct. 1993), S. 195 – 198. – *OECD* (Dez. 1993), S. 195. – Eigene Berechnungen.

ligen Ostblocks bestand die Welt, statistisch gesehen, im wesentlichen nur aus zwei großen Gruppen – den Industrie- und den Entwicklungsländern. Die früheren RGW-Länder führten ein „Eigenleben". Ab 1989/90 traten die Reformstaaten als dritte Welt-Ländergruppe hinzu; die Statistiker haben ihre früheren Daten zum „net material product" um- und zurückgerechnet und in das westliche System der VGR integriert.

Die folgenden Aspekte der *Abb. 1* sollen hervorgehoben werden:

a) Zunächst fällt auf, daß die Welt als Ganzes ein riesiges Leistungsbilanz*defizit* aufweist. Es betrug von 1985 – 1990 zwischen 60 und 140 Mrd. US-$, und wird vom *IWF* bis 1994 auf nahezu 160 Mrd. US-$ geschätzt. Verantwortlich für diese Diskrepanzen in der Welt-Leistungs- (und ebenso in der Welt-Kapital-)Bilanz sind vor allem die berüchtigten „errors and omissions" und gewisse Asymmetrien in der Erfassung der außenwirtschaftlichen Daten.[6] Als hauptsächliche Störquellen hat eine seit 1984 bestehende Arbeitsgruppe des Währungsfonds die teilweise Nichtberücksichtigung (insbesondere bei der Gruppe der Entwicklungsländer) von Kapitalerträgen aus ausländischen Finanzanlagen und Direktinvestitionen, von offiziellen Transferzahlungen sowie von weiteren Positionen der Dienstleistungsbilanz ausfindig gemacht und durch entsprechende Anpassungen sogar weitgehend eliminiert – freilich ohne daß sich diese Anpassungen bisher in den offiziellen Statistiken niedergeschlagen haben.[7]

Dieses Handicap beeinträchtigt zweifellos die Aussagekraft der Zahlungsbilanzstatistik, soweit es um die quantitativen Größenordnungen geht. Sofern es sich jedoch, wie die Korrekturversuche zeigen, um (weitgehend) wiederkehrende, also systematische Fehler handelt, bleibt die tendenzielle Entwicklungsrichtung der Zahlungsbilanzpositionen auch weiterhin aussagekräftig. Dies gilt auch für die daraus abgeleiteten Stromgrößen, hier insbesondere die gesamtwirtschaftliche Ersparnis.

b) Ein zweiter Punkt ist, daß wegen der hohen Aggregation in *Abb. 1* und der statistischen Diskrepanzen die Länder und Ländergruppen mit Leistungsbilanz*überschüssen* in dieser Grafik quasi „verschwinden". Es sind dies gegenwärtig (1993) auch nur recht wenige, allerdings gewichtige: allen voran Japan mit knapp 140 Mrd. US-$, gefolgt von den vier kleinen „ostasiatischen Tigern" und den ehemaligen EFTA-Ländern als Ganzes. Ein deutliches und auch für die nächsten Jahre zu erwartendes Leistungsbilanzdefizit in der Größenordnung von 60 Mrd. US-$ weist dagegen der EG-Block auf. Der Sprung in diese Defizithöhe erfolgte statistisch 1991 mit der Einbeziehung Ostdeutschlands und des gravierenden gesamtdeutschen Leistungsbilanzdefizits. Auch für die USA wird weiterhin mit einem Defizit von über 100 Mrd. US-$ gerechnet.

c) Die Angaben der *Abb. 1* machen schließlich deutlich, daß mit den *Reformstaaten* ab Anfang der 90er Jahre ein neuer und kapitalhungriger Konkurrent um externe Ersparnisse auf den internationalen Finanzmärkten aufgetreten ist. Ein zusammengefaßtes Leistungsbilanzdefizit von jährlich (1993) etwa 20 Mrd. US-$ und weitere 10 Mrd. US-$ für die Aufstockung der Währungsreserven und für Ka-

---

[6] Der *IMF* (Oct. 1993, S. 163) nennt daneben noch die Nichtberücksichtigung der internationalen Organisationen und einiger kleinerer Länder.

[7] Vgl. dazu im einzelnen *IMF* (1992, S. 12 ff.) und *Gill* (1988, S. 165 ff.).

pitalfluchtzwecke[8] spiegeln das – wie die *OECD* (Dez. 1993, S. 137) betont – „für diese Region überhaupt noch maximal Finanzierbare" wider. Dabei ist dieses Volumen mit Sicherheit nur die Spitze des Eisbergs vor dem Hintergrund des immensen Kapitalbedarfs, der zur Modernisierung der zentral- und osteuropäischen Volkswirtschaften erforderlich ist.

Gleichzeitig, nämlich ebenfalls seit Anfang der 90er Jahre, haben die beiden anderen Konkurrenten um internationales Kapital wieder an „Fahrt gewonnen". Von den *Industrieländern* als Ganzes werden in den nächsten Jahren anhaltend hohe Leistungsbilanzdefizite angenommen. Von dieser Seite her ist also keine Entlastung des Wettbewerbs um Kapital zu erwarten.

Der zweite Konkurrent ist der gesamte Block der *Entwicklungsländer*. Nach weitgehender Entschärfung der Schuldenkrise, nach durchgreifenden marktwirtschaftlichen Reformen, dem Übergang zur Strategie der „komparativen Kostenvorteile" und nach weiterer Öffnung ihrer Märkte sind die Entwicklungsländer zum dynamischsten Kapitalnachfrager geworden (vgl. *Abb. 1*). Nebenbei: Die scharfen Ausschläge der Defizitkurven bei den Industrie- und Entwicklungsländern in den Jahren 1990 und 1991 sind auf die zeitlich versetzten Belastungen durch den Golfkrieg zurückzuführen: sie wurden 1990 von den USA quasi „vorfinanziert" und ein Jahr später dann von den Golfstaaten, insbesondere den ölexportierenden Ländern (aber z. B. auch von Deutschland), „beglichen".

Von diesem Golf-Intermezzo einmal abgesehen, wird der zunehmende Marsch in die Leistungsbilanzdefizite vor allem von zwei Entwicklungsländergruppen getragen: von *Lateinamerika* und von den Wachstumsregionen *Asiens* (einschl. China). Diese beiden Gruppen allein haben 1993 drei Viertel des gesamten Leistungsbilanzdefizits aller Entwicklungsländer auf sich vereinigt. Kein Zweifel also, die „Performance" dieser Länder auf den internationalen Finanzmärkten signalisiert einen klaren Vorsprung gegenüber den Reformstaaten. Ein deutlicher Indikator dafür ist das Gewicht der Direktinvestitionen und der Geschäftsbankenkredite, d. h. jener Finanzierungsformen, die über die *Märkte* und zu *Marktkonditionen* laufen. Deren Anteil an der gesamten externen Finanzierung betrug 1993 bei den Entwicklungsländern 60%, bei den Reformstaaten hingegen nur 35% [vgl. *IMF* (Oct. 1993, S. 174/75)].

Als vorläufiges Fazit kann an dieser Stelle festgehalten werden: Vieles deutet darauf hin, daß die Reformstaaten diesen Rückstand erst allmählich werden aufholen können und sich vorerst mit dem jetzt erreichten Anteil an der Absorption der externen Ersparnisse begnügen müssen. Zwischenzeitlich müssen sie nach anderen Wegen suchen.

IV. Ersparnis-Lücken

Ein solcher Weg könnte darin bestehen, die inländische Kapitalbildung voranzutreiben, um so die interne Ersparnislücke nicht noch größer werden zu lassen. Dies führt unmittelbar zur Betrachtung der Spar- und Investitionsquoten für ausgewählte Ländergruppen, wie sie in *Abb. 2* mit insgesamt fünf Einzelgrafiken ausgewiesen sind.

---

[8] Angaben lt. *IMF* (Oct. 1993, S. 174) für 1993, wobei knapp 5 Mrd. US-$ der gesamten externen Netto-Finanzierung (30 Mrd. US-$) auf „official transfers" entfielen.

Abb. 2:   „Welt"-Ersparnislücken (S^b/BIP, I^b/BIP)[1])

a) *Industrieländer*[2])

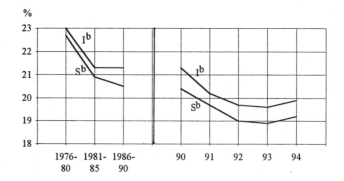

b) *Entwicklungsländer*[2])

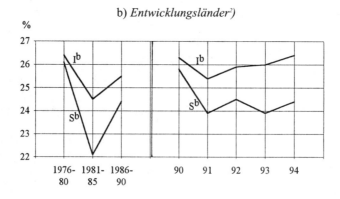

c) *Europäische Gemeinschaft (EG)*[2])

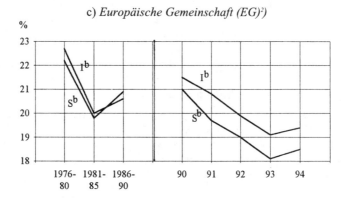

[1]) S^b, I^b: gesamtwirtschaftliche Brutto-Ersparnis und Brutto-Investitionen in % des BIP.
[2]) *Quelle: IMF* (Oct. 1993), S. 195 – 198. – Eigene Berechnungen.

d) Zentraleuropäische Reformstaaten (ohne GUS)[1])

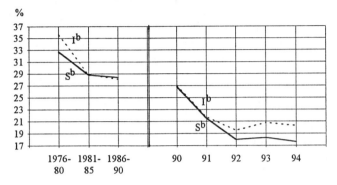

e) Russische Föderation[2])

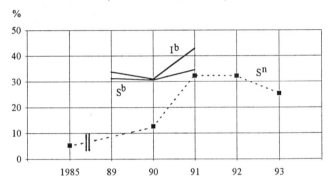

[1]) *Quelle: IMF*, (Oct. 1993), S. 198. – Eigene Berechnungen.
[2]) S^n: (Netto-)Ersparnis der privaten Haushalte in % des verfügbaren Einkommens (1993: nur erstes Quartal). Die Berechnung der S^b-Quote erfolgte unter der Annahme, daß die Summe aus Handelsbilanzsaldo und „statistischer Diskrepanz" den Leistungsbilanzsaldo ergibt. *Quelle: IMF* (June 1993), S. 91/92. – Eigene Berechnungen.

Die Ergebnisse lassen sich wie folgt zusammenfassen:
1) Zunächst überrascht es nach dem zuvor Gesagten nicht, daß die Welt als *Ganzes* ebenfalls eine Ersparnislücke aufweist, die theoretisch eigentlich gleich Null sein müßte. Nur ist die Ersparnis eben im Wege der Restrechnung aus dem Welt-Leistungsbilanzsaldo abgeleitet. Und dieser weist, wie dargelegt, eine enorme Diskrepanz, genauer gesagt, ein Defizit auf.
Für die Interpretation der Ersparnislücken gelten daher die gleichen Vorbehalte, aber auch, daß die *Tendenzen* dann durchaus sinnvolle Aussagen erlauben, wenn es sich (wie hier unterstellt) um „systematische" Diskrepanzen handelt (vgl. Abschnitt III). Ferner gilt auch hier wieder, daß wegen der hohen Aggregation zu nur drei Ländergruppen die Länder und Regionen mit Ersparnisüberschüssen bzw. In-

vestitionslücken in den Abbildungen nicht zum Ausdruck kommen. Ein weiterer Effekt der starken Aggregation ist, daß die Lücken sehr klein ausfallen (Saldierungseffekte). Die betrachteten drei Ländergruppen sind wieder die Industrie- und Entwicklungsländer sowie die Reformstaaten, letztere hier differenziert nach Zentraleuropa und Rußland. Die Angaben für die EG sind nur nachrichtlich aufgeführt; sie sind in der Gruppe der Industrieländer schon enthalten.

2) Die Einzelgraphiken der *Abb. 2* geben einen Überblick über die sehr unterschiedlichen Niveaus und Entwicklungen der Spar- und Investitionsquoten in den verschiedenen Ländergruppen. Die jeweils linken Hälften der Graphiken zeigen den längerfristigen Trend (1976 – 1990, in Fünfjahresdurchschnitten), die rechten Hälften die aktuelle Entwicklung.

Für die *Industrieländer* insgesamt *(Abb. 2 a))* hat sich der bereits seit den 70er Jahren zu beobachtende Trend sinkender Spar- und Investitionsquoten bis in die jüngste Vergangenheit hinein fortgesetzt. Der Rückgang bis heute lag zwischen etwa 3 bzw. 4 Prozentpunkten mit einer nur sehr geringen Ersparnislücke von unter 1% (hier kommt übrigens der eben erwähnte Saldierungseffekt auf Grund der hohen Aggregation zum Ausdruck). Aber was heißt schon „geringe Ersparnislücke von weniger als 1%"? Dahinter verbergen sich gewaltige Summen, denn die Industrieländer repräsentieren 54,4% des Welt-Sozialprodukts (gegenüber einem Anteil von 34,4% der Entwicklungsländer und 11,2% der Reformstaaten).[9]

Recht deutlich läßt sich anhand der gesunkenen Investitionsquoten auch die in fast allen Industrieländern verbreitete Rezession von 1990 bis 1993 ablesen, ebenso der für 1994 prognostizierte Wirtschaftsaufschwung. Für die *EG-Länder,* dargestellt in *Abb. 2c),* gelten im übrigen ganz ähnliche Tendenzen und Resultate wie für die Industrieländer insgesamt.

3) Die *Entwicklungsländer* als Ganzes *(vgl. Abb. 2 b))* haben nach dem steilen Fall der Spar- und Investitionsquoten in der ersten Hälfte der 80er Jahre (Stichwort: Verschuldungskrise) inzwischen wieder aufholen können. Insbesondere die Investitionsquote wurde ab Beginn der 90er Jahre auf das alte Niveau zurückgeführt, während die Sparquote dahinter deutlich zurückblieb. Die Folge davon war eine bemerkenswerte Ausweitung der Ersparnislücke, zuletzt in Höhe von 2%, und eine zunehmende Abhängigkeit von den internationalen Kapitalmärkten. Dieses Auseinandertriften von Spar- und Investitionsquote zeigt im übrigen, daß das *Feldstein/Horioka-*„Puzzle"[10] inzwischen längst nicht mehr so rätselhaft ist, weil eben in einer Welt mit extremer Kapitalmobilität keine derart engen Beziehungen zwischen diesen Quoten wie in der Vergangenheit mehr zu bestehen brauchen.[11]

4) Was die *Reformstaaten* betrifft *(vgl. Abb. 2 d und e),* so muß unbedingt differenziert werden. Während für die zentraleuropäischen Reformstaaten inzwischen relativ verläßliche Angaben vorliegen, ist die Datenlage für die frühere Sowjetunion immer noch ein Stück aus dem „statistischen Absurdistan".

---

[9] Stand: 1990; Angaben lt. IMF (Oct. 1993, S. 124/25).

[10] Vgl. *Feldstein/Horioka* (1980, S. 211 ff.) und *Feldstein/Bacchetta* (1989). Zu einer grundlegend anderen Interpretation des „Puzzles" vgl. *Baxter/Crucini* (1993, S. 416 ff.).

[11] Für den Zeitraum 1971 – 1991 vgl. *Duwendag* (1992, S. 63 ff.) und *Duwendag* (1993, S. 21 ff.).

Lediglich für *Rußland* liegen bislang für wenige Jahre (1989-1991) (zuverlässige?) Orientierungspunkte zur Höhe der Brutto-Spar- und Investitionsquoten vor. Das außergewöhnlich hohe Niveau der Investitionsquote von bis zu 43% scheint bis in die jüngste Vergangenheit hinein (1991) das in zahlreichen sozialistischen Volkswirtschaften zu beobachtende Phänomen der „Über-Investition" bzw. des „Überflusses" an produktiven Ressourcen zu bestätigen.[12] Als Vergleichsgröße ist in *Abb.* 2 e) ferner die Entwicklung der Netto-Sparquote der privaten Haushalte aufgeführt, die in nur wenigen Jahren Schwankungen zwischen 10 und 30% aufweist und damit in der Spitze den Wert der gesamtwirtschaftlichen Brutto-Ersparnis erreicht. Auf das Problem der vermutlich durch die Hyperinflation in Rußland ab 1992 bedingten starken Schwankungen der „Sparquote" weist auch ein anderer Indikator hin: „Im Dezember 1991 machte der Anteil der Sparguthaben der Bevölkerung an dem Gesamtumfang der Geldeinkünfte über 50% und im Herbst 1992 weniger als 3% aus."[13] Präzisere Daten als die hier vorgelegten scheinen für Rußland derzeit nicht verfügbar.

5) In den *Reformstaaten Zentraleuropas* haben sich die betrachteten Quoten seit Beginn der Transformation (1990) drastisch reduziert: die Investitionsquote um knapp 7 und die Sparquote sogar um gut 9 Prozentpunkte. Ohne auf die Gründe dafür hier näher eingehen zu können, ist insbesondere auf folgendes aufmerksam zu machen: Obwohl es wegen des gedrängten Maßstabs der *Abb.* 2 d) nicht so deutlich wird, hat sich die Ersparnislücke seit 1991 von Jahr zu Jahr sukzessive erhöht und marschiert jetzt auf 3% zu. Das ist nach allen internationalen Erfahrungen und im Vergleich zu den anderen betrachteten Ländergruppen eine außerordentlich große Kluft zwischen Investitionen und Ersparnis und bringt den enormen Kapitalhunger dieser Region zum Ausdruck.

Die Frage ist, ob die Reformstaaten diese Entwicklung in Zukunft werden fortsetzen oder sogar noch ausbauen können, was gleichbedeutend mit der Frage ist, ob sie als Investitionsstandort für externe Ersparnisse hinreichend attraktiv sein werden. Sollte das nicht der Fall sein, werden sie die Investitionsquote senken und/oder die Sparquote erhöhen müssen, vor allem wohl letzteres. Zum Vergleich: Der wichtigste Mitkonkurrent um internationales Kapital, die Entwicklungsländer, weist derzeit eine um 7 Prozentpunkte höhere Sparquote auf, zeigt also insoweit den vermutlich auch von den Reformstaaten einzuschlagenden Weg auf. Im Vergleich zu den Industrieländern liegt deren Sparquote derzeit nur geringfügig um 1,5 Punkte höher als in den Reformstaaten. Aber hinter den Industrieländern steht auch ein ganz anderes Potential und eine höhere Kreditwürdigkeit; sie können sich eine vergleichsweise niedrige Sparquote eben „leisten".

Damit ist der Boden bereitet für einige abschließende Betrachtungen zu den Perspektiven der Reformstaaten, im internationalen Kapitalwettbewerb mithalten zu können.

---

[12] Zu diesem Phänomen vgl. z. B. *Welfens* (1992, S. 113 ff.) und *Kane* (1993, S. 241 ff.).
[13] *Andrejew/Sarafanow/Oreschkin* (1993), S. 14/15.

V. Zu den Chancen der Reformstaaten im internationalen Kapitalwettbewerb

Eine Beurteilung dieser Frage läuft letztlich darauf hinaus zu prüfen, ob die Reformstaaten als Investitionsstandort für internationales Kapital attraktiv sind. Das ist ein sehr komplexes Thema, wie wir nicht erst aus der laufenden deutschen Standortdebatte wissen. Die nachfolgenden Überlegungen müssen sich daher mit einigen wenigen, vielleicht aber markanten Schlaglichtern begnügen.

Auszugrenzen sind dabei von vornherein die Staaten der früheren UdSSR: allzu unübersichtlich ist hier die politische und wirtschaftliche Lage, zu zögerlich sind die Reformschritte und zu spekulativ die Einschätzungen über die weitere Entwicklung. Ein Reflex dieser desolaten Lage ist, wie schon erwähnt, die Tatsache, daß internationales Kapital im eigentlichen Sinne bisher erst in sehr geringem Umfang den Weg in diese Region gefunden hat. Vielmehr handelte es sich bei den Mittelzuflüssen überwiegend um bilaterale Kredite und öffentliche Transfers (und vereinzelte Direktinvestitionen). So werden sich die folgenden Überlegungen vor allem auf die zentraleuropäischen Reformstaaten erstrecken.

1. Der Vorteil niedriger Lohnstückkosten

„Hongkong vor der Haustür"[14] und „mitteleuropäische Tiger": so lauten die Schlagworte, die den Transformationsprozeß vor allem in Polen, Ungarn, in der Tschechei und in der Slowakischen Republik von Anfang an begleitet haben. Herausragend ist wohl jenes Phänomen im Verhältnis von West- zu Osteuropa, das das *Institut der deutschen Wirtschaft* kürzlich wie folgt beschrieben hat:[15] „So massive Einkommens- und Kostenunterschiede auf engem geographischen Raum sind in der Geschichte der Weltwirtschaft vermutlich einmalig." In der Tat ist es insbesondere das Argument der unvergleichlich niedrigen *Arbeitskosten,* das den komparativen Vorteil dieser Region ausmacht. Dies gilt inzwischen auch im Verhältnis zu den bislang dominierenden Standortkonkurrenten in Süd- und Ostasien, denen sie in puncto Arbeitskosten den Rang abgelaufen haben (wichtige Ausnahmen sind allerdings China und Indien). Für das warenproduzierende Gewerbe hat das *iwd* (1993/13, S. 3) kürzlich die Vergleichszahlen zu den in DM umgerechneten Arbeitskosten aufgeführt (hierbei stets einschl. der Personalzusatzkosten): Ungarn 10% des westdeutschen Niveaus, Polen und ehemalige CSFR 5 – 6%, Bulgarien und Rumänien knapp 3% und Rußland gar nur 1,4% (Stand: 1992). Natürlich spielen bei diesen Vergleichen die Wechselkurse eine große Rolle, denn die Währungen der meisten Reformstaaten müssen immer noch als unterbewertet gelten, gemessen an den Kaufkraftstandards. Insoweit sind die extrem niedrigen Arbeitskosten also zumindest momentan noch geschönt.

Nun ist selbstverständlich, daß es bei derartigen Vergleichen nicht auf die Arbeitskosten allein, sondern auf die *Lohnstückkosten* ankommt – sie sind es, die dem Vergleich standhalten müssen. D. h., es bedürfte schon einer 10 – 33-fach höheren Arbeitsproduktivität in der westdeutschen Industrie, um mit den zentraleuropäischen Lohnstückkosten mithalten zu können. Derartige Produktivitätsunterschiede erscheinen jedoch völlig unrealistisch.

---

[14] *iwd* (1993/13), S. 3.
[15] *iwd* (1993/20), S. 4 ff.

Die Region Zentraleuropa muß also für die westeuropäische Industrie, aber auch für viele Dienstleistungsbereiche, als ausgesprochen attraktiver Produktionsstandort und Beschaffungsmarkt angesehen werden, ferner auch als zukunftsträchtiger Absatzmarkt mit ca. 130 Mio. Konsumenten. So verwundert es nicht, daß von 1990 – 93 insgesamt 11 Mrd. US-$ an Direktinvestitionen aus dem Ausland in die zentraleuropäischen „Tigerländer" geflossen sind.[16] Und die Produktionsverlagerung gen Osten wird vermutlich zügig weitergehen: Nach einem Ende 1993 erzielten Umfrageergebnis des *Deutschen Industrie- und Handelstages* (vgl. *DIHT* [1993]) bei mehr als 10.000 westdeutschen Unternehmen haben 24% aller Industrieunternehmen in den letzten drei Jahren ihre Produktion teilweise ins Ausland verlagert, während 30% dies in den nächsten drei Jahren beabsichtigen, und zwar vorzugsweise in die Länder Zentraleuropas. Der hauptsächliche Grund ist die günstige Mischkalkulation in den arbeitsintensiven Produktsparten, um die internationale Preiswettbewerbsfähigkeit wieder zu erlangen. Teilweise werden aber auch die besonders profitablen Bereiche ausgelagert, um der hohen Steuer- und Abgabenbelastung in Deutschland zu entgehen.[17]

Dieses „global sourcing" ist, nebenbei bemerkt, ein weltweit zu beobachtendes Phänomen: So haben sich alle großen Handelsblöcke in den letzten Jahren verstärkt Niedriglohn-„Satelliten" zugelegt, um dem internationalen Wettbewerb standhalten zu können. Auf diese Weise wurde auch die *weltweite Blockbildung* ausgeweitet. Im Rahmen der NAFTA ist es z. B. Mexiko, und weitere Kandidaten in Lateinamerika werden folgen. In Süd-Ost-Asien hat Japan schon seit längerem mit seiner sog. „Hinterland-Strategie" [*Hesse* (1994, S. 8)] die Führungsrolle bei den Produktionsverlagerungen übernommen. Und für die EG sind es nun die zentraleuropäischen Reformstaaten. So hat jeder sein *eigenes* „Hongkong vor der Haustür": westdeutsche Unternehmen gehen nach Ostdeutschland (oftmals auch daran vorbei gleich weiter gen Osten), ostdeutsche Unternehmen gehen nach Zentraleuropa, und mitteleuropäische Unternehmen richten ihren Blick nach Rußland oder in die Ukraine – alles Richtung Osten. Unter dem Argument der niedrigen Lohnstückkosten bestehen also allemal günstige Perspektiven, daß die Reformstaaten im Wettbewerb um externe Ersparnisse gute Chancen haben. Denn die Internationalisierung der Produktion, d. h. die Produktions-, Absatz- und Beschaffungsverlagerungen aus dem Westen, geht einher mit Direktinvestitionen und wird begleitet von den Krediten der internationalen Banken.

2. Standortprobleme der Reformstaaten

Aber es gibt auch zahlreiche Probleme und Handicaps, die internationales Kapital abschrecken können und die abschließend nur summarisch skizziert werden können.

a) So haben die mitteleuropäischen Reformstaaten immer noch eine relativ hohe Inflationsrate, stützungs- und anpassungsbedürftige Wechselkurse, ein rudimentäres Steuer- und Bankensystem, stark expansive Budgetdefizite, eine bescheidene Infrastruktur, einen veralteten Kapitalstock und eine außerordentlich hohe Auslandsverschuldung – um nur die wichtigsten Probleme zu nennen.

---

[16] Einschl. eines geringen Anteils der osteuropäischen Reformstaaten; vgl. *IMF* (Oct. 1993), S. 174.

[17] Vgl. *Viermetz* (1993), S. 691.

b) Gravierend ist vor allem die *externe Verschuldung* der zentraleuropäischen Reformstaaten. Sie beträgt per Ende 1993 insgesamt 113 Mrd. US-$ mit entsprechend hohen Kapitaldienstverpflichtungen bzw. – da diese nicht regulär laufen – mit hohen Zins- und Tilgungsrückständen sowie permanenten Umschuldungsverhandlungen und Forderungen nach Schuldenerlaß.[18] Die große Bedeutung dieses Faktors wird im Vergleich deutlich: so liegt die Relation Auslandsverschuldung zu Exporterlösen z. B. bei allen Entwicklungsländern im Durchschnitt bei 116%, in den hier betrachteten Reformstaaten aber bei fast 170% (vgl. *IMF* [Oct. 1993, S. 186]).

c) Ein anderes schwerwiegendes Problem sind die erst rudimentär entwickelten *Geld-* und *Kapitalmärkte* und das von zahlreichen Konkursen bedrohte Geschäftsbankensystem (wegen der umfangreichen Belastung mit uneinbringlichen Altkrediten). Auf die Funktionsfähigkeit dieser finanziellen Institutionen wird es jedoch entscheidend ankommen, wenn es darum geht, die bislang äußerst geringe interne Ersparnisbildung in den verschiedensten Formen zu mobilisieren und damit zugleich die finanziellen Voraussetzungen für einen noch ganz anderen Zweck zu schaffen, nämlich für weitere Fortschritte bei der Privatisierung.

Ein knappes *Fazit:* Der weitere Verlauf dieses Jahrzehnts wird durch einen zunehmend schärferen Wettbewerb um internationales Kapital gekennzeichnet sein. Neben die wiedererstarkten Entwicklungsländer ist als neuer gewichtiger Netto-Kapitalimporteur die Gruppe der Reformstaaten getreten, während von den Industrieländern als Kapitalnachfrager keine Entlastung zu erwarten ist. Für die zentraleuropäischen Reformstaaten bestehen – trotz zahlreicher Handicaps – insbesondere wegen ihrer komparativen Kostenvorteile gegenüber Westeuropa gute Chancen, den bisher erreichten Anteil an der Absorption der externen Ersparnisse zumindest halten zu können.

Literatur

W. Andrejew, M. Sarafanow, W. Oreschkin (1993): Stand und Perspektiven der Wirtschaftsreform in der Russischen Föderation, Köln.

M. Baxter, M. J. Crucini (1993): Explaining Saving-Investment Correlations, in: The American Economic Review, Vol. 83, No. 3.

BIZ (1993): *Bank für Internationalen Zahlungsausgleich,* 63. Jahresbericht, Basel.

K. S. Courtis (1993): The Center Shifts Across the Pacific: A New Agenda for East Asia and Issues for North America and Europe, in: Business & The Contemporary World, Vol. V, No. 4.

DIHT (1993): *Deutscher Industrie- und Handelstag,* Produktionsverlagerung ins Ausland. Ergebnisse einer Unternehmensbefragung, Bonn, November.

DIW, IfW, IWH (1993): *Deutsches Institut für Wirtschaftsforschung* (Berlin), *Institut für Weltwirtschaft* (Kiel), *Institut für Wirtschaftsforschung* (Halle), Die wirtschaftliche Lage Rußlands – Monetäre Orientierungslosigkeit und realwirtschaftlicher Aktionismus, Dritter Bericht, in: DIW-Wochenbericht, Nr. 42/93, Berlin.

---

[18] Mitte März 1994 haben z. B. die westlichen Gläubigerbanken ihre Forderungen gegenüber Polen um 42,5% reduziert, nachdem der „Pariser Club" der Regierungsgläubiger bereits seine Forderungen um 30% gekürzt hatte (ein Schuldenerlaß um weitere 20% soll folgen). Vgl. *Handelsblatt* (1994), S. 1.

D. Duwendag (1992): Budgetpolitik, Kapitalmärkte und Kapitalallokation: Implikationen für die Europäische Wirtschafts- und Währungsunion, in: Währungspolitische Probleme im integrierten Europa, hrsg. von Cl. Köhler und R. Pohl, Berlin.

D. Duwendag (1993): Recent Developments of World Savings and Investment, in: German Unification and the International Economy, ed. by B. Heitger und L. Waverman, London, New York.

EG (1993/8/9): *Kommission der Europäischen Gemeinschaften,* Wirtschaftslage und Wirtschaftsreformen in Mittel- und Osteuropa, Beiheft A zu Europäische Wirtschaft, Konjunkturtendenzen, Nr. 8/9.

M. Feldstein, P. Bacchetta (1989): National Saving and International Investment, NBER Working Papers, No. 3164.

M. Feldstein, C. Horioka (1980): Domestic Saving and International Capital Flows, in: The Economic Journal, Vol. 90.

M. Gill (1988): Statisticians Consider Ways to Reduce Current Account Discrepancy, in: IMF-Survey, No. 30.

Handelsblatt (1994): Schuldenabkommen mit Polen unter Dach und Fach, 11. März.

H. Hesse (1994): Vorausschau auf die Geldpolitik 1994, in: Deutsche Bundesbank, Auszüge aus Presseartikeln, Nr. 4 vom 18. Januar.

R. Holzmann, Ch. Thimann, A. Petz (1993): Pressure to Adjust: Consequences for the OECD Countries from Reforms in Eastern Europe, Forschungsbericht 9301 des Europa-Instituts der Universität Saarbrücken.

IMF (June 1993): *International Monetary Fund,* Russian Federation, IMF Economic Reviews, No. 8, Washington, D.C.

IMF (1992): *International Monetary Fund,* Report on the Measurement of International Capital Flows, Washington, D.C.

IMF (Oct. 1993): *International Monetary Fund,* World Economic Outlook, Washington, D.C.

iwd (1993/20): *Institut der deutschen Wirtschaft,* Europa Incorporated, Informationsdienst, Nr. 20, vom 20. Mai.

iwd (1993/13): *Institut der deutschen Wirtschaft,* Hongkong vor der Haustür, Informationsdienst, Nr. 13 vom 1. April.

S. Kane (1993): Reforming Centrally Planned Economies: What Have We Learned? in: IMF-Survey, August 9.

OECD (Dez. 1993): Economic Outlook, Nr. 54, Paris.

K. F. Viermetz (1993): Die Vereinigung hat Deutschland geschwächt, in: Die Bank, Nr. 12.

P. J. J. Welfens (1992): The Socialist Shadow Economy: Causes, Characteristics, and Role for Systemic Reforms, in: Economic Systems, Vol. 16, No. 1.

B. Ziesemer (1994): Für Geraschenko kommt die Stabilität des Rubels erst an zweiter Stelle, in: Handelsblatt, Nr. 24 vom 3.2.1994.

Summary

The CEE-Countries in Transition as a Competitor for World Savings

Since the early 1990s savings and investment behaviour in the Central and Eastern European Countries (CEEC) has undergone major changes. According to most recent projections, the CEEC's huge capital requirements will coincide with persistently large (OECD) and increasing (Third World) savings gaps in the two other subgroups of the world economy (this result suffers from the large statistical discrepancy in the world current account balance). As a consequence, international competition for capital is likely to increase considerably in the years ahead.

While the performance of the Central European countries in attracting capital imports, i.e. in particular net foreign direct investments, has been quite successful so far, the states of the former Soviet Union have not had any appreciable access to international capital markets. An overall assessment leads to the conclusion that Central Europe has favourable prospects of maintaining the level of external savings hitherto absorbed in this area. The need for funds, however, to finance reconstruction and modernization in the whole CEEC area, goes far beyond this level. Therefore, in order to match huge investment demands, the countries in transition will need to build up domestic capital markets to foster national savings and to reverse the substantial drop they experienced in the past four years.

Kapitalmärkte
in Entwicklungsländern

von

BERNHARD FISCHER

I. Einführung

Die Finanzsysteme, die sich nach dem Zweiten Weltkrieg in Entwicklungsländern herausbildeten, hatten zwei wesentliche Merkmale: Sie wurden vom Staat stark reglementiert und waren von Banken dominiert. Es entsprach der Logik dieses Konzeptes, daß staatliche Entwicklungsbanken eine zentrale Rolle bei der langfristigen Entwicklungsfinanzierung spielten. Sie waren auch der wichtigste Kanal, durch den ausländische Finanzmittel in die lokalen Volkswirtschaften geschleust wurden. Inzwischen sind die Mißerfolge dieses Konzeptes umfassend dokumentiert und spätestens seit Ausbruch der Verschuldungskrise allgemein sichtbar geworden.

Seit Anfang der achtziger Jahre haben eine Anzahl vor allem der fortgeschritteneren Entwicklungsländer im Zusammenhang mit einer stärkeren Hinwendung zu marktwirtschaftlichen Prinzipien auch die Finanzmärkte dereguliert, privatisiert und liberalisiert (*Fischer* 1993). Das Ergebnis dieser Reformpolitiken, die oft auch eine Öffnung der Finanzmärkte für ausländische Investoren mit einschlossen, war gemischt. Zwar haben sich nach den Reformen das Angebot und die Qualität von Finanzaktiva erhöht, der Einfluß auf das Wachstum dieser Wirtschaften bleibt jedoch umstritten. Insbesondere haben sich – auch bei günstigen Rahmenbedingungen – nur in wenigen Schwellenländern leistungsfähige Kapitalmärkte herausgebildet. Das einzige, relativ stark expandierende Kapitalmarktsegment waren die Aktienmärkte.

Im folgenden werden zunächst im Überblick die wichtigsten Finanzierungsinstrumente für Unternehmen vorgestellt, Unterschiede im Finanzierungsmuster von Unternehmen in Industrie- und Entwicklungsländern identifiziert sowie eine statistische Bestandsaufnahme der Größe und Struktur von Kapitalmärkten in ausgewählten Entwicklungsländern vorgenommen. Es werden dann die Vor- und Nachteile von Wertpapiermärkten und deren Beitrag für die wirtschaftliche und finanzielle Entwicklung diskutiert. Ausgehend von wichtigen Charakteristika bestehender Aktienmärkte in Entwicklungsländern wird auf die Probleme kleiner Aktienmärkte eingegangen und es werden Maßnahmen identifiziert, die zur Erhöhung der Funktionsfähigkeit dieser Märkte beitragen können.

II. Instrumente und Muster der Unternehmensfinanzierung

1. Finanzierungsmuster von Unternehmen in Industrie- und Entwicklungsländern

Der Finanzsektor umfaßt Finanzintermediäre (von Banken bis zu Pensionsfonds) und Finanzmärkte. Sparer stellen ihre Fonds den Kreditnehmern entweder indirekt über Finanzmärkte zur Verfügung oder sie vergeben direkt Kredite an den Privatsektor oder die Regierung, indem sie Wertpapiere (Aktien und Anleihen) kaufen, die von diesen auf Finanzmärkten ausgegeben werden. Die wichtigsten Finanzmärkte und Finanzmarktinstrumente sind in *Tabelle 1* dargestellt. In einer Welt mit perfekten Kapitalmärkten sind nach dem klassischen Theorem von *Modigliani-Miller* (1958) die Finanzierungsentscheidungen von Unternehmen irrelevant, d. h. bei gegebenem Finanzierungsbedarf sind diese indifferent im Hinblick auf einbehaltene Gewinne, der Ausgabe von Aktien oder der Kreditaufnahme als Finanzierungsquellen. Marktunvollkommenheiten, insbesondere auf dem Informationsmarkt, entscheiden deshalb in der Praxis darüber, welcher Finanzierungsart ein Unternehmen den Vorrang einräumt.

In den Industrieländern haben sich zwei unterschiedliche Finanzierungssysteme herausgebildet. Während z. B. das japanische und deutsche Finanzsystem auf engen Bankbeziehungen aufbaut, spielen in angelsächsischen Ländern traditionsgemäß Kapitalmärkte eine größere Rolle. Über die Vor- und Nachteile beider Systeme gibt es in der Fachliteratur eine umfassende Diskussion. Neben den relativen Kosten der verschiedenen Finanzierungsformen, die von der Wettbewerbsintensität und dem Entwicklungsgrad der einzelnen Märkte abhängen, geht es vor allem darum, ob Wertpapiermärkte das Prinicipal-Agent-Problem besser lösen und das Unternehmensverhalten effizienter kontrollieren können. In den letzten Jahren argumentierten einige Ökonomen, daß auf Aktien basierende Finanzsysteme den angelsächsischen Ländern einen Nachteil im Wettbewerb mit den von Banken dominierten Finanzsystemen in Japan und Deutschland verschafft haben (siehe z. B. *Singh* 1993). Insbesondere wird angeführt, daß die auf Aktien basierenden Finanzsysteme wegen des kurzfristigen Charakters der Beziehungen zwischen Unternehmen und den Haltern ihrer Schulden bzw. Aktien dazu neigen, langfristige Investitionen zu behindern. Für Japan gibt es empirische Evidenz dafür, daß Investitionsentscheidungen von Unternehmen mit engen Beziehungen zu großen Banken von Liquiditätsengpässen weniger beeinflußt werden, als dies bei anderen Unternehmen der Fall ist (*Hoshi* et al. 1991).

Hieraus den Schluß zu ziehen, daß Entwicklungsländer die Entwicklung ihrer Aktienmärkte nicht fördern sollten, wäre freilich voreilig. Erstens wird durch die Aktienfinanzierung es den Haltern von Aktien nicht verwehrt, eine aktive und langfristig angelegte Rolle im Management eines Unternehmens zu übernehmen. Zweitens, falls die Förderung von Aktienmärkten die Beziehungen zwischen Unternehmen und Banken lockert, können hieraus auch Vorteile entstehen. Weniger enge Beziehungen können die Konzentration reduzieren, in der eine relativ kleine Gruppe von Agenten die Kontrolle über die Industrie inne hat. Auch wenn aus der Sicht eines einzelnen Unternehmens die Gefahr eines Zusammenbruches bei engen Bankverbindungen kleiner erscheint, kann dies gesamtwirtschaftlich zu hohen Kosten führen, da hierdurch die Mobilität produktiver Ressourcen eingeschränkt wird. Aktienmärkte stellen deshalb für Entwicklungsländer eine wichti-

Tab. 1:   *Finanzmärkte und Finanzmarktinstrumente[a]*

Finanzmärkte	Finanzinstrumente

Geldmarkt	Geldmarktpapiere:
	    Schatzwechsel
	    unverzinsliche Schatzanweisungen
	    Privatdiskonto

Kapitalmarkt[b]
 	
    Rentenmarkt
	
	Festverzinsliche Wertpapiere:
	    - Bankschuldverschreibungen
	    - Industrieobligationen
	    - Anleihen
	    - Kommunalobligationen -
	Schuldscheine

Aktienmarkt	Dividendenpapiere:
	    - Aktien
	    - Genußscheine

Bankenkreditmarkt	Direkte Kreditgewährung[c] Indirekte Kreditgewährung[d]
Bankeneinlagenmarkt	Einlagen[e]

a) Die Übersicht umfaßt nur grobe Kategorien und orientiert sich am deutschen Finanz-system (nach Hannig 1992)
b) Eine weitere wichtige Unterscheidung ist die in Primärmärkte (Märkte für Neuemissio-nen) und in Sekundärmärkte (Märkte für im Umlauf befindliche Wertpapiere)
c) Kontokorrent-, Wechseldiskont-, Lombard-, Raten-, Real-, Kommunal-, Leasing-, Factoring-, Kreditkartenkredite
d) Akzept-, Avalkredite
e) Sicht-, Termin-, Spareinlagen, Sparbriefe

ge Ergänzung bzw. Alternative zur externen Verschuldung bei Geschäftsbanken dar.

Empirische Untersuchungen von *Mayer* (1990) sowie von *Singh* und *Hamid* (1992) über die Finanzierungsstruktur von Unternehmen in Industrie- bzw. Ent-wicklungsländern haben interessante Gemeinsamkeiten und Unterschiede im Finanzierungsverhalten ergeben. Die Ergebnisse lassen sich wie folgt zusammen-fassen: In Industrieländern sind einbehaltene Gewinne mit Abstand die wichtigste Finanzierungsquelle für den Unternehmenssektor, auch wenn der tatsächliche An-teil an der Gesamtfinanzierung von Land zu Land stark schwankt. Die Neuausgabe von Aktien ist bei der Finanzierung des Unternehmenswachstums nachrangig und deren Bedeutung hat eher abgenommen. Obwohl die Kapitalstrukturen über die Zeit hinweg nicht konstant blieben, hat sich an der Dominanz der Selbstfinanzierung aus einbehaltenen Gewinnen wenig geändert. Auch in den Entwicklungsländern spielen einbehaltene Gewinne bei der Finanzierung von Unternehmen eine wichtige Rolle. Von der Fremdfinanzierung sind in den weniger entwickelten Ländern insbesondere schnell wachsende Unternehmen abhängig. Dabei scheint die Finanzierung über die Ausgabe von Aktien wichtiger zu sein als in den Industrieländern.

Mit dem Reifungsprozeß von sich im Aufbau befindlichen Aktienmärkten in Entwicklungsländern haben diese Märkte auch für die Finanzierung von Investitionen an Bedeutung zugenommen. Dies gilt insbesondere für die im Industrialisierungsprozeß bereits fortgeschritteneren Entwicklungsländer. So war die Emission von Aktien für Taiwan und Korea eine wichtige Finanzierungsquelle *(Tabelle 2).* In diesen beiden Ländern, die den Übergang von überwiegend arbeitsintensiver Produktion auf solche mit höherer Wertschöpfung bereits vollzogen haben, wurden im Zeitraum 1989 – 92 über 15 v. H. der Investitionen mit der Ausgabe von Aktien finanziert. In Malaysia und Thailand, zwei ebenfalls in den letzten 20 Jahren sich schnell entwickelnden und insbesondere in den achtziger Jahren rasch wachsenden Volkswirtschaften, betrug der Anteil im gleichen Zeitraum 14 bzw. 6 v. H. Das Verhältnis von Aktienausgabe und Investitionen war im Durchschnitt in den lateinamerikanischen Ländern kleiner als in den asiatischen. Innerhalb Lateinamerikas war die Aktienemission in den Ländern am höchsten, die mit ihren Wirtschaftsreformen am fortgeschrittensten sind (Chile und Mexiko). In Argentinien und Brasilien war hingegen die Ausgabe von Aktien gegen „cash" relativ bescheiden.

Tab. 2:					*Verhältnis von Aktienemissionen*
zu den inländischen Bruttoinvestitionen
in ausgewählten Schwellenländern, 1966 – 1992 (v. H.)

	Taiwan	Korea	Malaysia	Thailand	Chile	Mexiko	Argentinien	Brasilien
1966-75	-	-	2,5	-	-	-	-	-
1976-80	-	-	1,2	1,4	-	-	-	-
1981-86	1,9	2,0	3,9	1,3	-	-	-	-
1987	-	5,8	7,6	4,9	-	-	-	-
1988	-	20,9	4,2	2,7	-	-	-	-
1989	5,8	32,0	8,3	4,5	5,9	1,4	0,4	0,6
1990	51,7	4,8	23,1	6,1	4,6	0,6	1,9	0,6
1991	4,3	3,4	10,8	8,5	3,3	10,8	2,0	0,7
1992	2,4	1,9	13,9	4,9	7,6	8,6	-	1,0

Quelle: Mullin (1993)

Der relativ unbedeutende Anteil von Investitionen, der in Industrieländern über Aktien finanziert wird, legt nahe, daß diese Finanzierungsform vor allem in frühen Phasen der Entwicklung, die durch schnelles Wachstum geprägt sind, eine zentrale

Rolle spielt. Diese Entwicklungsstufen-Hypothese der Expansion von Aktienmärkten wird durch historische Daten der USA gestützt: im Zeitraum 1901 – 39
betrug der Anteil der Nettoemission von Aktien an den inländischen Bruttoinvestitionen zwischen 7 und 17 v. H. Kurssteigerungen auf Aktienmärkten werden
sowohl in Entwicklungsländern als auch in Industrieländern durch Schübe von
Aktienemissionen verursacht. Starke Erhöhungen der Aktienpreise ermäßigen die
Kosten der Aktienfinanzierung für Unternehmen und steigern für diese den Anreiz, neue Aktien auszugeben. Dies war z. B. in Korea und Thailand 1989 – 90 sowie in Mexiko 1980 – 81 der Fall. Für den jüngsten Boom von Aktienemissionen
in vielen Entwicklungsländern ist vor allem die anhaltende Privatisierungswelle
verantwortlich.

2. Die Dynamik von Aktienmärkten

In den besonders schnell wachsenden Volkswirtschaften Asiens sind die Aktienmärkte das bei weitem wichtigste Kapitalmarktsegment *(Tabelle 3)*. Mit Ausnahme Koreas spielt der Körperschaftsanleihemarkt eine untergeordnete Rolle. Ein
entwickelter Regierungsanleihemarkt besteht lediglich in Malaysia. Für andere
Entwicklungsregionen liegen keine vergleichbaren Informationen vor.

Tab. 3:   *Die Struktur des Kapitalmarktes*
in den dynamischen Volkswirtschaften Asiens, 1992
(v. H. des BSP)

	Hongkong[a]	Korea	Malaysia	Singapur	Taiwan	Thailand
Aktienmarkt	149.0	36.0	130.0	142.0	66.0	43.0
Geldmarkt[b]	8.0[c]	28.0	23.0	5.0[d]	16.0	n.v.
Regierungs-anleihemarkt	0.1	16.0	53.0	14.0	7.0	7.0
Körperschaftsan-leihemarkt	6.0	14.0	6.0	3.0	2.0	0.2

a) v. H. des BIP
b) Ohne Handelsvolumen im Interbankenmarkt
c) Ohne Schuldverschreibungen der Banken
d) Ohne Wechsel und Einlagenzertifikate

Quelle: OECD (1993)

Die Aktienmärkte in Entwicklungsländern sind in der letzten Dekade bemerkenswert schnell gewachsen (siehe Anhangs-Tabelle). Die von der International
Finance Corporation (IFC) beobachteten 32 Aktienmärkte hatten 1982 eine gemeinsame Marktkapitalisierung von 67 Mrd. US$ für etwa 7.300 börsennotierte
Unternehmen. Malaysias Aktienmarkt war mit 13,9 Mrd. US$ der größte in dieser
Gruppe, gefolgt von Brasilien mit 10,2 Mrd. US$. Ende 1992 stieg die Markt-
kapitalisierung um das Elffache auf 779 Mrd. US$ und verdreifachte ihren Anteil

an der Marktkapitalisierung der Welt-Aktienmärkte von 2,5 auf 7 v. H. Das Handelsvolumen stieg um das 25fache und die Anzahl der börsennotierten Unternehmen stellen etwa 40 v. H. der ungefähr 30.000 weltweit an den Börsen zugelassenen Unternehmen dar. Heute zählen die mexikanischen, koreanischen und taiwanesischen Aktienmärkte zu den 15 größten der Welt und übertreffen sogar die einiger Industrieländer.

Zu diesem Wachstumstrend haben vor allem folgende Faktoren beigetragen (*IFC 1992*):
– verstärkt marktorientierte Politiken in vielen Entwicklungsländern;
– Öffnung für ausländische Direktinvestitionen in kritischen Sektoren (öffentliche Dienstleistungen, Telekommunikation, Geschäftsbankenbereich);
– Erhöhung der internationalen Wettbewerbsfähigkeit nach Umstrukturierungen im Unternehmenssektor;
– Privatisierung staatlicher Unternehmen insbesondere in Lateinamerika und Südostasien sowie in jüngster Zeit vor allem in zentral- und osteuropäischen Ländern; und
– Abbau von Zugangsbarrieren für Portfolioanlagen ausländischer Investoren.

Seit 1989 gab es einen starken Zuwachs an Zuflüssen privater Wertpapierinvestitionen in die Entwicklungsländer *(Tabelle 4)*. Sie stiegen von 7,6 Mrd. US$ (1989) auf 20,3 Mrd. US$ (1991) und werden 1992 schätzungsweise mehr als 27 Mrd. US$ erreicht haben. In diesem Zeitraum stiegen die Portfoliobeteiligungsinvestitionen (einschließlich externer Aktienangebote in Form von Depotzertifikaten, Länderfonds und direkten Aktienerwerbs durch ausländische Investoren) um das Fünfzehnfache, und internationale Schuldverschreibungen trugen 1992 mit fast 20 Mrd. US$ zu den gesamten Bruttozuflüssen bei. Die Portfolioinvestitionsströme waren jedoch auf wenige Länder, hauptsächlich in Lateinamerika, konzentriert. Fünf Länder – Argentinien, Brasilien, Mexiko, Korea und die Türkei – erhielten zwischen 1989 und 1992 über zwei Drittel der kumulierten Bruttoportfolioinvestitionen, wobei Mexiko der zweitgrößte Empfänger sowohl von Portfoliobeteiligungs- als auch von Anleihefinanzierungsströmen war. Die länder- und regionenbezogene Verteilung der internationalen Portfolioinvestitionen spiegelt u. a. die Verfügbarkeit börsennotierter Aktien in Entwicklungsländern für ausländische Investoren wider *(Tabelle 5)*.

4. Industrieschuldverschreibungen und andere Formen von Risikokapital

Eine Alternative zu Bankkrediten und Aktien ist die Finanzierung über Anleihen, die von privaten Unternehmen ausgegeben werden. Die Märkte für Unternehmensanleihen sind das am wenigsten entwickelte Segment der Finanzmärkte in Entwicklungsländern: Die Märkte sind klein, die Umsätze gering und häufig gibt es sie überhaupt nicht. Eine Ausnahme ist Korea, wo die Marktgängigkeit durch Bank- und Regierungsgarantien gewährleistet wird *(Tabelle 6)*. Die Unterentwicklung dieser Märkte wird für die meisten Entwicklungsländer durch folgende Faktoren erklärt: relativ hohe Kreditrisiken; die Abwesenheit von Anhaltspunkten für einen Referenzpreis, da auch oft Märkte für öffentliche Anleihen fehlen; leichter Zugang zu Bankkrediten und gesetzliche Beschränkungen für private Anleiheemissionen. Mit der zunehmenden Etablierung und Expansion von Märkten für öffentliche Anleihen und der Gründung von Kreditbewertungs-Agenturen ist jedoch abzusehen, daß auch dieses Marktsegment an Bedeutung gewinnt. Ange-

*Tab. 4: Brutto-Portfolioinvestitionen nach Entwicklungsregionen, 1989 – 92
(Mrd. US$)*

Entwicklungsregionen	1989	1990	1991	1992
Lateinamerika und Karibik	1,4	3,8	15,0	15,3
Ostasien und Pazifik	2,8	3,1	4,0	7,4
Europa und Zentralasien	2,4	1,9	0,8	4,4
Südasien	0,8	0,4	0,2	0,2
Mittlerer Osten	0,2	0,1	0,0	0,0
Globale Fonds	0,1	0,0	0,3	0,0
Insgesamt	**7,6**	**9,3**	**20,3**	**27,3**

Quelle: World Bank. World Debt Tables 1992 – 93, Washington. D. C.

*Tab. 5: Verfügbarkeit börsennotierter Aktien in Entwicklungsländern
für ausländische Investoren (Stand: 31. März 1993)*

Freier Zutritt	Relativ freier Zutritt	Spezielle Kategorien von Aktien	Autorisierte Händler	Geschlossen
Argentinien	Bangladesch	China	Indien	Nigeria
Brasilien	Chile	Philippinen	Taiwan	
Kolumbien	Costa Rica	Simbabwe		
Malaysia	Indonesien			
Pakistan	Jamaika			
Peru	Jordanien			
	Kenia			
	Korea			
	Mexiko			
	Sri Lanka			
	Thailand			
	Trinidad und Tobago			
	Venezuela			

Quelle: IFC (1993)

sichts der Vorsichtsregeln, die für Wertpapiermärkte gelten, ist es jedoch unrealistisch, zu erwarten, daß diese bei der Finanzierung von Unternehmensgründungen und expandierenden jungen Unternehmen eine große Rolle spielen werden. Stattdessen kann Wagniskapitalfinanzierung durch institutionelle oder durch private Investoren eine Alternative für etablierte, aber noch nicht börsennotierte Unternehmen darstellen. Den Haltern von Minderheitskapital stellt sich allerdings das Problem, wie Gewinne realisiert werden können. Der einfachere Mechanismus, sich von der Position einer Minderheitsbeteiligung zu lösen, stellt zweifellos der Aktienmarkt dar.

Tab. 6:   *Industrie- und Bankanleihen sowie Industrieobligationen in ausgewählten Ländern Asiens, 1980 und 1991*

	Umsatz				Aufgenommene Kredite			
	Mrd. US$		vH des BSP		Mrd. US$		vH des BSP	
	1980	1991	1980	1991	1980	1991	1980	1991
Australien	0	57,0	0	19,7	0	12,6	0	4,2
China	-	0,7	-	0,2	-	11,2	-	3,8
Hongkong	1,5[a]	2,5	5,1[a]	3,8	0,6	3,7	2,2	4,5
Indien	-	n.v.	-	n.v.	-	6,0	-	2,6
Indonesien	-	-	-	-	-	1,1	-	1,0
Japan	133,0	349,5	11,2	10,6	181,5	734,4	15,3	22,4
Korea	1,1[b]	1,0[b]	1,7[b]	0,3	3,4	55,0	6,0	20,2
Malaysia	-	0,4	-	0,8	-	2,6	-	3,3
Taiwan	0	0,1	0	0	0,8	6,2	1,9	3,3

n. v. = nicht verfügbar
a) 1981
b) Ohne Industrieobligationen

Quelle: Lynch, Norton (1992)

III. Vor- und Nachteile von Wertpapiermärkten

Die Bereitstellung von Fonds zur Finanzierung der heimischen Kapitalbildung wird zunehmend als Schlüsselfaktor angesehen, um die Aussichten für langfristiges Wirtschaftswachstum in Entwicklungsländern zu verbessern. Insbesondere von der Entwicklung von Kapitalmärkten wird erwartet, daß sie die Mobilisierung von inländischen Ressourcen fördert, das Angebot an langfristigem Kapital erhöht und die effiziente Nutzung bestehender Aktiva begünstigt. Nach der schmerzlichen Erfahrung mit der Schuldenkrise ist die Bedeutung von Risikokapital gegenüber Bankkrediten in den Vordergrund gerückt, insbesondere bei der Finanzierung risikoreicher Projekte mit langen Ausreifungszeiten (*Dailami, Atkin* 1990). Anlaß dieses Umdenkens war die wachsende Unzufriedenheit mit dem Paradigma bankorientierter Finanzierung mit starker staatlicher Intervention in die

Finanzmärkte, aber auch das zunehmende Bewußtsein für den Bedarf eines integrierten Ansatzes für die Entwicklung des Finanzsektors, der Mobilisierung zusätzlicher Ressourcen sowie der Förderung von Investitionen und des wirtschaftlichen Wachstums. Dabei können Kapitalmärkte sowohl als Instrument zur Reform des Bankensektors dienen als auch ein integrierter Bestandteil der langfristigen Entwicklung des Finanzsystems darstellen (*Atkin* 1994).

1. Erhöhung des Kapitalangebots

Mit der Etablierung von Wertpapiermärkten kann eine verstärkte Mobilisierung von inländischen Ersparnissen einhergehen. Im Vergleich zu herkömmlichen Finanzierungsinstrumenten bieten Eigenkapitalanteile den Sparern die Aussicht auf Kapitalgewinne sowie einen besseren Schutz gegen Inflation und Abwertung. Damit wird der Anreiz zur Kapitalflucht verringert bzw. der Anreiz, Fluchtkapital zurückzuführen, erhöht. Dieser Effekt dürfte sich vor allem in der Entstehungsphase von Kapitalmärkten einstellen, wo die anfängliche Expansion durch eine steigende Anzahl von Unternehmen gekennzeichnet ist, die an die Öffentlichkeit gehen bzw. wo bereits an der Börse notierte Unternehmen verstärkt marktgängige Kapitalbeteiligungen anbieten. Obwohl die Verfügbarkeit eines zusätzlichen Anlageinstruments mit einer neuen Ertrags-Risiko-Kombination das heimische Sparverhalten positiv beeinflussen dürfte und insbesondere für inländische Lebensversicherungsgesellschaften sowie Pensionsfonds der Erwerb von Aktien eine attraktive Investitionsalternative eröffnen dürfte, gibt es keine empirische Evidenz dafür, daß Wertpapiermärkte zur Erhöhung der Ersparnisse beitragen.

Falls für ausländische Investoren der Zugang zum Aktienmarkt erlaubt ist, kann auch durch vermehrte Kapitalimporte das Problem der Kapitalknappheit verringert werden. Der Umfang, in dem ausländische Portfolioinvestitionen in den Kapitalmärkten von Entwicklungsländern getätigt werden, hängt vor allem von folgenden Faktoren ab (*World Institute for Development Economics Research* 1990; *Yoshinari* 1991; *Papaioannou, Duke* 1993):

– Zusätzliche Nettokapitalzuflüsse aus dem Ausland können von den entstehenden Aktienmärkten meist nur dann aufgenommen werden, wenn das Angebot an börsennotierten Titeln zunimmt.

– Die Ertragsaussichten auf den Aktienmärkten von Entwicklungsländern müssen attraktiv sein. Sie hängen zum einem von der Entwicklung der Wirtschaft und der Aktienmärkte der betroffenen Länder ab und zum anderen von der Kovarianz-Struktur der Märkte, auf die Investoren ihr Portfolio aufteilen. In der Vergangenheit waren die Aktienmärkte vieler Entwicklungsländer besonders attraktiv, da sie hohe Erträge und die Gelegenheit boten, in Märkte zu diversifizieren, die sowohl untereinander als auch mit den Märkten der OECD-Länder wenig kovariant waren.

– Weitere Schlüsselfaktoren für ein Engagement des Auslands sind das gesetzliche Regelwerk und das Steuersystem im Gastland. Die gesetzliche Basis muß die Vollstreckung von Vertragsforderungen (z. B. Stimmrechte und Dividendenerträge bei Aktien) gewährleisten. Außerdem muß die Glaubwürdigkeit und Effizienz des Marktprozesses durch institutionelle Vorkehrungen gesichert sein. Das Steuersystem sowie Beschränkungen für Rücküberweisungen können ebenfalls einen kritischen Einfluß auf Erträge und Zuflüsse von Auslandskapital haben.

– Schließlich ist die rechtzeitige Verfügbarkeit und Bereitstellung von verläßlichen Informationen über Bilanzen, Finanzierung und Strategien der börsennotierten Unternehmen gerade für ausländische Investoren von großer Bedeutung und eine notwendige Bedingung dafür, daß auf den Aktienmärkten eine effiziente Preisbildung stattfindet.

De facto sind neben der Knappheit an in Frage kommenden Titeln der Hauptgrund für ein geringes Engagement das Bestehen von Kapitalverkehrsbeschränkungen. Während höhere Risiken kein Investitionshindernis darstellen, wenn sie durch höhere Renditeerwartungen ausgeglichen oder gar überkompensiert werden, zielen Kapitalverkehrskontrollen darauf ab, ausländische Investoren fernzuhalten. Diese werden oft damit begründet, daß ausländische Portfolioinvestitionen unerwünschte Wechselkurs- und Zahlungsbilanzeffekte haben und die inländische Stabilisierungspolitik erschweren können.

2. Steigerung der allokativen Effizienz investierbarer Ressourcen

Im Prinzip verbessert jede Entwicklung des Finanzsektors, die zusätzliche Finanzierungs- und Investitionsalternativen schafft, die Allokation investierbarer Ressourcen. Die kritische Frage im Hinblick auf Aktien und Anleihen ist, ob der Markt für solche Wertpapiere besser funktioniert als die Finanzvermittlung durch Geschäftsbanken und andere institutionelle Kreditgeber. Im Gegensatz zur Fremdfinanzierung über Bankkredite findet auf den Wertpapiermärkten keine finanzielle Intermediation und keine institutionalisierte Bewertung konkurrierender finanzieller Forderungen – z. B. durch eine bankmäßige Kreditwürdigkeitsprüfung – statt. Die Verteilung investierbarer Ressourcen über Wertpapiermärkte erfolgt im Einklang mit den erwarteten Gewinnaussichten der Unternehmen, die um die Ausgabe von Aktien und Anleihen konkurrieren.

Die risikobereinigten relativen Ertragsraten mögen jedoch nicht unbedingt die relative Effizienz von Unternehmen widerspiegeln, falls die Unternehmensgewinne durch Marktunvollkommenheiten und wirtschaftspolitische Eingriffe verzerrt sind. Selbst bei staatlich unbeeinflußten, vollkommenen Märkten muß bezweifelt werden, ob die Kenntnisse der Mehrzahl der Käufer von Wertpapieren ausreichen, um die Ertragsaussichten alternativer Investitionen richtig einzuschätzen. Die Marktgängigkeit neuer Wertpapieremissionen dürfte deshalb zugunsten großer, bekannter, etablierter, erfolgreicher (und oft vom Ausland kontrollierter) Unternehmen und zum Nachteil neuer, kleiner und inländischer Betriebe erfolgen. Außerdem dürften Industrie- und Handelsunternehmen in städtischen Ballungszentren gegenüber landwirtschaftlichen Betrieben bevorzugt sein.

Bei dieser kritischen Einschätzung von Wertpapiermärkten bezüglich ihrer Allokationseffizienz muß allerdings einschränkend vermerkt werden, daß die Kreditvergabe von Banken und anderen institutionellen Kreditgebern in ähnlicher Weise durch Marktunvollkommenheiten beeinträchtigt ist. Auf jeden Fall dürften jedoch funktionierende Wertpapiermärkte als zusätzliche Investitions- und Finanzierungsalternativen dazu beitragen, die Finanzmärkte zu verbreitern und zu vertiefen und den Wettbewerb im Finanzsektor zu fördern. Durch Risikostreuung langfristiger Investitionsprojekte können wachsende Wertpapiermärkte auch die Kosten von Risikokapital senken bzw. überhaupt erst die Wagnisfinanzierung ermöglichen. Die Debatte, welche Art von Finanzmärkten und Finanzinstitutionen am ehesten zum wirtschaftlichen Wachstum beiträgt, hält allerdings noch an (*Stiglitz* 1991; *Chandavarkar* 1992).

3. Sonstige positive Effekte

Mit steigendem Pro-Kopf-Einkommen spielen Finanzmärkte im allgemeinen eine wachsende Rolle bei den Transaktionen im Finanzsektor, da eine reifende Wirtschaft eine differenziertere und anspruchsvollere Nachfrage nach Finanzdienstleistungen und -produkten mit sich bringt. Insbesondere steigen mit komplexeren Produktions- und Verteilungsmechanismen, der Expansion von Handel und Investitionen sowie mit zunehmender internationaler Integration die finanziellen und wirtschaftlichen Risiken für den Privatsektor, die Regierungen und die Individuen. Während Finanzintermediäre den Investoren das Risiko des Kreditausfalls teilweise abnehmen, können bei entwickelten Finanzmärkten Investoren auch bei der direkten Finanzierung ihr Risiko reduzieren, indem sie ihr Portfolio diversifizieren. Gleichzeitig können die Kreditnehmer das Risiko der Illiquidität verringern, indem sie sich aus einer Vielzahl von Quellen finanzieren. Finanzmärkte erlauben darüber hinaus, Preisrisiken, die z. B. von Wechselkurs- und Preisschwankungen herrühren, zu handeln und abzusichern. Somit können risikoreiche, aber potentiell auch ertragreiche wirtschaftliche Aktivitäten stattfinden, die ohne Finanzmärkte nicht hätten finanziert werden können.

Von entwickelten Finanzmärkten können auch bessere Preissignale erwartet werden, die angemessen und kurzfristig Angebots- und Nachfrageänderungen für finanzielle Forderungen wiedergeben. Hohe negative reale Zinssätze, wie sie in vielen Entwicklungsländern und Planwirtschaften in den siebziger Jahren üblich waren (*Fischer* 1982), hätten bei Existenz von funktionierenden Finanzmärkten ebensowenig durchgesetzt werden können wie Kreditzinsen, die unter den Einlagenzinsen liegen. Kapitalmärkte erhöhen den Wettbewerbsdruck insbesondere für den Bankensektor, verhindern kartellmäßige Verhaltensweisen und zwingen die Regierungen, ihre Defizite zu marktgerechten Konditionen zu finanzieren.

Ein starker und gesunder Aktienmarkt kann zur Stabilität des Finanzsystems und der Wirtschaft eines Landes beitragen, indem er die Abhängigkeit der Unternehmer von schwankenden und hohen realen Zinssätzen mindert. Dies dürfte vor allem dann von Bedeutung sein, wenn Kredite im Ausland aufgenommen werden müssen, bei denen zusätzlich ein Wechselkursrisiko entsteht. Während die Kreditaufnahmen auch dann Zins- und Tilgungszahlungen erforderlich machen, wenn Unternehmen Verluste produzieren, erlaubt es eine Finanzierung über die Ausgabe von Aktien, die Höhe der Ausschüttung dem Betriebsergebnis anzupassen, und ermöglicht darüber hinaus eine dauerhafte Finanzierung.

Ein Markt für Eigenkapital kann auch die Umstrukturierung verkrusteter Wirtschaftsordnungen begünstigen. Die Privatisierung öffentlicher Unternehmen wird erleichtert, während gleichzeitig die Transformation vom Eigentümer- zum Managerkapitalismus beschleunigt und eine demokratische Wirtschaftsordnung gefördert werden. Außerdem kann die Einrichtung von Wertpapiermärkten den Reformdruck auf ein ineffizientes Bankensystem erhöhen sowie die Ergebnisse einer finanziellen Liberalisierung verbessern (*Cho* 1986).

Außer den bereits diskutierten Auswirkungen auf das wirtschaftliche Wachstum und die Stabilität des Finanzsystems gibt es einige entwicklungspolitische Vorteile, die unmittelbar mit der Existenz von Wertpapiermärkten in Entwicklungs-

ländern verbunden sein können. So stellen Wertpapiermärkte einen Nährboden bereit, auf dem sich Fertigkeiten und Beurteilungsvermögen entwickeln lassen, die
für das Entstehen eines Unternehmertums, die Bereitschaft zur Risikoübernahme
sowie die Auswahl und das Management von Portfolien von großer Bedeutung
sind. Des weiteren wirken aktive Wertpapiermärkte als Motor der allgemeinen
finanziellen Entwicklung und können die Integration informeller Finanzmärkte in
den institutionalisierten Finanzsektor beschleunigen. Schließlich vergrößern
Wertpapiermärkte den Bewegungsspielraum für die Geld- und Finanzpolitik und
stellen hierfür institutionalisierte Mechanismen bereit.

4. Kosten von Aktienmärkten

Der Beitrag eines funktionierenden Aktienmarktes für die wirtschaftliche Entwicklung, seine Effektivität und Wünschbarkeit sind weder bei Ökonomen noch
bei den wirtschaftspolitischen Entscheidungsträgern unumstritten. Analysen, die
überwiegend für Industrieländer durchgeführt wurden, haben vor allem auf folgende Kosten von Aktienmärkten hingewiesen:
– Zunächst werden die „agency cost" hervorgehoben, die durch die Trennung von
Management und Eigentum entstehen. Während der Anteilseigner das Risiko
trägt, kontrolliert das Management Investitionen und Finanzierung. Die Möglichkeit, daß Manager ihre eigenen Ziele verfolgen, die im Widerspruch zu denen der
Anteilseigner (hohe Dividende und/oder Marktwertmaximierung) stehen können,
schafft Anreizprobleme. Sie haben ihre Wurzeln im „moral hazard", das für
Situationen typisch ist, in denen asymmetrische Informationen und kosteninten-
sive Überwachungs- und Vollstreckungsmechanismen eine Rolle spielen. Allerdings muß darauf hingewiesen werden, daß diese Probleme auch bei anderen
Finanzierungsarten, z. B. Bankkrediten, auftauchen.
– Grundsätzlicher Natur und spezifisch für den Aktienmarkt sind Bedenken im
Hinblick auf die Effizienz, mit der Projektrisiken diversifiziert und bewertet werden. Dies betrifft vor allem die zu beobachtende Volatilität, die nicht mit Veränderungen der fundamentalen Bewertung einhergehen. Dies kann negative Auswirkungen auf die Kapitalbildung und soziale Wohlfahrt haben.
– Schließlich wird auf Kosten hingewiesen, die im Zusammenhang mit Übernah-
meaktivitäten und deren Rückwirkungen auf den Wettbewerb und die Effizienz
von Unternehmen entstehen können. Bei solchen Übernahmen mögen kurzfristige Gewinninteressen und finanzielle Erträge im Vordergrund stehen, welche die
Wettbewerbsfähigkeit von Unternehmen beeinträchtigen und damit die Anteilseigner benachteiligen können.
Systematische empirische Untersuchungen zu den Vor- und Nachteilen von Wertpapiermärkten im allgemeinen und von Aktienmärkten im besonderen liegen fast
nur für hochentwickelte Kapitalmärkte in Industrieländern (vor allem USA und
Großbritannien) vor. Nur wenige Studien behandeln explizit die Wertpapiermärkte in Entwicklungsländern. In einer der ersten Untersuchungen hierzu kommen
Wai und *Patrick* (1973) zu dem Schluß, daß lediglich in Brasilien Wertpapiermärkte einen positiven Entwicklungsbeitrag geliefert haben. Auch *Calamanti*
(1983) kommt zu einer eher negativen Einschätzung. Wertpapiermärkte hätten die
wirtschaftliche Entwicklung eher behindert, indem sie wirtschaftliche Schwankungen verstärken und die Vermögensallokation verzerren. Andere Autoren (*Arowolo* 1971, *van Agtmael* 1984, *Drake* 1985) haben diese Ergebnisse – ebenso über-

wiegend auf a priori Überlegungen gestützt – angefochten. Ähnlich unterschiedlich wird allerdings auch der Beitrag einer Liberalisierung des Bankensystems zum
wirtschaftlichen Wachstum bewertet (*Gelb* 1989, *The World Bank* 1989, *Stiglitz*
1991, *Ghani* 1992, *Andersen* 1993, *Fischer* 1993).

IV. Charakteristika von Aktienmärkten in Entwicklungsländern

1. Marktbesonderheiten

Angesichts der geringen Bedeutung von Kapitalmärkten in den meisten Entwicklungsländern erscheint es fraglich, ob die Aktienmärkte das erforderliche Risikokapital bereitstellen und zu einer Minimierung der Transaktionskosten beitragen
können. Mehrere Gründe lassen sich anführen, daß funktionierende Kapitalmärkte eine bestimmte Mindestgröße haben müssen (*Corsepius* 1989). In relativ engen
Märkten mit wenigen Anbietern und Nachfragern sind die Preisfluktuationen tendenziell hoch (*Pagano* 1989), da jede einzelne Transaktion den Marktpreis beeinflussen kann. Damit wird die erwartete Rendite der Anlage unsicherer und das
Risiko für den Anleger steigt. Da nur wenige verschiedene Titel verfügbar sind,
kann das erhöhte Risiko nicht durch eine Diversifikation des Portfolios ausgeglichen werden. Mit abnehmender Anzahl der Nachfrager verringert sich in der
Regel auch die Liquidität der Aktien und Wertpapiere, da sie kurzfristig nur mit
erheblichen Preisnachlässen verkauft werden können. Darüber hinaus erleichtert
das geringe Transaktionsvolumen Absprachen (Insidergeschäfte), durch die ein
Teil der Marktteilnehmer (Outsider) systematisch benachteiligt wird. Aufsichts-
behörden, die sich der Fragilität kleiner Aktien- und Wertpapiermärkte bewußt
sind, neigen dazu, durch umfassende Regulierungen die Märkte vor spekulativen
„booms" und „crashs" zu bewahren. Solche Regulierungen schränken jedoch die
Allokationseffizienz zusätzlich ein.

2. Engpässe bei der Nachfrage

Der Erfolg von Maßnahmen zur Stimulierung der Nachfrage nach Aktien und sonstigen Wertpapieren hängt ex ante entscheidend davon ab, ob es in Entwicklungsländern überhaupt eine ausreichende Anzahl potentieller Käufer für börsennotierte Titel gibt. Über die Höhe des Vermögens privater Haushalte in Entwicklungsländern sind zuverlässige Angaben kaum erhältlich. Die inländischen Brutto-
ersparnisse privater Haushalte in Entwicklungsländern betragen zwischen 5 und
25 v. H. des BIP (*Fischer* 1986), und diese Fonds stellen zumindest teilweise eine
potentielle Nachfrage nach Aktien und Anleihen dar. Ob sich diese realisiert, dürfte vor allem von der Stückelung der Titel und den relativen Erträgen und Risiken
verschiedener Anlageformen abhängen.

Gibt es institutionelle Anleger, welche die Ersparnisse der Haushalte sammeln und
bündeln, verliert das Einkommensniveau als Restriktion der Nachfrage an Bedeutung. Zumindest in der Mehrzahl der Entwicklungsländer mit Aktienbörsen scheinen geeignete potentielle Investoren (Banken, Versicherungen, etc.) zu existieren,
um einen kontinuierlichen Börsenhandel zu gewährleisten. Allerdings beschränken Portfoliovorschriften in vielen Entwicklungsländern (wie in einigen Industrieländern) die Möglichkeit institutioneller Investoren, ihre Fonds in Aktien- und
Wertpapiermärkten zu investieren.

Eine empirisch fundierte Bewertung des Risikos und der Rendite von Aktien relativ zu anderen finanziellen Anlageformen erfordert statistische Informationen über die Nutzenfunktionen der Anleger, die jedoch nicht verfügbar sind. Anhaltspunkte für die relative Attraktivität lassen sich jedoch aus einer getrennten Analyse von Rendite und Risiko gewinnen. Eine Mindestvoraussetzung dafür, daß die Anleger Aktien und Wertpapiere in ihren Portfolioüberlegungen berücksichtigen, ist, daß die durchschnittliche Rendite der risikobehafteten Papiere höher ist als die von nur mit geringem Risiko behafteten Einlagen.

Aktien waren zumindest in den achtziger Jahren in den meisten Entwicklungsländern eine sehr attraktive Anlage, auch wenn man bedenkt, daß die Transaktionskosten beim Erwerb und Verkauf von Aktien größer sind als bei Termineinlagen. Die reale Ertragsrate (vor Steuern) auf dem Aktienmarkt (Dividende plus Kursgewinn) zwischen 1980 und 1989 war z. B. 23 v. H. in Korea und 21 v. H. in Indien; die Erträge von Termineinlagen betrugen – 0,7 v. H. in Korea und – 0,5 v. H. in Indien (*Dailami, Atkin* 1990). Ungeklärt bleibt allerdings, ob die Prämie zugunsten von Aktien den Einfluß einer differenzierten Besteuerung von Kapitaleinkommen in diesen Ländern widerspiegelt oder eine Risikoprämie für die Unsicherheit darstellt. So kann etwa die Doppelbesteuerung von Dividenden – erst als Unternehmensgewinn und dann als persönliches Einkommen – die relativen Erträge verschiedener Finanzanlagen zuungunsten der Aktien verzerren. Wenn die Anleger trotz relativ hoher Renditen in Aktien nur geringe Mittel investieren, deutet dies auf ein hohes Ertragsrisiko und/oder ein geringes Angebot an Aktien hin.

Die erwartete Rendite von Aktien unterliegt einem Ertragsrisiko, weil die zukünftigen Dividenden und Kursveränderungen unsicher sind. Sie werden wesentlich vom Erfolg oder Mißerfolg der Unternehmen und der Funktionsfähigkeit des Aktienmarktes bestimmt. Besonders für Kleinaktionäre sind die Ertragsrisiken in Entwicklungsländern sehr hoch und wirken sich negativ auf die Nachfrage nach Aktien aus (*Corsepius* 1989). So ist es Kleinanlegern in der Regel nicht möglich, durch eine Portfoliodiversifikation ihr durchschnittliches Risiko zu verringern. Ihr Vermögen ist relativ zu der erforderlichen Mindestinvestition in verschiedenen Aktien zu gering, als daß sie eine breite Streuung erreichen könnten. Zusätzlich wird die Portfoliodiversifikation für die Kleinanleger durch die Informations- und Transaktionskosten begrenzt, die unabhängig vom investierten Volumen bei einer Streuung der Aktien anfallen. Das Ertragsrisiko für Kleinanleger wird ferner durch die unterentwickelte Informationsinfrastruktur erhöht. Schließlich ist das Ertragsrisiko für Kleinanleger besonders hoch, deren Einkommen und Liquiditätsbedarf stark schwanken. Insgesamt ist zu vermuten, daß das hohe Ertragsrisiko für Kleinaktionäre in Entwicklungsländern die Nachfrage breiterer Bevölkerungsschichten nach Aktien erheblich reduziert.

3. Beschränkungen des Angebots

Auch bei attraktiven Renditen und geringem Ertragsrisiko kann die Bedeutung von Aktien und Wertpapieren gering bleiben. Die deutliche Überzeichnung von Neuemissionen in einigen Entwicklungsländern deutet darauf hin, daß ein unzureichendes Angebot an börsennotierten Titeln ein Hemmnis für das Wachstum von Aktien- und Wertpapiermärkten sein kann. Das geringe Angebot kann prinzipiell zwei Ursachen haben (*Weichert* 1987): Die Kostenrelation zwischen Aktien,

Wertpapieren, Bankkrediten und einbehaltenen Gewinnen sind zuungunsten börsennotierter Titel verzerrt oder institutionelle Regelungen versperren den Unternehmen den Zugang zum Aktien- und Wertpapiermarkt.

Die Entscheidungen der Unternehmen, Schuldverschreibungen und Aktien auszugeben, hängt bei gegebenem Investitionsvolumen wesentlich von den relativen
Kosten und der Verfügbarkeit alternativer Finanzierungsformen ab. Bindende,
staatlich festgelegte Zinskreditgrenzen verbilligen für die Unternehmen mit Zugang zum formalen Finanzsektor die Kreditfinanzierung. Für die anderen Unternehmen ist die Emission von Aktien und Wertpapieren hingegen attraktiv. Zumindest in Entwicklungsländern, in denen die Kreditinstitute oft die einzigen
Emissionsbörsen sind, dürften jedoch gerade diese Unternehmen keinen Zugang
zum Aktien- und Wertpapiermarkt haben. Aber auch marktgerechte Kreditzinsen
können die Unternehmen veranlassen, Bankkredite der Emission von Aktien und
Wertpapieren vorzuziehen, wenn die Emissionskosten sehr hoch sind. Zu den
Emissionskosten zählen neben den Gebühren der Emissionshäuser auch eventuell
anfallende Steuern. So verringern die Bilanzierungs- und Publizitätspflichten für
Aktiengesellschaften die Möglichkeit, Steuern zu hinterziehen, was die Finanzierung durch Aktien relativ zur Kreditaufnahme verteuert.

Ein weiterer Erklärungsfaktor für das geringe Angebot börsennotierter Titel in
Entwicklungsländern sind Zugangsbeschränkungen, vor allem für kleine inländische Unternehmen. Ein wichtiges Hemmnis ist vielfach die vorgeschriebene
Marktgröße. Auch umfangreiche Publizitätsvorschriften belasten kleinere Unternehmen mehr als große. Ferner wird als Hindernis für eine Ausweitung des Angebots die fehlende Bereitschaft von Eigentümerunternehmern, ihre Verfügungs-
gewalt zu teilen, angeführt. Die Unternehmen befürchten u. a., daß Konkurrenten
oder der Staat Einfluß auf die Geschäftsführung nehmen könnten. Schließlich
reicht die Bereitschaft von Unternehmen, Aktien auszugeben, nicht aus, wenn
keine Emissionshäuser existieren.

V. Empfehlungen zur Förderung von Aktienmärkten in Entwicklungsländern

1. Maßnahmen zur Aktivierung der Nachfrage und Stimulierung des Angebots

Steuerliche Anreize für die Nachfrage nach Aktien können entweder den Ertrag er-
höhen oder direkt den Erwerb von Aktien verbilligen. Zu der ersten Gruppe von
Anreizen zählen u. a. Steuergutschriften für Dividenden und die Steuerfreiheit von
Kursgewinnen. Zur zweiten Gruppe gehören Maßnahmen, die es Aktienbesitzern
ermöglichen, die Einkommensteuer um die Kosten des Erwerbs von Aktien zu
mindern. Bei einer steuerlichen Begünstigung von Aktien müssen allerdings die
Kosten in Form entgangener Steuereinnahmen und mögliche Erträge alternativer
Verwendungen der Steuern berücksichtigt werden. Es sollte jedoch zumindest die
steuerliche Gleichbehandlung alternativer Finanzeinlagen angestrebt werden.

Das Ertragsrisiko kann für Kleinanleger durch eine Reihe von Maßnahmen verringert werden. So könnten Aktien- und Rentenfonds zugelassen bzw. gefördert
werden (*Corsepius* 1989). Die Fonds können bei der Informationsgewinnung Vorteile aus der Größendegression nutzen und eher eine Risikodiversifikation erreichen. Zusätzlich kann ein Garantiefonds das Vertrauen der Kleinanleger in die
Börse stärken. Einen wichtigen Beitrag zur Risikoverminderung für alle Investo-

ren kann die Börsenaufsicht leisten. Indem sie die Rahmenbedingungen für Transaktionen an der Börse so festlegt, daß die Kursbildung öffentlich nachvollziehbar ist, können Absprachen minimiert werden. Besondere Beachtung verdient bei der Formulierung der Rahmenbedingungen der Aktienmärkte die Zulassung von Händlern und Investoren. Im Interesse einer möglichst großen Nachfrage ist es schließlich, den Erwerb von Aktien auch ausländischen Investoren zu gestatten. Hierfür müssen allerdings bestimmte makro- und mikroökonomische sowie institutionelle Voraussetzungen erfüllt sein (*Fischer, Reisen* 1993).

Eine Stimulierung des Angebots an börsennotierten Titeln könnte dadurch erreicht werden, daß die künstliche Verteuerung von Aktien beseitigt und steuerliche Vorschriften so gestaltet werden, daß ihre Auswirkung auf die relativen Kosten der Finanzierungsalternativen neutral sind. Der Aktienmarkt könnte zusätzlich aktiviert werden, wenn sich Zulassungsvorschriften weniger an der Größe als vielmehr am erwarteten Gewinn einer Unternehmung orientierten und es den potentiellen Anlegern überlassen wird, ob sie die Unternehmen als solide erachten.

2. Rahmenbedingungen für funktionierende Aktienmärkte

Die wichtigsten rechtlichen, wirtschaftspolitischen und institutionellen Rahmenbedingungen für funktionierende Aktienmärkte sind in *Tabelle 7* zusammengefaßt.

Tab. 7:   *Rahmenbedingungen für funktionierende Kapitalmärkte*

Rechtliche Rahmenbedingungen	Wirtschaftspolitische Rahmenbedingungen	Institutionelle Rahmenbedingungen
Rechtssicherheit	Preisniveaustabilität	
unabhängige Rechtsprechung Handelsrecht	marktkonforme struktur- und ordnungspolitische Maßnahmen	Bankenaufsicht Versicherungsaufsicht
Eigentumsrecht	Wettbewerb	Kapitalmarktaufsicht
Schuldrecht	Positives Realzinsniveau	Wirtschaftsprüfer
Insolvenzrecht		Revisionseinrichtungen
Bankrecht		**Informations- Institutionen**
Börsengesetz Kapitalanlagegesellschaftengesetze Rechnungslegungsstandards		Wirtschafts-Auskunfteien Rating-Unternehmen Branchen- und Marktinformationsdienste Wirtschaftspresse

Quelle: Hannig (1992)

Ein makroökonomisches Umfeld, das günstige Bedingungen für die Entstehung und die Entwicklung von Aktienmärkten in Entwicklungsländern schafft, kann wie folgt beschrieben werden: niedrige und stabile Inflationsraten, eine geringe Anzahl politisch motivierter Kredite, stabile Zinssätze, niedrige Haushaltsdefizite, realistische Wechselkurse und eine stabile Richtung der Wirtschaftspolitik. Zu den mikroökonomischen Voraussetzungen für funktionierende Aktienmärkte in Entwicklungsländern zählen (*Sudweeks* 1989; *Barger* 1990; *Cornelius* 1990):

– klare institutionelle Zuordnung der Kompetenzen
– nicht-diskriminierende Steuergesetzgebung
– Wettbewerbsgleichheit mit Geschäftsbanken
– Gründung von Vertragssparinstitutionen
– bindende Rechnungs- und Bilanzierungsrichtlinien sowie Veröffentlichungspflicht
– unterstützende Institutionen für primäre und sekundäre Märkte
– funktionsfähige Wertpapieraufsichtsbehörde
– Beseitigung von psychologischen und anderen Wachstumsbarrieren.

Der Schutz privaten Eigentums, ein zuverlässiges und vertrauenswürdiges Rechtssystem sowie das Vorhandensein von Grundmechanismen für Vermögenstransfers sind unabdingbare rechtliche und institutionelle Voraussetzungen für funktionierende Aktienmärkte in Entwicklungsländern.

Anhangs-Tabelle   Indikatoren für die Größe von Aktienmärkten
in Entwicklungsländern 1982 und 1992

Land	Marktkapitalisierung (Mio. US$)		Anzahl börsennotierter Titel		Marktkapitalisierung in vH des BIP	
	1982	1991	1982	1992	1982	1991
Entwicklungsländer						
Argentinien	974	18.509	248	175	1,71	16,19
Bangladesch	34	269	28	145	0,28	1,15
Barbados		307		15		
Brasilien	10.249	42.759	493	565	3,64	10,33
Chile	4.395	27.984	212	245	18,06	89,37
China		2.028		53	0,00	0,55
Kolumbien	1.322	4.036	193	80	3,39	9,68
Costa Rica	0	311	24	93	0,00	5,59
Elfenbeinküste	321	567	25	24	4,24	7,79
Ägypten	654	2.527	112	656	2,19	8,35
Griechenland	1.923	13.118	113	129	4,99	22,66
Indien	7.058	47.730	3.358	6.700	3,75	21,51
Indonesien	144	6.823	14	155	0,15	5,86
Iran				118		0,00
Jamaica	177	1.034	35	48	5,37	29,57
Jordanien	2.845	2.512	86	103		71,28
Kenia	0	638	54	57	0,00	8,95
Korea, Rep.	4.408	96.373	334	688	5,92	
Malaysia	13.903	58.627	194	366	51,88	124,79
Mauritius		324		22		14,38
Mexiko	1.719	98.178	206	195	1,03	34,75
Marokko	292	1.528	78	62	1,89	5,53
Pakistan	877	1.882	326	628	3,21	4,68
Peru	685	1.118	144	287	2,75	2,31
Philippinen	1.981	10.179	200	170	5,33	22,67
Portugal	92	9.613	26	191	0,40	14,77
Sri Lanka	0	1.936	0	190	0,00	23,62
Taiwan, China	5.086	124.864	113	256	14,27	
Thailand	1.260	35.815	81	305	15,77	38,38
Trinidad und Tobago	1.357	671	34	27		13,64
Tunesien				17	0,00	0,00
Türkei	952	15.703	314	145	10,29	16,40
Uruguay	24	44	49	26	0,04	0,46
Venezuela	2.415	11.214	98	66	35,28	20,98
Zimbabwe	355	1.394	62	62		25,15
Industrieländer						
Japan	430.817	3.130.863	1.769	2.118	37,74	93,12
USA	1.520.167	4.180.210	6.834	7.014	41,51	74,50
Großbritannien	196.200	1.003.184	2.279	1.874	55,74	114,42
Deutschland	68.900	393.453	450	665	9,24	24,99

Quelle: IFC (1992, 1993)

Literatur

Andersen, Palle (1993): Economic Growth and Financial Markets. The Experience of Four Asian Countries, in: The AMEX BANK Review, Finance and the International Economy, Nr. 7, S. 67 – 87.

Arowolo, E. A. (1971): The Development of Capital Markets in Africa, with Particular Reference to Kenya and Nigeria, in: IMF Staff Papers, Vol. 18, S. 420 – 470.

Atkin, Michael (1994): Stock Markets in Developing Countries: Finance for Firms or Gambling for Speculators?, in: *Bernhard Fischer* (ed.): Investment and Finance in Developing Countries, Hamburg, S. 75 – 99.

Barger, Teresa (1990): How to Set Up a Stock Exchange, in: The International Economy, April/Mai, S. 64 – 68.

Calamanti, Andrea (1983): Securities Markets and Underdevelopment: The Stock Exchange in the Ivory Coast, Morocco and Tunisia, Milan, Giuffra.

Chandavarkar, Anand (1992): Of Finance and Development: Neglected and Unsettled Questions, in: World Development, Vol. 20, Nr. 1, S. 133 – 142.

Cho, Yoon Je (1986): Inefficiencies from Financial Liberalisation in the Absence of Well-Functioning Equity Markets, in: Journal of Money, Credit and Banking, Vol. 18, S. 191 – 199.

Cornelius, Peter (1990): Aktienmärkte in den Entwicklungsländern, in: Zeitschrift für das Gesamte Kreditwesen, Nr. 22, S. 15 – 19.

Corsepius, Uwe (1989): Kapitalmarktreform in Entwicklungsländern. Eine Analyse am Beispiel Perus, Kieler Studien, Nr. 225, Tübingen.

Dailami, Mansoor, Atkin, Michael (1990): Stock Markets in Developing Countries. Key Issues and a Research Agenda, World Bank, WPS No. 515, Washington, D. C.

Drake, P. J. (1977): Securities Markets in Less Developed Countries, in: Journal of Development Studies, Vol. 13, Nr. 2, S. 73 – 91.

Fischer, Bernhard (1982): Liberalisierung der Finanzmärkte und wirtschaftliches Wachstum in Entwicklungsländern, Kieler Studien, Nr. 172, Tübingen.

Fischer, Bernhard (1986): Sparkapitalbildung in Entwicklungsländern. Engpässe und Reformansätze, Forschungsberichte für das Bundesministerium für wirtschaftliche Zusammenarbeit, Band 78, München.

Fischer, Bernhard (1993): Success and Pitfalls with Financial Reforms in Developing Countries, in: Savings and Development, Vol. 17, Nr. 2, S. 111 – 135.

Fischer, Bernhard, Reisen, Helmut (1993): Liberalising Capital Flows in Developing Countries: Pitfalls, Prerequisites and Perspectives, OECD Development Centre Studies, Paris.

Fry, Maxwell (1988): Money, Interest, and Banking in Economic Development, Baltimore, London, S. 288 – 291.

Gelb, Alan H. (1989): Financial Policies, Growth, and Efficiency, World Bank, WPS No. 202, Washington, D. C.

Ghani, Ejaz (1992): How Financial Markets Affect Long-Run Growth: A Cross Country Study, World Bank, WPS No. 843, Washington, D. C.

Hannig, Alfred (1992): Die deutsche Entwicklungszusammenarbeit im Geld- und Kreditwesen und die Finanzsysteme der Entwicklungsländer, Deutsches Institut für Entwicklungspolitik, Berlin.

Hoshi, Takeo, Kashyap, Anil; Scharfstein, David (1991): Corporate Structure, Liquidity, and Investment: Evidence from Japanese Industrial Groups, in: Quarterly Journal of Economics, Vol. 106, Nr. 1, S. 33 – 60.

International Finance Corporation (IFC) (1992): Emerging Stock Markets Factbook 1992, Washington, D. C.

IFC (1993): Emerging State Markets Factbook 1993, Washington, D. C.

Lynch, David, Norton, Bill (1992): Asian Financial Markets: Growth and Implications, Paper presented to the Fifth Annual Australian Finance and Banking Conference, December.

Mayer, Colin (1990): Financial Systems, Corporate Finance and Economic Development, in: *R. Glenn, Hubbard* (ed.): Asymmetric Information, Corporate Finance and Investment, Chicago.

Modigliani, Franco, Miller, Morton H. (1958): The Cost of Capital, Corporation Finance, and the Theory of Investment, in: American Economic Review, Vol. 48, S. 261 – 297.

Mullin, John (1993): Emerging Equity Markets in the Global Economy, in: Federal Reserve Bank of New York, Quarterly Review, Summer, S. 54 – 83.

OECD (1993): Emerging Bond Markets in the Dynamic Asian Economies, Paris.

Pagano, Marco (1989): Endogenous Market Thinness and Stock Price Volatility, in: Review of Economic Studies, Vol. 56, S. 269 – 288.

Papaioannou, Michael G., Duke, Lawrence K. (1993): Die Internationalisierung der Wertpapiermärkte im Aufbau, in: Finanzierung & Entwicklung, Vol. 30, Nr. 3, S. 36 – 39.

Singh, Ajit, Hamid J. (1992): Corporate Financial Structures in Developing Countries, IFC Technical Paper No. 1, Washington, D. C.

Singh, Ajit (1993): Should Developing Countries Encourage Stock Markets?, in: UNCTAD Bulletin, No. 19, S. 11 – 13.

Stiglitz, Joseph E. (1991): Government, Financial Markets, and Economic Development, National Bureau of Economic Research, Working Paper No. 3669, Cambridge, Mass.

Sudweeks, Bryan Lorin (1989): Equity Market Development in Developing Countries, New York.

The World Bank (1989): Financial Systems and Development. World Development Report 1989, Washington, D. C.

Van Agtmael, Antoine (1984): Emerging Securities Markets, Euromoney Publications, London.

Wai, U Tun, Patrick, Hugh T. (1973): Stock and Bond Issues and Capital Markets in Less Developed Countries, in: IMF Staff Papers, Vol. 20, S. 253 – 317.

Weichert, Ronald (1988): Probleme des Risikokapitalmarktes in der Bundesrepublik Deutschland. Ursachen, Auswirkungen, Lösungsmöglichkeiten, Kieler Studien, Nr. 213, Tübingen.

World Institute for Development Economics Research (1990): Foreign Portfolio Investment in Emerging Equity Markets, Helsinki.

Yoshinari, Kumiko (1991): Der Zugang zu den internationalen Kapitalmärkten, in: Finanzierung & Entwicklung, Vol. 28, Nr. 3, S. 40 – 41.

Summary

Capital Markets in Developing Countries

The article provides an overview of instruments and patterns for financing firms in developing countries, highlights the growing importance of stock markets, and discusses the benefits and costs of securities markets from a development perspective. From the analysis of the characteristics of stock markets, demand restrictions and supply bottlenecks, the author recommends policy measures to support the development of stock markets in developing countries. Beyond stimulating the demand and supply of shares it is seen as essential for a well-functioning stock market to have the right macro- und microeconomic, as well as legal and institutional, framework in place.

Die Grundgedanken der
Theorie der strategischen Handelspolitik

von

KARLHANS SAUERNHEIMER*

1. Einleitung

Die Zeit nach dem Zweiten Weltkrieg ist in weltwirtschaftlicher Hinsicht durch ein im historischen Vergleich außerordentlich hohes Wachstum gekennzeichnet. Stärker noch als die nationalen Sozialprodukte expandierten freilich die internationalen Handelsströme, wobei es gute Gründe für die Annahme einer wechselseitigen positiven Beeinflussung von Wirtschaftswachstum und Außenhandelsexpansion gibt. Innerhalb des internationalen Warenhandels wuchsen die Industriewarenexporte deutlich rascher als die Primärgüterexporte, insbesondere wegen der höheren Einkommenselastizität der Nachfrage nach Industrieerzeugnissen. Somit zeigt der Befund eine, gemessen an den nationalen Exportquoten, zunehmende weltwirtschaftliche Verflechtung sowie einen Strukturwandel im Außenhandel zugunsten von Industriegütern. Der Außenhandelspolitik der einzelnen Länder sowie ihrer Verbindung mit der nationalen Industriepolitik wird daher mehr und mehr Aufmerksamkeit zuteil.

Das zunehmende Interesse an der Außenhandelspolitik basiert auch auf der Erkenntnis, daß die genannten quantitativen Entwicklungen mehr den strategischen Entscheidungen der Unternehmen und der Regierungen als dem Wirken von anonymen Marktkräften zuzuschreiben sind. Auf der Unternehmensebene dominieren multinationale Unternehmen, die über Handelsströme und Produktionsstandorte entscheiden. Solche Unternehmen agieren in der Regel auf oligopolistischen Märkten, die durch wenige Anbieter und strategische Verhaltensweisen charakterisiert sind. Man schätzt, daß rund ein Drittel des internationalen Handels Intraunternehmenshandel multinationaler Unternehmen ist. Auf der handelspolitischen Ebene macht sich bemerkbar, daß die USA ihre überragende Rolle in der Nachkriegszeit mehr und mehr teilen muß mit Japan und der EU. Die Handelspolitik dieser drei „Spieler", die sich der Macht, Zugang zu ihren Märkten anbieten oder verweigern zu können, bewußt sind, folgt immer mehr strategischen Gesichtspunkten. Dies zeigt sich z.B. in der Neigung, bilaterale statt multilaterale Handelsvereinbarungen zu treffen, die nationale Macht durch regionale Zusammenschlüsse zu stärken sowie der heimischen Industrie im Konkurrenzkampf mit den anderen Ländern Unterstützung zu gewähren.

---

* Ich danke meinem Mitarbeiter *Josef Wild* für viele nützliche Hinweise und kritische Anmerkungen.

Die Theorie der Handelspolitik hat auf das Aufkommen der genannten strategischen Überlegungen reagiert.[1] Sie hat Hypothesen und Modelle entwickelt, mit
deren Hilfe es möglich ist, das Verhalten der Akteure zu beschreiben und die
Marktergebnisse zu erklären. Dabei mußte auf die Theorie der unvollständigen
Konkurrenz, der Monopol- und Oligopolpreisbildung zurückgegriffen und diese
in die herkömmliche Außenhandelstheorie integriert werden. Ferner mußten die
für industrielle Produktion zentralen Skalenerträge modelliert und eingebaut werden. Hier waren Ende der 70er Jahre Vorarbeiten auf dem Gebiet der Handelstheorie geleistet worden. Anhand von Modellen mit steigenden Skalenerträgen
und monopolistischer Konkurrenz konnte das Phänomen des intraindustriellen
Handels, der im wesentlichen Handel mit Industriewaren ist, überzeugend erklärt
werden.

In der Theorie der Handelspolitik erwies sich ein einfaches Duopolmodell als
außerordentlich einflußreich. Mit seiner Hilfe konnte gezeigt werden, wie ein Land
mittels Subventionierung die strategische Marktsituation des nationalen Anbieters
gegenüber dem ausländischen Konkurrenten derart verbessern kann, daß ein
volkswirtschaftlicher Wohlfahrtsgewinn aus der Subvention resultiert. Der inländische Oligopolist entzieht dem ausländischen Konkurrenten mit Hilfe der staatlichen Unterstützung einen Teil der oligopolistischen Rente. Diese Rentenverschiebung von ausländischen auf inländische Produzenten mit positivem Nettogewinn
für das subventionierende Land beherrscht die derzeitige Diskussion um die strategische Handelspolitik. Der folgende Beitrag wird der Frage nachgehen, unter
welchen Bedingungen solche Rentenverschiebungen zustande kommen und welche handelspolitischen Konsequenzen aus diesem Befund gezogen werden können. Zuvor soll jedoch noch ein kurzer Blick auf das klassische Konkurrenzmodell
des Außenhandels geworfen werden, aus dem das Freihandelsargument und seine
herkömmlichen Relativierungen abgeleitet werden.

2. Das klassische Freihandelsargument

Die auf Ricardos Theorem von den komparativen Kosten zurückgehende Außenhandelstheorie lehrt, daß der Freihandel unter bestimmten, den sogenannten „idealen" Bedingungen, die Wohlfahrt sowohl für jedes einzelne Land als auch für die
Welt als Ganze maximiert. Dies kann durch Abbildung 1 erläutert werden.

Die Güter x und m werden im Inland und Ausland gemäß den Angebotsfunktionen A und A* und den Nachfragefunktionen N und N* angeboten und nachgefragt.
In Autarkie kommt im Inland in einer Marktwirtschaft am Markt des jeweiligen
Gutes ein Preis OB und eine Menge BD zustande. Die volkswirtschaftliche Wohlfahrt, die aus Produktion und Konsum dieser beiden Güter resultiert, wird durch
die Summe an Produzentenrente und Konsumentenrente gemessen. Produzentenrente, Konsumentenrente und volkswirtschaftliche Wohlfahrt lassen sich auf dem
jeweiligen Inlandsmarkt durch die Flächen der Dreiecke ABD, BDC und ADC
veranschaulichen. Bei jedem anderen Preis als dem Gleichgewichtspreis OB wäre, weil die kürzere Marktseite den Absatz bestimmt, die umgesetzte Menge und

---

[1] Mittlerweile gibt es eine ganze Reihe von Überblicksartikeln zur strategischen Handels-
politik. Zu nennen sind insbesondere *Krugman* (1987), *Siebert* (1988), *Baldwin* (1988),
Bhagwati (1989), *Harris* (1989), *Stegemann* (1989), *Corden* (1991), *Baldwin* (1992) und
Pomfret (1992). Einen ausgezeichneten Überblick neuesten Datums liefert *Bender* (1994).

daher die Wohlfahrt niedriger. Die Flexibilität der Preise sichert daher das Wohlfahrtsmaximum in Autarkie.

Abbildung 1

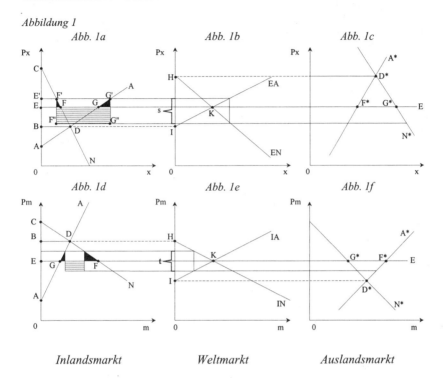

Inlandsmarkt   *Weltmarkt*   *Auslandsmarkt*

Da der Autarkiepreis im Inland bei x unter, bei m über dem Autarkiepreis im Ausland liegt, hat das Inland bei x einen komparativen und absoluten Preisvorteil. Für
Weltmarktpreise des Gutes x (m) oberhalb (unterhalb) von OB, resultiert für das
Inland eine Exportangebotsfunktion EA (eine Importnachfragefunktion IN). Auf
analoge Weise läßt sich für das Gut x (m) eine Exportnachfragefunktion EN (Im-
portangebotsfunktion IA) für das Ausland entwickeln. Nach Öffnung der Grenzen
wird sich auf dem Markt des jeweiligen Gutes, wenn man von Transportkosten absieht, ein einheitlicher Weltmarktpreis OE einpendeln. Die Inlandsproduktion des
Gutes x (m) steigt (sinkt), der Inlandsverbrauch von x (m) sinkt (steigt). Im Umfang von FG wird x (m) vom Inland exportiert (importiert). Der freie Handel in x
und m zu flexiblen, die Weltmärkte räumenden Preisen erhöht die Wohlfahrt über
das bei Autarkie erreichbare Niveau hinaus: Die Produzentenrente im Inland steigt
(sinkt) bei Gut x (m) um die Fläche des Vierecks BDGE. Die Konsumentenrente
im Inland sinkt (steigt) beim Gut x (m) um die Fläche des Vierecks BDFE. Die
Wohlfahrt steigt auf beiden Märkten im Inland um die Fläche des Dreiecks DGF.
Die Wohlfahrtszunahme des Auslandes kommt in der Fläche der beiden Dreiecke
F*G*D*, die der Welt als Ganze in der Fläche der beiden Dreiecke IKH zum Ausdruck. Die nationalen Wohlfahrtszunahmen basieren auf der Spezialisierung
gemäß dem komparativen Vorteil: Das Inland (Ausland) dehnt die Produktion von
x (m) aus und schränkt die Produktion von m (x) ein.

3. Ältere Interventionsargumente

Gegen diese These von den wohlfahrtssteigernden Wirkungen des Freihandels sind seit jeher Argumente vorgetragen worden, die an den „idealen" Bedingungen, die der Analyse zugrunde liegen, ansetzen. Zwei Gruppen von Argumenten lassen sich unterscheiden.

3.1 Das TOT-Argument

Das terms of trade (TOT)-Argument stellt darauf ab, daß Freihandel für ein großes Land, das durch seine Handelspolitik auf die Weltmarktpreise seiner Export- und Importgüter Einfluß nehmen kann, nicht optimal ist. Wird beispielsweise vom Inland ein Importzoll t auf das Gut m erhoben, kommt es im Inland zu einer Zunahme des Angebotes und einer Abnahme der Nachfrage. Die Importnachfrage sinkt, so daß am Weltmarkt dieses Gutes ein Angebotsüberschuß resultiert, der die Importgüter für das Inland verbilligt. Bei gegebenen Exportgüterpreisen verbessern sich die terms of trade, und die Wohlfahrt des Inlands nimmt zu. Zwar gibt es auch einen allokationsbedingten Wohlfahrtsverlust, weil die steigenden Importpreise unrentable Produktion hervorrufen und Nachfrage zurückdrängen. Für kleine Zollsätze ist jedoch der Gesamtwohlfahrtseffekt positiv. In Abb. 1d zeigt sich die Wohlfahrtszunahme in der Differenz zwischen der quer schraffierten Fläche, die den terms of trade-Gewinn beschreibt, und den beiden schwarzen Dreiecksflächen, die den Allokationsverlust kennzeichnen. Es läßt sich zeigen, daß es einen positiven Optimalzoll gibt, der die Differenz zwischen den beiden Flächen maximiert.[2]

Drei Anmerkungen zu diesem Wohlfahrtsgewinn erscheinen geboten: Erstens käme die gleiche Art von Wohlfahrtsgewinn zustande, wenn das Inland seinen Export besteuern würde. Es käme hier zu einer Verbesserung der terms of trade über steigende Exportpreise, nicht wie zuvor über sinkende Importpreise. Dagegen folgt umgekehrt, daß eine Exportsubvention wohlfahrtsmindernd ist, und zwar aus zwei Gründen: Erstens führt sie zu einer Zunahme des Exportangebots, was sinkende Exportpreise und sich verschlechternde terms of trade beinhaltet. Zweitens verlangen die Produzenten allokationsverzerrende höhere Preise für ihren nichtsubventionierten Inlandsabsatz. Beide Verluste addieren sich folglich. In Abb. 1a kommen sie in der Summe des quer schraffierten Rechtecks und der beiden schwarzen Dreiecke zum Ausdruck. Die Produzentenrente steigt um die Fläche EGG'E', die Konsumentenrente sinkt um EFF'E'. Die private Wohlfahrtszunahme FGG'F' liegt jedoch niedriger als die Subventionskosten F"G"G'F', so daß der genannte volkswirtschaftliche Wohlfahrtsverlust verbleibt.

Zweitens würde ohne staatliche, die Importe und/oder Exporte beschränkende Handelspolitik eine Wohlfahrtszunahme nicht erreicht werden können, weil die einzelnen Unternehmen sich annahmegemäß als Mengenanpasser verhalten. Die Handelspolitik übernimmt für die einzelnen Unternehmen die Rolle, die ein privater Monopolist bzw. Monopsonist spielen würde.

Drittens erzielt das Inland den Wohlfahrtsgewinn hier zu Lasten des Auslandes, wohingegen die Wohlfahrtszunahme aus der Aufnahme des Handels von Wohl-

---

[2] Vgl. zur Ableitung des Optimalzolls die Lehrbuchdarstellung in *Rose, Sauernheimer* (1992), S. 585 ff.

fahrtsgewinnen sowohl im Inland als auch im Ausland begleitet war. Dieser dritte Punkt ist der zentrale Einwand gegen die handelspolitische Inanspruchnahme des terms of trade-Argumentes. Die aggressive Ausnutzung von Marktmacht bewirkt die Gefahr der ausländischen Vergeltung, indem das Ausland die ihm eigene Marktmacht ebenfalls nützt. Am Ende stehen sich im allgemeinen beide Handelspartner schlechter, als wenn sie auf die Inanspruchnahme des zollpolitischen Instrumentes verzichtet hätten.

3.2 Heimische Verzerrungen

Eine zweite Gruppe von Argumenten, die die Vorteilhaftigkeit des Freihandels bezweifeln, stellt darauf ab, daß bei Vorliegen heimischer Verzerrungen (domestic distortions) die privaten und sozialen Grenzkosten (Grenznutzen) nicht übereinstimmen.[3] So mag es sein, daß z. B. infolge von Arbeitslosigkeit oder infolge positiver externer Effekte von F&E-Aufwendungen die privaten Grenzkosten über den sozialen Grenzkosten der Produktion liegen. Das privatwirtschaftliche Optimierungsverhalten führt dann dazu, daß zu geringe Mengen angeboten werden. Die Preise liegen dann über den sozialen Grenzkosten, und ein Importzoll oder eine Exportsubvention wären hilfreich, um die benötigten Produktionsausweitungen zustande zu bringen.

Die bekannteste Rechtfertigung dieser Art für eine interventionistische Handelspolitik ist das infant-industry-Argument. Nach diesem, auf *Friedrich List* und *Alexander Hamilton* zurückgehenden Argument[4] ist es wohlfahrtssteigernd, wenn ein aus historischer Zufälligkeit weniger industrialisiertes Land einen Importzoll erhebt, hinter dessen Mauern die noch in den Kinderschuhen steckende heimische Industrie eine Entwicklungschance bekommt. Aufgrund von learning-by-doing-Effekten in der Produktion und/oder dem Absatz gelingt es, sinkende Durchschnittskosten zu realisieren und konkurrenzfähig zu werden. Nach Abbau des Zolles bleibt das Unternehmen dann aus eigener Kraft im Markt. Das Argument wurde historisch für den Aufbau einer deutschen und amerikanischen Industrie gegenüber der damals überlegenen englischen Konkurrenz entwickelt und dient heute den Entwicklungsländern als Rechtfertigung ihrer protektionistischen Handelspolitik gegenüber den Industrieländern.

Der Haupteinwand gegen handelspolitischen Interventionismus aufgrund heimischer Verzerrungen ist, daß die Handelspolitik keine ursachenadäquate Lösung dieses Problems darstellt. Wenn Arbeitslosigkeit vorliegt, sind arbeitsmarktpolitische Instrumente wie die Lohnpolitik oder mobilitäts- und qualifikationsfördernde Maßnahmen angemessen. Wenn Externalitäten in F&E-Aufwendungen existieren, ist an den Forschungs- und Entwicklungsausgaben anzusetzen. Wenn – wie im infant-industry-Argument – die Produktion positive Externalitäten mit sich bringt, ist die Produktion zu subventionieren. Handelspolitik ist keine first-best-policy zur Bekämpfung dieser heimischen Marktstörungen. Deshalb bleibt das Argument für den Freihandel unverändert richtig. Es bedeutet freilich nicht Laissez-faire-Wirtschaft, sondern bedarf der Unterstützung durch eine Binnenwirtschaftspolitik, die die „domestic distortions" zu beseitigen sucht.

---

[3] Vgl. etwa *Corden* (1984), S. 86 – 96
[4] Vgl. *Corden* (1974), S. 248 ff.

4. Interventionen bei unvollständiger Konkurrenz

4.1 Charakteristika unvollständiger Konkurrenz

Ein wohlfahrtsmaximierender Außenhandel wird für ein kleines Land durch die Bedingung „Grenzkosten der Produktion = Grenznutzen des Konsums = Weltmarktpreis" charakterisiert.

In Abb. 1 sind die diese Bedingung charakterisierenden optimalen Produktions- und Konsummengen durch die Schnittpunkte der Angebots- und Nachfragefunktionen mit der Weltmarktpreisgeraden EE charakterisiert. Gewinnmaximierende Unternehmen und nutzenmaximierende Haushalte wählen in vollständiger Konkurrenz als Mengenanpasser exakt diese Mengen und gewährleisten so das volkswirtschaftliche Wohlfahrtsmaximum.

Was aber nun, wenn die Konkurrenz auf den Märkten unvollkommen ist? Unter solchen Bedingungen liegen die Preise über den Grenzkosten und bei Marktzutrittsbeschränkungen auch über den Durchschnittskosten. Es resultieren Unterversorgung und überhöhte Produzentenrenten. Da die Preise nicht mehr die sozialen Grenzkosten reflektieren, stellt sich die Frage nach geeigneten wirtschaftspolitischen Eingriffen. Soweit die Marktunvollkommenheiten Einfluß haben auf die Handelsströme und nicht abgebaut werden können, könnte die Handelspolitik sich als geeignetes second-best-Instrument zur Wohlfahrtssteigerung erweisen. Inwieweit dies möglich ist, wird im folgenden geprüft werden. Wir wollen dabei zwei einfache Fälle betrachten. Dem ersten Fall liegt eine Monopolstellung zugrunde, während im zweiten Fall eine Oligopolsituation studiert wird. Dieses Procedere erlaubt es, die Rentenverschiebung zunächst in einem ersten Schritt ohne die strategische Interaktion zwischen den Produzenten zu behandeln, um sodann im zweiten Schritt diese Interaktion in den Mittelpunkt der Betrachtung rücken zu können.[5]

4. 2 Das Monopol

4.2.1 Der ausländische Monopolist

Man betrachte einen ausländischen Anbieter, dem es gelingt, im Inland eine Monopolstellung für sein Produkt zu erringen. Er wird folglich nur soviel Angebot im Inland an den Markt bringen, bis sein erzielbarer Grenzerlös seinen Grenzkosten gleich ist. Bei üblichem Nachfrageverlauf liegt seine Preisforderung über seinen Grenzkosten. Die Volkswirtschaft könnte ihre Wohlfahrt offenkundig steigern, wenn es ihr gelänge, den Importpreis zu ermäßigen, um so die Monopolrente ganz oder zum Teil ins Inland gelangen zu lassen.

Zweckdienlich wäre hier die Einführung eines Importzolls. Ein Importzoll veranlaßt den gewinnmaximierenden Monopolisten, seinen Absatzpreis zu erhöhen. Bei linearer Nachfragefunktion ist es optimal für ihn, den Preis jedoch nur um die Hälfte des Zollsatzes zu erhöhen, so daß der zollexklusive Importpreis um den halben Zollsatz sinkt. Eine stärkere Preiserhöhung würde die absetzbare Menge allzu stark sinken lassen. Wenn die staatlichen Zolleinnahmen die Abnahme der Konsumentenrente überkompensieren, resultiert ein volkswirtschaftlicher Wohlfahrts-

---

[5] Damit verzichten wir auf eine Diskussion der Modelle monopolistischer Konkurrenz. Vgl. dazu etwa *Vousden* (1990). Kap. 7.

gewinn. Die ausländische Monopolrente wird zum Teil auf den inländischen Fiskus verlagert.[6] Abb. 2 veranschaulicht das Argument.

Abbildung 2

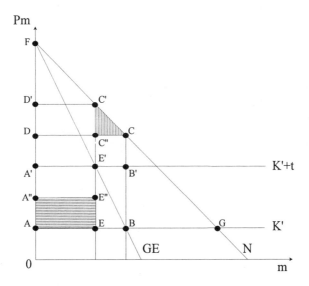

Der ausländische Monopolist bietet im Inland gemäß seiner Grenzkostenkurve K' und seiner Grenzerlöskurve GE die Menge DC zum Preis OD an. Er erzielt eine Monopolrente im Umfang der Fläche des Vierecks ABCD, das Inland eine Konsumentenrente gemäß der Fläche des Dreiecks DCF. Ein Importzoll t in Höhe von AA' läßt den Preis um DD' (= 0,5 AA') steigen. Die Konsumentenrente sinkt um DCC'D', die Zolleinnahmen betragen AEE'A'. Es gibt einen optimalen Zollsatz, der die Differenz zwischen Zolleinnahmen und Konsumentenrentenverlust maximiert. Der ausländische Monopolist verliert EBCC'' an Rente wegen Absatzverlustes und AEE''A'' (= 0,5 AEE'A') wegen unvollkommener Zollüberwälzung. Folglich stellt die quer schraffierte Fläche AEE''A'' eine Rentenverschiebung vom Ausland auf das Inland dar. Für kleine Zollsätze überkompensiert sie den Nettoverlust an der Konsumentenrente, der der Fläche des senkrecht schraffierten Dreiecks C''CC' entspricht, so daß die inländische Wohlfahrt steigt.

Vier Anmerkungen zu dieser Art von Rentenverschiebung erscheinen geboten: Erstens handelt es sich hier im Kern um nichts anderes als das terms of trade-Argument, wonach ein Land durch Einfuhrbeschränkung seinen zollexklusiven Importpreis vermindern kann. Zweitens setzt das Argument voraus, daß bei jeder Menge die Nachfragefunktion elastischer als die Grenzerlösfunktion verläuft. Dies gilt zwar bei einer linearen Nachfragefunktion, nicht aber z. B. bei einer Nachfragefunktion mit konstanter Preiselastizität. Drittens ist die Zollpolitik allenfalls ein

---

[6] *Pomfret* (1992), S. 12 nennt diese Politik „rent-snatching". Das Argument geht zurück auf *Katrak* (1977) und *Svedberg* (1979).

second-best-Instrument.[7] Die Festlegung eines Höchstpreises OA führt zu dem besten, dem Freihandels-Ergebnis. Der Wohlfahrtsgewinn wäre in diesem Fall AGCD. Und schließlich relativiert viertens der wohl sehr seltene Fall eines von potentieller Konkurrenz freien ausländischen Monopolisten am heimischen Markt in Verbindung mit der kritischen Annahme über die Gestalt der Nachfragefunktion das Gewicht dieses Argumentes erheblich.

4.2.2 Ein inländischer Monopolist

Geben wir nun die Annahme eines ausländischen Monopolisten am heimischen Markt auf und lassen inländisches Angebot zu (Abb. 3). Nehmen wir an, ein inländischer Anbieter mit der Grenzkostenkurve K' und der Durchschnittskostenkurve DK treffe auf die Inlandsnachfragefunktion N. Beim herrschenden Weltmarktpreis P_{WM} in Höhe von OA ist der inländische Anbieter infolge fixer Kosten nicht konkurrenzfähig, und die Nachfrage wird durch Importe im Umfang OB befriedigt. Erhebt nun das Inland einen prohibitiven Importzoll, erhält der inländische Produzent einen monopolistischen Preiserhöhungsspielraum für Inlandsabsatz. Die Aufnahme der Produktion wird möglich. Zwar bringt der Inlandsabsatz OD zum Preis OC noch keinen Gewinn, aber der Preis deckt bereits die Stückkosten. Da der Weltmarktpreis bei dieser Menge über den Grenzkosten liegt, wird die Ausweitung der Produktion um DB zum Zwecke des Exports lohnend. Ferner wird es lohnend, im Umfang von FD Inlandsabsatz gegen Auslandsabsatz zu substituieren, da der Grenzerlös am Weltmarkt höher als am Inlandsmarkt liegt. Am Ende ist der Gesamtabsatz OB auf Inlandsabsatz OF und Export FB aufgeteilt. Die Mengenausweitung DB läßt infolge der Senkung der Durchschnittskosten Gewinne entstehen. Der Gesamtgewinn ist die Differenz zwischen dem im Inland erzielten Gewinn (senkrecht gestreift) und dem durch Export entstehenden Verlust (quer gestreift). Der Nettoeffekt ist hier positiv.

Abbildung 3

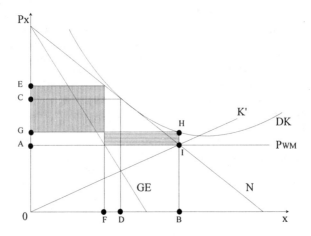

---

[7] Vgl. auch *Bender* (1994), S. 13 f

Was lehrt dieser Fall? Ohne handelspolitische Hilfestellung hätte der heimische Produzent keine Chance auf Marktzutritt gehabt. Nachdem ihm die Einfuhrbeschränkung aber erlaubt, auf dem Inlandsmarkt Fuß zu fassen, ermöglicht die Exportaufnahme die Vorteile der Massenproduktion zu nutzen und infolge sinkender Durchschnittskosten Gewinne zu erzielen. Deshalb nennt *Krugman* diesen Ansatz zu Recht „Export Promotion by Import Protection".[8]

Freilich mahnen die Wohlfahrtswirkungen zur Skepsis. Es handelt sich genau genommen um eine Subventionierung von Exporten durch überhöhte Binnenpreise, also um den klassischen Fall von Dumping.[9] Die heimischen Konsumenten finanzieren mit überhöhten Preisen die Gewinne der Exporteure. Aus der Sicht des betrachtenden Landes impliziert diese Lösung Wohlfahrtsverluste gegenüber dem Freihandel. Ersetzen die Inländer nämlich den Freihandelsimport zu Weltmarktpreisen durch nationale Produktion, entsteht ein Finanzierungsbedarf für Unternehmensverluste in Höhe der Fläche AIHG. Nur wenn man Exporten per se oder der Produktion per se soziale Erträge zuschreibt, die die privaten Erträge übersteigen, also Externalitäten annimmt, macht diese Strategie Sinn. Man muß also wieder infant-industry-Argumente bemühen, um eine Rationalität hinter einer derartigen Strategie zu sehen. Allerdings gilt dann auch wieder das Argument, daß die Handelspolitik nur dann ein first-best Instrument darstellt, wenn die Externalität von den Exporten ausgeht. Liegt die Externalität in der Produktion begründet, wären Produktionssubventionen weniger verzerrende Instrumente.

Würde es zu den von den Vertretern der infant-industry-These postulierten dynamischen Kostensenkungseffekten kommen, könnten sich positive Wohlfahrtseffekte einstellen. Würde sich beispielsweise die Durchschnittskostenkurve nach unten verschieben und wären Importe prinzipiell zulässig, könnte der inländische Monopolist keinen höheren Preis als OA verlangen. Für die Konsumenten resultierte die Freihandelslösung und der Produzent erzielte eine Rente, wenn die Durchschnittskostenkurve die Grenzkostenkurve unterhalb des Weltmarktpreises schneidet.

4.3 Das Oligopol: Strategische Handelspolitik

Die beiden bisher betrachteten Monopolfälle eliminierten die strategische Interdependenz zwischen den Produzenten qua Annahme. Um diese Interdependenz in das Kalkül aufzunehmen, müssen oligopolistische Marktformen unterstellt werden. Der einfachste Fall ist der des Duopols, auf den wir uns im folgenden beschränken wollen. Wir beginnen mit einem konkreten Beispiel, dem Airbus-Fall, wenden uns sodann einer allgemeineren, modellhaften Darstellung des Duopols zu und schließen das Kapitel mit einigen kritischen Bemerkungen zu diesem Ansatz ab.

---

[8] Vgl. die Interpretation von *Krugman* (1984) in *Pomfret* (1992), S. 9.
[9] Vgl. *Corden* (1974), S. 235 – 247.

4.3.1 Das Airbus-Beispiel

Am Beispiel der Flugzeugindustrie kann der Gedanke des staatlich induzierten Profit-Shifting plastisch erläutert werden.[10] Im Markt für Verkehrsflugzeuge mittlerer Größenklasse gab es Mitte der 80-er Jahre drei potentielle Anbieter: Boeing, McDonnell-Douglas und Airbus. Wegen sehr hoher fixer Kosten für F&E nehmen die Durchschnittskosten mit wachsender Stückzahl stark ab. Marktkenner vermuteten, daß neben Boeing nur einer der beiden anderen potentiellen Anbieter im Markt würde überleben können. Tatsächlich hat Airbus McDonnell-Douglas vom Markt verdrängt. Das folgende Zahlenbeispiel illustriert, in welcher Weise die Regierungsunterstützung des Airbus-Projektes durch Frankreich, Deutschland, Großbritannien und Spanien dieses Ergebnis herbeigeführt haben könnte.

Tabelle 1

		McDonnell-Douglas	
		Produktion	Nicht-Produktion
Airbus	Produktion	-1/-1 (1/-1)	5/0 (7/0)
	Nicht-Produktion	0/5 (0/5)	0/0 (0/0)

Die Tabelle zeigt die Gewinne von Airbus vor dem Schrägstrich, von MacDonnell-Douglas hinter dem Schrägstrich für den Fall ohne und mit (in Klammern) staatlicher Intervention. Man erkennt, daß im Falle des Verzichtes auf Produktion weder Gewinn noch Verlust entsteht. Produziert einer von beiden potentiellen Anbietern, erzielt er einen Gewinn von rund 5 Mrd. Dollar (Schätzung zuständiger US-Behörden). Produzieren beide, erleiden beide einen Verlust von rund 1 Mrd. Dollar. Die strategische Interdependenz zeigt sich darin, daß jedem der beiden potentiellen Anbieter bewußt ist, daß sein eigener Gewinn auch von den Aktionen des anderen abhängt. Als Gleichgewichtslösungen können nur die beiden Fälle angesehen werden, in denen einer der beiden produziert. Welche der beiden Gleichgewichtslösungen zustande kommt, ist unbestimmt. Wenn eines der beiden Unternehmen das andere überzeugen kann, daß es in jedem Fall, komme was wolle, produziert, wird das andere Unternehmen den Markt und die resultierenden Verluste meiden. Da keines der beiden Unternehmen eine solche Selbstverpflichtung glaubhaft androhen kann, bleibt das Ergebnis unbestimmt.

Hier kommt nun die Politik ins Spiel. Wenn die europäischen Regierungen ankündigen, die Produktion des Airbus in jedem Fall mit 2 Mrd. Dollar zu subventionieren, wird die Aufnahme der Produktion für das europäische Unternehmen zur dominanten Strategie. Umgekehrt wird McDonnell-Douglas keine Chance haben, gewinnbringend auf dem Markt zu agieren, so daß es auf die Produktion verzichtet. Airbus kommt in den Markt. Ob die Regierung ihr Versprechen wirklich wahr

---

[10] Vgl. *Baldwin* (1988), S. 209 f. Eine einfache spieltheoretische Behandlung dieses Markteintrittsspieles findet sich in *Holler* und *Illing* (1993), S. 17 – 21.

macht und subventioniert, bleibt letztlich sogar unerheblich. Auch ohne Subvention ist die Produktion für Airbus gewinnbringend. Aber erst durch die staatliche Unterstützungszusage wurde die Airbus-Ankündigung, in jedem Falle zu produzieren, glaubwürdig.[11] Die Regierungsintervention hat das Verhalten der Marktteilnehmer derart geändert, daß das nichteuropäische Unternehmen den Markt verläßt und Europa eine Wohlfahrtszunahme erfährt. Umgekehrt wäre die Wohlfahrtszunahme in den USA entstanden, wenn statt der europäischen Regierungen die US-Regierung McDonnell-Douglas eine Subventionszusage gegeben hätte. Dieses Beispiel zeigt den Kern der strategischen Handelspolitik in aller Klarheit. Mit Hilfe angekündigter oder realisierter staatlicher Interventionen werden Verhaltensänderungen der privaten Anbieter induziert, aufgrund deren es zu Rentenverschiebungen zwischen in- und ausländischen Unternehmen kommt.

In der Realität sind Alles-oder-Nichts-Situationen, wie die des Airbus-Falles, eher die Ausnahme als die Regel. Wie sieht eine strategische Handelspolitik aus, bei der die Unternehmen bereits im Markte sind und auch nach erfolgter Intervention im Markt, wenngleich mit geänderten Marktanteilen, verbleiben? Ferner stellt sich die Frage, inwieweit die Kosten der Subventionierung sowie die von ihr ausgehenden Preissenkungen das Wohlfahrtskalkül der betreffenden Volkswirtschaften tangieren. Dieser Frage sind *Brander-Spencer* in einem für die Diskussion der strategischen Handelspolitik wegweisenden Ansatz nachgegangen.[12]

4.3.2 Das Brander-Spencer-Modell

Ihren Überlegungen liegt folgender Fall zugrunde: Ein inländisches und ein ausländisches Unternehmen bieten auf dem Markt eines Drittlandes ein homogenes Gut an. Die Autoren unterstellen Cournot-Verhalten, d.h. jeder Produzent nimmt die Angebotsmenge des Konkurrenten als Datum und paßt sich an die ihm verbleibende Restnachfrage nach Art eines Angebotsmonopolisten an. Im resultierenden Nash-Gleichgewicht wählt jedes der beiden Unternehmen seine gewinnmaximale Menge, gegeben die gewinnmaximale Menge seines Konkurrenten. Keines der beiden Unternehmen hat einen Anreiz, eine andere Menge zu wählen.

Dieses Nash-Gleichgewicht ist optimal für beide Anbieter unter der Annahme des Cournot-Verhaltens. Andere Verhaltenshypothesen sind jedoch denkbar und liefern zum Teil noch bessere Ergebnisse für einen der beiden oder für beide Anbieter zusammen. Beide würden sich besser stellen, wenn sie das Angebot einschränken und so den Preis in die Höhe treiben würden. Von diesem Fall sei im folgenden abgesehen. Einer der beiden kann sich auf Kosten des anderen besser stellen, wenn er den anderen davon überzeugen kann, daß er in jedem Falle die sogenannte Stackelberg-Position wählen wird. In diesem Fall wählt der Betreffende seine gewinnmaximale Menge unter der Bedingung, daß sich der andere gewinnmaximierend an die Restnachfrage anpaßt.[13] Einen Anreiz, diese Position zu wählen, hat jeder der beiden Anbieter. Jedoch ist die Ankündigung, die Stackelberg-Menge zu wählen, nicht glaubwürdig. Bleibt nämlich der zweite Anbieter bei der Cournot-Nash Gleichgewichtsmenge, würde die Realisation der Stackelberg-

---

[11] Die Frage, ob die Regierung eine höhere Glaubwürdigkeit besitzt, wird kontrovers diskutiert: für ein Pro *Brander, Spencer* (1983), S. 711, für ein Contra *Corden* (1991), S. 282.
[12] Vgl. z. B. *Brander, Spencer* (1983, 1985).
[13] Das inländische Unternehmen besitzt den „first-mover advantage".

Menge durch den ersten Anbieter für ihn gewinnmindernd gegenüber dem Verbleib im Cournot-Nash-Gleichgewicht sein.

Hier kommt nun wiederum die Handelspolitik ins Spiel. Kündigt die inländische Regierung an, die Produktion ihres Unternehmens zu subventionieren, wird eine Ausdehnung der Produktion für dieses Unternehmen lohnend. Die Bewegung zum Stackelberg-Punkt hin wird daher glaubwürdig. Das ausländische Unternehmen kann nichts besseres tun, als sich an die neue Menge anzupassen. Die Intervention der Regierung hat das Verhalten der Unternehmen verändert und mit ihr das Marktergebnis. *Brander-Spencer* gelingt der Nachweis, daß die Subventionierung auch unter Berücksichtigung der Subventionskosten und der durch die Subventionierung induzierten Preissenkung wohlfahrtssteigernd für das subventionierende Land ist.

Dieses Ergebnis hat in der wissenschaftlichen Diskussion großes Aufsehen hervorgerufen. Dies insbesondere deshalb, weil nach überkommenen Vorstellungen eine Exportsubventionierung zwingend die beiden in Abb. 1a dokumentierten wohlfahrtsmindernden Effekte nach sich zieht: Erstens resultieren infolge der Subventionierung Allokationsverzerrungen und zweitens verschlechtern sich bei Exportsubventionierung die terms of trade. Zwar konzediert die traditionelle Analyse eine Gewinnzunahme des subventionierten Unternehmens, aber sie zeigt, daß die Aufbringung der Subventionssumme die Konsumenten stärker belastet als die Gewinne der Produzenten steigen. In ihrer Analyse deduzieren aber nun *Brander* und *Spencer* einen rent-shifting-Effekt, der zum einen Gewinne von ausländischen auf inländische Unternehmen umlenkt, und zum anderen dies in einem solchen Ausmaß tut, daß die negativen Allokations- und terms of trade-Effekte der traditionellen Betrachtungsweise überkompensiert werden. Wie kann das erklärt werden?

Der Wohlfahrtseffekt einer Subventionierung kann im *Brander-Spencer*-Modell in zwei Effekte zerlegt werden. Der erste Effekt ist negativ: Wenn die inländische Regierung das inländische Unternehmen subventioniert, weitet dieses Unternehmen, weil nunmehr die privaten Grenzkosten niedriger liegen als der Grenzerlös, die Produktion aus. Die Ausweitung der Produktion wird aber, gegeben die Produktion des ausländischen Anbieters, das Gesamtangebot zunehmen und den Preis im betrachteten Drittland sinken lassen. Der Gewinn des Unternehmens steigt, aber die Subventionskosten überkompensieren, gegeben die Produktion des ausländischen Anbieters, die private Gewinnzunahme. Bei gegebenen gesellschaftlichen Grenzkosten läßt die Produktionsausweitung den Grenzerlös sinken, so daß die gesellschaftlichen Grenzkosten über dem Grenzerlös liegen. Die Produktion ist ineffizient hoch.

Diesem volkswirtschaftlich negativ zu beurteilenden Effekt steht aber nun ein positiver Rentenverschiebungseffekt entgegen. Weil nämlich der inländische Anbieter sein Angebot erhöht, sinkt für seinen Konkurrenten der erzielbare Preis und damit auch sein Grenzerlös.

Bei gegebenen Grenzkosten wird es lohnend für ihn, den Absatz einzuschränken, bis Grenzerlös und Grenzkosten wieder übereinstimmen. Auf die Angebotseinschränkung des ausländischen Konkurrenten, die für sich genommen Preissteigerungen induziert, reagiert das inländische Unternehmen mit einer weiteren Produktionsausweitung. Produktion und Absatz wird insoweit vom ausländischen auf den inländischen Produzenten verlagert. Weil die Preise über den Grenzkosten liegen, ist diese Absatzverschiebung gleichzeitig eine Rentenverschiebung und gewinnsteigernd für den Expandierenden, gewinnmindernd für den Kontrahierenden. Wenn der Gewinn aus der Rentenverschiebung den Verlust aus dem ersten Effekt überkompensiert, wird die zusätzliche Subventionierung für das Inland insgesamt wohlfahrtssteigernd. Für kleine Subventionssätze ist dies immer der Fall. Eine geometrische Analyse möge die Zusammenhänge erläutern:

Abbildung 4

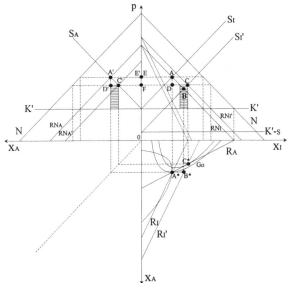

Der Abbildung liegen identische Grenzkostenfunktionen K' für den in- und ausländischen Produzenten zugrunde. Beide Produzenten bedienen einen homogenen Markt in einem Drittland, welcher durch eine lineare Preisabsatzfunktion, N, gekennzeichnet ist. Für alternative Absatzmengen des ausländischen (inländischen) Konkurrenten wählt der inländische (ausländische) Anbieter auf den ihm verbleibenden Restnachfragefunktionen RN_I (RN_A) die jeweils optimalen Preis-Mengen-Kombinationen. Diese Kombinationen werden durch die Funktion S_I (S_A) zum Ausdruck gebracht; *Baldwin* (1988) spricht von einer Pseudoangebotskurve, der Sache nach handelt es sich um eine Reaktionskurve.

Die Ausgangsgleichgewichte liegen in A und A'. EA und EA' belaufen sich jeweils auf die Hälfte der beim Preis OE absetzbaren Menge und auf ein Drittel der bei vollständiger Konkurrenz an den Markt gelangenden Menge (Cournot'sche Zweidrittellösung). Die Subvention s verschiebt die K'-Funktion des inländischen Produzenten nach unten. Das inländische Unternehmen dehnt zu sinkenden Preisen die Menge aus und erreicht Punkt B. Auf die gesunkenen Preise reagiert das ausländische Unternehmen mit einer Einschränkung seiner Menge, worauf das inländische Unternehmen auf die ihm nunmehr verbleibende höhere Restnachfrage mit einer Ausweitung seines Absatzes reagiert. Die kontraktiven Reaktionen des ausländischen und die expansiven Reaktionen des inländischen Unternehmens auf die Absatzentwicklungen des jeweiligen Konkurrenten kommen in den Rechtsverschiebungen der Preisabsatzfunktionen zum Ausdruck. Die neuen Gleichge-

wichtspunkte liegen bei C und C', die schraffierten Flächen stellen die Rentenverschiebungen dar.

Das Ausland verliert aus zwei Gründen: Zum einen sinken die Preise um A'D', so
daß bei gegebener Menge A'E' die Erlöse sinken. Zum anderen verliert es Absatz
an das Inland im Umfang D'C'. Das Inland verliert ebenfalls durch die sinkenden
Preise, und zwar im Umfang der Fläche EADF, gewinnt aber Absatz im Umfang
DC hinzu, wobei die eine Hälfte durch zusätzliche Nachfrage aus dem Drittland,
die andere Hälfte durch Nachfrageverlagerung vom Konkurrenten zustande
kommt.

Die Subvention läßt die Wohlfahrt beider Produktionsländer zusammengenommen sinken, die Wohlfahrt des Drittlandes hingegen steigen. Dritte Länder können
sich demnach freuen. Wenn z. B. Japan gegenüber den USA strategische Handelspolitik betreibt, profitiert die EU von sinkenden Importpreisen.

Der untere Teil der Abbildung zeigt den gleichen Sachverhalt anhand der bekannten Reaktionskurven der Duopol-Theorie. R_I (R_A) gibt die optimalen Mengen-
reaktionen des inländischen (ausländischen) Unternehmens für alternative Mengen des ausländischen (inländischen) Unternehmens an. Das Ausgangs-(Nash)
Gleichgewicht liegt vor in A*. Eine Subvention verschiebt die inländische Reaktionskurve nach rechts. Bei gegebener Menge des ausländischen Konkurrenten
nimmt die Wohlfahrt der inländischen Volkswirtschaft ab (B* liegt über der ursprünglichen Iso-Gewinnkurve G^0, die das Wohlfahrtsniveau des Inlandes vor
Subvention anzeigt). Das Ausland paßt nun seine Menge nach unten an und induziert so einen Anpassungprozeß nach C*. Dort ist die maximale inländische Wohlfahrt – der Stackelberg-Punkt – erreicht.

4.3.3 Einwendungen

Das Argument, daß Subventionen unter den genannten Bedingungen wohlfahrtssteigernd sein können, ist ohne Zweifel richtig. Sind aber die Bedingungen hinreichend robust, um auch bei leichten Annahmevariationen das Ergebnis bestehen zu
lassen? Diese Frage muß verneint werden.

4.3.3.1 Preis – versus Mengenwettbewerb

Ersetzt man beispielsweise die *Cournot*-Annahme, daß die beiden Konkurrenten
die Mengen als Aktionsparameter verwenden, durch die nicht weniger plausible
Annahme des *Bertrand*-Preiswettbewerbs, wird statt einer Subvention eine Besteuerung der Exporte die optimale Politik. Wie kann das erklärt werden? Wenn
ein Unternehmen den Preis des Konkurrenten als Datum ansieht und seinen optimalen Preis setzt, liegt dieser nicht hoch genug, um das Gewinnmaximum zu realisieren. Von einer Preiserhöhung wird nämlich abgesehen, weil die Erwartung besteht, der Konkurrent werde nicht folgen. Tatsächlich wird aber der Konkurrent die
Preiserhöhung zum Anlaß nehmen, seinerseits die Preise in die Höhe zu setzen.
Aufgrund dieser Fehleinschätzungen produziert das Unternehmen zu viel (hält den
Preis zu niedrig), und eine Steuer zwingt das Unternehmen, einen höheren Preis
zu fordern. Ist der Steuersatz optimal gewählt, wird ein Preis gesetzt, der, nach der
Preisreaktion des Konkurrenten, den Gewinn maximiert. Je nach Art der wettbewerblichen Aktionsparameter kann daher eine Subvention oder eine Steuer die
optimale Politik sein.

Eaton/Grossman haben gezeigt, daß die beiden Reaktionshypothesen „*Cournot*-Verhalten" und „*Bertrand*-Verhalten" Spezialfälle eines allgemeineren Verhaltensmusters sind. Immer dann, wenn die im Hinblick auf das Konkurrentenverhalten erwartete Mengenreaktion absolut kleiner (größer) ausfällt als die tatsächliche Reaktion, muß subventioniert (besteuert) werden.[14] Wenn also der *Cournot*-Oligopolist nicht berücksichtigt, daß der Konkurrent auf seine Mengenausweitung mit einer Mengenreduktion reagiert, bietet er zu wenig an und muß subventioniert werden. Würde er erwarten, daß der Konkurrent die Menge stärker einschränkt, als er es tatsächlich tut, wäre eine Steuer angemessen. Analog beim Preiswettbewerb: Wenn das Unternehmen glaubt, der Konkurrent halte bei eigener Preiserhöhung seinen Preis konstant, erwartet es eine Mengenausweitung des Konkurrenten nach der eigenen Mengenverknappung. Tatsächlich hält der Konkurrent den Preis aber nicht konstant, sondern läßt ihn steigen, was eine geringere tatsächliche Mengenzunahme impliziert. Eine Besteuerung veranlaßt es dann, den gewinnmaximierenden höheren Preis zu setzen. Man erkennt also, daß die Wahl des optimalen handelspolitischen Instruments auch davon abhängt, in welcher Richtung das erwartete Verhalten vom tatsächlichen Verhalten des Konkurrenten abweicht.

4.3.3.2 Unternehmenszahl

Das *Brander-Spencer*-Ergebnis wird auch stark dadurch geprägt, daß nur je ein inländisches und ausländisches Unternehmen am Markte agieren. Unterstellt man mehrere inländische Oligopolisten, wird die Menge, die die inländischen Unternehmen insgesamt an den Markt bringen, größer sein als die Menge, die ein inländisches Unternehmen allein an den Markt bringt. Je größer die Zahl heimischer Anbieter ist, desto größer wird die Gefahr „zu hohen" inländischen Angebots und desto wahrscheinlicher wird es, daß die traditionelle Exportbeschränkung gemäß dem terms of trade-Argument der Exportsubventionierung gemäß dem *Brander-Spencer*-Argument vorzuziehen ist. Die Frage, ob subventioniert oder besteuert werden soll, hängt also auch von der Zahl der inländischen Anbieter ab. Für Anbieterzahlen von „eins" oder „sehr groß" ist das zu wählende Instrument klar. Für alle anderen Fälle nicht.

4.3.3.3 Endogener Marktzutritt

Rentenverschiebungen setzen voraus, daß es Renten gibt. Bei freiem Marktzugang werden diese Renten hinwegkonkurriert. Das Motiv für eine Strategische Handelspolitik entfällt damit. Damit läßt sich das Profit-Shifting-Argument im Grunde nur für „natürliche" Monopole anwenden. Viele gibt es davon sicher nicht.

Ist der Marktzutritt beschränkt, werden inländische Unternehmen den Markt nur betreten, wenn der erwartete Gewinn größer ist als die Markteintrittskosten. Erwarten die Unternehmen eine Strategische Handelspolitik und damit eine Subventionszahlung, nimmt der erwartete Gewinn zu, und mehr Unternehmen werden den Markt betreten. Es kann zu einem ineffizient hohen Marktzutritt kommen.

Überhaupt beschränkt sich der Ansatz darauf zu erklären, wie bestehende Renten umverteilt werden können. Die viel wichtigere Frage, wie durch Produkt- und Ver-

---

[14] Vgl. Gleichung (6) in: *Eaton, Grossman* (1986), S. 389.

fahrensinnovationen Renten geschaffen werden können, bleibt dagegen unbeant-
wortet. Man hat es, in anderen Worten, mit statischen Wohlfahrtsgewinnen zu tun,
nicht jedoch mit den wichtigeren *Schumpeter*-Gewinnen, die aus den dynamischen
Markt- und Wettbewerbsprozessen resultieren.

4.3.3.4 Konsumentenrente

Ein weiteres Problem taucht auf, wenn die Annahme aufgegeben wird, die Produzenten konkurrierten nur in einem Drittland. In dem Augenblick, in dem an Stelle
des Drittlandmarktes der Inlandsmarkt betrachtet wird, kommen unvermeidlich
die Konsumenteninteressen ins Spiel. Damit müssen alle Maßnahmen, die Preis-
erhöhungen beinhalten, wegen ihres negativen Einflusses auf die Konsumentenrente negativer bewertet werden als zuvor. Bei *Cournot*-Verhalten wird das Inter-
ventionsargument verstärkt, bei *Bertrand*-Verhalten abgeschwächt.

4.3.3.5 Ausländische Vergeltung

Weiterhin werden die Ergebnisse des Modells entscheidend dadurch geprägt, daß
für die ausländische Regierung keine Reaktionen unterstellt sind. Strategische Interdependenz gibt es hier nur zwischen Unternehmen, nicht zwischen Regierungen. Diese Annahme dürfte wenig realistisch sein. Gerade weil es sich bei der Subventionierung um ein Negativsummenspiel für die beiden Produktionsländer handelt, mit einem sicheren Wohlfahrtsverlust für das nicht subventionierende Land,
dürfte eine Reaktion dieses Landes plausibel sein. In dem Maß, in dem das Ausland seinerseits mit einer Subventionierung seiner Unternehmen antwortet, wird
sich die Wohlfahrtssituation für beide Länder gegenüber der Ausgangssituation
ohne Subvention verschlechtern. Die beiderseitigen Subventionen eliminieren den
wohlfahrtssteigernden Rent-Shifting-Effekt und verstärken den wohlfahrtsmindernden Preissenkungseffekt. Durch den Versuch eines jeden Landes, seinen Anteil am Rentenkuchen zu erhöhen, verkleinert sich der für beide Produzentenlän-
der verfügbare Rentenkuchen.
Da für jedes Land bei alleiniger Subvention die Wohlfahrt höher ist als bei Freihandel, die Subventionsstrategie mithin die dominante Strategie ist, wird jedes
Land diese Strategie verfolgen und damit bewirken, daß sich beide schlechter stellen als bei Freihandel: Der klassische Fall des Gefangenendilemmas.[15]
Während die Erkenntnis, daß der isolierte handelspolitische Interventionismus
nicht im beiderseitigen gemeinsamen Interesse liegt, einer derartigen Politik eine
gewisse Schranke auferlegt, gilt das nicht mehr im *Bertrand*-Preiswettbewerb.
Hier läßt nämlich die alleinige Exportsteuer eines Landes über die resultierende
Preiserhöhung auch die Wohlfahrt des anderen Exportlandes zunehmen, so daß
eine Gefangenendilemma-Situation zwischen den beiden Anbietern nicht vorliegt
und somit die Gefahr des handelspolitischen Protektionismus in diesem Falle besonders groß ist.[16]

---

[15] Beide Länder versuchen, die Reaktionskurven ihrer Unternehmen in Abb. 4 nach außen
zu schieben. Die insgesamt angebotene Menge steigt, der Preis fällt, die Summe der Produzentenrenten wird kleiner. Bei symmetrischer Aufteilung der Produzentenrente auf beide
Unternehmen ist der Gewinn pro Unternehmen kleiner als in der Ausgangssituation.
[16] Vgl. dazu insbesondere *Bender* (1994), S. 42.

5. Empirische Untersuchungen

Es ist hier nicht der Platz, die Vielzahl bisher vorgelegter empirischer Arbeiten zur strategischen Handelspolitik vorzustellen und vergleichend zu würdigen. Die Arbeiten unterscheiden sich zum Teil gravierend in methodischer Hinsicht; man findet Branchenstudien und Studien, die sich auf allgemeine Gleichgewichtsmodelle stützen; und es gibt Unterschiede im Hinblick auf die untersuchten Länder. Gleichwohl kristallisiert sich aus diesen Arbeiten ein allgemeiner Tenor heraus: Für die schwerpunktmäßig am intensivsten studierten Branchen der Flugzeug-, Halbleiter- und Automobilindustrie finden die Mehrzahl der empirischen Arbeiten keine oder nur geringe Wohlfahrtsgewinne sowie ein hohes Risiko, bei falschem Instrumenteneinsatz erhebliche Wohlfahrtsverluste zu erleiden.

In Deutschland hat die Theorie der Strategischen Handelspolitik als Sonderuntersuchung Eingang in das Hauptgutachten 1990/1991 der Monopolkommission „Wettbewerbspolitik oder Industriepolitik" gefunden.[17] Die Kommission weist darauf hin, daß die massive Förderung der Flugzeugindustrie im Rahmen des Airbus-Projektes zu einem erfolgreichen Markteintritt geführt hat, die Gewinne aber ausgeblieben sind. Positiv wird die Wettbewerbsbelebung gesehen. Die Förderung der europäischen Halbleiterindustrie im Rahmen des JESSI-Projektes hat ihre Wettbewerbsfähigkeit nicht steigern können. Ob eine erfolgreiche Förderung wünschenswert gewesen wäre, bleibt offen. Die Protektion der europäischen Automobilindustrie wird abgelehnt, da sich ihre Wettbewerbsfähigkeit in Abwesenheit von Konkurrenz eher verschlechtern als verbessern wird.

6. Wirtschaftspolitische Bewertung

Welche wirtschaftspolitischen Schlußfolgerungen lassen sich aus den Modellen der strategischen Handelspolitik ziehen? Die Modelle zeigen, daß es Fälle gibt, in denen die Handelspolitik in der Lage ist, Renten von ausländischen Unternehmen auf Inländer umzulenken. Sollte man eine solche Politik empfehlen?

Man wird diese Frage im allgemeinen verneinen müssen. Erstens ist der Informationsbedarf für die Politik extrem hoch. Man muß die Unternehmen kennen, in denen die Renten entstehen. Man muß wissen, inwieweit diese Renten „überdurchschnittlich" hoch sind. Was aber heißt „überdurchschnittlich" hoch, wenn z. B. Investitionsprojekte im betreffenden Sektor zwar überdurchschnittlich rentabel, aber stark risikobehaftet sind? Wer vermag die Risikoprämie im Gewinn von der Marktunvollkommenheitsprämie zu separieren? Was geschieht, wenn die Rente tatsächlich entstanden, aber im Laufe der Zeit in überproportionale Lohnerhöhungen „durchgesickert" ist? Falls die Handelspolitik den Markteintritt fördern möchte, gibt es noch gar keine Profite, geschweige denn überdurchschnittlich hohe. Welchen Unternehmen wird eine Marktchance eingeräumt, welchen nicht? "How to pick the winners"?

Angenommen, man kennt die zu fördernden Unternehmen und Branchen, wie sollen die wirtschaftspolitischen Instrumente eingesetzt werden? Die Analyse hat gezeigt, daß die Frage, ob subventioniert oder besteuert werden soll, davon abhängt, ob eine Behörde die (unter Umständen falschen) Erwartungen der Marktteilnehmer richtig einschätzt und die Art des in dem betreffenden Markt herrschenden

---

[17] Vgl. *Monopolkommission* (1992), S. 373 – 428.

Wettbewerbs kennt. Die Wettbewerbsform mag sich ändern, wodurch plötzlich statt einer Exportsubvention eine Exportsteuer geboten ist.

Auf die Vergeltungsmöglichkeiten des Auslandes, die die Gefahr des Eskalierens und des Handelskrieges birgt, wurde bereits hingewiesen.

Soweit Regierungen mittels strategischer Handelspolitik im *Cournot*-Fall Renten zu ihren Gunsten umverteilen wollen, könnten sie allenfalls durch „Countervailing-actions" anderer Regierungen daran gehindert werden. Daraus folgt, daß letztlich die Subventionskraft der Länder die Glaubwürdigkeit ihrer Interventionsdrohung bestimmt. Damit würden kleinere Länder keine Chance haben, ihren Unternehmen jenen Schutz bieten zu können, den große Länder zu bieten in der Lage sind. Ein hohes Maß an internationaler Ungleichheit würde resultieren.

Schließlich muß auch bedacht werden, daß das Instrument der Subventionierung all die bekannten Rent-Seeking-Aktivitäten induziert, die Subventionsmentalitäten schaffen und Regierungen letztlich zwingen, unternehmerische Verantwortung mit zu übernehmen, ohne dafür komparative Vorteile zu haben. Da ferner die Subventionen im Regelfall von anderen Sektoren getragen werden als den begünstigten, resultieren auch Wettbewerbsverzerrungen im Inland. Eine Schädigung anderer Sektoren wird ohnehin durch die subventionsbedingte Verteuerung der intersektoral mobilen Produktionsfaktoren über den Faktormarktzusammenhang erzwungen. So mag es sein, daß die von der subventionierten Branche gezahlten höheren Löhne von konkurrierenden Unternehmen nicht gezahlt werden können und diese dadurch vom Markt verdrängt werden.

Allerdings gebührt der Diskussion um die strategische Handelspolitik das Verdienst, auf Wohlfahrtseffekte des internationalen Handels hingewiesen zu haben, die in der traditionellen, stark durch die Annahme der vollständigen Konkurrenz geprägten Außenhandelstheorie nicht vorkommen können. In der Theorie der strategischen Handelspolitik gibt es ökonomische Macht, in der Realität auch. In der Realität gibt es Exportsubventionen, in der Theorie der strategischen Handelspolitik wird erklärt, weshalb sie wohlfahrtssteigernd sein können. Allerdings suggeriert der Ansatz eine falsche Politikorientierung. Statt wirtschaftspolitische Aktivitäten in internationale Umverteilungsoperationen zwischen einzelnen Branchen oder gar einzelnen Unternehmen zu lenken, sollte die Politik auf rentenschaffende Verbesserungen der inländischen Rahmenbedingungen hinwirken. Diese vermögen heimischen Unternehmen temporäre Wettbewerbsvorsprünge zu verschaffen, die im Laufe der Zeit durch ausländische Nachahmer abgebaut werden. Am Ende hat diese Politik für die Welt als Ganze den zu verteilenden Kuchen erhöht, statt einen bestehenden Kuchen umzuverteilen.

Literatur

Baldwin, R. (1988): Evaluating Strategic Trade Policies, in: Außenwirtschaft, 43. Jg., S. 207 – 230.

Baldwin, R. E. (1992): Are Economists' Traditional Trade Policy Views Still Valid? Journal of Economics Literature, Vol. 30, S. 804 – 829.

Bender, D. (1994): Neuere Entwicklungen in der Theorie internationaler Handelsbeziehungen. Anstöße zur Neuorientierung der Handelspolitik, in: Jahrbuch für Sozialwissenschaft, Bd. 45.

Bhagwati, J. (1989): Is Free Trade Passé after All?, Weltwirtschaftliches Archiv, Bd. 125, S. 17– 44.

Bletschachev, G., Klodt, H. (1992): Strategische Handels- und Industriepolitik – Theoretische Grundlagen, Branchenanalysen und wettbewerbspolitische Implikationen, Kieler Studien Bd. 224, Tübingen.

Brander J. A., Spencer B. (1983): International R&D Rivalry and Industrial Strategy, in: Review of Economic Studies, Vol. 50, S. 707 – 722.

Brander J. A., Spencer B. (1985): Export Subsidies and International Market Share Rivalry, in: Journal of International Economics, Vol. 18, S. 83 – 100.

Corden, W. M. (1974): Trade Policy and Economic Welfare, Oxford.

Corden, W. M. (1984): The Normative Theory of International Trade, in: *Jones R. W., Kenen P. B.* (Eds.): Handbook of International Economics, Vol. I, S. 63 – 130.

Corden, W. M. (1991): Strategic Trade Policy, in: *Greenaway D., Bleaney M., Stewart I.* (Eds.): Companion to Contemporary Economic Thought, London, S. 274 – 290.

de Meza, D. (1979): Commercial Policy towards Multinational Monopolies – Reservations on Katrak, in: Oxford Economic Papers, Vol. 41, S. 334 – 337.

Dixit, A.; Grossman G. (1984): Targeted Export Promotion with Several Oligopolistic Industries, in: Journal of International Economics, Vol. 21, S. 233 – 249.

Dixit, A., Kyle A. S. (1985): The Use of Protection and Subsidies for Entry Protection and Deterrence, in: American Economic Review, Vol. 75, S. 139 – 152.

Eaton, J., Grossman G. (1986): Optimal Trade and Industrial Policy under Oligopoly, in: Quarterly Journal of Economics, Vol. 101, S. 383 – 406.

Grossman, G./Richardson, J. D. (1985): Strategic Trade Policy: A Survey of Issues and Early Analyses, Special Papers in International Economics No. 15, Princeton.

Harris, R. G. (1989): The New Protectionism Revisited. Canadian Journal of Economics, Vol. 22, S. 751 – 778.

Helpman E., Krugman P. A. (1989): Trade Policy and Market Structure, Cambridge MA.

Holler, M., Illing G. (1993): Einführung in die Spieltheorie, 2. Aufl., Berlin u. a.

Katrak, H. (1977): Multinational Monopolies and Commercial Policy, in: Oxford Economic Papers, Vol. 29, S. 283 – 291.

Kösters, W. (1992): Freihandel versus Industriepolitik, in: Wirtschaftsdienst, Zeitschrift für Wirtschaftspolitik, Bd. 72, S. 49 – 56.

Krugman, P. A. (1984): Import Protection as Export Promotion: International Competition in the Presence of Oligopoly and Economies of Scale, in: *Kierzkowski, H.* (Ed.): Monopolistic Competition and International Trade, S. 180 – 193.

Krugman, P. (1987a): Is Free Trade Passé? in: The Journal of Economic Perspectives, Vol. 1, S. 131 – 144.

Krugman, P. (1989): Industrial Organization and International Trade, in: *Schmalensee, R., Willig, R. D.* (Eds.): Handbook of Industrial Organization, S. 1179 – 1223.

Monopolkommission (1992): Wettbewerbspolitik oder Industriepolitik: Hauptgutachten 1990/1991, Baden-Baden.

Pomfret, R. (1992): International Trade Policy with Imperfect Competition, in: Special Papers in International Economics No. 17, Princeton.

Richardson, J. D. (1990): The Political Economy of Strategic Trade Policy, in: International Organization, Vol. 44, S. 107 – 135.

Rose, K., Sauernheimer, K. (1992): Theorie der Außenwirtschaft, 11. Aufl., München.

Siebert, H.: Strategische Handelspolitik: Theoretische Ansätze und wirtschaftspolitische Empfehlungen, in: Außenwirtschaft 43. Jg., S. 549 – 584.

Stegemann, K. (1989): Policy Rivalry among Industrial States: What can we learn from Models of Strategic Trade Policy? in: Industrial Organization, Vol. 43, S. 73 – 100.

Svedberg, P. (1979): Optimal Tariff Policy on Imports from Multinationals, in: Economic Record, Vol. 55, S. 64 – 67.

Vousden, N. (1990): The Economics of Trade Protection, Cambridge UK.

Welzel, P. (1992): Strategische Interaktion nationaler Handelspolitik, Freies Spiel der Kräfte oder internationale Organisation? in: Jahrbuch für Sozialwissenschaft, Bd. 43, S. 375 – 393.

Summary

The Basic Concepts of the Theory of Strategic Foreign Trade Policy

Thanks are due to the discussion on strategic foreign trade policy for having pointed out welfare effects of international trade which do not occur in traditional foreign trade theory, strongly characterized as it is by the assumption of perfect competition. In the theory of strategic foreign trade policy, economic power exists. In reality too. In reality there are export subsidies, and the theory of strategic foreign trade policy explains why these can increase welfare. This approach suggests a false policy orientation, however. Instead of directing economic policy activities towards international operations to influence income distribution between individual branches or even individual firms, policy-makers should aim to achieve rent-creating improvements in the overall domestic economic climate. These can secure temporary competitive advantages for domestic firms, which will be reduced in the course of time by foreign imitators. In the end this policy will have increased the size of the cake for the world as a whole, instead of dividing up the cake which is already there.

Anschriften der Autoren

DIPL.-VW. ULRIKE E. BERGER, Universität Hohenheim, Institut für Volkswirtschaftslehre 520 F, Postfach 70 05 62, 70593 Stuttgart

PROF. DR. MICHAEL CARLBERG, Universität der Bundeswehr Hamburg, Fachbereich Wirtschafts- und Organisationswissenschaften, Institut für Theoretische Volkswirtschaftslehre, Holstenhofweg 85, 22039 Hamburg

PROF. DR. WOLFGANG CEZANNE, Technische Universität Berlin, WW 18, Institut für Volkswirtschaftslehre, Geld- und Einkommenstheorie, Straße des 17. Juni 135, 10623 Berlin

DR. FRANK DAUMANN, Universität Bayreuth, Rechts- und Wirtschaftswissenschaftliche Fakultät, Postfach 10 12 51, 95440 Bayreuth

PROF. DR. DIETER DUWENDAG, Hochschule für Verwaltungswissenschaften Speyer, Lehrstuhl für Wirtschaftliche Staatswissenschaften, insbes. Allgemeine Staatswirtschaftslehre, Wirtschaftspolitik, Postfach 14 09, 67324 Speyer

PROF. DR. CLAUS DIETER EHLERMANN, Kommission der Europäischen Gemeinschaften, Generaldirektion IV – Wettbewerb, Rue de la Loi 200, B-1049 Brüssel, Belgien

DR. BERNHARD FISCHER, Leiter der Abteilung Entwicklungspolitik und weltwirtschaftliche Integration der Entwicklungsländer, HWWA-Institut für Wirtschaftsforschung-Hamburg, Neuer Jungfernstieg 21, 20347 Hamburg

PROF. DR. WOLFGANG FRANZ, Universität Konstanz, Fakultät für Wirtschaftswissenschaften und Statistik, Postfach 55 60, 78434 Konstanz

PROF. DR. HEINZ GROSSEKETTLER, Universität Münster, Institut für Finanzwissenschaft, Wilmergasse 6 – 8, 48143 Münster

DIPL.-VW. ALBERT HART, Universität des Saarlandes, FB 2 Wirtschaftswissenschaft, Fachgebiet Finanzwissenschaft, Postfach 15 11 50, 66041 Saarbrücken

PROF. DR. HEIKO KÖRNER, Technische Hochschule Darmstadt, Fachbereich 1 Rechts- und Wirtschaftswissenschaften, Fachgebiet Wirtschaftspolitik, Residenzschloß, 64297 Darmstadt

DIPL.-VW. CHRISTOPH KREIENBAUM, Wissenschaftlicher Mitarbeiter im HWWA-Institut für Wirtschaftsforschung-Hamburg, Neuer Jungfernstieg 21, 20347 Hamburg

PROF. DR. JÖRN KRUSE, Universität Hohenheim, Institut für Volkswirtschaftslehre 520 F, Lehrstuhl für Wirtschaftspolitik, insb. Ordnungs- und Strukturpolitik, Postfach 70 05 62, 70593 Stuttgart

PROF. DR. WOLFGANG MAENNIG, Universität Hamburg, Institut für Europäische Wirtschaftspolitik, Von-Melle-Park 5, 20146 Hamburg

PROF. DR. WERNER W. POMMEREHNE, Universität des Saarlandes, FB 2 Wirtschaftswissenschaft, Fachgebiet Finanzwissenschaft, Postfach 15 11 50, 66041 Saarbrücken

PROF. DR. KARLHANS SAUERNHEIMER, Universität München, Volkswirtschaftliche Fakultät, Seminar für Internationale Wirtschaftsbeziehungen, Ludwigstraße 28, 80539 München

PROF. DR. HORST-MANFRED SCHELLHAASS, Technische Universität Berlin, Fachbereich 18 Wirtschaftswissenschaften, Institut für Volkswirtschaftslehre, Fachgebiet für Volkswirtschaftslehre – Wirtschaftstheorie I, Uhlandstraße 4 – 5, 10623 Berlin

DIPL.-VW. WERNER SCHÖNIG, Universität Köln, Wirtschafts- und Sozialwissenschaftliche Fakultät, Seminar für Sozialpolitik, Albertus-Magnus-Platz, 50923 Köln

DIPL.-VW. CORA WACKER-THEODORAKOPOULOS, Wissenschaftliche Mitarbeiterin im HWWA-Institut für Wirtschaftsforschung-Hamburg, Neuer Jungfernstieg 21, 20347 Hamburg

PROF. DR. PAUL J. J. WELFENS, Universität Münster, Wirtschaftswissenschaftliche Fakultät, Internationale Wirtschaft/Europäische Wirtschaftspolitik, Universitätsstraße 14 – 16, 48143 Münster

PROF. DR. DR. H.C. JÜRGEN ZERCHE, Universität Köln, Wirtschafts- und Sozialwissenschaftliche Fakultät, Forschungsinstitut für Sozialpolitik, Albertus-Magnus-Platz, 50923 Köln

Aktuelle ökonomische Fragen in der Diskussion

Bernhard Gahlen, Helmut Hesse, Hans Jürgen Ramser (Hrsg.): Europäische Integrationsprobleme aus wirtschaftswissenschaftlicher Sicht

Die Schriftenreihe des Wirtschaftswissenschaftlichen Seminars Ottobeuren ist mit dem Ziel gegründet worden, Experten einer Spezialrichtung der Wirtschafts- und Sozialwissenschaften die bisherige Entwicklung in der Forschung einer Bestandsaufnahme unterziehen und neue Ansätze erörtern zu lassen. Folgende Fragen werden in diesem Band behandelt: In welchem Umfang soll die Wirtschafts- und Finanzpolitik innerhalb Europas koordiniert werden? Welche Rolle spielt die Geldpolitik für die europäische Integration? Wie kann eine optimale Industrie-, Wettbewerbs- und Wachstumspolitik in Europa aussehen? Welche Auswirkungen hat die europäische Integration auf Arbeitsmärkte?

1994. X, 436 Seiten
(Wirtschaftswissenschaftliches Seminar Ottobeuren 23). Leinen.

Bernhard Gahlen, Helmut Hesse, Hans Jürgen Ramser (Hrsg.): Makroökonomik unvollkommener Märkte

Was sind die Ursachen von nicht-markträumenden Preisen? Welche theoretischen Fundierungen lassen sich dafür finden? Welche Auswirkungen hat dies für eine effiziente Wirtschaftspolitik? Wie sind Arbeitslosigkeit und Outputschwankungen zu erklären? Welche Rolle spielen unvollkommene Kreditmärkte?

1993. VIII, 318 Seiten
(Wirtschaftswissenschaftliches Seminar Ottobeuren 22). Leinen.

Ulrich Schlieper, Dieter Schmidtchen (Hrsg.): Makro, Geld & Institutionen. Beiträge zu einem Saarbrücker Symposium

In welcher Weise können Methoden und Ergebnisse der Neuen Institutionenökonomik Eingang finden in andere Gebiete der Wirtschaftswissenschaft? Die Neue Institutionenökonomik ist ein Forschungsprogramm, das ernsthafte Schwächen der traditionellen Ökonomie beheben will. Die Schwächen resultieren aus gewissen Annahmen über den Informationsstand der Wirtschaftseinheiten und über deren perfekte Rationalität. Institutionen (Normen und Regeln) werden nicht in den Datenkranz abgeschoben, sondern mit ökonomischen Methoden erklärt. Indem die Neue Institutionenökonomik auf Ansätze der modernen Ökonomik zurückgreift, liefert sie im Vergleich zu der in Deutschland vertretenen Lehre von der Ordnungspolitik eine präzisere theoretische Fundierung der Gestaltung von Normen und Regeln. Das Werk soll die Ideen der Neuen Institutionenökonomik als einen wichtigen Teil der Neuen Politischen Ökonomie verbreiten helfen. Das geschieht am besten, indem man sie ‚bei der Arbeit zeigt'.

1993. XI, 111 Seiten. Fadengeheftete Broschur.

J. C. B. MOHR (PAUL SIEBECK) TÜBINGEN

Die Einheit der Gesellschaftswissenschaften
Eine Auswahl

Ingo Pies: Normative Institutionenökonomik. Zur Rationalisierung des politischen Liberalismus
Seit den Klassikern waren große Ökonomen stets auch politische Ratgeber, und ihre Empfehlungen bezogen sich keineswegs nur auf die Mittel, sondern durchaus auch auf die Ziele der Politik. Wie läßt sich ein solches Programm heute, unter den Bedingungen einer modernen, demokratisch verfaßten Marktwirtschaft, wissenschaftlich umsetzen? Die Antwort entwickelt Ingo Pies im Anschluß an das Werk der Nobelpreisträger F. A. von Hayek, J. M. Buchanan und G. S. Becker, mit Bezug auf M. Webers Werturteilsfreiheitspostulat.
1993. XII, 334 Seiten (Die Einheit der Gesellschaftswissenschaften 78). Leinen.

Hansjörg Siegenthaler: Regelvertrauen, Prosperität und Krisen. Die Ungleichmäßigkeit wirtschaftlicher und sozialer Entwicklung als Ergebnis individuellen Handelns und sozialen Lernens
„Siegenthalers Entwurf ist faszinierend. Der Autor liefert dem Leser eine bestechend konsequente, umfassende Beschreibung des Verlaufs und der Gründe gesellschaftlicher Entwicklungen, ohne dabei in die deterministische Falle zu tappen. Er erreicht sein Ziel, zum Verständnis der Zeit beizutragen."
Frankfurter Allgemeine Zeitung vom 28. März 1994
1993. XIV, 258 Seiten (Die Einheit der Gesellschaftswissenschaften 81). Broschur und Leinen.

Georg Erdmann: Elemente einer evolutorischen Innovationstheorie
Wie erfolgt die Umsetzung von Wissen in neue Produkte, Technologien und Markthandlungen? Diese Frage möchte die Innovationstheorie beantworten. Fallstudien zeigen, wie naturwissenschaftliche Modellvorstellungen auf das wirtschaftliche Innovationsgeschehen übertragen werden können.
1993. XI, 242 Seiten (Die Einheit der Gesellschaftswissenschaften 80). Leinen.

Gary S. Becker: Der ökonomische Ansatz zur Erklärung menschlichen Verhaltens
„Becker hat seine These konsequent umgesetzt. Er revolutionierte das Weltbild der Ökonomen, weil er immer mehr Bereiche erschloß, die sie bislang wie verbotene Zonen behandelt und kampflos Soziologen, Psychologen und anderen Verhaltensforschern überlassen hatten: das menschliche Beziehungsgeflecht in Familie und Gesellschaft, wie Kriminalität oder Suchtverhalten."
Wirtschaftswoche, 1992, Nr. 43, S. 37
2. Auflage 1993. VI, 354 Seiten (Die Einheit der Gesellschaftswissenschaften 32). Fadengeheftete Broschur.

Geoffrey Brennan/James M. Buchanan: Die Begründung von Regeln. Konstitutionelle Politische Ökonomie. Übersetzt von Monika Vanberg. Mit einer Einleitung herausgegeben von Christian Watrin
„Geoffrey Brennan und der Nobelpreisträger James M. Buchanan, haben sich zur Aufgabe gemacht, das ‚konstitutionelle Analphabetentum bei Wissenschaftlern und Laien' zu mindern. In ihrem Buch ‚The Reason of Rules', das nun auch in deutscher Sprache vorliegt, erörtern sie die methodologische Grundlage der konstitutionellen Ökonomie und ziehen beispielhaft Schlüsse für wirtschaftspolitische Fragen."
Frankfurter Allgemeine Zeitung vom 20. Juni 1994
1993. XXVI, 201 Seiten (Die Einheit der Gesellschaftswissenschaften 83). Broschur und Leinen.

Werner W. Pommerehne: Präferenzen für öffentliche Güter. Ansätze zu ihrer Erfassung
„Wir haben also alles, was wir brauchen: Eine perfekte und vollständige Übersicht über alle Ermittlungsverfahren zur Präferenzbildung von öffentlichen Gütern; eine kompetente Analyse von Möglichkeiten und Grenzen der Anwendungsarten und einen kritischen Ausblick auf die Entwicklungschancen der jeweiligen Verfahren."
Journal of Institutional and Theoretical Economics, Volume 143, No. 4, S. 681
1987. XVI, 290 Seiten (Die Einheit der Gesellschaftswissenschaften 50). Leinen.

J. C. B. MOHR (PAUL SIEBECK) TÜBINGEN